SANCTI

AURELII AUGUSTINI

EPISCOPI

DE CIVITATE DEI

LIBRI XXII.

RECENSUIT

B. DOMBART.

VOL. I.

LIB. I—XXII.

LIPSIAE

IN AEDIBUS B. G. TEUBNERI.

MDCCCLXIII.

LIPSIAE TYPIS B.G. TEUBNERI.

Sancti Aurelii Augustini Episcopi De Civitate Dei: Libri XXii, Volume 1...

Saint Augustine (Bishop of Hippo.), Bernhard Dombart

CAROLO HALMIO,

STUDIORUM SUORUM FAUTORI ET RECTORI,

GRATISSIMO ANIMO

EDITOR.

PRAEFATIO.

Qui editionem Parisinam quae anno 1838 in publicum prodiit curabant, patrum Benedictinorum recensionem secuti in contextu horum librorum non ita multa mutaverunt, in critica autem adnotatione editioni subiecta optimorum qui Parisiis extant codicum varias lectiones enotaverunt. Horum codd. longe est antiquissimus **Corbeiensis**, nunc German. n. 766., saec. VII., uncialibus litteris scriptus, qui libros novem priores et decem librorum argumenta continet.

Praeter hunc illi aliis septem utebantur mss., quos hunc fere in modum recensuerunt:

a*), bibl. reg. n. 2050., membr., saec. X., omnes libros complectens, ab interpolatore interdum male habitus;

b, bibl. reg. n. 2051., membr., saec. X., omnes libros complectens, satis bonus;

c, bibl. reg. n. 2052., membr., saec. X., decem libros complectens, melior codice a, deterior codice b;

d, bibl. reg. n. 2053., membr., saec. X., octo priores libros complectens, optimae notae;

e, olim Corbei., nunc German. n. 258, membr., saec. X., omnes libros complectens, diligentissime scriptus;

f, olim Corbei., nunc German. n. 253, membr., saec. XI., libros duodecim posteriores continens, non malus;

g, olim Corbei., nunc German. n. 767, membr., saec. X., septem posteriores libros-complectens, optimae notae.

---

*) Pro maioribus minores posui litteras, ne nostri codd. *ABF*, de quibus infra agam, cum Parisinis commutentur.

Horum librorum varias lectiones ab editoribus Parr. enotatas si pervestigaveris, plurimas earum aut optimas aut certe probabiles cognoscas. Mirum ergo videtur, cur illi vel optimas optimorum codicum lectiones tam raro in verborum contextum receperint et plerumque vulgarem maluerint scripturam retinere.

At enim putabant, ut aiunt in praefatione, „oportere se memores esse patrum Benedictinorum, non suam qualemcumque recensionem huius operis ab lectoribus expeti."

Verumtamen iniquum est editorum quamvis doctorum et sanctorum magis haberi rationem quam ipsius scriptoris. Quamobrem ego id mihi proposui, ut quantum fieri posset ipsius Augustini verba ex codd. manu scriptis restituerem.

Atque Parisinos quidem mss., id quod vehementer doleo, ipsos adire mihi non licuit neque eorum varias lectiones nisi ex editione Parisina potui cognoscere. Sed iam diutius mihi illas perlustranti Carolus Halmius, antistes bibliothecae publicae Monacensis, vir clarissimus et humanissimus, cuius liberalitati ac paene paternae curae vix dici potest quantum ego debeam, tres perantiquos codd. mss. nondum collatos ultro obtulit, quórum unus Augustâ Vindelicorum, duo Frisingâ in Monacensem bibliothecam translati sunt. Quos quum diligenter excuterem, ex uno eodemque fonte fluxisse eumque ipsum purissimum fuisse cognovi; qua de re programmate gymnasii Norimbergensis superiore anno edito uberius disserui. Hanc commentatiunculam qui legerit, non, opinor, temere me egisse putabit, quod in his libris recensendis praeter Corbeiensem illum antiquissimum, cuius varias lectiones editores Parisini diligentius quam reliquorum suorum exscripserunt, imprimis nostrorum codd. fidem secutus sum.

Iam eos breviter describam.

A, olim Augustanus, nunc Monac. lat. 3831, membr., saec. X., omnes libros complectitur. In priore parte summae auctoritatis est et in plerisque locis cum Corbeiensi conspirat.

F, olim Frisingensis, nunc Monac. lat. 6267, membr.,
saec. IX., satis eleganter scriptus, duodeviginti priores libros continet. Hic liber ex dissimilibus constat
partibus; medii enim septem libri (XII—XVII) vetu-
stiore et diligentiore manu scripti, undecim priores
et duodevicesimus paulo recentiore aetate et minore
diligentia exarati sunt.

R, et ipse olim Fris., nunc Monac. lat. 6259, membr.,
saec. X., recentior Frisingensi altero, vetustior Au-
gustano, scripturae sinceritate insignis, octo extremos libros continet.

Praeter hos etiam cod. Bambergensem (A, n. 124)
interdum adhibui, quem **M. Stenglein**, Bambergensis
bibliothecae praefectus, summa liberalitate mihi suppedi-
tavit. Hic cod., qui lib. VIII—XVIII continet, minoris
quidem quam reliqui nostri auctoritatis, non tamen con-
temnendus est.

In capitum argumentis recensendis nostri codd. minorem usum praebebant. De his enim, quae iam in anti-
quissimo Corbeiensi leguntur et ipsius Augustini ingenio
aut saltem aetate minime indigna videntur, ex codd. nostris
soli *A* et *F* consuli poterant, iique ipsi in ternis tantum
libris (*A* in lib. XI., XII., XIII., *F* in lib. XII., XIII.,
XVI.) haec capitum argumenta probabilem in modum
composita exhibent.

ADNOTATIO CRITICA.

(*De vocabulorum ordine ex auctoritate codicum mss. mutato, id quod creberrime factum est, in adnotatione critica plerumque tacebimus, ne ea in nimiam magnitudinem crescat.*)

3, 15 instituto et mea ad te *CA* (*progr. p.* 14); a te instituto et mea *Fv* | 23 populi sui *CAF* | 5, 1 deberent potius *A* | recte *F* | 2 prouidentiae diuinae *A* | 9 dicatissimis *CAF;* dedicatissimis *v* | 10 ad] atque *A* | 18 esse *om. A;* se seruos christi esse *F* | 28 alienis *A* | 32 vel illo *v**) | 6, 19 commisisse *CA;* commendasse *Fv* | 7, 3 prudenter *A* | 31 expediam *CA;* emplicem *F;* explicem *v* | 8, 2 peruersitatis *CA;* proteruitatis *Fv* | 5 fuerant *A;* fuerunt *Fv* | 11 mater troia *A* | sacris *A* | 23 reducere *A;* ducere *F* | 28 donanda *CAF;* reddenda *v* | 33 miserantibus *F Parr. v;* miserantibus hostibus *A* | 35 graeculorum *A;* graecorum *Fv* | 9, 10 cato *CAF;* Caesar *v* | 14 conlibuisset *AF Parr. v;* conlibuissent *Sall.* | 16 compleri *A ut Sall.;* repleri *Fv* | 29 quibus *A;* quorum *Fv* | 10, 4 ita uero *AF* | 15 haberetur *CAF;* abiret *v* | 11, 7 illi *A* | 14 praedixit *v* | 25 corrigunt *A;* corrigant *Fv* | 27 thesaurizant *AF;* thesaurizent *v* | 12, 6 bonus his A^2; his bonus *F* | 12 nunc peccatum *A;* peccatum nunc *Fv* | 14 sapientissima *A* | 31 quisque *om. A* | 37 prouectum *A* (*cf.* 166, 6; 348, 20; 425, 4); profectum *Fv* | 13, 1 ualet *A* | primum *A;* primo *Fv* | 12 luxuriam *v* | 18 os eorum *A Parr.;* hos quorum *F;* eorum

---

*) *Ubi in adnot. crit. vulgarem tantum lectionem commemoro, in verborum contextu nostrorum codd. consensum secutus sum.*

os coram *v* | 21 petit *A* | 26 flagellantur *AF* (*cf.* 174, 32 *sqq.* ita sunt dispares, **ut** . . ille coniugatus, illa virgo sacra **est**); flagellentur *v* | **14, 2** innocenter *A*; innocentes *Fv* | 17 saluti dum *mss*; saluti consulentes dum *v* | 19 metuunt *F* | **15, 2** nolunt *A* | 4 uoluntate . . mutandi *A* | 10 huiuscemodi *v* | 14 in hanc uitam *A* | 16 affligantur *v* | 25 quoniam *A* | 26 cooperatur *CF* (*cf. vol.* II, 293, 4); cooperantur *Av* | **16, 3** errauerunt *A* | 7 tamquam] quasi *A* | 15 moriens] mortuus *A* | 19 inseruerant *v* | 25 quoniam *C. Halm*; quam *mss*; qui *v* | **17, 3** thesauros *v* | 19 monstrauerat *CAv*; monuerat *F Parr. rell.* | 19 qui et haec *v* | 28 quo et ipsi *v* | **18, 11** acciderit *v* | 29 et *post* maius *om. A* | **19, 1** citius *CAF*; inertius *v* | 28 Christus *om. A*[1] | 29 quod *A*[1]*F*; quid *v* | **20, 3** escam *A* | 10 id est *om. A*[1] | 14 exhibuit *om. A*[1] | **21, 2** sancte *CA*[1]*F* (*cf.* 26, 33); sanctus *v* | 10 dum *v* | 25 esse possit *A* | **22, 1** desint *A* | 17 deserit *A* | 20 maluerunt *A* | 33 marcus regulus *CAF*; Marcus Attilius Regulus *v* | **23, 19** de *AF*; *om. v* | 22 remaneret *v* | 32 reddet *A*; reddit *v* | **24, 15** faciemus *F* | 21 captiuati *CAF*; captivi ducti *v* | **25, 25** crimen . . cauebit *CA*; crimen . . carebit *F*; crimine . . carebit *v* | 35 se *om. A* | **26, 10** de alienae uiolentia libidinis *H. Heerwagen* (*cf.* 27, 10); de aliena violentiaque libidine *C*; de aliena violentiarum libidine *v* | 18 eandem *A* | 24 sanitas ualetudo *C*; sana ualetudo *AF*; sana integraque valetudo *v* | **27, 4** inscitia *v* | 18 et *AF*; *om. v* | 21 uiolenterque *A* | **28, 4** dicimus *A* | 16 conprimitur *F* | 24 illa *AF*; illa, illa *v* | 35 tristisque . . undae *CA*[1]*v*; tristisque . . unda *A*[2]*F*; triștique . . unda *Parr. rell.* | **29, 5** ne *CA*; nec *Fv* | 10 non] nec *A* | 25 adultera *AF*; adulterata *v* | 30 testem mentis suae *A* | 35 vivunt tamen *scripsi*; vivunt . Tamen *v* | **30, 32** eorum *A* | **31, 6** erroribus *A* | 8 de frutectis esse *A* | 9 inrationabilibus *CF* | 10 ambulatilibus *v* | **32, 24** theobrotus *mss* | **33, 13** ille si hoc *A*; si hoc ille *Fv* | 14 migrarent *v* | 15 migrantibus se *F* | aeternas se] se *om. AF* | 16 esse se *A* | proponant *A* | 32 iudicauit *AF*; indicavit *v* | 34 pater filio *v* | **34, 9** ergo est *F*; est *om. A* | 23 eorum eundem illum *F*; eorundem illum *A*; eorum eidem illi *v* | 24 praeferamus *v* | 26 delegit *A* | 36 in bello] in *om. AF* | **35, 4** indicauit *F* | 5 uirtutis *C*; uirtutes *AF*; virtu-

tum v | 8 reuertitur AF | 34 concitante AF; concitatae v |
35 uoluptatique C; concupiscentiaeque F; eiusque concupi-
scentiae A; corporis concupiscentiae v | 36, 7 est *om.* A | 15
quibuslibet CA; cuiuslibet Fv | 19 absque ulla culpa F | 37,
4 legitime] legibus F | 7 crimen AF (*cf.* 109, 14 *sq.*); in cri-
men v | 8 fecit AF; fecerit v | 20 ipso A | 22 haec A | pos-
sit A | 24 reum A | 38, 5 infert A | 7 incidet A; incidit Fv |
12 debeat A | 15 qualis . . formidatur AF; quales . . formi-
dantur v | domino] christo A | 24 ad deum A | 39, 17 ammi-
rari A | 33 deum credant A; credant deum v | 40, 6 fastus F |
11 essent perpessae A^2F | 41, 5 probitati CAF; probationi v |
7 sunt A | 9 est *om.* A | 13 tolerandis A | 33 sunt A | 42, 19
obrutos A | 33 libidine CA; libido Fv | 43, 31 cogitare A |
33 propter labem animorum cauendam pestilentiam A | 44, 5
hac *om.* A | 8 foedauit ante ut A | 24 securos esse ab hostili
terrore A | 31 uestra auctoritate securitate A | 45, 10 pro-
cessit CA | 18 et alia A | 46, 1 adiuuor A | 9 potuerunt A |
18 et potius AF; quin potius v | 23 subtiliore CA; subtiliori
F; sublimiore v | 26 et de CAF; scilicet de v | 47, 10 opi-
nionis CF; opinationis Av | 28 cogitare CAF; curare v | 31 mi
om. A; fili mi F | 48, 4 numquam ad uer. sci. peru. A | 8 su-
periori F | 10 resistendum CAF; respondendum v | 27 solent
CAF | 49, 12 primum *om.* A | 25 nam qui CF; iam qui A;
causa Christiani. Sunt namque qui v | 26 facillime CAF; qua
facillime v | 28 uulgum F | 33 ea *om.* A | 50, 2 imputandum
$C(?)v$; imputanda AF *abcd* | contendant CF; contendunt Av |
51, 2 deûm v | 6 sunt] erant F | 27 numero A | 52, 6 deorum
A^2F | 12 subleuatus C; sublimatus AFv | 17 adhibere A; ad-
hiberi Fv | 23 eos *mss*; *om.* v | 53, 3 praeceperint C *acd*;
praeciperent AFv | 5 increpavit v | 7 agnoscite Cv; cognoscite
AF | 8 et AF *ut Pers.*; aut v | uicturi Av; uenturi CF | 9
qua mollis $Cbcdv$; quã ollis F; quam mollis A | 12 largiri
A *Parr.*; largire F; elargiri v | 54, 13 erudiendum *Parr.* v;
erudieudam AF | 21 quondam in gremium A; in gremium
quondam v | 28 hoc] id F | iam F; ac v | 55, 15 neglectum
est F | 34 quem non] quem *om.* A | 56, 2 periclen A; Peri-
clem v | 6 Cneo v | 7 dein A | 18 pertinet CAF | 58, 12 uo-
luptatem diis sibi honorem exhiberi A^1; sibi ut honorem A^2 |

22 permixta *A* | 23 qui *CA*; quia *Fv* | 25 tribuantur *A* | 26
honori ducunt *F Parr.;* honori dicunt *A*; honore dignos du-
cunt *v* | 59, 1 etiam sancientes *C¹AF* (*cf.* 56, 8); etiam plecten-
dum sancientes *C²v* | 14 exerere *AF* (*cf.* 8, 2) | 20 adule-
scentibus *A¹* | 26 nolimus *F* | 34 sunt putati *A* | 60, 24
concertent *AF*; concertant *v* | 25 cum colant *F* | 62, 34 cuius-
dam magni *A* | 63, 19 tribuerant *A*; tribuerent *F*; tribuerunt
v | 29 tenuerunt *om. mss* | 64, 11 populo Romano *om. A* |
14 raptas esse Sabinas *v* | 65, 13 uirtutis obtrectatorum *A* |
28 adhibeo *A* | 33 eius ipso *A* | 66, 3 carthaginiense *CAF*;
Carthaginense *v* | 11 ante oriri *A* | 17 tempore breui *A* | 22
deinde inquit *AF*; Dein, inquit *v* | 28 iura sibi *A* (*cf.* 107, 32);
sibi iura *Fv* | 67, 6 prouentum *C* | 9 possint *A* | 33 prius
AF | 68, 16 factam *om. A¹* | 19 inputant *A* | 69, 7 non *sus-
pectum est* | 10 augeat semper *A* | 22 uineae *CAF*; viti *v* |
24 ad iudicium *A* | 31 placuerit *A*; potuerit *Fv* | 70, 19 flagi-
tiosissimorum *C. Halm*; flagitiosorum *v* | 34 isteque *C* | 71,
9 afuisset *A¹*; abfuisset *v* | 10 pilus *mss* | 13 geri *C*; regi *v* |
16 putarent *scripsi* (quod . . dictum putemus *Vatic. Cic.*);
putaret *AFv* | 19 geri *F et Vatic. Cic.*: regi *v* | 21 conflictione
mss; conflictatione *v* | 22 geri *CAF*; regi *v* | 25 rei publicae
utilem *A* | 72, 2 tum *A* | 12 factiove *Morel*; factione *mss* |
26 quodam mihi *A* | 29 fuse *C. Halm* (*ed. Cic. Turic.*); iuste
Av; iniuste *F* | 73, 26 fuerit *A*; fuit *Fv* | 27 quondam *A* |
28 quam a posterioribus romanis *A* | 74, 27 deorum suorum
A | 32 deseruerunt *A* | 75, 15 dubitant *F* | 25 profuisse fre-
nandis *A* | 76, 26 pro dirigendis atque colendis *A* | 77, 3
prudentes *C* | 13 sinitur *mss*; sinuntur *v* | 26 atque aris *A* |
27 illius *A* | 28 praesagando *CAF*; praesagiendo *v* | 36 recu-
peret *A¹* | 78, 1 publicam] populi *A et sic etiam* 8 | tum *AF*;
Tunc *v* | 3 prior *A* | 12 hi *AF*; ii *v* | 17 ei *om. A¹* | signi-
ficari *scripsi*; significare *AFv* | 21 postero *AF*; postera *v* |
79, 23 conflictione *A* | 80, 7 celebrata et *C¹A¹v*; celebrata
est ut *F*; celebrata ut *C²A²* | eos fecisse *CAF*; eos talia fe-
cisse *v* | 8 illis libentissimis ibi talia exhiberi *scripsi*; illos
libentissime sibi talia exhiberi *CAF*; illos libentissime sibi ta-
lia velle exhiberi *v* | 18 iesu christi domini nostri *A* | 81, 9
dicata *AF* (*cf.* 5, 9); dedicata *v* | 17 velut] ut *A* | 22 sensum

honestatis amiserit *A;* amittat sensum hon. *Fv* | 82, 32 phi-
losophus tertullius *mss* | 33 clamat *CA;* clamabat *Fv* | 83,
20 has *om. AF* | 21 *ut editur, CA¹;* deorum facta uel sce-
lerate turpiterque uel sceleratius *F;* deorum facta uel sce-
lerate turpiterque commissa uel *etc. A²v* | 84, 2 ecclesiam
A | 10 immutatione *v* | 23 punitur *suspectum est; fortasse
legendum:* polluitur | 85, 5 ponit *AF;* ponet *v* | 14 spiriti-
bus *AF; om. v* | 17 imposuerant *v* | 18 remouisti diuinorum
A | 86, 32 per diuersa *mss (cf.* 123, 27); per diversa loca *v* |
87, 6 nimis *A;* nimium *Fv* | 9 illi *om. A¹* | 10 condictione *A* |
quae sunt *A¹* | 29 condita *dv; om. CAF* | 88, 14 aliud *om.
AF¹* | 89, 4 illud *AF;* illud autem *v* | 11 deos hominibus *AF;*
deos fas est hominibus *v* | 30 ut ibi *Cv;* ubi *AF* | quasi *om.
A¹* | 90, 4 hoc est *A;* hoc idem *F;* id est *v* | 10 ne *A;* nec
Fv | 15 illa *CA;* ille *F;* Sylvia *v* | 24 si peccata *CAF;* si eo
usque peccata *v* | 91, 12 meruit *A* | 92, 8 urbis illius *A* | 12
deseruerunt *A* | 13 reliquerunt *A* | 94, 6 XXXVIIII *A* | 95, 6
legibus] ciuibus *Sall.* | 18 tunc *A* | 27 *vulgarem verborum
distinctionem* „Interest quidem iam vitio proprio, malas mentes
etc" *mutavimus (cf. vol.* II, 242, 5) | 96, 6 stratonicum *CA;*
istratinicum *F* | 97, 5 illic *om. A* | 8 ad romam *CAF;* ad *om.
v* | 10 deorum *A²F* | erat enim *A;* enim erat *Fv* | 21 cae-
lestes *F* | terrenos *A* | pluuiales *CF* | 98, 28 Alecto *v* | 29
inferna *CAF;* infernalis *v* | 100, 13 vivis *om. AF* | 101, 12
antiquorum *CA;* antiquiora *Fv* | 16 et *F ut Sall.;* atque *Av* |
25 benedicetur *AF¹* | 33 esset pater *A;* pater esset *Fv* | 103,
18 euenisse *C;* accidisse *AFv* | 104, 6 beneuole *C;* boniuole
A; beneuolentia *Fv* | 106, 6 primo *F* | 23 uincit *A²Fv;* uicit
A¹; vincet *Verg.* | 107, 4 tyranno *om. C* | 7 impie *mss;* in-
iuste *v* | 22 diminuto *v* | 29 plebs *A* | 32 iura sibi *AF;* sibi
iura *v* | 108, 3 inquieta non *A¹* | 8 haec *v* | 109, 4 inscen-
sum *Lud. Vives;* incensum *mss v* | 13 quia *A;* qui *Fv* | 19
inane remedium *CAF; om. v* | 110, 17 diremptione *A ed. Lo-
van.;* direptione *Fv* | 111, 28 commemoraret *A;* commemorat
Fv | 113, 4 tum *A* | 9 semiustus *C;* semiustulatus *AFv* | 35
hannibale *CA²;* annibále *A¹Fv* | 114, 1 *ut editur, CAF;* quam
cruenta bella gesta sunt, quam multa proelia! Quoties *v* | 12
infimioris *Parr. v;* infirmioris *AF* | 16 ex illis *v* | 26 aureos

om. A^1F | 115, 2 populo romano A | 17 instruxit | 116, 1 potuerint A | 8 propterea CF (coli — propterea *om. A*); qui propterea v | 23 possint A | 34 ipso ergo A | 117, 10 gneum A; ceum F; cneum *Parr. v* | mallium *mss* | 12 strati F | 24 comparationem C; comparatione AFv | 29 uel nec A | 35 ob *om. A* | 118, 2 monstraretur C; monstretur AFv | 6 eneruam A | 16 alio *scripsi* (*progr. p.* 19); malo *mss v* | processerunt CAF; processerint v | 33 dicam *suspectum est;* mutuis repente dicam F | 35 contempserunt A | 119, 26 adeuntis A^2 | 34 malorum CAF; bellorum v | 120, 2 iam *mss;* tam v | 27 *in codice A cum hic folium exciderit, verba* „Sed hoc quid" *excipiuntur verbis* „de crudelitate certauit" (124, 24) | 121, 26 seditionis *Parr.;* seditionibus Fv | 32 gaius F *Parr.;* Caius v | 122, 3 *ut editur, F Parr.* (*progr. p.* 15); civilia: in quibus quae v | 32 *post* nocentes *vulgo legebatur:* Tunc data libertas odiis resolutaque legum Frenis ira ruit, *quae verba om. F Parr.* | 123, 7 *scribere debebam:* Caesares a Fimbria; *cf. Flor.* III, 21 | 9 baebius C; Bebius v | nomitorius C | 26 suis aliis F *Parr.;* suis alienisque v | 125, 12 multos CA; tam multos Fv | 19 expoliare A | 35 iam *om. A* | 126, 1 *vulgarem verborum distinctionem* „transscendit. Hinc" *mutavimus* | 127, 18 incredibiliter *mss;* incredibilia v | 36 pressa CAF; oppressa v | 128, 9 milia CA; *om.* Fv | 25 inputant A | 29 acciderint F; acciderent A; acciderunt v | 31 his AF; iis v | iustum murmur A | 130, 4 malis AF; *om.* v | 9 quod A^1F^1; quid A^2F^2v (*insequentium verborum distinctionem mutavimus*) | 12 bellantum AF; bellantium v | 14 libello *mss;* libro v | 24 scaturrigines CAF; scaturigines v | 30 ulla CF; nulla A; illa v | 131, 21 tremore A | 132, 35 et latrocinia AF; et ipsa latrocinia v | 133, 6 dempta AF (*progr. p.* 17); adempta v | 10 infestaret *scripsi;* infestare C; haberet infestum AFv | 134, 29 arbitria — erant *om. mss* | 135, 24 et *om. A* | 32 Orientis *om.* A^1 | 136, 12 emigratio A *Parr.;* migratio Fv | 13 in *om.* F | 137, 1 cluacinae CAF; Cloacinae v | 6 et *mss;* aut v | 17 tutelinam A; tutlinam C; tutilinam F *Parr. rell.* | 27 ostire . . ostilinam F. *Parr.* | 138, 3 domi AF | 16 regem *mss;* regem esse v | 139, 3 si] sed A | 140, 6 laetae gremium Cv; grem. laet. AF | 25 ueneris A; ueneriis F | 141, 5

deorum *mss;* deorum suorum *v* | 10 quodlibet *CAF;* Quotquot
libet *v* | 142, 18 iuuenta *A* | 25 uirginensis *A* | 143, 6 ea-
rum *v* | 7 haberet *AF;* habet *v* | 34 nascendi *mss;* nascentis
v | 144, 21 ab ipsis *A* | 146, 24 an] etiam *C* | 27 quia *v* |
147, 7 deus est] est *om. A^1* | iungatur *A* | 21 congrua *mss;*
ei congrua *v* | 32 Quot] tot *A* | 148, 1 cur ergo *A* | diuersa
CAF; duo *v* | sed et hoc *A* | 9 et malos *A* | 13 fortuito *A;*
fortuitu *Fv* | est *mss;* est ergo *v* | 32 fortuito *AF;* fortuitu
v | 149, 11 uanescet F^2v; uanescit A^1F^1; uanescat A^2 | 19
et istae] et *A;* om. *Fv* | 26 cum eius] cuius *A* | 150, 1 possit
A | 2 ceteri deputantur *A* | 6 unum non intellegentes deum *C;*
dona non intellegentes Dei *v* | 15 est *om. A* | 16 non] quam
A (*cf.* 231, 28) | 19 opinione *A* | 25 traxisse A^1 | 151, 1 uo-
lumino . . uoluminae *A* | 4 fructesae *A* | 7 aescolano *C;* Ae-
sculano *AFv* | 9 coepit esse *A;* esse coepit *Fv* | 22 fessona
A^1; fossona *C* | 25 spinensis *A* | 26 robigo *CA;* rubigo *Fv* |
31 ipsam *v* | 152, 2 ad quem A^1 | inquit *om.* A^1 | 6 ita] ista
C | 9 piscator A^1 | 15 inuocare atque aduocare *C;* adu. a. inu.
AFv | 31 *mutavimus vulgarem verborum distinctionem* „stru-
xit? Nec . . adesset." | 153, 4 in tanta forte *A;* forte in tanta
Fv | 10 iam *om.* A^1 | 26 electos *AF* | 154, 9 nomini *AF* |
12 inde ipsi *A* | 20 fecerat regem *A* | 21 ut obscuri essent *A* |
156, 10 et *scripsi cum edd. vett.;* om. *AF Parr.* | 11 indica-
runt *scripsi* (*cf.* 163, 28; 361, 13; *vol.* II, 94, 36 *etc.*); iudi-
carunt *v* | 157, 6 an *CAF;* an non *v* | 10 fuerat] est *A* | 12
latino *AF* | 35 placabant A^2; placebant A^1F *Parr. v* | 37 nisi
sub diabulo *A* | 158, 8 tradita tria genera *A* | 31 ac] aut *A* |
159, 1 ab *v* | 5 respondeat *A* | 15 plurima *A;* plura *Fv* | 27
potuissent *A* | 160, 22 si haec *A* | 26 uenisset *AF;* veniret *v* |
161, 15 milite . . turbato *AF;* militem turbatum *v* | 23 dae-
monicis *mss;* daemoniacis *v* | 29 a quo] ut *A* | 162, 26 sepa-
rauerant *A* | 163, 25 numinum *A* | 164, 2 miseris modis *A* | 7
ei *om. A* | 165, 3 noluerunt *A* | 23 aptius *CF;* artius *Av* | 32
fortuito *CA;* fortuitu *v* | 166, 5 terrena regna *A* | 6 profectu
F | 168, 23 et *A;* om. *Fv* | 24 agit aliud *A;* aliud agit *Fv* |
26 eos *v* | 169, 15 quid *A Parr.;* quod *F;* qui *v* | 170, 6 ac-
cipiendum *CAF;* afficiendum *v* | 9 eisdemque *F* | 13 affe-
ctuum *Fv;* effectuum *A Parr. mell.* | 22 miror *A* | 171, 35

de singulis *A* | 172, 1 maioris *A* | 25 morbus *A* | 173, 4 hora] ora *A;* mora *Fv* (*progr. p.* 4) | 28 nascantur *AF;* nascuntur *v* | impedit *AF* | 32 omnis *A* | 33 cur *AF;* quod *v* | 38 possint *A;* possunt *Fv* | 174, 5 diuinius *F Parr.;* diuinos *A;* divinis *v* | 175, 11 nasceretur A^1 | 18 et *om.* A^1 | 176, 12 aliter *CAF* (*cf. vol.* II, 73, 33); alios *v* | 17 siue animantibus *mss;* sive animantibus sive non animantibus *v* | 177, 11 deus in terra *A* | 31 non sint ab illo *A;* ab illo n. s. *Fv* | 34 hi *om,* A^1 | 178, 5 quam] cum A^1; quae A^2 | 179, 6 et *om.* *A* | 7 *ut editur, AF;* temptavit asserere quod *v* | 180, 9 e] de *A* | 32 eueniunt *A* | ea *om.* *A* | 33 eueniunt *A* | 181, 12 qui reddis *A;* quia reddes *F* | 182, 6 animarum *mss;* animalium *v* | 8 sive .. sive *v* | 11 et bonorum *A* | 21 enim *om.* *A* | 183, 31 nolumus *A* | 185, 5 libere uelimus *CAF* (*progr. p.* 16); liberi esse velimus *v* | 12 non *AF;* *om.* *Cv* | 186, 2 concordiam *A* | 3 inrationabili .. rationabili *F* | 7 pennulam *v* | 18 possimus *AF;* possemus *v* | 19 nulla sit potestas *A* | 27 eorum *om.* A^1 | 29 daemonibus *A* | 187, 4 sibi imperatores *A* | 5 fecere *A ut Sall.;* fecerunt *Fv* | 6 aut] ac *A* | 188, 3 habetur A^1; haberetur $A^2 Fv$ | 19 subiugandi *A;* subiendi *F;* subigendi *v* | 21 cedo *CAF;* credo *v* | 23 fulgentia *C* | 25 morem *Cv;* mores *AF* | 28 eneruatione A^1 | 31 Unde *sqq., locus depravatus* | labe *A Parr.;* laue *F;* labes *v* | 34 Unde] inde *A* | 189, 22 iudicio *C;* testimonio *AFv* | 190, 7 fecere *A ut Sall.;* fecerunt *Fv* | 30 bello punico secundo *CAF;* bellum Punicum secundum *v* | 191, 1 et legenti *A;* et *om. Fv* | 3 libuisse se adtendere *AFv;* se omisi (lubuit adtendere *Sall.*) | 6 opulentibus *A* | 192, 3 dominando *CF* | 12 statuendo *A* | 15 ergo *v* | 193, 10 in *om.* *A* | 16 uel *mss* (*progr. p.* 16); et *v* | 194, 4 hoc *A* | 196, 2 gentibus *om.* *A* | 197, 14 conseruanda *A* | 18 morientibus *A* | forte] certe *A* | 28 compulit *mss;* compulere *v* | 198, 8 iuvenili *v* | 20 haeresim *v* | 30 dubitatione *mss;* dilatione *v* | 199, 17 et mineruae *A* | 28 uolentibus tenere *A* | 34 retribueretur *A* | 200, 1 *ut editur, F Parr.;* se autem audebit *A;* autem se aud. *v* | 9 adductum *mss;* abductum *v* | 12 qui *AF;* quod *v* | 29 uentilare *A* | 202, 16 tanta eius iustitia *A* | 24 laudetur A^1 | 203, 4 quia *AF;* qui *v* | 5 populi sui *A* | 204, 6 quod] quae *A* | 11 secura *om.* *A* | 20 gloria dignitatis *CA;* gloriae dignitate *Fv* | 22 esse dicunt *A* | 26 seruiunt *AF;* serviant *v* | 205, 4 precem *A* | 206, 14 a *v* | 207, 27 radagaisus *CAF;* Rhad. *v* | 32 ipse *mss;* ipse cum filiis *v* | 208, 13 grauiora dignos A^1F et *Parr. quidam* (*cf. vol.* H, 457, 9; 458, 14); grauiore dignos A^2 | 23 nomine *mss;* pro nomine *v* | 36 quia vel] vel *om.* A^1 | 209, 21 possit *A* | 26 vero *om. A* | 210, 9 prosperatus *C;* prosperatus est *AFv* | 20 et fratrem *AF* | 27 suae partis imperio *A* | 211, 13 iactabantur *F* | 17 fundit — cui *om. mss* | 26 iniussu *scripsi* (*progr. p.* 20); iussu *CAF;* iussus, sed belli *v* | 29 et] sed *A* | 212, 28 post mortem *om.* A^1 | 32 priores *om.* A^1 | 213, 6 satyrica *A* | 7 inpudentibus A^1 | 26 conuicit *A* | 214, 7 *ut editur,* A^1F *et Parr. mell.;* postulabat satisfecisse A^2v | 30 his *F* | 33 his ergo hom. A^2 | 215, 21 monstruosius *A* | 22 ad risum esse *A* | 32 a *v* | 216, 31 dispartita *v* | 217, 11 *et* 19 ipsa ista *A;* ista ipsa *Fv* | 218, 2 Tullius *om. AF* | 10 addit *F* | 11 sic cicero erat *A* | 20 sedum *CF;* sedium *A* | 219, 2 huius *v* | 5 praedicantur *v* | 25 idem *F; suspicor:* itidem | 33 maximeque *C;* et maxime *AFv* | 220, 2 conposuit *A* | 221, 2 constituta *A* | 12 scribat *Cv;* scribit *A;* scriberet *F* | 27 pertinent *A* | 32 natura deorum *A* | 222, 28 appellari *om. C* | 224, 15 quae *om. mss* | et facere *om.* C^1 | 226, 9 et affectionibus *A* | 27 ut *om. A* | 28 quae scribunt autem *A* | 29 uulgus *A* (*cf.* 49, 28); uulgum *Fv* | 31 erunt *mss;* sunt *v* | 32 populis *scripsi;* propriis *mss;* poetis *v* | 227, 1 scripta *A* | 24 carnea CA^1F | 228, 6 talibus *A;* a talibus *Fv* | 19 laurentinam *A* | 25 herede *mss;* haerede relicta *v* | 37 doctore *C;* auctore *AFv* | 229, 3 celebrabantur *CAF;* celebrantur *v* | 6 adon *AF Parr. mell.;* Adonis *v* | 7 deorum *F* | attis *CAF;* Atys *v* | 17 occultantur A^1; occultabantur A^2F; occuluntur *v* | 26 enim] autem *A* | aguntur *A* | 30 eligit *F* | 31 admisit *AF;* admittit *v* | 230, 1 nos uero *A* | quaerimus *F* | 22 excusantur .. purgantur *A* | 232, 8 forsitan *om. C* | 11 furiunt *F Parr.;* feriunt *A;* furunt *v* | 16 ita omnes *A* | 21 circumire *v* | 28 deuerrum *A* | 36 masculus *AF;* mas *v* | 233, 6 utadeorum *A* | 9 uirginensis *A; itemque* 20 | 15 sine ui *mss;* sine eius vi *v* | 27 maius *mss;* magis *v* | 37 *ut editur,* A (*progr. p.* 4); qua possunt quasi conentur subtilitate discernere *Fv* | 234, 22 ueris *Cb* | 236, 2 hominum

Fv; omnium CA | 9 si hoc CA^1F; si et hoc v | 11 quidem homines CAF; homines quidem v | 15 adtulit AF; intulit v | 20 fuerint C | 24 in *om.* A^1 | 30 anno CAF; in anno v | 37 qui a; que F; quae CAv | 237, 13 in *om.* A^1 | 22 fulgura A | 27 id *om.* A^1 | 28 philosophi . . fecerunt *mss*; philosophia . . fecerat v | 35 quod AF; quo v | 238, 11 forsitan propriam A | 239, 14 posset A | 20 creatura A^1 | 25 illa A^1 | 240, 31 enim] *malim:* autem | 32 electos AF | 241, 3 eliguntur CAF; seliguntur v | pului C; pulbi F; balbi A | 5 eligi A; ex electis eligi F | 15 electi F | 242, 14 sensum A | 31 haec v | 244, 23 multa AF | 31 fortuito A; fortuitu Fv | 35 possit A | 245, 6 causas A | 28 possit A | 246, 18 opprobrium AF; probrum v | 27 amiserunt A | 247, 22 uero C | 248, 6 deum uerum A | 9 necessaria *mss*; necessario v | 16 adhuc *om.* A | 29 *et* 32 aetherias . . aerias CAF; aethereas . . aereas v | 249, 16 februm AF *Parr. mell.*; Februum v | 17 qui] quia A | 250, 18 spuendis AF | 32 illi A; illum Fv | 251, 22 inceptio F; incoeptio v | 253, 5 genitrix v | 254, 17 hoc AF; illud v | 256, 9 ipse sint AF *Parr. pleriq.*; ipsi sint C; ipse sit v | 257, 10 quo] qua A; quia F | 28 optabilius (*cf. Valer. Max.* 5, 1 *fin.* ut optabilius in patria, ita speciosius pro patria conlapsae); optabile eis v | 258, 21 permissus est A | 259, 22 qui F; quia v | 260, 23 ad aliquam Adv; ad *om.* F *Parr. rell.* | 33 colophonios F (*cf. vol.* II, 441, 18); Colophonius v | 34 est enim Cv; enim est AF | 261, 16 eius] eorum F | 262, 24 idem] enim A | 35 possidenda A | 263, 7 chronon C; choronon F; cronon A; Κρόνον v | 264, 1 priuatam uim obtinet A | 12 launino C^1; lauino C^2A; lanuino *Parr. rell.*; lanbino F | 13 uno Fc | 18 pro euentibus Cd; prouentibus AFv | 32 uenalia A; *itemque* 36 | 266, 8 qui] quod F | 22 eius *om.* CA | cuius *scripsi*; et cuius CA (et *videtur ex* ei $=$ eius *natum esse*); ex cuius v | vim *scripsi*; ui $CAFv$ | ea *scripsi*; eam CAF; ipsam v | 23 *et* 24 permanat *mss*; permeat v | 267, 17 inuenire A^1F | 27 enutriat v | feminae AF; feminina v | 28 masculi AF; masculinam v | 268, 5 quatergeminam CAF; quadrigeminam v | 9 uel ad unam F | 22 indigeat A | 24 his qui A | 26 *locus depravatus* | 269, 3 numina A; nomina Fv | 17 et AF; et ad v | 31 et AF; etiam v | 270, 3 daemonicis

ritibus *mss* (*cf.* 378, 31); daemoniacis artibus *v* | 12 attis *mss;*
Atys *v* | 18 Atyn *v* | **271**, 21 sacrificati sunt *CAF;* sacri-
ficaverunt *v* | 27 de delubris *A* | 37 deorum *v* | **272**, 5 uideant
A | 21 aethereo *v* | **273**, 5 fit *AF;* sit *v* | 8 deo uero *A* | **274**,
6 et in terram *v* | et non potest *F* | 12 dixerunt alii *A* | **275**,
9 unum facit *A* | 13 hoc *A* | **276**, 22 modum *CAF;* motum *v* |
24 scientiam *F* | 37 exerere *mss* (*progr. p.* 16); exercere *v* |
277, 4 se *om. F* | **278**, 15 significata et praenuntiata sunt
mss (*Aug. sic finit sententiam, quasi supra dixisset:* Omnibus . .
prophetiis . . praeceptis *etc.*); significaverunt et praenuntia-
verunt *v* | 27 conuersationem *AF* | 34 nunc *om. A* | **279**, 15
reddita ratio *AF;* ratio reddita *Parr.* (?); ratione reddita *v* |
280, 16 adsentire *F* | 30 qua *C* | 34 sive hydromantia *om.*
AF | **281**, 26 prolixa *mss;* prolixi *v* | **282**, 7 haec *C* | **283**,
4 e litteris *v* | **284**, 18 admirabile *v* | 34 (*locus depravatus*)
quibus suis et (ex *A*) propriis *ABF Parr.;* quibusque suis
cod. Cygirannensis; genera pro modulis et speciebus propriis
v | 35 fierent *Fac* | **285**, 17 intendit *AF* (*ut vers.* 20 nolebat);
intenderit *v* | 20 suspicatur *C* | **286**, 10 asserit] *malim:* at-
terit | 24 quae *Parr. mell.;* quia *A;* qui *BFv* | 29 ac late *C;*
lateque *AFv* | 30 nobilitatae *scripsi* (*cf.* 9, 11); nobilitate *v* |
287, 17 contemplationem perspectionemque *A* | 18 tripartitio
v | 34 suscipit *v* | **288**, 10 seruata A^2d; serta A^1; diserta *C;*
disserta *Fc;* discreta sunt diserta *B;* secura *v* | 36 naturae
ABF; naturali *v* | **289**, 10 semele A^2F | 28 enumerationi *v* |
290, 19 est *om.* A^1 | 25 ipsa *CAF;* ipsam *v* | **291**, 20 non bea-
tus *A* (*ut paulo ante:* non vivens . . non intellegens); non beatus
esse *BF;* et non beatus esse *v* | 29 intellegi *A Parr.;* intellegi
possunt *Fv* | **292**, 6 autem *Fc* | 13 inuisibilia *C* | 28 ennoeas
ABF (*paene ubique codd. nostri Graeca vocabula Latinis lit-
teris exhibent*) | **293**, 1 iis *v* | 10 ethicam *CAF;* ἠϑικὴν *v* |
16 homini *CA;* in homine *BFv* | 18 duorum *CAB;* duûm *v* |
36 omnes *C;* homines *AB;* hi omnes *Fv* | **294**, 35 senserunt
ABF; senserint *v* | **295**, 1 indidem (= *ex Italia*) *scripsi;*
om. C^1; itidem C^2; inididem *ABF;* identidem *v* | 3 libyes
(lybies) *mss;* Libyci *v* | **297**, 11 hieremiam *ABF;* Ieremiam
v | 18 ptolomeus *ABF, et sic ubique* | 28 qui] quia *C* | **298**,
14 illis *mss;* in illis *v* | **299**, 6 sacrificare *A* | 13 cum sectam

ABF | 304, 19 intellegant *Parr.;* intellegamus AFv | 305, 5 qui $A^2v;$ quae $CA^1;$ quia v | 11 rationabilia A | 307, 9 miserabilis $ABFv;$ mirabilis *Parr.* | 308, 22 et $ABF;$ om. v | 309, 29 pertinere BF *Parr.;* peruenire Av | 35 adferant *mss* (*cf.* 319, 32); offerant v | 311, 8 eadem A *Parr.;* ab eadem BFv | 313, 18 trismegiston F | 314, 13 uides *mss;* videsne v | 16 vate om. A^1 | 24 quo $Cv;$ cum AF *Parr.* rell. | 25 *ut editur, mss; vulgo post* servasse *haec addebantur:* et omnis eorum sancta veneratio in irritum casura frustrabitur | 31 ei om. A^1 | 315, 6 mutauerunt A | 15 easque A^2 | 20 defecit . . praefecit $ABF;$ deficit . . praeficit v | 22 sacrilegia C | 29 iam om. B^1F | 316, 13 quam A | 318, 16 domino domus A | 17 eam om. A | 25 uidebunt C *sec. Graec.;* vident v | 36 beuedicite A *sec. Graec.;* et benedicite Fv | 319, 31 idem ipse fecit A | 320, 14 quando *mss;* quando et quantum v | 19 caelestes habitationes C^1 | 321, 7 implicata *coniec. editores* *Parr.;* implecata $C;$ impleta v | 322, 19 quae solebat *scripsi;* quae solent $C;$ quae solet $ABFd;$ quae ante solebat v | 22 inquit] autem C | 36 uxorem om. *mss* | 324, 19 largiuntur A | 20 eas sibi A | 325, 9 si haberet deum om. $CBad$ | 13 istos spiritus A | 326, 35 alteque C (*cf.* 310, 25; 433, 22); lateque AFv | 329, 16 multae ac facundae] multe eunde $ABF;$ *fortasse:* multimodae (*cf. vol.* II, 529, 17) | 23 utrum necne ABF (*cf. vol.* II, 306, 2); utrumne v | 24 colloquendi v | 330, 14 *sqq.* sapientes . . patiantur retinent . . debent AF | 18 breuius certe A | 331, 14 et *mss;* sed v | 23 illa $A;$ illam v | 25 usum $AF;$ usu $C;$ usus v | 332, 14 huiusmodi v | 20 torquet BF^2c | 335, 15 daemoniis A | 16 gaudentes $C;$ claudentes $AF;$ cludentes $B;$ cluentes $v,$ *itemque Apul.* | 336, 17 animantium v | 337, 21 *ut editur, mss* (*cf. Zumpt* § 458); *vulgo post* miseris *inserebatur:* habentes | 339, 14 subsiciua $AF;$ subsicaua $C;$ subcisiva v | 15 in beat. AB | 26 subsiciua $CAF;$ subcisiva v | 340, 30 miseriam AF *Parr.* mell. $v;$ miseria ab^2 | 342, 15 utrum et *mss;* Utrum autem et v | 18 posse om. C^1 | 20 posse om. A | 26 ut etiam $AFabc;$ ut et etiam Cv | 343, 22 dignitate A (= *praestantia sive sublimitate, cf.* 428, 26); benignitate Fv | 28 posset $ABF;$ possit v | 344, 8 bonum om. ABF | 345, 11 penuria om. C | 14 remouerunt *mss;* removerint v | 14 id

CAF; et id *v* | 36 sensu *AF;* sensum *Cv* | 346, 9 uellet *A*[1] |
32 possunt *A* | 347, 15 corporalia *A* | 20 inquit *om. A* | 348,
20 profectu *F* | 349, 26 quilibet *C;* cuilibet *AFv* | haec *C* |
350, 6 ab scientia *AF;* ob scientiam *v* | 12 id est *v* | 13 satis
egerint *CAF;* sategerint *v* | 15 agant *ABF;* agunt *v* | 17 qui
C | in christo *CAF;* in forma servi *v* | 24 uenisti *mss;* venisti
ante tempus *v* | 351, 5 occultissima *abc (cf. 36);* occultissi-
mae *CAFv* | 352, 25 et si *scripsi;* etsi *v* | 27 appellant *A*[1] |
354, 13 ac *v* | 30 diligenter *A* | 355, 20 adminiculare *mss;*
adminiculari *v* | 22 quia sapere *mss;* quia sicut sapere *v* | 28
quod *AF;* qui *v* | 356, 1 senserint *A* | 7 uelle coli a nobis
A | 357, 1 ab agric.] ab *om. A*[1] | 15 cum] dum *A* | 26 εὐ-
σεβῆ *scripsi;* euseben *mss;* ευσεβεῖν *v* | 31 quodlibet *A* | 359,
31 eum suauissimo adolemus incenso *mss;* ei suavissimum ado-
lemus incensum *v* | 360, 3 in ignem‚feruidum caritatis *A* | 4
potest *v* | 22 se *A;* si *F;* sese *v* | 361, 27 consuluisse *mss;* pro-
fuisse *v* | 28 alia *mss (sc. praeter iustitiam);* talia *v* | 362, 5
contritus *AF (progr. p. 11);* contribulatus *v* | 8 et *AF;* sed *v* |
32 mea *om. Parr.* | inpietatis *mss;* pro impietate *v* | 363, 14
significando *mss;* significandam *v* | 19 quo *A Parr. (cf. 517,*
12); que *F;* quod *v* | 30 temperantia *mss;* per temperantiam
v | 32 faciamus *A* | 365, 15 sacrificari *A et „aliquot“ Parr.*
(*cf.* 26); sacrificare *v* | 17 gloriosissima *AFbe;* gloriosa *v* |
26 sacrificari *AF (cf.* 15); sacrificare *v* | 32 satis *A* | 366, 12
retro in uia *A* | 22 nomine (nomini *A*) dei *AF;* in nomine
Domini *v* | 32 crebuerunt *AFbe;* crebruerunt *v* | 367, 5 in
figura *AF* | 12 aereo *A* | 368, 22 sua *mss;* superna *v* | 369,
25 a *om. F* | 370, 27 scribit *AF* | 372, 2 ueneria *AF* | 3 quo-
que *AF;* quosque *v* | 19 osiri *A*[1]*B* | 21 osiris *B* | 373, 17
aut *AF;* vel *v* | 23 aut illum *etc., locus obscurior* | 374, 15
rarissimisque *AFv;* rarisque *bce*[1] | 18 uel terra *A* | 375, 31
vero *om. A* | 376, 11 tota *BFe (πάσῃ);* tanta *Abcv* | 378, 3
quod *AF;* quo *v* | 7 nec illi nec isti *v* | 12 humanas animas
prom. *F* | 31 daemonicis *mss;* daemoniacis *v* | 34 quas *AFv;*
quos *ce* | 35 adduxit *A* | 379, 7 atque huius modi *AF (cf.*
381, 13); atque alia huius modi *v* | 25 diligunt *v* | 380, 27
iordanes *F;* iordannes *A;* iordanis *Parr.;* Iordanem *v* | 30 gen-
tilium *A* | 34 hi qui eam ceperant in templo Dei sui *v* | 381,

9 hic *mss;* hinc *v* | 22 eius *om. A* | 384, 30 ab inuitis *Bev;* ab inimicis *F²;* inuitos *AF¹* | 385, 2 et *AF;* etiam *v* | 10 a] e *A²F* | 12 quo *AF;* quod *v* | 387, 14 etiam *om. A* | 34 et *om. A* | 388, 3 sanctum spiritum *A* | 25 peccatum *v* | 26 pro pecc. *mss;* pro suo pecc. *v* | 30 ipsa *A;* ipsam *v* | 389, 18 deus praedicator *A* | 390, 9 eorum *v* | tamen huic *A* | 18 quia *AFbe;* qui *v* | 19 alienos *Bace* | 20 in uol. *AF sec. Graec.;* et in vol. *v* | 23 inquit *om. AB* | 391, 13 et *F sec. Graec.* (*cf. vol.* II, 316, 17); *om. v* | 30 cum illis *v* | 392, 5 theurgicis *AF;* theurgis *v* | 25 quod *A* | 33 adnuntiant *A* | 394, 19 obumbrata *A* | 32 speciem figuramque *A;* speciem figurasque *F* | 395, 25 profiteris *A* | 396, 6 patricum nyn *A;* patricum nunc *F* | 24 christum et hunc crucif. *BFe* | 397, 34 indueretur *mss;* indueret *v* | 398, 1 qua *AF* (*sc. via; cf.* 411, 17 *sqq*); quo *v* | 22 in fide *AB* | 399, 15 aliquanto *AF* (*cf.* 71, 7; 515, 7; *vol.* II, 509, 2 *etc.*); aliquando *acev* | 400, 7 etiam in ipsa *A* | 402, 26 permansuros *v* | 403, 17 tantummodo *v* | 32 receptum in unam *mss;* receptam unam *v* | 33 quod *mss;* quae *v* | 405, 22 in fide sua *A* | 36 *ut editur, AF* (*cf. progr. p.* 11); *vulgo post* super nos *inserebantur haec:* et misereatur nostri | 406, 3 via et ver. *v* | 4 tempore *om. A* | 5 mons domini *mss sec. Graec.;* mons domus Domini *v* | 30 ipse in carne | 35 iam pauca *A* | 407, 8 in quorum *v* | 31 uaticinantibus *mss;* uaticinationibus *v* | 408, 2 infima *Av* (*cf.* 411, 5); infirma *BF Parr.* | 409, 10 incipient *A;* incipiunt *v* | 17 nimis *AF;* valde *v* | 26 concupiuimus *mss;* concupiscimus *v* | 410, 21 christum iesum *A* (*progr. p.* 11); Ies. Chr. *v* | 31 somnis *mss* (*cf. vol.* II, 499, 35; 500, 28); somniis *v* | 411, 31 nosmetipsos *v* | 412, 9 iis *v* | 13 quae *A;* quod *v* | 413, 16 nouam uol. *A;* vol. novam *v* | 414, 15 *post* locorum *A haec praebet:* spatiis extra mundum quia sicut nulla ante ipsum sunt tempora ita nulla extra ipsum sunt loca | 16 isti *AF;* istis *v* | 21 si *om. F* | 23 similiter ergo cog. *F* | 415, 21 humana intellegentia conpr. *A²F* | 416, 7 omnino est *A* | 24 in his *A* | 29 etiam *A; om. v* | 417, 25 et ad am. *AF* | 27 ipsius sui *A* | 34 natantium et uolantium *A* | 418, 2 qualisque *A;* qualisve *v* | 4 requieuit *A* | 419, 9 *in cod. A post* existimo *continuo sequuntur verba:* uisi aeterna est (423, 29) |

18 cum *om.* *F* | 420, 30 quippe dei uerum *BF* | 421, 2 dei patris et dei filii et dei spiritus sancti *A* | 4 aliudque *A* | 21 subsistentia *BFfv;* substantia *Parr. rell.* | 27 ad *om.* *BF* | 28 uiuus *F Parr.;* vivens *v* | 423, 8 infiniti quidam eique finiti thesauri *e et plures codd. Benedictinorum;* infinita quaedam eique infiniti thesauri *BFaf;* immensi quidam atque infiniti thes. *v* | 30 sed *AF;* sed et *v* | 424, 3 in illa *A* | 27 obtinentium *A* | 33 sua beatitudo *mss;* de sua beatitudine *v* | 425, 4 profectuque *v* | 26 mansurum *AF* | 426, 4 beatitatis *v* | 12 simus *AF;* sumus *v* | 21 hic quod *AF;* id quod *v* | 29 elatus *F* | 30 nec umquam] neque quisquam *A* | quia *A* | 427, 2 hoc est *A* | 5 mali *om.* *A*[1] | 18 ueritas non est *A* | 21 steterit *v* | 30 dictum *A* | 33 natura talis *F Parr. mell.;* naturalis *A;* naturale *v* | 428, 28 quas *A:* quod *v* | 429, 12 in *AF* (*progr. p.* 4 *sq.*); *om. v* | 19 cogitat *ABF Parr.;* cogitet *v* | 21 expectat *ABF Parr.;* exquirat *v* | 430, 8 malo *AF* (*cf. vol.* II, 371, 14; 485, 27); malis *v* | 21 etiam *A; om. v* | 23 latine ut appellentur *AFbef;* (vel appellentur?) | 29 a dextra et a sinistra *A* | 34 egentes *A* | ditantes] locupletantes *A* | 431, 4 hoc modo *v* | 32 magna luminaria *A* | 33 principia *ev;* principio *AF Parr. pleriq.* | 34 illa] eas *A* | 432, 1 praeessent *A* | 2 diuiderent *A* | 12 praetereundum est *A* | 21 Et *om.* *AF* | inquit *om.* *AF* | 22 praeessent *F* | separarent *A*[2] | 23 enim *om.* *AF* | 27 vocavitque *v* | 433, 3 ei *A;* illi *v* | 22 lateque *A* | 29 et *post* nunc *AF; om. v* | 34 contuitu *v* | 435, 8 publicam *om.* *A* | 17 deficit *v* | 436, 12 culpatur *A;* inculpatur *v* | 26 hic (= *in hoc errore*) *AF;* Hinc *v* | 437, 4 ordinem naturae *A* | 6 posito *F;* posita *v* | 17 bonos *mss;* malos *v* | 22 quam istum *mss;* quam per istum *v* | 438, 16 divinitatem] unitatem (*in rasura*) *A;* trinitatem *F* | 32 diuina bonitas *A* | 439, 27 strinximus *F Parr.;* instrinximus *A;* perstrinximus *v* | quo *mss;* quod *v* | 29 primus Plato *A* | 34 inueniendae *AF et codd. mell. Bened.;* indagandae *Parr. v* | 440, 12 ipsa *A;* ipsam *v;* nisi per se ipsam *Fef* | 442, 26 inrationabilia *AF Parr.* | 32 cacuminis *A* | 33 aliud .. radicis *A Parr. mell.* (*progr. p.* 16); aliud .. radices *F;* altius .. radices *v* | 443, 34 propinquemus *A;* propinquamus *v* | 444, 17 sensus *A;* sensum *v* | 31 ipse *A;* ipsa *v* | 32 iis *v* | 33 nec ipsa *AF*[1]; et

ipsa *v* | 38 magis] maius *A;* malus *F* | 445, 3 et *A Parr.;*
ut *Fv* | 10 bene .. male *v* | 30 unam *om. A* | 446, 7 linea-
rum rectitudo *A* | 16 quorumque *mss;* quorumcumque *v* | 21
illa .. hac *mss;* illic .. hic *v* | 32 est num. *A;* num. est *v* |
447, 11 in denario numero *A* | 23 faciunt *F* | 448, 11 dum
A; cum *v* | 31 quorum societati et congregationi *mss;* ad quo-
rum societatem et congregationem *v* | 449, 29 ferebatur *A* |
30 aquam *v* | 31 a *om. A* | 450, 2 illud *om. A* | 4 enim] au-
tem *A* | 5 in caelis *om. A* | 32 prostratus] procidens *F* | 451,
7 aestuantem *F* | 22 abhorruimus *mss;* aberravimus *v* | 34
sit] est *F* | 452, 8 putaverint *v* | 14 sint *Aef;* sunt *Fv* | 453,
22 quaedam mihi *A* | 454, 6 ipsi sibi *A* | 15 deo adhaerent
A | 20 eiusmodi *v* | 24 ideo ipse miser *v* | 455, 1 praestantior
est *v* | 12 magna] bona *A* | 19 quo *AF* | 30 summe *A;* summe
est *v* | 32 sunt *F;* sint *v* | 456, 30 *ut editur, ABFabf;* sed
uitium et quia malum *e;* sed vitium. Quia quod malum *v* |
457, 6 uirtutem salutem *A* | 16 initio *mss;* vitio *v* | 458, 36
ex ui natura *A;* ex ui naturae *F* (*hanc lectionem, quam in
programmate commendavi, nunc improbo.*) | 459, 17 debebat
ABF; debeat *v* | 21 modo facta esse *A* | 32 nuncupetur *F;*
nuncupatur *v* | 460, 22 est prima *F* | 461, 3 si *om. AF* | 5
bonae uoluntatis *A* | 18 quia *mss;* quae *v* | 21 perfruendum
v | 22 putemus *A* | 37 voluisse, alterum noluisse *v* | 462, 8
incommutabile *v* | 28 effectio est *v* | 463, 18 causas *AFfv;* cum
causas *Babe* | 464, 18 esse *om. A* | 19 dicitur *v* | 24 illi ..
isti *AF;* hi .. illi *v* | 27 angeli boni *F* | 28 bona *om. A* | 30
Absit *suspectum est* | 34 at *A* (*cf.* 470, 31; 474, 15); ad *F;*
Aut *v* | 465, 31 sit] est *F* | 466, 3 mutabiliter *F* | 15 ascri-
bit *A* | 19 et ait *A* | 20 cuncti *mss;* cunctim *v* | 31 reperiri
AF (*progr. p. 5*); reparari *v* | 467, 5 disputemus *F* | 11 con-
tinet etiam *A cum edd. vett.* (*progr. p. 5*); continent etiam
BF; continentem *Parr. v* | 17 imperium *suspectum est* | 18
octo annorum milia *mss;* octo et annorum milium *v* | 22 com-
putantur *AF* | 24 aequarent *mss;* aequarentur *v* | 468, 7 illi
uero *F* | 15 aliquid *A Parr.;* aliqui *Fv* | 16 relinquatur *F
Parr.;* relinquantur *Av* | 31 conditus] creatus *AF* | 469, 4
interminae AFe^2; interminatae *v* | 7 siue sescentiens *A* (*progr.
p. 6*); aut sexcenties *e; om. F et Parr. rell.* | 14 terminatur

AF | 31 mensum *AF* (*progr. p.* 19); mensium *v* | 470, 2 etiam
om. *AF* | 4 occubando *AF* | 23 et quae ventura *v* | 31 at *AF*
(*cf.* 464, 34); Aut *v* | 471, 6 qui (quis *F*) loquitur et dicit
AFbf; Quis loquatur et dicat *v* | 7 in saeculis *v* | 14 et erunt *v* |
34 resurgens *v* | 35 mors illi (*omisso* et) *A* | 472, 4 ambula-
bunt *A itemque* 28 | 16 ante *v* | 28 tu ergo quid *A; quid* ergo
tu *v* | 473, 4 fuisse *mss;* Deum fuisse *v* | 8 fuisse intellegatur
A; fuisse semper int. *v* | 13 non audeo dicere *A* | 15 non
debeo dubitare *A* | 474, 5 dicantur *v* | 13 fuerint *A* | 22 prae-
terierit *v* | 24 iam tempus *A* | 30 non sunt *v* | 38 tempus
ullum quando non erat tempus *A* | 476, 1 de] ex *F* | 17 dei
mss; om. *v* | 18 inter uos *AB* | 19 sicut unicuique *v* | parti-
tus est deus *A* | 477, 6 in eius *AF;* in ipsius *v* | 14 homo
prius *A* | 21 infinitarum *AFe* | 24 fuerat *F* | 26 eademque]
que om. *A* | 31 dicuntur *A* | 34 ob hoc om. *A* | 478, 16 Dei
nostri om. *A* | 32 non ante *v* | 479, 33 etiam om. *F* | 480,
12 Deo om. *AF* | 18 facit *AF* (*progr. p.* 6); fecit *v* | 24 pro-
uideret *AF* | 481, 9 duorum istorum *A* | 482, 18 potest *A* |
19 quis ferat quis credat *F* | 23 hic cur *F* | 483, 2 nouit *AF*
(*ut* 482, 35 cogitat); noverit *v* | 6 miseros futuros *A* | 20 quod
mss (*progr. p.* 17); quae *v* | 25 opiniones *A* | 34 coepit *A* |
484, 12 ordine *AF* (*cf.* 179, 30 *sqq.*); ordinem *v* | 25 miserias
A | 28 concedunt *F* | 30 esse dicunt *F* | 485, 21 posset *A* |
486, 1 tamen om. *A* | 7 consecuturus *A* | 16 ne *AF;* nec *v* |
18 omne] omnino *AF* | uno om. *A* (*fortasse legendum:* omne
uno ex homine) | 28 plurimum *mss* | 31 inter se umquam *A* |
488, 13 tam (iam *A*) non *AF Parr. mell.;* tamen tam non *v* |
21 fingunt *F* | 489, 23 uario colore *A* | 25 gignentibus *A* |
28 motusque *F* | 490, 6 dicere conditorem *A* | 7 quia *F* | 25
ac *v* | uixerunt *A* | 26 ad om. *AF* | 491, 9 et imm. *AF;* et
om. *v* | 14 cunctorum] omnium *F* | 23 quem *AF* (*progr. p.*
6); quae *v* | 492, 12 dicetur *A;* dicitur *F;* alio loco, quan-
tum .. adiuverit, dicam *v* | 27 primorum hominum *AF;* primi
hominis *v* | 493, 12 anima humana *F* | 20 a om. *AF* | 29 ab
om. *F* | 494, 9 a om. *AF* | 18 mala malis *F* | 31 rursum *F* |
495, 1 de eorum *v* | eadem poena *mss;* eidem poenae *v* | 21
enim *AF* (*cf.* 75, 26 *et Handi Turs. Enim* 1, 1 *sub fin.*); om.
v | 23 illis *v* | 496, 9 peccati poena *F* | 33 transgrediemini

v | **497**, 4 enim] autem *F* | 12 fidei deus *F* | 17 utantur *F*; utuntur *v* | 28 itaque inquit *BF* (*progr. p. 7*); inquit *om. A*; itaque *om. v* | 32 *et* 33 super *F* | **498**, 9 iniustitia .. utitur *mss*; iniusti .. utuntur *v*; uerum *AF*; sed *v* | 10 iustitia *AF*; iusti *v* | 14 generali *AF*; generalis *v* | 15 separetur *A*; separatur *v* | **499**, 2 quidam *AF*; *om. v* | 10 ait *AF*; dixit *v* | 11 et ego *om. A* | 18 emigrarunt *v* | 32 peccati *A* (poenam peccati — iustitiae fructus); peccantis *v* | **500**, 7 abolitio *AF*; absolutio *v* | 23 reviviscant *v* | 32 in eis *F* | 34 eius (= *mortis*) *AF*; eis *v* | **501**, 10 adflictatione *F* | 11 appellentur *F* | 17 cedens *mss*; decedens *v* | 29 *ut editur, AF*; De vita mortalium, quae mors — est *v* | **502**, 1 quoniam quidem quidquid *F* | 12 temporis spatia *F* | 18 consumpta *Fv*; consummata *Aab* | 25 quia *mss*; qua *v* | 27 consummatio *A* | **503**, 27 ullo *AF*; nullo *v* | 29 mortem est] est *om. v* | 30 iam uiuere *A* | 32 ante quid *AF*; quid *om. v* | **504**, 2 ne glorifices quemquam *A* | 4 illud vel illud *v* | 13 reviviscant *v* | esse dicuntur *F* | 25 utique *om. A* | **505**, 34 ex eo *v* | 36 totam ipsam *A* | **506**, 21 aduersus spiritum conc. *A* | **507**, 6 a *om. A* | 10 dei gratiam *F* | 22 quia *mss*; quae *v* | **508**, 2 adhuc] hoc *F* | 6 de *om. A* | 11 hominis *AFbe*; homini *v* | 29 superiori *v* | **509**, 14 bonum *AF Parr. pleriq.*; boni *bv sec. Graec.* | 16 ne utiquam A^1e; nec umquam A^2f; numquam *F*; nequaquam *v* | 19 tum cum gignebamini *om. AF* (*cf. vol.* I, 542, 16) | 28 quam *F* | 30 uere *F* | **510**, 3 ut qui *AF* | 10 uelimus esse *A* | 20 mundi huius *A* | **511**, 2 et *v* | uniuersa *F* | 6 intercidat *F* | 10 uincta *Fe*; uncta *A*; iuncta *v* | 24 sed magis] uerum *F* | 33 centron *AF*; centrum *v* | **513**, 1 corporea *v* | 8 eos non *mss*; eos sine labore non *v* | 10 perferre *F* | 20 vel] et *F* | 23 explicat *AF* | 25 redarguunt *AF*; redarguaut *v* | 27 posse *om. AF* | 36 sint *AF*; sunt *v* | **514**, 16 et moritur *F* | 22 sua *ed. Lovan.*; suam *v* | **515**, 7 feruntur *AF* | 8 quis *A* | **516**, 28 surgit *AF sec. Graec.* (*cf.* 521, 20); resurget *v* | 30 implendam *ABFaef*; *om. v* | **517**, 3 veterascerent *v* | 12 agebatur *AF* (*cf.* 363, 19); algebantur *B*; Alebantur *v* | 35 ex eis *F* | 36 in eis duo testamenta *A* | **518**, 2 illic potest *A* | 4 intellegere *F* | 21 omnium *F* | 24 a me ipso A^2F | 34 illo *A* | **519**, 11 consimili *v* | 19 discipulis suis *F* | 27 ista *AF*; corpora ista *v* | 28 spi-

ritu vivificante *A* | 31 subsistentiam *e* | **520.** 5 post *AF;* **per**
v | 26 non ait apost. *F* | 29 sùbiungit *v* | **521.** 15 sui] eius
F | 20 surgit *AF itemque insequentibus locis* (*cf.* 516. 28);
surget *v* | 25 est scriptum *F;* est *om. A* | 29 ei *A* | 35 nouis-
simus *AF sec. Graec.;* Novissimus autem *v* | **522.** 18 caelestis
suspeetum est; cf. 528. 33 | 29 induemus *A;* inuenimus *F;*
induimus *v* | 32 Iesum Christum *v; cf. progr. p.* 11 | **523.** 14
secundum illud intellegendum est *v* | 19 sic et *AF sec. Graec.*
(*cf.* 528, 28); sicut *v* | 21 factus *F* | 22 paulus *AF;* apostolus
v | **524.** 8 uerba libri *A* | 13 superficiem *A* | 28 iste *om. A* |
525. 11 vero *v* | 33 iesus *AFe;* Dominus *v* | 34 suis *om. F* |
526. 7 loco illo *F* | 19 canitur *v* | 23 omnes *om. AF*[1] | **527.**
4 illum *mss;* illic *v* | spiritum sanctum *v* | 8 propriae suo *A* |
12 erat *om. F* | 16 ipso tamen *F* | 21 scriptura diuina *F* | 27
spiritum vitae et animam viventem *v* | **528.** 5 flatum *F* | 7
partemque *ABabf;* paremque *Fev* | 8 prodivi *v* | 12 respi-
rando ac spirando *F* | reddimus *AFabe;* reducimus *v* | 23 ei-
cere *A;* reicere *F;* evomere *v* | 27 surgit *F* (*cf.* 521, 12); sur-
get *Av* | 28 sic et *A* (*cf.* 523, 19); sic est *F;* sicut *v* | 31 postea
spiritale *A* (*cf.* 522, 3); postea quod spiritale *v* | 33 caelestis
om. F (*neque est in Graeco*); *cf. vol.* II, 234, 1 | **529.** 2 dicit
esse *A* | 12 beateque *v* | 34 ista *AF; om. v* | 35 dispositione
differtur *A;* dispositione differatur *ev;* disputatione differtur
F; dispositione differre uoluimus *b. Finem huius libri a* pertractanda (529, 25) *usque ad* differtur *in cod. A recentior manus in schedula interiecta scripsit.* — *In cod. F post* differtur
est subscriptio: emendauit dominus uigilius.

LIBRI II. RETRACTATIONUM CAP. XLIII.

Interea Roma Gothorum inruptione, agentium sub rege
Alarico, atque impetu magnae cladis eversa est; cuius
eversionem deorum falsorum multorumque cultores, quos 5
usitato nomine paganos vocamus, in Christianam religionem referre conantes solito acerbius et amarius Deum verum blasphemare coeperunt. Vnde ego exardescens zelo
domus Dei adversus eorum blasphemias vel errores libros
de civitate Dei scribere institui. Quod opus per aliquot 10
annos me tenuit, eo quod alia multa intercurrebant, quae
differre non oporteret, et me prius ad solvendum occupa-
bant. Hoc autem *de civitate Dei* grande opus tandem viginti duobus libris est terminatum. Quorum quinque primi
eos refellunt, qui res humanas ita prosperari volunt, ut 15
ad hoc multorum deorum cultum, quos pagani colere con-
sueverunt, necessarium esse arbitrentur, et quia prohibetur, mala ista exoriri atque abundare contendunt. Sequentes autem quinque adversus eos loquuntur, qui fatentur
haec mala nec defuisse umquam, nec defutura mortalibus, 20
et ea nunc magna, nunc parva, locis temporibus personis-
que variari; sed deorum multorum cultum, quo eis sacrificatur, propter vitam post mortem futuram esse utilem
disputant. His ergo decem libris duae istae vanae opiniones
Christianae religionis adversariae refelluntur. 25
Sed ne quisquam nos aliena tantum redarguisse, non
autem nostra adseruisse reprehenderet, id agit pars altera
operis huius, quae libris duodecim continetur. Quamquam,
ubi opus est, et in prioribus decem quae nostra sunt as-

seramus, et in duodecim posterioribus redarguamus adversa. Duodecim ergo librorum sequentium primi quattuor
continent exortum duarum civitatum, quarum est una Dei,
altera huius mundi; secundi quattuor excursum earum
5 sive procursum; tertii vero, qui et postremi, debitos fines.
Ita omnes viginti et duo libri, cum sint de utraque civitate
conscripti, titulum tamen a meliore acceperunt, ut *de civitate Dei* potius vocarentur. In quorum decimo libro non
debuit pro miraculo poni in Abrahae sacrificio flammam
10 caelitus factam inter divisas victimas cucurrisse, quoniam hoc illi in visione monstratum est. In septimo decimo
libro quod dictum est de Samuele: *Non erat de filiis
Aaron*, dicendum potius fuit: Non erat filius sacerdotis.
Filios quippe sacerdotum defunctis sacerdotibus succedere
15 magis legitimi moris fuit. Nam in filiis Aaron reperitur
pater Samuelis, sed sacerdos non fuit, nec ita in filiis, ut
eum ipse genuerit Aaron, sed sicut omnes illius populi dicuntur filii Israël. Hoc opus sic incipit: *Gloriosissimam
civitatem Dei* etc.

10) Lib. 10. c. 8.   13) Lib. 17. c. 5.

S. AURELII AUGUSTINI

EPISCOPI

DE CIVITATE DEI CONTRA PAGANOS
LIBRI XXII.

LIBER I.

PRAEFATIO.

De suscepti operis consilio et argumento.

Gloriosissimam civitatem Dei sive in hoc temporum 10
cursu, cum inter impios peregrinatur ex fide vivens, sive
in illa stabilitate sedis aeternae, quam nunc expectat per
patientiam, quoadusque iustitia convertatur in iudicium,
deinceps adeptura per excellentiam victoria ultima et pace
perfecta, hoc opere instituto et mea ad te promissione 15
debito defendere adversus eos, qui conditori eius deos suos
praeferunt, fili carissime Marcelline, suscepi, magnum opus
et arduum, sed Deus adiutor noster est. Nam scio quibus
viribus opus sit, ut persuadeatur superbis quanta sit virtus
humilitatis, qua fit ut omnia terrena cacumina temporali 20
mobilitate nutantia non humano usurpata fastu, sed divina
gratia donata celsitudo transcendat. Rex enim et conditor
civitatis huius, de qua loqui instituimus, in scriptura populis
suis sententiam divinae legis aperuit, qua dictum est: *Deus*
superbis resistit, humilibus autem dat gratiam. Hoc 25

---

11) Abac. 2, 4. 13) Rom. 8, 25. 13) Psal. 93 (94), 15.
25) Iac. 4, 6; 1. Petr. 5, 5.

vero, quod Dei est, superbae quoque animae spiritus inflatus adfectat amatque sibi in laudibus dici:

Parcere subiectis et debellare superbos.

Unde etiam de terrena civitate, quae cum dominari ad-
5 petit, etsi populi serviant, ipsa ei dominandi libido dominatur, non est praetereundum silentio, quidquid dicere
suscepti huius operis ratio postulat et facultas datur.

Caput I.

De adversariis nominis Christi, quibus in vastatione
10   Urbis propter Christum barbari pepercerunt.

Ex hac namque existunt inimici, adversus quos defendenda est Dei civitas, quorum tamen multi correcto
impietatis errore cives in ea fiunt satis idonei; multi vero
in eam tantis exardescunt ignibus odiorum tamque mani-
15 festis beneficiis redemptoris eius ingrati sunt, ut hodie
contra eam linguas non moverent, nisi ferrum hostile fugientes in sacratis eius locis vitam, de qua superbiunt,
invenirent. An non etiam illi Romani Christi nomini infesti
sunt, quibus propter Christum barbari pepercerunt? Te-
20 stantur hoc martyrum loca et basilicae apostolorum, quae
in illa vastatione Urbis ad se confugientes suos alienosque
receperunt. Huc usque cruentus saeviebat inimicus, ibi
accipiebat limitem trucidatoris furor, illo ducebantur a miserantibus hostibus, quibus etiam extra ipsa loca peper-
25 cerant, ne in eos incurrerent, qui similem misericordiam
non habebant. Qui tamen etiam ipsi alibi truces atque hostili more saevientes, posteaquam ad loca illa veniebant,
ubi fuerat interdictum quod alibi iure belli licuisset, tota
feriendi refrenabatur inmanitas et captivandi cupiditas
30 frangebatur. Sic evaserunt multi, qui nunc Christianis temporibus detrahunt et mala, quae illa civitas pertulit, Christo
inputant; bona vero, quae in eos ut viverent propter Christi
honorem facta sunt, non inputant Christo nostro, sed fato

---

3) Verg. Aen. 6, 854.

suo, cum potius deberent, si quid recti saperent, illa, quae
ab hostibus aspera et dura perpessi sunt, illi divinae providentiae tribuere, quae solet corruptos hominum mores
bellis emendare atque conterere, itemque vitam mortalium
iustam atque laudabilem talibus adflictionibus exercere, 5
probatamque vel in meliora transferre vel in his adhuc
terris propter usus alios detinere; illud vero, quod eis vel
ubicumque propter Christi nomen vel in locis Christi
nomini dicatissimis et amplissimis ac pro largiore misericordia ad capacitatem multitudinis electis praeter bel- 10
lorum morem truculenti barbari pepercerunt, hoc tribuere temporibus Christianis, hinc Deo agere gratias,
hinc ad eius nomen veraciter currere, ut effugiant poenas ignis aeterni, quod nomen multi eorum mendaciter
usurparunt, ut effugerent poenas praesentis exitii. Nam 15
quos vides petulanter et procaciter insultare servis Christi,
sunt in eis plurimi, qui illum interitum clademque non
evasissent, nisi servos Christi se esse finxissent. Et nunc
ingrata superbia atque impiissima insania eius nomini resistunt corde perverso, ut sempiternis tenebris puniantur, 20
ad quod nomen ore vel subdolo confugerunt, ut temporali
luce fruerentur.

Caput II.

Quod nulla umquam bella ita gesta sunt, ut victores
propter deos eorum, quos vicerant, parcerent victis. 25

Tot bella gesta conscripta sunt vel ante conditam
Romam vel ab eius exortu et imperio: legant et proferant
sic ab alienigenis aliquam captam esse civitatem, ut hostes,
qui ceperant, parcerent eis, quos ad deorum suorum
templa confugisse compererant, aut aliquem ducem bar- 30
barorum praecepisse, ut inrupto oppido nullus feriretur,
qui in illo vel in illo templo fuisset inventus. Nonne vidit
Aeneas Priamum per aras

Sanguine foedantem quos ipse sacraverat ignes?

Nonne Diomedes et Ulixes 35

---

34) Verg. Aen. 2, 501 sq.

> caesis summae custodibus arcis
> Corripuere sacram effigiem manibusque cruentis
> Virgineas ausi divae contingere vittas?

Nec tamen quod sequitur verum est:

5   Ex illo fluere ac retro sublapsa referri
> Spes Danaum.

Postea quippe vicerunt, postea Troiam ferro ignibusque delerunt, postea confugientem ad aras Priamum obtruncaverunt. Nec ideo Troia periit, quia Minervam perdidit. 10 Quid enim prius ipsa Minerva perdiderat, ut periret? **an** forte custodes suos? Hoc sane verum est; illis quippe interemptis potuit auferri. Neque enim homines a simulacro, sed simulacrum ab hominibus servabatur. Quo modo ergo colebatur, ut patriam custodiret et cives, quae' suos **non** 15 valuit custodire custodes?

Caput III.

Quam inprudenter Romani deos penates, qui Troiam custodire non potuerant, sibi crediderunt profuturos.

Ecce qualibus diis Urbem Romani servandam se com- 20 misisse gaudebant. O nimium miserabilem errorem! Et nobis succensent, cum de diis eorum talia dicimus; nec succensent auctoribus suis, quos ut ediscerent mercedem dederunt doctoresque ipsos insuper et salario publico et honoribus dignissimos habuerunt. Nempe apud Vergilium, 25 quem propterea parvuli legunt, ut videlicet poeta magnus omniumque praeclarissimus atque optimus teneris ebibitus animis non facile oblivione possit aboleri, secundum illud Horatii:

> Quo semel est inbuta recens servabit odorem
30   Testa diu —

apud hunc ergo Vergilium nempe Iuno inducitur infesta Troianis Aeolo ventorum regi adversus eos inritando dicere:

---

6) Aen. 2, 166 sqq. 30) Epp. 1, 2, 69.

Gens inimica mihi Tyrrhenum navigat aequor
Ilium in Italiam portans victosque penates.

Itane istis penatibus victis Romam, ne vinceretur, prudentes commendare debuerunt? Sed haec Iuno dicebat velut
irata mulier, quid loqueretur ignorans? Quid Aeneas ipse, 5
pius totiens appellatus, nonne ita narrat:

Panthus Othryades, arcis Phoebique sacerdos,
Sacra manu victosque deos parvumque nepotem,
Ipse trahit cursuque amens ad limina tendit.

Nonne deos ipsos, quos victos non dubitat dicere, sibi po- 10
tius quam se illis perhibet commendatos, cum ei dicitur:

Sacra suosque tibi commendat Troia penates.

Si igitur Vergilius tales deos et victos dicit et, ut vel victi
quoquo modo evaderent, homini commendatos: quae dementia est, existimare his tutoribus Romam sapienter fuisse 15
commissam et nisi eos amisisset non potuisse vastari?
Immo vero victos deos tamquam praesides ac defensores
colere, quid est aliud quam tenere non numina bona, sed
omina mala? Quanto enim sapientius creditur, non Romam ad istam cladem non fuisse venturam, nisi prius illi 20
perissent, sed illos potius olim fuisse perituros, nisi eos
quantum potuisset Roma servasset! Nam quis non, cum
adverterit, videat quanta sit vanitate praesumptum, non
posse vinci sub defensoribus victis et ideo perisse, quia
custodes perdidit deos, cum vel sola potuerit esse causa 25
pereundi custodes habere voluisse perituros? Non itaque,
cum de diis victis illa conscriberentur atque canerentur,
poetas libebat mentiri, sed cordatos homines cogebat veritas confiteri. Verum ista opportunius alio loco diligenter
copioseque tractanda sunt: nunc, quod institueram de in- 30
gratis hominibus dicere, parumper expediam ut possum,
qui ea mala, quae pro suorum morum perversitate merito
patiuntur, blasphemantes Christo inputant; quod autem
illis etiam talibus propter Christum parcitur, nec dignan-

---

2) Aen. 1, 71 sq.   9) Ibid. 2, 319 sqq.   12) Ibid. 293.

tur adtendere et eas linguas adversus eius nomen dementia
sacrilegae perversitatis exercent, quibus linguis usurpave-
runt mendaciter ipsum nomen, ut viverent, vel quas linguas
in locis ei sacratis metuendo presserunt, ut illic tuti atque
5 muniti, ubi propter eum inlaesi ab hostibus fuerant, inde
in eum maledictis hostilibus prosilirent.

Caput IV.

De asylo Iunonis in Troia, quod neminem liberavit a
Graecis, et basilicis apostolorum, quae omnes ad
10 *se confugientes a barbaris defenderunt.*

Ipsa, ut dixi, Troia, mater populi Romani, sacratis in
locis deorum suorum munire non potuit cives suos ab
ignibus ferroque Graecorum, eosdem ipsos deos colentium;
quin etiam

15   Iunonis asylo
Custodes lecti, Phoenix et dirus Ulixes,
Praedam adservabant; huc undique Troia gaza
Incensis erepta adytis mensaeque deorum
Crateresque auro solidi captivaque vestis
20 Congeritur. Pueri et pavidae longo ordine matres
Stant circum.

Electus est videlicet locus tantae deae sacratus, non unde
captivos non liceret educere, sed ubi captivos liberet in-
cludere. Conpara nunc asylum illud non cuiuslibet dei
25 gregalis vel de turba plebis, sed Iovis ipsius sororis et
coniugis et reginae omnium deorum cum memoriis nostrorum apostolorum. Illuc incensis templis et diis erepta spolia portabantur, non donanda victis, sed dividenda victoribus; huc autem et quod alibi ad ea loca pertinere
30 compertum est cum honore et obsequio religiosissimo re-
portatum est. Ibi amissa, hic servata libertas; ibi clausa,
hic interdicta captivitas; ibi possidendi a dominantibus
hostibus premebantur, huc liberandi a miserantibus ducebantur: postremo illud Iunonis templum sibi elegerat
35 avaritia et superbia levium Graeculorum, istas Christi ba-

---

21) Aen. 2, 761 sqq.

silicas misericordia et humilitas etiam inmanium barbarorum. Nisi forte Graeci quidem in illa sua victoria templis
deorum communium pepercerunt atque illo confugientes
miseros victosque Troianos ferire vel captivare non ausi
sunt, sed Vergilius poetarum more illa mentitus est. Immo 5
vero morem hostium civitates evertentium ille descripsit.

CAPUT V.

De generali consuetudine hostium victas civitates evertentium, quid Caesar senserit.

Quem morem etiam Cato, sicut scribit Sallustius, 10
nobilitatae veritatis historicus, sententia sua, quam de
coniuratis in senatu habuit, commemorare non praeter-
mittit: „Rapi virgines pueros, divelli liberos a parentum
complexu; matres familiarum pati quae victoribus conli-
buisset, fana atque domos spoliari, caedem incendia fieri 15
postremo armis cadaveribus cruore atque luctu omnia compleri." Hic si fana tacuisset, deorum sedibus solere hostes
parcere putaremus. Et haec non ab alienigenis hostibus,
sed a Catilina et sociis eius, nobilissimis senatoribus et
Romanis civibus, Romana templa metuebant. Sed hi vide- 20
licet perditi et patriae parricidae.

CAPUT VI.

Quod ne Romani quidem ita ullas ceperint civitates, ut in templis earum parcerent victis.

Quid ergo per multas gentes, quae inter se bella 25
gesserunt et nusquam victis in deorum suorum sedibus
pepercerunt, noster sermo discurrat? Romanos ipsos videamus, ipsos, inquam, recolamus respiciamusque Romanos, de quibus praecipua laude dictum est:

Parcere subiectis et debellare superbos, 30

et quod accepta iniuria ignoscere quam persequi male-
bant: quando tot tantasque urbes, ut late dominarentur,

---

10) Catil. 51. Augustinus Catonis et Caesaris nomina con-
fundit. 32) Sal. Cat. 9.

expugnatas captasque everterunt, legatur nobis quae templa excipere solebant, ut ad ea quisquis confugisset liberaretur. An illi faciebant et scriptores earundem rerum gestarum ista reticebant? Ita ne vero, qui ea quae laudarent
5 maxime requirebant, ista praeclarissima secundum ipsos pietatis indicia praeterirent? Egregius Romani nominis Marcus Marcellus, qui Syracusas urbem ornatissimam cępit, refertur eam prius flevisse ruituram et ante eius sanguinem suas illi lacrimas effudisse. Gessit et curam pudi-
10 citiae etiam in hoste servandae. Nam priusquam oppidum victor iussisset invadi, constituit edicto, ne quis corpus liberum violaret. Eversa est tamen civitas more bellorum, nec uspiam legitur ab imperatore tam casto atque clementi fuisse praeceptum; ut quisquis ad illud vel illud templum
15 fugisset haberetur inlaesus. Quod utique nullo modo praeteriretur, quando nec eius fletus nec quod edixerat pro pudicitia minime violanda potuit taceri. Fabius, Tarentinae urbis eversor, a simulacrorum depraedatione se abstinuisse laudatur. Nam cum ei scriba suggessisset quid de signis
20 deorum, quae multa capta fuerant, fieri iuberet, continentiam suam etiam iocando condivit. Quaesivit enim cuius modi essent, et cum ei non solum multa grandia, verum etiam renuntiarentur armata: „Relinquamus, inquit, Tarentinis deos iratos." Cum igitur nec illius fletum nec huius
25 risum, nec illius castam misericordiam nec huius facetam continentiam Romanarum rerum gestarum scriptores tacere potuerint: quando praetermitteretur, si aliquibus hominibus in honorem cuiuspiam deorum suorum sic pepercissent, ut in quoquam templo caedem vel captivitatem
30 fieri prohiberent?

Caput VII.

Quod in eversione Urbis, quae aspere gesta sunt, de consuetudine acciderint belli; quae vero clementer, de potentia provenerint nominis Christi.

35 Quidquid ergo vastationis trucidationis depraedationis concremationis adflictionis in ista recentissima Romana

clade commissum est, fecit hoc consuetudo bellorum; quod autem novo more factum est, quod inusitata rerum facie inmanitas barbara tam mitis apparuit, ut amplissimae basilicae implendae populo cui parceretur eligerentur et decernerentur, ubi nemo feriretur, unde nemo raperetur, 5 quo liberandi multi a miserantibus hostibus ducerentur, unde captivandi ulli nec a crudelibus hostibus abducerentur: hoc Christi nomini, hoc Christiano tempori tribuendum quisquis non videt, caecus, quisquis videt nec laudat, ingratus, quisquis laudanti reluctatur, insanus est. Absit, ut 10 prudens quisquam hoc feritati inputet barbarorum. Truculentissimas et saevissimas mentes ille terruit, ille frenavit, ille mirabiliter temperavit, qui per prophetam tanto ante dixit: *Visitabo in virga iniquitates eorum et in flagellis peccata eorum; misericordiam autem meam non disper-* 15 *gam ab eis.*

Caput VIII.

De commodis atque incommodis, quae bonis ac malis plerumque communia sunt.

Dicet aliquis: „Cur ergo ista divina misericordia etiam 20 ad inpios ingratosque pervenit?" Cur putamus, nisi quia eam ille praebuit, qui cotidie *facit oriri solem suum super bonos et malos et pluit super iustos et iniustos?* Quamvis enim quidam eorum ista cogitantes paenitendo ab impietate se corrigunt, quidam vero, sicut apostolus dicit, 25 *divitias bonitatis et longanimitatis Dei* contemnentes *secundum duritiam cordis sui et cor inpaenitens* thesaurizant *sibi iram in die irae et revelationis iusti iudicii Dei, qui reddet unicuique secundum opera eius:* tamen patientia Dei ad paenitentiam invitat malos, sicut flagellum Dei ad 30 patientiam erudit bonos. Itemque misericordia Dei fovendos amplectitur bonos, sicut severitas Dei puniendos corripit malos. Placuit quippe divinae providentiae praeparare in posterum bona iustis, quibus non fruentur iniusti, et mala impiis, quibus non excruciabuntur boni. Ista vero 35 temporalia bona et mala utrisque voluit esse communia,

---

16) Psal. 88 (89), 33 sq. 23) Matth. 5, 45. 29) Rom. 2, 4 sqq.

ut nec bona cupidius adpetantur, quae mali quoque habere cernuntur; nec mala turpiter evitentur, quibus et boni plerumque adficiuntur.

Interest autem plurimum, qualis sit usus vel earum
5 rerum, quae prosperae, vel earum, quae dicuntur adversae. Nam bonus temporalibus nec bonis extollitur, nec malis frangitur; malus autem ideo huiusce modi infelicitate punitur, quia felicitate corrumpitur. Ostendit tamen Deus saepe etiam in his distribuendis evidentius operationem suam.
10 Nam si nunc omne peccatum manifesta plecteret poena, nihil ultimo iudicio servari putaretur; rursus si nullum nunc peccatum puniret aperte divinitas, nulla esse divina providentia crederetur. Similiter in rebus secundis, si non eas' Deus quibusdam petentibus evidentissima largitate
15 concederet, non ad eum ista pertinere diceremus; itemque si omnibus eas petentibus daret, nonnisi propter talia praemia serviendum illi esse arbitraremur, nec pios nos faceret talis servitus, sed potius cupidos et avaros. Haec cum ita sint, quicumque boni et mali pariter adflicti sunt, non ideo
20 ipsi distincti non sunt, quia distinctum non est quod utrique perpessi sunt. Manet enim dissimilitudo passorum etiam in similitudine passionum, et licet sub eodem tormento non est idem virtus et vitium. Nam sicut sub uno igne aurum rutilat palea fumat, et sub eadem tribula stipulae commi-
25 nuuntur frumenta purgantur, nec ideo cum oleo amurca confunditur, quia eodem preli pondere exprimitur: ita una eademque vis inruens bonos probat purificat eliquat, malos damnat vastat exterminat. Unde in eadem adflictione mali Deum detestantur atque blasphemant, boni autem precan-
30 tur et laudant. Tantum interest, non qualia, sed qualis quisque patiatur. Nam pari motu exagitatum et exhalat horribiliter caenum et suaviter fragrat unguentum.

Caput IX.
De causis correptionum, propter quas et boni et mali
35   *pariter flagellantur.*

Quid igitur in illa rerum vastitate Christiani passi sunt, quod non eis magis fideliter ista considerantibus ad prorectum valeret? Primum, quod ipsa peccata, quibus Deus indignatus implevit tantis calamitatibus mundum, humiliter cogitantes, quamvis longe absint a facinorosis flagitiosis atque impiis, tamen non usque adeo se a delictis deputant alienos, ut nec temporalia pro eis mala perpeti se iudicent 5 dignos. Excepto enim quod unusquisque quamlibet laudabiliter vivens cedit in quibusdam carnali concupiscentiae, etsi non ad facinorum inmanitatem et gurgitem flagitiorum atque impietatis abominationem, ad aliqua tamen peccata vel rara vel tanto crebriora, quanto minora, — hoc ergo 10 excepto quis tandem facile reperitur, qui eosdem ipsos, propter quorum horrendam superbiam luxuriamque et avaritiam atque execrabiles iniquitates et impietates Deus, sicut minando praedixit, conterit terras, sic habeat, ut habendi sunt? sic cum eis vivat, ut cum talibus est vivendum? 15 Plerumque enim ab eis docendis admonendis, aliquando etiam obiurgandis et corripiendis male dissimulatur, vel cum laboris piget, vel cum os eorum verecundamur offendere, vel cum inimicitias devitamus, ne impediant et noceant in istis temporalibus rebus, sive quas adipisci adhuc 20 adpetit nostra cupiditas, sive quas amittere formidat infirmitas, ita ut, quamvis bonis malorum vita displiceat et ideo cum eis non incidant in illam damnationem, quae post hanc vitam talibus praeparatur, tamen, quia propterea peccatis eorum damnabilibus parcunt, dum eos in suis licet levibus 25 et venialibus metuunt, iure cum eis temporaliter flagellantur, quamvis in aeternum minime puniantur. Iure istam vitam, quando divinitus adfliguntur cum eis, amaram sentiunt, cuius amando dulcedinem peccantibus eis amari esse noluerunt. 30

Nam si propterea quisque obiurgandis et corripiendis male agentibus parcit, quia opportunius tempus inquirit vel eisdem ipsis metuit, ne deteriores ex hoc efficiantur, vel ad bonam vitam et piam erudiendos impediant alios infirmos et premant atque avertant a fide: non videtur esse 35 cupiditatis occasio, sed consilium caritatis. Illud est culpabile, quod hi, qui dissimiliter vivunt et a malorum factis abhorrent, parcunt tamen peccatis alienis, quae dedocere

aut obiurgare deberent, dum eorum offensiones cavent, ne
sibi noceant in his rebus, quibus licite boni atque inno-
center utuntur, sed cupidius, quam oportebat eos, qui in
hoc mundo peregrinantur et spem supernae patriae prae
5 se gerunt. Non solum quippe infirmiores, vitam ducentes
coniugalem, filios habentes vel habere quaerentes, domos
ac familias possidentes, (quos apostolus in ecclesiis adloquitur, docens et monens quem ad modum vivere debeant
et uxores cum maritis et mariti cum uxoribus, et filii cum
10 parentibus et parentes cum filiis, et servi cum dominis et
domini cum servis) multa temporalia, multa terrena libenter adipiscuntur et moleste amittunt, propter quae non
audent offendere homines, quorum sibi vita contaminatis-
sima et consceleratissima displicet; verum etiam hi, qui
15 superiorem vitae gradum tenent nec coniugalibus vinculis
inretiti sunt et victu parvo ac tegumento utuntur, plerumque suae famae ac saluti dum insidias atque impetus malorum timent, ab eorum reprehensione sese abstinent. Et
quamvis non in tantum eos metuant, ut ad similia perpe-
20 tranda quibuslibet eorum terroribus atque inprobitatibus
cedant, ea ipsa tamen, quae cum eis non perpetrant, nolunt
plerumque corripere, cum fortasse possint aliquos corri-
piendo corrigere, ne, si non potuerint, sua salus ac fama
in periculum exitiumque perveniat, neque ea considera-
25 tione, qua suam famam ac salutem vident esse necessariam
utilitati erudiendorum hominum, sed ea potius infirmitate,
qua delectat lingua blandiens et humanus dies et refor-
midatur vulgi iudicium et carnis excruciatio vel peremptio,
hoc est propter quaedam cupiditatis vincula, non propter
·30 officia caritatis.

Non mihi itaque videtur haec parva esse causa, quare
cum malis flagellentur et boni, quando Deo placet perditos
mores etiam temporalium poenarum adflictione punire.
Flagellantur enim simul, non quia simul agunt malam vi-
35 tam, sed quia simul amant temporalem vitam, non quidem
aequaliter, sed tamen simul, quam boni contemnere debe-

11) Coloss. 3, 18 sqq. 27) 1. Cor. 4, 3.

rent, ut illi correpti atque correcti consequerentur aeternam, ad quam consequendam si nollent esse socii, ferrentur
et dirigerentur inimici, quia donec vivunt semper incertum
est utrum voluntatem sint in melius mutaturi. Qua in re
non utique parem, sed longe graviorem habent causam, 5
quibus per prophetam dicitur: *Ille quidem in suo peccato
morietur, sanguinem autem eius de manu speculatoris re-
quiram.* Ad hoc enim speculatores, hoc est populorum
praepositi, constituti sunt in ecclesiis, ut non parcant ob-
iurgando peccata. Nec ideo tamen ab huius modi culpa 10
penitus alienus est, qui, licet praepositus non sit, in eis
tamen, quibus vitae huius necessitate coniungitur, multa
monenda vel arguenda novit et neglegit, devitans eorum
offensiones propter illa quibus in hac vita non indebitis
utitur, sed plus quam debuit delectatur. Deinde habent 15
aliam causam boni, quare temporalibus adfliguntur malis,
qualem habuit Iob: ut sibi ipse humanus animus sit proba-
tus et cognitus, quanta virtute pietatis gratis Deum diligat.

Caput X.

Quod sanctis in amissione rerum temporalium nihil 20
pereat.

Quibus recte consideratis atque perspectis adtende
utrum aliquid mali acciderit fidelibus et piis, quod eis non
in bonum verteretur, nisi forte putandum est apostolicam
illam vacare sententiam, ubi ait: *Scimus quia diligen-* 25
tibus Deum omnia cooperatur in bonum. Amiserunt
omnia quae habebant. Numquid fidem? numquid pietatem?
numquid interioris hominis bona, qui est ante Deum dives? Hae sunt opes Christianorum, quibus opulentus
dicebat apostolus: *Est autem quaestus magnus pietas cum* 30
*sufficientia. Nihil enim intulimus in hunc mundum, sed
nec auferre aliquid possumus. Habentes autem victum et
tegumentum his contenti simus. Nam qui volunt divites
fieri, incidunt in temptationem et laqueum et desideria*

8) Ezech. 33, 6. 26) Rom. 8, 28. 29) 1. Petr. 3, 4.

*multa stulta et noxia, quae mergunt homines in interitum
et perditionem. Radix est enim omnium malorum avaritia,
quam quidam adpetentes a fide pererraverunt et inseruerunt se doloribus multis.*

5   Quibus ergo terrenae divitiae in illa vastatione perierunt, si eas sic habebant, quem ad modum ab isto foris pau-
pere, intus divite audierant, id est, si mundo utebantur tamquam non utentes, potuerunt dicere, quod ille graviter
temptatus et minime superatus: *Nudus exii de utero matris
10 meae, nudus revertar in terram. Dominus dedit, Dominus
abstulit, sicut Domino placuit, ita factum est; sit nomen
Domini benedictum;* ut bonus servus magnas facultates
haberet ipsam sui Domini voluntatem, cui pedisequus mente
ditesceret, nec contristaretur eis rebus vivens relictus, quas
15 cito fuerat moriens relicturus. Illi autem infirmiores, qui
terrenis his bonis, quamvis ea non praeponerent Christo,
aliquantula tamen cupiditate cohaerebant, quantum haec
amando peccaverint, perdendo senserunt. Tantum quippe
doluerunt, quantum se doloribus inseruerunt, sicut aposto-
20 lum dixisse supra commemoravi. Oportebat enim ut eis
adderetur etiam experimentorum disciplina, a quibus tam
diu fuerat neglecta verborum. Nam cum dixit apostolus:
Qui volunt divites fieri, incidunt in temptationem et cetera,
profecto in divitiis cupiditatem reprehendit, non facultatem,
25 quoniam praecepit alibi dicens: *Praecipe divitibus huius
mundi, non superbe sapere neque sperare in incerto divi-
tiarum, sed in Deo vivo, qui praestat nobis omnia abun-
danter ad fruendum; bene faciant, divites sint in operibus
bonis, facile tribuant, communicent, thesaurizent sibi fun-
30 damentum bonum in futurum, ut adprehendant veram
vitam.* Haec qui de suis divitiis faciebant, magnis sunt
lucris levia damna solati plusque laetati ex his, quae facile
tribuendo tutius servaverunt, quam contristati ex his, quae
timide retinendo facilius amiserunt. Hoc enim potuit in
35 terra perire, quod piguit inde transferre. Nam qui rece-

---

4) 1. Tim. 6, 6 sqq.   8) 1. Cor. 7, 31.   12) Iob. 1, 21 sqq.
31) 1. Tim. 6, 17 sqq.

perunt consilium Domini sui dicentis: *Nolite vobis condere thesauros in terra, ubi tinea et rubigo exterminant, et ubi fures effodiunt et furantur; sed thesaurizate vobis thesaurum in caelo, quo fur non accedit, neque tinea corrumpit; ubi enim est thesaurus tuus, ibi erit et cor tuum,* tribu- 5
lationis tempore probaverunt quam recte sapuerint non contemnendo veracissimum praeceptorem et thesauri sui fidelissimum invictissimumque custodem. Nam si multi gavisi sunt, ibi se habuisse divitias suas, quo contigit ut hostis non accederet: quanto certius et securius gaudere 10
potuerunt, qui monitu Dei sui illuc migraverant, quo accedere omnino non posset! Unde Paulinus noster, Nolensis episcopus, ex opulentissimo divite voluntate pauperrimus et copiosissime sanctus, quando et ipsam Nolam barbari vastaverunt, cum ab eis teneretur, sic in corde suo, ut ab 15
eo postea cognovimus, precabatur: „Domine, non excrucier propter aurum et argentum; ubi enim sint omnia mea, tu scis." Ibi enim habebat omnia sua, ubi eum condere et thesaurizare ille monstraverat, qui haec mala mundo ventura praedixerat. Ac per hoc qui Domino suo monenti 20
oboedierant, ubi et quo modo thesaurizare deberent, nec ipsas terrenas divitias barbaris incursantibus amiserunt. Quos autem non oboedisse paenituit, quid de talibus rebus faciendum esset, si non praecedente sapientia, certe consequente experientia didicerunt. 25

At enim quidam boni etiam Christiani tormentis excruciati sunt, ut bona sua hostibus proderent. Illi vero nec prodere nec perdere potuerunt bonum, quo ipsi boni erant. Si autem torqueri quam mammona iniquitatis prodere maluerunt, boni non erant. Admonendi autem fuerant, qui tanta 30
patiebantur pro auro, quanta essent sustinenda pro Christo, ut eum potius diligere discerent, qui pro se passos aeterna felicitate ditaret, non aurum et argentum, pro quo pati miserrimum fuit, seu mentiendo occultaretur, seu verum dicendo proderetur. Namque inter tormenta nemo Chri- 35
stum confitendo amisit, nemo aurum nisi negando servavit.

---

5) Matth. 6, 19 sqq.

Quocirca utiliora erant fortasse tormenta, quae bonum incorruptibile amandum docebant, quam illa bona, quae sine
ullo utili fructu dominos sui amore torquebant. Sed quidam etiam non habentes quod proderent, dum non cre-
5 duntur, torti sunt. Et hi forte habere cupiebant nec sancta
voluntate pauperes erant, quibus demonstrandum fuit, non
facultates, sed ipsas cupiditates talibus dignas esse cruciatibus. Si vero vitae melioris proposito reconditum aurum
argentumque non habebant, nescio quidem utrum cuiquam
10 talium acciderit, ut dum habere creditur torqueretur:
verum tamen etiamsi accidit, profecto, qui inter illa tormenta paupertatem sanctam confitebatur, Christum confitebatur. Quapropter etsi non meruit ab hostibus credi,
non potuit tamen sanctae paupertatis confessor sine cae-
15 lesti mercede torqueri.

Multos, inquiunt, etiam Christianos fames diuturna
vastavit. Hoc quoque in usus suos boni fideles pie tolerando
verterunt. Quos enim fames necavit, malis vitae huius,
sicut corporis morbus, eripuit: quos autem non necavit,
20 docuit parcius vivere, docuit productius ieiunare.

Caput XI.

De fine temporalis vitae, sive longioris sive brevioris.

Sed enim multi etiam Christiani interfecti sunt, multi
multarum mortium foeda varietate consumpti. Hoc si aegre
25 ferendum est, omnibus, qui in hanc vitam procreati sunt,
utique commune est. Hoc scio neminem fuisse mortuum,
qui non fuerat aliquando moriturus. Finis autem vitae
tam longam quam brevem vitam hoc idem facit. Neque
enim aliud melius et aliud deterius, aut aliud maius et
30 aliud brevius est, quod iam pariter non est. Quid autem
interest, quo mortis genere vita ista finiatur, quando ille,
cui finitur, iterum mori non cogitur? Cum autem unicuique mortalium sub cotidianis vitae huius casibus innumerabiles mortes quodam modo comminentur, quamdiu incer-
35 tum est quaenam earum ventura sit: quaero utrum satius
sit, unam perpeti moriendo, an omnes timere vivendo?

Nec ignoro quam citius eligatur diu vivere sub timore tot
mortium, quam semel moriendo nullam deinceps formi-
dare. Sed aliud est quod carnis sensus infirmiter pavidus
refugit, aliud quod mentis ratio diligenter enucleata convincit. Mala mors putanda non est, quam bona vita prae- 5
cesserit. Neque enim facit malam mortem, nisi quod sequitur mortem. Non itaque multum curandum est eis, qui
necessario morituri sunt, quid accidat ut moriantur, sed
moriendo quo ire cogantur. Cum igitur Christiani noverint
longe meliorem fuisse religiosi pauperis mortem inter 10
linguentium canum linguas, quam impii divitis in purpura
et bysso, horrenda illa genera mortium quid mortuis
offuerunt, qui bene vixerunt?

Caput XII.

De sepultura humanorum corporum, quae Christianis 15
etiamsi fuerit negata nil adimit.

At enim in tanta strage cadaverum nec sepeliri potuerunt. Neque istud pia fides nimium reformidat, tenens
praedictum, nec absumentes bestias resurrecturis corporibus offuturas, quorum capillus capitis non peribit. Nullo 20
modo diceret veritas: *Nolite timere eos, qui corpus occi-*
dunt, animam autem non possunt occidere, si quicquam
obesset futurae vitae, quidquid inimici de corporibus occi-
sorum facere voluissent. Nisi forte quispiam sic absurdus
est, ut contendat eos, qui corpus occidunt, non debere 25
timeri ante mortem, ne corpus occidant, et timeri debere post mortem, ne corpus occisum sepeliri non sinant.
Falsum est ergo quod ait Christus: *Qui corpus occidunt, et*
postea non habent quod faciant, si habent tanta, quae de
cadaveribus faciant. Absit, ut falsum sit quod veritas dixit. 30
Dictum est enim aliquid eos facere cum occidunt, quia in
corpore sensus est occidendo; postea vero nihil habere
quod faciant, quia nullus sensus est in corpore occiso.
Multa itaque corpora Christianorum terra non texit, sed
nullum eorum quisquam a caelo et terra separavit, quam 35

---

12) Luc. 16, 19 sqq. 20) Luc. 21, 18. 22) Matth. 10, 28.

totam implet praesentia sui, qui novit unde resuscitet quod creavit. Dicitur quidem in psalmo: *Posuerunt mortalia servorum tuorum escas volatilibus caeli, carnes sanctorum tuorum bestiis terrae; effuderunt sanguinem eorum, sicut*
5 *aquam, in circuitu Hierusalem, et non erat qui sepeliret,* sed magis ad exaggerandam crudelitatem eorum, qui ista fecerunt, non ad eorum infelicitatem, qui ista perpessi sunt. Quamvis enim haec in conspectu hominum dura et dira videantur, sed *pretiosa in conspectu Domini mors san-*
10 *ctorum eius.* Proinde ista omnia, id est curatio funeris, conditio sepulturae, pompa exequiarum, magis sunt vivorum solacia, quam subsidia mortuorum. Si aliquid prodest impio sepultura pretiosa, oberit pio vilis aut nulla. Praeclaras exequias in conspectu hominum exhibuit purpurato
15 illi diviti turba famulorum, sed multo clariores in conspectu Domini ulceroso illi pauperi ministerium praebuit angelorum, qui eum non extulerunt in marmoreum tumulum, sed in Abrahae gremium sustulerunt.

Rident haec illi, contra quos defendendam suscepimus
20 civitatem Dei. Verum tamen sepulturae curam etiam eorum philosophi contempserunt. Et saepe universi exercitus, dum pro terrena patria morerentur, ubi postea iacerent vel quibus bestiis esca fierent, non curarunt, licuitque de hac re poetis plausibiliter dicere:

25 Caelo tegitur, qui non habet urnam.

Quanto minus debent de corporibus insepultis insultare Christianis, quibus et ipsius carnis membrorumque omnium reformatio non solum ex terra, verum etiam ex aliorum elementorum secretissimo sinu, quo dilapsa cadavera
30 recesserunt, in temporis puncto reddenda et redintegranda promittitur.

Caput XIII.

Quae sit ratio sanctorum corpora sepeliendi.

Nec ideo tamen contemnenda et abicienda sunt cor-
35 pora defunctorum maximeque iustorum atque fidelium,

---

5) Psal. 78 (79), 2 sq. 10) Psal. 115 (116), 15. 18) Luc. 16, 22. 25) Lucan. Phars. 7, 819. 31) 1. Cor. 15, 52.

quibus tamquam organis et vasis ad omnia bona opera
sancte usus est Spiritus. Si enim paterna vestis et anulus,
ac si quid huius modi, tanto carius est posteris, quanto
erga parentes maior adfectus: nullo modo ipsa spernenda
sunt corpora, quae utique multo familiarius atque coniun- 5
ctius quam quaelibet indumenta gestamus. Haec enim non
ad ornamentum vel adiutorium, quod adhibetur extrinsecus,
sed ad ipsam naturam hominis pertinent. Unde et antiquorum iustorum funera officiosa pietate curata sunt et exe-
quiae celebratae et sepultura provisa, ipsique cum vi- 10
verent de sepeliendis vel etiam transferendis suis corporibus
filiis mandaverunt, et Tobias sepeliendo mortuos Deum
promeruisse teste angelo commendatur. Ipse quoque Dominus die tertio resurrecturus religiosae mulieris bonum
opus praedicat praedicandumque commendat, quod un- 15
guentum pretiosum super membra eius effuderit atque hoc
ad eum sepeliendum fecerit. Et laudabiliter commemo-
rantur in evangelio qui corpus eius de cruce acceptum
diligenter atque honorifice tegendum sepeliendumque curarunt. Verum istae auctoritates non hoc admonent, 20
quod insit ullus cadaveribus sensus, sed ad Dei providentiam, cui placent etiam talia pietatis officia, corpora quoque
mortuorum pertinere significant propter fidem resurrectionis astruendam. Ubi et illud salubriter discitur, quanta
possit esse remuneratio pro eleemosynis, quas viventibus et 25
sentientibus exhibemus, si neque hoc apud Deum perit,
quod exanimis hominum membris officii diligentiaeque
persolvitur. Sunt quidem et alia, quae sancti patriarchae
de corporibus suis vel condendis vel transferendis prophetico spiritu dicta intellegi voluerunt. Non autem hic 30
locus est, ut ea pertractemus, cum sufficiant ista quae diximus. Sed si ea, quae sustentandis viventibus sunt necessaria, sicut victus et amictus, quamvis cum gravi adflictione
desint, non frangunt in bonis perferendi tolerandique virtutem nec eradicant ex animo pietatem, sed exercitatam 35

---

10) Gen. 25, 9; 35, 29; 50, 2 sqq. 12) Id. 47, 29 sq.;
50, 24. 13) Tob. 2, 9; 12, 12. 17) Matth. 26, 10 sqq. 20) Ioan.
19, 38 sqq.

faciunt fecundiorem: quanto magis, cum desunt ea, quae curandis funeribus condendisque corporibus defunctorum adhiberi solent, non efficiunt miseros in occultis piorum sedibus iam quietos! Ac per hoc quando ista cadaveribus
5 Christianorum in illa magnae urbis vel etiam aliorum oppidorum vastatione defuerunt, nec vivorum culpa est, qui non potuerunt ista praebere, nec poena mortuorum, qui non possunt ista sentire.

Caput XIV.

10 *De captivitate sanctorum, quibus numquam divina*
solacia defuerunt.

Sed multi, inquiunt, Christiani etiam captivi ducti sunt. Hoc sane miserrimum est, si aliquo duci potuerunt, ubi Deum suum non invenerunt. Sunt in scripturis sanctis
15 huius etiam cladis magna solacia. Fuerunt in captivitate tres pueri, fuit Daniel, fuerunt alii prophetae; nec Deus defuit consolator. Sic ergo non deseruit fideles suos sub dominatione gentis, licet barbarae, tamen humanae, qui prophetam non deseruit nec in visceribus beluae. Haec
20 quoque illi, cum quibus agimus, malunt inridere, quam credere, qui tamen in suis litteris credunt Arionem Methymnaeum, nobilissimum citharistam, cum esset deiectus e navi, exceptum delphini dorso et ad terras esse pervectum. Verum illud nostrum de Iona propheta incredibilius
25 est. Plane incredibilius quia mirabilius, et mirabilius quia potentius.

Caput XV.

De Regulo, in quo captivitatis ob religionem etiam sponte
tolerandae extat exemplum, quod tamen illi
30 *deos colenti prodesse non potuit.*

Habent tamen isti de captivitate religionis causa etiam sponte toleranda et in suis praeclaris viris nobilissimum exemplum. Marcus Regulus, imperator populi Romani,

16) Dan. 1, 6.   19) Ion. 2, 1.

captivus apud Carthaginienses fuit. Qui cum sibi mallent
a Romanis suos reddi quam eorum tenere captivos, ad
hoc impetrandum etiam istum praecipue Regulum cum
legatis suis Romam miserunt, prius iuratione constrictum,
si quod volebant minime peregisset, rediturum esse Car- 5
thaginem. Perrexit ille atque in senatu contraria persuasit,
quoniam non arbitrabatur utile esse Romanae rei publicae
mutare captivos. Nec post hanc persuasionem a suis ad
hostes redire compulsus est, sed quia iuraverat, id sponte
complevit. At illi eum excogitatis atque horrendis crucia- 10
tibus necaverunt. Inclusum quippe angusto ligno, ubi stare
cogeretur, clavisque acutissimis undique confixo, ut se in
nullam eius partem sine poenis atrocissimis inclinaret,
etiam vigilando peremerunt. Merito certe laudant virtutem
tam magna infelicitate maiorem. Et per deos ille iuraverat, 15
quorum cultu prohibito has generi humano clades isti
opinantur infligi. Qui ergo propterea colebantur, ut istam
vitam prosperam redderent, si verum iuranti has inrogari
poenas seu voluerunt seu permiserunt, quid de periuro gravius irati facere potuerunt? Sed cur non ratiocinationem 20
meam potius ad utrumque concludam? Deos certe ille
sic coluit, ut propter iuris iurandi fidem nec maneret in
patria, nec inde quolibet ire, sed ad suos acerrimos inimicos redire minime dubitaret. Hoc si huic vitae utile existimabat, cuius tam horrendum exitum meruit, procul du- 25
bio fallebatur. Suo quippe docuit exemplo, nihil deos ad
istam temporalem felicitatem suis prodesse cultoribus,
quando quidem ille eorum deditus cultui et victus et captivus abductus et, quia noluit aliter quam per eos iuraverat
facere, novo ac prius inaudito nimiumque horribili sup- 30
plicii genere cruciatus extinctus est. Si autem deorum cultus post hanc vitam velut mercedem reddet felicitatem, cur
calumniantur temporibus Christianis, ideo dicentes Urbi
accidisse illam calamitatem, quia deos suos colere destitit,
cum potuerit etiam illos diligentissime colens tam infelix 35
fieri, quam ille Regulus fuit? Nisi forte contra clarissimam
veritatem tanta quisquam dementia mirae caecitatis obni-
titur, ut contendere audeat universam civitatem deos co-

lentem infelicem esse non posse, unum vero hominem
posse, quod videlicet potentia deorum suorum multos potius sit idonea conservare, quam singulos, cum multitudo
constet ex singulis.

5   Si autem dicunt M. Regulum etiam in illa captivitate
illisque cruciatibus corporis animi virtute beatum esse potuisse, virtus potius vera quaeratur, qua beata esse possit
et civitas. Neque enim aliunde beata civitas, aliunde homo,
cum aliud civitas non sit quam concors hominum multi-
10 tudo. Quam ob rem nondum interim disputo, qualis in
Regulo virtus fuerit. Sufficit nunc, quod isto nobilissimo
exemplo coguntur fateri, non propter corporis bona vel
earum rerum, quae extrinsecus homini accidunt, colendos
deos, quando quidem ille carere his omnibus maluit quam
15 deos per quos iuravit offendere. Sed quid faciamus hominibus, qui gloriantur se talem habuisse civem, qualem
timent habere civitatem? Quod si non timent, tale ergo
aliquid, quale accidit Regulo, etiam civitati tam diligenter
quam ille deos colenti accidere potuisse fateantur et Chri-
20 stianis temporibus non calumnientur. Verum quia de illis
Christianis orta quaestio est, qui etiam captivati sunt, hoc
intueantur et taceant, qui saluberrimae religioni hinc inpudenter atque inprudenter inludunt, quia, si diis eorum
probro non fuit, quod adtentissimus cultor illorum, dum
25 eis iuris iurandi fidem servaret, patria caruit, cum aliam
non haberet, captivusque apud hostes per longam mortem
supplicio novae crudelitatis occisus est, multo minus
nomen criminandum est Christianum in captivitate sacra-
torum suorum, qui supernam patriam veraci fide expec-
30 tantes etiam in suis sedibus peregrinos se esse noverunt.

Caput XVI.

An stupris, quae etiam sanctarum forte virginum est
passa captivitas, contaminari potuerit virtus
animi sine voluntatis assensu.

35   Magnum sane crimen se putant obicere Christianis,
cum eorum exaggerantes captivitatem addunt etiam stupra

---

30) 1. Petr. 2, 11.

commissa, non solum in aliena matrimonia virginesque nup-
turas, sed etiam in quasdam sanctimoniales. Hic vero non
fides, non pietas, non ipsa virtus, quae castitas dicitur, sed
nostra potius disputatio inter pudorem atque rationem quibusdam coartatur angustiis. Nec tantum hic curamus alienis 5
responsionem reddere, quantum ipsis nostris consolationem.
Sit igitur in primis positum atque firmatum, virtutem, qua
recte vivitur, ab animi sede membris corporis imperare,
sanctumque corpus usu fieri sanctae voluntatis, qua inconcussa ac stabili permanente, quidquid alius de corpore vel 10
in corpore fecerit, quod sine peccato proprio non valeat
evitari, praeter culpam esse patientis. Sed quia non solum quod ad dolorem, verum etiam quod ad libidinem pertinet, in corpore alieno perpetrari potest: quidquid tale
factum fuerit, etsi retentam constantissimo animo pudici- 15
tiam non excutit, tamen pudorem incutit, ne credatur factum cum mentis etiam voluntate, quod fieri fortasse sine
carnis aliqua voluptate non potuit.

Caput XVII.
De morte voluntaria ob metum poenae sive dedecoris. 20

Ac per hoc et quae se occiderunt, ne quicquam huius
modi paterentur, quis humanus adfectus eis nolit ignosci?
et quae se occidere noluerunt, ne suo facinore alienum
flagitium devitarent, quisquis eis hoc crimini dederit, ipse
crimen insipientiae non cavebit. Nam utique si non licet 25
privata potestate hominem occidere vel nocentem, cuius
occidendi licentiam lex nulla concedit, profecto etiam qui
se ipsum occidit homicida est, et tanto fit nocentior, cum
se occiderit, quanto innocentior in ea causa fuit, qua se
occidendum putavit. Nam si Iudae factum merito dete- 30
stamur eumque veritas iudicat, cum se laqueo suspendit,
sceleratae illius traditionis auxisse potius quam expiasse
commissum, quoniam Dei misericordiam desperando exi-
tiabiliter paenitens nullum sibi salubris paenitentiae locum
reliquit: quanto magis a sua nece se abstinere debet, qui 35

---

31) Matth. 27, 5.

tali supplicio quod in se puniat non habet? Iudas enim
cum se occidit, sceleratum hominem occidit, et tamen non
solum Christi, verum etiam suae mortis reus finivit hanc
vitam, quia licet propter suum scelus alio suo scelere occi-
5 sus est. Cur autem homo, qui mali nihil fecit, sibi male-
faciat et se ipsum interficiendo hominem interficiat innocentem, ne alium patiatur nocentem, atque in se perpetret
peccatum proprium, ne in eo perpetretur alienum?

Caput XVIII.

10 *De alienae violentia libidinis, quam in oppresso*
corpore mens invita perpetitur.

At enim, ne vel aliena polluat libido, metuitur? Non
polluet, si aliena erit; si autem polluet, aliena non erit.
Sed cum pudicitia virtus sit animi comitemque habeat for-
15 titudinem, qua potius quaelibet mala tolerare quam malo
consentire decernit, nullus autem magnanimus et pudicus
in potestate habeat, quid de sua carne fiat, sed tantum quid
adnuat mente vel renuat: quis eadem sana mente putaverit
perdere se pudicitiam, si forte in adprehensa et oppressa
20 carne sua exerceatur et expleatur libido non sua? Si enim
hoc modo pudicitia perit, profecto pudicitia virtus animi
non erit; nec pertinebit ad ea bona, quibus bene vivitur,
sed in bonis corporis numerabitur, qualia sunt vires pulchritudo, sanitas valetudo, ac si quid huius modi est;
25 quae bona, etiamsi minuantur, bonam iustamque vitam
omnino non minuunt. Quod si tale aliquid est pudicitia,
ut quid pro illa, ne amittatur, etiam cum periculo corporis
laboratur? Si autem animi bonum est, etiam oppresso
corpore non amittitur. Quin etiam sanctae continentiae
30 bonum cum inmunditiae carnalium concupiscentiarum non
cedit, et ipsum corpus sanctificatur, et ideo, cum eis non
cedere inconcussa intentione persistit, nec de ipso corpore
perit sanctitas, quia eo sancte utendi perseverat voluntas
et, quantum in ipso est, etiam facultas.
35 Neque enim eo corpus sanctum est, quod eius membra sunt integra, aut eo, quod nullo contrectantur adtactu,

cum possint diversis casibus etiam vulnerata vim perpeti,
et medici aliquando saluti opitulantes haec ibi faciant, quae
horret aspectus. Obstetrix virginis cuiusdam integritatem
manu velut explorans sive malevolentia sive inscientia sive
casu, dum inspicit, perdidit. Non opinor quemquam tam 5
stulte sapere, ut huic perisse aliquid existimet etiam de
ipsius corporis sanctitate, quamvis membri illius integritate
iam perdita. Quocirca proposito animi permanente, per
quod etiam corpus sanctificari meruit, nec ipsi corpori
aufert sanctitatem violentia libidinis alienae, quam servat 10
perseverantia continentiae suae. An vero si aliqua femina
mente corrupta violatoque proposito, quod Deo voverat,
pergat vitianda ad deceptorem suum, adhuc eam pergen-
tem sanctam vel corpore dicimus, ea sanctitate animi, per
quam corpus sanctificabatur, amissa atque destructa? Absit 15
hic error et hinc potius admoneamur, ita non amitti corporis sanctitatem manente animi sanctitate etiam corpore
oppresso, sicut amittitur et corporis sanctitas violata animi
sanctitate etiam corpore intacto. Quam ob rem non habet
quod in se morte spontanea puniat femina sine ulla sua 20
consensione violenter oppressa et alieno conpressa peccato;
quanto minus antequam hoc fiat! ne admittatur homicidium certum, cum ipsum flagitium, quamvis alienum, adhuc pendet incertum.

Caput XIX. 25

De Lucretia, quae se ob inlatum sibi stuprum peremit.

An forte huic perspicuae rationi, qua dicimus corpore
oppresso nequaquam proposito castitatis ulla in malum
consensione mutato illius tantum esse flagitium, qui op-
primens concubuerit, non illius, quae oppressa concum- 30
benti nulla voluntate consenserit, contradicere audebunt
hi, contra quos feminarum Christianarum in captivitate
oppressarum non tantum mentes, verum etiam corpora
sancta defendimus? Lucretiam certe, matronam nobilem
veteremque Romanam, pudicitiae magnis efferunt laudibus. 35
Huius corpore cum violenter oppresso Tarquinii regis filius
libidinose potitus esset, illa scelus inprobissimi iuvenis

marito Collatino et propinquo Bruto, viris clarissimis
et fortissimis, indicavit eosque ad vindictam constrinxit.
Deinde foedi in se commissi aegra atque inpatiens se peremit. Quid dicemus? Adultera haec an casta iudicanda est?
5 Quis in hac controversia laborandum putaverit? Egregie
quidam ex hoc veraciterque declamans ait: „Mirabile dictu,
duo fuerunt et adulterium unus admisit." Splendide atque
verissime. Intuens enim in duorum corporum commixtione
unius inquinatissimam cupiditatem, alterius castissimam
10 voluntatem, et non quid coniunctione membrorum, sed
quid animorum diversitate ageretur adtendens: „Duo, inquit, fuerunt, et adulterium unus admisit."

　　　Sed quid est hoc, quod in eam gravius vindicatur,
quae adulterium non admisit? Nam ille patria cum patre
15 pulsus est, haec summo est mactata supplicio. Si non est
illa inpudicitia qua invita opprimitur, non est haec iustitia
qua casta punitur. Vos appello, leges iudicesque Romani.
Nempe post perpetrata facinora nec quemquam scelestum
indemnatum inpune voluistis occidi. Si ergo ad vestrum
20 iudicium quisquam deferret hoc crimen vobisque probaretur non solum indemnatam, verum etiam castam et innocentem interfectam esse mulierem, nonne eum, qui id fecisset, severitate congrua plecteretis? Hoc fecit illa Lucretia,
illa sic praedicata Lucretia innocentem, castam, vim per-
25 pessam Lucretiam insuper interemit. Proferte sententiam.
Quod si propterea non potestis, quia non astat quam punire
possitis, cur interfectricem innocentis et castae tanta praedicatione laudatis? Quam certe apud infernos iudices etiam
tales, quales poetarum vestrorum carminibus cantitantur,
30 nulla ratione defenditis, constitutam scilicet inter illos,

　　　　　　　　　qui sibi letum
　　Insontes peperere manu lucemque perosi
　　Proiecere animas;

cui ad superna redire cupienti

35　　Fas obstat, tristisque palus inamabilis undae
　　Adligat.

───────

36) Aen. 6, 434 sqq.

An forte ideo ibi non est, quia non insontem, sed male sibi
consciam se peremit? Quid si enim (quod ipsa tantum
modo nosse poterat) quamvis iuveni violenter inruenti
etiam sua libidine inlecta consensit idque in se puniens ita
doluit, ut morte putaret expiandum? Quamquam ne sic 5
quidem se occidere debuit, si fructuosam posset apud deos
falsos agere paenitentiam. Verum tamen si forte ita est
falsumque est illud, quod duo fuerunt et adulterium unus
admisit, sed potius ambo adulterium commiserunt, unus
manifesta invasione, altera latente consensione: non se 10
occidit insontem, et ideo potest a litteratis eius defensoribus dici non esse apud inferos inter illos, „qui sibi letum
insontes peperere manu." Sed ita haec causa ex utroque
latere coartatur, ut, si extenuatur homicidium, adulterium
confirmetur; si purgatur adulterium, homicidium cumule- 15
tur; nec omnino invenitur exitus, ubi dicitur: „Si adul-
terata, cur laudata; si pudica, cur occisa?"

Nobis tamen in hoc tam nobili feminae huius exemplo
ad istos refutandos, qui Christianis feminis in captivitate
compressis alieni ab omni cogitatione sanctitatis insultant, 20
sufficit quod in praeclaris eius laudibus dictum est: „Duo
fuerunt et adulterium unus admisit." Talis enim ab eis
Lucretia magis credita est, quae se nullo adulterino potuerit maculare consensu. Quod ergo se ipsam, quoniam
adulterum pertulit, etiam non adultera occidit, non est 25
pudicitiae caritas, sed pudoris infirmitas. Puduit enim eam
turpitudinis alienae in se commissae, etiamsi non secum,
et Romana mulier, laudis avida nimium, verita est ne putaretur, quod violenter est passa cum viveret, libenter passa
si viveret. Unde ad oculos hominum mentis suae testem 30
illam poenam adhibendam putavit, quibus conscientiam de-
monstrare non potuit. Sociam quippe facti se credi erubuit, si, quod alius in ea fecerat turpiter, ferret ipsa patienter. Non hoc fecerunt feminae Christianae, quae passae
similia vivunt tamen nec in se ultae sunt crimen alienum, 35
ne aliorum sceleribus adderent sua, si, quoniam hostes in
eis concupiscendo stupra commiserant, illae in se ipsis
homicidia erubescendo committerent. Habent quippe intus

gloriam castitatis, testimonium conscientiae; habent autem coram oculis Dei sui, nec requirunt amplius, ubi quid
recte faciant non habent amplius, ne devient ab auctoritate
legis divinae, cum male devitant offensionem suspicionis
5 humanae.

Caput XX.

*Nullam esse auctoritatem, quae Christianis in qualibet
causa ius voluntariae necis tribuat.*

Neque enim frustra in sanctis canonicis libris nus-
10 quam nobis divinitus praeceptum permissumve reperiri
potest, ut vel ipsius adipiscendae inmortalitatis vel ullius
cavendi carendive mali causa nobismet ipsis necem infera-
mus. Nam et prohibitos nos esse intellegendum est, ubi
lex ait: *Non occides*, praesertim quia non addidit: „Pro-
15 ximum tuum", sicut falsum testimonium cum vetaret:
Falsum, inquit, *testimonium non dices adversus proximum
tuum.* Nec ideo tamen si adversus se ipsum quisquam
falsum testimonium dixerit, ab hoc crimine se putaverit
alienum, quoniam regulam diligendi proximum a semet ipso
20 dilector accepit, quando quidem scriptum est: *Diliges proximum tuum tamquam te ipsum.* Porro si falsi testimonii non minus reus est qui de se ipso falsum fatetur,
quam si adversus proximum hoc faceret, cum in eo praecepto, quo falsum testimonium prohibetur, adversus pro-
25 ximum prohibeatur possitque non recte intellegentibus
videri non esse prohibitum, ut adversus se ipsum quisque
falsus testis adsistat: quanto magis intellegendum est, non
licere homini se ipsum occidere, cum in eo, quod scriptum est: *Non occides*, nihilo deinde addito, nullus, nec ipse
30 utique, cui praecipitur, intellegatur exceptus? Unde quidam hoc praeceptum etiam in bestias ac pecora conantur
extendere, ut ex hoc nullum etiam illorum liceat occidere.
Cur non ergo et herbas et quidquid humo radicitus alitur
ac figitur? Nam et hoc genus rerum, quamvis non sentiat,
35 dicitur vivere ac per hoc postest et mori, proinde etiam,

---

17) Exod. 20, 13; 16.   21) Matth. 22, 39.

cum vis adhibetur, occidi. Unde et apostolus, cum de huiusce modi seminibus loqueretur: *Tu,* inquit, *quod seminas non vivificatur, nisi moriatur;* et in psalmo scriptum est: *Occidit vites eorum in grandine.* Num igitur ob hoc, cum audimus: *Non occides,* virgultum vellere 5 nefas ducimus et Manichaeorum errori insanissime adquiescimus? His igitur deliramentis remotis cum legimus: *Non occides,* si propterea non accipimus hoc dictum esse de frutectis, quia nullus eis sensus est, nec de inrationalibus animantibus, volatilibus natatilibus, ambulantibus 10 reptilibus, quia nulla nobis ratione sociantur, quam non eis datum est nobiscum habere communem (unde iustissima ordinatione creatoris et vita et mors eorum nostris usibus subditur): restat ut de homine intellegamus, quod dictum est: *Non occides;* nec alterum ergo nec te. Neque 15 enim qui se occidit aliud quam hominem occidit.

Caput XXI.

De interfectionibus hominum, quae ab homicidii crimine excipiuntur.

Quasdam vero exceptiones eadem ipsa divina fecit 20 auctoritas, ut non liceat hominem occidi. Sed his exceptis, quos Deus occidi iubet sive data lege sive ad personam pro tempore expressa iussione (non autem ipse occidit, qui ministerium debet iubenti, sicut adminiculum gladius utenti; et ideo nequaquam contra hoc praeceptum fecerunt, 25 quo dictum est: *Non occides,* qui Deo auctore bella gesserunt aut personam gerentes publicae potestatis secundum eius leges, hoc est iustissimae rationis imperium, sceleratos morte punierunt; et Abraham non solum non est culpatus crudelitatis crimine, verum etiam laudatus est nomine 30 pietatis, quod voluit filium, nequaquam scelerate, sed oboedienter occidere; et merito quaeritur utrum pro iussu Dei sit habendum, quod Iephte filiam, quae patri occurrit, occidit, cum id se vovisset immolaturum Deo, quod ei re-

---

3) 1. Cor. 15, 36.   4) Psal. 78 (79), 47.   32) Gen. 22.

deunti de proelio victori primitus occurrisset; nec Samson aliter excusatur, quod se ipsum cum hostibus ruina domus oppressit, nisi quia Spiritus latenter hoc iusserat, qui per illum miracula faciebat) — his igitur exceptis,
5 quos vel lex iusta generaliter vel ipse fons iustitiae Deus specialiter occidi iubet, quisquis hominem vel se ipsum vel quemlibet occiderit, homicidii crimine innectitur.

Caput XXII.

Quod numquam possit mors voluntaria ad magnitudinem
10   *animi pertinere.*

Et quicumque hoc in se ipsis perpetraverunt, animi magnitudine fortassè mirandi, non sapientiae sanitate laudandi sunt. Quamquam si rationem diligentius consulas, ne ipsa quidem animi magnitudo recte nominatur, ubi quis-
15 que non valendo tolerare vel quaeque aspera vel aliena peccata se ipse interemerit. Magis enim mens infirma deprehenditur, quae ferre non potest vel duram sui corporis servitutem vel stultam vulgi opinionem, maiorque animus merito dicendus est, qui vitam aerumnosam magis potest
20 ferre quam fugere, et humanum iudicium maximeque vulgare, quod plerumque caligine erroris involvitur, prae conscientiae luce ac puritate contemnere. Quam ob rem si magno animo fieri putandum est, cum sibi homo ingerit mortem, ille potius Cleombrotus in hac animi magnitu-
25 dine reperitur, quem ferunt lecto Platonis libro, ubi de inmortalitate animae disputavit, se praecipitem dedisse de muro atque ita ex hac vita emigrasse ad eam, quam credidit esse meliorem. Nihil enim urguebat aut calamitatis aut criminis seu verum seu falsum, quod non valendo ferre se au-
30 ferret; sed ad capessendam mortem atque ad huius vitae suavia vincla rumpenda sola adfuit animi magnitudo. Quod tamen magne potius factum esse quam bene testis ei esse potuit Plato ipse, quem legerat, qui profecto id praecipue

---

1) Iudic, 11.   4) Id. 16, 30.

potissimumque fecisset vel etiam praecepisset, nisi ea mente, qua inmortalitatem animae vidit, nequaquam faciendum, quin etiam prohibendum esse iudicasset.

At enim multi se interemerunt, ne in manus hostium pervenirent. Non modo quaerimus utrum sit factum, sed utrum fuerit faciendum. Sana quippe ratio etiam exemplis anteponenda est, cui quidem et exempla concordant, sed illa, quae tanto digniora sunt imitatione, quanto excellentiora pietate. Non fecerunt patriarchae, non prophetae, non apostoli, quia et ipse dominus Christus, quando eos, si persecutionem paterentur, fugere admonuit de civitate in civitatem, potuit admonere ut sibi manus inferrent, ne in manus persequentium pervenirent. Porro ille si hoc non iussit aut monuit, ut eo modo sui ex hac vita emigrarent, quibus migrantibus mansiones aeternas se praeparaturum esse promisit, quaelibet exempla opponant gentes, quae ignorant Deum, manifestum est hoc non licere colentibus unum verum Deum.

Caput XXIII.

Quale exemplum sit Catonis, qui victoriam Caesaris non ferens se interemit.

Sed tamen etiam illi praeter Lucretiam, de qua supra satis quod videbatur diximus, non facile reperiunt de cuius auctoritate praescribant, nisi illum Catonem, qui se Uticae occidit; non quia solus id fecit, sed quia vir doctus et probus habebatur, ut merito putetur etiam recte fieri potuisse vel posse quod fecit. De cuius facto quid potissimum dicam, nisi quod amici eius etiam docti quidam viri, qui hoc fieri prudentius dissuadebant, inbecillioris quam fortioris animi facinus esse censuerunt, quo demonstraretur non honestas turpia praecavens, sed infirmitas adversa non sustinens. Hoc et ipse Cato in suo carissimo filio iudicavit. Nam si turpe erat sub victoria Caesaris vivere, cur auctor huius turpitudinis filio fuit, quem de Caesaris benignitate

---

12) Matth. 10, 23. 16) Ioan. 14, 2.

omnia sperare praecepit? Cur non et illum secum coegit
ad mortem? Nam si eum filium, qui contra imperium in
hostem pugnaverat, etiam victorem laudabiliter Torquatus
occidit, cur victus victo filio pepercit Cato, qui non peper-
5 cit sibi? An turpius erat contra imperium esse victorem,
quam contra decus ferre victorem? Nullo modo igitur
Cato turpe esse iudicavit sub victore Caesare vivere; alioquin ab hac turpitudine paterno ferro filium liberaret.
Quid est ergo, nisi quod filium quantum amavit, cui parci
10 a Caesare et speravit et voluit, tantum gloriae ipsius Caesaris, ne ab illo etiam sibi parceretur, ut ipse Caesar dixisse fertur, invidit, aut, ut aliquid nos mitius dicamus,
erubuit?

Caput XXIV.

15 *Quod in ea virtute, qua Regulus Catone praestantior
fuit, multo magis emineant Christiani.*

Nolunt autem isti, contra quos agimus, ut sanctum
virum Iob, qui tam horrenda mala in sua carne perpeti
maluit quam inlata sibi morte omnibus carere cruciatibus,
20 vel alios sanctos ex litteris nostris summa auctoritate cel-
sissimis fideque dignissimis, qui captivitatem dominatio-
nemque hostium ferre quam sibi necem inferre maluerunt,
Catoni praeferamus; sed ex litteris eorum eundem illum
Marco Catoni Marcum Regulum praeferam. Cato enim num-
25 quam Caesarem vicerat, cui victus dedignatus est subici et,
ne subiceretur, a se ipso elegit occidi: Regulus autem Poenos
iam vicerat imperioque Romano Romanus imperator non
ex civibus dolendam, sed ex hostibus laudandam victoriam
reportaverat; ab eis tamen postea victus maluit eos ferre
30 serviendo quam eis se auferre moriendo. Proinde servavit
et sub Carthaginiensium dominatione patientiam et in Romanorum dilectione constantiam, nec victum auferens corpus ab hostibus nec invictum animum a civibus. Nec quod
se occidere noluit, vitae huius amore fecit. Hoc probavit,
35 cum causa promissi iurisque iurandi ad eosdem hostes,
quos gravius in senatu verbis quam in bello armis offen-

derat, sine ulla dubitatione remeavit. Tantus itaque vitae
huius contemptor, cum saevientibus hostibus per quaslibet
poenas eam finire quam se ipse perimere maluit, magnum
scelus esse, si se homo interimat, procul dubio iudicavit.
Inter omnes suos laudabiles et virtutis insignibus inlustres 5
viros non proferunt Romani meliorem, quem neque felicitas corruperit, nam in tanta victoria mansit pauperrimus;
nec infelicitas fregerit, nam ad tanta exitia revertit intrepidus. Porro si fortissimi et praeclarissimi viri terrenae
patriae defensores deorumque licet falsorum, non tamen 10
fallaces cultores, sed veracissimi etiam iuratores, qui hostes
victos more ac iure belli ferire potuerunt, hi ab hostibus victi
se ipsos ferire noluerunt et, cum mortem minime formi-
darent, victores tamen dominos ferre quam eam sibi inferre
maluerunt: quanto magis Christiani, verum Deum colentes 15
et supernae patriae suspirantes, ab hōc facinore tempera-
bunt, si eos divina dispositio vel probandos vel emendan-
dos ad tempus hostibus subiugaverit, quos in illa humilitate
non deserit, qui propter eos tam humiliter altissimus venit,
praesertim quos nullius militaris potestatis vel talis militiae 20
iura constringunt ipsum hostem ferire superatum. Quis
ergo tam malus error obrepit, ut homo se occidat, vel
quia in eum peccavit, vel ne in eum peccet inimicus, cum
vel peccatorem vel peccaturum ipsum occidere non audeat
inimicum? 25

Caput XXV.

Quod peccatum non per peccatum debeat declinari.

At enim timendum est et cavendum, ne libidini hostili
subditum corpus inlecebrosissima voluptate animum ad-
liciat consentire peccato. Proinde, inquiunt, non iam pro- 30
pter alienum, sed propter suum peccatum, antequam hoc
quisque committat, se debet occidere. Nullo modo quidem
hoc faciet animus, ut consentiat libidini carnis suae aliena
libidine concitante, qui Deo potius eiusque sapientiae quam
corpori voluptatique subiectus est. Verum tamen si dete- 35
stabile facinus et damnabile scelus est etiam se ipsum

3 *

hominem occidere, sicut veritas manifesta proclamat, quis
ita desipiat, ut dicat: „Iam nunc peccemus, ne postea forte
peccemus; iam nunc perpetremus homicidium, ne postea
forte incidamus in adulterium?" Nonne si tantum domi-
5 natur iniquitas, ut non innocentia, sed peccata potius eli-
gantur, satius est incertum de futuro adulterium quam
certum de praesenti homicidium? Nonne satius est flagitium committere, quod paenitendo sanetur, quam tale facinus ubi locus salubris paenitentiae non relinquitur? Haec
10 dixi propter eos vel eas, quae non alieni, sed proprii peccati devitandi causa, ne sub alterius libidine etiam excitatae
suae forte consentiant, vim sibi, qua moriantur, inferendam
putant. Ceterum absit a mente Christiana, quae Deo suo
fidit in eoque spe posita eius adiutorio nititur, absit, in-
15 quam, ut mens talis quibuslibet carnis voluptatibus ad consensum turpitudinis cedat. Quod si illa concupiscentialis
inoboedientia, quae adhuc in membris moribundis habitat,
praeter nostrae voluntatis legem quasi lege sua movetur,
quanto magis absque culpa est in corpore non consentien-
20 tis, si absque culpa est in corpore dormientis!

Caput XXVI.

De his, quae fieri non licent, cum a sanctis facta no-
scuntur, qua ratione facta credenda sint.

Sed quaedam, inquiunt, sanctae feminae tempore per-
25 secutionis, ut insectatores suae pudicitiae devitarent, in
rapturum atque necaturum se fluvium proiecerunt eoque
modo defunctae sunt earumque martyria in catholica ecclesia veneratione celeberrima frequentantur. De his nihil
temere audeo iudicare. Utrum enim ecclesiae aliquibus
30 fide dignis testificationibus, ut earum memoriam sic ho-
noret, divina persuaserit auctoritas, nescio; et fieri potest
ut ita sit. Quid si enim hoc fecerunt, non humanitus de-
ceptae, sed divinitus iussae, nec errantes, sed oboedientes,
sicut de Samsone aliud nobis fas non est credere? Cum
35 autem Deus iubet seque iubere sine ullis ambagibus inti-
mat, quis oboedientiam in crimen vocet? quis obsequium

pietatis accuset? Sed non ideo sine scelere facit, quisquis
Deo filium immolare decreverit, quia hoc Abraham etiam
laudabiliter fecit. Nam et miles cum oboediens potestati,
sub qua legitime constitutus est, hominem occidit, nulla
civitatis suae lege reus est homicidii, immo, nisi fecerit, 5
reus est imperii deserti atque contempti. Quod si sua
sponte atque auctoritate fecisset, crimen effusi humani sanguinis incidisset. Itaque unde punitur si fecit iniussus,
inde punietur nisi fecerit iussus. Quod si ita est iubente
imperatore, quanto magis iubente creatore! Qui ergo 10
audit non licere se occidere, faciat, si iussit cuius non licet
iussa contemnere. Tantum modo videat utrum divina ius-
sio nullo nutet incerto. Nos per aurem conscientiam con-
venimus, occultorum nobis iudicium non usurpamus. *Nemo
scit quid agatur in homine, nisi spiritus hominis, qui in* 15
ipso est. Hoc dicimus, hoc asserimus, hoc modis omnibus adprobamus, neminem spontaneam mortem sibi inferre debere, velut fugiendo molestias temporales, ne in-
cidat in perpetuas; neminem propter aliena peccata, ne
hoc ipse incipiat habere gravissimum proprium, quem non 20
polluebat alienum; neminem propter sua peccata praeterita, propter quae magis hac vita opus est, ut possint
paenitendo sanari; neminem velut desiderio vitae melioris,
quae post mortem speratur, quia reos suae mortis melior
post mortem vita non suscipit. 25

Caput XXVII.

An propter declinationem peccati mors spontanea adpetenda sit.

Restat una causa, de qua dicere coeperam, qua utile
putatur, ut se quisque interficiat, scilicet ne in peccatum 30
inruat vel blandiente voluptate vel dolore saeviente. Quam
causam si voluerimus admittere, eo usque progressa per-
veniet, ut hortandi sint homines tunc se potius interimere,
cum lavacro sanctae regenerationis abluti universorum re-

---

16) 1. Cor. 2, 11.

missionem acceperint peccatorum. Tunc enim tempus est
cavendi omnia futura peccata, cum sunt omnia deleta praeterita. Quod si morte spontanea recte fit, cur non tunc
potissimum fit? Cur baptizatus sibi quisque parcit? Cur
5 liberatum caput tot rursus vitae huius periculis inserit, cum
sit facillimae potestatis inlata sibi nece omnia devitare
scriptumque sit: *Qui amat periculum, incidet in illud?*
Cur ergo amantur tot et tanta pericula vel certe, etiamsi
non amantur, suscipiuntur, cum manet in hac vita, cui
10 abscedere licitum est? An vero tam insulsa perversitas
cor evertit et a consideratione veritatis avertit, ut, si se
quisque interimere debet, ne unius captivantis dominatu
conruat in peccatum, vivendum sibi existimet, ut ipsum per-
ferat mundum per omnes horas temptationibus plenum, et
15 talibus, qualis sub uno domino formidatur, et innumerabili-
bus ceteris, sine quibus haec vita non ducitur? Quid igitur
causae est, cur in eis exhortationibus tempora consuma-
mus, quibus baptizatos adloquendo studemus accendere
sive ad virginalem integritatem sive ad continentiam vi-
20 dualem sive ad ipsam tori coniugalis fidem, cum habeamus
meliora et ab omnibus peccandi periculis remota compen-
dia, ut, quibuscumque post remissionem recentissimam
peccatorum adripiendam mortem sibique ingerendam persuadere potuerimus, eos ad Dominum saniores purioresque
25 mittamus? Porro si, quisquis hoc adgrediendum et suaden-
dum putat, non dico desipit, sed insanit: qua tandem
fronte homini dicit: „Interfice te, ne parvis tuis peccatis
adicias gravius, dum vivis sub domino barbaris moribus
inpudico“, qui non potest nisi sceleratissime dicere: „In-
30 terfice te peccatis tuis omnibus absolutis, ne rursus talia
vel etiam peiora committas, dum vivis in mundo tot inpuris
voluptatibus inlecebroso, tot nefandis crudelitatibus furioso,
tot erroribus et terroribus inimico“? Hoc quia nefas est
dicere, nefas est profecto se occidere. Nam si hoc sponte
35 faciendi ulla causa iusta esse posset, procul dubio iustior
quam ista non esset. Quia vero nec ista est, ergo nulla est.

7) Eccli. 3, 27.

Caput XXVIII.

Quo iudicio Dei in corpora continentium libido hostilis peccare permissa sit.

Non itaque vobis, o fideles Christi, sit taedio vita vestra, si ludibrio fuit hostibus castitas vestra. Habetis 5 magnam veramque consolationem, si fidam conscientiam retinetis non vos consensisse peccatis eorum, qui in vos peccare permissi sunt. Quod si forte, cur permissi sint, quaeritis, alta quidem est providentia creatoris mundi atque rectoris, *et inscrutabilia sunt iudicia eius et investi-* 10 *gabiles viae eius.* Verum tamen interrogate fideliter animas vestras, ne forte de isto integritatis et continentiae vel pudicitiae bono vos inflatius extulistis et humanis laudibus delectatae in hoc etiam aliquibus invidistis. Non accuso quod nescio, nec audio quod vobis interrogata vestra 15 corda respondent. Tamen si ita esse responderint, nolite mirari hoc vos amisisse, unde hominibus placere gestistis, illud vobis remansisse, quod ostendi hominibus non potest. Si peccantibus non consensistis, divinae gratiae, ne amitteretur, divinum accessit auxilium; humanae gloriae, ne 20 amaretur, humanum successit opprobrium. In utroque consolamini, pusillanimes, illinc probatae hinc castigatae, illinc iustificatae hinc emendatae. Quarum vero corda interrogata respondent numquam se de bono virginitatis vel viduitatis vel coniugalis pudicitiae superbisse, sed hu- 25 milibus consentiendo de dono Dei cum tremore exultasse, nec invidisse cuiquam paris excellentiam sanctitatis et castitatis, sed humana laude postposita, quae tanto maior deferri solet, quanto est bonum rarius, quod exigit laudem, optasse potius ut amplior earum numerus esset, quam ut 30 ipsae in paucitate amplius eminerent: nec istae, quae tales sunt, si earum quoque aliquas barbarica libido compressit, permissum hoc esse causentur, nec ideo Deum credant ista neglegere, quia permittit quod nemo inpune committit. Quaedam enim velut pondera malarum cupiditatum et per 35

---

11) Rom. 11, 33. 26) Id. 12, 16.

occultum praesens divinum iudicium relaxantur et manifesto ultimo reservantur. Fortassis autem istae, quae bene
sibi sunt consciae non se ex isto castitatis bono cor infla-
tum extulisse, et tamen vim hostilem in carne perpessae
5 sunt, habebant aliquid latentis infirmitatis, quae posset in
superbiae fastum, si hanc humilitatem in vastatione illa
evasissent, extolli. Sicut ergo quidam morte rapti sunt,
ne malitia mutaret intellectum eorum, ita quiddam ab
istis vi raptum est, ne prosperitas mutaret modestiam ea-
10 rum. Utrisque igitur, quae de carne sua, quod turpem
nullius esset perpessa contactum, vel iam superbiebant vel
superbire, si nec hostium violentia contrectata esset, forsitan poterant, non ablata est castitas, sed humilitas persuasa; illarum tumori succursum est inmanenti, istarum
15 occursum est inminenti.

Quamquam et illud non sit tacendum, quod quibusdam, quae ista perpessae sunt, potuit videri continentiae
bonum in bonis corporalibus deputandum et tunc manere,
si nullius libidine corpus adtrectaretur; non autem esse
20 positum in solo adiuto divinitus robore voluntatis, ut sit
sanctum et corpus et spiritus; nec tale bonum esse, quod
invito animo non possit auferri; qui error eis fortasse sub-
latus est. Cum enim cogitant, qua conscientia Deo servierint, et fide inconcussa non de illo sentiunt, quod ita
25 sibi servientes eumque ita invocantes deserere ullo modo
potuerit, quantumque illi castitas placeat dubitare non
possunt, vident esse consequens nequaquam illum fuisse
permissurum, ut haec acciderent sanctis suis, si eo modo
perire posset sanctitas, quam contulit eis et diligit in eis.

30 ## Caput XXIX.

*Quid familia Christi respondere debeat infidelibus, cum
exprobrant quod eam a furore hostium non
liberaverit Christus.*

Habet itaque omnis familia summi et veri Dei conso-
35 lationem suam, non fallacem nec in spe rerum nutantium

---

8) Sap. 4, 11.

vel labentium constitutam, vitamque etiam ipsam temporalem minime paenitendam, in qua eruditur ad aeternam,
bonisque terrenis tamquam peregrina utitur, nec capitur,
malis autem aut probatur aut emendatur. Illi vero, qui
probitati eius insultant eique dicunt, cum forte in aliqua 5
temporalia mala devenerit: *Ubi est Deus tuus?* ipsi dicant,
ubi sint dii eorum, cum talia patiuntur, pro quibus evitan-
dis eos vel colunt vel colendos esse contendunt. Nam ista
respondet: Deus meus ubique praesens est, ubique totus,
nusquam inclusus, qui possit adesse secretus, abesse non 10
motus; ille cum me adversis rebus exagitat, aut merita
examinat aut peccata castigat mercedemque mihi aeternam
pro toleratis pie malis temporalibus servat; vos autem qui
estis, cum quibus loqui dignum sit saltem de diis vestris,
quanto minus de Deo meo, qui *terribilis est super omnes* 15
deos, quoniam dii gentium daemonia, Dominus autem cae-
los fecit.

Caput XXX.

Quam pudendis prosperitatibus affluere velint, qui de
Christianis temporibus conqueruntur. 20

Si Nasica ille Scipio vester quondam pontifex viveret,
quem sub terrore belli Punici in suscipiendis Phrygiis sacris, cum vir optimus quaereretur, universus senatus elegit, cuius os fortasse non auderetis aspicere, ipse vos ab
hac inpudentia cohiberet. Cur enim adflicti rebus adversis 25
de temporibus querimini Christianis, nisi quia vestram
luxuriam cupitis habere securam et perditissimis moribus
remota omni molestiarum asperitate diffluere? Neque enim
propterea cupitis habere pacem et omni genere copiarum
abundare, ut his bonis honeste utamini, hoc est modeste 30
sobrie, temperanter pie, sed ut infinita varietas voluptatum
insanis effusionibus exquiratur, secundisque rebus ea mala
oriantur in moribus, quae saevientibus peiora sint hostibus.
At ille Scipio pontifex maximus vester, ille iudicio totius

---

6) Psal. 41 (42), 4.   17) Id. 95 (96), 4 sq.

senatus vir optimus, istam vobis metuens calamitatem
nolebat aemulam tunc imperii Romani Carthaginem dirui
et decernenti ut dirueretur contradicebat Catoni, timens
infirmis animis hostem securitatem et tamquam pupillis
5 civibus idoneum tutorem necessarium videns esse terro-
rem. Nec eum sententia fefellit: re ipsa probatum est
quam verum diceret. Deleta quippe Carthagine, magno
scilicet terrore Romanae rei publicae depulso et extincto,
tanta de rebus prosperis orta mala continuo subsecuta
10 sunt, ut corrupta disruptaque concordia prius saevis cru-
entisque seditionibus, deinde mox malarum conexione
causarum bellis etiam civilibus tantae strages ederentur,
tantus sanguis effunderetur, tanta cupiditate proscriptio-
num ac rapinarum ferveret inmanitas, ut Romani illi, qui vita
15 integriore mala metuebant ab hostibus, perdita integritate
vitae crudeliora paterentur a civibus, eaque ipsa libido
dominandi, quae inter alia vitia generis humani meracior
inerat universo populo Romano, postea quam in paucis po-
tentioribus vicit, obtritos fatigatosque ceteros etiam iugo
20 servitutis oppressit.

Caput XXXI.

Quibus vitiorum gradibus aucta sit in Romanis cupido
regnandi.

Nam quando illa quiesceret in superbissimis mentibus,
25 donec continuatis honoribus ad potestatem regiam perveniret? Honorum porro continuandorum facultas non
esset, nisi ambitio praevaleret. Minime autem praevaleret
ambitio, nisi in populo avaritia luxuriaque corrupto. Ava-
rus vero luxuriosusque populus secundis rebus effectus
30 est, quas Nasica ille providentissime cavendas esse censebat, quando civitatem hostium maximam fortissimam opulentissimam nolebat auferri, ut timore libido premeretur,
libidine pressa non luxuriaretur luxuriaque cohibita nec
avaritia grassaretur; quibus vitiis obseratis civitati utilis
35 virtus floreret et cresceret eique virtuti libertas congrua
permaneret. Hinc etiam erat et ex hac providentissima

patriae caritate veniebat, quod idem ipse vester pontifex
maximus, a senatu illius temporis (quod saepe dicendum
est) electus sine ulla sententiarum discrepantia vir optimus,
caveam theatri senatum construere molientem ab hac dispositione et cupiditate compescuit persuasitque oratione 5
gravissima, ne Graecam luxuriam virilibus patriae moribus
paterentur obrepere et ad virtutem labefactandam ener-
vandamque Romanam peregrinae consentire nequitiae, tantumque auctoritate valuit, ut verbis eius commota senatoria
providentia etiam subsellia, quibus ad horam congestis 10
in ludorum spectaculo iam uti civitas coeperat, deinceps
prohiberet adponi. Quanto studio iste ab urbe Roma ludos
ipsos scenicos abstulisset, si auctoritati eorum, quos deos
putabat, resistere auderet, quos esse noxios daemones non
intellegebat aut, si intellegebat, placandos etiam ipse potius 15
quam contemnendos existimabat. Nondum enim fuerat
declarata gentibus superna doctrina, quae fide cor mundans ad caelestia vel supercaelestia capessenda humili pietate humanum mutaret adfectum et a dominatu superborum daemonum liberaret.   20

Caput XXXII.

De scenicorum institutione ludorum.

Verum tamen scitote, qui ista nescitis et qui vos
scire dissimulatis, advertite, qui adversus liberatorem a
talibus dominis murmuratis: ludi scenici, spectacula tur- 25
pitudinum et licentia vanitatum, non hominum vitiis, sed
deorum vestrorum iussis Romae instituti sunt. Tolerabilius divinos honores deferretis illi Scipioni quam deos
eius modi coleretis. Neque enim erant illi dii suo pontifice
meliores. Ecce adtendite, si mens tam diu potatis errori- 30
bus ebria vos aliquid sanum considerare permittit. Dii
propter sedandam corporum pestilentiam ludos sibi scenicos exhiberi iubebant; pontifex autem propter animorum
cavendam pestilentiam ipsam scenam construi prohibebat.
Si aliqua luce mentis animum corpori praeponitis, eligite 35
quem colatis. Neque enim et illa corporum pestilentia

ideo conquievit, quia populo bellicoso et solis antea ludis circensibus adsueto ludorum scenicorum delicata subintravit insania; sed astutia spirituum nefandorum praevidens illam pestilentiam iam fine debito cessaturam aliam longe
5 graviorem, qua plurimum gaudet, ex hac occasione non corporibus, sed moribus curavit inmittere, quae animos miserorum tantis obcaecavit tenebris, tanta deformitate foedavit, ut etiam modo (quod incredibile forsitan erit, si a nostris posteris audietur) Romana urbe vastata, quos
10 pestilentia ista possedit atque inde fugientes Carthaginem pervenire potuerunt, in theatris cotidie certatim pro histrionibus insanirent.

Caput XXXIII.

De vitiis Romanorum, quos patriae non correxit eversio.

15 O mentes amentes! quis est hic tantus non error, sed furor, ut exitium vestrum, sicut audivimus, plangentibus orientalibus populis et maximis civitatibus in remotissimis terris publicum luctum maeroremque ducentibus, vos theatra quaereretis intraretis impleretis et multo insa-
20 niora quam fuerant antea faceretis? Hanc animorum labem ac pestem, hanc probitatis et honestatis eversionem vobis Scipio ille metuebat, quando construi theatra prohibebat, quando rebus prosperis vos facile corrumpi atque everti posse cernebat, quando vos ab hostili terrore securos
25 esse nolebat. Neque enim censebat ille felicem esse rem publicam stantibus moenibus, ruentibus moribus. Sed in vobis plus valuit quod daemones impii seduxerunt, quam quod homines providi praecaverunt. Hinc est quod mala, quae facitis, vobis inputari non vultis, mala vero, quae
30 patimini, Christianis temporibus inputatis. Neque enim in vestra securitate pacatam rem publicam, sed luxuriam quaeritis inpunitam, qui depravati rebus prosperis nec corrigi potuistis adversis. Volebat vos ille Scipio terreri ab hoste, ne in luxuriam flueretis: vos nec contriti ab
35 hoste luxuriam repressistis, perdidistis utilitatem calamitatis, et miserrimi facti estis et pessimi permansistis.

Caput XXXIV.

De clementia Dei, quae Urbis excidium temperavit.

Et tamen quod vivitis Dei est, qui vobis parcendo admonet, ut corrigamini paenitendo, qui vobis etiam ingratis praestitit, ut vel sub nomine servorum eius vel in 5 locis martyrum eius hostiles manus evaderetis. Romulus et Remus asylum constituisse perhibentur, quo quisquis confugeret ab omni noxa liber esset, augere quaerentes creandae multitudinem civitatis. Mirandum in honorem Christi praecessit exemplum. Hoc constituerunt eversores 10 Urbis, quod constituerant antea conditores. Quid autem magnum, si hoc fecerunt illi, ut civium suorum numerus suppleretur, quod fecerunt isti, ut suorum hostium numerositas servaretur?

Caput XXXV. 15

De latentibus inter impios ecclesiae filiis et de falsis intra ecclesiam Christianis.

Haec et talia, si qua uberius et commodius potuerit, respondeat inimicis suis redempta familia domini Christi et peregrina civitas regis Christi. Meminerit sane in ipsis 20 inimicis latere cives futuros, ne infructuosum vel apud ipsos putet, quod, donec perveniat ad confessos, portat infensos; sicut ex illorum numero etiam Dei civitas habet secum, quamdiu peregrinatur in mundo, conexos communione sacramentorum, nec secum futuros in aeterna 25 sorte sanctorum, qui partim in occulto, partim in aperto sunt, qui etiam cum ipsis inimicis adversus Deum, cuius sacramentum gerunt, murmurare non dubitant, modo cum illis theatra, modo ecclesias nobiscum replentes. De correctione autem quorundam etiam talium multo minus est 30 desperandum, si apud apertissimos adversarios praedestinati amici latitant, adhuc ignoti etiam sibi. Perplexae quippe sunt istae duae civitates in hoc saeculo invicemque permixtae, donec ultimo iudicio dirimantur; de quarum exortu et procursu et debitis finibus quod dicendum arbi- 35

tror, quantum divinitus adiuvabor, expediam propter gloriam civitatis Dei, quae alienis a contrario comparatis
clarius eminebit.

Caput XXXVI.

5 *De quibus causis sequenti disputatione sit disserendum.*

Sed adhuc mihi quaedam dicenda sunt adversus eos,
qui Romanae rei publicae clades in religionem nostram
referunt, qua diis suis sacrificare prohibentur. Commemo-
randa sunt enim quae et quanta occurrere potuerint, vel
10 satis esse videbuntur mala, quae illa civitas pertulit, vel
ad eius imperium provinciae pertinentes, ante quam eorum
sacrificia prohibita fuissent; quae omnia procul dubio nobis
tribuerent, si iam vel illis claveret nostra religio, vel ita
eos a sacris sacrilegis prohiberet. Deinde monstrandum
15 est, quos eorum mores et quam ob causam Deus verus ad
augendum imperium adiuvare dignatus est, in cuius potestate sunt regna omnia, quamque nihil eos adiuverint hi,
quos deos putant, et potius quantum decipiendo et fallendo
nocuerint. Postremo adversus eos dicetur, qui manifes-
20 tissimis documentis confutati atque convicti conantur asserere, non propter vitae praesentis utilitatem, sed propter
eam, quae post mortem futura est, colendos deos. Quae,
nisi fallor, quaestio multo erit operosior et subtiliore disputatione dignior, ut et contra philosophos in ea disseratur,
25 non quoslibet, sed qui apud illos excellentissima gloria
clari sunt et nobiscum multa sentiunt, et de animae inmortalitate et quod verus Deus mundum condiderit et de providentia eius, qua universum quod condidit regit. Sed quoniam et ipsi in illis, quae contra nos sentiunt, refellendi
30 sunt, deesse huic officio non debemus, ut refutatis impiis
contradictionibus pro viribus, quas Deus inpartiet, assera-
mus civitatem Dei veramque pietatem et Dei cultum, in
quo uno veraciter sempiterna beatitudo promittitur. Hic
itaque modus sit huius voluminis, ut deinceps disposita ab
35 alio sumamus exordio.

LIBER II.

Caput I.

De modo, qui necessitati disputationis adhibendus est.

Si rationi perspicuae veritatis infirmus humanae con- 5
suetudinis sensus non auderet obsistere, sed doctrinae
salubri languorem suum tamquam medicinae subderet,
donec divino adiutorio fide pietatis inpetrante sanaretur,
non multo sermone opus esset ad convincendum quemlibet
vanae opinionis errorem his, qui recte sentiunt et sensa 10
verbis sufficientibus explicant. Nunc vero quoniam ille
est maior et taetrior insipientium morbus animorum, quo
inrationabiles motus suos, etiam post rationem plene redditam, quanta homini ab homine debetur, sive nimia caecitate, qua nec aperta cernuntur, sive obstinatissima per- 15
vicacia, qua et ea quae cernuntur non feruntur, tamquam
ipsam rationem veritatemque defendunt, fit necessitas
copiosius dicendi plerumque res claras, velut eas non
spectantibus intuendas, sed quodam modo tangendas pal-
pantibus et coniventibus offeramus. Et tamen quis discep- 20
tandi finis erit et loquendi modus, si respondendum esse
respondentibus semper existimemus? Nam qui vel non
possunt intellegere quod dicitur, vel tam duri sunt adver-
sitate mentis, ut, etiamsi intellexerint, non oboediant, respondent, ut scriptum est, et loquuntur iniquitatem atque 25
infatigabiliter vani sunt. Quorum dicta contraria si totiens
velimus refellere, quotiens obnixa fronte statuerint non
cogitare quid dicant, dum quocumque modo nostris disputationibus contradicant, quam sit infinitum et aerumno-
sum et infructuosum vides. Quam ob rem nec te ipsum, 30
mi fili Marcelline, nec alios, quibus hic labor noster in
Christi caritate utiliter ac liberaliter servit, tales meorum

---

25) Psal. 93 (94), 4.

scriptorum velim iudices, qui responsionem semper desi-
derent, cum his quae leguntur audierint aliquid contradici,
ne fiant similes earum muliercularum, quas commemorat
apostolus *semper discentes et ad veritatis scientiam num-*
5 *quam pervenientes.*

Caput II.

De his, quae primo volumine expedita sunt.

Superiore itaque libro, cum de civitate Dei dicere in-
stituissem, unde hoc universum opus illo adiuvante in
10 manus sumptum est, occurrit mihi resistendum esse primitus eis, qui haec bella, quibus mundus iste conteritur,
maximeque Romanae urbis recentem a barbaris vastationem Christianae religioni tribuunt, qua prohibentur nefandis sacrificiis servire daemonibus, cum potius hoc de-
15 berent tribuere Christo, quod propter eius nomen contra
institutum moremque bellorum eis, quo confugerent,
religiosa et amplissima loca barbari libera praebuerunt,
atque in multis famulatum deditum Christo non solum verum, sed etiam timore confictum sic honoraverunt, ut,
20 quod in eos belli iure fieri licuisset, iulicitum sibi esse iudi-
carent. Inde incidit quaestio, cur haec divina beneficia
etiam ad impios ingratosque pervenerint, et cur illa itidem
dura, quae hostiliter facta sunt, pios cum impiis pariter
adflixerint? Quam quaestionem per multa diffusam (in
25 omnibus enim cotidianis vel Dei muneribus vel hominum
cladibus, quorum utraque bene ac male viventibus permixte
atque indiscrete saepe accidunt, solet multos movere) ut
pro suscepti operis necessitate dissolverem, aliquantum
inmoratus sum maxime ad consolandas sanctas feminas et
30 pie castas, in quibus ab hoste aliquid perpetratum est,
quod intulit verecundiae dolorem, etsi non abstulit pudicitiae firmitatem, ne paeniteat eas vitae, quas non est unde
possit paenitere nequitiae. Deinde pauca dixi in eos, qui
Christianos adversis illis rebus adfectos et praecipue pu-

---

5) 2. Tim. 3, 7.

dorem humiliatarum feminarum quamvis castarum atque
sanctarum protervitate inpudentissima exagitant, cum sint
nequissimi et inreverentissimi, longe ab eis ipsis Romanis
degeneres, quorum praeclara multa laudantur et litterarum memoria celebrantur, immo illorum gloriae vehemen- 5
ter adversi. Romam quippe partam veterum auctamque
laboribus foediorem stantem fecerant quam ruentem,
quando quidem in ruina eius lapides et ligna, in istorum
autem vita omnia non murorrum, sed morum munimenta
atque ornamenta ceciderunt, cum funestioribus eorum 10
corda cupiditatibus quam ignibus tecta illius urbis arderent.
Quibus dictis [primum] terminavi librum. Deinceps itaque
dicere institui; quae mala civitas illa perpessa sit ab origine sua sive apud se ipsam sive in provinciis sibi iam subditis, quae omnia Christianae religioni tribuerent, si iam 15
tunc evangelica doctrina adversus falsos et fallaces eorum
deos testificatione liberrima personaret.

CAPUT III.

De assumenda historia, qua ostendatur, quae mala
acciderint Romanis, cum deos colerent, antequam 20
religio Christiana obcresceret.

Memento autem me ista commemorantem adhuc contra inperitos agere, ex quorum inperitia illud quoque ortum
est vulgare proverbium: Pluvia defit, causa Christiani sunt.
Nam qui eorum studiis liberalibus instituti amant histo- 25
riam, facillime ista noverunt; sed ut nobis ineruditorum
turbas infestissimas reddant, se nosse dissimulant atque
hoc apud vulgus confirmare nituntur, clades, quibus per
certa intervalla locorum et temporum genus humanum
oportet adfligi, causa accidere nominis Christiani, quod 30
contra deos suos ingenti fama et praeclarissima celebritate
per cuncta diffunditur. Recolant ergo nobiscum, antequam
Christus venisset in carne, antequam eius nomen ea, cui
frustra invident, gloria populis innotesceret, quibus calamitatibus res Romanae multipliciter varieque contritae 35
sint, et in his defendant, si possunt, deos suos, si propterea

coluntur, ne ista mala patiantur cultores eorum; quorum si quid nunc passi fuerint, nobis imputandum esse contendant. Cur enim ea, quae dicturus sum, permiserunt accidere cultoribus suis, antequam eos declaratum Christi nomen 5 offenderet eorumque sacrificia prohiberet?

Caput IV.

Quod cultores nulla umquam a diis suis praecepta probitatis acceperint et in sacris eorum turpia quaeque celebraverint.

10   Primo ipsos mores ne pessimos haberent, quare dii eorum curare noluerunt? Deus enim verus eos, a quibus non colebatur, merito neglexit; dii autem illi, a quorum cultu se prohiberi homines ingratissimi conqueruntur, cultores suos ad bene vivendum quare nullis legibus ad-
15 iuverunt? Utique dignum erat, ut, quo modo isti illorum sacra, ita illi istorum facta curarent. Sed respondetur, quod voluntate propria quisque malus est. Quis hoc negaverit? Verum tamen pertinebat ad consultores deos vitae bonae praecepta non occultare populis cultoribus suis,
20 sed clara praedicatione praebere, per vates etiam convenire atque arguere peccantes, palam minari poenas male agentibus, praemia recte viventibus polliceri. Quid umquam tale in deorum illorum templis prompta et eminenti voce concrepuit? Veniebamus etiam nos aliquando adu-
25 lescentes ad spectacula ludibriaque sacrilegiorum, spectabamus arrepticios, audiebamus symphoniacos, ludis turpissimis, qui diis deabusque exhibebantur, oblectabamur, Caelesti virgini et Berecynthiae matri omnium, ante cuius lecticam die sollemni lavationis eius talia per publicum
30 cantitabantur a nequissimis scenicis, qualia, non dico matrem deorum, sed matrem qualiumcumque senatorum vel quorumlibet honestorum virorum, immo vero qualia nec matrem ipsorum scenicorum deceret audire. Habet enim quiddam erga parentes humana verecundia, quod nec ipsa
35 nequitia possit auferre. Illam proinde turpitudinem obscenorum dictorum atque factorum scenicos ipsos domi

suae proludendi causa coram matribus suis agere puderet,
quam per publicum agebant coram deorum matre spectante et audiente utriusque sexus frequentissima multitudine. Quae si inlecta curiositate adesse potuit circumfusa,
saltem offensa castitate debuit abire confusa. Quae sunt 5
sacrilegia, si illa sunt sacra? aut quae inquinatio, si illa
lavatio? Et haec fercula appellabantur, quasi celebraretur
convivium, quo velut suis epulis inmunda daemonia pas-
cerentur. Quis enim non sentiat cuius modi spiritus talibus obscenitatibus delectentur, nisi vel nesciens, utrum 10
omnino sint ulli inmundi spiritus deorum nomine decipientes, vel tamen agens vitam, in qua istos potius quam
Deum verum et optet propitios et formidet iratos?

Caput V.

De obscenitatibus, quibus mater deûm a cultoribus suis 15
honorabatur.

Nequaquam istos, qui flagitiosissimae consuetudinis
vitiis oblectari magis quam obluctari student, sed illum
ipsum Nasicam Scipionem, qui vir optimus a senatu electus
est, cuius manibus eiusdem daemonis simulacrum susce- 20
ptum est in Urbemque pervectum, habere de hac re iu-
dicem vellem. Diceret nobis, utrum matrem suam tam
optime de re publica vellet mereri, ut ei divini honores
decernerentur; sicut et Graecos et Romanos aliasque gentes constat quibusdam decrevisse mortalibus, quorum erga 25
se beneficia magnipenderant, eosque inmortales factos
atque in deorum numerum receptos esse crediderant.
Profecto ille tantam felicitatem suae matri, si fieri posset,
optaret. Porro si ab illo deinde quaereremus, utrum inter
eius divinos honores vellet illa turpia celebrari: nonne se 30
malle clamaret, ut sua mater sine ullo sensu mortua iace-
ret, quam ad hoc dea viveret, ut illa libenter audiret?
Absit, ut senator populi Romani ea mente praeditus, qua
theatrum aedificari in urbe fortium virorum prohibuit, sic
vellet coli matrem suam, ut talibus dea sacris propitiaretur, 35
qualibus matrona verbis offenderetur. Nec ullo modo

crederet verecundiam laudabilis feminae ita in contrarium divinitate mutari, ut honoribus eam talibus advocarent cultores sui, qualibus conviciis in quempiam iaculatis, cum inter homines viveret, nisi aures clauderet seseque
5 subtraheret, erubescerent pro illa et propinqui et maritus et liberi. Proinde talis mater deûm, qualem habere matrem puderet quemlibet etiam pessimum virum, Romanas occupatura mentes quaesivit optimum virum, non quem monendo et adiuvando faceret, sed quem fallendo decipe-
10 ret, ei similis de qua scriptum est: *Mulier autem virorum pretiosas animas captat*, ut ille magnae indolis animus hoc velut divino testimonio sublevatus et vere se optimum existimans veram pietatem religionemque non quaereret, sine qua omne quamvis laudabile ingenium superbia va-
15 nescit et decidit. Quo modo igitur nisi insidiose quaereret dea illa optimum virum, cum talia quaerat in suis sacris, qualia viri optimi abhorrent suis adhibere conviviis?

Caput VI.

Deos paganorum numquam bene vivendi sanxisse
20   *doctrinam.*

Hinc est quod de vita et moribus civitatum atque populorum, a quibus colebantur illa numina, non curarunt, ut tam horrendis eos et detestabilibus malis non in agro et vitibus, non in domo atque pecunia, non denique in ipso
25 corpore, quod menti subditur, sed in ipsa mente, in ipso rectore carnis animo, eos impleri ac pessimos fieri sine ulla sua terribili prohibitione permitterent. Aut si prohibebant, hoc ostendatur potius, hoc probetur. Nec nobis nescio quos susurros paucissimorum auribus anhelatos et
30 arcana velut religione traditos iactent, quibus vitae probitas castitasque discatur; sed demonstrentur vel commemorentur loca talibus aliquando conventiculis consecrata, non ubi ludi agerentur obscenis vocibus et motibus hi-

---

11) Prov. 6, 26.   26) Aug. oblitus videtur, iam supra se *eos* posuisse.

strionum, nec ubi Fugalia celebrarentur effusa omni licentia turpitudinum (et vere Fugalia, sed pudoris et honestatis); sed ubi populi audirent quid dii praeceperint de
cohibenda avaritia, ambitione frangenda, luxuria refre-
nanda, ubi discerent miseri, quod discendum Persius in- 5
crepat dicens:

Disciteque, o miseri, et causas agnoscite rerum,
Quid sumus et quidnam victuri gignimur, ordo
Quis datus aut metae qua mollis flexus et unde,
Quis modus argenti, quid fas optare, quid asper 10
Vtile nummus habet, patriae carisque propinquis
Quantum largiri deceat, quem te Deus esse
Iussit et humana qua parte locatus es in re.

Dicatur in quibus locis haec docentium deorum solebant
praecepta recitari et a cultoribus eorum populis frequenter 15
audiri, sicut nos ostendimus ad hoc ecclesias institutas,
quaqua versum religio Christiana diffunditur.

Caput VII.

Inutilia esse inventa philosophica sine auctoritate divina,
ubi quemquam ad vitia pronum magis movet quod dii 20
fecerint, quam quod homines disputarint.

An forte nobis philosophorum scholas disputationes-
que memorabunt? Primo haec non Romana, sed Graeca
sunt; aut si propterea iam Romana, quia et Graecia facta
est Romana provincia, non deorum praecepta sunt, sed 25
hominum inventa, qui utcumque conati sunt ingeniis acutissimis praediti ratiocinando vestigare, quid in rerum natura latitaret, quid in moribus adpetendum esset atque
fugiendum, quid in ipsis ratiocinandi regulis certa conexione
xione traheretur, aut quid non esset consequens vel etiam 30
repugnaret. Et quidam eorum quaedam magna, quantum
divinitus adiuti sunt, invenerunt; quantum autem humanitus impediti sunt, erraverunt, maxime cum eorum super-

13) Sat. 3, 66 sqq.

biae iuste providentia divina resisteret, ut viam pietatis ab
humilitate in superna surgentem etiam istorum comparatione monstraret; unde postea nobis erit in Dei veri Domini voluntate disquirendi ac disserendi locus. Verum
5 tamen si philosophi aliquid invenerunt, quod agendae bonae vitae beataeque adipiscendae satis esse possit: quanto
iustius talibus divini honores decernerentur! Quanto melius et honestius in Platonis templo libri eius legerentur,
quam in templis daemonum Galli abscinderentur, molles
10 consecrarentur, insani secarentur, et quidquid aliud vel
crudele vel turpe, vel turpiter crudele vel crudeliter turpe
in sacris talium deorum celebrari solet! Quanto satius
erat ad erudiendum iustitiam iuventutem publice recitari
leges deorum quam laudari inaniter leges atque instituta
15 maiorum! Omnes enim cultores talium deorum, mox ut
eos libido perpulerit, ferventi, ut ait Persius, tincta veneno
magis intuentur quid Iuppiter fecerit, quam quid docuerit
Plato vel censuerit Cato. Hinc apud Terentium flagitiosus
adulescens spectat tabulam quandam pictam in pariete,

20   ubi inerat pictura haec, Iovem
     Quo pacto Danaae misisse aiunt quondam in gremium
                              imbrem aureum,

atque ab tanta auctoritate adhibet patrocinium turpitudini
suae, cum in ea se iactat imitari deum.

25   At quem deum!

inquit;

                         qui templa caeli summo sonitu concutit.
     Ego homuncio hoc non facerem? Ego vero illud feci iam
                              libens.

30   CAPUT VIII.
De ludis scenicis, in quibus dii non offenduntur editione
        suarum turpitudinum, sed placantur.

     At enim non traduntur ista sacris deorum, sed fabulis
poetarum. Nolo dicere illa mystica quam ista theatrica

---

16) Sat. 3, 37.   29) Ter. Eun. III. 5, 36 sq.; 42 sq.

esse turpiora; hoc dico, quod negantes convincit historia,
eosdem illos ludos, in quibus regnant figmenta poetarum,
non per inperitum obsequium sacris deorum suorum in-
tulisse Romanos, sed ipsos deos, ut sibi sollemniter ederentur et honori suo consecrarentur, acerbe imperando 5
et quodam modo extorquendo fecisse; quod in primo
libro brevi commemoratione perstrinxi. Nam ingrave-
scente pestilentia ludi scenici auctoritate pontificum Romae primitus instituti sunt. Quis igitur in agenda vita non
ea sibi potius sectanda arbitretur, quae actitantur ludis 10
auctoritate divina institutis, quam ea, quae scriptitantur
legibus humano consilio promulgatis? Adulterum Iovem
si poetae fallaciter prodiderunt, dii utique casti, quia
tantum nefas per humanos ludos confictum est, non quia
neglectum, irasci ac vindicare debuerunt. Et haec sunt 15
scenicorum tolerabiliora ludorum, comoediae scilicet et
tragoediae, hoc est fabulae poetarum agendae in spectaculis multa rerum turpitudine, sed nulla saltem, sicut alia
multa, verborum obscenitate compositae; quas etiam inter
studia, quae honesta ac liberalia vocantur, pueri legere et 20
discere coguntur a senibus.

Caput IX.

*Quid Romani veteres de cohibenda poetica licentia
senserint, quam Graeci deorum secuti iudicium
liberam esse voluerunt.* 25

Quid autem hinc senserint Romani veteres, Cicero
testatur in libris, quos de re publica scripsit, ubi Scipio
disputans ait: „Numquam comoediae, nisi consuetudo vitae
pateretur, probare sua theatris flagitia potuissent." Et
Graeci quidem antiquiores vitiosae suae opinionis quan- 30
dam convenientiam servarunt, apud quos fuit etiam lege
concessum, ut quod vellet comoedia, de quo vellet, nomi-
natim diceret. Itaque, sicut in eisdem libris loquitur Africanus, „quem illa non adtigit, vel potius quem non vexa-
vit, cui pepercit? Esto, populares homines inprobos, in 35
re publica seditiosos, Cleonem, Cleophontem, Hyperbolum

laesit. Patiamur, inquit, etsi eius modi cives a censore melius est quam a poeta notari; sed Periclen, cum iam suae civitati maxima auctoritate plurimos annos domi et belli praefuisset, violari versibus et eos agi in scena non plus 5 decuit, quam si Plautus, inquit, noster voluisset aut Naevius Publio et Gneo Scipioni aut Caecilius Marco Catoni maledicere." Deinde paulo post: „Nostrae, inquit, contra duodecim tabulae cum perpaucas res capite sanxissent, in his hanc quoque sanciendam putaverunt, si quis occenta-10 visset sive carmen condidisset, quod infamiam faceret flagitiumve alteri. Praeclare. Iudiciis enim magistratuum, disceptationibus legitimis propositam vitam, non poetarum ingeniis ·habere debemus, nec probrum audire nisi ea lege ut respondere liceat et iudicio defendere." Haec ex 15 Ciceronis quarto de re publica libro ad verbum excerpenda arbitratus sum, nonnullis propter faciliorem intellectum vel praetermissis vel paululum commutatis. Multum enim ad rem pertinent, quam molior explicare, si potero. Dicit deinde alia et sic concludit hunc locum, ut ostendat veteri-20 bus displicu isse Romanis vel laudari quemquam in scena vivum hominem vel vituperari. Sed, ut dixi, hoc Graeci quamquam inverecundius, tamen convenientius licere voluerunt, cum viderent diis suis accepta et grata esse opprobria non tantum hominum, verum et ipsorum deorum 25 in scenicis fabulis, sive a poetis essent illa conficta, sive flagitia eorum vera commemorarentur et agerentur in theatris, atque ab eorum cultoribus utinam solo risu, ac non etiam imitatione digna viderentur. Nimis enim superbum fuit famae parcere principum civitatis et civium, ubi 30 suae famae parci numina noluerunt.

Caput X.

Qua nocendi arte daemones velint vel falsa de se crimina vel vera narrari.

Nam quod adfertur pro defensione, non illa vera in 35 deos dici, sed falsa atque conficta, id ipsum est scelestius, si pietatem consulas religionis; si autem malitiam daemonum cogites, quid astutius ad decipiendum atque callidius? Cum enim probrum iacitur in principem patriae bonum atque utilem, nonne tanto est indignius, quanto a veritate remotius et a vita illius alienius? Quae igitur supplicia sufficiunt, cum deo fit ista tam nefaria, tam insignis iniu- 5 ria? [X.] Sed maligni spiritus, quos isti deos putant, etiam flagitia, quae non admiserunt, de se dici volunt, dum tamen humanas mentes his opinionibus velut retibus induant et ad praedestinatum supplicium secum trahant, sive homines ista commiserint, quos deos haberi gaudent, 10 qui humanis erroribus gaudent, pro quibus se etiam colendos mille nocendi fallendique artibus interponunt; sive etiam non ullorum hominum illa crimina vera sint, quae tamen de numinibus fingi libenter accipiunt fallacissimi spiritus, ut ad scelesta ac turpia perpetranda velut ab ipso 15 caelo traduci in terras satis idonea videatur auctoritas. Cum igitur Graeci talium numinum servos se esse sentirent, inter tot et tanta eorum theatrica opprobria parcendum sibi a poetis nullo modo putaverunt, vel diis suis etiam sic consimilari adpetentes, vel metuentes, ne honestiorem 20 famam ipsi requirendo et eis se hoc modo praeferendo illos ad iracundiam provocarent.

Caput XI.

De scenicis apud Graecos in rei publicae administra-
tionem receptis, eo quod placatores deorum iniuste 25
ab hominibus spernerentur.

Ad hanc convenientiam pertinet, quod etiam scenicos actores earundem fabularum non parvo civitatis honore dignos existimarunt, si quidem, quod in eo quoque de re publica libro commemoratur, Aeschines Atheniensis, vir 30 eloquentissimus, cum adulescens tragoedias actitavisset, rem publicam capessivit, et Aristodemum, tragicum item actorem, maximis de rebus pacis ac belli legatum ad Philippum Athenienses saepe miserunt. Non enim consentaneum putabatur, cum easdem artes eosdemque scenicos 35 ludos etiam diis suis acceptos viderent, illos, per quos

agerentur, infamium loco ac numero deputare. Haec
Graeci turpiter quidem, sed sane diis suis omnino con-
gruenter, qui nec vitam civium lacerandam linguis poetarum et histrionum subtrahere ausi sunt, a quibus cerne-
5 bant deorum vitam eisdem ipsis diis volentibus et libentibus
carpi, et ipsos homines, per quos ista in theatris agebantur,
quae numinibus quibus subditi erant grata esse cognove-
rant, non solum minime spernendos in civitate, verum
etiam maxime honorandos putarunt. Quid enim causae
10 reperire possent, cur sacerdotes honorarent, quia per eos
victimas diis acceptabiles offerebant, et scenicos probrosos
haberent, per quos illam voluptatem sive honorem diis
exhiberi petentibus et, nisi fieret, irascentibus eorum
admonitione didicerant? cum praesertim Labeo, quem
15 huiusce modi rerum peritissimum praedicant, numina bona
a numinibus malis ista etiam cultus diversitate distinguat,
ut malos deos propitiari caedibus et tristibus supplicationibus asserat, bonos autem obsequiis laetis atque iucundis,
qualia sunt, ut ipse ait, ludi convivia lectisternia. Quod
20 totum quale sit, postea, si Deus iuverit, diligentius disseremus.
Nunc ad rem praesentem quod adtinet, sive omnibus
omnia tamquam bonis permixte tribuantur (neque enim
esse decet deos malos, cum potius isti, qui inmundi sunt
spiritus, omnes sint mali), sive certa discretione, sicut La-
25 beoni visum est, illis illa, istis ista distribuantur obsequia,
competentissime Graeci utrosque honori ducunt, et sacerdotes, per quos victimae ministrantur, et scenicos, per
quos ludi exhibentur, ne vel omnibus diis suis, si et ludi
omnibus grati sunt, vel, quod est indignius, his, quos bonos
30 putant, si ludi ab eis solis amantur, facere convincantur
iniuriam.

CAPUT XII.

Quod Romani auferendo libertatem poetis in homines,
quam dederunt in deos, melius de se quam de diis
35 *suis senserint.*

At Romani, sicut in illa de re publica disputatione
Scipio gloriatur, probris et iniuriis poetarum subiectam

vitam famamque habere noluerunt, capite etiam sancientes, tale carmen condere si quis auderet. Quod erga se quidem satis honeste constituerunt, sed erga deos suos superbe et inreligiose; quos cum scirent non solum patienter, verum etiam libenter poetarum probris maledictis- 5 que lacerari, se potius quam illos huiusce modi iniuriis indignos esse duxerunt seque ab eis etiam lege munierunt, illorum autem ista etiam sacris sollemnitatibus miscuerunt. Itane tandem, Scipio, laudas hanc poetis Romanis negatam esse licentiam, ut cuiquam opprobrium infligerent Roma- 10 norum, cum videas, eos nulli deorum pepercisse vestrorum? Itane pluris tibi habenda est existimatio curiae vestrae quam Capitolii, immo Romae unius quam caeli totius, ut linguam maledicam in cives tuos exercere poetae etiam lege prohiberentur, et in deos tuos securi tanta convicia 15 nullo senatore nullo censore, nullo principe nullo pontifice prohibente iacularentur? Indignum videlicet fuit, ut Plautus aut Naevius Publio et Gneo Scipioni aut Caecilius M. Catoni malediceret, et dignum fuit, ut Terentius vester flagitio Iovis optimi maximi adulescentium nequitiam 20 concitaret?

Caput XIII.

Debuisse intellegere Romanos, quod dii eorum, qui se turpibus ludis coli expetebant, indigni essent honore divino.

Sed responderet mihi fortasse, si viveret: Quo modo 25 nos ista inpunita esse nollemus, quae ipsi dii sacra esse voluerunt, cum ludos scenicos, ubi talia celebrantur dictitantur actitantur, et Romanis moribus invexerunt et suis honoribus dicari exhiberique iusserunt? Cur ergo non hinc magis ipsi intellecti sunt non esse dii veri nec omnino 30 digni, quibus divinos honores deferret illa res publica? Quos enim coli minime deceret minimeque oporteret, si ludos expeterent agendos conviciis Romanorum, quo modo quaeso colendi putati sunt, quo modo non detestandi spiritus intellecti, qui cupiditate fallendi inter suos honores 35 sua celebrari crimina poposcerunt? Itemque Romani,

quamvis iam supersfitione noxia premerentur, ut illos deos
colerent, quos videbant sibi voluisse scenicas turpitudines
consecrari, suae tamen dignitatis memores ac pudoris
actores talium fabularum nequaquam honoraverunt more
5 Graecorum, sed, sicut apud Ciceronem idem Scipio loquitur, „cum artem ludicram scenamque totam in probro du-
cerent, genus id hominum non modo honore civium reliquorum carere, sed etiam tribu moveri notatione censoria
voluerunt." Praeclara sane et Romanis laudibus adnume-
10 randa prudentia; sed vellem se ipsa sequeretur, se imitaretur. Ecce enim recte, quisquis civium Romanorum esse
scenicus elegisset, non solum ei nullus ad honorem
dabatur locus, verum etiam censoris nota tribum tenere
propriam minime sinebatur. O animum civitatis laudis
15 avidum germaneque Romanum! Sed respondeatur mihi,
qua consentanea ratione homines scenici ab omni honore
repelluntur, et ludi scenici deorum honoribus admiscentur.
Illas theatricas artes diu virtus Romana non noverat, quae
si ad oblectamentum voluptatis humanae quaererentur,
20 vitio morum inreperent humanorum. Dii eas sibi exhiberi
petierunt: quo modo ergo abicitur scenicus, per quem
colitur Deus? Et theatricae illius turpitudinis qua fronte
notatur actor, si adoratur exactor? In hac controversia
Graeci Romanique concertent. Graeci putant, recte se
25 honorare homines scenicos, quia colunt ludorum scenicorum flagitatores deos; Romani vero hominibus scenicis
nec plebeiam tribum, quanto minus senatoriam curiam
dehonestari sinunt. In hac disceptatione huiusce modi ratiocinatio summam quaestionis absolvit. Proponunt Graeci:
30 Si dii tales colendi sunt, profecto etiam tales homines
honorandi. Adsumunt Romani: Sed nullo modo tales homines honorandi sunt. Concludunt Christiani: Nullo modo
igitur dii tales colendi sunt.

Caput XIV.

Meliorem fuisse Platonem, qui poetis locum in bene morata urbe non dederit, quam hos deos, qui se ludis scenicis voluerint honorari.

Deinde quaerimus, ipsi poetae talium fabularum com- 5
positores, qui duodecim tabularum lege prohibentur famam
laedere civium, tam probrosa in deos convicia iaculantes
cur non ut scenici habeantur inhonesti. Qua ratione rectum est, ut poeticorum figmentorum et ignominiosorum
deorum infamentur actores, honorentur auctores? An forte 10
Graeco Platoni potius palma danda est, qui cum ratione
formaret, qualis esse civitas debeat, tamquam adversarios
veritatis poetas censuit urbe pellendos? Iste vero et deorum iniurias indigne tulit et fucari corrumpique figmentis
animos civium noluit. Confer nunc Platonis humanitatem 15
a civibus decipiendis poetas urbe pellentem cum deorum
divinitate honori suo ludos scenicos expetente. Ille, ne
talia vel scriberentur, etsi non persuasit disputando, tamen
suasit levitati lasciviaeque Graecorum; isti, ut talia etiam
agerentur, iubendo extorserunt gravitati et modestiae Ro- 20
manorum. Nec tantum haec agi voluerunt, sed sibi dicari,
sibi sacrari, sibi sollemniter exhiberi. Cui tandem honestius divinos honores decerneret civitas, utrum Platoni
haec turpia et nefanda prohibenti, an daemonibus hac
hominum deceptione gaudentibus, quibus ille vera persua- 25
dere non potuit?

Hunc Platonem Labeo inter semideos commemorandum putavit, sicut Herculem, sicut Romulum. Semideos
autem heroibus anteponit; sed utrosque inter numina conlocat. Verum tamen istum, quem appellat semideum, non 30
heroibus tantum, sed etiam diis ipsis praeferendum esse
non dubito. Propinquant autem Romanorum leges disputationibus Platonis, quando ille cuncta poetica figmenta
condemnat, isti autem poetis adimunt saltem in homines
maledicendi licentiam; ille poetas ab urbis ipsius habita- 35
tione, isti saltem actores poeticarum fabularum removent
a societate civitatis; et si contra deos ludorum scenicorum

expetitores aliquid auderent, forte undique removerent.
Nequaquam igitur leges ad instituendos bonos aut corrigendos malos mores a diis suis possent accipere seu sperare Romani, quos legibus suis vincunt atque convincunt.
5 Illi enim honori suo deposcunt ludos scenicos, isti ab honoribus omnibus repellunt homines scenicos; illi celebrari
sibi iubent figmentis poeticis opprobria deorum, isti ab
opprobriis hominum deterrent inpudentiam' poetarum.
Semideus autem ille Plato et talium deorum libidini resti-
10 tit, et ab indole Romanorum quid perficiendum esset
ostendit, qui poetas ipsos vel pro arbitrio mentientes vel
hominibus miseris quasi deorum facta pessima imitanda
proponentes omnino in civitate bene instituta vivere noluit.
Nos quidem Platonem nec deum nec semideum perhibe-
15 mus, nec ulli sancto angelo summi Dei nec veridico prophetae nec apostolo alicui nec cuilibet Christi martyri
nec cuiquam Christiano homini comparamus; cuius nostrae
sententae ratio Deo prosperante suo loco explicabitur.
Sed eum tamen, quando quidem ipsi volunt fuisse semi-
20 deum, praeferendum esse censemus, si non Romulo et
Herculi (quamvis istum nec fratrem occidisse, nec aliquod
perpetrasse flagitium quisquam historicorum vel poetarum
dixit aut finxit), certe vel Priapo vel alicui Cynocephalo,
postremo vel Febri, quae Romani numina partim peregrina
25 receperunt, partim sua propria sacraverunt. Quo modo
igitur tanta animi et morum mala bonis praeceptis et legibus vel inminentia prohiberent, vel insita extirpanda
curarent dii tales, qui etiam seminanda et augenda flagitia
curaverunt, talia vel sua vel quasi sua facta per theatricas
30 celebritates populis innotescere cupientes, ut tamquam
auctoritate divina sua sponte nequissima libido accendere-
tur humana, frustra hoc exclamante Cicerone, qui cum de
poetis ageret: „Ad quos cum accessit, inquit, clamor et
adprobatio populi quasi magni cuiusdam et sapientis ma-
35 gistri, quas illi obducunt tenebras, quos invehunt metus,
quas inflammant cupiditates!"

Caput XV.

Quod Romani quosdam sibi deos non ratione, sed adulatione instituerint.

Quae autem illic eligendorum deorum etiam ipsorum falsorum ratio ac non potius adulatio est? quando istum 5 Platonem, quem semideum volunt, tantis disputationibus laborantem, ne animi malis, quae praecipue cavenda sunt, mores corrumperentur humani, nulla sacra aedicula dignum putarunt, et Romulum suum diis multis praetulerunt, quamvis et ipsum semideum potius quam deum velut se- 10 cretior eorum doctrina commendet. Nam etiam flaminem illi instituerunt, quod sacerdotii genus adeo in Romanis sacris testante apice excelluit, ut tres solos flamines haberent tribus numinibus institutos, Dialem Iovi, Martialem Marti, Quirinalem Romulo. Nam benevolentia civium velut 15 receptus in caelum Quirinus est postea nominatus. Ac per hoc et Neptuno et Plutoni, fratribus Iovis, et ipsi Saturno, patri eorum, isto Romulus honore praelatus est, ut pro magno sacerdotium, quod Iovi tribuerant, hoc etiam huic tribuerent, et Marti tamquam patri eius, forsitan propter 20 ipsum.

Caput XVI.

Quod, si diis ulla esset cura iustitiae, ab eis Romani accipere debuerint praecepta vivendi potius quam leges ab aliis hominibus mutuari. 25

Si autem a diis suis Romani vivendi leges accipere potuissent, non aliquot annos post Romam conditam ab Atheniensibus mutuarentur leges Solonis, quas tamen non ut acceperunt [tenuerunt], sed meliores et emendatiores facere conati sunt, quamvis Lycurgus Lacedaemoniis leges 30 ex Apollinis auctoritate se instituisse confinxerit, quod prudenter Romani credere noluerunt; propterea non inde acceperunt. Numa Pompilius, qui Romulo successit in regnum, quasdam leges, quae quidem regendae civitati nequaquam sufficerent, condidisse fertur, qui eis multa 35

etiam sacra constituit; non tamen perhibetur easdem leges
a numinibus accepisse. Mala igitur·animi, mala vitae,
mala morum, quae ita magna sunt, ut his doctissimi eorum viri etiam stantibus urbibus res publicas perire con-
5 firment, dii eorum, ne suis cultoribus acciderent, minime
curarunt; immo vero ut augerentur, sicut supra disputatum est, omni modo curarunt.

Caput XVII.

De raptu Sabinarum aliisque iniquitatibus, quae in civitate
10 *Romana etiam laudatis viguere temporibus.*

An forte populo Romano propterea leges non sunt a
numinibus constitutae, quia, sicut Sallustius ait, „ius bonumque apud eos non legibus magis quam natura valebat"? Ex hoc iure ac bono credo raptas Sabinas. Quid
15 enim iustius et melius, quam filias alienas fraude spectaculi
inductas non a parentibus accipi, sed vi, ut quisque poterat, auferri? Nam si inique facerent Sabini negare postu-
latas, quanto fuit iniquius rapere non datas? Iustius autem
bellum cum ea gente geri potuit, quae filias suas ad matri-
20 monium conregionalibus et confinalibus suis negasset pe-
titas, quam cum ea, quae repetebat ablatas. Illud ergo
potius fieret; ibi Mars filium suum pugnantem iuvaret, ut
coniugiorum negatorum armis ulcisceretur iniuriam, et eo
modo ad feminas, quas voluerat, perveniret. Aliquo enim
25 fortasse iure belli iniuste negatas iuste victor auferret; nullo
autem iure pacis non datas rapuit et iniustum bellum cum
earum parentibus iuste succensentibus gessit. Hoc sane
utilius feliciusque successit, quod, etsi ad memoriam frau-
dis illius circensium spectaculum mansit, facinoris tamen
30 in illa civitate et imperio non placuit exemplum, faciliusque Romani in hoc erraverunt, ut post illam iniquitatem
deum sibi Romulum consecrarent, quam ut in feminis ra-
piendis factum eius imitandum lege ulla vel more permitterent. Ex hoc iure ac bono post expulsum cum liberis
35 suis regem Tarquinium, cuius filius Lucretiam stupro vio-

14) Sall. Cat. 9.

lenter oppresserat, Iunius Brutus consul Lucium Tarquinium Collatinum, maritum eiusdem Lucretiae, collegam
suum, bonum atque innocentem virum, propter nomen et
propinquitatem Tarquiniorum coegit magistratu se abdi-
care nec vivere in civitate permisit. Quod scelus favente 5
vel patiente populo fecit, a quo populo consulatum idem
Collatinus sicut etiam ipse Brutus acceperat. Ex hoc iure
ac bono Marcus Camillus, illius temporis vir egregius, qui
Veientes, gravissimos hostes populi Romani, post decennale
bellum, quo Romanus exercitus totiens male pugnando 10
graviter adflictus est, iam ipsa Roma de salute dubitante
atque trepidante facillime superavit eorumque urbem
opulentissimam cepit, invidia obtrectatorum virtutis suae
et insolentia tribunorum plebis reus factus est tamque ingratam sensit quam liberaverat civitatem, ut de sua dam- 15
natione certissimus in exilium sponte discederet et decem
milibus aeris absens etiam damnaretur, mox iterum a Gallis vindex patriae futurus ingratae. Multa commemorare
iam piget foeda et iniusta, quibus agitabatur illa civitas,
cum potentes plebem sibi subdere conarentur plebsque 20
illis subdi recusaret, et utriusque partis defensores magis
studiis agerent amore vincendi, quam aequum et bonum
quicquam cogitarent.

Caput XVIII.

Quae de moribus Romanorum aut metu conpressis aut 25
securitate resolutis Sallustii prodat historia.

Itaque habebo modum et ipsum Sallustium testem
potius adhibebo, qui cum in laude Romanorum dixisset,
unde nobis iste sermo ortus est: „Ius bonumque apud eos
non legibus magis quam natura valebat,“ praedicans illud 30
tempus, quo expulsis regibus incredibiliter civitas brevi
aetatis spatio plurimum crevit, idem tamen in primo historiae suae libro atque ipso eius exordio fatetur, etiam
tunc, cum ad consules a regibus esset translata res publica, post parvum intervallum iniurias validiorum et ob 35
eas discessionem plebis a patribus aliasque in Urbe dis-

sensiones fuisse. Nam cum optimis moribus et maxima
concordia populum Romanum inter secundum et postremum bellum Carthaginiense commemorasset egisse cau-
samque huius boni non amorem iustitiae, sed stante Car-
5 thagine metum pacis infidae dixisset (unde et Nasica ille
ad reprimendam nequitiam servandosque istos mores
optimos, ut metu vitia cohiberentur, Carthaginem nolebat
everti): continuo subiecit idem Sallustius et ait: „At discordia et avaritia atque ambitio et cetera secundis rebus
10 oriri sueta mala post Carthaginis excidium maxime aucta
sunt,“ ut intellegeremus etiam antea et oriri solere et
augeri. Unde subnectens cur hoc dixerit: „Nam iniuriae,
inquit, validiorum et ob eas discessio plebis a patribus
aliaeque dissensiones domi fuere iam inde a principio, ne-
15 que amplius quam regibus exactis, dum metus a Tarquinio
et bellum grave cum Etruria positum est, aequo et modesto
iure agitatum.“ Vides quem ad modum etiam illo brevi tempore, ut regibus exactis, id est eiectis, aliquantum aequo et
modesto iure ageretur, metum dixit fuisse causam, quoniam
20 metuebatur bellum, quod rex Tarquinius regno atque Vrbe
pulsus Etruscis sociatus contra Romanos gerebat. Adtende
itaque quid deinde contexat: „Deinde, inquit, servili imperio patres plebem exercere, de vita atque tergo regio
more consulere, agro pellere et ceteris expertibus soli in
25 imperio agere. Quibus saevitiis et maxime faenore oppressa
plebs cum assiduis bellis tributum et militiam simul toleraret, armata montem sacrum atque Aventinum insedit,
tumque tribunos plebis et alia iura sibi paravit. Discordiarum et certaminis utrimque finis fuit secundum bellum
30 Punicum.“ Cernis ex quo tempore, id est parvo intervallo
post reges exactos, quales Romani fuerint, de quibus ait:
„Ius bonumque apud eos non legibus magis quam natura
valebat.“

Porro si illa tempora talia reperiuntur, quibus pul-
35 cherrima atque optima fuisse praedicatur Romana res
publica, quid iam de consequenti aetate dicendum aut
cogitandum arbitramur, cum „paulatim mutata, ut eiusdem historici verbis utar, ex pulcherrima atque optima

pessima ac flagitiosissima facta est," post Carthaginis videlicet, ut commemoravit, excidium? Quae tempora ipse
Sallustius quem ad modum breviter recolat et describat, in
eius historia legi potest; quantis malis morum, quae secundis rebus exorta sunt, usque ad bella civilia demonstret 5
esse perventum. „Ex quo tempore, ut ait, maiorum mores
non paulatim ut antea, sed torrentis modo praecipitati,
adeo iuventus luxu atque avaritia corrupta, ut merito dicatur genitos esse, qui neque ipsi habere possent res fami-
liares neque alios pati." Dicit deinde plura Sallustius de 10
Sullae vitiis ceteraque foeditate rei publicae, et alii scriptores in haec consentiunt, quamvis eloquio multum impari.

Cernis tamen, ut opinor, et quisquis adverterit, facillime perspicit conluvie morum pessimorum quo illa
civitas prolapsa fuerit ante nostri superni regis adventum. 15
Haec enim gesta sunt non solum antequam Christus in
carne praesens docere coepisset, verum etiam antequam
de virgine natus esset. Cum igitur tot et tanta mala temporum illorum vel tolerabiliora superius, vel post eversam
Carthaginem intoleranda et horrenda diis suis inputare 20
non audeant, opiniones humanis mentibus, unde talia vitia
silvescerent, astutia maligna inserentibus: cur mala praesentia Christo inputant, qui doctrina saluberrima et falsos ac fallaces deos coli vetat, et istas hominum noxias
flagitiosasque cupiditates divina auctoritate detestans atque 25
condemnans his malis tabescenti ac labenti mundo ubique
familiam suam sensim subtrahit, qua condat aeternam et
non plausu vanitatis, sed iudicio veritatis gloriosissimam
civitatem?

Caput XIX. 30

*De corruptione Romanae rei publicae prius quam cultum
deorum Christus auferret.*

Ecce Romana res publica (quod non ego primus dico,
sed auctores eorum, unde haec mercede didicimus, tanto
ante dixerunt ante Christi adventum) „paulatim mutata ex 35
pulcherrima atque optima pessima atque flagitiosissima

---

1) Sall. Cat. 5.   10) Hist. I.

facta est.“ Ecce ante Christi adventum, post deletam Carthaginem „maiorum mores non paulatim, ut antea, sed
torrentis modo praecipitati, adeo iuventus luxu atque avaritia corrupta est.“ Legant nobis contra luxum et avari-
5 tiam praecepta deorum suorum populo Romano data. Cui
utinam tantum casta et modesta reticerent, ac non etiam
ab illo probrosa et ignominiosa deposcerent, quibus per
falsam divinitatem perniciosam conciliarent auctoritatem.
Legant nostra et per prophetas et per sanctum evangelium,
10 et per apostolicos actus et per epistulas tam multa contra
avaritiam atque luxuriam ubique populis ad hoc congre-
gatis quam excellenter, quam divine non tamquam ex philosophorum concertationibus strepere, sed tamquam ex
oraculis et Dei nubibus intonare. Et tamen luxu atque
15 avaritia saevisque ac turpibus moribus ante adventum
Christi rem publicam pessimam ac flagitiosissimam factam
non imputant diis suis; adflictionem vero eius, quamcum-
que isto tempore superbia deliciaeque eorum perpessae
fuerint, religioni increpitant Christianae. Cuius praecepta
20 de iustis probisque moribus si simul audirent atque curarent reges terrae et omnes populi, principes et omnes iudices terrae, iuvenes et virgines, seniores cum iunioribus,
aetas omnis capax et uterque sexus, et quos baptista Ioannes adloquitur, exactores ipsi atque milites: et terras
25 vitae praesentis ornaret sua felicitate res publica, et vitae
aeternae culmen beatissime regnatura conscenderet. Sed
quia iste audit, ille contemnit, pluresque vitiis male blan-
dientibus quam utili virtutum asperitati sunt amiciores:
tolerare Christi famuli iubentur, sive sint reges, sive prin-
30 cipes, sive iudices, sive milites, sive provinciales, sive divites sive pauperes, sive liberi sive servi, utriuslibet sexus,
etiam pessimam, si ita necesse est, flagitiosissimamque rem
publicam et in illa angelorum quadam sanctissima atque
augustissima curia caelestique re publica, ubi Dei volun-
35 tas lex est, clarissimum sibi locum etiam ista tolerantia
comparare.

22) Psal. 148, 11 sq.   24) Luc. 3, 12 sqq.

Caput XX.

Quali velint felicitate gaudere et quibus moribus vivere,
qui tempora Christianae religionis incusant.

Verum tales cultores et dilectores deorum istorum,
quorum etiam imitatores in sceleribus et flagitiis se esse 5
laetantur, nullo modo curant pessimam ac flagitiosissimam
[non] esse rem publicam. Tantum stet, inquiunt, tantum
floreat copiis referta, victoriis gloriosa, vel, quod est felicius, pace secura sit. Et quid ad nos? Immo id ad nos
magis pertinet, si divitias quisque semper augeat, quae 10
cotidianis effusionibus suppetant, per quas sibi etiam infirmiores subdat quisque potentior. Obsequantur divitibus
pauperes causa saturitatis atque ut eorum patrociniis quieta
inertia perfruantur, divites pauperibus ad clientelas et ad
ministerium sui fastus abutantur. Populi plaudant non 15
consultoribus utilitatum suarum, sed largitoribus voluptatum. Non dura iubeantur, non prohibeantur impura.
Reges non curent quam bonis, sed quam subditis regnent.
Provinciae regibus non tamquam rectoribus morum, sed
tamquam rerum dominatoribus et deliciarum suarum pro- 20
visoribus serviant, eosque non sinceriter honorent, sed
nequiter ac serviliter timeant. Quid alienae vineae potius,
quam quid suae vitae quisque noceat, legibus advertatur.
Nullus ducatur ad iudices, nisi qui alienae rei domui saluti vel cuiquam invito fuerit inportunus aut noxius; cete- 25
rum de suis vel cum suis vel cum quibusque volentibus
faciat quisque quod libet. Abundent publica scorta vel
propter omnes, quibus frui placuerit, vel propter eos maxime, qui habere privata non possunt. Exstruantur amplissimae atque ornatissimae domus, opipara convivia fre- 30
quentetur, ubi cuique libuerit et placuerit, die noctuque
ludatur bibatur, vomatur diffluatur. Saltationes undique
concrepent, theatra inhonestae laetitiae vocibus atque omni
genere sive crudelissimae sive turpissimae voluptatis ex-
aestuent. Ille sit publicus inimicus, cui haec felicitas dis- 35
plicet; quisquis eam mutare vel auferre temptaverit, eum
libera multitudo avertat ab auribus, evertat e sedibus,

auferat a viventibus. Illi habeantur dii veri, qui hanc adipiscendam populis procuraverint adeptamque servaverint.
Colantur ut voluerint, ludos exposcant quales voluerint,
quos cum suis vel de suis possint habere cultoribus: tan-
5 tum efficiant, ut tali felicitati nihil ab hoste, nihil a peste,
nihil ab ulla clade timeatur. Quis hanc rem publicam
sanus, non dicam Romano imperio, sed domui Sardanapali
comparaverit? qui quondam rex ita fuit voluptatibus deditus, ut in sepulcro suo scribi fecerit, ea sola se habere
10 mortuum, quae libido eius, etiam cum viveret, hauriendo
consumserat. Quem regem isti si haberent sibi in talibus
indulgentem nec in eis cuiquam ulla severitate adversantem,
huic libentius quam Romani veteres Romulo templum et
flaminem consecrarent.

15 CAPUT XXI.

Quae sententia fuerit Ciceronis de Romana re publica.

Sed si contemnitur qui Romanam rem publicam pessimam ac flagitiosissimam dixit, nec curant isti quanta
morum pessimorum ac flagitiosissimorum labe ac dedecore
20 impleatur, sed tantum modo ut consistat et maneat: audiant eam, non, ut Sallustius narrat, pessimam ac flagitiosissimam factam, sed, sicut Cicero disputat, iam tunc prorsus perisse et nullam omnino remansisse rem publicam.
Inducit enim Scipionem, eum ipsum qui Carthaginem ex-
25 tinxerat, de re publica disputantem, quando praesentie-
batur ea corruptione, quam describit Sallustius, iam
iamque peritura. Eo quippe tempore disputatur, quo iam
unus Gracchorum occisus fuit, a quo scribit seditiones
graves coepisse Sallustius. Nam mortis eius fit in eisdem
30 libris commemoratio. Cum autem Scipio in secundi libri
fine dixisset, ,,ut in fidibus aut tibiis atque cantu ipso ac
vocibus concentus est quidam tenendus ex distinctis sonis,
quem inmutatum aut discrepantem aures eruditae ferre
non possunt, isque concentus ex dissimillimarum vocum

29) Sall. hist. I.

moderatione concors tamen efficitur et congruens: sic ex
summis et infimis et mediis interiectis ordinibus, ut sonis,
moderata ratione civitatem consensu dissimillimorum con-
cinere, et quae harmonia a musicis dicitur in cantu, èam
esse in civitate concordiam, artissimum atque optimum 5
omni in re publica vinculum incolumitatis, eamque sine
iustitia nullo pacto esse posse,'' ac deinde cum aliquanto
latius et uberius disseruisset, quantum prodesset iustitia
civitati quantumque obesset, si afuisset, suscepit deinde
Philus, unus eorum qui disputationi aderant, et poposcit, 10
ut haec ipsa quaestio diligentius tractaretur ac de iustitia
plura dicerentur, propter illud, quod iam vulgo ferebatur
rem publicam geri sine iniuria non posse. Hanc proinde
quaestionem discutiendam et enodandam esse adsensus est
Scipio, responditque ,,nihil esse, quod adhuc de re publica 15
dictum putarent, et quo possent longius progredi, nisi esset
confirmatum, non modo falsum esse illud sine iniuria non
posse, sed hoc verissimum esse ,,sine summa iustitia rem
publicam geri non posse.'' Cuius quaestionis explicatio
cum in diem consequentem dilata esset, in tertio libro 20
magna conflictione res acta est. Suscepit enim Philus ipse
disputationem eorum, qui sentirent sine iniustitia geri non
posse rem publicam, purgans praecipue, ne hoc ipse sentire crederetur, egitque sedulo pro iniustitia contra iustitiam, ut hanc esse utilem rei publicae, illam vero inutilem, 25
veri similibus rationibus et exemplis velut conaretur ostendere. Tum Laelius rogantibus omnibus iustitiam defendere
adgressus est asseruitque, quantum potuit, nihil tam inimicum quam iniustitiam civitati nec omnino nisi magna
iustitia geri aut stare posse rem publicam. 30

Qua quaestione, quantum satis visum est, pertractata
Scipio ad intermissa revertitur, recolitque suam atque commendat brevem rei publicae definitionem, qua dixerat eam
esse rem populi. Populum autem non omnem coetum
multitudinis, sed coetum iuris consensu et utilitatis com- 35
munione sociatum esse determinat. Docet deinde quanta

---

34) Civ. de re publ. 1, 25.

sit in disputando definitionis utilitas, atque ex illis suis defi-
nitionibus colligit tunc esse rem publicam, id est rem populi,
cum bene ac iuste geritur sive ab uno rege sive a paucis
optimatibus sive ab universo populo. Cum vero iniustus
5 est rex, quem tyrannum more Graeco appellavit, aut iniusti optimates, quorum consensum dixit esse factionem,
aut iniustus ipse populus, cui nomen usitatum non repperit,
nisi ut etiam ipsum tyrannum vocaret: non iam vitiosam,
sicut pridie fuerat disputatum, sed, sicut ratio ex illis de-
10 finitionibus conexa docuisset, omnino nullam esse rem
publicam, quoniam non esset res populi, cum tyrannus
eam factiove capesseret, nec ipse populus iam populus esset,
si esset iniustus, quoniam non esset multitudo iuris consensu et utilitatis communione sociata, sicut populus fuerat
15 definitus.

Quando ergo res publica Romana talis erat, qualem
illam describit Sallustius, non iam pessima ac flagitiosissima, sicut ipse ait, sed omnino nulla erat secundum istam
rationem, quam disputatio de re publica inter magnos eius
20 tum principes habita patefecit. Sicut etiam ipse Tullius
non Scipionis nec cuiusquam alterius, sed suo sermone
loquens in principio quinti libri commemorato prius Ennii
poetae versu, quo dixerat:
Moribus antiquis res stat Romana virisque,
25 „quem quidem ille versum, inquit, vel brevitate vel veritate
tamquam ex oraculo mihi quodam esse effatus videtur.
Nam neque viri, nisi ita morata civitas fuisset, neque mores, nisi hi viri praefuissent, aut fundare aut tam diu tenere potuissent tantam et tam fuse lateque imperantem
30 rem publicam. Itaque ante nostram memoriam et mos
ipse patrius praestantes viros adhibebat, et veterem morem ac maiorum instituta retinebant excellentes viri. Nostra vero aetas cum rem publicam sicut picturam accepisset
egregiam, sed evanescentem vetustate, non modo eam
35 coloribus eisdem quibus fuerat renovare neglexit, sed ne
id quidem curavit, ut formam saltem eius et extrema tamquam liniamenta servaret. Quid enim manet ex antiquis
moribus, quibus ille dixit rem stare Romanam, quos ita

oblivione obsoletos videmus, ut non modo non colantur,
sed iam ignorentur? Nam de viris quid dicam? Mores
enim ipsi interierunt virorum penuria, cuius tanti mali non
modo reddenda ratio nobis, sed etiam tamquam reis capitis quodam modo dicenda causa est. Nostris enim vitiis, 5
non casu aliquo, rem publicam verbo retinemus, re ipsa
vero iam pridem amisimus."

Haec Cicero fatebatur, longe quidem post mortem
Africani, quem in suis libris fecit de re publica disputare,
adhuc tamen ante adventum Christi; quae si diffamata et 10
praevalescente religione Christiana sentirentur atque dicerentur, quis non istorum ea Christianis inputanda esse
censeret? Quam ob rem cur non curarunt dii eorum, ne
tunc periret atque amitteretur illa res publica, quam Cicero
longe, antequam Christus in carne venisset, tam lugubriter 15
deplorat amissam? Viderint laudatores eius etiam illis antiquis viris et moribus qualis fuerit, utrum in ea viguerit
vera iustitia, an forte nec tunc fuerit viva moribus, sed picta
coloribus. Quod et ipse Cicero nesciens, cum eam praefer-
ret, expressit. Sed alias, si Deus voluerit, hoc videbimus. 20
Enitar enim suo loco, ut ostendam secundum definitiones ipsius Ciceronis, quibus quid sit res publica et quid sit populus loquente Scipione breviter posuit (adtestantibus etiam
multis sive ipsius sive eorum quos loqui fecit in eadem
disputatione sententiis), numquam illam fuisse rem publi- 25
cam, quia numquam in ea fuerit vera iustitia. Secundum
probabiliores autem definitiones pro suo modo quodam
res publica fuit, et melius ab antiquioribus Romanis quam
a posterioribus administrata est; vera autem iustitia non
est nisi in ea re publica, cuius conditor rectorque Chri- 30
stus est, si et ipsam rem publicam placet dicere, quoniam
eam rem populi esse negare non possumus. Si autem hoc
nomen, quod alibi aliterque vulgatum est, ab usu nostrae
locutionis est forte remotius, in ea certe civitate est vera
iustitia, de qua scriptura sancta dixit: *Gloriosa dicta sunt* 35
de te, civitas Dei.

---

36) Psal. 86 (87), 3.

Caput XXII.

Quod diis Romanorum nulla umquam cura fuerit, ne malis moribus res publica deperiret.

Sed quod pertinet ad praesentem quaestionem, quam-
5 libet laudabilem dicant istam fuisse vel esse rem publicam,
secundum eorum auctores doctissimos iam longe ante
Christi adventum pessima ac flagitiosissima facta erat;
immo vero nulla erat atque omnino perierat perditissimis
moribus. Ut ergo non periret, dii custodes eius populo
10 cultori suo dare praecipue vitae ac morum praecepta debuerunt, a quo tot templis, tot sacerdotibus et sacrificiorum
generibus, tam multiplicibus variisque sacris, tot festis
sollemnitatibus, tot tantorumque ludorum celebritatibus
colebantur; ubi nihil daemones nisi negotium suum ege-
15 runt, non curantes, quem ad modum illi viverent, immo
curantes ut etiam perdite viverent, dum tamen honori suo
illa omnia metu subditi ministrarent. Aut si dederunt,
proferatur ostendatur legatur, quas deorum leges illi civitati datas contempserint Gracchi, ut seditionibus cuncta
20 turbarent, quas Marius et Cinna et Carbo, ut in bella etiam
progrederentur civilia, causis iniquissimis suscepta et crudeliter gesta crudeliusque finita; quas denique Sulla ipse,
cuius vitam mores facta describente Sallustio aliisque scri-
ptoribus historiae quis non exhorreat? quis illam rem
25 publicam non tunc perisse fateatur?

An forte propter huiusce modi civium mores Vergilia-
nam illam sententiam, sicut solent, pro defensione suorum
deorum opponere audebunt:

Discessere omnes adytis arisque relictis
30   Di, quibus imperium hoc steterat?

Primum si ita est, non habent cur querantur de religione
Christiana, quod hac offensi eos dii sui deseruerint, quo-
niam quidem maiores eorum iam pridem moribus suis ab
Urbis altaribus tam multos ac minutos deos tamquam mu-

---

30) Aen. 2, 351 sq.

scas abegerunt. Sed tamen haec numinum turba ubi erat,
cum longe antequam mores corrumperentur antiqui a
Gallis Roma capta et incensa est? An praesentes forte dor-
miebant? Tunc enim tota Urbe in hostium potestatem re-
dacta solus collis Capitolinus remanserat, qui etiam ipse 5
caperetur, nisi saltem anseres diis dormientibus vigilarent.
Unde paene in superstitionem Aegyptiorum bestias avesque
colentium Roma deciderat, cum anseri sollemnia celebra-
bant. Verum de his adventiciis et corporis potius quam
animi malis, quae vel ab hostibus vel alia clade accidunt, 10
nondum interim disputo: nunc ago de labe morum, quibus primum paulatim decoloratis, deinde torrentis modo
praecipitatis tanta quamvis integris tectis moenibusque
facta est ruina rei publicae, ut magni auctores eorum eam
tunc amissam non dubitent dicere. Recte autem absces- 15
serant, ut amitteretur, omnes adytis arisque relictis dii, si
eorum de bona vita atque iustitia civitas praecepta con-
tempserat. Nunc vero quales, quaeso, dii fuerunt, si noluerunt cum populo cultore suo vivere, quem male viventem non docuerant bene vivere?   20

Caput XXIII.

Varietates rerum temporalium non ex favore aut impu-
gnatione daemonum, sed ex veri Dei pendere iudicio.

Quid quod etiam videntur eorum adfuisse cupiditatibus implendis, et ostenduntur non praefuisse refrenandis, 25
qui enim Marium novum hominem et ignobilem, cruen-
tissimum auctorem bellorum civilium atque gestorem, ut
septiens consul fieret adiuverunt, atque ut in septimo suo
consulatu moreretur senex nec in manus Sullae futuri mox
victoris inrueret. Si enim ad haec eum dii eorum non 30
iuverunt, non parum est quod fatentur etiam non propitiis
diis suis posse accidere homini istam temporalem, quam
nimis diligunt, tantam felicitatem, et posse homines, sicut
fuit Marius, salute viribus, opibus honoribus, dignitate lon-
gaevitate cumulari et perfrui diis iratis; posse etiam homi- 35
nes, sicut fuit Regulus, captivitate servitute inopia, vigiliis

doloribus excruciari et emori diis amicis. Quod si ita esse
concedunt, compendio nihil eos prodesse et coli superfluo
confitentur. Nam si virtutibus animi et probitati vitae,
cuius praemia post mortem speranda sunt, magis contra-
5 ria ut populus disceret institerunt; si nihil etiam in his
transeuntibus et temporalibus bonis vel eis quos oderunt
nocent, vel eis quos diligunt prosunt, ut quid coluntur, ut
quid tanto studio colendi requiruntur? Cur laboriosis tri-
stibusque temporibus, tamquam offensi abscesserint, mur-
10 muratur et propter eos Christiana religio conviciis indi-
gnissimis laeditur? Si autem habent in his rebus vel
beneficii vel maleficii potestatem, cur in eis adfuerunt
pessimo viro Mario, et optimo Regulo defuerunt? An ex
hoc ipsi intelleguntur iniustissimi et pessimi? Quod si
15 propterea magis timendi et colendi putantur: neque hoc
putentur. Neque enim minus eos invenitur Regulus coluisse quam Marius. Nec ideo vita pessima eligenda videatur, quia magis Mario quam Regulo dii favisse existimantur. Metellus enim Romanorum laudatissimus, qui habuit
20 quinque filios consulares, etiam rerum temporalium felix
fuit, et Catilina pessimus oppressus inopia et in bello sui
sceleris prostratus infelix, et verissima atque certissima
felicitate praepollent boni Deum colentes, a quo solo con-
ferri potest.

25   Illa igitur res publica malis moribus cum periret,
nihil dii eorum pro dirigendis vel pro corrigendis egerunt
moribus, ne periret; immo depravandis et corrumpendis
addiderunt moribus, ut periret. Nec se bonos fingant, quod
velut offensi civium iniquitate discesserint. Prorsus ibi
30 erant; produntur, convincuntur; nec subvenire praeci-
piendo nec latere tacendo potuerunt. Omitto quod Marius
a miserantibus Minturnensibus Maricae deae in luco eius
commendatus est, ut ei omnia prosperaret, et ex summa
desperatione reversus incolumis in Urbem duxit crudelem
35 crudelis exercitum; ubi quam cruenta, quam incivilis ho-
stilique inmanior eius victoria fuerit, eos qui scripserunt
legant qui volunt. Sed hoc, ut dixi, omitto, nec Maricae
nescio cui tribuo Marii sanguineam felicitatem, sed occul-

tae potius providentiae Dei ad istorum ora claudenda eosque ab errore liberandos, qui non studiis agunt, sed haec prudenter advertunt, quia, etsi aliquid in his rebus daemones possunt, tantum possunt, quantum secreto omnipotentis arbitrio permittuntur, ne magni pendamus terrenam 5 felicitatem, quae sicut Mario malis etiam plerumque conceditur, nec eam rursus quasi malam arbitremur, cum ea multos etiam pios ac bonos unius veri Dei cultores invitis daemonibus praepolluisse videamus, nec eosdem inmundissimos spiritus vel propter haec ipsa bona malave ter- 10 rena propitiandos aut timendos existimemus, quia, sicut ipsi mali homines in terra, sic etiam illi non omnia quae volunt facere possunt, nisi quantum illius ordinatione sinitur, cuius plene iudicia nemo conprehendit, iuste nemo reprehendit. 15

Caput XXIV.
De Sullanis actibus, quorum se daemones ostentaverunt adiutores.

Sulla certe ipse, cuius tempora talia fuerunt, ut superiora, quorum vindex esse videbatur, illorum compara- 20 tione quaererentur, cum primum ad Urbem contra Marium castra movisset, adeo laeta exta immolanti fuisse scribit Livius, ut custodiri se Postumius haruspex voluerit capitis supplicium subiturus, nisi ea quae in animo Sulla haberet, diis iuvantibus implevisset. Ecce non discesserant adytis 25 arisque relictis dii, quando de rerum eventu praedicebant nihilque de ipsius Sullae correctione curabant. Promittebant praesagando felicitatem magnam nec malam cupiditatem minando frangebant. Deinde cum esset in Asia bellum Mithridaticum gerens, per Lucium Titium ei mandatum est 30 a Iove, quod esset Mithridatem superaturus, et factum est. Ac postea molienti redire in Urbem et suas amicorumque iniurias civili sanguine ulcisci, iterum mandatum est ab eodem Iove per militem quendam legionis sextae, prius se de Mithridate praenuntiasse victoriam, et tunc promittere 35 daturum se potestatem, qua recuperaret ab inimicis rem

---

23) Lib. 77. perd.

publicam non sine multo sanguine. Tum percontatus
Sulla, quae forma militi visa fuerit, cum ille indicasset, eam
recordatus est quam prius ab illo audierat, qui de Mithrida-
tica victoria ab eodem mandata pertulerat. Quid hic res-
5 ponderi potest, quare dii curaverint velut felicia ista nuntiare, et nullus eorum curaverit Sullam monendo corrigere,
mala tanta facturum scelestis armis civilibus, qualia non
foedarent, sed auferrent omnino rem publicam? Nempe
intelleguntur daemones, sicut saepe dixi, notumque nobis
10 est in litteris sacris resque ipsae satis indicant, negotium
suum agere, ut pro diis habeantur et colantur, et ea illis
exhibeantur, quibus hi qui exhibent sociati unam pessimam causam cum eis habeant in iudicio Dei.

　　　Deinde cum venisset Tarentum Sulla atque ibi sacri-
15 ficasset, vidit in capite vitulini iecoris similitudinem coronae
aureae. Tunc Postumius haruspex ille respondit praeclaram
ei significari victoriam iussitque ut extis illis solus vesce-
retur. Postea parvo intervallo servus cuiusdam Lucii Pontii
vaticinando clamavit: A Bellona nuntius venio, victoria tua
20 est, Sulla. Deinde adiecit, arsurum esse Capitolium. Hoc
cum dixisset, continuo egressus e castris postero die conci-
tatior reversus est et Capitolium arsisse clamavit. Arserat
autem re vera Capitolium. Quod quidem daemoni et praevidere facile fuit et celerrime nuntiare. Illud sane intende,
25 quod ad causam maxime pertinet, sub qualibus diis esse
cupiant, qui blasphemant Salvatorem voluntates fidelium a
dominatu daemonum liberantem. Clamavit homo vaticinando: „Victoria tua est, Sulla", atque ut id divino spiritu
clamare crederetur, nuntiavit etiam aliquid et prope futu-
30 rum et mox factum, unde longe aberat per quem ille spiritus loquebatur; non tamen ille clamavit: „Ab sceleribus
parce, Sulla", quae illic victor tam horrenda commisit, cui
corona aurea ipsius victoriae inlustrissimum signum in
vitulino iecore apparuit, qualia signa si dii iusti dare sole-
35 rent ac non daemones impii, profecto illis extis nefaria
potius atque ipsi Sullae graviter noxia mala futura monstrarent. Neque enim eius dignitati tantum profuit illa
victoria, quantum nocuit cupiditati; qua factum est, ut

inmoderatis inhians et secundis rebus elatus ac praecipi-
tatus magis ipse periret in moribus, quam inimicos in corporibus perderet. Haec illi dii vere tristia vereque lugenda
non extis, non auguriis, non cuiusquam somnio vel vatici-
nio praenuntiabant. Magis enim timebant ne corrigeretur, 5
quam ne vinceretur. Immo satis agebant, ut victor civium
gloriosus victus atque captivus nefandis vitiis et per haec
ipsis etiam daemonibus multo obstrictius subderetur.

Caput XXV.

Quantum maligni spiritus ad flagitia incitent homines, 10
cum in committendis sceleribus quasi divinam exempli
sui interponunt auctoritatem.

Illinc vero quis non intellegat, quis non videat, nisi
qui tales deos imitari magis elegit, quam divina gratia ab
eorum societate separari, quantum moliantur maligni isti 15
spiritus exemplo suo velut divinam auctoritatem praebere
sceleribus? quod etiam in quadam Campaniae lata planitie,
ubi non multo post civiles acies nefario proelio conflixe-
runt, ipsi inter se prius pugnare visi sunt. Namque ibi au-
diti sunt primum ingentes fragores, moxque multi se vidisse 20
nuntiarunt per aliquot dies duas acies proeliari. Quae pugna ubi destitit, vestigia quoque velut hominum et equorum, quanta de illa conflictatione exprimi poterant, invenerunt. Si ergo veraciter inter se numina pugnarunt, iam
bella civilia excusantur humana; consideretur tamen quae 25
sit talium deorum vel malitia vel miseria: si autem se
pugnasse finxerunt, quid aliud egerunt, nisi ut sibi Romani
bellando civiliter tamquam deorum exemplo nullum nefas
admittere viderentur? Iam enim coeperant bella civilia, et
aliquot nefandorum proeliorum strages execranda prae- 30.
cesserat. Iam multos moverat, quod miles quidam, dum
occiso spolia detraheret, fratrem nudato cadavere agnovit
ac detestatus bella civilia se ipsum ibi perimens fraterno
corpori adiunxit. Ut ergo huius tanti mali minime taederet,
sed armorum scelestorum magis magisque ardor incre- 35
sceret, noxii daemones, quos illi deos putantes colendos

et venerandos arbitrabantur, inter se pugnantes hominibus
apparere voluerunt, ne imitari tales pugnas civica trepi-
daret adfectio, sed potius humanum scelus divino excu-
saretur exemplo. Hac astutia maligni spiritus etiam lu-
5 dos, unde multa iam dixi, scaenicos sibi dicari sacrarique
iusserunt, ubi tanta deorum flagitia theatricis canticis atque fabularum actionibus celebrata et quisquis eos fecisse
crederet et quisquis non crederet, sed tamen illis libentis-
simis ibi talia exhiberi cerneret, securus imitaretur. Ne
10 quis itaque existimaret in deos convicia potius quam eis
dignum aliquid scriptitasse, ubicumque illos inter se pugnasse poetae commemorarunt, ipsi ad decipiendos homines poetarum carmina firmaverunt, pugnas videlicet suas
non solum per scaenicos in theatro, verum etiam per se
15 ipsos in campo humanis oculis exhibentes.

Haec dicere compulsi sumus, quoniam pessimis moribus civium Romanam rem publicam iam antea perditam
fuisse, nullamque remansisse ante adventum domini nostri
Iesu Christi, auctores eorum dicere et scribere minime
20 dubitarunt. Quam perditionem diis suis non imputant,
qui mala transitoria, quibus boni, seu vivant seu moriantur, perire non possunt, Christo nostro imputant: cum
Christus noster tanta frequentet pro moribus optimis praecepta contra perditos mores, dii vero ipsorum nullis talibus
25 praeceptis egerint aliquid cum suo cultore populo pro illa
re publica, ne periret; immo eosdem mores velut suis
exemplis auctoritate noxia corrumpendo egerunt potius,
ut periret. Quam non ideo tunc perisse quisquam, ut arbitror, iam dicere audebit, quia ,,discessere omnes adytis
30 arisque relictis di", velut amici virtutibus, cum vitiis hominum offenderentur; quia tot signis extorum auguriorum
vaticiniorum, quibus se tamquam praescios futurorum ad-
iutoresque proeliorum iactare et commendare gestiebant,
convincuntur fuisse praesentes; qui si vere abscessissent,
35 mitius Romani in bella civilia suis cupiditatibus quam illorum instigationibus exarsissent.

Caput XXVI.

De secretis daemonum monitis, quae pertinebant ad bonos mores, cum palam in sacris eorum omnis nequitia disceretur.

Quae cum ita sint, cum palam aperteque turpitudines 5
crudelitatibus mixtae, opprobria numinum et crimina, sive
prodita sive conficta, ipsis exposcentibus et. nisi fieret irascentibus etiam certis et statis sollemnitatibus consecrata
illis et dicata claruerint atque ad omnium oculos, ut imitanda proponerentur, spectanda processerint: quid est, 10
quod idem ipsi daemones, qui se huiusce modi voluptatibus inmundos esse spiritus confitentur, qui suis flagitiis
et facinoribus, sive indicatis sive simulatis, eorumque sibi
celebratione, petita ab impudentibus, extorta a pudentibus,
auctores se vitae scelestae inmundaeque testantur, perhi- 15
bentur tamen in adytis suis secretisque penetralibus dare
quaedam bona praecepta de moribus quibusdam velut
electis sacratis suis? Quod si ita est, hoc ipso callidior
advertenda est et convincenda malitia spirituum noxiorum. Tanta enim vis est probitatis et castitatis, ut omnis 20
vel paene omnis eius laude moveatur humana natura, nec
usque adeo sit turpitudine vitiosa, ut totum sensum honestatis amiserit. Proinde malignitas daemonum, nisi alicubi se,
quem ad modum scriptum in nostris litteris novimus, *trans-
figuret in angelos lucis*, non implet negotium deceptionis. 25
Foris itaque populis celeberrimo strepitu impietas impura
circumsonat, et intus paucis castitas simulata vix sonat;
praebentur propatula pudendis et secreta laudandis; decus
latet et dedecus patet; quod malum geritur, omnes con-
vocat spectatores, quod bonum dicitur, vix aliquos invenit 30
auditores, tamquam honesta erubescenda sint et inhonesta
glorianda. Sed ubi hoc nisi in daemonum templis? ubi
nisi in fallaciae diversoriis? Illud enim fit, ut honestiores,
qui pauci sunt, capiantur; hoc autem, ne plures, qui sunt
turpissimi, corrigantur. 35

---

25) 2. Cor. 11, 14.

Ubi et quando sacrati Caelestis audiebant castitatis praecepta, nescimus; ante ipsum tamen delubrum, ubi simulacrum illud locatum conspiciebamus, universi undique confluentes et ubi quisque poterat stantes ludos qui
5 agebantur intentissimi spectabamus, intuentes alternante conspectu hinc meretriciam pompam, illinc virginem deam; illam suppliciter adorari, ante illam turpia celebrari; non ibi pudibundos mimos, nullam verecundiorem scaenicam vidimus; cuncta obscenitatis implebantur officia. Sciebatur
10 virginali numini quid placeret, et exhibebatur quod de templo domum matrona doctior reportaret. Nonnullae pudentiores avertebant faciem ab impuris motibus scaenicorum et artem flagitii furtiva intentione discebant. Hominibus namque verecundabantur, ne auderent impudicos
15 gestus ore libero cernere; sed multo minus audebant sacra eius, quam venerabantur, casto corde damnare. Hoc tamen palam discendum praebebatur in templo, ad quod perpetrandum saltem secretum quaerebatur in domo, mirante nimium, si ullus ibi erat, pudore mortalium, quod humana
20 flagitia non libere homines committerent, quae apud deos etiam religiose discerent iratos habituri, nisi etiam exhibere curarent. Quis enim alius spiritus occulto instinctu nequissimas agitat mentes et instat faciendis adulteriis et pascitur factis, nisi qui etiam sacris talibus oblectatur, con-
25 stituens in templis simulacra daemonum, amans in ludis simulacra vitiorum, susurrans in occulto verba iustitiae ad decipiendos etiam paucos bonos, frequentans in aperto invitamenta nequitiae ad possidendos innumerabiles malos?

Caput XXVII.

30 *Quanta eversione publicae disciplinae Romani diis suis*
placandis sacraverint obscena ludorum.

Vir gravis et philosophaster Tullius aedilis futurus clamat in auribus civitatis, inter cetera sui magistratus officia sibi Floram matrem ludorum celebritate placandam;

---

34) Verr. 5, 14.

qui ludi tanto devotius, quanto turpius celebrari solent. Dicit alio loco iam consul in extremis periculis civitatis, et ludos per decem dies factos, neque rem ullam quae ad placandos deos pertineret praetermissam; quasi non satius erat tales deos inritare temperantia quam placare luxuria, 5 et eos honestate ad inimicitias provocare quam tanta deformitate lenire. Neque enim gravius fuerant quamlibet crudelissima inmanitate nocituri homines, propter quos placabantur, quam nocebant ipsi, cum vitiositate foedissima placarentur. Quando quidem ut averteretur quod metue- 10 batur ab hoste in corporibus, eo modo dii conciliabantur, quo virtus debellaretur in mentibus, qui non opponerentur defensores oppugnatoribus moenium, nisi prius fierent expugnatores morum bonorum. Hanc talium numinum placationem petulantissimam inpurissimam inpudentissi- 15 mam nequissimam inmundissimam, cuius actores laudanda Romanae virtutis indoles honore privavit tribu movit, agnovit turpes fecit infames, hanc, inquam, pudendam veraeque religioni aversandam et detestandam talium numinum placationem, [has] fabulas in deos inlecebrosas atque crimino- 20 sas, haec ignominiosa deorum vel scelerate turpiterque facta vel sceleratius turpiusque conficta oculis et auribus publicis civitas tota discebat, haec commissa numinibus placere cernebat, et ideo non solum illis exhibenda, sed sibi quoque imitanda credebat, non illud nescio quid velut 25 bonum et honestum, quod tam paucis et tam occulte dicebatur (si tamen dicebatur), ut magis ne innotesceret, quam ne non fieret, timeretur.

Caput XXVIII.

De Christianae religionis salubritate.   30

Ab istarum inmundissimarum potestatum tartareo iugo et societate poenali erui per Christi nomen homines et in lucem saluberrimae pietatis ab illa perniciosissimae impietatis nocte transferri queruntur et murmurant iniqui

---

4) Cat. 3, 8.

et ingrati et illo nefario spiritu altius obstrictiusque pos-
sessi, quia populi confluunt ad ecclesias casta celebritate,
honesta utriusque sexus discretione, ubi audiant quam
bene hic ad tempus vivere debeant, ut post hanc vitam
5 beate semperque vivere mereantur, ubi sancta scriptura
iustitiaeque doctrina de superiore loco in conspectu omnium personante et qui faciunt audiant ad praemium, et
qui non faciunt audiant ad iudicium. Quod etsi veniunt
quidam talium praeceptorum inrisores, omnis eorum pe-
10 tulantia aut repentina mutatione deponitur, aut timore vel
pudore conprimitur. Nihil enim eis turpe ac flagitiosum
spectandum imitandumque proponitur, ubi Dei veri aut
praecepta insinuantur aut miracula narrantur, aut dona
laudantur aut beneficia postulantur.

15 CAPUT XXIX.

De abiciendo cultu deorum cohortatio ad Romanos.

Haec potius concupisce, o indoles Romana laudabilis,
o progenies Regulorum Scaevolarum, Scipionum Fabricio-
rum; haec potius concupisce, haec ab illa turpissima vani-
20 tate et fallacissima daemonum malignitate discerne. Si
quid in te laudabile naturaliter eminet, nonnisi vera pietate
purgatur atque perficitur, impietate autem disperditur et
punitur. Nunc iam elige quid sequaris, ut non in te, sed
in Deo vero sine ullo errore lauderis. Tunc enim tibi gloria
25 popularis adfuit, sed occulto iudicio divinae providentiae
vera religio quam eligeres defuit. Expergiscere, dies est,
sicut experrecta es in quibusdam, de quorum virtute perfecta et pro fide vera etiam passionibus gloriamur, qui
usquequaque adversus potestates inimicissimas confligentes
30 easque fortiter moriendo vincentes sanguine nobis hanc
patriam peperere suo. Ad quam patriam te invitamus et
exhortamur, ut eius adiciaris numero civium, cuius quodam
modo asylum est vera remissio peccatorum. Non audias
degeneres tuos Christo Christianisve detrahentes et accu-
35 santes velut tempora mala, cum quaerant tempora quibus
non sit quieta vita, sed potius secura nequitia. Haec tibi

numquam nec pro terrena patria placuerunt. Nunc iam
caelestem arripe, pro qua minimum laborabis, et in ea
veraciter semperque regnabis. Illic enim tibi non Vestalis
focus, non lapis Capitolinus, sed Deus unus et verus

nec metas rerum nec tempora ponit,   5
Imperium sine fine dabit.

Noli deos falsos fallacesque requirere; abice potius
atque contemne in veram emicans libertatem. Non sunt
dii, maligni sunt spiritus, quibus aeterna tua felicitas poena
est. Non tam Iuno Troianis, a quibus carnalem originem 10
ducis, arces videtur invidisse Romanas, quam isti daemones,
quos adhuc deos putas, omni generi hominum sedes invident sempiternas. Et tu ipsa non parva ex parte de talibus
spiritibus iudicasti, quando ludis eos placasti, et per quos
homines eosdem ludos fecisti, infames esse voluisti. Patere 15
asseri libertatem tuam adversus inmundos spiritus, qui
tuis cervicibus inposuerunt sacrandam sibi et celebrandam
ignominiam suam. Actores criminum divinorum removisti
ab honoribus tuis: supplica Deo vero, ut a te removeat
illos deos, qui delectantur criminibus suis, seu veris, quod 20
ignominiosissimum est, seu falsis, quod malitiosissimum
est. Bene, quod tua sponte histrionibus et scaenicis societatem civitatis patere noluisti; evigila plenius: nullo modo
his artibus placatur divina maiestas, quibus humana dignitas inquinatur. Quo igitur pacto deos, qui talibus de- 25
lectantur obsequiis, haberi putas in numero sanctarum
caelestium potestatum, cum homines, per quos eadem
aguntur obsequia, non putasti habendos in numero qualiumcumque civium Romanorum? Incomparabiliter superna est civitas clarior, ubi victoria veritas, ubi dignitas 30
sanctitas, ubi pax felicitas, ubi vita aeternitas. Multo minus
habet in sua societate tales deos, si tu in tua tales homines
habere erubuisti. Proinde si ad beatam pervenire desi-
deras civitatem, devita daemonum societatem. Indigne ab
honestis coluntur, qui per turpes placantur. Sic isti a tua 35

---

6) Verg. Aen. 1, 278 sq.

pietate removeantur purgatione Christiana, quo modo illi
a tua dignitate remoti sunt notatione censoria. De bonis
autem carnalibus, quibus solis mali perfrui volunt, et de
malis carnalibus, quae sola perpeti nolunt, quod neque in
5 his habeant quam putantur habere isti daemones potestatem (quamquam si haberent, deberemus potius etiam ista
contemnere, quam propter ista illos colere, et eos colendo
ad illa, quae nobis invident, pervenire non posse), — tamen
nec in istis eos hoc valere, quod hi putant, qui propter
10 haec eos coli oportere contendunt, deinceps videbimus, ut
hic sit huius voluminis modus.

LIBER III.

Caput I.

15

*De adversitatibus, quas soli mali metuunt et quas semper
passus est mundus, cum deos coleret.*

Iam satis dictum arbitror de morum malis et animorum, quae praecipue cavenda sunt, nihil deos falsos populo
20 cultori suo, quo minus eorum malorum aggere premeretur, subvenire curasse, sed potius, ut maxime premeretur,
egisse. Nunc de illis malis video dicendum, quae sola isti
perpeti nolunt, qualia sunt fames morbus, bellum exspolia-
tio, captivitas trucidatio, et si qua similia iam in primo
25 libro commemoravimus. Haec enim sola mali deputant
mala, quae non faciunt malos; nec erubescunt inter bona,
quae laudant, ipsi mali esse qui laudant, magisque stomachantur, si villam malam habeant, quam si vitam, quasi
hoc sit hominis maximum bonum, habere bona omnia
30 praeter se ipsum. Sed neque talia mala, quae isti sola
formidant, dii eorum, quando ab eis libere colebantur, ne
illis acciderent, obstiterunt. Cum enim variis per diversa
temporibus ante adventum Redemptoris nostri innumera-

bilibus nonnullisque etiam incredibilibus cladibus genus
contereretur humanum, quos alios quam istos deos mundus colebat, excepto uno populo Hebraeo et quibusdam extra ipsum populum, ubicumque gratia divina digni occultissimo atque iustissimo Dei iudicio fuerunt? Verum ne 5
nimis longum faciam, tacebo aliarum usquequaque gentium mala gravissima : quod ad Romam pertinet Romanumque imperium tantum loquar, id est ad ipsam proprie civitatem et quaecumque illi terrarum vel societate coniunctae vel condicione subiectae sunt, quae sint perpessae ante 10
adventum Christi, cum iam ad eius quasi corpus rei publicae pertinerent.

Caput II.

An dii, qui et a Romanis et a Graecis similiter colebantur,
causas habuerint, quibus Ilium paterentur exscindi. 15

Primum ipsa Troia vel Ilium, unde origo est populi
Romani (neque enim praetereundum aut dissimulandum
est, quod et in primo libro adtigi), eosdem habens deos
et colens cur a Graecis victum, captum atque deletum est?
„Priamo, inquiunt, sunt reddita Laomedontea paterna 20
periuria." Ergo verum est, quod Apollo atque Neptunus
eidem Laomedonti mercennariis operibus servierunt. Illis
quippe promisisse mercedem falsumque iurasse perhibetur.
Miror Apollinem nominatum divinatorem in tanto opificio
laborasse nescientem quod Laomedon fuerat promissa ne- 25
gaturus. Quamquam nec ipsum Neptunum patruum eius,
fratrem Iovis, regem maris, decuit ignarum esse futurorum. Nam hunc Homerus de stirpe Aeneae, a cuius posteris [condita] Roma est, cum ante illam urbem conditam
idem poeta fuisse dicatur, inducit magnum aliquid divinan- 30
tem, quem etiam nube rapuit, ut dicit, ne ab Achille
occideretur,

cuperet cum vertere ab imo,

quod apud Vergilium confitetur,

Structa suis manibus periurae moenia Troiae. 35

---

31) Il. 20, 302 sqq. 35) Aen. 5, 810 sq.

Nescientes igitur tanti dii, Neptunus et Apollo, Laomedon-
tem sibi negaturum esse mercedem, structores moenium
Troianorum gratis et ingratis fuerunt. Videant ne gravius
sit tales deos credere, quam diis talibus peierare. Hoc
5 enim nec ipse Homerus facile credidit, qui Neptunum quidem contra Troianos, Apollinem autem pro Troianis pugnantem facit, cum illo periurio ambos fabula narret offen-
sos. Si igitur fabulis credunt, erubescant talia colere
numina; si fabulis non credunt, non obtendant Troiana
10 periuria, aut mirentur deos periuria punisse Troiana,
amasse Romana. Unde enim coniuratio Catilinae in tanta
tamque corrupta civitate habuit etiam eorum grandem
copiam, quos manus atque lingua periurio aut sanguine
civili alebat? Quid enim aliud totiens senatores corrupti
15 in iudiciis, totiens populus in suffragiis vel in quibusque
causis, quae apud eum contionibus agebantur, nisi etiam
peierando peccabant? Namque corruptissimis moribus ad
hoc mos iurandi servabatur antiquus, non ut a sceleribus
metu religionis prohiberentur, sed ut periuria quoque
20 sceleribus ceteris adderentur.

Caput III.

Non potuisse offendi deos Paridis adulterio, quod inter
ipsos traditur frequentatum.

Nulla itaque causa est, quare dii, quibus, ut dicunt,
25 steterat illud imperium, cum a Graecis praevalentibus pro-
bentur victi, Troianis peierantibus fingantur irati. Nec
adulterio Paridis, ut rursus a quibusdam defenduntur, ut
Troiam desererent, succensuerunt. Auctores enim doctoresque peccatorum esse adsolent, non ultores. „Urbem
30 Romam, inquit Sallustius, sicuti ego accepi, condidere atque habuere initio Troiani, qui Aenea duce profugi sedibus
incertis vagabantur.“ Si ergo adulterium Paridis vindi-
candum numina censuerunt, aut magis in Romanis aut
certe etiam in Romanis puniendum fuit, quia Aeneae mater

25) Aen. 2, 352.　32) Cat. 6.

hoc fecit. Sed quo modo in illo illud flagitium oderant qui in sua socia Venere non oderant (ut alia omittam), quod cum Anchise commiserat, ex quo Aenean pepererat? An quia illud factum est indignante Menelao, illud concedente Vulcano? Dii enim, credo, non zelant coniuges 5 suas, usque adeo ut eas etiam cum hominibus dignentur habere communes. Inridere fabulas fortassis existimor nec graviter agere tanti ponderis causam. Non ergo credamus, si placet, Aenean esse Veneris filium: ecce concedo, si nec Romulum Martis. Si autem illud, cur non et 10 illud? An deos hominibus feminis, mares autem homines deabus misceri nefas? Dura, vel potius non credenda condicio, quod ex iure Veneris in concubitu Marti licuit, hoc in iure suo ipsi Veneri non licere. At utrumque firmatum est auctoritate Romana. Neque enim minus cre-15 didit recentior Caesar aviam Venerem quam patrem antiquior Romulus Martem.

Caput IV.
De sententia Varronis, qua utile esse dixit, ut se homines
diis genitos mentiantur.   20

Dixerit aliquis: Itane tu ista credis? Ego vero ista non credo. Nam et vir doctissimus eorum Varro falsa haec esse, quamvis non audacter neque fidenter, paene tamen fatetur. Sed utile esse civitatibus dicit, ut se viri fortes, etiamsi falsum sit, diis genitos esse credant, ut eo modo animus huma-25 nus velut divinae stirpis fiduciam gerens res magnas adgrediendas praesumat audacius, agat vehementius et ob hoc impleat ipsa securitate felicius. Quae Varronis sententia expressa, ut potui, meis verbis cernis quam latum locum aperiat falsitati, ut ibi intellegamus plura iam sacra et quasi 30 religiosa potuisse confingi, ubi putata sunt civibus etiam de ipsis diis prodesse mendacia.

Caput V.
Non probari quod dii adulterium Paridis punierint, quod
in Romuli matre non ulti sunt.   35

Sed utrum potuerit Venus ex concubitu Anchisae Aenean parere vel Mars ex concubitu filiae Numitoris Ro-

mulum gignere, in medio relinquamus. Nam paene talis
quaestio etiam de scripturis nostris oboritur, qua quaeritur,
utrum praevaricatores angeli cum filiabus hominum con-
cubuerint, unde natis gigantibus, hoc est nimium grandibus
5 ac fortibus viris, tunc terra completa est. Proinde ad
utrumque interim modo nostra disputatio referatur. Si
enim vera sunt, quae apud illos de matre Aeneae et de
patre Romuli lectitantur, quo modo possunt diis adulteria
displicere hominum, quae in ipsis concorditer ferunt? Si
10 autem falsa sunt, ne sic quidem possunt irasci veris adulteriis humanis, qui etiam falsis delectantur suis. Huc accedit, quoniam, si illud de Marte non creditur, ut hoc
quoque de Venere non credatur, nullo divini concubitus
obtentu matris Romuli causa defenditur. Fuit autem sacer-
15 dos illa Vestalis, et ideo dii magis in Romanos sacrilegum
illud flagitium, quam in Troianos Paridis adulterium vindicare debuerunt. Nam et ipsi Romani antiqui in stupro
detectas Vestae sacerdotes vivas etiam defodiebant; adul-
teras autem feminas, quamvis aliqua damnatione, nulla tamen
20 morte plectebant: usque adeo gravius quae putabant adyta
divina quam humana cubilia vindicabant.

Caput VI.

De parricidio Romuli, quod dii non vindicarunt.

Aliud adicio, quia, si peccata hominum illis numinibus
25 displicerent, ut offensi Paridis facto desertam Troiam ferro
ignibusque donarent, magis eos contra Romanos moveret
Romuli frater occisus quam contra Troianos Graecus maritus inlusus; magis inritaret parricidium nascentis quam
regnantis adulterium civitatis. Nec ad causam, quam nunc
30 agimus, interest, utrum hoc fieri Romulus iusserit, aut
Romulus fecerit, quod multi inpudentia negant, multi pudore dubitant, multi dolore dissimulant. Nec nos itaque
in ea re diligentius requirenda per multorum scriptorum
perpensa testimonia demoremur: Romuli fratrem palam

---

5) Gen. 6, 4.

constat occisum, non ab hostibus, non ab alienis. Si aut
perpetravit aut imperavit hoc Romulus, magis ipse fuit
Romanorum quam Paris Troianorum caput. Cur igitur
Troianis iram deorum provocavit ille alienae coniugis raptor, et eorundem deorum tutelam Romanis invitavit iste 5
sui fratris extinctor? Si autem illud scelus a facto imperioque Romuli alienum est: quoniam debuit utique vindicari,
tota hoc illa civitas fecit, quod tota contempsit, et non iam
fratrem, sed patrem, quod est peius, occidit. Uterque
enim fuit conditor, ubi alter scelere ablatus non permissus 10
est esse regnator. Non est, ut arbitror, quod dicatur quid
mali Troia meruerit, ut eam dii desererent, quo posset
extingui, et quid boni Roma, ut eam dii inhabitarent, quo
posset augeri; nisi quod victi inde fugerunt et se ad istos,
quos pariter deciperent, contulerunt. Immo vero et illic 15
manserunt ad eos more suo decipiendos, qui rursus easdem terras habitarent, et hic easdem artes fallaciae suae
magis etiam exercendo maioribus honoribus gloriati sunt.

Caput VII.

De eversione Ilii, quod dux Marii Fimbria excidit.   20

Certe enim civilibus iam bellis scatentibus quid miserum commiserat Ilium, ut a Fimbria, Marianarum partium
homine pessimo, everteretur, multo ferocius atque crudelius, quam olim a Graecis? Nam tunc et multi inde fugerunt et multi captivati saltem in servitute vixerunt. Porro 25
autem Fimbria prius edictum proposuit, ne cui parceretur,
atque urbem totam cunctosque in ea homines incendio
concremavit. Hoc meruit Ilium non a Graecis quos sua
inritaverat iniquitate, sed a Romanis quos sua calamitate
propagaverat, diis illis communibus ad haec repellenda 30
nihil iuvantibus seu, quod verum est, nihil valentibus. Numquid et tunc

Abscessere omnes adytis arisque relictis
Di,

quibus illud oppidum steterat post antiquos Graecorum 35
ignes ruinasque reparatum? Si autem abscesserant, cau-

sam requiro, et oppidanorum quidem quanto invenio meliorem, tanto deteriorem deorum. Illi enim contra Fimbriam
portas clauserant ut Sullae servarent integram civitatem;
hinc eos iratus incendit vel potius penitus extinxit. Adhuc
5 autem meliorum partium civilium Sulla dux fuit, adhuc armis rem publicam recuperare moliebatur; horum bonorum
initiorum nondum malos eventus habuit. Quid ergo melius
cives illius urbis facere potuerunt, quid honestius, quid fidelius, quid Romana parentela dignius, quam meliori causae
10 Romanorum civitatem servare et contra parricidam Romanae rei publicae portas claudere? At hoc eis in quantum
exitium verterit, adtendant defensores deorum. Deseruerint
dii adulteros Iliumque flammis Graecorum reliquerint, ut
ex eius cineribus Roma castior nasceretur: cur et postea
15 deseruerunt eandem civitatem Romanis cognatam, non
rebellantem adversus Romam nobilem filiam, sed iustioribus
eius partibus fidem constantissimam piissimamque servan-
tem eamque delendam reliquerunt non Graecorum viris
fortibus, sed viro spurcissimo Romanorum? Aut si dis-
20 plicebat diis causa partium Sullanarum, cui servantes urbem miseri portas clauserant: cur eidem Sullae tanta bona
promittebant et praenuntiabant? An et hinc agnoscuntur
adulatores felicium potius quam infelicium defensores? Non
ergo Ilium etiam tunc, ab eis cum desereretur, eversum
25 est. Nam daemones ad decipiendum semper vigilantissimi,
quod potuerunt, fecerunt. Eversis quippe et incensis omnibus cum oppido simulacris solum Minervae sub tanta
ruina templi illius, ut scribit Livius, integrum stetisse
perhibetur, non ut diceretur:

30   Di patrii, quorum semper sub numine Troia est,
ad eorum laudem, sed ne diceretur:

          Excessere omnes adytis arisque relictis
          Di,
ad eorum defensionem.   Illud enim posse permissi sunt,
35 non unde probarentur potentes, sed unde praesentes con-
vincerentur.

---

28) In libro 83. deperdito.   30) Aen. 1, 702 sq.

Caput VIII.

An debuerit diis Iliacis Roma committi.

Diis itaque Iliacis post Troiae ipsius documentum qua tandem prudentia Roma custodienda commissa est? Dixerit quispiam, iam eos Romae habitare solitos, quando expug- 5 nante Fimbria cecidit Ilium. Unde ergo stetit Minervae simulacrum? Deinde, si apud Romam erant, quando Fim‑ bria delevit Ilium, fortasse apud Ilium erant, quando a Gallis ipsa Roma capta et incensa est; sed ut sunt auditu acutissimi motuque celerrimi, ad vocem anseris cito redie- 10 runt, ut saltem Capitolinum collem, qui remanserat, tueren‑ tur; ceterum ad alia defendenda serius sunt redire com‑ moniti.

Caput IX.

An illam pacem, quae sub Numae regno fuit, deos praesti- 15 tisse credendum sit.

Hi etiam Numam Pompilium successorem Romuli adiuvisse creduntur, ut toto regni sui tempore pacem ha‑ beret et Iani portas, quae bellis patere adsolent, clauderet, eo merito scilicet, quia Romanis multa sacra constituit. 20 Illi vero homini pro tanto otio gratulandum fuit, si modo id rebus salubribus scisset impendere et perniciossima cu‑ riositate neglecta Deum verum vera pietate perquirere. Nunc autem non ei dii contulerunt illud otium, sed eum minus fortasse decepissent, si otiosum minime reperissent. 25 Quanto enim minus eum occupatum invenerunt, tanto ma‑ gis ipsi occupaverunt. Nam quid ille molitus sit et quibus artibus deos tales sibi vel illi civitati consociare potuerit, Varro prodit, quod, si Domino placuerit, suo diligentius disseretur loco; modo autem quia de beneficiis eorum 30 quaestio est, magnum beneficium est pax; sed Dei veri beneficium est, plerumque etiam sicut sol, sicut pluvia vitaeque alia subsidia super ingratos et nequam. Sed si hoc tam magnum bonum dii illi Romae vel Pompilio contulerunt, cur imperio Romano per ipsa tempora lauda- 35

bilia id numquam postea praestiterunt?. An utiliora erant
sacra, cum instituerentur, quam cum instituta celebrarentur? Atqui tunc nondum erant, sed ut essent addebantur;
postea vero iam erant, quae ut prodessent custodiebantur.
5 Quid ergo est, quod illi quadraginta tres vel, ut alii volunt,
triginta et novem anni in tam longa pace transacti sunt
regnante Numa, et postea sacris institutis diisque ipsis, qui
eisdem sacris fuerant invitati, iam praesidibus atque tutoribus vix post tam multos annos ab Urbe condita usque ad
10 Augustum pro magno miraculo unus commemoratur annus
post primum bellum Punicum, quo belli portas Romani
claudere potuerunt?

Caput X.

An optandum fuerit, quod tanta bellorum rabie 'Romano-
15 *rum augeretur imperium, cum eo studio, quo sub Numa*
auctum est, et quietum esse potuisset et tutum.

An respondent, quod nisi assiduis sibique continuo
succedentibus bellis Romanum imperium tam longe lateque
non posset augeri et tam grandi gloria diffamari? Idonea
20 vero causa! Ut magnum esset imperium, cur esse deberet
inquietum? Nonne in corporibus hominum satius est mo-
dicam staturam cum sanitate habere, quam ad molem aliquam giganteam perpetuis adflictionibus pervenire, nec
cum perveneris requiescere, sed quanto grandioribus mem-
25 bris, tanto maioribus agitari malis? Quid autem mali esset,
ac non potius plurimum boni, si ea tempora perdurarent,
quae perstrinxit Sallustius, ubi ait: „Igitur initio reges (nam
in terris nomen imperii id primum fuit) diversi; pars ingenium, alii corpus exercebant; etiam tum vita hominum sine
30 cupiditate agitabatur, sua cuique satis placebant." An ut
tam multum augeretur imperium, debuit fieri quod Vergilius detestatur, dicens:

Deterior donec paulatim ac decolor aetas
Et belli rabies et amor successit habendi?

---

30) Cat. 2. 34) Aen. 8, 326 sq.

Sed plane pro tantis bellis susceptis et gestis iusta defensio
Romanorum est, quod inruentibus sibi inportune inimicis
resistere cogebat non aviditas adipiscendae laudis humanae,
sed necessitas tuendae salutis et libertatis. Ita sit plane.
Nam „postquam res eorum, sicut scribit ipse Sallustius, 5
legibus moribus agris aucta satis prospera satisque pol-
lens videbatur, sicuti pleraque mortalium habentur, invidia
ex opulentia orta est. Igitur reges populique finitimi bello
temptare, pauci ex amicis auxilio esse; nam ceteri metu
perculsi a periculis aberant. At Romani domi militiaeque 10
intenti festinare parare, alius alium hortari, hostibus obviam
ire, libertatem patriam parentesque armis tegere. Post ubi
pericula virtute propulerant, sociis atque amicis auxilia
portabant magisque dandis quam accipiendis beneficiis
amicitias parabant." Decenter his artibus Roma crevit. 15
Sed regnante Numa, ut tam longa pax esset, utrum inrue-
bant inprobi belloque temptabant, an nihil eorum fiebat,
ut posset pax illa persistere? Si enim bellis etiam tum
Roma lacessebatur nec armis arma obvia ferebantur:
quibus modis agebatur, ut nulla pugna superati, nullo 20
Martio impetu territi sedarentur inimici, his modis semper
ageretur et semper Roma clausis Iani portis pacata regnaret. Quod si in potestate non fuit, non ergo Roma pacem
habuit, quamdiu dii eorum, sed quamdiu homines finitimi
circumquaque voluerunt, qui eam nullo bello provoca- 25
verunt; nisi forte dii tales etiam id homini vendere audebunt, quod alius homo voluit sive noluit. Interest quidem,
iam vitio proprio malas mentes quatenus sinantur isti daemones vel terrere vel excitare; sed si semper hoc possent,
nec aliud secretiore ac superiore potestate contra eorum 30
conatum saepe aliter ageretur, semper in potestate haberent paces bellicasque victorias, quae semper fere per humanorum animorum motus accidunt; quas tamen plerumque contra eorum fieri voluntatem non solum fabulae
multa mentientes et vix veri aliquid vel indicantes vel signi- 35
ficantes, sed etiam ipsa Romana confitetur historia.

---

15) Cat. 6.

Caput XI.

De simulacro Cumani Apollinis, cuius fletus creditus est cladem Graecorum, quibus opitulari non poterat, indicare.

5   Neque enim aliunde Apollo ille Cumanus, cum adversus Achaeos regemque Aristonicum bellaretur, quadriduo flevisse nuntiatus est: quo prodigio haruspices territi cum id simulacrum in mare putavissent esse proiciendum, Cumani senes intercesserunt atque rettulerunt tale prodigium
10 et Antiochi et Persis bello in eodem apparuisse figmento, et quia Romanis feliciter provenisset, ex senatus consulto eidem Apollini suo dona esse missa testati sunt. Tunc velut peritiores acciti haruspices responderunt simulacri Apollinis fletum ideo prosperum esse Romanis, quoniam
15 Cumana colonia Graeca esset suisque terris, unde accitus esset, id est ipsi Graeciae, luctum et cladem Apollinem significasse plorantem. Deinde mox regem Aristonicum victum et captum esse nuntiatum est, quem vinci utique Apollo nolebat et dolebat et hoc sui lapidis etiam lacrimis
20 indicabat. Unde non usquequaque incongrue quamvis fabulosis, tamen veritati similibus mores daemonum describuntur carminibus poetarum. Nam Camillam Diana doluit apud Vergilium et Pallantem moriturum Hercules flevit. Hinc fortassis et Numa Pompilius pace abundans,
25 sed quo donante nesciens nec requirens, cum cogitaret otiosus, quibusnam diis tuendam Romanam salutem regnumque committeret, nec verum atque omnipotentem summum Deum curare opinaretur ista terrena, atque recoleret Troianos deos, quos Aeneas advexerat, neque Troianum neque
30 Laviniense ab ipso Aenea conditum regnum diu conservare potuisse: alios providendos existimavit, quos illis prioribus (sive qui cum Romulo iam Romam transierant, sive quandoque Alba eversa fuerant transituri) vel tamquam fugitivis custodes adhiberet vel tamquam invalidis adiutores.

---

24) Aen. 11, 836 sqq.; 10, 464 sq.

Caput XII.

Quantos sibi deos Romani praeter constitutionem Numae
adiecerint, quorum eos numerositas nihil iuverit.

Nec his sacris tamen Roma dignata est esse contenta,
quae tam multa illic Pompilius constituerat; nam ipsius 5
summum templum nondum habebat Iovis. Rex quippe
Tarquinius ibi Capitolium fabricavit. Aesculapius autem ab
Epidauro ambivit ad Romam, ut peritissimus medicus in
urbe nobilissima artem gloriosius exerceret. Mater etiam
deûm nescio unde a Pessinunte. Indignum erat enim, ut, 10
cum eius filius iam colli Capitolino praesideret, adhuc ipsa
in loco ignobili latitaret. Quae tamen si omnium deorum
mater est, non solum secuta est Romam quosdam filios
suos, verum et alios praecessit etiam secuturos. Miror
sane, si ipsa peperit Cynocephalum, qui longe postea venit 15
ex Aegypto. Utrum etiam dea Febris ex illa nata sit, viderit Aesculapius pronepos eius. Sed undecumque nata sit,
non, opinor, audebunt eam dicere ignobilem dii pere-
grini deam civem Romanam. Sub hoc tot deorum praesidio (quos numerare quis potest, indigenas et alienigenas, 20
caelites terrestres, infernos marinos, fontanos fluviales,
et, ut Varro dicit, certos atque incertos, in omnibusque
generibus deorum, sicut in animalibus, mares et feminas?)
— sub hoc ergo tot deorum praesidio constituta Roma
non tam magnis et horrendis cladibus, quales ex multis 25
paucas commemorabo, agitari adfligique debuit. Nimis
enim multos deos grandi fumo suo tamquam signo dato
ad tuitionem congregaverat, quibus templa altaria, sacrificia sacerdotes instituendo atque praebendo summum
verum Deum, cui uni haec rite gesta debentur, offenderet. 30
Et felicior quidem cum paucioribus vixit, sed quanto maior facta est, sicut navis nautas, tanto plures adhibendos
putavit; credo, desperans pauciores illos, sub quibus in
comparatione peioris vitae melius vixerat, non sufficere
ad opitulandum granditati suae. Primo enim sub ipsis re- 35

·gibus, excepto Numa Pompilio, de quo iam supra locutus sum, quantum malum discordiosi certaminis fuit, quod fratrem Romuli coegit occidi!

Caput XIII.

5 *Quo iure, quo foedere Romani obtinuerint prima coniugia.*

Quo modo nec Iuno, quae cum Iove suo iam
fovebat

Romanos rerum dominos gentemque togatam,

nec Venus ipsa Aeneidas suos potuit adiuvare, ut bono et
10 aequo more coniugia mererentur, cladesque tanta inruit huius inopiae, ut ea dolo raperent moxque compellerentur pugnare cum soceris, ut miserae feminae nondum ex iniuria maritis conciliatae iam parentum sanguine dotarentur? At enim vicerunt in hac conflictione Romani vicinos
15 suos. Quantis et quam multis utrimque vulneribus ac funeribus tam propinquorum et confinium istae victoriae constiterunt! Propter unum Caesarem socerum et unum generum eius Pompeium iam mortua Caesaris filia, uxore Pompei, quanto et quam iusto doloris instinctu Lucanus
20 exclamat:

Bella per Emathios plus quam civilia campos
Iusque datum sceleri canimus.

Vicerunt ergo Romani, ut strage socerorum manibus cruentis ab eorum filiabus amplexus miserabiles extorquerent,
25 nec illae auderent flere patres occisos, ne offenderent victores maritos, quae adhuc illis pugnantibus pro quibus facerent vota nesciebant. Talibus nuptiis populum Romanum non Venus, sed Bellona donavit; aut fortassis Allecto illa inferna furia iam eis favente Iunone plus in illos habuit
30 licentiae, quam cum eius precibus contra Aenean fuerat excitata. Andromacha felicius captivata est, quam illa coniugia Romana nupserunt; licet serviles, tamen post eius amplexus nullum Troianorum Pyrrhus occidit. Romani autem soceros interficiebant in proeliis, quorum iam filias
35 amplexabantur in thalamis. Illa victori subdita dolere tan-

---

8) Aen. 1, 281 sq.　22) Phars. 1, 1 sq.

tum suorum mortem potuit, non timere; illae sociatae bellantibus parentum suorum mortes procedentibus viris timebant, redeuntibus dolebant, nec timorem habentes liberum nec dolorem. Nam propter interitum civium propinquorum, fratrum parentum aut pie cruciabantur, aut 5 crudeliter laetabantur victoriis maritorum. Huc accedebat, quod, ut sunt alterna bellorum, aliquae parentum ferro amiserunt viros, aliquae utrorumque ferro et parentes et viros. Neque enim et apud Romanos parva fuerunt illa discrimina, si quidem ad obsidionem quoque perventum 10 est civitatis clausisque portis se tuebantur. Quibus dolo apertis admissisque hostibus intra moenia in ipso foro scelerata et nimis atrox inter generos socerosque pugna commissa est. Et raptores illi etiam superabantur, et crebro fugientes intra domos suas gravius foedabant pristinas, 15 quamvis et ipsas pudendas lugendasque victorias. Hic tamen Romulus de suorum iam virtute desperans Iovem oravit ut starent, atque ille hac occasione nomen Statoris invenit. Nec finis esset tanti mali, nisi raptae illae laceratis crinibus emicarent et provolutae parentibus iram eorum 20 iustissimam, non armis victricibus, sed supplici pietate sedarent. Deinde Titum Tatium regem Sabinorum socium regni Romulus ferre compulsus est, germani consortis inpatiens: sed quando et istum diu toleraret, qui fratrem geminumque non pertulit? Unde et ipso interfecto, ut 25 maior deus esset, regnum solus obtinuit. Quae sunt ista iura nuptiarum, quae inritamenta bellorum, quae foedera germanitatis adfinitatis, societatis divinitatis? quae postremo sub tot diis tutoribus vita civitatis? Vides quanta hinc dici et quam multa possent, nisi quae supersunt nostra 30 curaret intentio et sermo in alia festinaret.

Caput XIV.

De impietate belli, quod Albanis Romani intulerunt, et de victoria dominandi libidine adepta.

Quid deinde post Numam sub aliis regibus? Quanto 35 malo non solum suo, sed etiam Romanorum in bellum

7*

Albani provocati sunt! quia videlicet pax Numae tam longa
viluerat. Quam crebrae strages Romani Albanique exercitus fuerunt et utriusque comminutio civitatis! Alba namque illa, quam filius Aeneae creavit Ascanius, Romae mater
5 propior ipsa quam Troia, a Tullo Hostilio rege provocata
conflixit, confligens autem et adflicta est et adflixit, donec
multorum taederet pari defectione certaminum. Tunc
eventum belli de tergeminis hinc atque inde fratribus placuit experiri: a Romanis tres Horatii, ab Albanis autem
10 tres Curiatii processerunt; a Curiatiis tribus Horatii duo,
ab uno autem Horatio tres Curiatii superati et extincti
sunt. Ita Roma extitit victrix ea clade etiam in certamine
extremo, ut de sex [vivis] unus rediret domum. Cui dam-
num in utrisque, cui luctus, nisi Aeneae stirpi nisi Asca-
15 nii posteris, nisi proli Veneris nisi nepotibus Iovis? Nam
et hoc plus quam civile bellum fuit, quando filia civitas
cum civitate matre pugnavit. Accessit aliud huic tergemi-
norum pugnae ultimae atrox atque horrendum malum.
Nam ut erant ambo populi prius amici (vicini quippe atque
20 cognati), uni Curiatiorum desponsata fuerat Horatiorum
soror; haec postea quam sponsi spolia in victore fratre
conspexit, ab eodem fratre, quoniam flevit, occisa est.
Humanior huius unius feminae quam universi populi Romani mihi fuisse videtur affectus. Illa quem virum iam
25 fide media retinebat, aut forte etiam ipsum fratrem dolens,
qui eum occiderat cui sororem promiserat, puto quod non
culpabiliter fleverit. Unde enim apud Vergilium pius Aeneas laudabiliter dolet hostem etiam sua peremptum manu?
Unde Marcellus Syracusanam civitatem recolens eius paulo
30 ante culmen et gloriam sub manus suas subito concidisse
communem cogitans condicionem flendo miseratus est?
Quaeso ab humano impetremus affectu, ut femina sponsum suum a fratre suo peremptum sine crimine fleverit,
si viri hostes a se victos etiam cum laude fleverunt. Ergo
35 sponso a fratre inlatam mortem quando femina illa flebat,
tunc se contra matrem civitatem tanta strage bellasse et

27) Aen. 10, 821 sqq.

tanta hinc et inde cognati cruoris effusione vicisse Roma gaudebat.

Quid mihi obtenditur nomen laudis nomenque victoriae? Remotis obstaculis insanae opinionis facinora nuda cernantur, nuda pensentur, nuda iudicentur. Causa dica- 5 tur Albae, sicut Troiae adulterium dicebatur. Nulla talis, nulla similis invenitur; tantum ut resides moveret

Tullus in arma viros et iam desueta triumphis
Agmina.

Illo itaque vitio tantum scelus perpetratrum est socialis 10 belli atque cognati. Quod vitium Sallustius magnum transeunter adtingit. Cum enim laudans breviter antiquorum commemorasset tempora, quando vita hominum sine cupiditate agitabatur et sua cuique satis placebant: „Postea vero, inquit, quam in Asia Cyrus, in Graecia Lacedaemonii 15 et Athenienses coepere urbes atque nationes subigere, libidinem dominandi causam belli habere, maximam gloriam in maximo imperio putare‟, et cetera quae ipse instituerat dicere. Mihi huc usque satis sit eius verba posuisse. Libido ista dominandi magnis malis agitat et 20 conterit humanum genus. Hac libidine Roma tunc victa Albam se vicisse triumphabat, et sui sceleris laudem gloriam nominabat. *Quoniam laudatur*, inquit scriptura nostra, *peccator in desideriis animae suae, et qui iniqua gerit, benedicitur*. Fallacia igitur tegmina et deceptoriae 25 dealbationes auferantur a rebus, ut sincero inspiciantur examine. Nemo mihi dicat: Magnus ille atque ille, quia cum illo et illo pugnavit et vicit. Pugnant etiam gladiatores, vincunt et ipsi, habet praemia laudis et illa crudelitas. Sed puto esse satius cuiuslibet inertiae poenas luere 30 quam illorum armorum quaerere gloriam. Et tamen si in harenam procederent pugnaturi inter se gladiatores, quorum alter filius, alter esset pater, tale spectaculum quis ferret? quis non auferret? Quo modo ergo gloriosum alterius matris, alterius filiae civitatis inter se armorum po- 35

---

9) Verg. Aen. 6, 814 sq. 18) Cat. 2. 25) Psal. 10, 3.

tuit esse certamen? An ideo diversum fuit, quod harena
illa non fuit, et latiores campi non duorum gladiatorum,
sed in duobus populis multorum funeribus implebantur,
nec amphitheatro cingebantur illa certamina, sed universo
5 orbe et tunc vivis et posteris, quo usque ista fama porrigitur, impium spectaculum praebebatur?

    Vim tamen patiebantur studii sui dii illi praesides
imperii Romani et talium certaminum tamquam theatrici
spectatores, donec Horatiorum soror propter Curiatios tres
10 peremptos etiam ipsa tertia ex altera parte fraterno ferro
duobus fratribus adderetur, ne minus haberet mortium
etiam Roma quae vicerat. Deinde ad fructum victoriae
Alba subversa est, ubi post Ilium, quod Graeci everterunt,
et post Lavinium, ubi Aeneas regnum peregrinum atque
15 fugitivum constituerat, tertio loco habitaverant numina
illa Troiana. Sed more suo etiam inde iam fortasse migraverant, ideo deleta est. Discesserant videlicet omnes
adytis arisque relictis dii, quibus imperium illud steterat.
Discesserant sane ecce iam tertio, ut eis quarta Roma
20 providentissime crederetur. Displicuerat enim et Alba,
ubi Amulius expulso fratre, et Roma placuerat, ubi Romulus occiso fratre regnaverat. Sed antequam Alba dirueretur, transfusus est, inquiunt, populus eius in Romam,
ut ex utraque una civitas fieret. Esto, ita factum sit; urbs
25 tamen illa, Ascanii regnum et tertium domicilium Troianorum deorum, ab urbe filia mater eversa est. Ut autem
belli reliquiae e duobus populis unum facerent miserabile
coagulum, multus ante fusus utriusque sanguis fuit. Quid
iam singillatim dicam sub ceteris regibus totiens eadem
30 bella renovata, quae victoriis finita videbantur, et tantis
stragibus iterum atque iterum confecta, iterum iterumque
post foedus et pacem inter generos et soceros et eorum
stirpem posterosque repetita? Non parvum indicium calamitatis huius fuit, quod portas belli nullus clausit illo-
35 rum. Nullus ergo illorum sub tot diis praesidibus in pace
regnavit.

Caput XV.

Qualis Romanorum regum vita atque exitus fuerit.

Ipsorum autem regum qui exitus fuerunt? De Romulo viderit adulatio fabulosa, qua perhibetur receptus in caelum; viderint quidam scriptores eorum, qui eum propter ferocitatem a senatu disceptum esse dixerunt subornatumque nescio quem Iulium Proculum, qui eum sibi apparuisse diceret eumque per se populo mandasse Romano, ut inter numina coleretur, eoque modo populum, qui contra senatum intumescere coeperat, repressum atque sedatum. Acciderat enim et solis defectio, quam certa ratione sui cursus effectam imperita nesciens multitudo, meritis Romuli tribuebat. Quasi vero si luctus ille solis fuisset, non magis ideo credi deberet occisus ipsumque scelus aversione etiam diurni luminis indicatum; sicut re vera factum est, cum Dominus crucifixus est crudelitate atque impietate Iudaeorum. Quam solis obscurationem non ex canonico siderum cursu evenisse satis ostendit, quod tunc erat pascha Iudaeorum; nam plena luna sollemniter agitur, regularis autem solis defectio non nisi lunae fine contingit. Satis et Cicero illam inter deos Romuli receptionem putatam magis significat esse quam factam, quando et laudans eum in libris de re publica Scipionisque sermone: „Tantum est, inquit, consecutus, ut, cum subito sole obscurato non comparuisset, deorum in numero conlocatus putaretur, quam opinionem nemo umquam mortalis assequi potuit sine eximia virtutis gloria.“ Quod autem dicit eum subito non comparuisse, profecto ibi intellegitur aut violentia tempestatis aut caedis facinorisque secretum. Nam et alii scriptores eorum defectioni solis addunt etiam subitam tempestatem, quae profecto aut occasionem sceleri praebuit aut Romulum ipsa consumpsit. De Tullo quippe etiam Hostilio, qui tertius a Romulo rex fuit, qui et ipse fulmine absumptus est, dicit in eisdem libris idem Cicero, propterea et istum non creditum in deos receptum tali

5

10

15

20

25

30

35

---

27) 2, 10.

morte, quia fortasse quod erat in Romulo probatum, id
est persuasum, Romani vulgare noluerunt, id est vilefacere,
si hoc et alteri facile tribueretur. Dicit etiam aperte in
invectivis: „Illum, qui hanc urbem condidit, Romulum ad
5 deos immortales benevolentia famaque sustulimus", ut
non vere factum, sed propter merita virtutis eius benevole
iactatum diffamatumque monstraret. In Hortensio vero
dialogo cum de solis canonicis defectionibus loqueretur:
„Ut easdem, inquit, tenebras efficiat, quas effecit in interitu
10 Romuli, qui obscuratione solis est factus." Certe hic minime timuit hominis interitum dicere, quia disputator magis
quam laudator fuit.

Ceteri autem reges populi Romani, excepto Numa
Pompilio et Anco Marcio, qui morbo interierunt, quam
15 horrendos exitus habuerunt! Tullus, ut dixi, Hostilius
victor et eversor Albae, cum tota domo sua fulmine con-
crematus est. Priscus Tarquinius per sui decessoris filios
interemptus est. Servius Tullius generi sui Tarquinii
Superbi, qui ei successit in regnum, nefario scelere occisus
20 est. Nec „discessere adytis arisque relictis dii" tanto in
optimum illius populi regem parricidio perpetrato, quos dicunt, ut hoc miserae Troiae facerent eamque Graecis diruen-
dam exurendamque relinquerent, adulterio Paridis fuisse
commotos. Sed insuper interfecto a se socero Tarquinius
25 ipse successit. Hunc illi dii nefarium parricidam soceri
interfectione regnantem, insuper multis bellis victoriisque
gloriantem et de manubiis Capitolium fabricantem non
abscedentes, sed praesentes manentesque viderunt et regem suum Iovem in illo altissimo templo, hoc est in opere
30 parricidae, sibi praesidere atque regnare perpessi sunt.
Neque enim adhuc innocens Capitolium struxit et postea
malis meritis Urbe pulsus est; sed ad ipsum regnum, in quo
Capitolium fabricaret, inmanissimi sceleris perpetratione
pervenit. Quod vero eum regno Romani postea depulerunt
35 ac secluserunt moenibus civitatis, non ipsius de Lucretiae
stupro, sed filii peccatum fuit illo non solum nesciente, sed

---

3) 2, 17.   5) In Cat. 3, 1.

etiam absente commissum. Ardeam civitatem tunc oppu-
gnabat et pro populo Romano bellum gerebat'; nescimus
quid faceret, si ad eius notitiam flagitium filii deferretur.
Et tamen inexplorato iudicio eius et inexperto ei populus
ademit imperium, et recepto exercitu, a quo deseri iussus 5
est, clausis deinde portis non sivit intrare redeuntem. At
ille post bella gravissima, quibus eosdem Romanos concitatis finitimis adtrivit, postea quam desertus ab eis quorum
fidebat auxilio regnum recipere non evaluit, in oppido
Tusculo Romae vicino quattuordecim, ut fertur, annos pri- 10
vatam vitam quietus habuit et cum uxore consenuit, opta-
biliore fortassis exitu quam socer eius generi sui facinore
nec ignorante filia, sicut perhibetur, extinctus. Nec tamen
istum Tarquinium Romani crudelem aut sceleratum, sed
superbum appellaverunt, fortassis regios eius fastus alia 15
superbia non ferentes. Nam scelus occisi ab eo soceri
optimi regis sui usque adeo contempserunt, ut eum regem
suum facerent; ubi miror si non scelere graviore mercedem tantam tanto sceleri reddiderunt. Nec „discessere
adytis arisque relictis dii.“ Nisi forte quispiam sic defen- 20
dat istos deos, ut dicat eos ideo mansisse Romae, quo possent Romanos magis punire suppliciis quam beneficiis
adiuvare, seducentes eos vanis victoriis et bellis gravissimis
conterentes. Haec fuit Romanorum vita sub regibus lau-
dabili tempore illius rei publicae usque ad expulsionem 25
Tarquinii superbi per ducentos ferme et quadraginta et
tres annos, cum illae omnes victoriae tam multo sanguine
et tantis emptae calamitatibus vix illud imperium intra
viginti ab Urbe miliaria dilataverint; quantum spatium
absit ut saltem alicuius Getulae civitatis nunc territorio 30
comparetur.

Caput XVI.

De primis apud Romanos consulibus, quorum alter alterum
patria pepulit moxque Romae post atrocissima parri-
cidia a vulnerato hoste vulneratus interiit.   35

Huic tempori adiciamus etiam tempus illud, quo usque dicit Sallustius aequo et modesto iure agitatum, dum

metus a Tarquinio et bellum grave cum Etruria positum
est. Quamdiu enim Etrusci Tarquinio redire in regnum
conanti opitulati sunt, gravi bello Roma concussa est.
Ideo dicit aequo et modesto iure gestam rem publicam
5 metu premente, 'non persuadente iustitia. In quo brevis-
simo tempore quam funestus ille annus fuit, quo primi
consules creati sunt expulsa regia potestate! Annum quippe
suum non compleverunt. Nam Iunius Brutus exhonora-
tum eiecit Urbe collegam Lucium Tarquinium Collatinum;
10 deinde mox ipse in bello cecidit mutuis cum hoste vulneribus, occisis a se ipso primitus filiis suis et uxoris suae
fratribus, quod eos pro restituendo Tarquinio coniurasse
cognoverat. Quod factum Vergilius postea quam laudabiliter commemoravit, continuo clementer exhorruit. Cum
15 enim dixisset:

Natosque pater nova bella moventes
Ad poenam pulchra pro libertate vocabit,

mox deinde exclamavit et ait:

Infelix, utcumque ferent ea facta minores.

20 Quo modo libet, inquit, ea facta posteri ferant, id est prae-
ferant et extollant, qui filios occidit, infelix est. Et tamquam ad consolandum infelicem subiunxit:

Vincit amor patriae laudumque inmensa cupido.

Nonne in hoc Bruto, qui et filios occidit et a se percusso
25 hosti filio Tarquinii mutuo percussus supervivere non potuit eique potius ipse Tarquinius supervixit, Collatini colle-
gae videtur innocentia vindicata, qui bonus civis hoc Tarquinio pulso passus est, quod tyrannus ipse Tarquinius?
Nam et idem Brutus consanguineus Tarquinii fuisse per-
30 hibetur. Sed Collatinum videlicet similitudo nominis pressit,
quia etiam Tarquinius vocabatur. Mutare ergo nomen,
non patriam cogeretur; postremo in eius nomine hoc vocabulum minus esset, L. Collatinus tantum modo vocaretur. Sed ideo non amisit quod sine ullo detrimento posset
35 amittere, ut et honore primus consul et civitate bonus civis

---

2) Hist. lib. I.   23) Aen. 6, 820 sqq.

carere iuberetur. Etiamne ista est, gloria Iunii Bruti detestanda iniquitas et nihilo utilis rei publicae? Etiamne ad
hanc perpetrandam „vicit amor patriae laudumque inmensa cupido?“ Iam expulso utique Tarquinio tyranno
consul cum Bruto creatus est maritus Lucretiae L. Tar- 5
quinius Collatinus. Quam iuste populus mores in cive,
non nomen adtendit! Quam impie Brutus collegam primae
ac novae illius potestatis, quem posset, si hoc offendeba-
tur, nomine tantum privare, et patria privavit et honore!
Haec mala facta sunt, haec adversa acciderunt, quando in 10
illa re publica „aequo et modesto iure agitatum est.“ Lu-
cretius quoque, qui in locum Bruti fuerat subrogatus,
morbo, antequam idem annus terminaretur, absumptus
est. Ita P. Valerius, qui successerat Collatino, et M. Hora-
tius, qui pro defuncto Lucretio suffectus fuerat, annum 15
illum funereum atque tartareum, qui consules quinque
habuit, compleverunt, quo anno consulatus ipsius novum
honorem ac potestatem auspicata est Romana res publica.

Caput XVII.

Post initia consularis imperii quibus malis vexata fuerit 20
Romana res publica, diis non opitulantibus, quos colebat.

Tunc iam deminuto paululum metu, non quia bella
conquieverant, sed quia non tam gravi pondere urguebant,
finito scilicet tempore, quo aequo et modesto iure agitatum est, secuta sunt quae idem Sallustius breviter ex- 25
plicat: „Dein servili imperio patres plebem exercere, de
vita atque tergo regio more consulere, agro pellere et
ceteris expertibus soli in imperio agere. Quibus saevitiis
et maxime faenore oppressa plebes, cum assiduis bellis
tributum et militiam simul toleraret, armata montem sa- 30
crum atque Aventinum insedit, tumque tribunos plebis et
alia iura sibi paravit. Discordiarum et certaminis utrimque finis fuit secundum bellum Punicum.“ [XVII.] Quid
itaque ego tantas moras vel scribens patiar, vel lecturis

33) Hist. lib. I.

adferam? Quam misera fuerit illa res publica, tam longa
aetate per tot annos usque ad secundum bellum Punicum
bellis forinsecus inquietare non desistentibus et intus
discordiis seditionibusque civilibus, a Sallustio breviter in-
5 timatum est. Proinde victoriae illae non solida beatorum
gaudia fuerunt, sed inania solacia miserorum et ad alia
atque alia sterilia mala subeunda inlecebrosa incitamenta
minime quietorum. Nec nobis, quia hoc dicimus, boni
Romani prudentesque succenseant: quamquam de hac re
10 nec petendi sint nec monendi, quando eos minime succen-
suros esse certissimum est. Neque enim gravius vel graviora dicimus auctoribus eorum et stilo et otio multum
impares; quibus tamen ediscendis et ipsi elaboraverunt et
filios suos elaborare compellunt. Qui autem succensent,
15 quando me ferrent, si ego dicerem, quod Sallustius ait?
„Plurimae turbae, seditiones et ad postremum bella civilia orta sunt, dum pauci potentes, quorum in gratiam plerique concesserant, sub honesto patrum aut plebis nomine
dominationes adfectabant; bonique et mali cives appellati,
20 non ob merita in rem publicam, omnibus pariter corruptis,
sed uti quisque locupletissimus et iniuria validior, quia
praesentia defendebat, pro bono ducebatur.‟ Porro si
illi scriptores historiae ad honestam libertatem pertinere
arbitrati sunt mala civitatis propriae non tacere, quam
25 multis locis magno praeconio laudare compulsi sunt, cum
aliam veriorem, quo cives aeterni legendi sunt, non haberent: quid nos facere convenit, quorum spes quanto in
Deo melior et certior, tanto maior debet esse libertas, cum
mala praesentia Christo nostro inputant, ut infirmiores
30 imperitioresque mentes alienentur ab ea civitate, in qua
sola iugiter feliciterque vivendum est? Nec in deos eorum
horribiliora nos dicimus, quam eorum identidem auctores,
quos legunt et praedicant, quando quidem et ex ipsis
quae diceremus accepimus, et nullo modo dicere vel talia
35 vel cuncta sufficimus.
　　Ubi erant ergo illi dii, qui propter exiguam fallacem-

---

22) Hist. lib. I.

que mundi huius felicitatem colendi existimantur, cum
Romani, quibus se colendos mendacissima astutia vendita-
bant, tantis calamitatibus vexarentur? Ubi erant, quando
Valerius consul ab exulibus et servis inscensum Capitolium
cum defensaret occisus est faciliusque ipse prodesse 5
potuit aedi Iovis, quam illi turba tot numinum cum suo
maximo atque optimo rege, cuius templum liberaverat,
subvenire? Ubi erant, quando densissimis fatigata civitas
seditionum malis, cum legatos Athenas missos ad leges
mutuandas paululum quieta opperiretur, gravi fame pesti- 10
lentiaque vastata est? Ubi erant, quando rursus populus,
cum fame laboraret, praefectum annonae primum creavit,
atque illa fame invalescente Spurius Maelius, quia esurienti
multitudini frumenta largitus est, regni adfectati crimen
incurrit et eiusdem praefecti instantia per dictatorem L. 15
Quintium aetate decrepitum a Quinto Servilio magistro
equitum cum maxima et periculosissimo tumultu civitatis
occisus est? Ubi erant, quando pestilentia maxima exorta
diis inutilibus inane remedium populus diu multumque
fatigatus nova lectisternia, quod numquam antea fecerat, 20
exhibenda arbitratus est? Lecti autem sternebantur in
honorem deorum, unde hoc sacrum vel potius sacrilegium
nomen accepit. Ubi erant, quando per decem continuos
annos male pugnando crebras et magnas clades apud Veios
exercitus Romanus acceperat, nisi per Furium Camillum 25
tandem subveniretur, quem postea civitas ingrata damnavit? Ubi erant, quando Galli Romam ceperunt spoliave-
runt, incenderunt caedibus impleverunt? Ubi erant, cum
illa insignis pestilentia tam ingentem stragem dedit, qua
et ille Furius Camillus extinctus est, qui rem publicam 30
ingratam et a Veientibus ante defendit et de Gallis postea
vindicavit? In hac pestilentia scaenicos ludos aliam novam
pestem non corporibus Romanorum, sed, quod est multo
perniciosius, moribus intulerunt. Ubi erant, quando alia
pestilentia gravis de venenis matronarum exorta credita 35
est, quarum supra fidem multarum atque nobilium mores
deprehensi sunt omni pestilentia graviores? vel quando in
Caudinas furculas a Samnitibus obsessi ambo cum exercitu

consules foedus cum eis foedum facere coacti sunt, ita ut
equitibus Romanis sescentis obsidibus datis ceteri amissis
armis aliisque spoliati privatique tegminibus sub iugum
hostium cum vestimentis singulis mitterentur? vel quando
5 gravi pestilentia ceteris laborantibus multi etiam in exercitu icti fulmine perierunt? vel quando item alia intolera-
bili pestilentia Aesculapium ab Epidauro quasi medicum
deum Roma advocare atque adhibere compulsa est, quoniam regem omnium Iovem, qui iam diu in Capitolio
10 sedebat, multa stupra, quibus adulescens vacaverat, non
permiserant fortasse discere medicinam? vel cum conspi-
rantibus uno tempore hostibus Lucanis, Brutiis, Samnitibus,
Etruscis et Senonibus Gallis primo ab eis legati perempti
sunt, deinde cum praetore oppressus exercitus septem
15 tribunis cum illo pereuntibus et militum tredecim milibus?
vel quando post longas et graves Romae seditiones, quibus
ad ultimum plebs in Ianiculum hostili diremptione seces-
serat, huius mali tam dira calamitas erat, ut eius rei causa,
quod in extremis periculis fieri solebat, dictator crearetur
20 Hortensius, qui plebe revocata in eodem magistratu ex-
spiravit, quod nulli dictatori ante contigerat, et quod illis
diis iam praesente Aesculapio gravius crimen fuit.

　　Tum vero tam multa bella ubique crebruerunt, ut
inopia militum proletarii illi, qui eo, quod proli gignendae
25 vacabant, ob egestatem militare non valentes hoc nomen
acceperant, militiae conscriberentur. Accitus etiam a Tarentinis Pyrrhus, rex Graeciae, tunc ingenti gloria cele-
bratus, Romanorum hostis effectus est. Cui sane de rerum
futuro eventu consulenti satis urbane Apollo sic ambiguum
30 oraculum edidit, ut, e duobus quidquid accidisset, ipse
divinus haberetur (ait enim: „Dico te, Pyrrhe, vincere
posse Romanos‟) atque ita, sive Pyrrhus a Romanis sive
Romani a Pyrrho vincerentur, securus fatidicus utrumlibet
expectaret eventum. Quae tunc et quam horrenda utrius-
35 que exercitus clades! In qua tamen superior Pyrrhus
extitit, ut iam posset Apollinem pro suo intellectu praedi-
care divinum, nisi proxime alio proelio Romani abscе-
derent superiores. Atque in tanta strage bellorum etiam

pestilentia gravis exorta est mulierum. Nam prius quam
maturos partus ederent, gravidae moriebantur. Ubi se,
credo, Aesculapius excusabat, quod arçhiatrum, non obste-
tricem profitebatur. Pecudes quoque similiter interibant,
ita ut iam defecturum genus animalium crederetur. Quid 5
hiems illa memorabilis tam incredibili inmanitate saeviens,
ut nivibus horrenda altitudine etiam in foro per dies quadraginta manentibus Tiberis quoque glacie duraretur, si
nostris temporibus accidisset, quae isti et quanta dixissent!
Quid illa itidem ingens pestilentia, quamdiu saeviit, quam 10
multos peremit! Quae cum in annum alium multo gravius
tenderetur frustra praesente Aesculapio, aditum est ad
libros Sibyllinos. In quo genere oraculorum, sicut Cicero
in libris de divinatione commemorat, magis interpretibus
ut possunt seu volunt dubia coniectantibus credi solet. 15
Tunc ergo dictum est eam esse causam pestilentiae, quod
plurimas aedes sacras multi occupatas privatim tenerent;
sic interim a magno imperitiae vel desidiae crimine Aesculapius liberatus est. Unde autem a multis aedes illae fuerant occupatae nemine prohibente, nisi quia tantae numi- 20
num turbae diu frustra fuerat supplicatum, atque ita
paulatim loca deserebantur a cultoribus, ut tamquam vacua
sine ullius offensione possent humanis saltem usibus vindicari? Nam quae tunc velut ad sedandam pestilentiam
diligenter repetita atque reparata, nisi postea eodem modo 25
neglecta atque usurpata latitarent, non utique magnae
peritiae Varronis tribueretur, quod scribens de aedibus
sacris tam multa ignorata commemoraret. Sed tunc interim elegans non pestilentiae depulsio, sed deorum ex-
cusatio procurata est. 30

CAPUT XVIII.

Quantae clades Romanos sub bellis Punicis triverint
frustra deorum praesidiis expetitis.

Iam vero Punicis bellis, cum inter utrumque imperium
victoria diu anceps atque incerta penderet populique duo 35

15) Divin. 2, 54.

praevalidi impetus in alterutrum fortissimos et opulentis-
simos agerent, quot minutiora regna contrita sunt! quae
urbes amplae nobilesque deletae, quot adflictae, quot per-
ditae civitates! Quam longe lateque tot regiones terraeque
5 vastatae sunt! Quotiens victi hinc atque inde victores!
Quid hominum consumptum est vel. pugnantium militum
vel ab armis vacantium populorum! Quanta vis navium
marinis etiam proeliis oppressa et diversarum tempestatum
varietate submersa est! Si enarrare vel commemorare
10 conemur, nihil aliud quam scriptores etiam nos erimus
historiae. Tunc magno metu perturbata Romana civitas
ad remedia vana et ridenda currebat. Instaurati sunt ex
auctoritate librorum Sibyllinorum ludi saeculares, quorum
celebritas inter centum annos fuerat instituta felicioribus-
15 que temporibus memoria neglegente perierat. Renovarunt
etiam pontifices ludos sacros inferis et ipsos abolitos annis
retrorsum melioribus. Nimirum enim quando renovati
sunt, tanta copia morientium ditatos inferos etiam ludere
delectabat, cum profecto miseri homines ipsa rabida bella
20 et cruentas animositates funereasque hinc atque inde victorias magnos agerent ludos daemonum et opimas epulas
inferorum. Nihil sane miserabilius primo bello Punico
accidit, quam quod ita Romani victi sunt, ut etiam Regulus
ille caperetur, cuius in primo et in altero libro mentionem
25 fecimus, vir plane magnus et victor antea domitorque
Poenorum, qui etiam ipsum primum bellum Punicum con-
fecisset, nisi aviditate nimia laudis et gloriae duriores con-
diciones, quam ferre possent, fessis Carthaginiensibus im-
perasset. Illius viri et captivitas inopinatissima et servitus
30 indignissima, et iuratio fidelissima et mors crudelissima si
deos illos non cogit erubescere, verum est quod aerei sunt
et non habent sanguinem.

Nec mala illo tempore gravissima intra moenia defuerunt. Nam exundante nimis ultra morem fluvio Tiberino
35 paene omnia urbis plana subversa sunt, aliis impetu quasi
torrentis inpulsis, aliis velut stagno diuturno madefactis
atque sublapsis. Istam deinde pestem ignis perniciosior
subsecutus est, qui correptis circa forum quibusque cel-

sioribus etiam templo Vestae suo familiarissimo non pepercit, ubi ei veluti vitam perpetuam diligentissima substitutione lignorum non tam honoratae quam damnatae virgines donare consuerant. Tunc vero illic ignis non tantum vivebat, sed etiam saeviebat. Cuius impetu exterritae 5 virgines sacra illa fatalia, quae iam tres, in quibus fuerant, presserant civitates, cum ab illo incendio liberare non possent, Metellus pontifex suae quodam modo salutis oblitus inruens ea semiustus abripuit. Neque enim vel ipsum ignis agnovit, aut vero erat ibi numen, quod non etiam, si 10 fuisset, fugisset. Homo igitur potius sacris Vestae quam illa homini prodesse potuerunt. Si autem a se ipsis ignem non repellebant, civitatem, cuius salutem tueri putabantur, quid contra illas aquas flammasque poterant adiuvare? sicut etiam res ipsa nihil ea prorsus potuisse patefecit. Haec 15 istis nequaquam obicerentur a nobis, si illa sacra dicerent non tuendis his bonis temporalibus instituta, sed significandis aeternis, et ideo, cum ea, quod corporalia visibiliaque essent, perire contingeret, nihil his rebus minui, propter quas fuerant instituta, et posse ad eosdem usus denuo 20 reparari. Nunc vero caecitate mirabili eis sacris, quae perire possint, fieri potuisse existimant, ut salus terrena et temporalis felicitas civitatis perire non posset. Proinde cum illis etiam manentibus sacris vel salutis contritio vel infelicitas inruisse monstratur, mutare sententiam, quam 25 defendere nequeunt, erubescunt.

Caput XIX.
De afflictione belli Punici secundi, qua vires utriusque partis consumptae sunt.

Secundo autem Punico bello nimis longum est com- 30 memorare clades duorum populorum tam longe secum lateque pugnantium, ita ut his quoque fatentibus, qui non tam narrare bella Romana quam Romanum imperium laudare instituerunt, similior victo fuerit ille qui vicit. Hannibale quippe ab Hispania surgente et Pyrenaeis mon- 35 tibus superatis, Gallia transcursa Alpibusque disruptis, tam longo circuitu auctis viribus cuncta vastando aut subigendo

torrentis modo Italiae faucibus inruente quam cruenta
proelia gesta sunt, quotiens Romani superati! quam multa
ad hostem oppida defecerunt, quam multa capta et oppressa! quam dirae pugnae et totiens Hannibali Romana
5 clade gloriosae! De Cannensi autem mirabiliter horrendo
malo quid dicam, ubi Hannibal, cum esset crudelissimus,
tamen tanta inimicorum atrocissimorum caede satiatus
parci iussisse perhibetur? Unde tres modios anulorum
aureorum Carthaginem misit, quo intellegerent tantam in
10 illo proelio dignitatem cecidisse Romanam, ut facilius eam
caperet mensura quam numerus, atque hinc strages turbae ceterae tanto utique numerosioris, quanto infimioris,
quae sine anulis iacebat, conicienda potius quam nun-
tianda putaretur. Denique tanta militum inopia secuta est,
15 ut Romani reos facinorum proposita inpunitate colligerent,
servitia libertate donarent atque illis pudendus non tam
suppleretur quam institueretur exercitus. Servis itaque,
immo, ne faciamus iniuriam, iam libertis, pro Romana
re publica pugnaturis arma defuerunt. Detracta sunt
20 templis, tamquam Romani diis suis dicerent: Ponite quae
tam diu inaniter habuistis, ne forte aliquid utile inde facere possint nostra mancipia, unde vos, nostra numina,
nihil facere potuistis. Tunc etiam stipendiis' sufficiendis
cum defecisset aerarium, in usus publicos opes venere
25 privatae, adeo unoquoque id quod habuit conferente, ut
praeter singulos anulos [aureos] singulasque bullas, mise-
rabilia dignitatis insignia, nihil sibi auri senatus ipse,
quanto magis ceteri ordines tribusque relinquerent. Quis
ferret istos, si nostris temporibus ad hanc inopiam coge-
30 rentur, cum eos modo vix feramus, quando pro superflua
voluptate plura donantur histrionibus, quam tunc legionibus pro extrema salute conlata sunt?

Caput XX.

De exitio Saguntinorum, quibus propter Romanorum ami-
35 *citiam pereuntibus dii Romani auxilium non tulerunt.*

Sed in his omnibus belli Punici secundi malis nihil
miserabilius ac miserabili querella dignius quam exitium

Saguntinorum fuit. Haec quippe Hispaniae civitas ami-
cissima populi Romani, dum eidem populo fidem servat,
eversa est. Hinc enim Hannibal fracto foedere Romanorum causas quaesivit, quibus eos inritaret ad bellum. Sa-
guntum ergo ferociter obsidebat; quod ubi Romae auditum 5
est, missi sunt legati ad Hannibalem, ut ab eius obsidione
discederet. Contempti Carthaginem pergunt querimoniam-
que deponunt foederis rupti infectoque negotio Romam
redeunt. Dum hae morae aguntur, misera illa civitas
opulentissima, suae rei publicae Romanaeque carissima, 10
octavo vel nono a Poenis mense deleta est. Cuius interitum legere, quanto magis scribere, horroris est. Breviter
tamen eum commemorabo; ad rem quippe quae agitur
multum pertinet. Primo fame contabuit; nam etiam suorum cadaveribus a nonnullis pasta perhibetur. Deinde 15
omnium fessa rerum, ne saltem captiva in manus Hannibalis perveniret, ingentem rogum publice struxit, in quem
ardentem ferro etiam trucidatos omnes se suosque miserunt. Hic aliquid agerent dii helluones atque nebulones,
sacrificiorum adipibus inhiantes et fallacium divinationum 20
caligine decipientes; hic aliquid agerent, civitati populi
Romani amicissimae subvenirent, fidei conservatione per-
euntem perire non sinerent. Ipsi utique medii praefuerunt,
cum Romanae rei publicae interiecto foedere copulata est.
Custodiens itaque fideliter, quod ipsis praesidibus placito 25
iunxerat, fide vinxerat, iuratione constrinxerat, a perfido
obsessa oppressa consumpta est. Si ipsi dii tempestate
atque fulminibus Hannibalem postea Romanis proximum
moenibus terruerunt longeque miserunt: tunc primum
tale aliquid facerent. Audeo quippe dicere honestius illos 30
pro amicis Romanorum ideo periclitantibus, ne Romanis
frangerent fidem, et nullam opem tunc habentibus quam
pro ipsis Romanis, qui pro se pugnabant atque adversus
Hannibalem opulenti erant, potuisse tempestate saevire.
Si ergo tutores essent Romanae felicitatis et gloriae, tam 35
grave ab ea crimen Saguntinae calamitatis averterent; nunc
vero quam stulte creditur, diis illis defensoribus Romam
victore Hannibale non perisse, qui Saguntinae urbi non

potuerunt, ne pro eius periret amicitia, subvenire! Si Saguntinorum Christianus populus esset et huius modi aliquid
pro fide evangelica pateretur, quamquam se ipse nec ferro
nec ignibus corrupisset, sed tamen si pro fide evangelica ex-
5 cidium pateretur: ea spe pateretur, qua in Christum crediderat, non mercede brevissimi temporis, sed aeternitatis
interminae. Pro istis autem diis, qui propterea coli perhibentur, propterea colendi requiruntur, ut harum labentium
atque transeuntium rerum felicitas tuta sit, quid nobis de-
10 fensores et excusatores eorum de Saguntinis pereuntibus respondebunt, nisi quod de illo Regulo extincto? Hoc quippe
interest, quod ille unus homo, haec tota civitas; utriusque
tamen interitus causa conservatio fidei fuit. Propter hanc
enim ad hostes et redire ille voluit, et noluit ista transire.
15 Conservata ergo provocat deorum iram fides? an possunt
et diis propitiis perire non solum quique homines, verum
etiam integrae civitates? Utrum volunt, eligant. Si enim
fidei servatae irascuntur illi dii, quaerant perfidos, a quibus colantur. Si autem etiam illis propitiis multis gravi-
20 busque cruciatibus adflicti interire homines civitatesque
possunt, nullo fructu felicitatis huius coluntur. Desinant
igitur succensere, qui sacris deorum suorum perditis se
infelices esse factos putant. Possent enim illis non solum
manentibus, verum etiam faventibus non sicut modo de
25 miseria murmurare, sed sicut tunc Regulus et Saguntini
excruciati horribiliter etiam penitus interire.

Caput XXI.

*Quam ingrata fuerit Romana civitas Scipioni liberatori
suo et in quibus moribus egerit, quando eam Sallu-
30　　　stius optimam fuisse describit.*

Porro inter secundum et postremum bellum Carthaginiense, quando Sallustius optimis moribus et maxima
concordia dixit egisse Romanos (multa enim praetereo
suscepti operis modum cogitans), eodem ergo ipso tem-
5 pore morum optimorum maximaeque concordiae Scipio
ille Romae Italiaeque liberator eiusdemque belli Punici

secundi tam horrendi, tam exitiosi, tam periculosi prae-
clarus mirabilisque confector, victor Hannibalis domitorque
Carthaginis, cuius ab adulescentia vita describitur diis
dedita templisque nutrita, inimicorum accusationibus cessit carensque patria, quam sua virtute salvam et liberam 5
reddidit, in oppido Linternensi egit reliquam complevit-
que vitam, post insignem suum triumphum nullo illius
urbis captus desiderio, ita ut iussisse perhibeatur, ne saltem mortuo in ingrata patria funus fieret. Deinde tunc
primum per Gneum Manlium proconsulem de Gallograecis 10
triumphantem Asiatica luxuria Romam omni hoste peior
inrepsit. Tunc enim primum lecti aerati et pretiosa stra-
gula visa perhibentur; tunc inductae in convivia psaltriae
et alia licentiosa nequitia. Sed nunc de his malis, quae
intolerabiliter homines patiuntur, non de his, quae libenter 15
faciunt, dicere institui. Unde illud magis, quod de Scipione commemoravi, quod cedens inimicis extra patriam,
quam liberavit, mortuus est, ad praesentem pertinet disputationem, quod ei Romana numina, a quorum templis
avertit Hannibalem, non reddiderunt vicem, quae propter 20
istam tantum modo coluntur felicitatem. Sed quia Sallustius eo tempore ibi dixit mores optimos fuisse, propterea
hoc de Asiana luxuria commemorandum putavi, ut intellegatur etiam illud a Sallustio in comparationem aliorum
temporum dictum, quibus temporibus peiores utique in 25
gravissimis discordiis mores fuerunt. Nam tunc, id est
inter secundum et postremum bellum Carthaginiense, lata
est etiam illa lex Voconia, ne quis heredem feminam faceret, nec unicam filiam. Qua lege quid iniquius dici aut
cogitari possit, ignoro. Verum tamen toto illo intervallo 30
duorum bellorum Punicorum tolerabilior infelicitas fuit.
Bellis tantum modo foris conterebatur exercitus, sed victoriis consolabatur; domi autem nullae, sicut alias, discordiae saeviebant. Sed ultimo bello Punico uno impetu
alterius Scipionis, qui ob hoc etiam ipse Africani cognomen 35
invenit, aemula imperii Romani ab stirpe deleta est, ac
deinde tantis malorum aggeribus oppressa Romana res
publica, ut prosperitate ac securitate rerum, unde nimium

corruptis moribus mala illa congesta sunt, plus nocuisse
monstraretur tam cito eversa, quam prius nocuerat tam
diu adversa Carthago.   Hoc toto tempore usque ad Caesarem Augustum, qui videtur non adhuc vel ipsorum
5 opinione gloriosam, sed contentiosam et exitiosam et plane
iam enervem ac languidam libertatem omni modo extor-
sisse Romanis et ad regale arbitrium cuncta revocasse
et quasi morbida vetustate conlapsam veluti instaurasse
ac renovasse rem publicam; toto ergo isto tempore omitto
10 ex aliis atque aliis causis etiam atque etiam bellicas clades
et Numantinum foedus horrenda ignominia maculosum;
volaverant enim pulli de cavea et Mancino consuli, ut
aiunt, augurium malum fecerant; quasi per tot annos, quibus illa exigua civitas Romanum circumsessa exercitum
15 adflixerat ipsique Romanae rei publicae terrori esse iam
coeperat, alii contra eam alio augurio processerunt.

Caput XXII.

De Mithridatis edicto, quo omnes cives Romanos, qui
intra Asiam invenirentur, iussit occidi.

20   Sed haec, inquam, omitto, quamvis illud nequaquam
tacuerim, quod Mithridates rex Asiae ubique in Asia peregrinantes cives Romanos atque innumerabili copia suis
negotiis intentos uno die occidi iussit; et factum est. Quam
illa miserabilis rerum facies erat, subito quemque, ubi-
25 cumque fuisset inventus, in agro in via in oppido, in
domo in vico in foro, in templo in lecto in convivio inopi-
nate atque impie fuisse trucidatum! Quis gemitus morientium, quae lacrimae spectantium, fortasse etiam ferientium
fuerunt! Quam dura necessitas hospitum non solum vi-
30 dendi nefarias illas caedes domi suae, verum etiam per-
petrandi, ab illa blanda comitate humanitatis repente
mutatis vultibus ad hostile negotium in pace peragendum,
mutuis dicam omnino vulneribus, cum percussus in corpore et percussor in animo feriretur! Num et isti omnes
35 auguria contempserant? Num deos et domesticos et publicos, cum de sedibus suis ad illam inremeabilem peregri-

nationem profecti sunt, quos consulerent, non habebant?
Hoc si ita est, non habent cur isti in hac causa de nostris
temporibus conquerantur. Olim Romani haec vana contemnunt. Si autem consuluerunt, respondeatur quid ista
profuerunt, quando per humanas dumtaxat leges nemine 5
prohibente licuerunt.

CAPUT XXIII.

De interioribus malis, quibus Romana res publica exagi-
tata est, praecedente prodigio, quod in rabie omnium
animalium, quae hominibus serviunt, fuit. 10

Sed iam illa mala breviter, quantum possumus, com-
memoremus, quae quanto interiora, tanto miseriora ex-
stiterunt: discordiae civiles vel potius inciviles, nec iam
seditiones, sed etiam ipsa bella urbana, ubi tantus sanguis
effusus est, ubi partium studia non contionum dissensi- 15
onibus variisque vocibus in alterutrum, sed plane iam
ferro armisque saeviebant: bella socialia, bella servilia,
bella civilia quantum Romanum cruorem fuderunt, quantam Italiae vastationem desertionemque fecerunt! Namque antequam se adversus Romam sociale Latium com- 20
moveret, cuncta animalia humanis usibus subdita, canes
equi, asini boves et quaeque alia pecora sub hominum
dominio fuerunt, subito efferata et domesticae lenitatis
oblita relictis tectis libera vagabantur et omnem non solum
aliorum, verum etiam dominorum aversabantur accessum, 25
non sine exitio vel periculo audentis, si quis de proximo
urgueret. Quanti mali signum fuit, si hoc signum fuit,
quod tantum malum fuit, si etiam signum non fuit! Hoc
si nostris temporibus accidisset, rabidiores istos quam sua
illi animalia pateremur. 30

CAPUT XXIV.
De discordia civili, quam Gracchiae seditiones ex-
citaverunt.

Initium autem civilium malorum fuit seditiones Gracchorum agrariis legibus excitatae. Volebant enim agros 35

populo dividere, quos nobilitas perperam possidebat. Sed
iam vetustam iniquitatem audere convellere periculosissi-
mum, immo vero, ut res ipsa docuit, perniciosissimum
fuit. Quae funera facta sunt, cum prior Gracchus occisus
5 est! quae etiam, cum alius frater eius non longo interposito tempore! Neque enim legibus et ordine potestatum,
sed turbis armorumque conflictibus nobiles ignobilesque
necabantur. Post Gracchi alterius interfectionem Lucius
Opimius consul, qui adversus eum intra Urbem arma com-
10 moverat eoque cum sociis oppresso et extincto ingentem
civium stragem fecerat, cum quaestionem haberet iam iu-
diciaria inquisitione ceteros persequens, tria milia hominum occidisse perhibetur. Ex quo intellegi potest, quantam multitudinem mortium habere potuerit turbidus con-
15 flictus armorum, quando tantam habuit iudiciorum velut
examinata cognitio. Percussor Gracchi ipsius caput,
quantum grave erat, tanto auri pondere consuli vendidit.
Haec enim pactio caedem praecesserat. In qua etiam
occisus est cum liberis Marcus Fulvius consularis.

20 ## Caput XXV.

De aede Concordiae ex senatus consulto in loco seditio-
num et caedium condita.

Eleganti sane senatus consulto eo ipso loco, ubi fu-
nereus tumultus ille commissus est, ubi tot cives ordinis
25 cuiusque ceciderunt, aedes Concordiae facta est, ut Gracchorum poenae testis contionantium oculos feriret me-
moriamque compungeret. Sed hoc quid aliud fuit quam
inrisio deorum, illi deae templum construere, quae si
esset in civitate, non tantis dissensionibus dilacerata con-
30 rueret? Nisi forte sceleris huius rea Concordia, quia deseruerat animos civium, meruit in illa aede tamquam in
carcere includi. Cur enim, si rebus gestis congruere voluerunt, non ibi potius aedem Discordiae fabricarunt? An
ulla ratio redditur, cur Concordia dea sit, et Discordia
35 dea non sit, ut secundum Labeonis distinctionem bona

sit ista, illa vero mala? Nec ipse aliud secutus videtur quam quod advertit Romae etiam Febri, sicut Saluti, templum constitutum.   Eo modo igitur non tantum Concordiae, verum etiam Discordiae constitui debuit. Periculose itaque Romani tam mala dea irata vivere voluerunt nec 5 Troianum excidium recoluerunt originem ab eius offensione sumpsisse.   Ipsa quippe quia inter deos non fuerat invitata, trium dearum litem aurei mali suppositione commenta est; unde rixa numinum et Venus victrix, et rapta Helena et Troia deleta.   Quapropter, si forte indignata, 10 quod inter deos in Urbe nullum templum habere meruit, ideo iam turbabat tantis tumultibus civitatem, quanto atrocius potuit inritari, cum in loco illius caedis, hoc est in loco sui operis, adversariae suae constitutam aedem videret!   Haec, vana ridentibus nobis illi docti sapientesque 15 stomachantur, et tamen numinum bonorum malorumque cultores de hac quaestione Concordiae Discordiaeque non exeunt, sive praetermiserint harum dearum cultum eisque Febrem Bellonamque praetulerint, quibus antiqua fana fecerunt, sive et istas coluerint, cum sic eos discedente 20 Concordia Discordia saeviens usque ad civilia bella perduxerit.

Caput XXVI.

De diversis generibus belli, quae post conditam aedem Concordiae sunt secuta.   25

Praeclarum vero seditionis obstaculum aedem Concordiae testem caedis suppliciique Gracchorum contionantibus opponendam putarunt. Quantum ex hoc profecerint, indicant secuta peiora.   Laborarunt enim deinceps contionatores non exemplum devitare Gracchorum, 30 sed superare propositum, Lucius Saturninus tribunus plebis et Gaius Servilius praetor et multo post Marcus Drusus, quorum omnium seditionibus caedes primo iam tunc gravissimae, deinde socialia bella exarserunt, quibus Italia

---

1) Cf. lib. 2. c. 11.

vehementer adflicta et ad vastitatem mirabilem desertionemque perducta est. Bellum deinde servile successit et
bella civilia. Quae proelia commissa sunt, quid sanguinis
fusum, ut omnes fere Italae gentes, quibus Romanum
5 maxime praepollebat imperium, tamquam saeva barbaries
domarentur. Iam ex paucissimis, hoc est minus quam
septuaginta, gladiatoribus quem ad modum bellum servile
contractum sit, ad quantum numerum et quam acrem
ferocemque pervenerit, quos ille numerus imperatores
10 populi Romani superaverit, quas et quo modo civitates
regionesque vastaverit, vix qui historiam conscripserunt
satis explicare potuerunt. Neque id solum fuit servile
bellum, sed et Macedoniam provinciam prius servitia de-
populata sunt et deinde Siciliam oramque maritimam.
15 Quanta etiam et quam horrenda commiserint primo latrocinia, deinde valida bella piratarum, quis pro magnitudine rerum valeat eloqui?

Caput XXVII.

De bello civili Mariano atque Sullano.

20 Cum vero Marius civili sanguine iam cruentus multis
adversarum sibi partium peremptis victus Urbe profugis-
set, vix paululum respirante civitate, ut verbis Tullianis
utar, „superavit postea Cinna cum Mario. Tum vero
clarissimis viris interfectis lumina civitatis extincta sunt.
25 Ultus est huius victoriae crudelitatem postea Sulla, ne
dici quidem opus est quanta diminutione civium et quanta
calamitate rei publicae." De hac enim vindicta, quae perniciosior fuit, quam si scelera quae puniebantur inpunita
relinquerentur, ait et Lucanus:

30 Excessit medicina modum nimiumque secuta est,
Qua morbi duxere manum. Periere nocentes;
Sed cum iam soli possent superesse nocentes.

Illo bello Mariano atque Sullano exceptis his, qui foris

27) In Cat. or. 3, 10.

in acie ceciderunt, in ipsa quoque Urbe cadaveribus vici
plateae fora theatra templa completa sunt, ut difficile iu-
dicaretur, quando victores, plus funerum ediderint, utrum
prius ut vincerent, an postea quia vicissent; cum primum
victoria Mariana, quando de exilio se ipse restituit, excep- 5
tis passim quaqua versum caedibus factis caput Octavii
consulis poneretur in rostris, Caesar et Fimbria in domibus trucidarentur suis, duo Crassi pater et filius in conspectu mutuo mactarentur, Baebius et Numitorius unco
tracti sparsis visceribus interirent, Catulus hausto veneno 10
se manibus inimicorum subtraheret, Merula flamen Dialis
praecisis venis Iovi etiam suo sanguine litaret. In ipsius
autem Marii oculis continuo feriebantur, quibus salutanti-
bus dexteram porrigere noluisset.

Caput XXVIII. 15

Qualis fuerit Sullana victoria, vindex Marianae cru-delitatis.

Sullana vero victoria secuta, huius videlicet vindex
crudelitatis, post tantum sanguinem civium, quo fuso
comparata fuerat, finito iam bello inimicitiis viventibus 20
crudelius in pace grassata est. Iam etiam post Marii maioris pristinas ac recentissimas caedes additae fuerant aliae
graviores a Mario iuvene atque Carbone earundem partium Marianarum, qui Sulla imminente non solum victoriam, verum etiam ipsam desperantes salutem cuncta 25
suis aliis caedibus impleverunt. Nam praeter stragem
late per diversa diffusam obsesso etiam senatu de ipsa
curia, tamquam de carcere, producebantur ad gladium.
Mucius Scaevola pontifex, quoniam nihil apud Romanos
templo Vestae sanctius habebatur, aram ipsam amplexus 30
occisus est, ignemque illum, qui perpetua cura virginum
semper ardebat, suo paene sanguine extinxit. Urbem
deinde Sulla victor intravit, qui in villa publica non iam
bello, sed ipsa pace saeviente septem milia deditorum
(unde utique inermia) non pugnando, sed iubendo prostra- 35

verat. In Urbe autem tota quem vellet Sullanus quisque
feriebat, unde tot funera numerari omnino non poterant,
donec Sullae suggereretur, sinendos esse aliquos vivere,
ut essent quibus possent imperare qui vicerant. Tunc
5 iam cohibita, quae hac atque hac passim furibunda ferebatur licentia iugulandi, tabula illa cum magna gratulatione proposita est, quae hominum ex utroque ordine
splendido, equestri scilicet atque senatorio, occidendorum
ac proscribendorum duo milia continebat. Contristabat
10 numerus, sed consolabatur modus; nec quia tot cadebant
tantum erat maeroris, quantum laetitiae quia ceteri non
timebant. Sed in quibusdam eorum, qui mori iussi erant,
etiam ipsa licet crudelis ceterorum securitas genera mortium exquisita congemuit. Quendam enim sine ferro
15 laniantium manus diripuerunt, inmanius homines hominem vivum, quam bestiae solent discerpere cadaver abiectum. Alius oculis effossis et particulatim membris am-
putatis in tantis cruciatibus diu vivere vel potius diu mori
coactus est. Subhastatae sunt etiam, tamquam villae,
20 quaedam nobiles civitates. Una vero, velut unus reus
duci iuberetur, sic tota iussa est civitas trucidari. Haec
facta sunt in pace post bellum, non ut acceleraretur obtinenda victoria, sed ne contemneretur obtenta. Pax cum
bello de crudelitate certavit et vicit. Illud enim prostravit
25 armatos, ista nudatos. Bellum erat, ut qui feriebatur, si
posset, feriret; pax autem, non ut qui evaserat, viveret,
sed ut moriens non repugnaret.

Caput XXIX.

De comparatione Gothicae inruptionis cum eis cladibus,
30 *quas Romani vel a Gallis vel a bellorum civilium*
auctoribus acceperunt.

Quae rabies exterarum gentium, quae saevitia barbarorum huic de civibus victoriae civium comparari potest? Quid Roma funestius taetrius amariusque vidit, utrum
35 olim Gallorum et paulo ante Gothorum inruptionem, an
Marii et Sullae aliorumque in eorum partibus virorum

clarissimorum tamquam suorum luminum in sua membra ferocitatem? Galli quidem trucidaverunt senatum, quidquid eius in Urbe tota praeter arcem Capitolinam, quae sola utcumque defensa est, reperire potuerunt; sed in illo colle constitutis auro vitam saltem vendiderunt, quam etsi 5 ferro rapere non possent, possent tamen obsidione consumere: Gothi vero tam multis senatoribus pepercerunt, ut magis mirum sit quod aliquos peremerunt. At vero Sulla vivo adhuc Mario ipsum Capitolium, quod a Gallis tutum fuit, ad decernendas caedes victor insedit, et cum 10 fuga Marius lapsus esset ferocior cruentiorque rediturus, iste in Capitolio per senatus etiam consultum multos vita rebusque privavit. Marianis autem partibus Sulla absente quid sanctum cui parcerent fuit, quando Mucio civi senatori pontifici aram ipsam, ubi erant ut aiunt fata Romana, 15 miseris ambienti amplexibus non pepercerunt? Sullana porro tabula illa postrema, ut omittamus alias innumerabiles mortes, plures iugulavit senatores, quam Gothi vel spoliare potuerunt.

Caput XXX. 20

De conexione bellorum, quae adventum Christi plurima et gravissima praecesserunt.

Qua igitur fronte quo corde, qua inpudentia qua insipientia vel potius amentia illa diis suis non inputant, et haec nostro inputant Christo? Crudelia bella civilia, omni- 25 bus bellis hostilibus, auctoribus etiam eorum fatentibus, amariora, quibus illa res publica nec adflicta, sed omnino perdita iudicata est, longe ante adventum Christi exorta sunt, et sceleratarum concatenatione causarum a bello Mariano atque Sullano ad bella Sertorii et Catilinae (quo- 30 rum a Sulla fuerat ille proscriptus, ille nutritus), inde ad Lepidi et Catuli bellum (quorum alter gesta Sullana rescindere, alter defendere cupiebat), inde ad Pompei et Caesaris (quorum Pompeius sectator Sullae fuerat eiusque potentiam vel aequaverat vel iam etiam superaverat; 35 Caesar autem Pompei potentiam non ferebat, sed quia non

habebat, quam tamen illo victo interfectoque transcendit), hinc ad alium Caesarem, qui post Augustus appellatus est, pervenerunt, quo imperante natus est Christus. Nam et ipse Augustus cum multis gessit bella civilia, et in eis
5 etiam multi clarissimi viri perierunt, inter quos et Cicero, disertus ille artifex regendae rei publicae. Pompei quippe victorem Gaium Caesarem, qui victoriam civilem clementer exercuit suisque adversariis vitam dignitatemque donavit, tamquam regni adpetitorem quorundam nobilium con-
10 iuratio senatorum velut pro rei publicae libertate in ipsa curia trucidavit. Huius deinde potentiam multum moribus dispar vitiisque omnibus inquinatus atque corruptus adfectare videbatur Antonius, cui vehementer pro eadem illa velut patriae libertate Cicero resistebat. Tunc emerserat
15 mirabilis indolis adulescens ille alius Caesar, illius Gai Caesaris filius adoptivus, qui, ut dixi, postea est appellatus Augustus. Huic adulescenti Caesari, ut eius potentia contra Antonium nutriretur, Cicero favebat, sperans eum depulsa et oppressa Antonii dominatione instauraturum
20 rei publicae libertatem, usque adeo caecus atque inprovidus futurorum, ut ille ipse iuvenis, cuius dignitatem ac potestatem fovebat, et eundem Ciceronem occidendum Antonio quadam quasi concordiae pactione permitteret et ipsam libertatem rei publicae, pro qua multum ille clama-
25 verat, dicioni propriae subiugaret.

Caput XXXI.

Quod impudenter praesentia incommoda Christo imputent, qui deos colere non sinuntur, cum tantae clades eo tempore quo colebantur extiterint.

30 Deos suos accusent de tantis malis, qui Christo nostro ingrati sunt de tantis bonis. Certe quando illa mala fiebant, calebant arae numinum, Sabaeo thure sertisque recentibus halabant, clarebant sacerdotia, fana renidebant, sacrificabatur ludebatur furebatur in templis, quando pas-
35 sim tantus civium sanguis a civibus non modo in ceteris locis, verum inter ipsa quoque deorum altaria fundebatur.

Non elegit templum, quo confugeret Tullius, quia frustra elegerat Mucius. Hi vero qui multo indignius insultant temporibus Christianis, aut ad loca Christo dicatissima confugerunt, aut illuc eos ut viverent etiam ipsi barbari deduxerunt. Illud scio et hoc mecum, quisquis sine 5 studio partium iudicat, facillime agnoscit (ut omittam cetera quae multa commemoravi et alia multo plura quae commemorare longum putavi): si humanum genus ante bella Punica Christianam reciperet disciplinam et consequeretur rerum tanta vastatio, quanta illis bellis Europam 10 Africamque contrivit, nullus talium, quales nunc patimur, nisi Christianae religioni mala illa tribuisset. Multo autem minus eorum voces tolerarentur, quantum adtinet ad Romanos, si Christianae religionis receptionem et diffamationem vel inruptio illa Gallorum vel Tiberini fluminis 15 igniumque illa depopulatio vel, quod cuncta mala praecedit, bella illa civilia sequerentur. Mala etiam alia, quae usque adeo incredibiliter acciderunt, ut inter prodigia numerarentur, si Christianis temporibus accidissent, quibus ea nisi Christianis hominibus tamquam crimina obicerent? 20 Omitto quippe illa, quae magis fuerunt mira quam noxia, boves locutos, infantes nondum natos de uteris matrum quaedam verba clamasse, volasse serpentes, feminas et gallinas et homines in masculinum sexum fuisse conversas, et cetera huius modi, quae in eorum libris non fabulosis, 25 sed historicis, seu vera seu falsa sint, non inferunt hominibus perniciem, sed stuporem. Sed cum pluit terra, cum pluit creta, cum pluit lapidibus (non ut grando appellari solet hoc nomine, sed omnino lapidibus), haec profecto etiam graviter laedere potuerunt. Legimus apud 30 eos Aetnaeis ignibus ab ipso montis vertice usque ad littus proximum decurrentibus ita mare ferbuisse, ut rupes exurerentur et pices navium solverentur. Hoc utique non leviter noxium fuit, quamvis incredibiliter mirum. Eodem rursus aestu ignium tanta vi favillae scripserunt oppletam 35 esse Siciliam, ut Catinensis urbis tecta obruta et pressa dirueret; qua calamitate permoti misericorditer eiusdem anni tributum ei relaxavere Romani. Locustarum etiam

in Africa multitudinem prodigii similem fuisse, cum iam esset populi Romani provincia, litteris mandaverunt; consumptis enim fructibus foliisque lignorum ingenti atque inaestimabili nube in mare dicunt esse deiectam; qua
5 mortua redditaque littoribus atque hinc aere corrupto tantam ortam pestilentiam, ut in solo regno Masinissae octingenta hominum milia perisse referantur et multo amplius in terris littoribus proximis. Tunc Uticae ex triginta milibus iuniorum, quae ibi erant, decem milia re-
10 mansisse confirmant. Talis itaque vanitas, qualem ferimus, eique respondere compellimur, quid horum non Christianae religioni tribueret, si temporibus Christianis videret? Et tamen diis suis ista non tribuunt, quorum cultum ideo requirunt, ne ista vel minora patiantur, cum ea maiora
15 pertulerint a quibus antea colebantur.

LIBER IV.

Caput I.

20 *De his, quae primo volumine disputata sunt.*

De civitate Dei dicere exorsus prius respondendum putavi eius inimicis, qui terrena gaudia consectantes rebusque fugacibus inhiantes, quidquid in eis triste misericordia potius admonentis Dei quam punientis severitate
25 patiuntur, religioni increpitant Christianae, quae una est salubris et vera religio. Et quoniam, cum sit in eis etiam vulgus indoctum, velut doctorum auctoritate in odium nostrum gravius inritantur, existimantibus inperitis ea, quae suis temporibus insolite acciderint, per alia retro
30 tempora accidere non solere, eorumque opinionem etiam his, qui eam falsam esse noverunt, ut adversum nos iusta murmura habere videantur, suae scientiae dissimulatione firmantibus: de libris, quos auctores eorum ad cognoscendam praeteritorum temporum historiam memoriae man-

daverunt, longe aliter esse quam putant demonstrandum
fuit et simul docendum, deos falsos, quos vel palam colebant vel occulte adhuc colunt, eos esse inmundissimos
spiritus et malignissimos ac fallacissimos daemones, usque
adeo, ut aut veris aut fictis etiam, suis tamen criminibus 5
delectentur, quae sibi celebrari per sua festa voluerunt,
ut a perpetrandis damnabilibus factis humana revocari
non possit infirmitas, dum ad haec imitanda velut divina
praebetur auctoritas. Haec non ex nostra coniectura pro-
bavimus, sed partim ex recenti memoria, quia et ipsi vidi- 10
mus talia ac talibus numinibus exhiberi, partim ex litteris
eorum, qui non tamquam in contumeliam, sed tamquam
in honorem deorum suorum ista conscripta posteris reliquerunt, ita ut vir doctissimus apud eos Varro et gravissimae auctoritatis, cum rerum humanarum atque divinarum 15
dispertitos faceret libros, alios humanis, alios divinis pro
sua cuiusque rei dignitate distribuens non saltem in rebus
humanis, sed in rebus divinis ludos scaenicos poneret, cum
utique, si tantum modo boni et honesti homines in civitate essent, nec in rebus humanis ludi scaenici esse debuis- 20
sent. Quod profecto non auctoritate sua fecit, sed quoniam eos Romae natus et educatus in divinis rebus invenit. Et quoniam in fine primi libri, quae deinceps dicenda essent, breviter posuimus et ex his quaedam in
duobus consequentibus diximus, expectationi legentium 25
quae restant reddenda cognoscimus.

CAPUT II.

De his, quae libro secundo et tertio continentur.

Promiseramus ergo quaedam nos esse dicturos adversus eos, qui Romanae rei publicae clades in religionem 30
nostram referunt, et commemoraturos, quaecumque et
quantacumque occurrere potuissent vel satis esse viderentur
mala, quae illa civitas pertulit vel ad eius imperium provinciae pertinentes, antequam eorum sacrificia prohibita
fuissent; quae omnia procul dubio nobis tribuerent, si iam 35
vel illis clareret nostra religio vel ita eos a sacris sacrile-

gis prohiberet. Haec in secundo et tertio libro satis, quantum existimo, absolvimus, in secundo agentes de malis
morum, quae mala vel sola vel maxima deputanda sunt,
in tertio autem de his malis, quae stulti sola perpeti ex-
5 horrent, corporis videlicet externarumque rerum, quae
plerumque patiuntur et boni. Illa vero mala non dico
patienter, sed libenter habent, quibus ipsi fiunt mali. Et
quam pauca dixi de sola illa civitate atque eius imperio!
nec inde omnia usque ad Caesarem Augustum. Quod si
10 commemorare voluissem et exaggerare illa mala, quae non
sibi invicem homines faciunt, sicut sunt vastationes ever-
sionesque bellantum, sed ex ipsius mundi elementis terrenis accidunt rebus (quae uno loco Apuleius breviter strin-
git in eo libello quem de mundo scripsit, terrena omnia
15 dicens mutationes conversiones atque interitus habere;
namque inmodicis tremoribus terrarum, ut verbis eius
utar, dissiluisse humum et interceptas urbes cum populis
dicit; abruptis etiam imbribus prolutas totas esse regiones,
illas etiam, quae prius fuerant continentes, hospitibus
20 atque advenis fluctibus insulatas aliasque desidia maris
pedestri accessu pervias factas; ventis ac procellis eversas
esse civitates; incendia de nubibus emicasse, quibus Orientis regiones conflagratae perierunt, et in Occidentis plagis
scaturrigines quasdam ac proluviones easdem strages de-
25 disse; sic ex Aetnae verticibus quondam effusis crateribus
divino incendio per declivia torrentis vice flammarum
flumina cucurrisse), — si haec atque huius modi, quae
habet historia, unde possem, colligere voluissem, quando
finissem? quae illis temporibus evenerunt, antequam Christi
30 nomen ulla istorum vana et verae saluti perniciosa con-
primeret. Promiseram etiam me demonstraturum, quos
eorum mores et quam ob causam Deus verus ad augendum
imperium adiuvare dignatus est, in cuius potestate sunt
regna omnia, quamque nihil eos adiuverint hi, quos deos
35 putant, et potius quantum decipiendo et fallendo nocuerint:
unde nunc mihi video esse dicendum, et magis de incre-

---

27) Apul. de mundo. Ed. Elmenhorsti pag. 73.

mentis imperii Romani. Nam de noxia fallacia daemonum, quos velut deos colebant, quantum malorum invexerit moribus eorum, in secundo maxime libro non pauca iam dicta sunt. Per omnes autem absolutos tres libros, ubi opportunum visum est, commendavimus etiam in ipsis 5 bellicis malis quantum solaciorum Deus per Christi nomen, cui tantum honoris barbari detulerunt praeter bellorum morem, bonis malisque contulerit, quo modo *qui facit solem suum oriri super bonos et malos et pluit super iustos et iniustos.* 10

Caput III.

An latitudo imperii, quae non nisi bellis adquiritur, in bonis sive sapientium habenda sit sive felicium.

Iam itaque videamus, quale sit quod tantam latitudinem ac diuturnitatem imperii Romani illis diis audent 15 tribuere, quos etiam per turpium ludorum obsequia et per turpium hominum ministeria se honeste coluisse contendunt. Quamquam prius vellem paululum inquirere, quae sit ratio, quae prudentia, cum hominum felicitatem non possis ostendere, semper in bellicis cladibus et in sanguine 20 civili vel hostili tamen humano cum tenebroso timore et cruenta cupiditate versantium, ut vitrea laetitia comparetur fragiliter splendida, cui timeatur horribilius ne repente frangatur, de imperii latitudine ac magnitudine velle gloriari. Hoc ut facilius diiudicetur, non vanescamus inani 25 ventositate iactati atque obtundamus intentionis aciem altisonis vocabulis rerum, cum audimus populos regna provincias; sed duos constituamus homines (nam singulus quisque homo, ut in sermone una littera, ita quasi elementum est civitatis et regni, quantalibet terrarum occupatione 30 latissimi), quorum duorum hominum unum pauperem vel potius mediocrem, alium praedivitem cogitemus; sed divitem timoribus anxium, maeroribus tabescentem, cupiditate flagrantem, numquam securum, semper inquietum,

_____

10) Matth. 5, 45.

9 *

perpetuis inimicitiarum contentionibus anhelantem, augen-
tem sane his miseriis patrimonium suum in inmensum
modum atque illis augmentis curas quoque amarissimas
aggerantem; mediocrem vero illum re familiari parva atque succincta sibi sufficientem, carissimum suis, cum
cognatis vicinis amicis dulcissima pace gaudentem, pietate
religiosum, benignum mente, sanum corpore, vita parcum,
moribus castum, conscientia securum. Nescio utrum quisquam ita desipiat, ut audeat dubitare quem praeferat. Ut
ergo in his duobus hominibus, ita in duabus familiis, ita
in duobus populis, ita in duobus regnis regula sequitur
aequitatis, qua vigilanter adhibita si nostra intentio corrigatur, facillime videbimus ubi habitet vanitas et ubi felicitas. Quapropter si Deus verus colatur eique sacris vera-
cibus et bonis moribus serviatur, utile est ut boni longe
lateque diu regnent. Neque hoc tam ipsis, quam illis utile
est, quibus regnant. Nam quantum ad ipsos pertinet,
pietas et probitas eorum, quae magna dona Dei sunt, sufficit eis ad veram felicitatem, qua et ista vita bene agatur
et postea percipiatur aeterna. In hac ergo terra regnum
bonorum non tam illis praestatur quam rebus humanis.
Malorum vero regnum magis regnantibus nocet, qui suos
animos vastant scelerum maiore licentia; his autem, qui
eis serviendo subduntur, non nocet nisi iniquitas propria.
Nam iustis quidquid malorum ab iniquis dominis inrogatur,
non est poena criminis, sed virtutis examen. Proinde
bonus etiamsi serviat, liber est; malus autem etiamsi regnet, servus est, nec unius hominis, sed, quod est gravius,
tot dominorum, quot vitiorum. De quibus vitiis cum ageret scriptura divina: *A quo enim quis*, inquit, *devictus est,
huic et servus addictus est.*

Caput IV.

Quam similia sint latrociniis regna absque iustitia.

Remota itaque iustitia quid sunt regna nisi magna
latrocinia? quia et latrocinia quid sunt nisi parva regna?

---

31) 2. Petr. 2, 19.

Manus et ipsa hominum est, imperio principis regitur, pacto societatis astringitur, placiti lege praeda dividitur. Hoc malum si in tantum perditorum hominum accessibus crescit, ut et loca teneat sedes constituat, civitates occupet populos subiuget, evidentius regni nomen adsumit, quod 5 ei iam in manifesto confert non dempta cupiditas, sed addita inpunitas. ·Eleganter enim et veraciter Alexandro illi magno quidam conprehensus pirata respondit. Nam cum idem rex hominem interrogasset, quid ei videretur, ut mare infestaret, ille libera contumacia: Quod tibi, in- 10 quit, ut orbem terrarum; sed quia id ego exiguo navigio facio, latro vocor; quia tu magna classe, imperator.

Caput V.

*De fugitivis gladiatoribus, quorum potentia similis fuerit
regiae dignitatis.*   15

Proinde omitto quaerere quales Romulus congregaverit, quoniam multum eis consultum est, ut ex illa vita dato sibi consortio civitatis poenas debitas cogitare desisterent, quarum metus eos in maiora facinora propellebat, ut deinceps pacatiores essent rebus humanis. Hoc dico, quod 20 ipsum Romanum imperium iam magnum multis gentibus subiugatis ceterisque terribile acerbe sensit, graviter timuit, non parvo negotio devitandae ingentis cladis oppressit, quando paucissimi gladiatores in Campania de ludo fugientes magnum exercitum compararunt, tres duces 25 habuerunt, Italiam latissime et crudelissime vastaverunt. Dicant, quis istos deus adiuverit, ut ex parvo et contemptibili latrocinio pervenirent ad regnum tantis iam Romanis viribus arcibusque metuendum. An quia non diu fuerunt, ideo divinitus negabuntur adiuti? Quasi vero ipsa 30 cuiuslibet hominis vita diuturna est. Isto ergo pacto neminem dii adiuvant ad regnandum, quoniam singuli quique cito moriuntur, nec beneficium deputandum est, quod exiguo tempore in unoquoque homine ac per hoc singillatim utique in omnibus vice vaporis evanescit. Quid enim 35 interest eorum, qui sub Romulo deos coluerunt et olim

sunt mortui, quod post eorum mortem Romanum tantum
crevit imperium, cum illi apud inferos causás suas agant,
utrum bonas an malas, ad rem praesentem non pertinet.
Hoc autem de omnibus intellegendum est, qui per ipsum
5 imperium (quamvis decedentibus succedentibusque mortalibus in longa spatia protendatur) paucis diebus vitae suae
cursim raptimque transierunt, actuum suorum sarcinas
baiulantes. Sin vero etiam ipsa brevissimi temporis beneficia deorum adiutorio tribuenda sunt, non parum adiuti
10 sunt illi gladiatores, qui servilis condicionis vincla ruperunt, fugerunt, evaserunt, exercitum magnum et fortis-
simum collegerunt, oboedientes regum suorum consiliis
èt iussis multum Romanae celsitudini metuendi et aliquot Romanis imperatoribus insuperabiles multa cepe-
15 runt, potiti sunt victoriis plurimis, usi voluptatibus quibus
voluerunt, quod suggessit libido, fecerunt, postremo donec
vincerentur, quod difficillime factum est, sublimes regnan-
tesque vixerunt. Sed ad maiora veniamus.

Caput VI.

20 *De cupiditate Nini regis, qui ut latius dominaretur primus*
intulit bella finitimis.

Iustinus, qui Graecam vel potius peregrinam Trogum
Pompeium secutus non Latine tantum, sicut ille, verum
etiam breviter scripsit historiam, opus librorum suorum
25 sic incipit: „Principio rerum gentium nationumque imperium penes reges erat, quos ad fastigium huius maiestatis non ambitio popularis, sed spectata inter bonos
moderatio provehebat. Populi nullis legibus tenebantur,
[arbitria principum pro legibus erant]. Fines imperii
30 tueri magis quam proferre mos erat, intra suam cuique
patriam regna finiebantur. Primus omnium Ninus rex
Assyriorum veterem et quasi avitum gentibus morem nova
imperii cupiditate mutavit. Hic primus intulit bella finitimis et rudes adhuc ad resistendum populos ad terminos
35 usque Libyae perdomuit.“ Et paulo post: „Ninus, inquit,
magnitudinem quaesitae dominationis continua possessione

firmavit. Domitis igitur proximis cum accessione virium fortior ad alios transiret et proxima quaeque victoria instrumentum sequentis esset, totius Orientis populos subegit." Qualibet autem fide rerum vel iste vel Trogus scripserit (nam quaedam illos fuisse mentitos aliae fideliores 5 litterae ostendunt), constat tamen et inter alios scriptores regnum Assyriorum a Nino rege fuisse longe lateque porrectum. Tam diu autem perseveravit, ut Romanum nondum sit eius aetatis. Nam sicut scribunt, qui chronicam historiam persecuti sunt, mille ducentos et quadraginta 10 annos ab anno primo, quo Ninus regnare coepit, permansit hoc regnum, donec transferretur ad Medos. Inferre autem bella finitimis et in cetera inde procedere ac populos sibi non molestos sola regni cupiditate conterere et subdere, quid aliud quam grande latrocinium nominan- 15 dum est?

Caput VII.

*An regna terrena inter profectus suos atque defectus
deorum vel iuventur vel deserantur auxilio.*

Si nullo deorum adiutorio tam magnum hoc regnum 20 et prolixum fuit, quare diis Romanis tribuitur Romanum regnum locis amplum temporibusque diuturnum? Quaecumque enim causa est illa, eadem est etiam ista. Si autem et illud deorum adiutorio tribuendum esse contendunt, quaero quorum. Non enim aliae gentes, quas Ninus do- 25 muit et subegit, alios tunc colebant deos. Aut si proprios habuerunt Assyrii, quasi peritiores fabros imperii construendi atque servandi, numquidnam mortui sunt, quando et ipsi imperium perdiderunt, aut mercede non sibi reddita vel alia maiore promissa ad Medos transire malue- 30 runt, atque inde rursus ad Persas Cyro invitante et aliquid commodius pollicente? Quae gens non angustis [Orientis] finibus post Alexandri Macedonis regnum magnum locis, sed brevissimum tempore in suo regno adhuc usque perdurat. Hoc si ita est, aut infideles dii sunt, qui suos dese- 35 runt et ad hostes transeunt (quod nec homo fecit Camillus,

quando victor et expugnator adversissimae civitatis Romam, cui vicerat, sensit ingratam, quam tamen postea oblitus iniuriae, memor patriae a Gallis iterum liberavit), aut non ita fortes sunt, ut deos esse fortes decet, qui
5 possunt humanis vel consiliis vel viribus vinci; aut si, cum inter se belligerant, non dii ab hominibus, sed ab aliis diis forte vincuntur, qui sunt quarumque proprii civitatum: habent ergo et ipsi inter se inimicitias, quas pro sua quisque parte suscipiunt. Non itaque deos suos debuit colere
10 civitas magis quam alios, a quibus adiuvarentur sui. Postremo quoquo modo se habeat deorum iste vel transitus vel fuga, vel emigratio vel in pugna defectio, nondum illis temporibus atque in illis terrarum partibus Christi nomen fuerat praedicatum, quando illa regna per ingentes belli-
15 cas clades amissa atque translata sunt. Nam si post mille ducentos et quod excurrit annos, quando regnum Assyriis ablatum est, iam ibi Christiana religio aliud regnum praedicaret aeternum et deorum falsorum cultus sacrilegos inhiberet: quid aliud illius gentis vani homines dicerent,
20 nisi regnum, quod tam diu conservatum est, nulla alia causa nisi suis religionibus desertis et illa recepta perire potuisse? In qua voce vanitatis, quae poterat esse, isti adtendant speculum suum, et similia conqueri, si ullus in eis pudor est, erubescant. Quamquam Romanum im-
25 perium adflictum est potius, quam mutatum, quod et aliis ante Christi nomen temporibus ei contigit, et ab illa est adflictione recreatum, quod nec istis temporibus desperandum est. Quis enim de hac re novit voluntatem Dei?

Caput VIII.

30 *Quorum deorum praesidio putent Romani imperium suum*
auctum atque servatum, cum singulis vix singularum
rerum tuitionem committendam esse crediderint.

Deinde quaeramus, si placet, ex tanta deorum turba, quam Romani colebant, quem potissimum vel quos deos
35 credant illud imperium dilatasse atque servasse. Neque enim in hoc tam praeclaro opere et tantae plenissimo di-

gnitatis audent aliquas partes deae Cluacinae tribuere, aut
Volupiae, quae a voluptate appellata est, aut Lubentinae,
cui nomen a libidine, aut Vaticano, qui infantum vagitibus
praesidet, aut Cuninae, quae cunas eorum administrat.
Quando autem possunt uno loco libri huius commemorari 5
omnia nomina deorum et dearum, quae illi grandibus voluminibus vix conprehendere potuerunt singulis rebus
propria dispertientes officia numinum? Nec agrorum munus uni alicui deo committendum arbitrati sunt, sed rura
deae Rusinae, iuga montium deo Iugatino; collibus deam 10
Collatinam, vallibus Valloniam praefecerunt. Nec saltem
potuerunt unam Segetiam talem invenire, cui semel segetes commendarent, sed sata frumenta quam diu sub terra
essent, praepositam voluerunt habere deam Seiam; cum
vero iam essent super terram et segetem facerent, deam 15
Segetiam; frumentis vero collectis atque reconditis, ut tuto
servarentur, deam Tutelinam praeposuerunt. Cui non
sufficere videretur illa Segetia, quam diu seges ab initiis
herbidis usque ad aristas aridas perveniret? Non tamen
satis fuit hominibus deorum multitudinem amantibus, ut 20
anima misera daemoniorum turbae prostitueretur, unius
Dei veri castum dedignata complexum. Praefecerunt ergo
Proserpinam frumentis germinantibus, geniculis nodisque
culmorum deum Nodutum, involumentis folliculorum deam
Volutinam; cum folliculi patescunt, ut spica exeat, deam 25
Patelanam; cum segetes novis aristis aequantur, quia veteres aequare hostire dixerunt, deam Hostilinam; florentibus
frumentis deam Floram, lactescentibus deum Lacturnum,
naturescentibus deam Matutam; cum runcantur, id est a
terra auferuntur, deam Runcinam. Nec omnia commemoro, 30
quia me piget quod illos non pudet. Haec autem paucissima ideo dixi, ut intellegeretur, nullo modo eos dicere
audere, ista numina imperium constituisse auxisse con-
servasse Romanum, quae ita suis quaeque adhibebantur
officiis, ut nihil universum uni alicui crederetur. Quando 35
ergo Segetia curaret imperium, cui curam gerere simul
et segetibus et arboribus non licebat? Quando de armis
Cunina cogitaret, cuius praepositura parvulorum cunas

non permittebatur excedere? Quando Nodutus adiuvaret
in bello, qui nec ad folliculum spicae, sed tantum ad no-
dum geniculi pertinebat? Unum quisque domui suae ponit
ostiarium, et quia homo est, omnino sufficit: tres deos isti
5 posuerunt, Forculum foribus, Cardeam cardini, Limenti-
num limini. Ita non poterat Forculus simul et cardinem
limenque servare.

CAPUT IX.

An imperii Romani amplitudo et diuturnitas Iovi fuerit
10   *ascribenda, quem summum deum cultores ipsius*
opinantur.

Omissa igitur ista turba minutorum deorum vel aliquantum intermissa officium maiorum deorum debemus
inquirere, quo Roma tam magna facta est, ut tam diu tot
15 gentibus imperaret. Nimirum ergo Iovis hoc opus est.
Ipsum enim deorum omnium dearumque regem volunt:
hoc eius indicat sceptrum, hoc in alto colle Capitolium.
De isto deo quamvis a poeta dictum convenientissime
praedicant:

20   Iovis omnia plena.

Hunc Varro credit etiam ab his coli, qui unum Deum solum sine simulacro colunt, sed alio nomine nuncupari.
Quod si ita est, cur tam male tractatus est Romae, sicut
quidem et in ceteris gentibus, ut ei fieret simulacrum?
25 Quod ipsi etiam Varroni ita displicet, ut, cum tantae civitatis perversa consuetudine premeretur, nequaquam tamen
dicere et scribere dubitaret, quod hi, qui populis instituerunt simulacra, et metum dempserunt et errorem addiderunt.

CAPUT X.
30
Quas opiniones secuti sint, qui diversos deos diversis
mundi partibus praefecerunt.

Cur etiam illi Iuno uxor adiungitur, quae dicatur
„soror et coniux"? Quia Iovem, inquiunt, in aethere ac-

---

20) Verg. Ecl. 3, 60.   34) Aen. 1, 47.

cipimus, in aere Iunonem, et haec duo elementa coniuncta
sunt, alterum superius, alterum inferius. Non est ergo
ille de quo dictum est „Iovis omnia plena", si aliquam
partem implet et Iuno. An uterque utrumque implet, et
ambo isti coniuges et in duobus istis elementis et in singu- 5
lis simul sunt? Cur ergo aether datur Iovi, aer Iunoni?
Postremo ipsi duo satis essent: quid est quod mare Neptuno tribuitur, terra Plutoni? Et ne ipsi quoque sine coniugibus remanerent, additur Neptuno Salacia, Plutoni Proserpina. Nam sicut inferiorem caeli partem, id est aerem, 10
inquiunt, Iuno tenet, ita inferiorem maris Salacia et terrae
inferiorem Proserpina. Quaerunt quem ad modum sar-
ciant fabulas, nec inveniunt. Si enim haec ita essent, tria
potius elementa mundi esse, non quattuor, eorum veteres
proderent, ut singula deorum coniugia dividerentur singu- 15
lis elementis. Nunc vero omni modo adfirmaverunt aliud
esse aetherem, aliud aerem. Aqua vero sive superior sive
inferior utique aqua est; puta quia dissimilis: numquid in
tantum ut aqua non sit? Et inferior terra quid aliud
potest esse quam terra quantalibet diversitate distincta? 20
Deinde ecce iam totus in his quattuor vel tribus elementis
corporeus completus est mundus: Minerva ubi erit? quid
tenebit? quid implebit? Simul enim cum his in Capitolio
constituta est, cum ista filia non sit amborum. Aut si
aetheris partem superiorem Minervam tenere dicunt et 25
hac occasione fingere poetas quod de Iovis capite nata
sit: cur non ergo ipsa potius deorum regina deputatur,
quod sit Iove superior? An quia indignum erat praeponere patri filiam? Cur non de Iove ipso erga Saturnum
iustitia ista servata est? An quia victus est? Ergo pugna- 30
runt? Absit, inquiunt; fabularum est ista garrulitas. Ecce
fabulis non credatur, et de diis meliora sentiantur: cur
ergo non data est patri Iovis, etsi non sublimior, aequalis
certe sedes honoris? Quia Saturnus, inquiunt, temporis
longitudo est. Tempus igitur colunt, qui Saturnum colunt, 35
et rex deorum Iuppiter insinuatur natus ex tempore. Quid
enim indignum dicitur, cum Iuppiter et Iuno nati dicuntur
ex tempore, si caelum est ille et illa terra, cum facta sint

utique caelum et terra? Nam hoc quoque in libris suis
habent eorum docti atque sapientes, neque de figmentis
poeticis, sed de philosophorum libris a Vergilio dictum
est:

5   Tum pater omnipotens fecundis imbribus aether
       Coniugis in laetae gremium descendit,

id est in gremium telluris aut terrae. Quia et hic aliquas
differentias volunt esse atque in ipsa terra aliud Terram,
aliud Tellurem, aliud Tellumonem putant. Et hos omnes
10 deos habent suis nominibus appellatos, suis officiis dis-
tinctos, suis aris sacrisque veneratos. Eandem terram etiam
matrem deorum vocant, ut iam poetae tolerabiliora con-
fingant, si secundum istorum non poeticos, sed sacrorum
libros non solum Iuno, „soror et coniux", sed etiam ma-
15 ter est Iovis. Eandem terram Cererem, eandem etiam
Vestam volunt, cum tamen saepius Vestam non nisi ignem
esse perhibeant pertinentem ad focos, sine quibus civitas
esse non potest, et ideo illi virgines solere servire, quod
sicut ex virgine, ita nihil ex igne nascatur. Quam totam
20 vanitatem aboleri et extingui utique ab illo oportuit, qui
est natus ex virgine. Quis enim ferat, quod, cum tantum
honoris et quasi castitatis igni tribuerint, aliquando Vestam
non erubescunt etiam Venerem dicere, ut vanescat in an-
cillis eius honorata virginitas? Si enim Vesta Venus est,
25 quo modo ei rite virgines a Venereis operibus abstinendo
servierunt? An Veneres duae sunt, una virgo, altera mulier? An potius tres, una virginum, quae etiam Vesta est,
alia coniugatarum, alia meretricum? Cui etiam Phoenices
donum dabant de prostitutione filiarum, antequam eas
30 iungerent viris. Quae illarum est matrona Vulcani? Non
utique virgo, quoniam habet maritum. Absit autem ut
meretrix, ne filio Iunonis et cooperario Minervae facere
videamur iniuriam. Ergo haec ad coniugatas intellegitur
pertinere: sed eam nolumus imitentur in eo quod fecit
35 illa cum Marte. Rursus, inquiunt, ad fabulas redis. Quae

6) Georg. 2, 325 sq.

ista iustitia est, nobis succensere, quod talia dicimus de
diis eorum, et sibi non succensere, qui haec in theatris
libentissime spectant crimina deorum suorum? Et (quod
esset incredibile, nisi contestatissime probaretur) haec ipsa
theatrica crimina deorum in honorem instituta sunt eo- 5
rundem deorum.

Caput XI.

De multis diis, quos doctores paganorum unum eundem- que Iovem esse defendunt.

Quodlibet igitur physicis rationibus et disputationibus 10
adserant: modo sit Iuppiter corporei huius mundi animus,
qui universam istam molem ex quattuor vel quot eis placet
elementis constructam atque compactam implet et movet,
modo inde suas partes sorori et fratribus cedat; modo sit
aether, ut aerem Iunonem subterfusam desuper amplecta- 15
tur, modo totum simul cum aere sit ipse caelum, terram
vero tamquam coniugem eandemque matrem (quia hoc
·in divinis turpe non est) fecundis imbribus et seminibus
fetet; modo autem (ne sit necesse per cuncta discurrere)
deus unus, de quo multi·a poeta nobilissimo dictum putant: 20

deum namque ire per omnes
Terrasque tractusque maris caelumque profundum;

ipse in aethere sit Iuppiter, ipse in aere Iuno, ipse in mari
Neptunus, in inferioribus etiam maris ipse Salacia, in terra
Pluto, in terra inferiore Proserpina, in focis domesticis 25
Vesta, in fabrorum fornace Vulcanus, in sideribus sol et
luna et stellae, in divinantibus Apollo, in merce Mercurius,
in Iano initiator, in Termino terminator, Saturnus in tempore, Mars et Bellona in bellis, Liber in vineis, Ceres in
frumentis, Diana in silvis, Minerva in ingeniis; ipse sit 30
postremo etiam in illa turba quasi plebeiorum deorum:
ipse praesit nomine Liberi virorum seminibus et nomine
Liberae feminarum, ipse sit Diespater, qui partum per-

---

22) Verg. Georg. 4, 221 sq.

ducat ad diem; ipse sit dea Mena, quam praefecerunt
menstruis feminarum, ipse Lucina, quae a parturientibus
invocetur; ipse opem ferat nascentibus excipiendo eos
sinu terrae et vocetur Opis; ipse in vagitu os aperiat et
5 vocetur deus Vaticanus; ipse levet de terra et vocetur dea
Levana; ipse cunas tueatur et vocetur dea Cunina; non
sit alius, sed ipse in illis deabus, quae fata nascentibus
canunt et vocantur Carmentes; praesit fortuitis voceturque
Fortuna; in diva Rumina mammam parvulo inmulgeat,
10 quia rumam dixerunt veteres mammam; in diva Potina
potionem ministret; in diva Educa escam praebeat; de
pavore infantum Paventia nuncupetur, de spe, quae venit,
Venilia, de voluptate Volupia, de actu Agenoria; de sti-
mulis, quibus ad nimium actum homo inpellitur, dea Sti-
15 mula nominetur; Strenia dea sit strenuum faciendo, Nu-
meria, quae numerare doceat, Camena, quae canere; ipse
sit et Deus Consus praebendo consilia, et dea Sentia sententias inspirando; ipse dea Iuventas, quae post praetex-
tam excipiat iuvenalis aetatis exordia; ipse sit et Fortuna
20 barbata, quae adultos barba induat (quos honorare noluerunt, ut hoc qualecumque numen saltem masculum deum
vel a barba Barbatum, sicut a nodis Nodutum, vel certe
non Fortunam, sed quia barbas habet Fortunium nomi-
narent); ipse in Iugatino deo coniuges iungat, et cum vir-
25 gini uxori zona solvitur, ipse invocetur et dea Virginiensis
vocetur; ipse sit Mutunus vel Tutunus, qui est apud Graecos Priapus: si non pudet, haec omnia quae dixi et quaecumque non dixi (non enim omnia dicenda arbitratus sum),
hi omnes dii deaeque sit unus Iuppiter, sive sint, ut qui-
30 dam volunt, omnia ista partes eius sive virtutes eius, sicut
eis videtur, quibus eum placet esse mundi animum, quae
sententia velut magnorum multumque doctorum est. Haec
si ita sint (quod quale sit, nondum interim quaero), quid perderent, si unum Deum colerent prudentiore compendio?
35 Quid enim eius contemneretur, cum ipse coleretur? Si
autem metuendum fuit, ne praetermissae sive neglectae
partes eius irascerentur: non ergo ut volunt, velut unius
animantis haec tota vita est, quae omnes continet deos,

quasi suas virtutes vel membra vel partes; sed suam quaeque pars habet vitam a ceteris separatam, si praeter alteram irasci altera potest, et alia placari, alia concitari. Si
autem dicitur omnes simul, id est totum ipsum Iovem potuisse offendi, si partes eius non etiam singillatim minuta- 5
timque colerentur, stulte dicitur. Nulla quippe illarum
praetermitteretur, cum ipse unus, qui haberet omnia, coleretur. Nam ut alia omittam, quae sunt innumerabilia,
cum dicunt omnia sidera partes Iovis esse et omnia vivere
atque rationales animas habere, et ideo sine controversia 10
deos esse, non vident quam multos non colant, quam
multis aedes non construant, aras non statuant, quas tamen paucissimis siderum statuendas esse putaverunt et
singillatim sacrificandum. Si igitur irascuntur, qui non
singillatim coluntur, non metuunt paucis placatis toto caelo 15
irato vivere? Si autem stellas omnes ideo colunt, quia
in Iove sunt quem colunt, isto compendio possent in illo
uno omnibus supplicare. Sic enim nemo irasceretur, cum
in illo uno omnibus supplicaretur, nemo contemneretur,
potius quam cultis quibusdam iusta irascendi causa illis, 20
qui praetermissi essent, multo numerosioribus praeberetur,
praesertim cum eis de superna sede fulgentibus turpi nuditate distentus praeponeretur Priapus.

Caput XII.

De opinione eorum, qui Deum animam mundi et mundum 25
corpus Dei esse putaverunt.

Quid illud, nonne debet movere acutos homines vel
qualescumque homines? Non enim ad hoc ingenii opus
est excellentia, ut deposito studio contentionis adtendant,
si mundi animus Deus est eique animo mundus ut corpus 30
est, ut sit unum animal constans ex animo et corpore, atque iste Deus est sinu quodam naturae in se ipso continens
omnia, ut ex ipsius anima, qua vivificatur tota ista moles,
vitae atque animae cunctorum viventium pro cuiusque nascendi sorte sumantur, nihil omnino remanere, quod non 35
sit pars Dei. Quod si ita est, quis non videat quanta impietas

et inreligiositas consequatur, ut, quod calcaverit quisque,
partem Dei calcet, et in omni animante occidendo pars
Dei trucidetur? Nolo omnia dicere, quae possunt occurrere cogitantibus, dici autem sine verecundia non possunt.

CAPUT XIII.

De his, qui sola rationalia animantia partes esse unius
Dei asserunt.

Si autem sola animalia rationalia, sicut sunt homines,
partes Dei esse contendunt: non video quidem, si totus
mundus est Deus, quo modo bestias ab eius partibus se-
parent; sed obluctari quid opus est? De ipso rationali
animante, id est homine, quid infelicius credi potest, quam
Dei partem vapulare, cum puer vapulat? Iam vero partes
Dei fieri lascivas, iniquas, impias atque omnino damnabiles
quis ferre possit, nisi qui prorsus insanit? Postremo quid
irascitur eis, a quibus non colitur, cum a suis partibus
non colatur? Restat ergo ut dicant omnes deos suas habere vitas, sibi quemque vivere, nullum eorum esse partem
cuiusquam, sed omnes colendos, qui cognosci et coli possunt, quia tam multi sunt, ut omnes non possint. Quorum
Iuppiter quia rex praesidet, ipsum credo ab eis putari regnum constituisse vel auxisse Romanum. Nam si hoc ipse
non fecit, quem alium deum opus tam magnum potuisse
adgredi credant, cum omnes occupati sint officiis et operibus propriis, nec alter inruat in alterius? A rege igitur
deorum regnum hominum potuit et propagari et augeri.

CAPUT XIV.

Augmenta regnorum Iovi incongruenter ascribi, cum, si
Victoria ut volunt dea est, ipsa huic negotio sola
sufficeret.

Hic primum quaero, cur non etiam ipsum regnum
aliquis deus est? Cur enim non etiam ita sit, si Victoria
dea est? Aut quid ipso Iove in hac causa opus est, si
Victoria faveat sitque propitia et semper eat ad illos, quos

vult esse victores? Hac dea favente et propitia, etiam Iove
vacante vel aliud agente, quae gentes non subditae remanerent? quae regna non cederent? An forte displicet bonis iniquissima inprobitate pugnare et finitimos quietos
nullamque iniuriam facientes ad dilatandum regnum bello 5
spontaneo provocare? Plane si ita sentiunt, approbo et
laudo.

Caput XV.

An congruat bonis latius velle regnare.

Videant ergo ne forte non pertineat ad viros bonos 10
gaudere de regni latitudine. Iniquitas enim eorum, cum
quibus iusta bella gesta sunt, regnum adiuvit ut cresceret,
quod utique parvum esset, si quies et iustitia finitimorum
contra se bellum geri nulla provocaret iniuria ac sic feli-
cioribus rebus humanis omnia regna parva essent concordi 15
vicinitate laetantia, et ita essent in mundo regna plurima
gentium, ut sunt in urbe domus plurimae civium. Proinde
belligerare et perdomitis gentibus dilatare regnum malis
videtur felicitas, bonis necessitas. Sed quia peius esset,
ut iniuriosi iustioribus dominarentur, ideo non incongrue 20
dicitur etiam ista felicitas. Sed procul dubio felicitas
maior est vicinum bonum habere concordem quam vicinum malum subiugare bellantem. Mala vota sunt optare
habere quem oderis vel quem timeas, ut possit esse quem
vincas. Si ergo iusta gerendo bella, non impia, non ini- 25
qua, Romani imperium tam magnum adquirere potuerunt,
numquid tamquam aliqua dea colenda est eis etiam iniquitas aliena? Multum enim ad istam latitudinem imperii
eam cooperatam videmus, quae faciebat iniuriosos, ut
essent cum quibus iusta bella gererentur, et augeretur im- 30
perium. Cur autem et iniquitas dea non sit vel externa-
rum gentium, si Pavor et Pallor et Febris dii Romani esse
meruerunt? His igitur duabus, id est aliena iniquitate et
dea Victoria, dum bellorum causas iniquitas excitat, Victoria eadem bella feliciter terminat, etiam feriato Iove 35
crevit imperium. Quas enim hic partes Iuppiter haberet,

cum ea, quae possent beneficia eius putari, dii habentur,
dii vocantur, dii coluntur, ipsi pro suis partibus invocan-
tur? Haberet hic autem etiam ille aliquam partem, si Regnum etiam ipse appellaretur, sicut appellatur illa Victoria.
5 Aut si regnum munus est Iovis, cur non et victoria munus
eius habeatur? Quod profecto haberetur, si non lapis in
Capitolio, sed verus rex regum et dominus dominantium
cognosceretur atque coleretur.

Caput XVI.

10 *Quid fuerit quod Romani omnibus rebus et omnibus moti-*
bus deos singulos deputantes aedem Quietis extra
portas esse voluerunt.

Miror autem plurimum, quod, cum deos singulos
singulis rebus et paene singulis motibus adtribuerent, vo-
15 caverunt deam Agenoriam, quae ad agendum excitaret,
deam Stimulam, quae ad agendum ultra modum stimu-
laret, deam Murciam, quae praeter modum non moveret
ac faceret hominem, ut ait Pomponius, murcidum, id est
nimis desidiosum et inactuosum, deam Streniam, quae fa-
20 ceret strenuum, his omnibus diis et deabus publica sacra
facere susceperunt; Quietem vero appellantes, quae faceret quietum, cum aedem haberet extra portam Collinam,
publice illam suscipere noluerunt. Utrum indicium fuit
animi inquieti, an potius ita significatum est, qui illam tur-
25 bam colere perseveraret non plane deorum, sed daemoniorum, eum quietem habere non posse? ad quam vocat
verus medicus, dicens: *Discite a me, quoniam mitis sum*
et humilis corde, et invenietis requiem animabus vestris.

Caput XVII.

30 *An, si Iovis summa potestas est, etiam Victoria dea*
debuerit existimari.

An forte dicunt, quod deam Victoriam Iuppiter mittat
atque illa tamquam regi deorum obtemperans ad quos

7) Apoc. 19, 16. 28) Matth. 11, 29.

iusserit veniat et in eorum parte considat? Hoc vere dicitur non de illo Iove, quem deorum regem pro sua opinione
confingunt, sed de illo vero rege saeculorum, quod mittat
non ˙Victoriam, quae nulla substantia est, sed angelum
suum et faciat vincere quem voluerit; cuius consilium oc- 5
cultum esse potest, iniquum non potest. Nam si victoria
dea est, cur non deus est et triumphus, et victoriae iungi-
tur vel maritus vel frater vel filius? Talia quippe isti de
diis opinati sunt, qualia si poetae fingerent atque a nobis
exagitarentur, responderent isti ridenda esse figmenta poe- 10
tarum, non veris adtribuenda numinibus; et tamen se ipsi
non ridebant, cum talia deliramenta non apud poetas le-
gebant, sed in templis colebant. Iovem igitur de omnibus
rogarent, ei uni tantum modo supplicarent. Non enim,
quo misisset Victoriam, si dea est et sub illo rege est, pos- 15
set ei audere resistere et suam potius facere voluntatem.

Caput XVIII.

*Felicitatem et Fortunam qui deas putant, qua ratione
secernunt.*

Quid quod et Felicitas dea est? Aedem accepit, aram 20
meruit, sacra congrua persoluta sunt. Ipsa ergo sola coleretur. Ubi enim ipsa esset, quid boni non esset? Sed
quid sibi vult, quod et Fortuna dea putatur et colitur? An
aliud est felicitas, aliud fortuna? Quia fortuna potest esse
et mala; felicitas autem si mala fuerit, felicitas non erit. 25
Certe omnes deos utriusque sexus (si et sexum habent)
non nisi bonos existimare debemus. Hoc Plato dicit, hoc
alii philosophi, hoc excellentes rei publicae populorumque
rectores. Quo modo ergo dea Fortuna aliquando bona
est, aliquando mala? An forte quando mala est, dea non 30
est, sed in malignum daemonem repente convertitur?
Quot sunt ergo deae istae? Profecto, quotquot homines
fortunati, hoc est bonae fortunae. Nam cum sint et alii
plurimi simul, hoc est uno tempore, malae fortunae, numquid, si ipsa esset, simul et bona esset et mala; his aliud, 35
illis aliud? An illa, quae dea est, semper est bona? Ipsa

10*

est ergo Felicitas: cur adhibentur diversa nomina? Sed
hoc ferendum est; solet enim et una res duobus nominibus appellari. Quid diversae aedes, diversae arae, diversa
sacra? Est causa, inquiunt, quia Felicitas illa est, quam
5 boni habent praecedentibus meritis; Fortuna vero, quae
dicitur 'bona, sine ullo examine meritorum fortuito accidit
hominibus et bonis et malis, unde etiam Fortuna nominatur. Quo modo ergo bona est, quae sine ullo iudicio venit
et ad bonos et ad malos? Ut quid autem colitur, quae ita
10 caeca est passim in quoslibet incurrens, ut suos cultores
plerumque praetereat et suis contemptoribus haereat? Aut
si aliquid proficiunt cultores eius, ut ab illa videantur et
amentur, iam merita sequitur, non fortuito venit. Ubi est
definitio illa fortunae? Ubi est quod a fortuitis etiam no-
15 men accepit? Nihil enim prodest eam colere, si fortuna
est. Si autem suos cultores discernit, ut prosit, fortuna
non est. An et ipsam, quo voluerit, Iuppiter mittit? Colatur ergo ipse solus; non enim potest ei iubenti et eam
quo voluerit mittenti Fortuna resistere. Aut certe istam
20 mali colant, qui nolunt habere merita, quibus dea possit
Felicitas invitari.

Caput XIX.

De Fortuna muliebri.

Tantum sane huic velut numini tribuunt, quam For-
25 tunam vocant, ut simulacrum eius, quod a matronis dedi-
catum est et appellata est Fortuna muliebris, etiam locu-
tum esse memoriae commendaverint, atque dixisse non
semel, sed iterum, quod eam rite matronae dedicaverint.
Quod quidem si verum sit, mirari nos non oportet. Non
30 enim malignis daemonibus etiam sic difficile est fallere,
quorum artes atque versutias hinc potius isti advertere
debuerunt, quod illa dea locuta est, quae fortuito accidit,
non quae meritis venit. Fuit enim Fortuna loquax et muta
Felicitas, ut quid aliud, nisi ut homines recte vivere non
35 curarent conciliata sibi Fortuna, quae illos sine ullis bonis
meritis faceret fortunatos? Et certe si Fortuna loquitur,

non saltem muliebris, sed virilis potius loqueretur, ut non ipsae, quae simulacrum dedicaverunt, putarentur tantum miraculum muliebri loquacitate finxisse.

Caput XX.

De Virtute et Fide, quas pagani templis et sacris honora- 5
verunt praetermittentes alia bona, quae similiter colenda
fuerunt, si recte aliis divinitas tribuebatur.

Virtutem quoque deam fecerunt; quae quidem si dea esset, multis fuerat praeferenda. Et nunc quia dea non est, sed donum Dei est, ipsa ab illo impetretur, a quo solo 10 dari potest, et omnis falsorum deorum turba vanescet. Sed cur et Fides dea credita est et accepit etiam ipsa templum et altare? Quam quisquis prudenter agnoscit, habitaculum illi se ipsum facit. Unde autem sciunt illi quid sit fides, cuius primum et maximum officium est, ut in verum cre- 15 datur Deum? Sed cur non suffecerat Virtus? Nonne ibi est et Fides? Quando quidem virtutem in quattuor species distribuendam esse viderunt, prudentiam, iustitiam, forti- tudinem, temperantiam. Et quoniam et istae singulae spe- cies suas habent, in partibus iustitiae fides est, maximum- 20 que locum apud nos habet, quicumque scimus quid sit, quod *iustus ex fide vivit.* Sed illos miror adpetitores mul- titudinis deorum, si fides dea est, quare aliis tam multis deabus iniuriam fecerint praetermittendo eas, quibus si- militer aedes et aras dedicare potuerunt? Cur temperantia 25 dea esse non meruit, cum eius nomine nonnulli Romani principes non parvam gloriam compararint? Cur denique fortitudo dea non est, quae adfuit Mucio, cum dexteram porrexit in flammas; quae adfuit Curtio, cum se pro patria in abruptam terram praecipitem dedit; quae adfuit Decio 30 patri et Decio filio, cum pro exercitu se voverunt? Si ta- men his omnibus vera inerat fortitudo, unde modo non agitur. Quare prudentia, quare sapientia nulla numinum loca meruerunt? An quia in nomine generali ipsius vir-

---

22) Abac. 2, 4.

tutis omnes coluntur? Sic ergo posset et unus Deus coli,
cuius partes ceteri dii putantur. Sed in illa una virtute et
fides est et pudicitia, quae tamen extra in aedibus propriis
altaria meruerunt.

Caput XXI.
Quod unum non intellegentes Deum Virtute saltem et
Felicitate debuerint esse contenti.

Has deas non veritas, sed vanitas facit. Haec enim
veri Dei munera sunt, non ipsae sunt deae. Verum tamen
ubi est virtus et felicitas, quid aliud quaeritur? Quid ei
sufficit, cui virtus felicitasque non sufficit? Omnia quippe
agenda complectitur virtus, omnia optanda felicitas. Si
Iuppiter, ut haec daret, ideo colebatur, quia, si bonum
aliquid est latitudo regni atque diuturnitas, ad eandem
pertinet felicitatem: cur non intellectum est dona Dei esse,
non deas? Si autem putatae sunt deae, saltem alia tanta
deorum turba non quaereretur. Consideratis enim officiis deorum dearumque omnium, quae sicut voluerunt pro
sua opinatione finxerunt, inveniant si possunt aliquid, quod
praestari ab aliquo deo possit homini habenti virtutem,
habenti felicitatem. Quid doctrinae vel a Mercurio vel
a Minerva petendum esset, cum virtus omnia secum haberet? Ars quippe ipsa bene recteque vivendi virtus a veteribus definita est. Unde ab eo, quod Graece ἀρετή dicitur virtus, nomen artis Latinos traduxisse putaverunt.
Sed si virtus non nisi ad ingeniosum posset venire, quid
opus erat deo Catio patre, qui catos, id est acutos faceret,
cum hoc posset conferre felicitas? Ingeniosum quippe
nasci felicitatis est. Unde, etiamsi non potuit a nondum
nato coli dea Felicitas, ut hoc ei conciliata donaret, con-
ferret hoc parentibus eius cultoribus suis, ut eis ingeniosi
filii nascerentur. Quid opus erat parturientibus invocare
Lucinam, cum, si adesset Felicitas, non solum bene pare-
rent, sed etiam bonos? Quid necesse erat Opi deae commendare nascentes, deo Vaticano vagientes, deae Cuninae
iacentes, deae Ruminae sugentes, deo Statilino stantes,
deae Adeonae adeuntes, Abeonae abeuntes; deae Menti,

ut bonam haberent mentem; deo Volumno et deae Volum-
nae, ut bona vellent; diis nuptialibus, ut bene coniuga-
rentur; diis agrestibus, ut fructus uberrimos caperent, et
maxime ipsi divae Fructeseae; Marti et Bellonae, ut bene
belligerarent; deae Victoriae, ut vincerent; deo Honori, 5
ut honorarentur; deae Pecuniae, ut pecuniosi essent; deo
Aescolano et filio eius Argentino, ut haberent aeream ar-
genteamque pecuniam? Nam ideo patrem Argentini Aescolanum posuerunt, quia prius aerea pecunia in usu coepit
esse, post argentea. Miror autem, quod Argentinus non 10
genuit Aurinum, quia et aurea subsecuta est. Quem deum
isti si haberent, sicut Saturno Iovem, ita et patri Argentino et avo Aescolano Aurinum praeponerent. Quid ergo
erat necesse propter haec bona vel animi vel corporis vel
externa tantam deorum turbam colere et invocare (quos 15
neque omnes commemoravi, nec ipsi potuerunt omnibus
bonis humanis minutatim singillatimque digestis deos minutos et singulos providere), cum posset magno facilique
compendio una dea Felicitas cuncta conferre; nec solum
ad bona capienda quisquam alius, sed neque ad depel- 20
lenda mala quaereretur? Cur enim esset invocanda propter fessos diva Fessonia, propter hostes depellendos diva
Pellonia, propter aegros medicus vel Apollo vel Aesculapius vel ambo simul, quando esset grande periculum?
Nec deus Spiniensis, ut spinas ex agris eradicaret; nec 25
dea Robigo, ut non accederet, rogaretur: una Felicitate
praesente et tuente vel nulla mala exorirentur, vel facillime pellerentur. Postremo quoniam de duabus illis deabus Virtute et Felicitate tractamus, si felicitas virtutis est
praemium, non dea, sed Dei donum est. Si autem dea 30
est, cur non dicatur et virtutem ipsa conferre, quando
quidem etiam virtutem consequi felicitas magna est?

Caput XXII.
*De scientia colendorum deorum, quam a se Varro glo-
riatur conlatam esse Romanis.*   35

Quid est ergo, quod pro ingenti beneficio Varro iactat
praestare se civibus suis, quia non solum commemorat

deos, quos coli oporteat a **Romanis**, verum etiam dicit quid
ad quemque pertineat? Quoniam nihil prodest, inquit,
hominis alicuius medici nomen formamque nosse, et quod
sit medicus ignorare: ita dicit nihil prodesse scire, deum
5 esse Aesculapium, si nescias eum valetudini opitulari, atque ita ignores cur ei debeas supplicare. Hoc etiam alia
similitudine adfirmat, dicens, non modo bene vivere, sed
vivere omnino neminem posse, si ignoret quisnam sit faber,
quis pistor, quis tector, a quo quid utensile petere possit,
10 quem adiutorem adsumere, quem ducem, quem doctorem,
eo modo nulli dubium esse asserens, ita esse utilem cognitionem deorum, si sciatur quam quisque deus vim et
facultatem ac potestatem cuiusque rei babeat.   „Ex eo
enim poterimus, inquit, scire quem cuiusque causa deum
15 invocare atque advocare debeamus, ne faciamus, ut mimi
solent, et optemus a Libero aquam, a Lymphis vinum.“
Magna sane utilitas. Quis non huic gratias ageret, si vera
monstraret, et si unum verum Deum, a quo essent omnia
bona, hominibus colendum doceret?

20   CAPUT XXIII.

De Felicitate, quam Romani, multorum veneratores deo-
rum, diu non coluerunt honore divino, cum pro
omnibus sola sufficeret.

Sed (unde nunc agitur) si libri et sacra eorum vera
25 sunt et Felicitas dea est, cur non ipsa una quae coleretur
constituta est, quae posset universa conferre et compendio
facere felicem? Quis enim optat aliquid propter aliud
quam ut felix fiat? Cur denique tam sero huic tantae deae
post tot Romanos principes Lucullus aedem constituit?
30 Cur ipse Romulus felicem cupiens condere civitatem non
huic templum potissimum struxit, nec propter aliquid diis
ceteris supplicavit, quando nihil deesset, si haec adesset?
Nam et ipse nec prius rex, nec ut putant postea deus fieret,
si hanc deam propitiam non haberet. Ut quid ergo con-
35 stituit Romanis deos Ianum, Iovem, Martem, Picum, Fau-
num, Tiberinum, Herculem et si quos alios? Ut quid

Titus Tatius addidit Saturnum, Opem, Solem, Lunam, Vulcanum, Lucem et quoscumque alios addidit, inter quos
etiam deam Cluacinam, Felicitate neglecta? Ut quid Numa
tot deos, et tot deas sine ista? An eam in tanta forte turba
videre non potuit? Hostilius certe rex deos et ipse novos 5
Pavorem atque Pallorem propitiandos non introduceret,
si deam istam nosset aut coleret. Praesente quippe Felicitate omnis pavor et pallor non propitiatus abscederet,
sed pulsus aufugeret.

Deinde quid est hoc, quod iam Romanum imperium 10
longe lateque crescebat, et adhuc nemo Felicitatem colebat? An ideo grandius imperium, quam felicius fuit? Nam
quo modo ibi esset vera felicitas, ubi vera non erat pietas? Pietas est enim verax veri Dei cultus, non cultus
falsorum tot deorum, quot daemoniorum. Sed et postea 15
iam in deorum numerum Felicitate suscepta magna bellorum civilium infelicitas subsecuta est. An forte iuste est
indignata Felicitas, quod et tam sero et non ad honorem,
sed ad contumeliam potius invitata est, ut cum ea coleretur Priapus et Cluacina et Pavor et Pallor et Febris et 20
cetera non numina colendorum, sed crimina colentium?

Ad extremum si cum turba indignissima tanta dea
colenda visa est, cur non vel inlustrius ceteris colebatur?
Quis enim ferat, quod neque inter deos Consentes, quos
dicunt in consilium Iovis adhiberi, nec inter deos, quos 25
selectos vocant, Felicitas constituta est? Templum aliquod
ei fieret, quod et loci sublimitate et operis dignitate prae-
mineret. Cur enim non aliquid melius, quam ipsi Iovi?
Nam quae etiam Iovi regnum nisi Felicitas dedit? si tamen
cum regnaret felix fuit. Et potior est felicitas regno. 30
Nemo enim dubitat facile inveniri hominem, qui se timeat
fieri regem: nullus autem invenitur, qui se nolit esse felicem. Ipsi ergo dii si per auguria vel quolibet modo eos
posse consuli putant de hac re consulerentur, utrum vellent Felicitati loco cedere, si forte aliorum aedibus vel 35
altaribus iam fuisset locus occupatus, ubi aedes maior atque sublimior Felicitati construeretur, etiam ipse Iuppiter
cederet, ut ipsum verticem collis Capitolini Felicitas potius

obtineret. Non enim quispiam resisteret Felicitati, nisi,
quod fieri non potest, qui esse vellet infelix. Nullo modo
omnino, si consuleretur, faceret Iuppiter, quod ei fecerunt
tres dii, Mars, Terminus et Iuventas, qui maiori et regi
5 suo nullo modo cedere loco voluerunt. Nam sicut habent
eorum litterae, cum rex Tarquinius Capitolium fabricare
vellet eumque locum, qui ei dignior aptiorque videbatur,
ab diis aliis cerneret praeoccupatum, non audens aliquid
contra eorum facere arbitrium et credens eos tanto numini
10 suoque principi voluntate cessuros, quia multi erant illic,
ubi Capitolium constitutum est, per augurium quaesivit,
utrum concedere locum vellent Iovi; atque ipsi inde cedere
omnes voluerunt, praeter illos quos commemoravi, Martem
Terminum, Iuventatem; atque ideo Capitolium ita con-
15 structum est, ut etiam isti tres intus essent tam obscuris
signis, ut hoc vix homines doctissimi scirent. Nullo modo
igitur Felicitatem Iuppiter ipse contemneret, sicut a Termino, Marte, Iuventate contemptus est. Sed ipsi etiam,
qui non cesserant Iovi, profecto cederent Felicitati, quae
20 illis regem fecerat Iovem. Aut si non cederent, non id
contemptu eius facerent, sed quod in domo Felicitatis ob-
scuri esse mallent quam sine illa in locis propriis eminere.

Ita dea Felicitate in loco amplissimo et celsissimo
constituta discerent cives, unde omnis boni voti petendum
25 esset auxilium. Ac sic ipsa suadente natura aliorum deorum superflua multitudine derelicta coleretur una Felicitas, uni supplicaretur, unius templum frequentaretur a
civibus qui felices esse vellent, quorum esset nemo qui
nollet, atque ita ipsa a se ipsa peteretur, quae ab omnibus
30 petebatur. Quis enim aliquid ab aliquo deo, nisi felicitatem velit accipere vel quod ad felicitatem existimat pertinere? Proinde si felicitas habet in potestate cum quo
homine sit (habet autem, si dea est): quae tandem stultitia
est ab aliquo eam deo petere, quam possis a se ipsa im-
35 petrare? Hanc ergo deam super deos ceteros honorare
etiam loci dignitate debuerunt. Sicut enim apud ipsos legitur, Romani veteres nescio quem Summanum, cui noc-
•turna fulmina tribuebant, coluerunt magis quam Iovem,

ad quem diurna fulmina pertinerent. Sed postquam Iovi templum insigne ac sublime constructum est, propter aedis dignitatem sic ad eum multitudo confluxit, ut vix inveniatur qui Summani nomen, quod audire iam non potest, se saltem legisse meminerit. Si autem felicitas dea non est, 5 quoniam, quod verum est, munus est Dei: ille Deus quaeratur, qui eam dare possit, et falsorum deorum multitudo noxia relinquatur, quam stultorum hominum multitudo vana sectatur, Dei dona deos sibi faciens et ipsum, cuius ea dona sunt, obstinatione superbae voluntatis offendens. 10 Sic enim carere non potest infelicitate, qui tamquam deam Felicitatem colit et Deum datorem felicitatis relinquit, sicut carere non potest fame, qui panem pictum lingit et ab homine, qui verum habet, non petit.

Caput XXIV. 15

Qua ratione defendant pagani, quod inter deos colant
ipsa dona divina.

Libet autem eorum considerare rationes. Usque adeone, inquiunt, maiores nostros insipientes fuisse credendum est, ut haec nescirent munera divina esse, non 20 deos? Sed quoniam sciebant nemini talia nisi aliquo deo largiente concedi, quorum deorum nomina non inveniebant, earum rerum nominibus appellabant deos, quas ab eis sentiebant dari, aliqua vocabula inde flectentes, sicut a bello Bellonam nuncupaverunt, non Bellum; sicut a cu- 25 nis Cuninam, non Cunam; sicut a segetibus Segetiam, non Segetem; sicut a pomis Pomonam, non Pomum; sicut a bubus Bubonam, non Bovem; aut certe nulla vocabuli declinatione sicut res ipsae nominantur, ut Pecunia dicta est dea, quae dat pecuniam, non omnino pecunia dea ipsa 30 putata est; ita Virtus, quae dat virtutem, Honor, qui honorem, Concordia, quae concordiam, Victoria, quae dat victoriam. Ita, inquiunt, cum Felicitas dea dicitur, non ipsa quae datur, sed numen illud adtenditur a quo felicitas datur.

Caput XXV.

De uno tantum colendo Deo, qui licet nomine ignoretur,
tamen felicitatis dator esse sentitur.

Ista nobis reddita ratione multo facilius eis, quorum
5 cor non nimis obduruit, persuadebimus fortasse quod volumus. Si enim iam humana infirmitas sensit, non nisi ab
aliquo deo dari posse felicitatem, et hoc senserunt homines, qui tam multos colebant deos, in quibus et ipsum eorum regem Iovem: quia nomen eius, a quo daretur felici-
10 tas, ignorabant et ideo ipsius rei nomine, quam credebant
ab illo dari, eum appellare voluerunt, satis ergo indicarunt
nec ab ipso Iove dari posse felicitatem, quem iam colebant,
sed utique ab illo, quem nomine ipsius felicitatis colendum
esse censebant. Confirmo prorsus a quodam Deo, quem
15 nesciebant, eos credidisse dari felicitatem: ipse ergo quaeratur, ipse colatur, et sufficit. Repudietur strepitus in-
numerabilium daemoniorum; illi non sufficiat hic Deus,
cui non sufficit munus eius. Illi, inquam, non sufficiat ad
colendum Deus dator felicitatis, cui non sufficit ad acci-
20 piendum ipsa felicitas. Cui autem sufficit (non enim habet
homo quid amplius optare debeat), serviat uni Deo datori
felicitatis. Non est ipse, quem nominant Iovem. Nam si
eum datorem felicitatis agnoscerent, non utique alium, vel
aliam, a qua daretur felicitas, nomine ipsius felicitatis in-
25 quirerent, neque ipsum Iovem cum tantis iniuriis colendum putarent. Iste alienarum dicitur adulter uxorum, iste
pueri pulchri inpudicus amator et raptor.

Caput XXVI.

De ludis scaenicis, quos sibi dii celebrari a suis cultoribus
30   *exegerunt.*

Sed „fingebat haec Homerus, ait Tullius, et humana
ad deos transferebat: divina mallem ad nos." Merito dis-

---

32) Tuscul. 1, 26.

plicuit viro gravi divinorum criminum poeta confictor.
Cur ergo ludi scaenici, ubi haec dictitantur, cantitantur,
actitantur, deorum honoribus exhibentur, inter res divinas
a doctissimis conscribuntur? Hic exclamet Cicero non
contra figmenta poetarum, sed contra instituta maiorum, 5
an exclamarent et illi: Quid nos fecimus! Ipsi dii ista suis
honoribus exhibenda flagitaverunt, atrociter imperarunt,
cladem nisi fieret praenuntiaverunt, quia neglectum est
aliquid, severissime vindicarunt, quia id quod neglectum
fuerat factum est, placatos se esse monstraverunt. Inter 10
eorum commemoratur virtutes et miranda facta quod dicam. Tito Latinio rustico Romano patri familias dictum est
in somnis, in senatum nuntiaret, ut ludi Romani instaura-
rentur, quod primo eorum die in quodam scelerato, qui
populo spectante ad supplicium duci iussus est, numinibus 15
videlicet ex ludis hilaritatem quaerentibus triste displicuis-
set imperium. Cum ergo ille qui somnio commonitus erat
postero die iussa facere non ausus esset, secunda nocte
hoc idem rursus severius imperatum est: amisit filium,
quia non fecit. Tertia nocte dictum est homini, quod 20
maior ei poena, si non faceret, inmineret. Cum etiam sic
non auderet, in morbum incidit acrem et horribilem. Tum
vero ex amicorum sententia ad magistratus rem detulit
atque in lectica allatus est in senatum expositoque somnio
recepta continuo valetudine pedibus suis sanus abscessit. 25
Tanto stupefactus miraculo senatus quadruplicata pecunia
ludos censuit instaurari. Quis non videat, qui sanum sapit, subditos homines malignis daemonibus, a quorum dominatione non liberat nisi gratia Dei per Iesum Christum
dominum nostrum, vi compulsos esse exhibere talibus diis, 30
quae recto consilio poterant turpia iudicari? In illis certe
ludis poetica numinum crimina frequentantur, qui ludi
cogentibus numinibus iussu senatus instaurabantur. In
illis ludis corruptorem pudicitiae Iovem turpissimi histriones cantabant agebant placabant. Si illud fingebatur, ille 35
irasceretur; si autem suis criminibus etiam fictis delecta-
batur, quando coleretur, nisi diabolo serviretur? Itane iste
Romanum conderet dilataret conservaret imperium, quo-

vis Romano, cui talia displicebant, homine abiectior? Iste
daret felicitatem, qui tam infeliciter colebatur, et nisi ita
coleretur, infelicius irascebatur?

Caput XXVII.

5 *De tribus generibus eorum, de quibus Scaevola pontifex*
disputavit.

Relatum est in litteras, doctissimum pontificem Scae-
volam disputasse tria genera tradita deorum: unum a poetis, alterum a philosophis, tertium a principibus civitatis.
10 Primum genus nugatorium dicit esse, quod multa de diis
fingantur indigna; secundum non congruere civitatibus,
quod habeat aliqua supervacua, aliqua etiam quae obsit
populis nosse. De supervacuis non magna causa est; solet
enim et a iuris peritis dici: Superflua non nocent. Quae
15 sunt autem illa quae prolata in multitudinem nocent?
,,Haec, inquit, non esse deos Herculem, Aesculapium, Ca-
storem, Pollucem; proditur enim a doctis, quod homines
fuerint et humana condicione defecerint.‘‘ Quid aliud?
,,Quod eorum qui sint dii non habeant civitates vera si-
20 mulacra, quod verus Deus nec sexum habeat nec aetatem
nec definita corporis membra.‘‘ Haec pontifex nosse populos non vult; nam falsa esse non putat. Expedire igitur
existimat falli in religione civitates. Quod dicere etiam in
libris rerum divinarum Varro ipse non dubitat. Praeclara
25 religio, quo confugiat liberandus infirmus, et cum veritatem qua liberetur inquirat, credatur ei expedire quod
fallitur. Poeticum sane deorum genus cur Scaevola re-
spuat, eisdem litteris non tacetur: ,,quia sic videlicet deos
deformant, ut nec bonis hominibus comparentur, cum
30 alium faciunt furari, alium adulterare, sic item aliquid aliter turpiter atque inepte dicere ac facere; tres inter se
deas certasse de praemio pulchritudinis, victas duas a
Venere Troiam evertisse; Iovem ipsum converti in bovem
aut cygnum, ut cum aliqua concumbat; deam homini nu-
35 bere, Saturnum liberos devorare: nihil denique posse
confingi miraculorum atque vitiorum, quod non ibi repe-

riatur atque a deorum natura longe absit." O Scaevola
pontifex maxime, ludos tolle, si potes; praecipe populis,
ne tales honores diis inmortalibus deferant, ubi crimina
deorum libeat mirari et quae fieri possunt placeat imitari.
Si autem tibi responderit populus: Vos nobis importastis 5
ista pontifices: deos ipsos roga, quibus instigantibus ista
iussistis, ne talia sibi iubeant exhiberi. Quae si mala sunt
et propterea nullo modo de deorum maiestate credenda,
maior est deorum iniuria, de quibus inpune finguntur.
Sed non te audiunt, daemones sunt, prava docent, turpi- 10
bus gaudent: non solum non deputant iniuriam, si de illis
ista fingantur; sed eam potius iniuriam ferre non possunt,
si per eorum sollemnia non agantur. Iam vero si adversus
eos Iovem interpelles, maxime ob eam causam, quia eius
plurima crimina ludis scaenicis actitantur: nonne etiam si 15
Deum Iovem nuncupatis, a quo regitur totus atque admi-
nistratur hic mundus, eo illi fit a vobis maxima iniuria,
quod eum cum istis colendum putatis eorumque regem
esse perhibetis?

Caput XXVIII. 20

An ad obtinendum dilatandumque regnum profuerit Romanis cultus deorum.

Nullo igitur modo dii tales, qui talibus placantur vel
potius accusantur honoribus, ut maius sit crimen quod eis
falsis oblectantur, quam si de illis vera dicerentur, Roma- 25
num imperium augere et conservare potuissent. Hoc enim
si possent, Graecis potius donum tam grande conferrent,
qui eos in huiusce modi rebus divinis, hoc est ludis scaenicis, honorabilius digniusque coluerunt, quando et a morsi-
bus poetarum, quibus deos dilacerari videbant, se non 30
subtraxerunt, dando eis licentiam male tractandi homines
quos liberet, et ipsos scaenicos non turpes iudicaverunt,
sed dignos etiam praeclaris honoribus habuerunt. Sicut
autem potuerunt auream pecuniam habere Romani, quamvis deum Aurinum non colerent: sic et argenteam habere 35
potuerunt et aeream, si nec Argentinum nec eius patrem

colerent Aescolanum, et sic omnia quae retexere piget.
Sic ergo et regnum invito quidem Deo vero nullo modo
habere possent; diis vero istis falsis et multis ignoratis
sive contemptis atque illo uno cognito et fide sincera ac
5 moribus culto, et melius hic regnum haberent, quantumcumque haberent, et post haec acciperent sempiternum,
sive hic haberent sive non haberent.

Caput XXIX.

De falsitate auspicii, quo Romani regni fortitudo et sta-
10 *bilitas visa est indicari.*

Nam illud quale est quod pulcherrimum auspicium
fuisse dixerunt, quod paulo ante commemoravi, Martem et
Terminum et Iuventatem nec Iovi regi deorum loco cedere
voluisse? Sic enim, inquiunt, significatum est, Martiam
15 gentem, id est Romanam, nemini locum quem teneret da-
turam, Romanos quoque terminos propter deum Terminum neminem commoturum, iuventutem etiam Romanam
propter deam Iuventatem nemini esse cessuram. Videant
ergo quo modo habeant istum regem deorum suorum et
20 datorem regni sui, ut eum auspicia ista pro adversario
ponerent, cui non cedere pulchrum esset. Quamquam
haec si vera sunt, non habent omnino quid timeant. Non
enim confessuri sunt, quod dii cesserint Christo, qui Iovi
cedere noluerunt. Salvis quippe imperii finibus Christo
25 cedere potuerunt et de sedibus locorum et maxime de
corde credentium. Sed antequam Christus venisset in
carne, antequam denique ista scriberentur, quae de libris
eorum proferimus, sed tamen postea quam factum est sub
rege Tarquinio illud auspicium: aliquotiens Romanus exer-
30 citus fusus est, hoc est versus in fugam, falsumque ostendit auspicium, quo Iuventas illa non cesserat Iovi, et gens
Martia, superantibus atque inrumpentibus Gallis, in ipsa
Urbe contrita est, et termini imperii deficientibus multis
ad Hannibalem civitatibus in angustum fuerant coartati.
35 Ita evacuata est pulchritudo auspiciorum, remansit contra
Iovem contumacia, non deorum, sed daemoniorum. Aliud

est enim non cessisse, aliud unde cesseras redisse. Quamquam et postea in orientalibus partibus Hadriani voluntate
mutati sunt termini imperii Romani. Ille namque tres provincias nobiles, Armeniam, Mesopotamiam, Assyriam, Persarum concessit imperio, ut deus ille Terminus, qui Ro- 5
manos terminos secundum istos tuebatur et per illud
pulcherrimum auspicium loco non cesserat Iovi, plus Ha-
drianum regem hominum quam regem deorum timuisse
videatur. Receptis quoque alio tempore provinciis memoratis nostra paene memoria retrorsus Terminus cessit, 10
quando Iulianus deorum illorum oraculis deditus inmoderato ausu naves iussit incendi quibus alimonia portabatur;
qua exercitus destitutus mox etiam ipso hostili vulnere
extincto in tantam est redactus inopiam, ut inde nullus
evaderet undique hostibus incursantibus, milite impera- 15
toris morte turbato, nisi placito pacis illic imperii fines
constituerentur, ubi hodieque persistunt, non quidem tanto
detrimento, quantum concesserat Hadrianus, sed media
tamen compositione defixi. Vano igitur augurio deus Terminus non cessit Iovi, qui cessit Hadriani voluntati, cessit 20
etiam Iuliani temeritati et Ioviani necessitati. Viderunt
haec intellegentiores gravioresque Romani; sed contra consuetudinem civitatis, quae daemonicis ritibus fuerat obli-
gata, parum valebant, quia et ipsi, etiamsi illa vana esse
sentiebant, naturae tamen rerum sub unius veri Dei regi- 25
mine atque imperio constitutae religiosum cultum, qui Deo
debetur, exhibendum putabant, *servientes*, ut ait apostolus,
*creaturae potius quam creatori, qui est benedictus in sae-
cula.* Huius Dei veri erat auxilium necessarium, a quo
mitterentur sancti viri et veraciter pii, qui pro vera reli- 30
gione morerentur, ut falsae a viventibus tollerentur.

Caput XXX.
Qualia de diis gentium etiam cultores eorum se sentire
fateantur.

Cicero augur inridet auguria et reprehendit homines 35
corvi et corniculae vocibus vitae consilia moderantes. Sed

---

29) Rom. 1, 25.   36) De divin. 2, 37.

iste Academicus, qui omnia esse contendit incerta, indignus
est qui habeat ullam in his rebus auctoritatem. Disputat
apud eum Q. Lucilius Balbus in secundo de deorum natura libro, et cum ipse superstitiones ex natura rerum velut

5 physicas et philosophicas inserat, indignatur tamen insti-
tutioni simulacrorum et opinionibus fabulosis ita loquens:
„Videtisne igitur, ut a physicis rebus bene atque utiliter
inventis ratio sit tracta ad commenticios et fictos deos?
Quae res genuit falsas opiniones erroresque turbulentos et

10 superstitiones paene aniles. Et formae enim nobis deorum
et aetates et vestitus ornatusque noti sunt, genera praeterea, coniugia, cognationes, omniaque traducta ad similitudinem imbecillitatis humanae. Nam et perturbatis
animis inducuntur; accepimus enim deorum cupiditates

15 aegritudines iracundias. Nec vero, ut fabulae ferunt, dii
bellis proeliisque caruerunt. Nec solum, ut apud Home-
rum, cum duos exercitus contrarios alii dii alia ex parte
defenderent, sed etiam (ut cum Titanis aut cum Gigantibus) sua propria bella gesserunt. Haec et dicuntur et

20 creduntur stultissime et plena sunt vanitatis summaeque
levitatis." Ecce interim quae confitentur qui defendunt
deos gentium. Deinde cum haec ad superstitionem pertinere dicat, ad religionem vero, quae ipse secundum
Stoicos videtur docere (non enim philosophi solum, inquit,

25 verum etiam maiores nostri superstitionem a religione
separaverunt. Nam qui totos dies precabantur, inquit, et
immolabant, ut sibi sui liberi superstites essent, superstitiosi sunt appellati): quis non intellegat eum conari, dum
consuetudinem civitatis timet, religionem laudare maiorum

30 eamque a superstitione velle seiungere, sed quo modo id
possit non invenire? Si enim a maioribus illi sunt appellati
superstitiosi, qui totos dies precabantur et immolabant,
numquid et illi, qui instituerunt (quod iste reprehendit)
deorum simulacra diversa aetate et veste distincta, deorum

35 genera coniugia cognationes? Haec utique cum tamquam
superstitiosa culpantur, inplicat ista culpa maiores talium

---

17) II. 20, 67 sqq. 21) C. 28. 28) Ibid.

simulacrorum institutores atque cultores; inplicat et
ipsum, qui, quantolibet eloquio se in libertatem nitatur
evolvere, necesse habebat ista venerari; nec quod in hac
disputatione disertus insonat, muttire auderet in populi
contione. Agamus itaque Christiani Domino Deo nostro 5
gratias, non caelo et terrae, sicut iste disputat, sed ei qui
fecit caelum et terram, qui has superstitiones, quas iste
Balbus velut balbutiens vix reprehendit, per altissimam
Christi humilitatem, per apostolorum praedicationem, per
fidem martyrum pro veritate morientium et cum veritate 10
viventium non solum in cordibus religiosis, verum etiam
in aedibus superstitiosis libera suorum servitute subvertit.

Caput XXXI.

De opinionibus Varronis, qui reprobata persuasione po-
pulari, licet ad notitiam veri Dei non pervenerit, unum 15
tamen Deum colendum esse censuerit.

Quid ipse Varro, quem dolemus in rebus divinis ludos
scaenicos, quamvis non iudicio proprio, posuisse, cum ad
deos colendos multis locis velut religiosus hortetur, nonne
ita confitetur, non se illa iudicio suo sequi, quae civitatem 20
Romanam instituisse commemorat, ut, si eam civitatem
novam constitueret, ex naturae potius formula deos nomi-
naque eorum se fuisse dedicaturum non dubitet confiteri?
Sed iam quoniam in vetere populo esset, acceptam ab
antiquis nominum et cognominum historiam tenere, ut 25
tradita est, debere se dicit, et ad eum finem illa scribere
ac perscrutari, ut potius eos magis colere quam despicere
vulgus velit. Quibus verbis homo acutissimus satis indicat,
non se aperire omnia, quae non sibi tantum contemptui
essent, sed etiam ipsi vulgo despicienda viderentur, nisi 30
tacerentur. Ego ista conicere putari debui; nisi evidenter
alio loco ipse diceret de religionibus loquens multa esse
vera, quae non modo vulgo scire non sit utile, sed etiam,
tametsi falsa sunt, aliter existimare populum expediat, et
ideo Graecos teletas ac mysteria taciturnitate parietibus- 35
que clausisse. Hic certe totum consilium prodidit velut

11 *

sapientium, per quos civitates et populi regerentur. Hac
tamen fallacia miris modis maligni daemones delectantur,
qui et deceptores et deceptos pariter possident, a quorum
dominatione non liberat nisi gratia Dei per Iesum Chri-
5 stum dominum nostrum.

Dicit etiam idem auctor acutissimus atque doctissimus, quod hi soli ei videantur animadvertisse quid esset
Deus, qui crediderunt eum esse animam motu ac ratione
mundum gubernantem. Ac per hoc, etsi nondum tenebat
10 quod veritas habet (Deus enim verus, non anima, sed animae quoque est effector et conditor): tamen si contra
praeiudicia consuetudinis liber esse posset, unum Deum
colendum fateretur atque suaderet, motu ac ratione mundum gubernantem, ut ea cum illo de hac re quaestio re-
15 maneret, quod eum diceret esse animam, non potius et animae creatorem. Dicit etiam, antiquos Romanos plus annos
centum et septuaginta deos sine simulacro coluisse. „Quod
si adhuc, inquit, mansisset, castius dii observarentur."
Cuius sententiae suae testem adhibet inter cetera etiam
20 gentem Iudaeam; nec dubitat eum locum ita concludere,
ut dicat, qui primi simulacra deorum populis posuerunt,
eos civitatibus suis et metum dempsisse et errorem addidisse, prudenter existimans deos facile posse in simulacrorum stoliditate contemni. Quod vero non ait „errorem
25 tradiderunt", sed „addiderunt": iam utique fuisse etiam
sine simulacris vult intellegi errorem. Quapropter cum
solos dicit animadvertisse quid esset Deus, qui eum crederent animam mundum gubernantem, castiusque existimat sine simulacris observari religionem, quis non videat
30 quantum propinquaverit veritati? Si enim aliquid contra
vetustatem tanti posset erroris, profecto et unum Deum,
a quo mundum crederet gubernari, et sine simulacro colendum esse censeret; atque in tam proximo inventus facile fortasse de animae mutabilitate commoneretur, ut
35 naturam potius incommutabilem, quae ipsam quoque animam condidisset, Deum verum esse sentiret. Haec cum
ita sint, quaecumque tales viri in suis litteris multorum
deorum ludibria posuerunt, confiteri ea potius occulta Dei

voluntate compulsi sunt quam persuadere conati. Si qua
igitur a nobis inde testimonia proferuntur, ad eos redar-
guendos proferuntur, qui nolunt advertere de quanta et
quam maligna daemonum potestate nos liberet singulare
sacrificium tam sancti sanguinis fusi et donum spiritus 5
impertiti.

Caput XXXII.

*Ob quam speciem utilitatis principes gentium apud
subiectos sibi populos falsas religiones voluerunt
permanere.*   10

Dicit etiam de generationibus deorum magis ad poetas, quam ad physicos fuisse populos inclinatos, et ideo
et sexum et generationes deorum maiores suos, id est veteres credidisse Romanos, et eorum constituisse coniugia.
Quod utique non aliam ob causam factum videtur, nisi 15
quia hominum velut prudentium et sapientium negotium
fuit populum in religionibus fallere et in eo ipso non solum
colere, sed imitari etiam daemones, quibus maxima est
fallendi cupiditas. Sicut enim daemones nisi eos, quos
fallendo deceperint, possidere non possunt, sic et homines 20
principes, non sane iusti, sed daemonum similes, ea quae
vana esse noverant religionis nomine populis tamquam
vera suadebant, hoc modo eos civili societati velut aptius
alligantes, quo similiter subditos possiderent. Quis autem
infirmus et indoctus evaderet simul fallaces et principes 25
civitatis et daemones?

Caput XXXIII.

*Quod iudicio et potestate Dei veri omnium regum atque
regnorum ordinata sint tempora.*

Deus igitur ille felicitatis auctor et dator, quia solus 30
est verus Deus, ipse dat regna terrena et bonis et malis.
Neque hoc temere et quasi fortuito, quia Deus est, non
fortuna, sed pro rerum ordine ac temporum occulto nobis,
notissimo sibi; cui tamen ordini temporum non subditus

servit, sed eum ipse tamquam dominus regit moderatorque
disponit. Felicitatem vero non dat nisi bonis. Hanc enim
possunt et non habere et habere servientes, possunt et non
habere et habere regnantes. Quae tamen plena in ea vita
5 erit, ubi nemo iam serviet. Et ideo regna terrena et bonis
ab illo dantur et malis, ne eius cultores adhuc in provectu animi parvuli haec ab eo munera quasi magnum
aliquid concupiscant. Et hoc est sacramentum veteris testamenti, ubi occultum erat novum, quod illic promissa
10 et dona terrena sunt, intellegentibus et tunc spiritalibus,
quamvis nondum in manifestatione praedicantibus, et quae
illis temporalibus rebus significaretur aeternitas, et in quibus Dei donis esset vera felicitas.

Caput XXXIV.

15 *De regno Iudaeorum, quod ab uno et vero Deo institutum*
atque servatum est, donec in vera religione manserunt.

Itaque ut cognoscerentur etiam illa terrena bona,
quibus solis inhiant qui meliora cogitare non possunt, in
ipsius unius Dei esse posita potestate, non in multorum
20 falsorum, quos colendos Romani antea crediderunt, populum suum in Aegypto de paucissimis multiplicavit et inde
signis mirabilibus liberavit. Nec Lucinam mulieres illae
invocaverunt, quando earum partus, ut miris modis multi-
plicarentur et gens illa incredibiliter cresceret, ab Aegyp-
25 tiorum persequentium et infantes omnes necare volentium
manibus ipse liberavit, ipse servavit. Sine dea Rumina
suxerunt, sine Cunina in cunis fuerunt, sine Educa et Potina escam potumque sumpserunt, sine tot diis puerilibus
educati sunt, sine diis coniugalibus coniugati, sine cultu
30 Priapi coniugibus mixti; sine invocatione Neptuni mare
transeuntibus divisum patuit et sequentes eorum inimicos
fluctibus in se redeuntibus obruit. Nec consecraverunt
aliquam deam Manniam, quando de caelo manna sumpserunt; nec quando sitientibus aquam percussa petra pro-
35 fudit, Nymphas Lymphasque coluerunt. Sine insanis sacris
Martis et Bellonae bella gesserunt, et sine victoria quidem

non vicerunt, non eam tamen deam, sed Dei sui munus habuerunt. Sine Segetia segetes sine Bubona boves, mella sine Mellona poma sine Pomona, et prorsus omnia, pro quibus tantae falsorum deorum turbae Romani supplicandum putarunt, ab uno vero Deo multo felicius acceperunt. 5 Et si non in eum peccassent, impia curiositate tamquam magicis artibus seducti ad alienos deos et ad idola defluendo, et postremo Christum occidendo: in eodem regno etsi non spatiosiore, tamen feliciore mansissent. Et nunc quod per omnes fere terras gentesque dispersi sunt, illius 10 unius veri Dei providentia est, ut, quod deorum falsorum usquequaque simulacra arae, luci templa evertuntur et sacrificia prohibentur, de codicibus eorum probetur, quem ad modum hoc fuerit tanto ante prophetatum; ne forte, cum legeretur in nostris, a nobis putaretur esse confictum. 15 Iam quod sequitur in volumine sequenti videndum est, et hic dandus huius prolixitati modus.

LIBER V.

20

PRAEFATIO.

Quoniam constat, omnium rerum optandarum plenitudinem esse felicitatem, quae non est dea, sed donum Dei, et ideo nullum deum colendum esse ab hominibus, nisi qui potest eos facere felices (unde si illa dea esset, 25 sola colenda merito diceretur): iam consequenter videamus, qua causa Deus, qui potest et illa bona dare, quae habere possunt etiam non boni ac per hoc etiam non felices, Romanum imperium tam magnum tamque diuturnum esse voluerit. Quia enim hoc deorum falsorum illa quam 30 colebant multitudo non fecit, et multa iam diximus, et ubi visum fuerit opportunum esse, dicemus.

Caput I.

Causam Romani imperii omniumque regnorum nec for-
tuitam esse, nec in stellarum positione consistere.

Causa ergo magnitudinis imperii Romani nec fortuita
5 est, nec fatalis, secundum eorum sententiam sive opinionem, qui ea dicunt esse fortuita, quae vel nullas causas
habent, vel non ex aliquo rationabili ordine venientes, et
ea fatalia, quae praeter Dei et hominum voluntatem cuiusdam ordinis necessitate contingunt. Prorsus divina provi-
10 dentia regna constituuntur humana. Quae si propterea
quisquam fato tribuit, quia ipsam Dei voluntatem vel potestatem fati nomine appellat, sententiam teneat, linguam
corrigat. Cur enim non hoc primum dicit, quod postea
dicturus est, cum ab illo quisquam quaesierit quid dixerit
15 fatum? Nam id homines quando audiunt, usitata loquendi
consuetudine non intellegunt nisi vim positionis siderum,
qualis est quando quis nascitur sive concipitur; quod aliqui alienant a Dei voluntate, aliqui ex illa etiam hoc pendere confirmant. Sed illi, qui sine Dei voluntate decernere
20 opinantur sidera quid agamus, vel quid bonorum habeamus malorumve patiamur, ab auribus omnium repellendi
sunt, non solum eorum qui veram religionem tenent, sed
et qui deorum qualiumcumque, licet falsorum, volunt esse
cultores. Haec enim opinio quid agit aliud, nisi ut nullus
25 omnino colatur aut rogetur Deus? Contra quos modo nobis
disputatio non est instituta, sed contra hos qui pro defensione eorum, quos deos putant, Christianae religioni adversantur. Illi vero, qui positionem stellarum quodam
modo decernentium qualis quisque sit et quid ei proveniat
30 boni quidve mali accidat ex Dei voluntate suspendunt, si
easdem stellas putant habere hanc potestatem traditam
sibi a summa illius potestate, ut volentes ista decernant:
magnam caelo faciunt iniuriam, in cuius velut clarissimo
senatu ac splendidissima curia opinantur scelera facienda
35 decerni, qualia si aliqua terrena civitas decrevisset, genere
humano decernente fuerat evertenda. Quale deinde iudicium de hominum factis Deo relinquitur, quibus caelestis

necessitas adhibetur, cum dominus ille sit et siderum et hominum? Aut si non dicunt stellas, accepta quidem potestate a summo Deo, arbitrio suo ista decernere, sed in talibus necessitatibus ingerendis illius omnino iussa complere: itane de ipso Deo sentiendum est, quod indignis- 5 simum visum est de stellarum voluntate sentire? Quod si dicuntur stellae significare potius ista quam facere, ut quasi locutio quaedam sit illa positio praedicens futura, non agens (non enim mediocriter doctorum hominum fuit ista sententia): non quidem ita solent loqui mathematici, 10 ut verbi gratia dicant: „Mars ita positus homicidam significat", sed: „homicidam facit"; verumtamen ut concedamus, non eos ut debent loqui, et a philosophis accipere oportere sermonis regulam ad ea praenuntianda, quae in siderum positione reperire se putant: quid fit, quod nihil, 15 umquam dicere potuerunt, cur in vita geminorum, in actionibus, in eventis, in professionibus, artibus, honoribus ceterisque rebus ad humanam vitam pertinentibus atque in ipsa morte sit plerumque tanta diversitas, ut similiores eis sint, quantum ad haec adtinet, multi extranei quam 20 ipsi inter se gemini perexiguo temporis intervallo in nascendo separati, in conceptu autem per unum concubitum uno etiam momento seminati?

Caput II.

De geminorum simili dissimilique valetudine. 25

Cicero dicit Hippocratem, nobilissimum medicum, scriptum reliquisse, quosdam fratres, cum simul aegrotare coepissent et eorum morbus eodem tempore ingravesceret, eodem levaretur, geminos suspicatum. Quos Posidonius Stoicus, multum astrologiae deditus, eadem constitutione 30 astrorum natos eademque conceptos solebat asserere. Ita quod medicus pertinere credebat ad simillimam temperiem valetudinis, hoc philosophus astrologus ad vim constitutionemque siderum, quae fuerat quo tempore concepti natique sunt. In hac causa multo est acceptabilior et de 35 proximo credibilior coniectura medicinalis; quoniam pa-

rentes ut erant corpore adfecti, dum concumberent, ita
primordia conceptorum adfici potuerunt, ut consecutis ex
materno corpore prioribus incrementis paris valetudinis
nascerentur; deinde in una domo eisdem alimentis nutriti,
5 ubi aerem et loci positionem et vim aquarum plurimum
valere ad corpus vel bene vel male accipiendum medicina
testatur, eisdem etiam exercitationibus assuefacti tam
similia corpora gererent, ut etiam ad aegrotandum uno
tempore eisdem causis similiter moverentur. Constitu-
10 tionem vero caeli ac siderum, quae fuit quando concepti
sive nati sunt, velle trahere ad istam aegrotandi parilitatem, cum tam multa diversissimi generis diversissimorum
affectuum et eventorum eodem tempore in unius regionis
terra eidem caelo subdita potuerint concipi et nasci, nescio
15 cuius sit insolentiae. Nos autem novimus geminos non
solum actus et peregrinationes habere diversas, verum
etiam dispares aegritudines perpeti. De qua re facillimam,
quantum mihi videtur, rationem redderet Hippocrates,
diversis alimentis et exercitationibus, quae non de corporis
20 temperatione, sed de animi voluntate veniunt, dissimiles
eis accidere potuisse valetudines. Porro autem Posidonius vel quilibet fatalium siderum assertor mirum si potest
hic invenire quid dicat, si nolit imperitorum mentibus in
eis quas nesciunt rebus inludere. Quod enim conantur
25 efficere de intervallo exiguo temporis, quod inter se gemini
dum nascerentur habuerunt, propter caeli particulam, ubi
ponitur horae notatio, quem horoscopum vocant: aut non
tantum valet, quanta invenitur in geminorum voluntatibus
actibus moribus casibusque diversitas, aut plus etiam valet,
30 quam est geminorum vel humilitas generis eadem vel nobilitas, cuius maximam diversitatem non nisi in hora, qua
quisque nascitur, ponunt. Ac per hoc si tam celeriter
alter post alterum nascitur, ut eadem pars horoscopi maneat, paria cuncta quaero, quae in nullis possunt geminis
35 inveniri; si autem sequentis tarditas horoscopum mutat,
parentes diversos quaero, quos gemini habere non possunt.

Caput III.

De argumento, quod ex rota figuli Nigidius mathematicus adsumpsit in quaestione geminorum.

Frustra itaque adfertur nobile illud commentum de figuli rota, quod respondisse ferunt Nigidium hac quae- 5 stione turbatum, unde et Figulus appellatus est. Dum enim rotam figuli vi quanta potuit intorsisset, currente illa bis numero de atramento tamquam uno eius loco summa celeritate percussit; deinde inventa sunt signa, quae fixerat, desistente motu, non parvo intervallo in rotae illius 10 extremitate distantia. Sic, inquit, in tanta rapacitate caeli, etiamsi alter post alterum tanta celeritate nascatur, quanta rotam bis ipse percussi, in caeli spatio plurimum est: hinc sunt, inquit, quaecumque dissimillima perhibentur in moribus casibusque geminorum. Hoc figmentum fragilius est 15 quam vasa, quae illa rotatione finguntur. Nam si tam multum in caelo interest, quod constellationibus conprehendi non potest, ut alteri geminorum hereditas obveniat, alteri non obveniat: cur audent ceteris, qui gemini non sunt, cum inspexerint eorum constellationes, talia pronuntiare, 20 quae ad illud secretum pertinent, quod nemo potest conprehendere et momentis adnotare nascentium? Si autem propterea talia dicunt in aliorum genituris, quia haec ad productiora spatia temporum pertinent; momenta vero illa partium minutarum, quae inter se gemini possunt 25 habere nascentes, rebus minimis tribuuntur, de qualibus mathematici non solent consuli (quis enim consulat quando sedeat, quando deambulet, quando vel quid prandeat?): numquid ista dicimus, quando in moribus, operibus casibusque geminorum plurima plurimumque diversa mon- 30 stramus?

Caput IV.

De Esau et Iacob geminis multum inter se morum et actionum qualitate disparibus.

Nati sunt duo gemini antiqua patrum memoria (ut de 35 insignibus loquar) sic alter post alterum, ut posterior plan-

lam prioris teneret. Tanta in eorum vita fuerunt moribus-
que diversa, tanta in actibus disparilitas, tanta in parentum
amore dissimilitudo, ut etiam inimicos eos inter se faceret
ipsa distantia. Numquid hoc dicitur, quia uno ambulante
5 alius sedebat, et alio dormiente alius vigilabat, alio loquente
tacebat alius; quae pertinent ad illas minutias, quae non
possunt ab eis conprehendi, qui constitutionem siderum,
qua quisque nascitur, scribunt, unde mathematici consu-
lantur? Unus duxit mercennariam servitutem, alius non
10 servivit; unus a matre diligebatur, alius non diligebatur;
unus honorem, qui magnus apud eos habebatur, amisit, alter
indeptus est. Quid de uxóribus, quid de filiis, quid de
rebus, quanta diversitas! Si ergo haec ad illas pertinent
minutias temporum, quae inter se habent gemini, et con-
15 stellationibus non adscribuntur; quare aliorum constellationibus inspectis ista dicuntur? Si autem ideo dicuntur,
quia non ad minuta inconprehensibilia, sed ad temporum
spatia pertinent, quae observari notarique possunt: quid
hic agit rota illa figuli, nisi ut homines luteum cor haben-
20 tes in gyrum mittantur, ne mathematicorum vaniloquia
convincantur?

Caput V.

*Quibus modis convincantur mathematici vanam scientiam
profiteri.*

25 Quid idem ipsi, quorum morbum, quod eodem tempore gravior leviorque apparebat amborum, medicinaliter
inspiciens Hippocrates geminos suspicatus est, nonne satis
istos redarguunt, qui volunt sideribus dare, quod de corporum simili temperatione veniebat? Cur enim similiter
30 eodemque tempore, non alter prior, alter posterior aegrotabant, sicut nati fuerant, quia utique simul nasci ambo
non poterant? Aut si nihil momenti adtulit, ut diversis
temporibus aegrotarent, quod diversis temporibus nati
sunt: quare tempus in nascendo diversum ad aliarum
35 rerum diversitates valere contendunt? Cur potuerunt
diversis temporibus peregrinari, diversis temporibus du-

cere uxores, diversis temporibus filios procreare et multa
alia, propterea quia diversis temporibus nati sunt, et non
potuerunt eadem causa diversis etiam temporibus aegrotare? Si enim dispar nascendi hora mutavit horoscopum
et disparilitatem intulit ceteris rebus: cur illud in aegritu- 5
dinibus mansit, quod habebat in temporis aequalitate conceptus? Aut si fata valetudinis in conceptu sunt, aliarum
vero rerum in ortu esse dicuntur, non deberent inspectis
natalium constellationibus de valetudine aliquid dicere,
quando eis inspicienda conceptionalis hora non datur. Si 10
autem ideo praenuntiant aegritudines non inspecto conceptionis horoscopo, quia indicant eas momenta nascentium: quo modo dicerent cuilibet eorum geminorum ex
nativitatis hora, quando aegrotaturus esset, cum et alter,
qui non habebat eandem horam nativitatis, necesse habe- 15
ret pariter aegrotare? Deinde quaero: si tanta distantia
est temporis in nativitate geminorum, ut per hanc oporteat eis constellationes fieri diversas propter diversum
horoscopum et ob hoc diversos omnes cardines, ubi tanta
vis ponitur, ut hinc etiam diversa sint fata: unde hoc acci- 20
dere potuit, cum eorum conceptus diversum tempus habere
non possit? Aut si duorum uno momento temporis conceptorum potuerunt esse ad nascendum fata disparia, cur
non et duorum uno momento temporis natorum possint
esse ad vivendum atque moriendum fata disparia? Nam si 25
unum momentum, quo ambo concepti sunt, non impedivit,
ut alter prior, alter posterior nasceretur: cur, uno momento si duo nascantur, impediat aliquid, ut alter prior,
alter posterior moriatur? Si conceptio momenti unius
diversos casus in utero geminos habere permittit, cur 30
nativitas momenti unius non etiam quoslibet duos in terra
diversos casus habere permittat, ac sic omnia huius artis
vel potius vanitatis commenta tollantur? Quid est hoc, cur
uno tempore, momento uno, sub una eademque caeli positione concepti diversa habent fata, quae illos perducant 35
ad diversarum horarum nativitatem, et uno momento temporis sub una eademque caeli positione de duabus matribus duo pariter nati diversa fata habere non possint, quae

illos perducant ad diversam vivendi vel moriendi necessitatem? An concepti nondum habent fata, quae nisi nascantur habere non poterunt? Quid est ergo quod dicunt, si hora conceptionalis inveniatur, multa ab istis dici
5 posse divinius? Unde etiam illud a nonnullis praedicatur, quod quidam sapiens horam elegit, qua cum uxore concumberet, unde filium mirabilem gigneret. Unde postremo et hoc est, quod de illis pariter aegrotantibus geminis Posidonius magnus astrologus idemque philosophus
10 respondebat, ideo fieri, quod eodem tempore fuissent nati eodemque concepti. Nam utique propter hoc addebat conceptionem, ne diceretur ei non ad liquidum eodem tempore potuisse nasci, quos constabat omnino eodem tempore fuisse conceptos; ut hoc quod similiter simulque
15 aegrotabant, non daret de proximo pari corporis temperamento, sed eandem quoque valetudinis parilitatem sidereis nexibus alligaret. Si igitur in conceptu tanta vis est ad aequalitatem fatorum, non debuerunt nascendo eadem fata mutari. Aut si propterea mutantur fata geminorum
20 quia temporibus diversis nascuntur, cur non potius intellegamus iam fuisse mutata, ut diversis temporibus nascerentur? Itane non mutat fata nativitatis voluntas viventium, cum mutet fata conceptionis ordo nascentium?

Caput VI.

25
De geminis disparis sexus.

'Quamquam et in ipsis geminorum conceptibus, ubi certe amborum eadem momenta sunt temporum, unde fit ut sub eadem constellatione fatali alter concipiatur masculus, altera femina? Novimus geminos diversi sexus, ambo
30 adhuc vivunt, ambo aetate adhuc vigent; quorum cum sint inter se similes corporum species, quantum in diverso sexu potest, instituto tamen et proposito vitae ita sunt dispares, ut praeter actus quos necesse est a virilibus distare femineos (quod ille in officio comitis militat et a sua domo
35 paene semper peregrinatur, illa de solo patrio et de rure proprio non recedit), insuper (quod est incredibilius, si

astralia fata credantur; non autem mirum, si voluntates hominum et Dei munera cogitentur) ille coniugatus, illa virgo sacra est; ille numerosam prolem genuit, illa nec nupsit. At enim plurimum vis horoscopi valet. Hoc quam nihil sit, iam satis disserui. Sed qualecumque sit, in ortu 5 valere dicunt; numquid et in conceptu? ubi et unum concubitum esse manifestum est, et tanta naturae vis est, ut, cum conceperit femina, deinde alterum concipere omnino non possit; unde necesse est eadem esse in geminis momenta conceptus. An forte, quia diverso horoscopo nati 10 sunt, aut ille in masculum, dum nascerentur, aut illa in feminam commutata est? Cum igitur non usquequaque absurde dici posset, ad solas corporum differentias adflatus quosdam valere sidereos, sicut in solaribus accessibus et decessibus videmus etiam ipsius anni tempora variari et 15 lunaribus incrementis atque decrementis augeri et minui quaedam genera rerum, sicut echinos et conchas et mirabiles aestus oceani; non autem et animi voluntates positionibus siderum subdi: nunc isti, cum etiam nostros actus inde religare conantur, admonent ut quaeramus, unde ne 20 in ipsis quidem corporibus eis possit ratio ista constare. Quid enim tam ad corpus pertinens quam corporis sexus? Et tamen sub eadem positione siderum diversi sexus gemini concipi potuerunt. Unde quid insipientius dici aut credi potest, quam siderum positionem, quae ad horam 25 conceptionis eadem ambobus fuit, facere non potuisse, ut, cum quo habebat eandem constellationem, sexum diversum a fratre non haberet; et positionem siderum, quae fuit ad horam nascentium, facere potuisse, ut ab eo tam multum virginali sanctitate distaret? 30

Caput VII.

De electione diei, quo uxor ducitur quove in agro aliquid plantatur aut seritur.

Iam illud quis ferat, quod in eligendis diebus nova quaedam suis actibus fata moliuntur? Non erat videlicet 35 ille ita natus, ut haberet admirabilem filium, sed ita potius,

ut contemptibilem gigneret, et ideo vir doctus elegit horam
qua misceretur uxori. Fecit ergo fatum, quod non habebat, et ex ipsius facto coepit esse fatale, quod in eius nativitate non fuerat. O stultitiam singularem! Eligitur dies
5 ut ducatur uxor; credo propterea, quia potest in diem non
bonum, nisi eligatur, incurri et infeliciter duci. Ubi est
ergo quod nascenti iam sidera decreverunt? An potest
homo, quod ei iam constitutum est, diei electione mutare,
et quod ipse in eligendo die constituerit, non poterit ab
10 alia potestate mutari? Deinde si soli homines, non autem
omnia quae sub caelo sunt, constellationibus subiacent,
cur aliter eligunt dies accommodatos ponendis vitibus
vel arboribus vel segetibus, alios dies pecoribus vel do-
mandis vel admittendis maribus, quibus equarum vel
15 boum fetentur armenta, et cetera huius modi? Si autem
propterea valent ad has res dies electi, quia terrenis
omnibus corporibus sive animantibus secundum diversitates temporalium momentorum siderum positio dominatur: considerent quam innumerabilia sub uno temporis
20 puncto vel nascantur vel oriantur vel inchoentur, et
tam diversos exitus habeant, ut istas observationes cuivis
puero ridendas esse persuadeant. Quis enim est tam ex-
cors, ut audeat dicere omnes arbores, omnes herbas,
omnes bestias serpentes aves pisces vermiculos momenta
25 nascendi singillatim habere diversa? Solent tamen homines
ad temptandam peritiam mathematicorum adferre ad eos
constellationes mutorum animalium, quorum ortus propter
hanc explorationem domi suae diligenter observant, eosque mathematicos praeferunt ceteris, qui constellationibus
30 inspectis dicunt non esse hominem natum, sed pecus.
Audent etiam dicere quale pecus, utrum aptum lanitio, an
vectationi, an aratro, an custodiae domus. Nam et ad
canina fata temptantur et cum magnis admirantium cla-
moribus ista respondent. Sic desipiunt homines, ut exi-
35 stiment, cum homo nascitur, ceteros rerum ortus ita
inhiberi, ut cum illo sub eadem caeli plaga nec musca
nascatur. Nam si hanc admiserint, procedit ratiocinatio,
quae gradatim accessibus modicis eos a muscis ad camelos

elephantosque perducat. Nec illud volunt advertere, quod
electo ad seminandum agrum die tam multa grana in terram simul veniunt, simul germinant, exorta segete simul
herbescunt pubescunt flavescunt, et tamen inde spicas
ceteris coaevas atque, ut ita dixerim, congerminales alias 5
rubigo interimit, alias aves depopulantur, alias homines
avellunt. Quo modo istis alias constellationes fuisse dicturi sunt, quas tam diversos exitus habere conspiciunt?
An eos paenitebit his rebus dies eligere, easque ad caeleste
negabunt pertinere decretum, et solos sideribus subdent 10
homines, quibus solis in terra Deus dedit liberas voluntates? His omnibus consideratis non inmerito creditur,
cum astrologi mirabiliter multa vera respondent, occulto
instinctu fieri spirituum non bonorum, quorum cura est
has falsas et noxias opiniones de astralibus fatis inserere 15
humanis mentibus atque firmare, non horoscopi notati et
inspecti aliqua arte, quae nulla est.

Caput VIII.

De his, qui non astrorum positionem, sed conexionem
causarum ex Dei voluntate pendentem fati nomine   20
appellant.

Qui vero non astrorum constitutionem, sicuti est cum
quidque concipitur vel nascitur vel inchoatur, sed omnium
conexionem seriemque causarum, qua fit omne quod fit,
fati nomine appellant: non multum cum eis de verbi con- 25
troversia laborandum atque certandum est, quando quidem ipsum causarum ordinem et quandam conexionem
Dei summi tribuunt voluntati et potestati, qui optime et
veracissime creditur et cuncta scire, antequam fiant, et
nihil inordinatum relinquere; a quo sunt omnes potestates, 30
quamvis non sint ab illo omnium voluntates. Ipsam itaque
praecipue Dei summi voluntatem, cuius potestas insupera-
biliter per cuncta porrigitur, eos appellare fatum sic probatur. Annaei Senecae sunt, nisi fallor, hi versus:

Duc, summe pater, altique dominator poli,   35
Quocumque placuit, nulla parendi mora est.

Adsum impiger: fac nolle, comitabor gemens
Malusque patiar facere quod licuit bono.
Ducunt volentem fata, nolentem trahunt.

Nempe evidentissime hoc ultimo versu ea fata appellavit,
5 quam supra dixerat summi patris voluntatem; cui paratum se oboedire dicit, ut volens ducatur, ne nolens traha-
tur; quoniam scilicet

Ducunt volentem fata, nolentem trahunt.

Illi quoque versus Homerici huic sententiae suffragantur,
10 quos Cicero in Latinum vertit:

Tales sunt hominum mentes, quali pater ipse
Iuppiter auctiferas lustravit lumine terras.

Nec in hac quaestione auctoritatem haberet poetica sententia; sed quoniam Stoicos dicit vim fati asserentes istos
15 ex Homero versus solere usurpare, non de illius poetae,
sed de istorum philosophorum opinione tractatur, cum per
istos versus, quos disputationi adhibent, quam de fato
habent, quid sentiant esse fatum apertissime declaratur,
quoniam Iovem appellant, quem summum deum putant,
20 a quo conexionem dicunt pendere fatorum.

Caput IX.

De praescientia Dei et libera hominis voluntate contra
Ciceronis definitionem.

Hos Cicero ita redarguere nititur, ut non existimet
25 aliquid se adversus eos valere, nisi auferat divinationem.
Quam sic conatur auferre, ut neget esse scientiam futurorum, eamque omnibus viribus nullam esse omnino contendat, vel in homine vel in deo, nullamque rerum prae-
dictionem. Ita et Dei praescientiam negat et omnem
30 prophetiam luce clariorem conatur evertere vanis argu-
mentationibus et opponendo sibi quaedam oracula, quae
facile possunt refelli; quae tamen nec ipsa convincit. In

---

3) Senec. epist. 107 sub fin.   12) Odys. 18, 136 sq.

his autem mathematicorum coniecturis refutandis eius
regnat oratio, quia vere tales sunt, ut se ipsae destruant
et refellant. Multo sunt autem tolerabiliores, qui vel siderea fata constituunt, quam iste qui tollit praescientiam
futurorum. Nam et confiteri esse Deum et negare prae- 5
scium futurorum apertissima insania est. Quod et ipse
cum videret, etiam illud temptavit quod scriptum est:
Dixit insipiens in corde suo: Non est Deus; sed non ex
sua persona. Vidit enim quam esset invidiosum et molestum, ideoque Cottam fecit disputantem de hac re ad- 10
versum Stoicos in libris de deorum natura et pro Lucilio
Balbo, cui Stoicorum partes defendendas dedit, maluit
ferre sententiam quam pro Cotta, qui nullam divinam
naturam esse contendit. In libris vero de divinatione ex
se ipso apertissime oppugnat praescientiam futurorum. 15
Hoc autem totum facere videtur, ne fatum esse consentiat
et perdat liberam voluntatem. Putat enim concessa scientia futurorum ita esse consequens fatum, ut negari omnino non possit. Sed quoquo modo se habeant tortuosis-
simae concertationes et disputationes philosophorum, nos 20
ut confitemur summum et verum Deum, ita voluntatem
summamque potestatem ac praescientiam eius confitemur.
Nec timemus ne ideo non voluntate faciamus, quod voluntate facimus, quia id nos facturos ille praescivit, cuius
praescientia falli non potest. Quod Cicero timuit, ut oppu- 25
gnaret praescientiam, et Stoici, ut non omnia necessitate
fieri dicerent, quamvis omnia fato fieri contenderent.

Quid est ergo, quod Cicero timuit in praescientia futurorum, ut eam labefactare disputatione detestabili nite-
retur? Videlicet quia si praescita sunt omnia futura, hoc 30
ordine venient, quo ventura esse praescita sunt; et si hoc
ordine venient, certus est ordo rerum praescienti Deo; et
si certus est ordo rerum, certus est ordo causarum; non
enim fieri aliquid potest, quod non aliqua efficiens causa
praecesserit; si autem certus est ordo causarum, quo fit 35
omne quod fit, fato, inquit, fiunt omnia quae fiunt. Quod

---

8) Psal. 13 (14), 1. 14) Lib. 3.

12*

si ita est, nihil est in nostra potestate nullumque est arbitrium voluntatis; quod si concedimus, inquit, omnis humana vita subvertitur, frustra leges dantur, frustra obiurgationes laudes, vituperationes exhortationes adhibentur,
5 neque ulla iustitia bonis praemia et malis supplicia constituta sunt. Haec ergo ne consequantur indigna et absurda et perniciosa rebus humanis, non vult esse praescientiam futurorum; atque in has angustias coartat animum religiosum, ut unum eligat e duobus, aut esse aliquid in
10 nostra voluntate, aut esse praescientiam futurorum, quoniam utrumque arbitratur esse non posse, sed si alterum confirmabitur, alterum tolli; si elegerimus praescientiam futurorum, tolli voluntatis arbitrium; si elegerimus voluntatis arbitrium, tolli praescientiam futurorum. Ipse itaque
15 ut vir magnus et doctus et vitae humanae plurimum ac peritissime consulens ex his duobus elegit liberum voluntatis arbitrium; quod ut confirmaretur, negavit praescientiam futurorum, atque ita dum vult facere liberos, facit sacrilegos. Religiosus autem animus, utrumque eligit,
20 utrumque confitetur et fide pietatis utrumque confirmat. Quo modo? inquit; nam si est praescientia futurorum, sequentur illa omnia, quae conexa sunt, donec eo perveniatur, ut nihil sit in nostra voluntate. Porro si est aliquid in nostra voluntate, eisdem recursis gradibus eo per-
25 venitur, ut non sit praescientia futurorum. Nam per illa omnia sic recurritur: si est voluntatis arbitrium, non omnia fato fiunt; si non omnia fato fiunt, non est omnium certus ordo causarum; si certus causarum ordo non est, nec rerum certus est ordo praescienti Deo, quae fieri non
30 possunt, nisi praecedentibus et efficientibus causis; si rerum ordo praescienti Deo certus non est, non omnia sic veniunt, ut ea ventura praescivit; porro si non omnia sic veniunt, ut ab illo ventura praescita sunt, non est, inquit, in Deo praescientia omnium futurorum.
35   Nos adversus istos sacrilegos ausus atque impios et Deum dicimus omnia scire, antequam fiant, et voluntate

---

6) Haec non leguntur in libris de divinatione, similia tamen in libello de fato.

nos facere, quidquid a nobis non nisi volentibus fieri sentimus et novimus. Omnia vero fato fieri non dicimus, immo nulla fieri fato dicimus; quoniam fati nomen ubi solet a loquentibus poni, id est in constitutione siderum cum quisque conceptus aut natus est, quoniam res ipsa 5 inaniter asseritur, nihil valere monstramus. Ordinem autem causarum, ubi voluntas Dei plurimum potest, neque negamus, neque fati vocabulo nuncupamus, nisi forte ut fatum a fando dictum intellegamus, id est a loquendo; non enim abnuere possumus esse scriptum in litteris sanctis: 10 *Semel locutus est Deus, duo haec audivi, quoniam potestas Dei est et tibi, Domine, misericordia, quia tu reddes unicuique secundum opera eius.* Quod enim dictum est: *Semel locutus est,* intellegitur „inmobiliter“, hoc est incommutabiliter, „est locutus“, sicut novit incommutabi- 15 liter omnia quae futura sunt et quae ipse facturus est. Hac itaque ratione possemus a fando fatum appellare, nisi hoc nomen iam in alia re soleret intellegi, quo corda hominum nolumus inclinari. Non est autem consequens, ut, si Deo certus est omnium ordo causarum, ideo nihil sit in 20 nostrae voluntatis arbitrio. Et ipsae quippe nostrae voluntates in causarum ordine sunt, qui certus est Deo eiusque praescientia continetur, quoniam et humanae voluntates humanorum operum causae sunt. Atque ita, qui omnes rerum causas praescivit, profecto in eis causis etiam 25 nostras voluntates ignorare non potuit, quas nostrorum operum causas esse praescivit.

Nam et illud, quod idem Cicero concedit, nihil fieri si causa efficiens non praecedat, satis est ad eum in hac quaestione redarguendum. Quid enim eum adiuvat, quod 30 dicit nihil quidem fieri sine causa, sed non omnem causam esse fatalem, quia est causa fortuita, est naturalis, est voluntaria? Sufficit, quia omne, quod fit, non nisi causa praecedente fieri confitetur. Nos enim eas causas, quae dicuntur fortuitae, unde etiam fortuna nomen accepit, non esse 35 dicimus nullas, sed latentes, easque tribuimus vel Dei

---

13) Psal. 61 (62), 12 sq. 29) De fato c. 10 sqq.

veri vel quorumlibet spirituum voluntati, ipsasque naturales nequaquam ab illius voluntate seiungimus, qui est
auctor omnis conditorque naturae. Iam vero causae voluntariae aut Dei sunt aut angelorum aut hominum aut
5 quorumque animalium, si tamen voluntates appellandae
sunt animarum rationis expertium motus illi, quibus aliqua
faciunt secundum naturam suam, cum quid vel adpetunt
vel evitant. Angelorum autem voluntates dico seu bonorum, quos angelos Dei dicimus, seu malorum, quos angelos
10 diaboli vel etiam daemones appellamus: sic et hominum
bonorum scilicet et malorum. Ac per hoc colligitur non
esse causas efficientes omnium quae fiunt, nisi voluntarias,
illius naturae scilicet quae spiritus vitae est. Nam et aer
iste seu ventus dicitur spiritus; sed quoniam corpus est,
15 non est spiritus vitae. Spiritus ergo vitae, qui vivificat
omnia creatorque est omnis corporis et omnis creati spiritus, ipse est Deus, spiritus utique non creatus. In eius
voluntate summa potestas est, quae creatorum spirituum
bonas voluntates adiuvat, malas iudicat, omnes ordinat, et
20 quibusdam tribuit potestates, quibusdam non tribuit. Sicut
enim omnium naturarum creator est, ita omnium potestatum dator, non voluntatum. Malae quippe voluntates
ab illo non sunt, quoniam contra naturam sunt, quae ab
illo est. Corpora igitur magis subiacent voluntatibus,
25 quaedam nostris, id est omnium animantium mortalium
et magis hominum quam bestiarum; quaedam vero angelorum; sed omnia maxime Dei voluntati subdita sunt, cui
etiam voluntates omnes subiciuntur, quia non habent potestatem nisi quam ille concedit. Causa itaque rerum,
30 quae facit nec fit, Deus est. Aliae vero causae et faciunt
et fiunt, sicut sunt omnes creati spiritus, maxime rationales. Corporales autem causae, quae magis fiunt, quam
faciunt, non sunt inter causas efficientes adnumerandae,
quoniam hoc possunt, quod ex ipsis faciunt spirituum vo-
35 luntates. Quo modo igitur ordo causarum, qui praescienti
certus est Deo, id efficit, ut nihil sit in nostra voluntate,
cum in ipso causarum ordine magnum habeant locum
nostrae voluntates? Contendat ergo Cicero cum eis, qui

hunc causarum ordinem dicunt esse fatalem vel potius
ipsum fati nomine appellant, quod nos abhorremus praecipue propter vocabulum, quod non in re vera consuevit
intellegi. Quod vero negat ordinem omnium causarum
esse certissimum et Dei praescientiae notissimum, plus 5
eum quam Stoici detestamur. Aut enim esse Deum negat,
quod quidem inducta alterius persona in libris de deorum
natura facere molitus est; aut si esse confitetur Deum,
quem negat praescium futurorum, etiam sic nihil dicit
aliud, quam quod ille *dixit insipiens in corde suo: Non* 10
est Deus. Qui enim non est praescius omnium futurorum,
non est utique Deus. Quapropter et voluntates nostrae
tantum valent, quantum Deus eas valere voluit atque praescivit; et ideo quidquid valent, certissime valent, et quod
facturae sunt, ipsae omnino facturae sunt, quia valituras 15
atque facturas ille praescivit, cuius praescientia falli non
potest. Quapropter si mihi fati nomen alicui rei adhiben-
dum placeret, magis dicerem fatum esse infirmioris potentioris voluntatem, qui eum habet in potestate, quam illo
causarum ordine, quem non usitato, sed suo more Stoici 20
fatum appellant, arbitrium nostrae voluntatis auferri.

CAPUT X.

An voluntatibus hominum aliqua dominetur necessitas.

Unde nec illa necessitas formidanda est, quam formi-
dando Stoici laboraverunt causas rerum ita distinguere, 25
ut quasdam subtraherent necessitati, quasdam subderent,
atque in his, quas esse sub necessitate noluerunt, posuerunt etiam nostras voluntates, ne videlicet non essent liberae, si subderentur necessitati. Si enim necessitas
nostra illa dicenda est, quae non est in nostra potestate, 30
sed etiam si nolimus efficit quod potest, sicut est necessitas mortis: manifestum est voluntates nostras, quibus recte
vel perperam vivitur, sub tali necessitate non esse. Multa
enim facimus, quae si nollemus, non utique faceremus.

---

1) De fato. 11 sq. 11) Psal. 13, 1.

Quo primitus pertinet ipsum velle; nam si volumus, est,
si nolumus, non est; non enim vellemus, si nollemus. Si
autem illa definitur esse necessitas, secundum quam dicimus necesse esse ut ita sit aliquid vel ita fiat, nescio cur
5 eam timeamus, ne nobis libertatem auferat voluntatis.
Neque enim et vitam Dei et praescientiam Dei sub necessitate ponimus, si dicamus necesse esse Deum semper vivere et cuncta praescire; sicut nec potestas eius minuitur,
cum dicitur mori fallique non posse. Sic enim hoc non
10 potest, ut potius, si posset, minoris esset utique potestatis.
Recte quippe omnipotens dicitur, qui tamen mori et falli
non potest. Dicitur enim omnipotens faciendo quod vult,
non patiendo quod non vult; quod ei si accideret, nequaquam esset omnipotens. Unde propterea quaedam non
15 potest, quia omnipotens est. Sic etiam cum dicimus necesse esse, ut, cum volumus, libero velimus arbitrio: et
verum procul dubio dicimus, et non ideo ipsum liberum
arbitrium necessitati subicimus, quae adimit libertatem.
Sunt igitur nostrae voluntates et ipsae faciunt, quidquid
20 volendo facimus, quod non fieret, si nollemus. Quidquid
autem aliorum hominum voluntate nolens quisque patitur,
etiam sic voluntas valet, etsi non illius tamen hominis voluntas, sed potestas Dei. Nam si voluntas tantum esset
nec posset quod vellet, potentiore voluntate impediretur;
25 nec sic tamen voluntas, nisi voluntas esset, nec alterius,
sed eius esset qui vellet, etsi non posset implere quod vellet. Unde quidquid praeter suam voluntatem patitur homo,
non debet tribuere humanis vel angelicis vel cuiusquam
creati spiritus voluntatibus, sed eius potius, qui dat pote-
30 statem volentibus.

Non ergo propterea nihil est in nostra voluntate, quia
Deus praescivit quid futurum esset in nostra voluntate.
Non enim, qui hoc praescivit, nihil praescivit. Porro si
ille, qui praescivit quid futurum esset in nostra voluntate,
35 non utique nihil, sed aliquid praescivit: profecto et illo
praesciente est aliquid in nostra voluntate. Quocirca nullo
modo cogimur aut retenta praescientia Dei tollere voluntatis arbitrium aut retento voluntatis arbitrio Deum (quod

nefas est) negare praescium futurorum; sed utrumque amplectimur, utrumque fideliter et veraciter confitemur; illud, ut bene credamus; hoc, ut bene vivamus. Male autem vivitur, si de Deo non bene creditur. Unde absit a nobis eius negare praescientiam, ut libere velimus, quo 5 adiuvante sumus liberi vel erimus. Proinde non frustra sunt leges obiurgationes exhortationes laudes et vituperationes, quia et ipsas futuras esse praescivit, et valent plurimum, quantum eas valituras esse praescivit, et preces valent ad ea impetranda, quae se precantibus concessurum 10 esse praescivit, et iuste praemia bonis factis et peccatis supplicia constituta sunt. Neque enim ideo non peccat homo, quia Deus illum peccaturum esse praescivit; immo ideo non dubitatur ipsum peccare, cum peccat, quia ille, cuius praescientia falli non potest, non fatum, non fortu- 15 nam, non aliquid aliud, sed ipsum peccaturum esse praescivit. Qui si nolit utique non peccat; sed si peccare noluerit, etiam hoc ille praescivit.

Caput XI.

De universali providentia Dei, cuius legibus omnia 20
continentur.

Deus itaque summus et verus cum Verbo suo et Spiritu sancto, quae tria unum sunt, Deus unus omnipotens, creator et factor omnis animae atque omnis corporis, cuius sunt participatione felices, quicumque sunt 25 veritate, non vanitate felices, qui fecit hominem rationale animal ex anima et corpore, qui eum peccantem nec inpunitum esse permisit nec sine misericordia dereliquit; qui bonis et malis essentiam etiam cum lapidibus, vitam seminalem etiam cum arboribus, vitam sensualem etiam 30 cum pecoribus, vitam intellectualem cum solis angelis dedit; a quo est omnis modus omnis species omnis ordo; a quo est mensura numerus pondus; a quo est quidquid naturaliter est, cuiuscumque generis est, cuiuslibet aestimationis est; a quo sunt semina formarum formae semi- 35 num motus seminum atque formarum; qui dedit et carni

originem pulchritudinem valetudinem, propagationis fecunditatem, membrorum dispositionem, salutem concordiae;
qui et animae inrationali dedit memoriam sensum adpeti-
tum, rationali autem insuper mentem intellegentiam vo-
5 luntatem; qui non solum caelum et terram, nec solum
angelum et hominem, sed nec exigui et contemptibilis
animantis viscera nec avis pinnulam, nec herbae flosculum
nec arboris folium sine suarum partium convenientia et
quadam veluti pace dereliquit: nullo modo est credendus
10 regna hominum eorumque dominationes et servitutes a
suae providentiae legibus alienas esse voluisse.

Caput XII.

Quibus moribus antiqui Romani meruerint, ut Deus verus,
quamvis non eum colerent, eorum augeret imperium.

15   Proinde videamus, quos Romanorum mores et quam
ob causam Deus verus ad augendum imperium adiuvare
dignatus est, in cuius potestate sunt etiam regna terrena.
Quod ut absolutius disserere possimus, ad hoc pertinentem
et superiorem librum conscripsimus, quod in hac re pote-
20 stas nulla sit eorum deorum, quos etiam rebus nugatoriis
colendos putarunt, et praesentis voluminis partes superiores, quas huc usque perduximus, de fati quaestione tol-
lenda, ne quisquam, cui iam persuasum esset non illorum
deorum cultu Romanum imperium propagatum atque
25 servatum, nescio cui fato potius id tribueret, quam Dei
summi potentissimae voluntati. Veteres igitur primique
Romani, quantum eorum docet et commendat historia,
quamvis ut aliae gentes excepta una populi Hebraeorum
deos falsos colerent et non Deo victimas, sed daemoniis
30 immolarent, tamen „laudis avidi, pecuniae liberales erant,
gloriam ingentem, divitias honestas volebant"; hanc arden-
tissime dilexerunt, propter hanc vivere voluerunt, pro hac
emori non dubitaverunt. Ceteras cupiditates huius unius
ingenti cupiditate presserunt. Ipsam denique patriam suam,

---

31) Sall. Cat. 7.

quoniam servire videbatur inglorium, dominari vero atque imperare gloriosum, prius omni studio liberam, deinde dominam esse concupiverunt. Hinc est quod regalem dominationem non ferentes „annua imperia binosque imperatores sibi fecere", qui consules appellati sunt a consulendo, 5 non reges aut domini a regnando atque dominando; cum et reges utique a regendo dicti melius videantur, ut regnum a regibus, reges autem, ut dictum est, a regendo; sed fastus regius non disciplina putata est regentis vel benevolentia consulentis, sed superbia dominantis. Expulso ita- 10 que rege Tarquinio, et consulibus institutis, secutum est, quod idem auctor in Romanorum laudibus posuit, quod „civitas incredibile memoratu est adepta libertate quantum brevi creverit; tanta cupido gloriae incesserat." Ista ergo laudis aviditas et cupido gloriae multa illa miranda 15 fecit, laudabilia scilicet atque gloriosa secundum hominum existimationem.

Laudat idem Sallustius temporibus suis magnos et praeclaros viros, Marcum Catonem et Gaium Caesarem, dicens quod diu illa res publica non habuit quemquam 20 virtute magnum, sed sua memoria fuisse illos duos ingenti virtute, diversis moribus. In laudibus autem Caesaris posuit, quod sibi magnum imperium, exercitum, bellum novum exoptabat, ubi virtus enitescere posset. Ita fiebat in votis virorum virtute magnorum, ut excitaret in bellum miseras 25 gentes et flagello agitaret Bellona sanguineo, ut esset ubi virtus eorum enitesceret. Hoc illa profecto laudis aviditas et gloriae cupido faciebat. Amore itaque primitus libertatis, post etiam dominationis et cupiditate laudis et gloriae multa magna fecerunt. Reddit eis utriusque rei testimo- 30 nium etiam poeta insignis illorum; inde quippe ait:

> Nec non Tarquinium eiectum Porsenna iubebat
> Accipere ingentique urbem obsidione premebat;
> Aeneadae in ferrum pro libertate ruebant.

Tunc itaque magnum illis fuit aut fortiter emori aut liberos 35

---

14) Sall. Cat. 7.   24) Cat. 53 sq.   34) Aen. 8, 646 sqq.

vivere. Sed cum esset adepta libertas, tanta cupido gloriae incesserat, ut parum esset sola libertas, nisi et dominatio quaereretur, dum pro magno habetur, quod velut
loquente Iove idem poeta dicit:

5   Quin aspera Iuno,
Quae mare nunc terrasque metu caelumque fatigat,
Consilia in melius referet mecumque fovebit
Romanos rerum dominos gentemque togatam.
Sic placitum. Veniet lustris labentibus aetas,
10   Cum domus Assaraci Phthiam clarasque Mycenas
Servitio premet ac victis dominabitur Argis.

Quae quidem Vergilius Iovem inducens tamquam futura
praedicentem ipse iam facta recolebat cernebatque praesentia; verum propterea commemorare illa volui, ut osten-
15 derem dominationem post libertatem sic habuisse Romanos,
ut in eorum magnis laudibus poneretur. Hinc est et illud
eiusdem poetae, quod, cum artibus aliarum gentium eas
ipsas proprias Romanorum artes regnandi atque imperandi
et subiugandi ac debellandi populos anteponeret, ait:

20   Excudent alii spirantia mollius aera,
Cedo equidem, vivos ducent de marmore vultus,
Orabunt causas melius caelique meatus
Describent radio et surgentia sidera dicent:
Tu regere imperio populos, Romane, memento,
25   (Hae tibi erunt artes) pacique inponere morem,
Parcere subiectis et debellare superbos.

Has artes illi tanto peritius exercebant, quanto minus se
voluptatibus dabant, et enervationi animi et corporis in
concupiscendis et augendis divitiis, et per illas moribus
30 corrumpendis, rapiendo miseris civibus, largiendo scaenicis
turpibus. * Unde qui tales iam morum labe superabant atque abundabant, quando scribebat ista Sallustius, cane-
batque Vergilius, non illis artibus ad honores et gloriam,
sed dolis atque fallaciis ambiebant. Unde idem dicit: „Sed
35 primo magis ambitio quam avaritia animos hominum exer-

---

11) Aen. 1, 279 sqq.   26) Aen. 6, 847 sqq.

cebat, quod tamen vitium propius virtutem erat. Nam gloriam honorem imperium bonus et ignavus aeque sibi exoptant; sed ille, inquit, vera via nititur, huic quia bonae artes desunt, dolis atque fallaciis contendit." Hae sunt illae bonae artes, per virtutem scilicet, non per fallacem 5 ambitionem ad honorem et gloriam et imperium pervenire; quae tamen bonus et ignavus aeque sibi exoptant; sed ille, id est bonus, vera via nititur. Via virtus est, qua nititur tamquam ad possessionis finem, id est ad gloriam honorem imperium. Hoc insitum habuisse Romanos etiam deorum 10 apud illos aedes indicant, quas coniunctissimas constitue- runt Virtutis et Honoris, pro diis habentes quae dantur a Deo. Unde intellegi potest quem finem volebant esse vir- tutis et quo eam referebant qui boni erant, ad honorem scilicet; nam mali nec habebant eam, quamvis honorem 15 habere cuperent, quem malis artibus conabantur adipisci, id est dolis atque fallaciis.

Melius laudatus est Cato. De illo quippe ait: „Quo minus petebat gloriam, eo illum magis sequebatur." Quando quidem gloria est, cuius illi cupiditate flagrabant, 20 iudicium hominum bene de hominibus opinantium. Et ideo melior est virtus, quae humano iudicio contenta non est, nisi conscientiae suae. Unde dicit apostolus: *Nam gloria nostra haec est: testimonium conscientiae nostrae;* et alio loco: *Opus autem suum probet unusquisque, et tunc* 25 *in semet ipso tantum gloriam habebit et non in altero.* Glo- riam ergo et honorem et imperium, quae sibi exoptabant et quo bonis artibus pervenire nitebantur boni, non debet sequi virtus, sed ipsa virtutem. Neque enim est vera vir- tus, nisi quae ad eum finem tendit, ubi est bonum hominis, 30 quo melius non est. Unde et honores, quos petivit Cato, petere non debuit, sed eos civitas ob eius virtutem non petenti dare.

Sed cum illa memoria duo Romani essent virtute magni, Caesar et Cato, longe virtus Catonis veritati videtur 35 propinquior fuisse quam Caesaris. Proinde qualis esset

---

4) Cat. 11.   19) Cat. 54.   24) 2. Cor. 1, 12.   26) Gal. 6, 4.

illo tempore civitas et antea qualis fuisset, videamus in
ipsa sententia Catonis: „Nolite, inquit, existimare, maiores
nostros armis rem publicam ex parva magnam fecisse. Si
ita esset, multo pulcherrimam eam nos haberemus. Quippe
5 sociorum atque civium, praeterea armorum et equorum
maior copia nobis quam illis est. Sed alia fuere quae illos
magnos fecere, quae nobis nulla sunt: domi industria,
foris iustum imperium, animus in consulendo liber neque
delicto neque libidini obnoxius. Pro his nos habemus lu-
10 xuriam atque avaritiam, publice egestatem, privatim opulentiam; laudamus divitias, sequimur inertiam; inter bonos
et malos discrimen nullum; omnia virtutis praemia ambitio possidet. Neque mirum, ubi vos separatim sibi quisque consilium capitis, ubi domi voluptatibus, hic pecuniae
15 aut gratiae servitis: eo fit ut impetus fiat in vacuam rem
publicam."

Qui audit haec Catonis verba sive Sallustii, putat,
quales laudantur Romani veteres, omnes eos tales tunc
fuisse vel plures. Non ita est; alioquin vera non essent,
20 quae ipse item scribit, ea quae commemoravi in secundo
libro huius operis, ubi dicit, iniurias validiorum et ob eas
discessionem plebis a patribus aliasque dissensiones domi
fuisse iam inde a principio, neque amplius aequo et modesto iure actum quam expulsis regibus, quamdiu metus
25 a Tarquinio fuit, donec bellum grave, quod propter ipsum
cum Etruria susceptum fuerat, finiretur; postea vero servili imperio patres exercuisse plebem, regio more verbe-
rasse, agro pepulisse et ceteris expertibus solos egisse in
imperio; quarum discordiarum, dum illi dominari vellent,
30 isti servire nollent, finem fuisse bello Punico secundo, quia
rursus gravis metus coepit urguere atque ab illis perturbationibus alia maiore cura cohibere animos inquietos et
ad concordiam revocare civilem. Sed per quosdam paucos,
qui pro suo modo boni erant, magna administrabantur
35 atque illis toleratis ac temperatis malis paucorum bonorum
providentia res illa crescebat; sicut idem historicus dicit,

---

16) Cat. 52.   21) C. 18.

multa sibi et legenti et audienti, quae populus Romanus
domi militiaeque mari atque terra praeclara facinora fecerit, libuisse adtendere quae res maxime tanta negotia
sustinuisset; quoniam sciebat saepenumero parva manu
cum magnis legionibus hostium contendisse Romanos, co- 5
gnoverat parvis copiis bella gesta cum opulentis regibus;
sibique multa agitanti constare dixit, paucorum civium
egregiam virtutem cuncta patravisse, eoque factum ut divitias paupertas, multitudinem paucitas superaret. „Sed
postquam luxu atque desidia, inquit, civitas corrupta est, 10
rursus res publica magnitudine sui imperatorum atque
magistratuum vitia sustentabat." Paucorum igitur virtus
ad gloriam honorem imperium vera via, id est ipsa virtute,
nitentium etiam a Catone laudata est. Hinc erat domi
industria, quam commemoravit Cato, ut aerarium esset 15
opulentum, tenues res privatae. Unde corruptis moribus
vitium e contrario posuit, publice egestatem, privatim
opulentiam.

Caput XIII.

De amore laudis, qui, cum sit vitium, ob hoc virtus 20
putatur, quia per ipsum vitia maiora cohibentur.

Quam ob rem cum diu fuissent regna Orientis in-
lustria, voluit Deus et Occidentale fieri, quod tempore esset
posterius, sed imperii latitudine et magnitudine inlustrius.
Idque talibus potissimum concessit hominibus ad domanda 25
gravia mala multarum gentium, qui causa honoris laudis
et gloriae consuluerunt patriae, in qua ipsam gloriam requirebant salutemque eius saluti suae praeponere non dubitaverunt, pro isto uno vitio, id est amore laudis, pecuniae
cupiditatem et multa alia vitia conprimentes. Nam sanius 30
videt, qui et amorem laudis vitium esse cognoscit, quod
nec poetam fugit Horatium, qui ait:

Laudis amore tumes, sunt certa piacula, quae te
Ter pure lecto poterunt recreare libello.

---

12) Cat. 53.   18) Cat. 52.   34) Ep. 1, 1, 36 sq.

Idemque in carmine lyrico ad reprimendam dominandi libidinem ita cecinit:

> Latius regnes avidum domando
> Spiritum, quam si Libyam remotis
> 5   Gadibus iungas et uterque Poenus
>   Serviat uni.

Verum tamen qui libidines turpiores fide pietatis impetrato
Spiritu sancto et amore intellegibilis pulchritudinis non
refrenant, melius saltem cupiditate humanae laudis et glo-
10 riae non quidem iam sancti, sed minus turpes sunt. Etiam
Tullius hinc dissimulare non potuit in eisdem libris quos
de re publica scripsit, ubi loquitur de instituendo principe
civitatis, quem dicit alendum esse gloria, et consequenter
commemorat maiores suos multa mira atque praeclara
15 gloriae cupiditate fecisse. Huic igitur vitio non solum non
resistebant, verum etiam id excitandum et accendendum
esse censebant, putantes hoc utile esse rei publicae. Quamquam nec in ipsis philosophiae libris Tullius ab hac peste
dissimulet, ubi eam luce clarius confitetur. Cum enim de
20 studiis talibus loqueretur, quae utique sectanda sunt fine
veri boni, non ventositate laudis humanae, hanc intulit
universalem generalemque sententiam: „Honos alit artes,
omnesque accenduntur ad studia gloria iacentque ea semper, quae apud quosque improbantur.“

25 ## CAPUT XIV.

De resecando amore laudis humanae, quoniam iustorum
gloria omnis in Deo sit.

Huic igitur cupiditati melius resistitur sine dubitatione quam ceditur. Tanto enim quisque est Deo similior,
30 quanto est ab hac inmunditia mundior. Quae in hac vita
etsi non funditus eradicatur ex corde, quia etiam bene proficientes animos temptare non cessat: saltem cupiditas
gloriae superetur dilectione iustitiae, ut, si alicubi iacent

6) Hor. Od. 2, 2, 9 sqq.   15) Lib. 5.   24) Tusc. quaest. 1, 2.

quae apud quosque improbantur, si bona, si recta sunt,
etiam ipse amor humanae laudis erubescat et cedat amori
veritatis. Tam enim est hoc vitium inimicum piae fidei,
si maior in corde sit cupiditas gloriae quam Dei timor vel
amor, ut Dominus diceret: *Quo modo potestis credere* 5
gloriam ab invicem expectantes et gloriam quae a solo
Deo est non quaerentes? Item de quibusdam, qui in eum
crediderant et verebantur palam confiteri, ait evangelista:
Dilexerunt gloriam hominum magis quam Dei. Quod
sancti apostoli non fecerunt; qui cum in his locis praedi- 10
carent Christi nomen, ubi non solum improbabatur (sicut
ille ait: Iacentque ea semper, quae apud quosque improbantur), verum etiam summae detestationis habebatur,
tenentes quod audierant a bono magistro eodemque me-
dico mentium: *Si quis me negaverit coram hominibus,* 15
negabo eum coram patre meo, qui in caelis est, vel *coram*
angelis Dei, inter maledicta et opprobria, inter gravissi-
mas persecutiones crudelesque poenas non sunt deterriti
a praedicatione salutis humanae tanto fremitu offensionis
humanae. Et quod eos divina facientes atque dicentes 20
divineque viventes debellatis quodam modo cordibus duris
atque introducta pace iustitiae ingens in ecclesia Christi
gloria consecuta est: non in ea tamquam in suae virtutis
fine quieverunt; sed eam quoque ipsam ad Dei gloriam
referentes, cuius gratia tales erant, isto quoque fomite 25
eos, quibus consulebant, ad amorem illius, a quo et ipsi
tales fierent, accendebant. Namque ne propter humanam
gloriam boni essent, docuerat eos magister illorum dicens: *Cavete facere iustitiam vestram coram hominibus,*
ut videamini ab eis; alioquin mercedem non habebitis 30
apud patrem vestrum, qui in caelis est. Sed rursus ne
hoc perverse intellegentes hominibus placere metuerent
minusque prodessent latendo, quod boni sunt, demonstrans quo fine innotescere deberent: *Luceant,* inquit,
opera vestra coram hominibus, ut videant bona facta ve- 35
stra et glorificent patrem vestrum, qui in caelis est. Non

---

7) Ioan. 5, 44. 9) Id. 12, 43. 17) Matth. 10, 33; Luc. 12, 9.
31) Matth. 6, 1. 36) Id. 5, 16.

ergo *ut videamini ab eis*, id est hac intentione, ut eos ad
vos converti velitis, quia non per vos aliquid estis; *sed ut
glorificent patrem vestrum*, *qui in caelis est*, ad quem
conversi fiant quod estis. Hos secuti sunt martyres, qui
5 Scaevolas et Curtios et Decios non sibi inferendo poenas,
sed inlatas ferendo et virtute vera, quoniam vera pietate,
et innumerabili multitudine superarunt. Sed cum illi essent
in civitate terrena, quibus propositus erat omnium pro illa
officiorum finis incolumitas eius et regnum non in caelo,
10 sed in terra; non in vita aeterna, sed in decessione morientium et successione moriturorum: quid aliud amarent
quam gloriam, qua volebant etiam post mortem tamquam
vivere in ore laudantium?

Caput XV.
15 *De mercede temporali, quam Deus reddidit bonis moribus*
Romanorum.

Quibus ergo non erat daturus Deus vitam aeternam
cum sanctis angelis suis in sua civitate caelesti, ad cuius
societatem pietas vera perducit, quae non exhibet servi-
20 tutem religionis, quam λατρείαν Graeci vocant, nisi uni
vero Deo, si neque hanc eis terrenam gloriam excellentis-
simi imperii concederet: non redderetur merces bonis
artibus eorum, id est virtutibus, quibus ad tantam gloriam
pervenire nitebantur. De talibus enim, qui propter hoc
25 boni aliquid facere videntur, ut glorificentur ab hominibus, etiam Dominus ait: *Amen dico vobis, perceperunt*
mercedem suam. Sic et isti privatas res suas pro re communi, hoc est re publica, et pro eius aerario contempserunt, avaritiae restiterunt, consuluerunt patriae consilio
30 libero, neque delicto secundum suas leges neque libidini
obnoxii; his omnibus artibus tamquam vera via nisi sunt
ad honores imperium gloriam; honorati sunt in omnibus
fere gentibus, imperii sui leges inposueruut multis gentibus, hodieque litteris et historia gloriosi sunt paene in
35 omnibus gentibus: non est quod de summi et veri Dei
iustitia conquerantur; *perceperunt mercedem suam.*

---

27) Matth. 6, 2.

Caput XVI.

*De mercede sanctorum civium civitatis aeternae, quibus
utilia sunt Romanorum exempla virtutum.*

Merces autem sanctorum longe alia est etiam hic
opprobria sustinentium pro veritate Dei, quae mundi huius 5
dilectoribus odiosa est. Illa civitas sempiterna est; ibi
nullus oritur, quia nullus moritur; ibi est vera et plena
felicitas, non dea, sed donum Dei; inde fidei pignus accepimus, quamdiu peregrinantes eius pulchritudini suspiramus; ibi non oritur sol super bonos et malos, sed sol 10
iustitiae solos protegit bonos; ibi non erit magna industria
ditare publicum aerarium privatis rebus angustis, ubi
thesaurus communis est veritatis.   Proinde non solum
ut talis merces talibus hominibus redderetur, Romanum
imperium ad humanam gloriam dilatatum est; verum etiam 15
ut cives aeternae illius civitatis, quam diu hic peregrinantur, diligenter et sobrie illa intueantur exempla et videant
quanta dilectio debeatur supernae patriae propter vitam
aeternam, si tantum a suis civibus terrena dilecta est propter hominum gloriam.   20

Caput XVII.

*Quo fructu Romani bella gesserint et quantum his quos
vicere contulerint.*

Quantum enim pertinet ad hanc vitam mortalium,
quae paucis diebus ducitur et finitur, quid interest sub 25
cuius imperio vivat homo moriturus, si illi qui imperant ad impia et iniqua non cogant? Aut vero aliquid no-
cuerunt Romani gentibus, quibus subiugatis inposuerunt
leges suas, nisi quia id factum est ingenti strage bellorum?
Quod si concorditer fieret, id ipsum fieret meliore suc- 30
cessu; sed nulla esset gloria triumphantium. Neque enim
et Romani non vivebant sub legibus suis, quas ceteris in-
ponebant. Hoc si fieret sine Marte et Bellona, ut nec

---

10) Matth. 5, 45.

13*

victoria locum haberet, nemine vincente ubi nemo pugnaverat: nonne Romanis et ceteris gentibus una esset
eademque condicio? Praesertim si mox fieret, quod postea gratissime atque humanissime factum est, ut omnes
5 ad Romanum imperium pertinentes societatem acciperent
civitatis et Romani cives essent, ac sic esset omnium, quod
erat ante paucorum; tantum quod plebs illa, quae suos
agros non haberet, de publico viveret; qui pastus eius per
bonos administratores rei publicae gratius a concordibus
10 praestaretur quam victis extorqueretur.

	Nam quid intersit ad incolumitatem bonosque mores,
ipsas certe hominum dignitates, quod alii vicerunt, alii
victi sunt, omnino non video, praeter illum gloriae humanae inanissimum fastum, in quo perceperunt mercedem
15 suam, qui eius ingenti cupidine arserunt et ardentia bella
gesserunt. Numquid enim illorum agri tributa non sol-
vunt? Numquid eis licet discere, quod aliis non licet?
Numquid non multi senatores sunt in aliis terris, qui
Romam ne facie quidem norunt? Tolle iactantiam, et
20 omnes homines quid sunt nisi homines? Quod si perversitas saeculi admitteret, ut honoratiores essent quique meliores: nec sic pro magno haberi debuit honor humanus,
quia nullius est ponderis fumus. Sed utamur etiam in his
rebus beneficio Domini Dei nostri; consideremus quanta
25 contempserint, quae pertulerint, quas cupiditates subege-
rint pro humana gloria, qui eam tamquam mercedem talium virtutum accipere meruerunt, et valeat nobis etiam
hoc ad opprimendam superbiam, ut, cum illa civitas, in
qua nobis regnare promissum est, tantum ab hac distet,
30 quantum distat caelum a terra, a temporali laetitia vita
aeterna, ab inanibus laudibus solida gloria, a societate
mortalium societas angelorum, a lumine solis et lunae
lumen eius qui solem fecit et lunam, nihil sibi magnum
fecisse videantur tantae patriae cives, si pro illa adipi-
35 scenda fecerint boni operis aliquid vel mala aliqua susti-
nuerint, cum illi pro hac terrena iam adepta tanta fecerint,
tanta perpessi sint, praesertim quia remissio peccatorum,
quae cives ad aeternam colligit patriam, habet aliquid,

cui per umbram quandam simile fuit asylum illud Romu-
leum, quo multitudinem, qua illa civitas conderetur, quorumlibet delictorum congregavit inpunitas.

Caput XVIII.

Quam alieni a iactantia esse debeant Christiani, si ali- 5
quid fecerint pro dilectione aeternae patriae, cum tanta
Romani gesserint pro humana gloria et civitate terrena.

Quid ergo magnum est pro illa aeterna caelestique
patria cuncta saeculi huius quamlibet iucunda blandimenta
contemnere, si pro hac temporali atque terrena filios Bru- 10
tus potuit et occidere, quod illa facere neminem cogit?
Sed certe difficilius est filios interimere, quam quod pro
ista faciendum est, ea, quae filiis congreganda videbantur
atque servanda, vel donare pauperibus vel, si existat temptatio, quae id pro fide atque iustitia fieri compellat, amit- 15
tere. Felices enim vel nos vel filios nostros non divitiae
terrenae faciunt, aut nobis viventibus amittendae aut nobis
mortuis a quibus nescimus, vel forte a quibus nolumus,
possidendae; sed Deus felices facit, qui est mentium vera
opulentia. Bruto autem, quia filios occidit, infelicitatis 20
perhibet testimonium etiam poeta laudator. Ait enim:

Natosque pater nova bella moventes
Ad poenam pulchra pro libertate vocabit
Infelix, utcumque ferent ea facta minores.

Sed versu sequenti consolatus est infelicem: 25

Vincit amor patriae laudumque inmensa cupido.

Haec sunt duo illa, libertas et cupiditas laudis humanae,
quae ad facta compulit miranda Romanos. Si ergo pro
libertate moriturorum et cupiditate laudum, quae a mortalibus expetuntur, occidi filii a patre potuerunt: quid 30
magnum est, si pro vera libertate, quae nos ab iniquitatis
et mortis et diaboli dominatu liberos facit, nec cupiditate
humanarum laudum, sed caritate liberandorum hominum,

---

26) Aen. 6, 820 sqq.

non a Tarquinio rege, sed a daemonibus et daemonum principe, non filii occiduntur, sed Christi pauperes inter filios computantur?

Si alius etiam Romanus princeps, cognomine Tor-
5 quatus, filium, non quia contra patriam, sed etiam pro patria, tamen quia contra imperium suum, id est contra quod imperaverat pater imperator, ab hoste provocatus iuvenali ardore pugnaverat, licet vicisset, occidit, ne plus mali esset in exemplo imperii contempti, quam boni in
10 gloria hostis occisi: ut quid se iactent, qui pro inmortalis patriae legibus omnia, quae multo minus quam filii dili-guntur, bona terrena contemnunt? Si Furius Camillus etiam ingratam patriam, a cuius cervicibus acerrimorum hostium Veientium iugum depulerat damnatusque ab ae-
15 mulis fuerat, a Gallis iterum liberavit, quia non habebat potiorem, ubi posset vivere gloriosus: cur extollatur, velut grande aliquid fecerit, qui forte in ecclesia ab inimicis carnalibus gravissimam exhonorationis passus iniuriam non se ad eius hostes haereticos transtulit aut aliquam
20 contra illam ipse haeresem condidit, sed eam potius quan-tum valuit ab haereticorum perniciosissima pravitate de-fendit, cum alia non sit, non ubi vivatur in hominum gloria, sed ubi vita adquiratur aeterna? Si Mucius, ut cum Porsenna rege pax fieret, qui gravissimo bello Romanos
25 premebat, quia Porsennam ipsum occidere non potuit et pro eo alterum deceptus occidit, in ardentem aram ante eius oculos dexteram extendit, dicens multos tales, qualem illum videret, in eius exitium coniurasse, cuius ille forti-tudinem et coniurationem talium perhorrescens sine ulla
30 dubitatione se ab illo bello facta pace compescuit: quis regno caelorum inputaturus est merita sua, si pro illo non unam manum neque hoc sibi ultro faciens, sed perse-quente aliquo patiens totum flammis corpus inpenderit? Si Curtius armatus equo concito in abruptum hiatum ter-
35 rae se praecipitem dedit, deorum suorum oraculis serviens, quoniam iusserant, ut illuc id quod Romani haberent opti-mum mitteretur, nec aliud intellegere potuerunt, quam viris armisque se excellere, unde videlicet oportebat, ut

deorum iussis in illum interitum vir praecipitaretur armatus: quid se magnum pro aeterna patria fecisse dicturus
est, qui aliquem fidei suae passus inimicum non se ultro
in talem mortem mittens, sed ab illo missus obierit; quando
quidem a Domino suo eodemque rege patriae suae certius 5
oraculum accepit: *Nolite timere eos qui corpus occidunt,
animam autem non possunt occidere?* Si se occidendos
certis verbis quodam modo consecrantes Decii devoverunt,
ut illis cadentibus et iram deorum sanguine suo placantibus
Romanus liberaretur exercitus: nullo modo superbient 10
sancti martyres tamquam dignum aliquid pro illius patriae
participatione fecerint, ubi aeterna est et vera felicitas, si
usque ad sui sanguinis effusionem non solum suos fratres,
pro quibus fundebatur, verum et ipsos inimicos, a quibus
fundebatur, sicut eis praeceptum est, diligentes caritatis 15
fide et fidei caritate certarunt? Si Marcus Pulvillus dedi-
cans aedem Iovis, Iunonis, Minervae falso sibi ab invidis
morte filii nuntiata, ut illo nuntio perturbatus abscederet
atque ita dedicationis gloriam collega eius consequeretur,
ita contempsit, ut eum etiam proici insepultum iuberet, et 20
sic in eius corde orbitatis dolorem gloriae cupiditas vicerat: quid magnum se pro evangelii sancti praedicatione,
qua cives supernae patriae de diversis liberantur et colli-
guntur erroribus, fecisse dicturus est, cui Dominus de
sepultura patris sui sollicito ait: *Sequere me et sine mor-* 25
tuos sepelire mortuos suos? Si M. Regulus, ne crudelis-
simos hostes iurando falleret, ad eos ab ipsa Roma reversus est, quoniam, sicut Romanis eum tenere volentibus
respondisse fertur, postea quam Afris servierat, dignitatem
illic honesti civis habere non posset, eumque Carthagi- 30
nienses, quoniam contra eos in Romano senatu egerat,
gravissimis suppliciis necaverunt: qui cruciatus non sunt
pro fide illius patriae contemnendi, ad cuius beatitudinem
fides ipsa perducit? aut quid retribuetur Domino pro
omnibus quae tribuit, si pro fide quae illi debetur talia 35
fuerit homo passus, qualia pro fide quam perniciosissimis

---

7) Matth. 10, 28. 26) Matth. 8, 22. 35) Psal. 115 (116), 12.

inimicis debebat passus est Regulus? Quo modo se audebit extollere de voluntaria paupertate Christianus, ut in
huius vitae peregrinatione expeditior ambulet viam, quae
perducit ad patriam, ubi verae divitiae Deus ipse est, cum
5 audiat vel legat L. Valerium, qui in suo defunctus est consulatu, usque adeo fuisse pauperem, ut nummis a populo
conlatis eius sepultura curaretur? audiat vel legat Quintium Cincinnatum, cum quattuor iugera possideret et ea
suis manibus coleret, ab aratro esse adductum, ut dictator
10 fieret, maior utique honore quam consul, victisque hostibus ingentem gloriam consecutum in eadem paupertate
mansisse? Aut quid se magnum fecisse praedicabit, qui
nullo praemio mundi huius fuerit ab aeternae illius patriae
societate seductus, cum Fabricium didicerit tantis muneri-
15 bus Pyrrhi, regis Epirotarum, promissa etiam quarta parte
regni a Romana civitate non potuisse divelli ibique in sua
paupertate privatum manere maluisse? Nam illud quod
rem publicam, id est rem populi, rem patriae, rem communem cum haberent opulentissimam atque ditissimam,
20 sic ipsi suis domibus pauperes erant, ut quidam eorum
qui iam bis consul fuisset, ex illo senatu hominum paupe-
rum pelleretur notatione censoria, quod decem pondo
argenti in vasis habere compertus est; ita idem ipsi pauperes erant, quorum triumphis publicum ditabatur aera-
25 rium: nonne omnes Christiani, qui excellentiore proposito
divitias suas communes faciunt secundum id quod scriptum
est in actibus apostolorum, ut distribuatur unicuique, sicut
cuique opus est, et nemo dicat aliquid proprium, sed sint
illis omnia communia, intellegunt se nulla ob hoc ventilari
30 oportere iactantia, id faciendo pro obtinenda societate
angelorum, cum paene tale aliquid illi fecerint pro conser-
vanda gloria Romanorum.

  Haec et alia, si qua huiusce modi reperiuntur in litteris eorum, quando sic innotescerent, quando tanta fama
35 praedicarentur, nisi Romanum imperium longe lateque
porrectum magnificis successibus augeretur? Proinde per

————————

29) Act. 2, 45; 4, 32.

illud imperium tam latum tamque diuturnum virorumque
tantorum virtutibus praeclarum atque gloriosum et illorum intentioni merces quam quaerebant est reddita, et
nobis proposita necessariae commonitionis exempla, ut, si
virtutes, quarum istae utcumque sunt similes, quas isti pro 5
civitatis terrenae gloria tenuerunt, pro Dei gloriosissima
civitate non tenuerimus, pudore pungamur; si tenuerimus, superbia non extollamur; quoniam, sicut dicit apostolus, *indignae sunt passiones huius temporis ad futuram
gloriam, quae revelabitur in nobis.* Ad humanam vero 10
gloriam praesentisque temporis satis digna vita existima-
batur illorum. Unde etiam Iudaei, qui Christum occiderunt, revelante testamento novo, quod in vetere velatum
fuit, ut non pro terrenis et temporalibus beneficiis, quae
divina providentia permixte bonis malisque concedit, sed 15
pro aeterna vita muneribusque perpetuis et ipsius supernae
civitatis societate colatur Deus unus et verus, rectissime
istorum gloriae donati sunt, ut hi, qui qualibuscumque
virtutibus terrenam gloriam quaesierunt et adquisierunt,
vincerent eos, qui magnis vitiis datorem verae gloriae et 20
civitatis aeternae occiderunt atque respueruut.

Caput XIX.

Quo inter se differant cupiditas gloriae et cupiditas dominationis.

Interest sane inter cupiditatem humanae gloriae et 25
cupiditatem dominationis. Nam licet proclive sit, ut, qui
humana gloria nimium delectatur, etiam dominari ardenter
affectet; tamen qui veram licet humanarum laudum gloriam concupiscunt, dant operam bene iudicantibus non
displicere. Sunt enim multa in moribus bona, de quibus 30
multi bene iudicant, quamvis ea multi non habeant; et per
ea bona morum nituntur ad gloriam et imperium vel dominationem, de quibus ait Sallustius: „Sed ille vera via

---

10) Rom. 8, 18.

nititur." Quisquis autem sine cupiditate gloriae, qua vere-
tur homo bene iudicantibus displicere, dominari atque
imperare desiderat, etiam per apertissima scelera quaerit
plerumque obtinere quod diligit. Proinde qui gloriam
5 concupiscit, aut vera via nititur, aut certe dolis atque fallaciis contendit, volens bonus videri esse, quod non est.
Et ideo virtutes habenti magna virtus est contemnere gloriam, quia contemptus eius in conspectu Dei est, iudicio
autem non aperitur humano. Quidquid enim fecerit ad
10 oculos hominum, quo gloriae contemptor appareat, ad
maiorem laudem, hoc est ad maiorem gloriam, facere si
credatur, non est unde se suspicantium sensibus aliter
esse, quam suspicantur, ostendat. Sed qui contemnit iudicia laudantium, contemnit etiam suspicantium temeri-
15 tatem, quorum tamen, si vere bonus est, non contemnit
salutem, quoniam tantae iustitiae est qui de spiritu Dei
virtutes habet, ut etiam ipsos diligat inimicos, et ita diligat,
ut suos osores vel detractores velit correctos habere consortes non in terrena patria, sed superna; in laudatoribus
20 autem suis, quamvis parvi pendat quod eum laudant, non
tamen parvi pendit, quod eum amant, nec eos vult fallere
laudantes, ne decipiat diligentes; ideoque instat ardenter,
ut potius ille laudetur, a quo habet homo quidquid in eo iure
laudatur. Qui autem gloriae contemptor dominationis est
25 avidus, bestias superat sive crudelitatis vitiis sive luxuriae.
Tales quidam Romani fuerunt. Non enim cura existima-
tionis amissa dominationis cupiditate caruerunt. Multos
tales fuisse prodit historia; sed huius vitii summitatem et
quasi arcem quandam Nero Caesar primus obtinuit, cuius
30 fuit tanta luxuries, ut nihil ab eo putaretur virile metuendum; tanta crudelitas, ut nihil molle habere crederetur,
si nesciretur. Etiam talibus tamen dominandi potestas
non datur nisi summi Dei providentia, quando res humanas iudicat talibus dominis dignas. Aperta de hac re vox
35 divina est loquente Dei sapientia: *Per me reges regnant*
et tyranni per me tenent terram. Sed ne tyranni non

---

36) Prov. 8, 15.

pessimi atque improbi reges, sed vetere nomine fortes dicti existimentur (unde ait Vergilius:

Pars mihi pacis erit dextram tetigisse tyranni):

apertissime alio loco de Deo dictum est: *Quia regnare facit hominem hypocritam propter perversitatem populi.* 5 Quam ob rem, quamvis ut potui satis exposuerim qua causa Deus unus verus et iustus Romanos secundum quandam formam terrenae civitatis bonos adiuverit ad tanti imperii gloriam consequendam: potest tamen et alia causa esse latentior propter diversa merita generis humani, Deo 10 magis nota quam nobis, dum illud constet inter omnes veraciter pios, neminem sine vera pietate, id est veri Dei vero cultu veram posse habere virtutem, nec eam veram esse, quando gloriae servit humanae; eos tamen, qui cives non sint civitatis aeternae, quae in sacris litteris 15 nostris dicitur civitas Dei, utiliores esse terrenae civitati, quando habent virtutem vel ipsam, quam si nec ipsam. Illi autem, qui vera pietate praediti bene vivunt, si habent scientiam regendi populos, nihil est felicius rebus humanis, quam si Deo miserante habeant potestatem. Tales autem 20 homines virtutes suas, quantascumque in hac vita possunt habere, non tribuunt nisi gratiae Dei, quod eas volentibus credentibus petentibusque dederit, simulque intellegunt, quantum sibi desit ad perfectionem iustitiae, qualis est in illorum sanctorum angelorum societate, cui se nituntur 25 aptare. Quantum libet autem laudetur atque praedicetur virtus, quae sine vera pietate servit hominum gloriae, nequaquam sanctorum exiguis initiis comparanda est, quorum spes posita est in gratia et misericordia veri Dei.

Caput XX. 30

Tam turpiter servire virtutes humanae gloriae quam corporis voluptati.

Solent philosophi, qui finem boni humani in ipsa virtute constituunt, ad ingerendum pudorem quibusdam

---

3) Aen. 7, 266. 5) Iob. 34, 30. 16) Psal. 45 (46) 5; 47 (48), 3 sq.

philosophis, qui virtutes quidem probant, sed eas voluptatis corporalis fine metiuntur et illam per se ipsam putant adpetendam, istas propter ipsam, tabulam quandam
verbis pingere, ubi voluptas in sella regali quasi delicata
5 quaedam regina considat, eique virtutes famulae subiciantur, observantes eius nutum, ut faciant quod illa impera-
verit, quae prudentiae iubeat, ut vigilanter inquirat, quo
modo voluptas regnet et salva sit; iustitiae iubeat, ut prae-
stet beneficia quae potest ad comparandas amicitias cor-
10 poralibus commodis necessarias, nulli faciat iniuriam, ne
offensis legibus voluptas vivere secura non possit; forti-
tudini iubeat, ut, si dolor corpori acciderit, qui non compellat in mortem, teneat dominam suam, id est voluptatem,
fortiter in animi cogitatione, ut per pristinarum deliciarum
15 suarum recordationem mitiget praesentis doloris aculeos;
temperantiae iubeat, ut tantum capiat alimentorum et si
qua delectant, ne per inmoderationem noxium aliquid
valetudinem turbet et voluptas, quam etiam in corporis
sanitate Epicurei maximam ponunt, graviter offendatur.
20 Ita virtutes cum tota suae gloria dignitatis tamquam impe-
riosae cuidam et inhonestae mulierculae servient voluptati.
Nihil hac pictura dicunt esse ignominiosius et deformius
et quod minus ferre bonorum possit aspectus; et verum
dicunt. Sed non existimo satis debiti decoris esse pictu-
25 ram, si etiam talis fingatur, ubi virtutes humanae gloriae
serviunt. Licet enim ista gloria delicata mulier non sit,
inflata tamen est et multum inanitatis habet. Unde non
ei digne servit soliditas quaedam firmitasque virtutum, ut
nihil provideat prudentia, nihil distribuat iustitia, nihil
30 toleret fortitudo, nihil temperantia moderetur, nisi unde
placeatur hominibus et ventosae gloriae serviatur. Nec
illi se ab ista foeditate defenderint, qui, cum aliena spern-
nant iudicia velut gloriae contemptores, sibi sapientes videntur et sibi placent. Nam eorum virtus, si tamen ulla
35 est, alio modo quodam humanae subditur laudi. Neque
enim ipse, qui sibi placet, homo non est. Qui autem vera
pietate in Deum, quem diligit, credit et sperat, plus intendit in ea, in quibus sibi displicet, quam in ea, si qua in

illo sunt, quae non tam ipsi quam veritati placent; neque
id tribuit, unde iam potest placere, nisi eius misericordiae,
cui metuit displicere; de his sanatis gratias agens, de illis
sanandis preces fundens.

Caput XXI. 5

*Romanum regnum a Deo vero esse dispositum, a quo est
omnis potestas, et cuius providentia reguntur universa.*

Quae cum ita sint, non tribuamus dandi regni atque
imperii potestatem nisi Deo vero, qui dat felicitatem in
regno caelorum solis piis; regnum vero terrenum et piis 10
et impiis, sicut ei placet, cui nihil iniuste placet. Quamvis
enim aliquid dixerimus, quod apertum nobis esse voluit:
tamen multum est ad nos et valde superat vires nostras
hominum occulta discutere et liquido examine merita diiu-
dicare regnorum. Ille igitur unus verus Deus, qui nec 15
iudicio nec adiutorio deserit genus humanum, quando
voluit et quantum voluit Romanis regnum dedit; qui dedit
Assyriis, vel etiam Persis, a quibus solos duos deos coli,
unum bonum, alterum malum continent litterae istorum;
ut taceam de populo Hebraeo, de quo iam dixi, quantum 20
satis visum est, qui praeter unum Deum non coluit et
quando regnavit. Qui ergo Persis dedit segetes sine cultu
deae Segetiae, qui alia dona terrarum sine cultu tot deorum, quos isti rebus singulis singulos, vel etiam rebus
singulis plures praeposuerunt: ipse etiam regnum dedit 25
sine cultu eorum, per quorum cultum se isti regnasse
crediderunt. Sic etiam hominibus: qui Mario, ipse Gaio
Caesari, qui Augusto, ipse et Neroni; qui Vespasianis, vel
patri vel filio, suavissimis imperatoribus, ipse et Domi-
tiano crudelissimo; et ne per singulos ire necesse sit, qui 30
Constantino Christiano, ipse apostatae Iuliano, cuius egregiam indolem decepit amore dominandi sacrilega et
detestanda curiositas, cuius vanis deditus oraculis erat,
quando fretus securitate victoriae naves, quibus victus
necessarius portabatur, incendit; deinde fervide instans 35
inmodicis ausibus et mox merito temeritatis occisus in

locis hostilibus egenum reliquit exercitum, ut aliter inde non posset evadi, nisi contra illud auspicium dei Termini, de quo superiore libro diximus, Romani imperii termini moverentur. Cessit enim Terminus deus necessitati, qui 5 non cesserat Iovi. Haec plane Deus unus et verus regit et gubernat, ut placet; et si occultis causis, numquid iniustis?

Caput XXII.

Tempora exitusque bellorum ex Dei pendere iudicio.

10 Sic etiam tempora ipsa bellorum, sicut in eius arbitrio est iustoque iudicio et misericordia vel adterere vel consolari genus humanum, ut alia citius, alia tardius finiantur. Bellum piratarum a Pompeio, bellum Punicum tertium ab Scipione incredibili celeritate et temporis brevi-
15 tate confecta sunt. Bellum quoque fugitivorum gladiatorum, quamvis multis Romanis ducibus et duobus consulibus victis Italiaque horribiliter contrita atque vastata, tertio tamen anno post multa consumpta consumptum est. Picentes, Marsi et Peligni, gentes non exterae, sed Ita-
20 licae, post diuturnam et devotissimam sub Romano iugo servitutem in libertatem caput erigere temptaverunt, iam multis nationibus Romano imperio subiugatis deletaque Carthagine; in quo bello Italico Romanis saepissime victis ubi et duo consules perierunt et alii nobilissimi senatores,
25 non diuturno tamen tempore tractum est hoc malum; nam quintus ei annus finem dedit. Sed bellum Punicum secundum cum maximis detrimentis et calamitate rei publicae per annos decem et octo Romanas vires extenuavit et paene consumpsit; duobus proeliis ferme septuaginta
30 Romanorum milia ceciderunt. Bellum Punicum primum per viginti et tres annos peractum est; bellum Mithridaticum quadraginta annis. Ac ne quisquam arbitretur, rudimenta Romanorum fuisse fortiora ad bella citius peragenda, superioribus temporibus multum in omni virtute

---

3) C. 29.

laudatis, bellum Samniticum annis tractum est ferme quin-
quaginta; in quo bello ita Romani victi sunt, ut sub iugum
etiam mitterentur. Sed quia non diligebant gloriam propter iustitiam, sed iustitiam propter gloriam diligere videbantur, pacem factam foedusque ruperunt. Haec ideo 5
commemoro, quoniam multi praeteritarum rerum ignari,
quidam etiam dissimulatores suae scientiae, si temporibus
Christianis aliquod bellum paulo diutius trahi vident, ilico
in nostram religionem protervissime insiliunt, exclamantes,
quod, si ipsa non esset et vetere ritu numina colerentur, 10
iam Romana illa virtute, quae adiuvante Marte et Bellona
tanta celeriter bella confecit, id quoque celerrime finiretur.
Recolant igitur qui legerunt, quam diuturna bella, quam
variis eventis, quam luctuosis cladibus a veteribus sint
gesta Romanis, sicut solet orbis terrarum velut procello- 15
sissimum pelagus varia talium malorum tempestate iactari,
et quod nolunt aliquando fateantur, nec insanis adversus
Deum linguis se interimant et decipiant inperitos.

Caput XXIII.

De bello, in quo Radagaisus rex Gothorum, daemonum 20
cultor, uno die cum ingentibus copiis suis victus est.

Quod tamen nostra memoria recentissimo tempore
Deus mirabiliter et misericorditer fecit, non cum gratiarum actione commemorant; sed, quantum in ipsis est,
omnium si fieri potest hominum oblivione sepelire co- 25
nantur; quod a nobis si tacebitur, similiter erimus ingrati.
Cum Radagaisus, rex Gothorum, agmine ingenti et inmani
iam in Urbis vicinia constitutus Romanis cervicibus inmineret, uno die tanta celeritate sic victus est, ut ne uno
quidem non dicam extincto, sed vulnerato Romanorum 30
multo amplius quam centum milium prosterneretur eius
exercitus, atque ipse mox captus poena debita necaretur.
Nam si ille tam impius cum tantis et tam impiis copiis
Romam fuisset ingressus, cui pepercisset? Quibus honorem locis martyrum detulisset? In qua persona Deum 35
timeret? Cuius non sanguinem fusum, cuius pudicitiam

vellet intactam? Quas autem isti pro diis suis voces haberent, quanta insultatione iactarent, quod ille ideo vicisset,
ideo tanta potuisset, quia cotidianis sacrificiis placabat
atque invitabat deos, quod Romanos facere Christiana
5 religio non sinebat? Nam propinquante iam illo his locis,
ubi nutu summae maiestatis oppressus est, cum eius fama
ubique crebresceret, nobis apud Carthaginem dicebatur,
hoc credere spargere iactare paganos, quod ille diis amicis protegentibus et opitulantibus, quibus immolare cotidie
10 ferebatur, vinci omnino non posset ab eis, qui talia diis
Romanis sacra non facerent nec fieri a quoquam permitterent. Et non agunt miseri gratias tantae misericordiae
Dei, qui cum statuisset inruptione barbarica graviora [pati]
dignos mores hominum castigare, indignationem suam
15 tanta mansuetudine temperavit, ut illum primo faceret
mirabiliter vinci, ne ad infirmorum animos evertendos
gloria daretur daemonibus, quibus eum supplicare constabat; deinde ab his barbaris Roma caperetur, qui contra
omnem consuetudinem gestorum ante bellorum ad loca
20 sancta confugientes Christianae religionis reverentia tue-
rentur ipsisque daemonibus atque impiorum sacrificiorum
ritibus, de quibus ille praesumpserat, sic adversarentur
nomine Christiano, ut longe atrocius bellum cum eis
quam cum hominibus gerere viderentur; ita verus domi-
25 nus gubernatorque rerum et Romanos cum misericordia
flagellavit, et tam incredibiliter victis supplicatoribus daemonum nec saluti rerum praesentium necessaria esse sacrificia illa monstravit; ut ab his qui non pervicaciter contendunt, sed prudenter adtendunt, nec propter praesentes
30 necessitates vera religio deseratur, et magis aeternae vitae
fidelissima expectatione teneatur.

Caput XXIV.

*Quae sit Christianorum imperatorum et quam vera
felicitas.*

35 Neque enim nos Christianos quosdam imperatores
ideo felices dicimus, quia vel diutius imperarunt, vel im-

perantes filios morte placida reliquerunt, vel hostes rei
publicae domuerunt, vel inimicos cives adversus se insur-
gentes et cavere et opprimere potuerunt. Haec et alia
vitae huius aerumnosae vel munera vel solacia quidam
etiam cultores daemonum accipere meruerunt, qui non 5
pertinent ad regnum Dei, quo pertinent isti; et hoc ipsius
misericordia factum est, ne ab illo ista qui in eum crederent velut summa bona desiderarent. Sed felices eos
dicimus, si iuste imperant, si inter linguas sublimiter hono-
rantium et obsequia nimis humiliter salutantium non ex- 10
tolluntur, sed se homines esse meminerunt; si suam potestatem ad Dei cultum maxime dilatandum maiestati eius
famulam faciunt; si Deum timent diligunt colunt; si plus
amant illud regnum, ubi non timent habere consortes; si
tardius vindicant, facile ignoscunt; si eandem vindictam 15
pro necessitate regendae tuendaeque rei publicae, non pro
saturandis inimicitiarum odiis exerunt; si eandem veniam
non ad inpunitatem iniquitatis, sed ad spem correctionis
indulgent; si, quod aspere coguntur plerumque decernere,
misericordiae lenitate et beneficiorum largitate compen- 20
sant; si luxuria tanto eis est castigatior, quanto posset esse
liberior; si malunt cupiditatibus pravis, quam quibuslibet
gentibus imperare, et si haec omnia faciunt non propter
ardorem inanis gloriae, sed propter caritatem felicitatis
aeternae, si pro suis peccatis humilitatis et miserationis et 25
orationis sacrificium Deo suo vero immolare non negle-
gunt. Tales Christianos imperatores dicimus esse felices
interim spe, postea re ipsa futuros, cum id quod expectamus advenerit.

Caput XXV. 30

De prosperitatibus, quas Constantino imperatori Christiano
Deus contulit.

Nam bonus Deus, ne homines, qui eum crederent
propter aeternam vitam colendum, has sublimitates et
regna terrena existimarent posse neminem consequi, nisi 35
daemonibus supplicet, quod hi spiritus in talibus multum

valerent, Constantinum imperatorem non supplicantem
daemonibus, sed ipsum verum Deum colentem tantis terrenis implevit muneribus, quanta optare nullus auderet;
cui etiam condere civitatem Romano imperio sociam, velut
5 ipsius Romae filiam, sed sine aliquo daemonum templo
simulacroque concessit. Diu imperavit, universum orbem
Romanum unus Augustus tenuit et defendit; in admini-
strandis et gerendis bellis victoriosissimus fuit, in tyrannis
opprimendis per omnia prosperatus; grandaevus aegritu-
10 dine et senectute defunctus est, filios imperantes reliquit.
Sed rursus ne imperator quisquam ideo Christianus esset,
ut felicitatem Constantini mereretur, cum propter vitam
aeternam quisque debeat esse Christianus: Iovianum multo
citius quam Iulianum abstulit; Gratianum ferro tyrannico
15 permisit interimi, longe quidem mitius, quam magnum
Pompeium, colentem velut Romanos deos. Nam ille vindicari a Catone non potuit, quem civilis belli quodam modo
heredem reliquerat; iste autem, quamvis piae animae solacia talia non requirant, a Theodosio vindicatus est, quem
20 regni participem fecerat, cum parvulum haberet fratrem,
avidior fidae societatis, quam nimiae potestatis.

Caput XXVI.

De fide et pietate Theodosii Augusti.

Unde et ille non solum vivo servavit quam debebat
25 fidem, verum etiam post eius mortem pulsum ab eius
interfectore Maximo Valentinianum eius parvulum fratrem
in sui partes imperii tamquam Christianus excepit pupil-
lum, paterno custodivit affectu, quem destitutum omnibus
opibus nullo negotio posset auferre, si latius regnandi cu-
30 piditate magis quam benefaciendi caritate flagraret; unde
potius eum servata eius imperatoria dignitate susceptum,
ipsa humanitate et gratia consolatus est. Deinde cum Maximum terribilem faceret ille successus, hic in angustiis
curarum suarum non est lapsus ad curiositates sacrilegas
35 atque inlicitas, sed ad Ioannem in Aegypti eremo constitutum, quem Dei servum prophetandi spiritu praeditum

fama crebrescente didicerat, misit atque ab eo nuntium
victoriae certissimum accepit. Mox tyranni Maximi extinctor Valentinianum puerum imperii sui partibus, unde
fugatus fuerat, cum misericordissima veneratione restituit,
eoque sive per insidias, sive quo alio pacto vel casu pro- 5
xime extincto alium tyrannum Eugenium, qui in illius im-
peratoris locum non legitime fuerat subrogatus, accepto
rursus prophetico responso fide certus oppressit, contra
cuius robustissimum exercitum magis orando quam· fe-
riendo pugnavit.   Milites nobis qui aderant rettulerunt, 10
extorta sibi esse de manibus quaecumque iaculabantur,
cum a Theodosii partibus in adversarios vehemens ventus
iret, et non solum quaecumque in eos iaciebantur conci-
tatissime raperet, verum etiam ipsorum tela in eorum corpora retorqueret. Unde et poeta Claudianus, quamvis a 15
Christi nomine alienus, in eius tamen laudibus dixit:

> O nimium dilecte Deo, cui [fundit ab antris
> Aeolus armatas hiemes, cui] militat aether,
> Et coniurati veniunt ad classica venti!

Victor autem, sicut crediderat et praedixerat, Iovis simu- 20
lacra, quae adversus eum fuerant nescio quibus ritibus
velut consecrata et in Alpibus constituta, deposuit, eorumque fulmina, quod aurea fuissent, iocantibus (quod illa laetitia permittebat) cursoribus et se ab eis fulminari velle
dicentibus hilariter benigneque donavit. Inimicorum suo- 25
rum filios, quos non, ipsius iniussu, belli abstulerat impetus, etiam nondum Christianos ad ecclesiam confugientes,
Christianos hac occasione fieri voluit, et Christiana caritate
dilexit, nec privavit rebus et auxit honoribus. In neminem
post victoriam privatas inimicitias valere permisit. Bella 30
civilia non sicut Cinna et Marius et Sulla et alii tales nec
finita finire voluerunt, sed magis doluit exorta quam cuiquam nocere voluit terminata. Inter haec omnia ex ipso
initio imperii sui non quievit iustissimis et misericordis-
simis legibus adversus impios laboranti ecclesiae sub- 35

---

19) Paneg. de tertio Honorii consulatu 96 sqq.

venire, quam Valens haereticus favens Arianis vehementer
adflixerat; cuius ecclesiae se membrum esse magis quam
in terris regnare gaudebat. Simulacra gentilium ubique
evertenda praecepit, satis intellegens nec terrena munera
5 in daemoniorum, sed in Dei veri esse posita potestate.
Quid autem fuit eius religiosa humilitate mirabilius, quando
in Thessalonicensium gravissimum scelus, cui iam epis-
copis intercedentibus promiserat indulgentiam tumultu
quorundam, qui ei cohaerebant, vindicare compulsus est
10 et ecclesiastica coercitus disciplina sic egit paenitentiam, ut
imperatoriam celsitudinem pro illo populus orans magis
fleret videndo prostratam, quam peccando timeret iratam?
Haec ille secum et si qua similia, quae commemorare longum est, bona opera tulit ex isto temporali vapore cuius·
15 libet culminis et sublimitatis humanae; quorum operum
merces est aeterna felicitas, cuius dator est Deus solis
veraciter piis. Cetera vero vitae huius vel fastigia vel subsidia, sicut ipsum mundum lucem auras terras aquas fructus ipsiusque hominis animam corpus sensus mentem
20 vitam, bonis malisque largitur; in quibus est etiam quaelibet imperii magnitudo, quam pro temporum guberna-
tione dispensat.

Proinde iam etiam illis respondendum esse video, qui
manifestissimis documentis, quibus ostenditur, quod ad ista
25 temporalia, quae sola stulti habere concupiscunt, nihil deorum falsorum numerositas prosit, confutati atque convicti
conantur asserere non propter vitae praesentis utilitatem,
sed propter eam, quae post mortem futura est, esse colendos deos. Nam istis, qui propter amicitias mundi huius
30 volunt vana colere et non se permitti puerilibus sensibus
conqueruntur, his quinque libris satis arbitror esse responsum. Quorum tres priores cum edidissem, et in multorum manibus esse coepissent, audivi quosdam nescio
quam adversus eos responsionem scribendo praeparare.
35 Deinde ad me perlatum est, quod iam scripserint, sed
tempus quaerant, quo sine periculo possint edere. Quos
admoneo, non optent quod eis non expedit. Facile est enim
cuiquam videri respondisse, qui tacere noluit. Aut quid

est loquacius vanitate? Quae non ideo potest quod veritas, quia, si voluerit, etiam plus potest clamare quam veritas. Sed considerent omnia diligenter, et si forte studio partium iudicantes talia esse perspexerint, quae potius exagitari quam convelli possint garrulitate inpudentissima et 5 quasi satirica vel mimica levitate, cohibeant suas nugas, et potius a prudentibus emendari, quam laudari ab inprudentibus eligant. Nam si non ad libertatem vera dicendi, sed ad licentiam maledicendi tempus expectant, absit ut eis eveniat quod ait Tullius de quodam, qui peccandi li- 10 centia felix appellabatur: O miserum, cui peccare licebat! Unde quisquis est, qui maledicendi licentia felicem se putat, multo erit felicior, si hoc illi omnino non liceat, cum possit deposita inanitate iactantiae etiam isto tempore tamquam studio consulendi quidquid voluerit contradicere, 15 et, quantum possunt, ab eis quos consulit amica disputatione honeste graviter libere quod oportet audire.

LIBER VI.

———

20

PRAEFATIO.

Quinque superioribus libris satis mihi adversus eos videor disputasse, qui multos deos et falsos, quos esse inutilia simulacra vel inmundos spiritus et perniciosa daemonia vel certe creaturas, non creatorem veritas Chri- 25 stiana convincit, propter vitae huius mortalis rerumque terrenarum utilitatem eo ritu ac servitute, quae Graece λατρεία dicitur et uni vero Deo debetur, venerandos et colendos putant. Et nimiae quidem stultitiae vel pertinaciae nec istos quinque nec ullos alios quanticumque numeri 30 libros satis esse posse, quis nesciat? quando ea putatur gloria vanitatis, nullis cedere viribus veritatis, in perni-

---

11) Tusc. quaest. 5, 19 (?)

ciem utique eius, cui vitium tam inmane dominatur. Nam
et contra omnem curantis industriam non malo medici,
sed aegroti insanabilis morbus invictus est. Hi vero, qui
ea quae legunt vel sine ulla vel non cum magna ac nimia
5 veteris erroris obstinatione intellecta et considerata per-
pendunt, facilius nos isto numero terminatorum quinque
voluminum plus quam quaestionis ipsius necessitas postu-
labat, quam minus disseruisse iudicabunt, totamque invi-
diam, quam Christianae religioni de huius vitae cladibus
10 terrenarumque contritione ac mutatione rerum imperiti
facere conantur, non solum dissimulantibus, sed contra
suam conscientiam etiam faventibus doctis, quos impietas
vesana possedit, omnino esse inanem rectae cogitationis
atque rationis plenamque levissimae temeritatis et perni-
15 ciosissimae animositatis dubitare non poterunt.

CAPUT I.

*De his, qui dicunt deos a se non propter praesentem vitam
coli, sed propter aeternam.*

Nunc ergo quoniam deinceps, ut promissus ordo ex-
20 petit, etiam hi refellendi et docendi sunt, qui non propter
istam vitam, sed propter illam, quae post mortem futura
est, deos gentium, quos Christiana religio destruit, colendos esse contendunt: placet a veridico oraculo sancti psalmi
sumere exordium disputationis meae: *Beatus, cuius est
25 Dominus Deus spes ipsius, et non respexit in vanitates et
insanias mendaces.* Verum tamen in omnibus vanitatibus
insaniisque mendacibus longe tolerabilius philosophi audiendi sunt, quibus displicuerunt istae opiniones erroresque populorum, qui populi constituerunt simulacra numi-
30 nibus multaque de eis, quos deos inmortales vocant, falsa
atque indigna sive finxerunt sive ficta crediderunt et credita eorum cultui sacrorumque ritibus miscuerunt. Cum
his hominibus, qui, etsi non libere praedicando, saltem
utcumque in disputationibus mussitando, talia se inprobare

26) Psal. 39 (40), 5.

testati sunt, non usque adeo inconvenienter quaestio ista
tractatur: utrum non unum Deum, qui fecit omnem spiritalem corporalemque creaturam, propter vitam, quae post
mortem futura est, coli oporteat, sed multos deos, quos
ab illo uno factos et sublimiter conlocatos quidam eorun- 5
dem philosophorum ceteris excellentiores nobilioresque
senserunt.

Ceterum quis ferat dici atque contendi, deos illos,
quorum in quarto libro quosdam commemoravi, quibus
rerum exiguarum singulis singula distribuuntur officia, 10
vitam aeternam cuiquam praestare? An vero peritissimi
illi et acutissimi viri, qui se pro magno beneficio conscripta docuisse gloriantur, ut sciretur quare cuique deo
supplicandum esset, quid a quoque esset petendum, ne
absurditate turpissima, qualis ioculariter in mimo fieri 15
solet, peteretur a Libero aqua, a Lymphis vinum, auctores
erunt cuipiam hominum diis immortalibus supplicanti, ut,
cum a Lymphis petierit vinum eique responderint: Nos
aquam habemus, hoc a Libero pete, possit recte dicere:
Si vinum non habetis, saltem date mihi vitam aeternam? 20
Quid hac absurditate monstrosius? Nonne illae cachin-
nantes (solent enim esse ad risum faciles), si non adfectent
fallere ut daemones, supplici respondebunt: O homo, pu-
tasne in potestate nos habere vitam, quas audis non habere
vel vitem? Inpudentissimae igitur stultitiae est vitam ae- 25
ternam a talibus diis petere vel sperare, qui vitae huius
aerumnosissimae atque brevissimae et si qua ad eam pertinent adminiculandam atque fulciendam ita singulas par-
ticulas tueri asseruntur, ut, si id quod sub alterius tutela
ac potestate est, petatur ab altero, tam sit inconveniens et 30
absurdum, ut mimicae scurrilitati videatur esse similli-
mum. Quod cum fit ab scientibus mimis, digne ridentur
in theatro; cum vero a nescientibus stultis, dignius inri-
dentur in mundo. Cui ergo deo vel deae propter quid
supplicaretur, quantum ad illos deos adtinet quos insti- 35
tuerunt civitates, a doctis sollerter inventum memoriaeque

---

9) C. 11 et 21.

mandatum est; quid a Libero, verbi gratia, quid a Lymphis, quid a Vulcano ac sic a ceteris, quos partim commemoravi in quarto libro, partim praetereundos putavi.
Porro si a Cerere, vinum a Libero panem, a Vulcano aquam
5 a Lymphis ignem petere erroris est: quanto maioris deli-
ramenti esse intellegi debet, si cuiquam istorum pro vita
supplicetur aeterna?

   Quam ob rem, si, cum de regno terreno quaereremus,
quosnam illud deos vel deas hominibus credendum esset
10 posse conferre, discussis omnibus longe alienum a veritate
monstratum est, a quoquam istorum multorum numinum
atque falsorum saltem regna terrena existimare constitui:
nonne insanissimae impietatis est, si aeterna vita, quae
terrenis omnibus regnis sine ulla dubitatione vel compara-
15 tione praeferenda est, ab istorum quoquam dari cuiquam
posse credatur? Neque enim propterea dii tales vel terrenum regnum dare non posse visi sunt, quia illi magni
et excelsi sunt, hoc quiddam parvum et abiectum, quod
non dignarentur in tanta sublimitate curare. Sed quan-
20 tumlibet consideratione fragilitatis humanae caducos apices
terreni regni merito quisque contemnat: illi dii tales apparuerunt, ut indignissimi viderentur, quibus danda atque
servanda deberent vel ista committi. Ac per hoc, si (ut
superiora proximis duobus libris pertractata docuerunt)
25 nullus deus ex illa turba, vel quasi plebeiorum vel quasi
procerum deorum, idoneus est regna mortalia mortalibus
dare, quanto minus potest inmortales ex mortalibus facere!

   Huc accedit, quia, si iam cum illis agimus, qui non
propter istam, sed propter vitam quae post mortem futura
30 est existimant colendos deos, iam nec propter illa saltem,
quae deorum talium potestati tamquam dispertita et propria non ratione veritatis, sed vanitatis opinione tribuuntur, omnino colendi sunt, sicut credunt hi, qui cultum
eorum vitae huius mortalis utilitatibus necessarium esse
35 contendunt; contra quos iam quinque praecedentibus voluminibus satis, quantum potui, disputavi. Quae cum ita
sint, si eorum, qui colerent deam Iuventatem, aetas ipsa
floreret insignius, contemptores autem eius vel intra annos

occumberent iuventutis, vel in ea tamquam senili torpore
frigescerent; si malas cultorum suorum speciosius et festi-
vius Fortuna barbata vestiret, a quibus autem sperneretur,
glabros aut male barbatos videremus: etiam sic rectissime
diceremus huc usque istas deas singulas posse, suis officiis 5
quodam modo limitatas, ac per hoc nec a Iuventate oportere peti vitam aeternam, quae non daret barbam, nec a
Fortuna barbata boni aliquid post hanc vitam esse speran-
dum, cuius in hac vita potestas nulla esset, ut eandem
saltem aetatem, quae barba induitur, ipsa praestaret. 10
Nunc vero cum earum cultus nec propter ipsa ista, quae
putant eis subdita, sit necessarius, quia et multi colentes
Iuventatem deam minime in illa aetate viguerunt, et multi
non eam colentes gaudent robore iuventutis, itemque multi
Fortunae barbatae supplices ad nullam vel deformem bar- 15
bam pervenire potuerunt, et si qui eam pro barba impetranda venerantur, a barbatis eius contemptoribus in-
ridentur: itane desipit cor humanum, ut, quorum deorum
cultum propter ipsa ista temporalia et cito praetereuntia
munera, quibus singulis singuli praeesse perhibentur, 20
inanem ludibriosumque cognoscit, propter vitam aeternam
credat esse fructuosum? Hanc dare illos posse nec hi dicere ausi sunt, qui eis, ut ab insipientibus populis colerentur, ista opera temporalia, quoniam nimis multos
putarunt, ne quisquam eorum sederet otiosus, minutatim 25
divisa tribuerunt.

Caput II.

Quid Varronem de diis gentium sensisse credendum sit,
quorum talia et genera et sacra detexit, ut reverentius
cum eis ageret, si de illis omnino reticeret. 30

Quis Marco Varrone curiosius ista quaesivit? quis invenit doctius? quis consideravit adtentius? quis distinxit
acutius? quis diligentius pleniusque conscripsit? Qui tametsi minus est suavis eloquio, doctrina tamen atque sententiis ita refertus est, ut in omni eruditione, quam nos 35
saecularem, illi autem liberalem vocant, studiosum rerum

tantum iste doceat, quantum studiosum verborum Cicero
delectat. Denique et ipse [Tullius] huic tale testimonium
perhibet, ut in libris Academicis dicat eam, quae ibi versatur, disputationem, se habuisse cum Marco Varrone,
5 „homine, inquit, omnium facile acutissimo, et sine ulla dubitatione doctissimo". Non ait „eloquentissimo" vel „fa-
cundissimo", quoniam re vera in hac facultate multum
impar est; sed „omnium, inquit, facile acutissimo." Et in
eis libris, id est Academicis, ubi cuncta dubitanda esse
10 contendit, addidit „sine ulla dubitatione doctissimo." Profecto de hac re sic erat certus, ut auferret dubitationem,
quam solet in omnibus adhibere, tamquam de hoc uno
etiam pro Academicorum dubitatione disputaturus se Aca-
demicum fuisset oblitus. In primo autem libro cum eius-
15 dem Varronis litteraria opera praedicaret: „Nos, inquit, in
nostra urbe peregrinantes errantesque tamquam hospites
tui libri quasi domum reduxerunt, ut possemus aliquando
qui et ubi essemus agnoscere. Tu aetatem patriae, tu de-
scriptiones temporum, tu sacrorum iura, tu sacerdotum,
20 tu domesticam, tu publicam disciplinam, tu sedem regio-
num locorum, tu omnium divinarum humanarumque rerum
nomina genera, officia causas aperuisti." Iste igitur vir
tam insignis excellentisque peritiae et, quod de illo etiam
Terentianus elegantissimo versiculo breviter ait:

25   Vir doctissimus undecumque Varro,

qui tam multa legit, ut aliquid ei scribere vacasse mire-
mur; tam multa scripsit, quam multa vix quemquam legere
potuisse credamus: iste, inquam, vir tantus ingenio tantus-
que doctrina, si rerum velut divinarum, de quibus scribit,
30 oppugnator esset atque destructor easque non ad religionem, sed ad superstitionem diceret pertinere, nescio utrum
tam multa in eis ridenda contemnenda detestanda conscri-
beret. Cum vero deos eosdem ita coluerit colendosque
censuerit, ut in eo ipso opere litterarum suarum dicat se
35 timere ne pereant, non incursu hostili, sed civium negle-

---

6) Haec apud Ciceronem non iam inveniuntur. 22) Acad.
1, 3. 25) De metris, v. 2846.

gentia, de qua illos velut ruina liberari a se dicit et in
memoria bonorum per eius modi libros recondi atque
servari utiliore cura, quam Metellus de incendio sacra
Vestalia et Aeneas de Troiano excidio penates liberasse
praedicatur; et tamen ea legenda saeculis prodit, quae a 5
sapientibus et insipientibus merito abicienda et veritati
religionis inimicissima iudicentur : quid existimare debemus, nisi hominem acerrimum ac peritissimum, non tamen
sancto Spiritu liberum, oppressum fuisse suae civitatis
consuetudine ac legibus, et tamen ea quibus movebatur 10
sub specie commendandae religionis tacere noluisse.

Caput III.

Quae sit partitio Varronis librorum suorum, quos de anti-
quitatibus rerum humanarum divinarumque composuit.

Quadraginta unum libros scripsit antiquitatum; hos 15
in res humanas divinasque divisit, rebus humanis viginti
quinque, divinis sedecim tribuit, istam secutus in ea partitione rationem, ut rerum humanarum libros senos quattuor partibus daret. Intendit enim qui agant, ubi agant,
quando agant, quid agant. In sex itaque primis de homi- 20
nibus scripsit, in secundis sex de locis, sex tertios de temporibus, sex quartos eosdemque postremos de rebus
absolvit. Quater autem seni viginti et quattuor fiunt. Sed
unum singularem, qui communiter prius de omnibus loqueretur, in capite posuit. In divinis identidem rebus 25
eadem ab illo divisionis forma servata est, quantum adtinet
ad ea, quae diis exhibenda sunt. Exhibentur enim ab
hominibus in locis et temporibus sacra. Haec quattuor,
quae dixi, libris complexus est ternis: nam tres priores de
hominibus scripsit, sequentes de locis, tertios de tempori- 30
bus, quartos de sacris; etiam hic, qui exhibeant, ubi exhibeant, quando exhibeant, quid exhibeant, subtilissima
distinctione commendans. Sed quia oportebat dicere, maximeque id expectabatur, quibus exhibeant, de ipsis quoque diis tres conscripsit extremos, ut quinquies terni 35
quindecim fierent. Sunt autem omnes, ut diximus, sede-

cim, quia et istorum exordio unum singularem, qui prius
de omnibus loqueretur, apposuit; quo absoluto consequenter ex illa quinquepertita distributione tres praece-
dentes, qui ad homines pertinent, ita subdivisit, ut primus
5 sit de pontificibus, secundus de auguribus, tertius de quindecim viris sacrorum; secundos tres ad loca pertinentes,
ita ut in uno eorum de sacellis, altero de sacris aedibus
diceret, tertio de locis religiosis; tres porro, qui istos sequuntur et ad tempora pertinent, id est ad dies festos,
10 ita, ut unum eorum faceret de feriis, alterum de ludis circensibus, de scaenicis tertium. Quartorum trium ad sacra
pertinentium uni dedit consecrationes, alteri sacra privata,
ultimo publica. Hanc velut pompam obsequiorum in tribus, qui restant, dii ipsi sequuntur extremi, quibus iste
15 universus cultus inpensus est: in primo dii certi, in secundo incerti, in tertio cunctorum novissimo dii praecipui
atque selecti.

Caput IV.

Quod ex disputatione Varronis apud cultores deorum
20 *antiquiores res humanae quam divinae reperiantur.*

In hac tota serie pulcherrimae ac subtilissimae di-
stributionis et distinctionis vitam aeternam frustra quaeri
et sperari inpudentissime vel optari, ex his, quae iam diximus et quae deinceps dicenda sunt, cuivis hominum,
25 qui corde obstinato sibi non fuerit inimicus, facillime apparet. Vel hominum enim sunt ista instituta, vel daemonum, non quales vocant illi daemones bonos, sed, ut loquar
apertius, inmundorum spirituum et sine controversia malignorum, qui noxias opiniones, quibus anima humana
30 magis magisque vanescat et incommutabili aeternaeque
veritati coaptari atque inhaerere non possit, invidentia
mirabili et occulte inserunt cogitationibus impiorum et
aperte aliquando ingerunt sensibus et qua possunt fallaci
adtestatione confirmant. Iste ipse Varro propterea se prius
35 de rebus humanis, de divinis autem postea scripsisse testatur, quod prius extiterint civitates, deinde ab eis haec

instituta sint. Vera autem religio non a terrena aliqua civitate instituta est, sed plane caelestem ipsa instituit civitatem. Eam vero inspirat et docet verus Deus, dator vitae aeternae, veris cultoribus suis.

Varronis igitur confitentis ideo se prius de rebus 5 humanis scripsisse, postea de divinis, quia divinae istae ab hominibus institutae sunt, haec ratio est: „Sicut prior est, inquit, pictor quam tabula picta, prior faber quam aedificium: ita priores sunt civitates quam ea, quae a civitatibus instituta sunt." Dicit autem prius se scripturum fuisse 10 de diis, postea de hominibus, si de omni natura deorum scriberet. Quasi hic de aliqua scribat et non de omni; aut vero etiam aliqua, licet non omnis, deorum natura non prior debeat esse, quam hominum. Quid quod in illis tribus novissimis libris deos certos et incertos et selectos di- 15 ligenter explicans nullam deorum naturam praetermittere videtur? Quid est ergo, quod ait: „Si de omni natura deorum et hominum scriberemus, prius divina absolvissemus, quam humana adtigissemus"? Aut enim de omni natura deorum scribit, aut de aliqua, aut omnino de nulla. Si de 20 omni, praeponenda est utique rebus humanis; si de aliqua, cur non etiam ipsa res praecedat humanas? An indigna est praeferri etiam universae naturae hominum pars aliqua deorum? Quod si multum est, ut aliqua pars divina praeponatur universis rebus humanis, saltem digna est vel 25 Romanis. Rerum quippe humanarum libros, non quantum ad orbem terrarum, sed quantum ad solam Romam pertinet, scripsit, quos tamen rerum divinarum libris se dixit scribendi ordine merito praetulisse, sicut pictorem tabulae pictae, sicut fabrum aedificio, apertissime confitens, quod 30 etiam istae res divinae, sicut pictura, sicut structura, ab hominibus institutae sint. Restat ut de nulla deorum natura scripsisse intellegatur, neque hoc aperte dicere voluisse, sed intellegentibus reliquisse. Ubi enim dicitur „non omnis", usitate quidem intellegitur aliqua; sed potest 35 intellegi et „nulla", quoniam quae nulla est nec omnis nec aliqua est. Nam, ut ipse dicit, si omnis esset natura deorum, de qua scriberet, scribendi ordine rebus humanis

praeponenda esset; ut autem et ipso tacente veritas clamat,
praeponenda esset certe rebus Romanis, etiamsi non omnis,
sed saltem aliqua esset: recte autem postponitur; ergo
nulla est. Non itaque rebus divinis anteferre voluit res
5 humanas, sed rebus veris noluit anteferre res falsas. In
his enim, quae scripsit de rebus humanis, secutus est historiam rerum gestarum; quae autem de his, quas divinas
vocat, quid nisi opiniones rerum vanarum? Hoc est nimirum, quod voluit subtili significatione monstrare, non so-
10 lum scribens de his posterius quam de illis, sed etiam rationem reddens cur id fecerit. Quam si tacuisset, aliter
hoc factum eius ab aliis fortasse defenderetur. In ea vero
ipsa ratione, quam reddidit, nec aliis quicquam reliquit
pro arbitrio suspicari et satis probavit homines se prae-
15 posuisse institutis hominum, non naturam hominum naturae deorum. Ita se libros rerum divinarum, non de
veritate quae pertinet ad naturam, sed de falsitate quae
pertinet ad errorem scripsisse confessus est. Quod apertius alibi posuit, sicuti in quarto libro commemoravi, ex
20 naturae formula se scripturum fuisse, si novam ipse conderet civitatem; quia vero iam veterem invenerat, non se
potuisse nisi eius consuetudinem sequi.

Caput V.

De tribus generibus theologiae secundum Varronem, sci-
25 *licet uno fabuloso, altero naturali tertioque civili.*

Deinde illud quale est, quod tria genera theologiae
dicit esse, id est rationis, quae de diis explicatur, eorumque unum mythicon [appellari], alterum physicon, tertium
civile? Latine si usus admitteret, genus, quod primum po-
30 suit, fabulare appellaremus; sed fabulosum dicamus; a
fabulis enim mythicon dictum est, quoniam μῦθος Graece
fabula dicitur. Secundum autem ut naturale dicatur, iam
et consuetudo locutionis admittit. Tertium etiam ipse Latine enuntiavit, quod civile appellatur. Deinde ait: „My-

---

19) C. 31.

thicon appellant, quo maxime utuntur poetae; physicon,
quo philosophi; civile, quo populi. Primum, inquit, quod
dixi, in eo sunt multa contra dignitatem et naturam inmortalium ficta. In hoc enim est, ut deus alius ex capite,
alius ex femore sit, alius ex guttis sanguinis natus; in hoc, 5
ut dii furati sint, ut adulteraverint, ut servierint homini;
denique in hoc omnia diis adtribuuntur, quae non modo
in hominem, sed etiam quae in contemptissimum hominem
cadere possunt." Hic certe ubi potuit, ubi ausus est, ubi
inpunitum putavit, quanta mendacissimis fabulis naturae 10
deorum fieret iniuria, sine caligine ullius ambiguitatis expressit. Loquebatur enim, non de naturali theologia, non
de civili, sed de fabulosa, quam libere a se putavit esse
culpandam.

Videamus quid de altera dicat. „Secundum genus 15
est, inquit, quod demonstravi, de quo multos libros philosophi reliquerunt; in quibus est, dii qui sint, ubi, quod
genus, quale, a quonam tempore, an a sempiterno fuerint
dii; ex igne sint, ut credit Heraclitus, an ex numeris, ut
Pythagoras, an ex atomis, ut ait Epicurus. Sic alia, quae 20
facilius intra parietes in schola quam extra in foro ferre
possunt aures." Nihil in hoc genere culpavit, quod physicon vocant et ad philosophos pertinet; tantum quod eorum
inter se controversias commemoravit, per quos facta est
dissidentium multitudo sectarum. Removit tamen hoc 25
genus a foro, id est a populis; scholis vero et parietibus
clausit. Illud autem primum mendacissimum atque turpissimum a civitatibus non removit. O religiosas aures
populares atque in his etiam Romanas! Quod de diis inmortalibus philosophi disputant, ferre non possunt; quod 30
vero poetae canunt et histriones agunt, quia contra dignitatem ac naturam inmortalium ficta sunt, quia non modo
in hominem, sed etiam in contemptissimum hominem cadere possunt, non solum ferunt, sed etiam libenter audiunt.
Neque id tantum, sed diis quoque ipsis haec placere et 35
per haec eos placandos esse decernunt.

Dixerit aliquis: Haec duo genera mythicon et physicon, id est fabulosum atque naturale, discernamus ab hoc

civili, de quo nunc agitur, unde illa et ipse discrevit, iamque ipsum civile videamus, qualiter explicet. Video quidem, cur debeat discerni fabulosum: quia falsum, quia
turpe, quia indignum est. Naturale autem a civili velle
5 discernere, quid est aliud, quam etiam ipsum civile fateri
· esse mendosum? Si enim illud naturale est, quid habet
reprehensionis, ut excludatur? Si autem hoc quod civile
dicitur naturale non est, quid habet meriti, ut admittatur?
Haec nempe illa causa est, quare prius scripserit de rebus
10 humanis, posterius de divinis, quoniam in divinis rebus
non naturam, sed hominum instituta secutus est. Intueamur sane et civilem theologian. „Tertium genus est, inquit, quod in urbibus cives, maxime sacerdotes, nosse
atque administrare debent. In quo est, quos deos publice,
15 [quae] sacra et sacrificia colere et facere quemque par
sit.“ Adhuc quod sequitur adtendamus. „Prima, inquit,
theologia maxime accommodata est ad theatrum, secunda
ad mundum, tertia ad urbem.“ Quis non videat, cui pal-
mam dederit? Utique secundae, quam supra dixit esse
20 philosophorum. Hanc enim pertinere testatur ad mundum,
quo isti nihil esse excellentius opinantur in rebus. Duas
vero illas theologias, primam et tertiam, theatri scilicet
atque urbis, distinxit an iunxit? Videmus enim non continuo, quod est urbis, pertinere posse et ad mundum,
25 quamvis urbes esse videamus in mundo; fieri enim potest,
ut in urbe secundum falsas opiniones ea colantur et ea
credantur, quorum in mundo vel extra mundum natura sit
nusquam; theatrum vero ubi est, nisi in urbe? Quis theatrum instituit, nisi civitas? Propter quid instituit, nisi pro-
30 pter ludos scaenicos? Ubi sunt ludi scaenici, nisi in rebus
divinis, de quibus hi libri tanta sollertia conscribuntur?

Caput VI.

De theologia mythica, id est fabulosa, et de civili contra Varronem.

35   O Marce Varro, cum sis homo omnium acutissimus
et sine ulla dubitatione doctissimus, sed tamen homo, non

Deus, nec spiritu Dei ad videnda et adnuntianda divina in veritatem libertatemque subvectus, cernis quidem quam sint res divinae ab humanis nugis atque mendaciis dirimendae; sed vitiosissimas populorum opiniones et consuetudines in superstitionibus publicis vereris offendere, quas 5 ab deorum natura abhorrere vel talium, quales in huius mundi elementis humani animi suspicatur infirmitas, et sentis ipse, cum eas usquequaque consideras, et omnis vestra litteratura circumsonat. Quid hic agit humanum quamvis excellentissimum ingenium? Quid tibi humana 10 licet multiplex ingensque doctrina in his angustiis suffragatur? Naturales deos colere cupis, civiles cogeris. Invenisti alios fabulosos, in quos liberius quod sentis evomas, unde et istos civiles velis nolisve perfundas. Dicis quippe fabulosos accommodatos esse ad theatrum, naturales ad 15 mundum, civiles ad urbem, cum mundus opus sit divinum, urbes vero et theatra opera sint hominum, nec alii dii rideantur in theatris, quam qui adorantur in templis, nec aliis ludos exhibeatis, quam quibus victimas immolatis. Quanto liberius subtiliusque ista divideres, dicens alios 20 esse deos naturales, alios ab hominibus institutos; sed de institutis aliud habere litteras poetarum, aliud sacerdotum, utrasque tamen ita esse inter se amicas consortio falsitatis, ut gratae sint utraeque daemonibus, quibus doctrina inimica est veritatis. Sequestrata igitur paululum theologia, 25 quam naturalem vocant, de qua postea disserendum est, placetne tandem vitam aeternam peti aut sperari ab diis poeticis theatricis, ludicris scaenicis? Absit; immo avertat Deus verus tam inmanem sacrilegamque dementiam. Quid, ab eis diis, quibus haec placent, et quos haec placant, cum 30 eorum illic crimina frequententur, vita aeterna poscenda est? Nemo, ut arbitror, usque ad tantum praecipitium furiosissimae impietatis insanit. Nec fabulosa igitur nec civili theologia sempiternam quisquam adipiscitur vitam. Illa enim de diis turpia fingendo seminat, haec favendo 35 metit; illa mendacia spargit, haec colligit; illa res divinas falsis criminibus insectatur, haec eorum criminum ludos in divinis rebus amplectitur; illa de diis nefanda figmenta

hominum carminibus personat, haec ea deorum ipsorum
festivitatibus consecrat; facinora et flagitia numinum illa
cantat, haec amat; illa prodit aut fingit, haec autem aut
adtestatur veris aut oblectatur et falsis. Ambae turpes
5 ambaeque damnabiles; sed illa, quae theatrica est, publicam turpitudinem profitetur; ista, quae urbana est, illius
turpitudine ornatur. Hincine vita aeterna sperabitur, unde
ista brevis temporalisque polluitur? An vero vitam polluit
consortium nefariorum hominum, si se inserant affectioni-
10 bus et assensionibus nostris, et vitam non polluit societas
daemonum, qui coluntur criminibus suis? Si veris, quam
mali! si falsis, quam male!

Haec cum dicimus, videri fortasse cuipiam nimis harum
rerum ignaro potest, ea sola de diis talibus maiestati in-
15 digna divinae et ridicula detestabiliaque celebrari, quae
poeticis cantantur carminibus et ludis scaenicis actitantur;
sacra vero illa, quae non histriones, sed sacerdotes agunt,
ab omni esse dedecore purgata et aliena. Hoc si ita esset,
numquam theatricas turpitudines in eorum honorem quis-
20 quam celebrandas esse censeret, numquam eas ipsi dii
praeciperent sibimet exhiberi. Sed ideo nihil pudet ad
obsequium deorum talia gerere in theatris, quia similia
geruntur in templis. Denique cum memoratus auctor civilem theologian a fabulosa et naturali tertiam quandam
25 sui generis distinguere conaretur, magis eam ex utraque
temperatam quam ab utraque separatam intellegi voluit.
Ait enim, ea, quae scribunt poetae, minus esse quam ut
populi sequi debeant; quae autem philosophi, plus quam
ut ea vulgus scrutari expediat. „Quae sic abhorrent, in-
30 quit, ut tamen ex utroque genere ad civiles rationes adsumpta sint non pauca. Quare quae erunt communia cum
populis, una cum civilibus scribemus; e quibus maior societas debet esse nobis cum philosophis, quam cum poetis.“ Non ergo nulla cum poetis. Et tamen alio loco dicit
35 de generationibus deorum magis ad poetas quam ad physicos fuisse populos inclinatos. Hic enim dixit quid fieri
debeat, ibi quid fiat. Physicos dixit utilitatis causa scripsisse, poetas delectationis. Ac per hoc ea, quae a poetis

conscripta populi sequi non debent, crimina sunt deorum,
quae tamen delectant et populos et deos. Delectationis
enim causa, sicut dicit, scribunt poetae, non utilitatis; ea
tamen scribunt, quae dii expetant, populi exhibeant.

Caput VII.

De fabulosae et civilis theologiae similitudine atque
concordia.

Revocatur igitur ad theologian civilem theologia fabulosa theatrica scaenica, indignitatis et turpitudinis plena,
et haec tota, quae merito culpanda et respuenda iudicatur,
pars huius est, quae colenda et observanda censetur; non
sane pars incongrua, sicut ostendere institui, et quae ab
universo corpore aliena importune illi conexa atque sus-
pensa sit, sed omnino consona et tamquam eiusdem corporis membrum convenientissime copulata. Quid enim
aliud ostendunt illa simulacra formae aetates sexus habitus deorum? Numquid barbatum Iovem, imberbem Mercurium poetae habent, pontifices non habent? Numquid
Priapo mimi, non etiam sacerdotes enormia pudenda fecerunt? An aliter stat adorandus in locis sacris, quam procedit ridendus in theatris? Num Saturnus senex, Apollo
ephebus ita personae sunt histrionum, ut non sint statuae
delubrorum? Cur Forculus, qui foribus praeest, et Limen-
tinus, qui limini, dii sunt masculi, atque inter hos Cardea
femina est, quae cardinem servat? Nonne ista in rerum
divinarum libris reperiuntur, quae graves poetae suis carminibus indigna duxerunt? Numquid Diana theatrica
portat arma et urbana simpliciter virgo est? Numquid
scaenicus Apollo citharista est et ab hac arte Delphicus
vacat? Sed haec honestiora sunt in comparatione turpio-
rum. Quid de ipso Iove senserunt, qui eius nutricem in
Capitolio posuerunt? Nonne adtestati sunt Euhemero, qui
omnes tales deos non fabulosa garrulitate, sed historica
diligentia homines fuisse mortalesque conscripsit? Epu-
lones etiam deos, parasitos Iovis, ad eius mensam qui constituerunt, quid aliud quam mimica sacra esse voluerunt?

15*

Nam parasitos Iovis ad convivium eius adhibitos si mimus
dixisset, utique risum quaesisse videretur. Varro dixit;
non cum inrideret deos, sed cum commendaret, hoc dixit;
divinarum, non humanarum rerum libri hoc eum scripsisse
5 testantur, nec ubi ludos scaenicos exponebat, sed ubi Ca-
pitolina iura pandebat. Denique talibus vincitur et fatetur, sicut forma humana deos fecerunt, ita eos delectari
humanis voluptatibus credidisse.

Non enim et maligni spiritus suo negotio defuerunt,
10 ut has noxias opiniones humanarum mentium ludificatione
firmarent. Unde etiam illud est, quod Herculis aedituus
otiosus atque feriatus lusit tesseris secum utraque manu
alternante, in una constituens Herculem, in altera se ipsum,
sub ea condicione, ut, si ipse vicisset, de stipe templi sibi
15 coenam pararet amicamque conduceret; si autem victoria
Herculis fieret, hoc idem de pecunia sua voluptati Herculis
exhiberet; deinde cum a se ipso tamquam ab Hercule victus esset, debitam coenam et nobilissimam meretricem
Larentinam deo Herculi dedit. At illa cum dormisset in
20 templo, vidit in somnis Herculem sibi esse commixtum sibique dixisse, quod inde discedens, cui primum iuveni obvia
fieret, apud illum esset inventura mercedem, quam sibi
credere deberet ab Hercule persolutam. Ac sic abeunti
cum primus iuvenis ditissimus Tarutius occurrisset eam-
25 que dilectam secum diutius habuisset, illa herede defunctus
est. Quae amplissimam adepta pecuniam ne divinae mer-
cedi videretur ingrata, quod acceptissimum putavit esse
numinibus, populum Romanum etiam ipsa scripsit heredem, atque illa non comparente inventum est testamentum;
30 quibus meritis eam ferunt etiam honores meruisse divinos.

Haec si poetae fingerent, si mimi agerent, ad fabulosam theologian dicerentur procul dubio pertinere et a
civilis theologiae dignitate separanda iudicarentur. Cum
vero haec dedecora, non poetarum, sed populorum; non
35 mimorum, sed sacrorum; non theatrorum, sed templorum; id est non fabulosae, sed civilis theologiae, a tanto
doctore produntur: non frustra histriones ludicris artibus
fingunt deorum quae tanta est turpitudinem, sed plane

frustra sacerdotes velut sacris ritibus conantur ·fingere
deorum quae nulla est honestatem. Sacra sunt Iunonis,
et haec in eius dilecta insula Samo celebrabantur, ubi
nuptum data est Iovi. Sacra sunt Cereris, ubi a Plutone
rapta Proserpina quaeritur. Sacra sunt Veneris, ubi ama- 5
tus eius Adon aprino dente extinctus iuvenis formosissi-
mus plangitur. Sacra sunt Matris deûm, ubi Attis pulcher
adulescens ab ea dilectus et muliebri zelo abscisus etiam
hominum abscisorum, quos Gallos vocant, infelicitate de-
ploratur. Haec cum deformiora sint omni scaenica foe- 10
ditate, quid est quod fabulosa de diis figmenta poetarum
ad theatrum videlicet pertinentia velut secernere nituntur
a civili theologia, quam pertinere ad urbem volunt, quasi
ab honestis et dignis indigna et turpia? Itaque potius est
unde gratiae debeantur histrionibus, qui oculis hominum 15
pepercerunt nec omnia spectaculis nudaverunt, quae sacrarum aedium parietibus occultantur. Quid de sacris
eorum boni sentiendum est, quae tenebris operiuntur,
cum tam sint detestabilia, quae proferuntur in lucem? Et
certe quid in occulto agant per abscisos et molles, ipsi 20
viderint. Eosdem tamen homines infeliciter ac turpiter
enervatos atque corruptos occultare minime potuerunt.
Persuadeant cui possunt, se aliquid sanctum per tales
agere homines, quos inter sua sancta numerari atque versari negare non possunt. Nescimus quid agant, sed sci- 25
mus per quales agant. Novimus enim quae agantur in
scaena, quo numquam vel in choro meretricum abscisus
aut mollis intravit; et tamen etiam ipsa turpes et infames
agunt; neque enim ab honestis agi debuerunt. Quae sunt
ergo illa sacra, quibus agendis tales elegit sanctitas, quales 30
nec thymelica in se admisit obscenitas?

Caput VIII.

De interpretationibus naturalium rationum, quas doctores
pagani pro diis suis conantur ostendere.

At enim habent ista physiologicas quasdam, sicut 35
aiunt, id est naturalium rationum, interpretationes. Quasi

vero nos in hac disputatione physiologian quaeramus, et
non theologian, id est rationem non naturae, sed Dei.
Quamvis enim qui verus Deus est non opinione, sed natura Deus sit: non tamen omnis natura deus est, quia et
5 hominis et pecoris, et arboris et lapidis utique natura est,
quorum nihil est Deus. Si autem interpretationis huius,
quando agitur de sacris Matris deûm, caput est certe quod
Mater deûm terra est, quid ultra quaerimus, quid cetera
perscrutamur? Quid evidentius suffragatur eis, qui dicunt
10 omnes istos deos homines fuisse? Sic enim sunt terri-
genae, sic eis mater est terra. In vera autem theologia
opus Dei est terra, non mater. Verum tamen quoquo
modo sacra eius interpretentur et referant ad rerum naturam: viros muliebria pati non est secundum naturam,
15 sed contra naturam. Hic morbus, hoc crimen, hoc dedecus habet inter illa sacra professionem, quod in vitiosis
hominum moribus vix habet inter tormenta confessionem.
Deinde si ista sacra, quae scaenicis turpitudinibus convincuntur esse foediora, hinc excusantur atque purgantur,
20 quod habent interpretationes suas, quibus ostendantur
rerum significare naturam: cur non etiam poetica similiter excusentur atque purgentur? Multi enim et ipsa ad
eundem modum interpretati sunt, usque adeo ut, quod ab
eis inmanissimum et infandissimum dicitur, Saturnum
25 suos filios devorasse, ita nonnulli interpretentur, quod longinquitas temporis, quae Saturni nomine significatur, quidquid gignit ipsa consumat, vel, sicut idem opinatur Varro,
quod pertineat Saturnus ad semina, quae in terram, de
qua oriuntur, iterum recidunt. Itemque alii alio modo et
30 similiter cetera.

Et tamen theologia fabulosa dicitur et cum omnibus
huiusce modi interpretationibus suis reprehenditur abicitur inprobatur, nec solum a naturali, quae philosophorum est, verum etiam ab ista civili, de qua agimus, quae
35 ad urbes populosque asseritur pertinere, eo quod de diis
indigna confinxerit, merito repudianda discernitur, eo
nimirum consilio, ut, quoniam acutissimi homines atque
doctissimi, a quibus ista conscripta sunt, ambas inpro-

bandas intellegebant, et illam scilicet fabulosam et istam
civilem, illam vero audebant inprobare, hanc non audebant; illam culpandam proposuerunt, hanc eius similem
comparandam exposuerunt, — non ut haec prae illa tenenda
eligeretur, sed ut cum illa respuenda intellegeretur, atque 5
ita sine periculo eorum, qui civilem theologian reprehendere metuebant, utraque contempta ea, quam naturalem
vocant, apud meliores animos inveniret locum. Nam et
civilis et fabulosa ambae fabulosae sunt ambaeque civiles;
ambas inveniet fabulosas, qui vanitates et obscenitates am- 10
barum prudenter inspexerit; ambas civiles, qui scaenicos
ludos pertinentes ad fabulosam in deorum civilium festivitatibus et in urbium divinis rebus adverterit. Quo modo
igitur vitae aeternae dandae potestas cuiquam deorum
istorum tribuitur, quos sua simulacra et sacra convincunt 15
diis fabulosis apertissime reprobatis esse simillimos formis
aetatibus, sexu habitu, coniugiis generationibus, ritibus, in
quibus omnibus aut homines fuisse intelleguntur et pro
uniuscuiusque vita vel morte sacra eis et sollemnia constituta, hunc errorem insinuantibus firmantibusque daemoni- 20
bus, aut certe ex qualibet occasione inmundissimi spiritus
fallendis humanis mentibus inrepsisse?

Caput IX.

De officiis singulorum deorum.

Quid ipsa numinum officia tam viliter minutatimque 25
concisa, propter quod eis dicunt pro uniuscuiusque proprio munere supplicari oportere, unde non quidem omnia,
sed multa iam diximus, nonne scurrilitati mimicae quam
divinae consonant dignitati? Si duas quisquam nutrices
adhiberet infanti, quarum una nihil nisi escam, altera nihil 30
nisi potum daret, sicut isti ad hoc duas adhibuerunt deas,
Educam et Potinam: nempe desipere et aliquid mimo
simile in sua domo agere videretur. Liberum a libera-
mento appellatum volunt, quod mares in coeundo per eius
beneficium emissis seminibus liberentur; hoc idem in fe- 35
minis agere Liberam, quam etiam Venerem putant, quod

et ipsas perhibeant semina emittere; et ob hoc Libero eandem virilem corporis partem in templo poni, femineam Liberae. Ad haec addunt mulieres adtributas Libero et vinum propter libidinem concitandam. Sic Bacchanalia
5 summa celebrabantur insania. Ubi Varro ipse confitetur, a Bacchantibus talia fieri non potuisse, nisi mente commota. Haec tamen postea displicuerunt senatui saniori, et ea iussit auferri. Saltem hic tandem [forsitan] senserunt quid inmundi spiritus, dum pro diis habentur, in hominum
10 mentibus possint. Haec certe non fierent in theatris. Ludunt quippe ibi, non furiunt; quamvis deos habere, qui etiam ludis talibus delectentur, simile sit furoris.

Quale autem illud est, quod, cum religiosum a superstitioso ea distinctione discernat, ut a superstitioso dicat
15 timeri deos, a religioso autem tantum vereri ut parentes, non ut hostes timeri, atque omnes ita bonos dicat, ut facilius sit eos nocentibus parcere quam laedere quemquam innocentem, tamen mulieri fetae post partum tres deos custodes commemorat adhiberi, ne Silvanus deus per noc-
20 tem ingrediatur et vexet; eorumque custodum significandorum causa tres homines noctu circuire limina domus et primo limen securi ferire, postea pilo, tertio deverrere scopis, ut his datis culturae signis deus Silvanus prohibeatur intrare, quod neque arbores caeduntur ac putan-
25 tur sine ferro, neque far conficitur sine pilo, neque fruges coacervantur sine scopis; ab his autem tribus rebus tres nuncupatos deos, Intercidonam a securis intercisione, Pilumnum a pilo, Deverram ab scopis, quibus diis custodibus contra vim dei Silvani feta conservaretur. Ita contra
30 dei nocentis saevitiam non valeret custodia bonorum, nisi plures essent adversus unum eique aspero horrendo inculto, utpote silvestri, signis culturae tamquam contrariis repugnarent. Itane ista est innocentia deorum, ista concordia? Haecine sunt numina salubria urbium, magis
53 ridenda quam ludibria theatrorum?

Cum masculus et femina coniunguntur, adhibetur deus Iugatinus; sit hoc ferendum. Sed domum est ducenda quae nubit; adhibetur et deus Domiducus; ut in domo sit,

adhibetur deus Domitius; ut maneat cum viro, additur
dea Manturna. Quid ultra quaeritur? Parcatur humanae
verecundiae; peragat cetera concupiscentia carnis et sanguinis procurato secreto pudoris. Quid impletur cubiculum
turba numinum, quando et paranymphi inde discedunt? 5
Et ad hoc impletur, non ut eorum praesentia cogitata
maior sit cura pudicitiae, sed ut feminae sexu infirmae,
novitate pavidae, illis cooperantibus sine ulla difficultate
virginitas auferatur; adest enim dea Virginiensis et deus
pater Subigus, et dea mater Prema et dea Pertunda, et 10
Venus et Priapus. Quid est hoc? Si omnino laborantem
in illo opere virum ab diis adiuvari oportebat, non sufficeret aliquis unus aut aliqua una? Numquid Venus sola
parum esset, quae ob hoc etiam dicitur nuncupata, quod
sine vi femina virgo esse non desinat? Si est ulla frons in 15
hominibus, quae non est in numinibus, nonne, cum credunt coniugati tot deos utriusque sexus esse praesentes et
huic operi instantes, ita pudore adficiuntur, ut et ille minus moveatur et illa plus reluctetur? Et certe si adest
Virginiensis dea, ut virgini zona solvatur; si adest deus 20
Subigus, ut viro subigatur; si adest dea Prema, ut subacta,
ne se commoveat, conprimatur: dea Pertunda ibi quid
facit? Erubescat, eat foras; agat aliquid et maritus. Valde
inhonestum est, ut, quod vocatur illa, impleat quisquam
nisi ille. Sed forte ideo toleratur, quia dea dicitur esse, 25
non deus. Nam si masculus crederetur et Pertundus vocaretur, maius contra eum pro uxoris pudicitia posceret
maritus auxilium, quam feta contra Silvanum. Sed quid
hoc dicam, cum ibi sit et Priapus nimius masculus, super
cuius inmanissimum et turpissimum fascinum sedere nova 30
nupta iubebatur, more honestissimo et religiosissimo matronarum?

Eant adhuc et theologian civilem a theologia fabulosa, urbes a theatris, templa ab scaenis, sacra pontificum
a carminibus poetarum, velut res honestas a turpibus, ve- 35
races a fallacibus, graves a levibus, serias a ludicris, ad-
petendas a respuendis, qua possunt et qua conantur subtilitate discernant. Intellegimus quid agant; illam theatricam

et fabulosam theologian ab ista civili pendere noverunt et
ei de carminibus poetarum tamquam de speculo resultare,
et ideo ista exposita, quam damnare non audent, illam eius
imaginem liberius arguunt et reprehendunt, ut, qui agno-
5 scunt quid velint, et hanc ipsam faciem, cuius illa imago
est, detestentur; quam tamen dii ipsi tamquam in eodem
speculo se intuentes ita diligunt, ut qui qualesque sint in
utraque melius videantur. Unde etiam cultores suos terribilibus imperiis compulerunt, ut inmunditiam theologiae
10 fabulosae sibi dicarent, in suis sollemnitatibus ponerent,
in rebus divinis haberent, atque ita et se ipsos inmundissimos spiritus manifestius esse docuerunt, et huius urba-
nae theologiae velut electae et probatae illam theatricam,
abiectam atque reprobatam, membrum partemque fece-
15 runt, ut, cum sit universa turpis et fallax atque in se contineat commenticios deos, una pars eius sit in litteris sacerdotum, altera in carminibus poetarum. Utrum habeat et
alias partes, alia quaestio est; nunc propter divisionem
Varronis et urbanam et theatricam theologian ad unam
20 civilem pertinere satis, ut opinor, ostendi. Unde, quia
sunt ambae similis turpitudinis absurditatis, indignitatis
falsitatis, absit a viris religiosis, ut sive ab hac sive ab illa
vita speretur aeterna.

Denique et ipse Varro commemorare et enumerare
25 deos coepit a conceptione hominis, quorum numerum est
exorsus a Iano, eamque seriem perduxit usque ad decrepiti
hominis mortem, et deos ad ipsum hominem pertinentes
clausit ad Neniam deam, quae in funeribus senum cantatur: deinde coepit deos alios ostendere, qui pertinerent non
30 ad ipsum hominem, sed ad ea, quae sunt hominis, sicuti
est victus atque vestitus et quaecumque alia huic vitae sunt
necessaria, ostendens in omnibus, quod sit cuiusque munus
et propter quid cuique debeat supplicari; in qua universa
diligentia nullos demonstravit vel nominavit deos, a quibus
35 vita aeterna poscenda sit, propter quam unam proprie nos
Christiani sumus. Quis ergo usque adeo tardus sit, ut non
intellegat istum hominem civilem theologian tam diligenter
exponendo et aperiendo eamque illi fabulosae, indignae

atque probrosae, similem demonstrando atque ipsam fabulosam partem esse huius satis evidenter docendo non nisi illi naturali, quam dicit ad philosophos pertinere, in animis hominum moliri locum, ea subtilitate, ut fabulosam reprehendat, civilem vero reprehendere quidem non audeat, 5 sed prodendo reprehensibilem ostendat, atque ita utraque iudicio recte intellegentium, reprobata sola naturalis remaneat eligenda? De qua suo loco in adiutorio Dei veri diligentius disserendum est.

Caput X.
10
De libertate Senecae, qui vehementius civilem theologian reprehendit, quam Varro fabulosam.

Libertas sane, quae huic defuit, ne istam urbanam theologian theatricae simillimam aperte sicut illam reprehendere auderet, Annaeo Senecae, quem nonnullis indiciis 15 invenimus apostolorum nostrorum claruisse temporibus, non quidem ex toto, verum ex aliqua parte non defuit. Adfuit enim scribenti, viventi defuit. Nam in eo libro quem contra superstitiones condidit, multo copiosius atque vehementius reprehendit ipse civilem istam et urbanam theo- 20 logian, quam Varro theatricam atque fabulosam. Cum enim de simulacris ageret: „Sacros, inquit, inmortales, inviolabiles in materia vilissima atque inmobili dedicant, habitus illis hominum ferarumque et piscium, quidam vero mixto sexu, diversis corporibus induunt; numina vocant, 25 quae si spiritu accepto subito occurrerent, monstra haberentur.“ Deinde aliquanto post, cum theologian naturalem praedicans quorundam philosophorum sententias digessisset, opposuit sibi quaestionem, et ait: „Hoc loco dicit aliquis: Credam ego caelum et terram deos esse et 30 supra lunam alios, infra alios? Ego feram aut Platonem aut Peripateticum Stratonem, quorum alter fecit deum sine corpore, alter sine animo?“ Et ad hoc respondens: „Quid ergo tandem, inquit, veriora tibi videntur T. Tatii aut Romuli aut Tulli Hostilii somnia? Cloacinam Tatius 35

---

18) Hic liber non iam extat.

dedicavit deam, Picum Tiberinumque Romulus, Hostilius
Pavorem atque Pallorem teterrimos hominum affectus,
quorum alter mentis territae motus est, alter corporis ne
morbus quidem, sed color. Haec numina potius credes
5 et caelo recipies?" De ipsis vero ritibus crudeliter turpibus quam libere scripsit! „Ille, inquit, viriles sibi partes
amputat, ille lacertos secat. Ubi iratos deos timent, qui
sic propitios merentur? Dii autem nullo debent coli genere, si hoc volunt. Tantus est perturbatae mentis et sedi-
10 bus suis pulsae furor, ut sic dii placentur, quem ad modum ne quidem homines saeviunt teterrimi et in fabulas
traditae crudelitatis. Tyranni laceraverunt aliquorum
membra, neminem sua lacerare iusserunt. In regiae libidinis voluptatem castrati sunt quidam; sed nemo sibi, ne
15 vir esset, iubente domino manus adtulit. Se ipsi in templis contrucidant, vulneribus suis ac sanguine supplicant.
Si cui intueri vacet, quae faciunt quaeque patiuntnr, inveniet tam indecora honestis, tam indigna liberis, tam dissimilia sanis, ut nemo fuerit dubitaturus furere eos, si cum
20 paucioribus furerent; nunc sanitatis patrocinium est in-
sanientium turba."

‘ Iam illa, quae in ipso Capitolio fieri solere commemorat et intrepide omnino coarguit, quis credat nisi ab
inridentibus aut furentibus fieri? Nam cum in sacris
25 Aegyptiis Osirim lugeri perditum, mox autem inventum
magno esse gaudio derisisset, cum perditio eius inventio-
que fingatur, dolor tamen ille atque laetitia ab eis, qui
nihil perdiderunt nihilque invenerunt, veraciter exprima-
tur: „Huic tamen, inquit, furori certum tempus est. To-
30 lerabile est semel anno insanire. In Capitolium perveni,
pudebit publicatae dementiae, quod sibi vanus furor adtribuit officii. Alius nomina deo subicit, alius horas Iovi
nuntiat; alius lictor est, alius unctor, qui vano motu bra-
chiorum imitatur unguentem. Sunt quae Iunoni ac Mi-
35 nervae capillos disponant (longe a templo, non tantum a
simulacro stantes digitos movent ornantium modo), sunt
quae speculum teneant; sunt qui ad vadimonia sua deos
advocent, sunt qui libellos offerant et illos caùsam suam

doceant. Doctus archimimus, senex iam decrepitus, cotidie in Capitolio mimum agebat, quasi dii libenter spectarent, quem illi homines desierant. Omne illic artificum genus
operatum diis inmortalibus desidet." Et paulo post: „Hi
tamen, inquit, etiamsi supervacuum usum, non turpem nec 5
infamem deo promittunt. Sedent quaedam in Capitolio,
quae se a Iove amari putant: ne Iunonis quidem, si credere poetis velis, iracundissimae respectu terrentur."

Hanc libertatem Varro non habuit; tantum modo
poeticam theologian reprehendere ausus est, civilem non 10
ausus est, quam iste concidit. Sed si verum adtendamus,
deteriora sunt templa ubi haec aguntur, quam theatra ubi
finguntur. Unde in his sacris civilis theologiae has partes
potius elegit Seneca sapienti, ut eas in animi religione non
habeat, sed in actibus fingat. Ait enim: „Quae omnia sa- 15
piens servabit tamquam legibus iussa, non tamquam diis
grata." Et paulo post: „Quid quod et matrimonia, inquit,
deorum iungimus, et ne pie quidem, fratrum ac sororum!
Bellonam Marti conlocamus, Vulcano Venerem, Neptuno
Salaciam. Quosdam tamen caelibes relinquimus, quasi 20
condicio defecerit, praesertim cum quaedam viduae sint,
ut Populonia vel Fulgora et diva Rumina; quibus non
miror petitorem defuisse. Omnem istam ignobilem deorum turbam, quam longo aevo longa superstitio congessit,
sic, inquit, adorabimus, ut meminerimus cultum eius magis 25
ad morem, quam ad rem pertinere." Nec leges ergo illae
nec mos in civili theologia id instituerunt, quod diis gra-
tum esset vel ad rem pertineret. Sed iste, quem philosophi quasi liberum fecerunt, tamen, quia inlustris populi
Romani senator erat, colebat quod reprehendebat, agebat 30
quod arguebat, quod culpabat adorabat; quia videlicet
magnum aliquid eum philosophia docuerat, ne supersti-
tiosus esset in mundo, sed propter leges civium moresque
hominum non quidem ageret fingentem scaenicum in theatro, sed imitaretur in templo; eo damnabilius, quod illa, 35
quae mendaciter agebat, sic ageret, ut eum populus veraciter agere existimaret; scaenicus autem ludendo potius
delectaret, quam fallendo deciperet.

Caput XI.

Quid de Iudaeis Seneca senserit.

Hic inter alias civilis theologiae superstitiones reprehendit etiam sacramenta Iudaeorum et maxime sabbata,
5 inutiliter eos facere adfirmans, quod per illos singulos
septem interpositos dies septimam fere partem aetatis suae
perdant vacando et multa in tempore urguentia non agendo
laedantur. Christianos tamen iam tunc Iudaeis inimicissi-
mos in neutram partem commemorare ausus est, ne vel
10 laudaret contra suae patriae veterem consuetudinem, vel
reprehenderet contra propriam forsitan voluntatem. De
illis sane Iudaeis cum loqueretur, ait: „Cum interim usque
eo sceleratissimae gentis consuetudo convaluit, ut per
omnes iam terras recepta sit; victi victoribus leges dede-
15 runt." Mirabatur haec dicens et quid divinitus ageretur
ignorans subiecit plane sententiam, qua significaret quid
de illorum sacramentorum ratione sentiret. Ait enim:
„Illi tamen causas ritus sui noverunt; maior pars populi
facit, quod cur faciat ignorat." Sed de sacramentis Iu-
20 daeorum, vel cur vel quatenus instituta sint auctoritate
divina, ac post modum a populo Dei, cui vitae aeternae
mysterium revelatum est, tempore quo oportuit eadem
auctoritate sublata sint, et alias diximus, maxime cum adversus Manichaeos ageremus, et in hoc opere loco oppor-
25 tuniore dicendum est.

Caput XII.

*Quod gentilium deorum vanitate detecta nequeat dubitari
aeternam eos vitam nemini posse praestare, qui nec
ipsam adiuvent temporalem.*

30 Nunc propter tres theologias, quas Graeci dicunt my-
thicen physicen politicen, Latine autem dici possunt fabulosa naturalis civilis, quod neque de fabulosa, quam et ipsi
deorum multorum falsorumque cultores liberrime repre-
henderunt, neque de civili, cuius illa pars esse convincitur
eiusque et ista simillima vel etiam deterior invenitur, spe-

randa est aeterna vita, si cui satis non sunt quae in hoc
volumine dicta sunt, adiungat etiam illa, quae in superioribus libris, et maxime quarto de felicitatis datore Deo
plurima disputata sunt. Nam cui nisi uni felicitati propter
aeternam vitam consecrandi homines essent, si dea felici- 5
tas esset? Quia vero non dea, sed munus est dei: cui deo
nisi datori felicitatis consecrandi sumus, qui aeternam vitam, ubi vera est et plena felicitas, pia caritate diligimus?
Non autem esse datorem felicitatis quemquam istorum
deorum, qui tanta turpitudine coluntur et, nisi ita colantur, 10
multo turpius irascuntur atque ob hoc se spiritus inmundissimos confitentur, puto ex his, quae dicta sunt, neminem dubitare oportere. Porro qui non dat felicitatem,
vitam quo modo possit dare aeternam? Eam quippe vitam
aeternam dicimus, ubi est sine fine felicitas. Nam si anima 15
in poenis vivit aeternis, quibus et ipsi spiritus cruciabun-
tur inmundi, mors est illa potius aeterna quam vita. Nulla
quippe maior et peior est mors, quam ubi non moritur
mors. Sed quod animae natura, per id quod inmortalis
creata est, sine qualicumque vita esse non potest, summa 20
mors eius est alienatio a vita Dei in aeternitate supplicii.
Vitam igitur aeternam, id est sine ullo fine felicem, solus
ille dat, qui dat veram felicitatem. Quam quoniam illi,
quos colit theologia ista civilis, dare non posse convicti
sunt: non solum propter ista temporalia atque terrena, 25
quod superioribus quinque libris ostendimus, sed multo
magis propter vitam aeternam, quae post mortem futura
est, quod isto uno etiam illis cooperantibus egimus, colendi
non sunt. Sed quoniam veternosae consuetudinis vis nimis
in alto radices habet, si cui de ista civili theologia re- 30
spuenda atque vitanda parum videor disputasse, in aliud
volumen, quod huic opitulante Deo coniungendum est,
animum intendat.

LIBER VII.

PRAEFATIO.

Diligentius me pravas et veteres opiniones veritati
5 pietatis inimicas, quas tenebrosis animis altius et tenacius
diuturnus humani generis error infixit, evellere atque ex-
stirpare conantem et illius gratiae, qui hoc ut verus Deus
potest, pro meo modulo iñ eius adiutorio cooperantem
ingenia celeriora atque meliora, quibus ad hanc rem supe-
10 riores libri satis superque sufficiunt, patienter et aequa-
nimiter ferre debebunt et propter alios non putare super-
fluum, quod iam sibi sentiunt non necessarium. Multum
magna res agitur, cum vera et vere sancta divinitas, quamvis ab ea nobis etiam huic, quam nunc gerimus, fragilitati
15 necessaria subsidia praebeantur, non tamen propter mortalis vitae transitorium vaporem, sed propter vitam beatam,
quae non nisi aeterna est quaerenda et colenda praedicatur.

Caput I.

An cum in theologia civili deitatem non esse constiterit,
20 　　*in selectis diis eam inveniri posse credendum sit.*

Hanc divinitatem vel, ut sic dixerim, deitatem (nam
et hoc verbo uti iam nostros non piget, ut de Graeco expressius transferant id quod illi ϑεότητα appellant) —
hanc ergo divinitatem sive deitatem non esse in ea theo-
25 logia, quam civilem vocant, quae a Marco Varrone sedecim voluminibus explicata est, id est non perveniri ad
aeternae vitae felicitatem talium deorum cultu, quales a
civitatibus qualiterque colendi instituti sunt, cui nondum
persuasit sextus liber, quem proxime absolvimus, cum
30 istum forsitan legerit, quid de hac quaestione expedienda
ulterius desideret, non habebit. Fieri enim potest, ut saltem deos selectos atque praecipuos, quos Varro volumine
complexus est ultimo, de quibus parum diximus, quisquam

colendos propter vitam beatam, quae non nisi aeterna est, opinetur. Qua in re non dico quod facetius ait Tertullianus fortasse quam verius: Si dii eliguntur ut bulbi, utique ceteri reprobi iudicantur. Non hoc dico: video enim etiam ex selectis seligi aliquos ad aliquid maius atque 5 praestantius, sicut in militia, cum tirones electi fuerint, ex his quoque eliguntur ad opus aliquod maius armorum. Et cum eliguntur in ecclesia, qui fiant praepositi, non utique ceteri reprobantur, cum omnes boni fideles electi merito nuncupentur. Eliguntur in aedificio lapides angu- 10 lares, non reprobatis ceteris, qui structurae partibus aliis deputantur. Eliguntur uvae ad vescendum, nec reprobantur aliae, quas relinquimus ad bibendum. Non opus est multa percurrere, cum res in aperto sit. Quam ob rem non ex hoc, quod dii ex multis quidam selecti sunt, vel is 15 qui scripsit vel eorum cultores vel dii ipsi vituperandi sunt, sed advertendum potius quinam isti sint et ad quam rem selecti videantur.

Caput II.

Qui sint dii selecti, et an ab officiis viliorum deorum 20
habeantur excepti.

Hos certe deos selectos Varro unius libri contextione commendat, Ianum, Iovem, Saturnum, Genium, Mercurium, Apollinem, Martem, Vulcanum, Neptunum, Solem, Orcum, Liberum patrem, Tellurem, Cererem, Iunonem, 25 Lunam, Dianam, Minervam, Venerem, Vestam; in quibus omnibus ferme viginti duodecim mares, octo sunt feminae. Haec numina utrum propter maiores in mundo administrationes selecta dicuntur, an quod populis magis innotuerunt maiorque est eis cultus exhibitus? Si propterea, 30 quia opera maiora ab his administrantur in mundo, non eos invenire debuimus inter illam quasi plebeiam numinum multitudinem minutis opusculis deputatam. Nam ipse primum Ianus, cum puerperium concipitur, unde illa cuncta

---

4) Ad nationes 2, 9.

opera sumunt exordium, minutatim minutis distributa
numinibus, aditum aperit recipiendo semini. Ibi est et
Saturnus propter ipsum semen; ibi Liber, qui marem
effuso semine liberat; ibi Libera, quam et Venerem volunt,
5 quae hoc idem beneficium conferat feminae, ut etiam ipsa
emisso semine liberetur. Omnes hi ex illis sunt, qui selecti appellantur. Sed ibi est et dea Mena, quae menstruis
fluoribus praeest, quamvis Iovis filia, tamen ignobilis. Et
hanc proviniciam fluorum menstruorum in libro selecto-
10 rum deorum ipsi Iunoni idem auctor adsignat, quae in diis
selectis etiam regina est et hic tamquam Iuno Lucina cum
eadem Mena privigna sua eidem cruori praesidet. Ibi sunt
et duo nescio qui obscurissimi, Vitumnus et Sentinus;
quorum alter vitam, alter sensus puerperio largiuntur. Et
15 nimirum multo plus praestant, cum sint ignobilissimi,
quam illi tot proceres et selecti. Nam profecto sine vita
et sensu, quid est illud totum, quod muliebri utero geritur, nisi nescio quid abiectissimum limo ac pulveri comparandum?

20 ## Caput III.

Quam nulla sit ratio, quae de selectione quorundam deo-
rum possit ostendi, cum multis inferioribus excellentior
administratio deputetur.

Quae igitur causa tot selectos deos ad haec opera
25 minima compulit, ubi a Vitumno et Sentino, quos fama
obscura recondit, in huius munificentiae partitione supe-
rentur? Confert enim selectus Ianus aditum et quasi ia-
nuam semini; confert selectus Saturnus semen ipsum;
confert selectus Liber eiusdem seminis emissionem viris;
30 confert hoc idem Libera, quae Ceres seu Venus est, feminis; confert selecta Iuno, et hoc non sola, sed cum Mena,
filia Iovis, fluores menstruos ad eius, quod conceptum est,
incrementum: et confert Vitumnus obscurus et ignobilis
vitam; confert Sentinus obscurus et ignobilis sensum;
35 quae duo tanto illis rebus praestantiora sunt, quanto et
ipsa intellectu ac ratione vincuntur. Sicut enim, quae ra-
tiocinantur et intellegunt, profecto potiora sunt his, quae

sine intellectu atque ratione ut pecora vivunt et sentiunt:
ita et illa, quae vita sensuque sunt praedita, his, quae nec
vivunt nec sentiunt, merito praeferuntur. Inter selectos
itaque deos Vitumnus vivificator et Sentinus sensificator
magis haberi debuerunt, quam Ianus seminis admissor et 5
Saturnus seminis dator vel sator et Liber et Libera seminum commotores vel emissores; quae semina cogitare indignum est, nisi ad vitam sensumque pervenerint, quae
munera selecta non dantur a diis selectis, sed a quibusdam
incognitis et prae istorum dignitate neglectis. Quod si 10
respondetur omnium initiorum potestatem habere Ianum
et ideo illi etiam quod aperitur conceptui non inmerito
adtribui, et omnium seminum Saturnum et ideo semina-
tionem quoque hominis non posse ab eius operatione
seiungi, omnium seminum emittendorum Liberum et Li- 15
beram et ideo his etiam praeesse, quae ad substituendos
homines pertinent, omnium purgandorum et pariendorum
Iunonem et ideo eam non deesse purgationibus feminarum
et partubus hominum: quaerant quid respondeant de Vitumno et Sentino, utrum et ipsos velint habere omnium 20
quae vivunt et sentiunt potestatem. Quod si concedunt,
adtendant quam eos sublimius locaturi sint. Nam seminibus nasci in terra et ex terra est; vivere autem atque sentire etiam deos sidereos opinantur. Si autem dicunt Vitumno atque Sentino haec sola adtributa, quae in carne 25
vivescunt et sensibus adminiculantur: cur non deus ille,
qui facit omnia vivere atque sentire, etiam carni vitam
praebet et sensum, universali opere hoc munus etiam
partubus tribuens? et quid opus est Vitumno atque Sentino? Quod si ab illo, qui vitae et sensibus universaliter 30
praesidet, his quasi famulis ista carnalia velut extrema et
ima commissa sunt: itane sunt illi selecti destituti familia,
ut non invenirent quibus etiam ipsi ista committerent, sed
cum tota sua nobilitate, qua visi sunt seligendi, opus facere cum ignobilibus cogerentur? Iuno selecta et regina 35
Iovisque „soror et coniux", haec tamen Iterduca est pueris
et opus facit cum deabus ignobilissimis Abeona et Adeona.
Ibi posuerunt et Mentem deam, quae faciat pueris bonam

16*

mentem, et inter selectos ista non ponitur, quasi quicquam
maius praestari homini possit; ponitur autem Iuno, quia
Iterduca est et Domiduca, quasi quicquam prosit iter carpere. et domum duci, si mens non est bona, cuius muneris
5 deam selectores isti inter selecta numina minime posuerunt. Quae profecto et Minervae fuerat praeferenda, cui
per ista minuta opera puerorum memoriam tribuerunt.
Quis enim dubitet multo esse melius habere bonam mentem, quam memoriam quantumlibet ingentem? Nemo
10 enim malus est, qui bonam habet mentem; quidam vero
pessimi memoria sunt mirabili, tanto peiores quanto minus
possunt quod male cogitant oblivisci. Et tamen Minerva
est inter selectos deos; Mentem autem deam turba vilis
operuit. Quid de Virtute dicam? quid de Felicitate? de
15 quibus in quarto libro plura iam diximus; quas cum deas
haberent, nullum eis locum inter selectos deos dare voluerunt, ubi dederunt Marti et Orco, uni effectori mortium,
alteri receptori.

Cum igitur in his minutis operibus, quae minutatim
20 diis pluribus distributa sunt, etiam ipsos selectos videamus
tamquam senatum cum plebe pariter operari, et invenimus a quibusdam diis, qui nequaquam seligendi putati
sunt, multo maiora atque meliora administrari quam ab
illis, qui selecti vocantur: restat arbitrari non propter
25 praestantiores in mundo administrationes, sed quia pro-
venit eis, ut magis populis innotescerent, selectos eos et
praecipuos nuncupatos. Unde dicit etiam ipse Varro,
quod diis quibusdam patribus et deabus matribus, sicut
hominibus, ignobilitas accidisset. Si ergo Felicitas ideo
30 fortasse inter selectos deos esse non debuit, quod ad istam
nobilitatem non merito, sed fortuito pervenerunt: saltem
inter illos vel potius prae illis Fortuna poneretur, quam
dicunt deam non rationabili dispositione, sed ut temere
acciderit, sua cuique dona conferre. Haec in diis selectis
35 tenere apicem debuit, in quibus maxime quid posset ostendit; quando eos videmus non praecipua virtute, non ra-

---

15) C. 21; 23.

tionabili felicitate, sed temeraria, sicut eorum cultores de illa sentiunt, Fortunae potestate selectos. Nam et vir disertissimus Sallustius etiam ipsos deos fortassis adtendit, cum diceret: „Sed profecto Fortuna in omni re dominatur; ea res cunctas ex libidine magis quam ex vero celebrat obscuratque." Non enim possunt invenire causam, cur celebrata sit Venus et obscurata sit Virtus, cum ambarum ab istis consecrata sint numina nec comparanda sint merita. Aut si hoc nobilitari meruit, quod plures adpetunt, plures enim Venerem quam Virtutem: cur celebrata est dea Minerva et obscurata est dea Pecunia? cum in genere humano plures alliciat avaritia quam peritia, et in eis ipsis, qui sunt artificiosi, raro invenias hominem, qui non habeat artem suam pecuniaria mercede venalem, plurisque pendatur semper propter quod aliquid fit, quam id quod propter aliud fit. Si ergo insipientis iudicio multitudinis facta est deorum ista selectio, cur dea Pecunia Minervae praelata non est, cum propter pecuniam sint artifices multi? Si autem paucorum sapientium est ista distinctio, cur non praelata· est Veneri Virtus, cum eam longe ratio praeferat? Saltem certe, ut dixi, ipsa Fortuna, quae, sicut putant qui ei plurimum tribuunt, in omni re dominatur et res cunctas ex libidine magis quam ex vero celebrat obscuratque, si tantum et in deos valuit, ut temerario iudicio suo quos vellet celebraret obscuraretque quos vellet, praecipuum locum haberet in selectis, quae in ipsos quoque deos tam praecipuae est potestatis. An ut illic esse non posset, nihil aliud etiam ipsa Fortuna, nisi adversam putanda est habuisse fortunam? Sibi ergo adversata est, quae alios nobiles faciens nobilitata non est.

Caput IV.

Melius actum cum diis inferioribus, qui nullis infamentur opprobriis, quam cum selectis, quorum tantae turpitudines celebrentur.

Gratularetur autem diis istis selectis quisquam nobilitatis et claritudinis adpetitor et eos diceret fortunatos, si

6) Cat. 8.

non eos magis ad iniurias quam ad honores selectos videret. Nam illam infimam turbam ipsa ignobilitas texit, ne obrueretur opprobriis. Ridemus quidem, cum eos videmus figmentis humanarum opinionum partitis inter se
5 operibus distributos, tamquam minuscularios vectigalium conductores vel tamquam opifices in vico argentario, ubi unum vasculum, ut perfectum exeat, per multos artifices transit, cum ab uno perfecto perfici posset. Sed aliter non putatum est operantium multitudini consulendum, nisi ut
10 singulas artis partes cito ac·facile discerent singuli, ne omnes in arte una tarde ac difficile cogerentur esse perfecti. Verum tamen vix quisquam reperitur deorum non selectorum, qui aliquo crimine famam traxit infamem; vix autem selectorum quispiam, qui non in se notam contume-
15 liae insignis acceperit. Illi ad istorum humilia opera descenderunt, isti in illorum sublimia crimina non venerunt. De Iano quidem non mihi facile quicquam occurrit, quod ad opprobrium pertineat. Et fortasse talis fuerit, innocentius vixerit et a facinoribus flagitiisque remotius. Satur-
20 num fugientem benignus excepit; cum hospite partitus est regnum, ut etiam civitates singulas conderent, iste Ianiculum, ille Saturniam. Sed isti in cultu deorum omnis dedecoris adpetitores, cuius vitam minus turpem invenerunt, eum simulacri monstrosa deformitate turparunt,
25 nunc eum bifrontem, nunc etiam quadrifrontem, tamquam geminum, facientes. An forte voluerunt, ut, quoniam plurimi dii selecti erubescenda perpetrando amiserant frontem, quanto iste innocentior esset, tanto frontosior appareret?

30 ## CAPUT V.

De paganorum secretiore doctrina physicisque rationibus.

Sed ipsorum potius interpretationes physicas audiamus, quibus turpitudinem miserrimi erroris velut altioris doctrinae specie colorare conantur. Primum eas interpre-
35 tationes sic Varro commendat, ut dicat antiquos simulacra deorum et insignia ornatusque finxisse, quae cum oculis

animadvertissent hi, qui adissent doctrinae mysteria, possent animam mundi ac partes eius, id est deos veros, animo videre; quorum qui simulacra specie hominis fecerunt, hoc videri secutos, quod mortalium animus, qui est in corpore humano, simillimus est inmortalis animi; tamquam 5 si vasa ponerentur causa notandorum deorum et in Liberi aede oenophorum sisteretur, quod significaret vinum, per id quod continet id quod continetur; ita per simulacrum, quod formam haberet humanam, significari animam rationalem, quod eo velut vase natura ista soleat contineri, 10 cuius naturae deum volunt esse vel deos. Haec sunt mysteria doctrinae, quae iste vir doctissimus penetraverat, unde in lucem ista proferret. Sed, o homo acutissime, num in istis doctrinae mysteriis illam prudentiam perdidisti, qua tibi sobrie visum est, quod hi, qui primi populis 15 simulacra constituerunt, et metum dempserunt civibus suis et errorem addiderunt, castiusque deos sine simulacris veteres observasse Romanos? Hi enim tibi fuerunt auctores, ut haec contra posteriores Romanos dicere auderes. Nam si et illi antiquissimi simulacra coluissent, 20 fortassis totum istum sensum de simulacris non constituendis, interim verum, timoris silentio premeres et in huiusce modi perniciosis vanisque figmentis mysteria ista doctrinae loquacius et elatius praedicares. Anima tua tamen tam docta et ingeniosa (ubi te multum dolemus) 25 per haec mysteria doctrinae ad Deum suum, id est a quo facta est, non cum quo facta est; nec cuius portio, sed cuius conditio est; nec qui est omnium anima, sed qui fecit omnem animam, quo solo inlustrante anima fit beata, si eius gratiae non sit ingrata, nullo modo potuit perve- 30 nire. Verum ista mysteria doctrinae qualia sint quantique pendenda, quae sequuntur ostendent. Fatetur interim vir iste doctissimus, animam mundi ac partes eius esse veros deos; unde intellegitur totam eius theologian, eam ipsam scilicet naturalem, cui plurimum tribuit, usque ad animae 35 rationalis naturam se extendere potuisse. De naturali enim paucissima praeloquitur in hoc libro; in quo videbimus utrum per interpretationes physiologicas ad hanc na-

turalem possit referre civilem, quam de diis selectis ultimam scripsit. Quod si potuerit, tota naturalis erit: et quid
opus erat ab ea civilem tanta cura distinctionis abiungere?
Si autem recto discrimine separata est: quando nec ista
5 vera est quae illi naturalis placet (pervenit enim usque ad
animam, non usque ad verum Deum qui fecit et animam),
quanto est abiectior et falsior ista civilis, quae maxime
circa corporum est occupata naturam, sicut ipsae interpretationes eius, ex quibus quaedam necessaria comme-
10 morare me oportet, tanta ab ipsis exquisitae et enucleatae
diligentia demonstrabunt.

Caput VI.

De opinione Varronis, qua arbitratus est Deum animam
esse mundi, qui tamen in partibus suis habeat animas
15   *multas, quarum divina natura sit.*

Dicit ergo idem Varro adhuc de naturali theologia
praeloquens deum se arbitrari esse animam mundi, quem
Graeci vocant κόσμον, et hunc ipsum mundum esse deum;
sed sicut hominem sapientem, cum sit ex corpore et animo,
20 tamen ab animo dici sapientem, ita mundum deum dici ab
animo, cum sit ex animo et corpore. Hic videtur quoquo
modo unum confiteri Deum; sed ut plures etiam introducat,
adiungit mundum dividi in duas partes, caelum et terram;
et caelum bifariam, in aethera et aera; terram vero in
25 aquam et humum; e quibus summum esse aethera, secundum aera, tertiam aquam, infimam terram; quas omnes
partes quattuor animarum esse plenas, in aethere et aere
inmortalium, in aqua et terra mortalium; ab summo autem circuitu caeli ad circulum lunae aetherias animas esse
30 astra ac stellas, eos caelestes deos non modo intellegi esse,
sed etiam videri; inter lunae vero gyrum et nimborum ac
ventorum cacumina aerias esse animas, sed eas animo, non
oculis videri et vocari heroas et lares et genios. Haec est
videlicet breviter in ista praelocutione proposita theologia
35 naturalis, quae non huic tantum, sed multis philosophis

placuit; de qua tunc diligentius disserendum est, cum de civili, quantum ad deos selectos adtinet, opitulante Deo vero quod restat implevero.

Caput VII.

*An rationabile fuerit Ianum et Terminum in duo   5
numina separari.*

Ianus igitur, a quo sumpsit exordium, quaero quisnam sit. Respondetur: Mundus est. Brevis haec plane est atque aperta responsio. Cur ergo ad eum dicuntur rerum initia pertinere, fines vero ad alterum, quem Terminum 10 vocant? Nam propter initia et fines duobus istis diis duos menses perhibent dedicatos praeter illos decem, quibus usque ad Decembrem caput est Martius, Ianuarium Iano, Februarium Termino. Ideo Terminalia eodem mense Februario celebrari dicunt, cum fit sacrum purgatorium, 15 quod vocant Februm; unde mensis nomen accepit. Numquid ergo ad mundum, qui Ianus est, initia rerum pertinent et fines non pertinent, ut alter illis deus praeficeretur? Nonne omnia, quae in hoc mundo fieri dicunt, in hoc etiam mundo terminari fatentur? Quae est ista vani- 20 tas, in opere illi dare potestatem dimidiam, in simulacro faciem duplam? Nonne istum bifrontem multo elegantius interpretarentur, si eundem et Ianum et Terminum dicerent atque initiis unam faciem, finibus alteram darent? quoniam qui operatur utrumque debet intendere. In omni 25 enim motu actionis suae qui non respicit initium, non prospicit finem. Unde necesse est a memoria respiciente prospiciens conectatur intentio. Nam cui exciderit quod coeperit, quo modo finiat non inveniet. Quod si vitam beatam in hoc mundo inchoari putarent, extra mundum 30 perfici, et ideo Iano, id est mundo, solam initiorum tribuerent potestatem: profecto ei praeponerent Terminum eumque ab diis selectis non alienarent. Quamquam etiam nunc cum in istis duobus diis initia rerum temporalium finesque tractantur, Termino dari debuit plus honoris. 35 Maior enim laetitia est, cum res quaeque perficitur; solli-

citudinis autem plena sunt coepta, donec perducantur ad
finem, quem qui aliquid incipit maxime adpetit intendit,
expectat exoptat, nec de re inchoata, nisi terminetur,
exultat.

5　　　　　　CAPUT VIII.

Ob quam causam cultores Iani bifrontem imaginem ipsius
finxerint, quam tamen etiam quadrifrontem videri volunt.

Sed iam bifrontis simulacri interpretatio proferatur.
Duas eum facies ante et retro habere dicunt, quod hiatus
10 noster, cum os aperimus, mundo similis videatur; unde
et palatum Graeci οὐρανὸν appellant, et nonnulli, inquit,
poetae Latini caelum vocaverunt palatum, a quo hiatu oris
et foras esse aditum ad dentes versus et introrsus ad
fauces. Ecce quo perductus est mundus propter palati
15 nostri vocabulum vel Graecum vel poeticum. Quid autem
hoc ad animam, quid ad vitam aeternam? Propter solas
salivas colatur hic deus, quibus partim glutiendis partim
expuendis sub caelo palati utraque panditur ianua. Quid
est porro absurdius, quam in ipso mundo non invenire
20 duas ianuas ex adverso sitas, per quas vel admittat ad se
aliquid intro vel emittat a se foras; et de nostro ore et
gutture, quorum similitudinem mundus non habet, velle
mundi simulacrum componere in Iano propter solum palatum, cuius similitudinem Ianus non habet? Cum vero
25 eum faciunt quadrifrontem et Ianum geminum appellant,
ad quattuor mundi partes hoc interpretantur, quasi aliquid
spectet mundus foras, sicut per omnes facies Ianus. Deinde
si Ianus est mundus et mundus quattuor partibus constat,
falsum est simulacrum Iani bifrontis; aut si propterea
30 verum est, quia etiam nomine Orientis et Occidentis totus
solet mundus intellegi, numquid, cum duas partes alias
nominamus Septentrionis et Austri, sicut illi quadrifrontem dicunt geminum Ianum, ita quisquam geminum dicturus est mundum? Non habent omnino unde quattuor

---

12) Cic. nat. deor. 2, 18.

ianuas, quae intrantibus et exeuntibus pateant, interpretentur ad mundi similitudinem, sicut de bifronte quod dicerent saltem in ore hominis invenerunt, nisi Neptunus
forte subveniat et porrigat piscem, cui praeter hiatum oris
et gutturis etiam dextra et sinistra fauces patent. Et tamen 5
hanc vanitatem per tot ianuas nulla effugit anima, nisi
quae audit veritatem dicentem: *Ego sum ianua.*

Caput IX.

De Iovis potestate atque eiusdem cum Iano comparatione.

Iovem autem, qui etiam Iuppiter dicitur, quem velint 10
intellegi, exponant. ,,Deus est, inquiunt, habens potestatem causarum, quibus aliquid fit in mundo." Hoc quam
magnum sit, nobilissimus Vergilii versus ille testatur:

Felix qui potuit rerum cognoscere causas.

Sed cur ei praeponitur Ianus, hoc nobis vir ille acutissi- 15
mus doctissimusque respondeat. ,,Quoniam penes Ianum,
inquit, sunt prima, penes Iovem summa. Merito ergo rex
omnium Iuppiter habetur. Prima enim vincuntur a summis, quia, licet prima praecedant tempore, summa superant dignitate." Sed recte hoc diceretur, si factorum 20
prima discernerentur et summa; sicut initium facti est
proficisci, summum pervenire; initium facti inceptio discendi, summum perceptio doctrinae; ac sic in omnibus
prima sunt initia summique sunt fines. Sed iam hoc negotium inter Ianum Terminumque discussum est. Causae 25
autem, quae dantur Iovi, efficientia sunt, non effecta; neque ullo modo fieri potest, ut vel tempore praeveniantur
a factis initiisve factorum. Semper enim prior est res quae
facit, quam illa quae fit. Quapropter si ad Ianum pertinent initia factorum, non ideo priora sunt efficientibus 30
causis, quas Iovi tribuunt. Sicut enim nihil fit, ita nihil
inchoatur ut fiat, quod non faciens causa praecesserit.
Hunc sane deum, penes quem sunt omnes causae factarum

---

7) Ioan. 10, 9.   14) Verg. Georg. 2, 490.

omnium naturarum naturaliumque rerum, si Iovem populi
appellant et tantis contumeliis tamque scelestis crimina-
tionibus colunt, taetriore sacrilegio sese obstringunt, quam
si prorsus nullum putarent deum. Unde satius esset eis
5 alium aliquem Iovis nomine nuncupare, dignum turpibus
et flagitiosis honoribus, supposito vano figmento quod potius blasphemarent (sicut Saturno dicitur suppositus lapis,
quem pro filio devoraret), quam istum deum dicere et
tonantem et adulterantem, et totum mundum regentem et
10 per tot stupra diffluentem, et naturam omnium naturaliumque rerum causas summas habentem et suas causas bonas
non habentem.

　　Deinde quaero, quem iam locum inter deos huic Iovi
tribuant, si Ianus est mundus. Deos enim veros animam
15 mundi ac partes eius iste definivit; ac per hoc, quidquid
hoc non est, non est utique secundum istos verus deus.
Num igitur ita dicturi sunt Iovem animam mundi, ut Ianus
sit corpus eius, id est iste visibilis mundus? Hoc si dicunt,
non erit quem ad modum Ianum deum dicant, quoniam
20 mundi corpus non est deus vel secundum ipsos, sed anima
mundi ac partes eius. Unde apertissime idem dicit, deum
se arbitrari esse animam mundi et hunc ipsum mundum
esse deum; sed sicut hominem sapientem, cum sit ex
animo et corpore, tamen ex animo dici sapientem, ita
25 mundum deum dici ab animo, cum sit ex animo et corpore. Solum itaque mundi corpus non est deus, sed aut
sola anima eius aut simul corpus et animus, ita tamen ut
non sit a corpore, sed ab animo deus. Si ergo Ianus est
mundus et deus est Ianus, numquid Iovem, ut deus esse
30 possit, aliquam partem Iani esse dicturi sunt? Magis enim
Iovi universum solent tribuere; unde est:

　　　　　　　　　Iovis omnia plena.

Ergo et Iovem, ut deus sit et maxime rex deorum, non
alium possunt existimare quam mundum, ut diis ceteris
35 secundum istos suis partibus regnet. In hanc sententiam

────────────

32) Verg. Ecl. 3, 60.

etiam quosdam versus Valerii Sorani exponit idem Varro
in eo libro, quem seorsum ab istis de cultu deorum scripsit; qui versus hi sunt:

> Iuppiter omnipotens regum rerumque deûmque
> Progenitor genetrixque deûm, deus unus et omnes.　　5

Exponuntur autem in eodem libro ita, ut eum marem existimarent, qui semen emitteret, feminam quae acciperet;
Iovemque esse mundum et eum omnia semina ex se emittere et in se recipere: „Qua causa, inquit, scripsit Sora-
nus: Iuppiter progenitor genetrixque; nec minus cum 10
causa unum et omnia idem esse; mundus enim unus, et
in eo uno omnia sunt.“

Caput X.
An Iani et Iovis recta discretio sit.

Cum ergo et Ianus mundus sit et Iuppiter mundus sit 15
unusque sit mundus, quare duo dii sunt Ianus et Iuppiter?
Quare seorsus habent templa, seorsus aras, diversa sacra,
dissimilia simulacra? Si propterea quod alia vis est pri-
mordiorum, alia causarum, et illa Iani, ista Iovis nomen
accepit: numquid si unus homo in diversis rebus duas 20
habeat potestates aut duas artes, quia singularum diversa
vis est, ideo duo iudices aut duo dicuntur artifices? Sic
ergo et unus Deus cum ipse habeat potestatem primor-
diorum, ipse causarum, num propterea illum duos deos
esse necesse est putari, quia primordia causaeque res duae 25
sunt? Quod si hoc iustum putant, etiam ipsum Iovem tot
deos esse dicant, quotquot ei cognomina propter multas
potestates dederunt, quoniam res omnes, ex quibus illa
cognomina sunt adhibita, multae atque diversae sunt, ex
quibus pauca commemoro.　　30

Caput XI.
De cognominibus Iovis, quae non ad multos deos, sed ad unum eundemque referuntur.

Dixerunt eum Victorem, Invictum, Opitulum, Inpul-
sorem, Statorem, Centumpedam, Supinalem, Tigillum, Al- 35

---

1) De Val. Sorano cf. Cic. de orat. 3, 11; Plin. hist. nat. 3, 9.

mum, Ruminum et alia quae persequi longum est. Haec
autem cognomina inposuerunt uni deo propter causas po-
testatesque diversas, non tamen propter tot res etiam tot
deos eum esse coegerunt: quod omnia vinceret, quod a
5 nemine vinceretur, quod opem indigentibus ferret, quod
haberet inpellendi, statuendi, stabiliendi, resupinandi potestatem, quod tamquam tigillus mundum contineret ac sus-
tineret, quod aleret omnia, quod ruma, id est mamma,
aleret animalia. In his, ut advertimus, quaedam magna
10 sunt, quaedam exigua; et tamen unus utraque facere perhibetur. Puto inter se propinquiora esse causas rerum
atque primordia, propter quas res unum mundum duos
deos esse voluerunt, Iovem atque Ianum, quam continere
mundum et mammam dare animalibus; nec tamen propter
15 haec opera duo tam longe inter se vi et dignitate diversa
duo dii esse compulsi sunt; sed unus Iuppiter propter
illud Tigillus, propter hoc Ruminus appellatus est. Nolo
dicere, quod animalibus mammam praebere sugentibus
magis Iunonem potuit decere quam Iovem; praesertim
20 cum esset etiam diva Rumina, quae in hoc opus adiutorium illi famulatumve praeberet. Cogito enim posse re-
sponderi, et ipsam Iunonem nihil aliud esse quam Iovem,
secundum illos Valerii Sorani versus, ubi dictum est:

> Iuppiter omnipotens regum rerumque deûmque
> 25   Progenitor genetrixque deûm.

Quare ergo dictus est et Ruminus, cum diligentius fortasse quaerentibus ipse inveniatur esse etiam illa diva Rumina? Si enim maiestate deorum recte videbatur indignum,
ut in una spica alter ad curam geniculi, altera ad folliculi
30 pertineret: quanto est indignius unam rem infimam, id
est ut mammis alantur animalia, duorum deorum potestate curari, quorum sit unus Iuppiter, rex ipse cunctorum,
et hoc agat non saltem cum coniuge sua, sed cum ignobili
nescio qua Rumina, nisi quia ipse est etiam ipsa Rumina;
35 Ruminus fortasse pro sugentibus maribus, Rumina pro
feminis? Dicerem quippe noluisse illos Iovi femininum
nomen inponere, nisi et in illis versibus „progenitor gene-

trixque" diceretur, et inter alia eius cognomina legerem, quod etiam Pecunia vocaretur, quam deam inter illos minuscularios invenimus et in quarto libro iam commemoravimus. Sed cum et mares et feminae habeant pecuniam, cur non et Pecunia et Pecunius appellatus sit, sicut Rumina et Ruminus, ipsi viderint. 5

Caput XII.

Quod Iuppiter etiam Pecunia nuncupetur.

Quam vero eleganter rationem huius nominis reddiderunt! Et Pecunia, inquiunt, vocatur, quod eius sunt 10 omnia. O magnam rationem divini nominis! Immo vero ille, cuius sunt omnia, vilissime et contumeliosissime Pecunia nuncupatur. Ad omnia enim, quae caelo et terra continentur, quid est pecunia in omnibus omnino rebus, quae ab hominibus nomine pecuniae possidentur? Sed 15 nimirum hoc avaritia Iovi nomen inposuit, ut, quisquis amat pecuniam, non quemlibet deum, sed ipsum regem omnium sibi amare videatur. Longe autem aliud esset, si divitiae vocaretur. Aliud namque sunt divitiae, aliud pecunia. Nam dicimus divites sapientes, iustos, bonos, qui- 20 bus pecunia vel nulla vel parva est; magis enim sunt virtutibus divites, per quas eis etiam in ipsis corporalium rerum necessitatibus sat est quod adest: pauperes vero avaros, semper inhiantes et egentes; quamlibet enim magnas pecunias habere possunt, sed in earum quantacumque 25 abundantia non egere non possunt. Et Deum ipsum verum recte dicimus divitem, non tamen pecunia, sed omnipotentia. Dicuntur itaque et divites pecuniosi; sed interius egeni, si cupidi. Item dicuntur pauperes pecunia carentes; sed interius divites, si sapientes. Qualis ergo ista theolo- 30 gia debet esse sapienti, ubi rex deorum eius rei nomen accepit, „quam nemo sapiens concupivit"? Quanto enim facilius, si aliquid hac doctrina quod ad vitam pertineret

---

4) C. 21.   32) Sall. Cat. 11.

aeternam salubriter disceretur, deus mundi rector non ab eis pecunia, sed sapientia vocaretur, cuius amor purgat a sordibus avaritiae, hoc est ab amore pecuniae?

Caput XIII.

5 *Quod, dum exponitur quid Saturnus quidve sit Genius, uterque unus Iuppiter esse doceatur.*

Sed quid de hoc Iove plura, ad quem fortasse ceteri referendi sunt, ut inanis remaneat deorum opinio plurimorum, cum hic ipse sint omnes, sive quando partes eius 10 vel potestates existimantur, sive cum vis animae, quam putant per cuncta diffusam, ex partibus molis huius, in quas visibilis mundus iste consurgit, et multiplici administratione naturae quasi plurium deorum nomina accepit? Quid est enim et Saturnus? ,,Unus, inquit, de principibus 15 deus, penes quem sationum omnium dominatus est." Nonne expositio versuum illorum Valerii Sorani sic se habet, Iovem esse mundum et eum omnia semina ex se emittere et in se recipere? Ipse est igitur penes quem sationum omnium dominatus est. Quid est Genius? ,,Deus 20 est, inquit, qui praepositus est ac vim habet omnium rerum gignendarum." Quem alium hanc vim habere credunt quam mundum, cui dictum est: ,,Iuppiter progenitor genetrixque?" Et cum alio loco Genium dicit esse uniuscuiusque animum rationalem et ideo esse singulos singu-25 lorum, talem autem mundi animum deum esse: ad hoc idem utique revocat, ut tamquam universalis genius ipse mundi animus esse credatur. Hic est igitur quem appellant Iovem. Nam si omnis genius deus et omnis viri animus genius, sequitur ut sit omnis viri animus deus; quod 30 si et ipsos abhorrere absurditas ipsa compellit, restat ut eum singulariter et excellenter dicant deum genium, quem dicunt mundi animum ac per hoc Iovem.

Caput XIV.

De Mercurii et Martis officiis.

35 Mercurium vero et Martem quo modo referrent ad aliquas partes mundi et opera Dei, quae sunt in elementis,

non invenerunt; et ideo eos saltem operibus hominum
praeposuerunt, sermocinandi et belligerandi administros.
Quorum Mercurius si sermonis etiam deorum potestatem
gerit, ipsi quoque regi deorum dominatur, si secundum
eius arbitrium Iuppiter loquitur aut loquendi ab illo ac- 5
cepit facultatem; quod utique absurdum est. Si autem illi
humani tantum sermonis potestas tributa perhibetur, non
est credibile ad lactandos mamma non solum pueros, sed
etiam pecora, unde Ruminus cognominatus est, Iovem de-
scendere voluisse, et curam nostri sermonis, quo pecori- 10
bus antecellimus, ad se pertinere noluisse; ac per hoc
idem ipse est Iovis atque Mercurius. Quod si sermo ipse
dicitur esse Mercurius, sicut ea, quae de illo interpretantur, ostendunt (nam ideo Mercurius quasi medius currens
dicitur appellatus, quod sermo currat inter homines me- 15
dius; ideo Ἑρμῆς Graece, quod sermo vel interpretatio,
quae ad sermonem utique pertinet, ἑρμηνεία dicitur; ideo
et mercibus praeesse, quia inter vendentes et ementes
sermo fit medius; alas eius in capite et pedibus significare
volucrem ferri per aera sermonem; nuntium dictum, quo- 20
niam per sermonem omnia cogitata enuntiantur) — si ergo
Mercurius ipse sermo est, etiam ipsis confitentibus deus
non est. Sed cum sibi deos faciunt eos, qui nec daemones
sunt, inmundis supplicando spiritibus, possidentur ab eis,
qui non dii, sed daemones sunt. Item quia nec Marti ali- 25
quod elementum vel partem mundi invenire potuerunt,
ubi ageret opera qualiacumque naturae, deum belli esse
dixerunt, quod opus est hominum et optabilius non est.
Si ergo pacem perpetuam Felicitas daret, Mars quid ageret non haberet. Si autem ipsum bellum est Mars, sicut 30
sermo Mercurius: utinam quam manifestum est, quod non
sit deus, tam non sit et bellum, quod vel falso vocetur deus.

Caput XV.
De stellis quibusdam, quas pagani deorum suorum
nominibus nuncuparunt.　　35

Nisi forte illae stellae sunt hi dii, quas eorum appel-
lavere nominibus. Nam stellam quandam vocant Mercu-

rium, quandam itidem Martem. Sed ibi est et illa quam
vocant Iovem, et tamen eis mundus est Iovis; ibi quam
vocant Saturnum, et tamen ei praeterea dant non parvam
substantiam, omnium videlicet seminum; ibi est et illa om-
5 nium clarissima, quae ab eis appellatur Venus, et tamen
eandem Venerem esse etiam Lunam volunt; quamvis de illo
fulgentissimo sidere apud eos tamquam de malo aureo Iuno
Venusque contendant. Luciferum enim quidam Veneris,
quidam dicunt esse Iunonis; sed, ut solet, Venus vincit. Nam
10 multo plures eam stellam Veneri tribuunt, ita ut vix eorum
quisquam reperiatur, qui aliud opinetur. Quis autem non
rideat, cum regem omnium Iovem dicant, quod stella eius
ab stella Veneris tanta vincitur claritate? Tanto enim esse
debuit ceteris illa fulgentior, quanto est ipse potentior.
15 Respondent ideo sic videri, quia illa, quae putatur obscu-
rior, superior est atque a terris longe remotior. Si ergo
superiorem locum maior dignitas meruit, quare Saturnus
ibi est Iove superior? An vanitas fabulae, quae regem
Iovem facit, non potuit usque ad sidera pervenire, et quod
20 non valuit Saturnus in regno suo neque in Capitolio, saltem obtinere est permissus in caelo? Quare autem Ianus
non accepit aliquam stellam? Si propterea, quia mundus
est et omnes in illo sunt: et Iovis mundus est et habet
tamen. An iste causam suam composuit ut potuit et pro
25 una stella, quam non habet inter sidera, tot facies accepit
in terra? Deinde si propter solas stellas Mercurium et
Martem partes mundi putant, ut eos deos habere possint,
quia utique sermo et bellum non sunt partes mundi, sed
actus hominum: cur Arieti et Tauro et Cancro et Scor-
30 pioni ceterisque huius modi, quae caelestia signa nume-
rant et stellis non singulis, sed singula pluribus constant
superiusque istis in summo caelo perhibent conlocata, ubi
constantior motus inerrabilem meatum sideribus praebet,
nullas aras, nulla sacra, nulla templa fecerunt, nec deos,
35 non dico inter hos selectos, sed ne inter illos quidem quasi
plebeios habuerunt?

Caput XVI.

De Apolline et Diana ceterisque selectis diis, quos partes mundi esse voluerunt.

Apollinem quamvis divinatorem et medicum velint, tamen ut in aliqua parte mundi statuerent, ipsum etiam 5 solem esse dixerunt, Dianamque germanam eius similiter lunam et viarum praesidem (unde et virginem volunt, quod via nihil pariat), et ideo ambos sagittas habere, quod ipsa duo sidera de caelo radios terras usque pertendant. Vulcanum volunt ignem mundi, Neptunum aquas mundi, Di- 10 tem patrem, hoc est Orcum, terrenam et infimam partem mundi. Liberum et Cererem praeponunt seminibus, vel illum masculinis, illam femininis; vel illum liquori, illam vero ariditati seminum. Et hoc utique totum refertur ad mundum, id est ad Iovem, qui propterea dictus est „pro- 15 genitor genetrixque", quod omnia semina ex se emitteret et in se reciperet. Quando quidem etiam Matrem Magnam eandem Cererem volunt, quam nihil aliud dicunt esse quam terram, eamque perhibent et Iunonem, et ideo ei secundas causas rerum tribuunt, cum tamen Iovi sit di- 20 ctum, „progenitor genetrixque deûm", quia secundum eos totus ipse mundus est Iovis. Minervam etiam, qui eam humanis artibus praeposuerunt nec invenerunt vel stellam, ubi eam ponerent, eandem vel summum aethera vel etiam lunam esse dixerunt. Vestam quoque ipsam propterea 25 dearum maximam putaverunt, quod ipsa sit terra, quamvis ignem mundi leviorem, qui pertinet ad usus hominum faciles, non violentiorem, qualis Vulcani est, ei deputandum esse crediderunt. Ac per hoc omnes istos selectos deos hunc esse mundum volunt, in quibusdam universum, in 30 quibusdam partes eius; universum sicut Iovem, partes eius, ut Genium, ut Matrem Magnam, ut Solem et Lunam, vel potius Apollinem et Dianam. Et aliquando unum deum res plures, aliquando unam rem deos plures faciunt. Nam unus deus res plures sunt, sicut ipse Iuppiter; et mundus 35

---

12) Varro, de ling. Lat. 5, 66.

17*

enim totus Iuppiter, et solum caelum Iuppiter, et sola stella
Iuppiter habetur et dicitur. Itemque Iuno secundarum
causarum domina et Iuno aer et Iuno terra et, si Venerem vinceret, Iuno stella. Similiter Minerva summus aether
5 et Minerva itidem luna, quam esse in aetheris infimo limite
existimant. Unam vero rem deos plures ita faciunt: Et
Ianus est mundus et Iuppiter; sic et Iuno est terra et
Mater Magna et Ceres.

Caput XVII.

10 *Quod etiam ipse Varro opiniones suas de diis pronun-*
tiarit ambiguas.

Et sicut haec, quae exempli gratia commemoravi, ita
cetera non explicant, sed potius inplicant; sicut impetus
errabundae opinionis inpulerit, ita huc atque illuc, hinc
15 atque illinc insiliunt et resiliunt, ut ipse Varro de omnibus
dubitare, quam aliquid adfirmare maluerit. Nam trium
extremorum primum de diis certis cum absolvisset librum,
in altero de diis incertis dicere ingressus, ait: „Cum in
hoc libello dubias de diis opiniones posuero, reprehendi
20 non debeo. Qui enim putabit iudicari oportere et posse,
cum audierit, faciet ipse. Ego citius perduci possum, ut
in primo libro quae dixi in dubitationem revocem, quam
in hoc quae perscribam omnia ut ad aliquam dirigam
summam." Ita non solum istum de diis incertis, sed etiam
25 illum de certis fecit incertum. In tertio porro isto de diis
selectis, postea quam praelocutus est quod ex naturali
theologia praeloquendum putavit, ingressurus huius civilis
theologiae vanitates et insanias mendaces, ubi eum non
solum non ducebat rerum veritas, sed etiam maiorum
30 premebat auctoritas: „De diis, inquit, populi Romani publicis, quibus aedes dedicaverunt eosque pluribus signis
ornatos notaverunt, in hoc libro scribam, sed ut Xeno-
phanes Colophonios scribit, quid putem, non quid conten-
dam, ponam. Hominis est enim haec opinari, Dei scire."
35 Rerum igitur non conprehensarum nec firmissime credi-

tarum, sed opinatarum et dubitandarum sermonem trepi-
dus pollicetur dicturus ea, quae ab hominibus instituta
sunt. Neque enim, sicut sciebat esse mundum, esse caelum et terram, caelum sideribus fulgidum, terram seminibus fertilem, atque huius modi cetera, sicut hanc totam 5
molem atque naturam vi quadam invisibili ac praepotenti
regi atque administrari certa animi stabilitate credebat:
ita poterat adfirmare de Iano, quod mundus ipse esset,
aut de Saturno invenire, quo modo et Iovis pater esset et
Iovi regnanti subditus factus esset et cetera talia.   10

Caput XVIII.

Quae credibilior causa sit, qua error paganitatis inoleverit.

De quibus credibilior redditur ratio, cum perhibentur
homines fuisse et unicuique eorum ab his, qui eos adulando 15
deos esse voluerunt, ex eius ingenio moribus, actibus casibus sacra et sollemnia constituta atque haec paulatim per
animas hominum daemonibus similes et ludicrarum rerum
avidas inrependo longe lateque vulgata, ornantibus ea
mendaciis poetarum et ad ea fallacibus spiritibus seducen- 20
tibus. Facilius enim fieri potuit, ut iuvenis impius vel ab
impio patre interfici metuens et avidus regni patrem pelle-
ret regno, quam id, quod iste interpretatur, ideo Saturnum
patrem a Iove filio superatum, quod ante est causa quae pertinet ad Iovem, quam semen quod pertinet ad Saturnum. 25
Si enim hoc ita esset, numquam Saturnus prior fuisset nec
pater Iovis esset. Semper enim semen causa praecedit
nec umquam generatur ex semine. Sed cum conantur
vanissimas fabulas sive hominum res gestas velut naturalibus interpretationibus honorare, etiam homines acutis- 30
simi tantas patiuntur angustias, ut eorum quoque vanitatem dolere cogamur.

Caput XIX.

De interpretationibus, quibus colendi Saturni ratio concinnatur.

„Saturnum, inquit, dixerunt, quae nata ex eo essent,
5 solitum devorare, quod eo semina, unde nascerentur, redirent. Et quod illi pro Iove gleba obiecta est devoranda, significat, inquit, manibus humanis obrui coeptas serendo fruges, antequam utilitas arandi esset inventa." Saturnus ergo dici debuit ipsa terra, non semina; ipsa enim quo-
10 dam modo devorat quae genuerit, cum ex ea nata semina in eam rursus recipienda redierint. Et quod pro Iove accepisse dicitur glebam, quid hoc ad id valet, quod manibus hominum semen gleba coopertum est? Numquid ideo non est, ut cetera, devoratum, quod gleba coopertum est?
15 Ita enim hoc dictum est, quasi qui glebam opposuit semen abstulerit, sicut Saturno perhibent oblata gleba ablatum Iovem; ac non potius gleba semen operiendo fecerit illud diligentius devorari. Deinde isto modo semen est Iuppiter, non seminis causa, quod paulo ante dice-
20 batur. Sed quid faciant homines, qui cum res stultas interpretantur, non inveniunt quid sapienter dicatur? „Falcem habet, inquit, propter agriculturam." Certe illo regnante nondum erat agricultura, et ideo priora eius tempora perhibentur, sicut idem ipse fabellas interpretatur, quia primi
25 homines ex his vivebant seminibus, quae terra sponte gignebat. An falcem sceptro perdito accepit, ut, qui primis temporibus rex fuerat otiosus, filio regnante fieret operarius laboriosus? Deinde ideo dicit a quibusdam pueros ei solitos immolari, sicut a Poenis, et a quibusdam etiam
30 maiores, sicut a Gallis, quia omnium seminum optimum est genus humanum. De hac crudelissima vanitate quid opus est plura dicere? Hoc potius advertamus atque teneamus, has interpretationes non referri ad Deum verum, vivam, incorpoream incommutabilemque naturam, a quo
35 vita in aeternum beata poscenda est; sed earum esse fines in rebus corporalibus, temporalibus, mutabilibus atque mortalibus. „Quod Caelum, inquit, patrem Saturnus ca-

strasse in fabulis dicitur, hoc significat penes Saturnum,
non penes Caelum semen esse divinum." Hoc propterea,
quantum intellegi datur, quia nihil in caelo de seminibus
nascitur. Sed ecce, Saturnus si Caeli est filius, Iovis est
filius. Caelum enim esse Iovem innumerabiliter et dili- 5
genter adfirmant. Ita ista, quae a veritate non veniunt,
plerumque et nullo inpellente se ipsa subvertunt. Chronon appellatum dicit, quod Graeco vocabulo significat temporis spatium, sine quo semen, inquit, non potest esse
fecundum. Haec et alia de Saturno multa dicuntur, et ad 10
semen omnia referuntur. Sed saltem Saturnus seminibus
cum tanta ista potestate sufficeret; quid ad haec dii alii
requiruntur, maxime Liber et Libera, id est Ceres? De
quibus rursus, quod ad semen adtinet, tanta dicit, quasi
de Saturno nihil dixerit. 15

Caput XX.
De sacris Cereris Eleusinae.

In Cereris autem sacris praedicantur illa Eleusinia,
quae apud Athenienses nobilissima fuerunt. De quibus
iste nihil interpretatur, nisi quod adtinet ad frumentum, 20
quod Ceres invenit, et ad Proserpinam, quam rapiente
Orco perdidit. Et hanc ipsam dicit significare fecunditatem seminum; quae cum defuisset quodam tempore
eademque sterilitate terra maereret, exortam esse opinionem, quod filiam Cereris, id est ipsam fecunditatem, quae 25
a proserpendo Proserpina dicta esset, Orcus abstulerat, et
apud inferos detinuerat; quae res cum fuisset luctu publico celebrata, quia rursus eadem fecunditas rediit, Proserpina reddita exortam esse laetitiam et ex hoc sollemnia
constituta. Dicit deinde multa in mysteriis eius tradi, quae 30
nisi ad frugum inventionem non pertineant.

Caput XXI.
De turpitudine sacrorum, quae Libero celebrantur.

Iam vero Liberi sacra, quem liquidis seminibus ac
per hoc non solum liquoribus fructuum, quorum quodam 35

modo primatum vinum tenet, verum etiam seminibus animalium praefecerunt, ad quantam turpitudinem pervenerint, piget quidem dicere propter sermonis longitudinem;
sed propter istorum superbam hebetudinem non piget.
5 Inter cetera, quae praetermittere, quoniam multa sunt,
cogor, in Italiae compitis quaedam dicit sacra Liberi celebrata cum tanta licentia turpitudinis, ut in eius honorem
pudenda virilia colerentur, non saltem aliquantum vere-
cundiore secreto, sed in propatulo exultante nequitia. Nam
10 hoc turpe membrum per Liberi dies festos cum honore
magno plostellis inpositum prius rure in compitis, et usque
in urbem postea vectabatur. In oppido autem Lavinio
unus Libero totus mensis tribuebatur, cuius diebus omnes
verbis flagitiosissimis uterentur, donec illud membrum per
15 forum transvectum esset atque in loco suo quiesceret. Cui
membro inhonesto matrem familias honestissimam palam
coronam necesse erat inponere. Sic videlicet Liber deus
placandus fuerat pro eventibus seminum, sic ab agris fascinatio repellenda, ut matrona facere cogeretur in pu-
20 blico, quod nec meretrix, si matronae spectarent, permitti
debuit in theatro. Propter haec Saturnus solus creditus
non est sufficere posse seminibus, ut occasiones multipli-
candorum deorum inmunda anima reperiret, et ab uno
vero Deo merito inmunditiae destituta ac per multos falsos
25 aviditate maioris inmunditiae prostituta ista sacrilegia sacra
nominaret seseque spurcorum daemonum turbis convio-
landam polluendamque praeberet.

Caput XXII.

De Neptuno et Salacia ac Venilia.

30　　　Iam utique habebat Salaciam Neptunus uxorem, quam
inferiorem aquam maris esse dixerunt: ut quid illi adiuncta
est et Venilia, nisi ut sine ulla causa necessariorum sacrorum sola libidine animae prostitutae multiplicaretur invi-
tatio daemoniorum? Sed proferatur interpretatio prae-
35 clara theologiae, quae nos ab ista reprehensione reddita
ratione compescat. „Venilia, inquit, unda est, quae ad litus

venit; Salacia, quae in salum redit." Cur ergo deae fiunt
duae, cum sit una unda quae venit et redit? Nempe ipsa
est exaestuans in multa numina libido vesana. Quamvis
enim aqua non geminetur quae it et redit, huius tamen
occasione vanitatis duobus daemoniis invitatis amplius com- 5
maculatur anima, quae it et non redit. Quaeso te, Varro,
vel vos, qui tam doctorum hominum talia scripta legistis
et aliquid magnum vos didicisse iactatis, interpretamini
hoc, nolo dicere secundum illam aeternam incommutabilemque naturam, qui solus est Deus; sed saltem secundum 10
animam mundi et partes eius, quos deos esse veros exi-
stimatis. Partem animae mundi, quae mare permeat,
deum vobis fecisse Neptunum utcumque tolerabilioris erroris est. Itane unda ad litus veniens et in salum rediens
duae sunt partes mundi aut duae partes animae mundi? 15
Quis vestrum ita desipiat, ut hoc sapiat? Cur ergo vobis
duas deas fecerunt, nisi quia provisum est a sapientibus
maioribus vestris, non ut dii plures vos regerent, sed ut
ea, quae istis vanitatibus et falsitatibus gaudent, plura vos
daemonia possiderent? Cur autem illa Salacia per hanc 20
interpretationem inferiorem maris partem, qua viro erat
subdita, perdidit? Namque illam modo, cum refluentem
fluctum esse perhibetis, in superficie posuistis. An quia
Veniliam pellicem accepit, irata suum maritum de supernis
maris exclusit? 25

Caput XXIII.

De Terra, quam Varro deam esse confirmat, eo quod ille
animus mundi, quem opinatur deum, etiam hanc
corporis sui infimam partem permeet eique vim
divinam inpertiat. 30

Nempe una est terra, quam plenam quidem videmus
animalibus suis; verum tamen ipsam magnum corpus in
elementis mundique infimam partem cur eam volunt deam?
An quia fecunda est? Cur ergo non magis homines dii
sunt, qui eam fecundiorem faciunt excolendo; sed cum 35
arant, non cum adorant? Sed pars animae mundi, inquiunt,

quae per illam permeat, deam facit. Quasi non evidentior
sit in hominibus anima, quae utrum sit nulla fit quaestio;
et tamen homines dii non habentur et, quod est graviter
dolendum, his, qui dii non sunt et quibus ipsi meliores
5 sunt, colendis et adorandis mirabili et miserabili errore
subduntur. Et certe idem Varro in eodem de diis selectis
libro tres esse adfirmat animae gradus in omni universa-
que natura: unum, qui omnes partes corporis, quae vivunt,
transit et non habet sensum, sed tantum ad vivendum
10 valetudinem; hanc vim in nostro corpore permanare dicit
in ossa, ungues, capillos; sicut in mundo arbores sine
sensu aluntur et crescunt et modo quodam suo vivunt.
Secundum gradum animae, in quo sensus est; hanc vim
pervenire in oculos, aures, nares, os, tactum. Tertium
15 gradum esse animae summum, quod vocatur animus, in
quo intellegentia praeminet; hoc praeter hominem omnes
carere mortales. Hanc partem animae mundi dicit deum,
in nobis autem genium vocari. Esse autem in mundo lapides ac terram, quam videmus, quo non permanat sensus,
20 ut ossa, ut ungues Dei. Solem vero, lunam, stellas, quae
sentimus quibusque ipse sentit, sensus esse eius; aethera
porro animum eius; cuius vim, quae pervenit in astra, ea
quoque facere deos, et per ea quod in terram permanat,
deam Tellurem; quod autem inde permanat in mare atque
25 oceanum, deum esse Neptunum.

Redeat ergo ab hac, quam theologian naturalem putat, quo velut requiescendi causa ab his ambagibus atque
anfractibus fatigatus egressus est. Redeat, inquam, redeat ad civilem; hic eum adhuc teneo, tantisper de hac
30 ago. Nondum dico, si terra et lapides nostris sunt ossibus
et unguibus similes, similiter eos intellegentiam non habere, sicut sensu carent; aut si idcirco habere dicuntur
ossa et ungues nostri intellegentiam, quia in homine sunt
qui habet intellegentiam, tam stultum esse qui hos deos
35 in mundo dicit, quam stultus est qui in nobis ossa et
ungues homines dicit. Sed haec cum philosophis fortassis
agenda sunt; nunc autem istum adhuc politicum volo.
Fieri enim potest, ut, licet in illam naturalis theologiae

veluti libertatem caput erigere paululum voluisse videatur,
adhuc tamen hunc librum versans et se in illo versari
cogitans, eum etiam inde respexerit et hoc propterea
dixerit, ne maiores eius sive aliae civitates Tellurem atque
Neptunum inaniter coluisse credantur. Sed hoc dico: pars 5
animi mundani, quae per terram permeat, sicut una est
terra, cur non etiam unam fecit deam, quam dicit esse
Tellurem? Quod si ita fecit, ubi erit Orcus, frater Iovis
atque Neptuni, quem Ditem patrem vocant? Ubi eius
coniux Proserpina, quae secundum aliam in eisdem libris 10
positam opinionem, non terrae fecunditas, sed pars inferior perhibetur? Quod si dicunt, animi mundani partem,
cum permeat terrae partem superiorem, Ditem patrem
facere deum; cum vero inferiorem, Proserpinam deam:
Tellus illa quid erit? Ita enim totum, quod ipsa erat, in 15
duas istas partes deosque divisum est, ut ipsa tertia quae
sit aut ubi sit inveniri non possit; nisi quis dicat simul
istos deos Orcum atque Proserpinam unam deam esse
Tellurem et non esse iam tres, sed aut unam aut duos;
et tamen tres dicuntur, tres habentur, tres coluntur aris 20
suis, delubris suis, sacris, simulacris, sacerdotibus suis, et
per haec etiam fallacibus prostitutam animam constupran-
tibus daemonibus suis. Adhuc respondeatur, quam partem terrae permeet pars mundani animi, ut deum faciat
Tellumonem? Non, inquit, sed una eademque terra habet 25
geminam vim, et masculinam, quod semina producat, et
femininam, quod recipiat atque nutriat; inde a vi feminae
dictam esse Tellurem, a masculi Tellumonem. Cur ergo
pontifices, ut ipse indicat, additis quoque aliis duobus quattuor diis faciunt rem divinam, Telluri, Tellumoni, Altori, 30
Rusori? De Tellure et Tellumone iam dictum est. Altori
quare? Quod ex terra, inquit, aluntur omnia quae nata
sunt. Rusori quare? Quod rursus, inquit, cuncta eodem
revolvuntur.

Caput XXIV.

De Telluris cognominibus eorumque significationibus, quae etiamsi erant multarum rerum indices, non debuerunt multorum deorum firmare opiniones.

5 ` Debuit ergo una terra propter istam quatergeminam vim quattuor habere cognomina, non quattuor facere deos; sicut tot cognominibus unus Iuppiter et tot cognominibus una Iuno, in quibus omnibus vis multiplex esse dicitur ad unum deum vel unam deam pertinens, non multitudo co-

10 gnominum deorum etiam multitudinem faciens. Sed profecto sicut aliquando etiam ipsas vilissimas feminas earum, quas libidine quaesierunt, taedet paenitetque turbarum: sic animam vilem factam et inmundis spiritibus prostitutam deos sibi multiplicare, quibus contaminanda proster-

15 neretur, sicut plurimum libuit, sic aliquando et piguit. Nam et ipse Varro quasi de ipsa turba verecundatus unam deam vult esse Tellurem. ,,Eandem, inquit, dicunt Matrem Magnam; quod tympanum habeat, significari esse orbem terrae; quod turres in capite, oppida; quod sedes

20 fingantur circa eam, cum omnia moveantur, ipsam non moveri. Quod Gallos huic deae ut servirent fecerunt, significat, qui semine indigeant, terram sequi oportere; in ea quippe omnia reperiri. Quod se apud eam iactant, praecipitur, inquit, qui terram colunt, ne sedeant; semper

25 enim esse quod agant. Cymbalorum sonitus ferramentorum iactandorum ac manuum et eius rei crepitus in colendo agro qui fit significant; ideo aere, quod eam antiqui colebant aere, antequam ferrum esset inventum. Leonem, inquit, adiungunt solutum ac mansuetum, ut ostendant, nul-

30 lum genus esse terrae tam remotum ac vehementer ferum, quod non subigi colique conveniat.'' Deinde adiungit et dicit, Tellurem matrem et nominibus pluribus et cognominibus quod nominarunt, deos existimatos esse complures. ,,Tellurem, inquit, putant esse Opem, quod opere fiat me-

35 lior; Matrem, quod plurima pariat; Magnam, quod cibum pariat; Proserpinam, quod ex ea proserpant fruges; Vestam, quod vestiatur herbis. Sic alias deas, inquit, non

absurde ad hanc revocant." Si ergo una dea est, quae
quidem consulta veritate nec ipsa est, interim quid itur in
multas? Unius sint ista multa numina, non tam deae
multae quam nomina. Sed errantium maiorum auctoritas
deprimit et eundem Varronem post hanc sententiam tre- 5
pidare compellit. Adiungit enim et dicit: „Cum quibus
opinio maiorum de his deabus, quod plures eas putarunt
esse, non pugnat." Quo modo non pugnat, cum valde
aliud sit, unam deam nomina habere multa, aliud esse deas
multas? „Sed potest, inquit, fieri ut eadem res et una sit, 10
et in ea quaedam res sint plures." Concedo, in uno homine esse res plures, numquid ideo et homines plures?
Sic in una dea esse res plures, numquid ideo et deas
plures? Verum sicut volunt, dividant conflent, multipli-
cent replicent inplicent. 15

Haec sunt Telluris et Matris Magnae praeclara mysteria, unde omnia referuntur ad mortalia semina et exer-
cendam agriculturam. Itane ad haec relata et hunc finem
habentia tympanum, turres, Galli, iactatio insana membrorum, crepitus cymbalorum, confictio leonum vitam cui- 20
quam pollicentur aeternam? Itane propterea Galli abscisi
huic Magnae deae serviunt, ut significent qui semine indigeant, terram sequi oportere; quasi non eos ipsa potius
servitus semine faciat indigere? Utrum enim sequendo
hanc deam, cum indigeant, semen adquirunt; an potius 25
sequendo hanc deam, cum habeant, semen amittunt? Hoc
interpretari est, an detestari? Nec adtenditur, quantum
maligni daemones praevaluerint, qui nec aliqua magna his
sacris polliceri ausi sunt, et tam crudelia exigere potuerunt. Si dea terra non esset, manus ei homines operando 30
inferrent, ut semina consequerentur per illam; non et
sibi saeviendo, ut semina perderent propter illam. Si dea
non esset, ita fecunda fieret manibus alienis, ut non cogeret hominem sterilem fieri manibus suis. Iam quod in
Liberi sacris honesta matrona pudenda virilia coronabat 35
spectante multitudine, ubi rubens et sudans, si est ulla
frons in hominibus, adstabat forsitan et maritus; et quod
in celebratione nuptiarum super Priapi scapum nova nupta

sedere iubebatur: longe contemptibiliora atque leviora sunt
prae ista turpitudine crudelissima vel crudelitate turpissima, ubi daemonicis ritibus sic uterque sexus inluditur,
ut neuter suo vulnere perimatur. Ibi fascinatio timetur
5 agrorum, hic membrorum amputatio non timetur. Ibi sic
dehonestatur novae nuptae verecundia, ut non solum fecunditas, sed nec virginitas adimatur: hic ita amputatur
virilitas, ut nec convertatur in feminam nec vir relinquatur.

Caput XXV.

10 *Quam interpretationem de abscisione Attidis Graecorum*
sapientium doctrina reppererit.

Et Attis ille non est commemoratus, nec eius ab isto
interpretatio requisita est, in cuius dilectionis memoriam
Gallus absciditur. Sed docti Graeci atque sapientes ne-
15 quaquam rationem tam sanctam praeclaramque tacuerunt.
Propter vernalem quippe faciem terrae, quae ceteris est
temporibus pulchrior, Porphyrius, philosophus nobilis,
Attin flores significare perhibuit, et ideo abscisum, quia
flos decidit ante fructum. Non ergo ipsum hominem vel
20 quasi hominem, qui est vocatus Attis, sed virilia eius flori
comparaverunt. Ipsa quippe illo vivente deciderunt; immo
vero non deciderunt neque decerpta, sed plane discerpta
sunt; nec illo flore amisso quisquam postea fructus, sed
potius sterilitas consecuta est. Quid ergo ipse reliquus, et
25 quidquid remansit absciso? quid eo significari dicitur? quo
refertur? quae interpretatio inde profertur? An haec frustra moliendo nihilque inveniendo persuadent illud potius
esse credendum, quod de homine castrato fama iactavit
litterisque mandatum est? Merito hinc aversatus est
30 Varro noster, neque hoc dicere voluit; non enim hominem
doctissimum latuit.

Caput XXVI.

De turpitudine sacrorum Matris Magnae.

Itemque de mollibus eidem Matri Magnae contra
35 omnem virorum mulierumque verecundiam consecratis,

qui usque in hesternum diem madidis capillis facie deal-
bata, fluentibus membris incessu femineo per plateas
vicosque Carthaginis etiam a populis unde turpiter viverent exigebant, nihil Varro dicere voluit nec uspiam me
legisse commemini. Defecit interpretatio, erubuit ratio, 5
conticuit oratio. Vicit Matris Magnae omnes deos filios
non numinis magnitudo, sed criminis. Huic monstro nec
Iani monstrositas comparatur. Ille in simulacris habebat
solam deformitatem, ista in sacris deformem crudelitatem;
ille membra in lapidibus addita, haec in hominibus per- 10
dita. Hoc dedecus tot Iovis ipsius et tanta stupra non
vincunt. Ille inter femineas corruptelas uno Ganymede
caelum infamavit; ista tot mollibus professis et publicis et
inquinavit terram et caelo fecit iniuriam. Saturnum fortasse possemus huic in isto genere turpissimae crudelitatis 15
sive conferre sive praeferre, qui patrem castrasse perhibetur; sed in Saturni sacris homines alienis manibus potius occidi, quam suis abscidi potuerunt. Devoravit ille
filios, ut poetae ferunt, et physici ex hoc interpretantur
quod volunt; ut autem historia prodit, necavit; sed quod 20
ei Poeni suos filios sacrificati sunt, non recepere Romani.
At vero ista Magna deorum Mater etiam Romanis templis
castratos intulit atque istam saevitiam moremque servavit,
credita vires adiuvare Romanorum exsecando virilia virorum. Quid sunt ad hoc malum furta Mercurii, Veneris 25
lascivia, stupra et turpitudines ceterorum, quae proferre-
mus de libris, nisi cotidie cantarentur et saltarentur in
theatris? Sed haec quid sunt ad tantum malum, cuius
magnitudo Magnae Matri tantum modo competebat? Praesertim quod illa dicuntur a poetis esse conficta, quasi poe- 30
tae id etiam finxerint, quod ea sint diis grata et accepta.
Ut ergo canerentur vel scriberentur, sit audacia vel petu-
lantia poetarum; ut vero divinis rebus et honoribus eisdem
imperantibus et extorquentibus numinibus adderentur,
quid est nisi crimen deorum; immo vero confessio dae- 35
moniorum et deceptio miserorum? Verum illud, quod de
abscisorum consecratione Mater deûm coli meruit, non
poetae confinxerunt, sed horrere magis quam canere ma-

luerunt. Hisne diis selectis quisquam consecrandus est,
ut post mortem vivat beate, quibus consecratus ante mortem honeste non potest vivere, tam foedis superstitionibus
subditus et inmundis daemonibus obligatus? Sed haec
5 omnia, inquit, referuntur ad mundum. Videat ne potius
ad inmundum. Quid autem non potest referri ad mundum,
quod esse demonstratur in mundo? Nos autem animum
quaerimus, qui vera religione confisus non tamquam deum
suum adoret mundum, sed tamquam opus Dei propter
10 Deum laudet mundum, et mundanis sordibus expiatus
mundus perveniat ad Deum, qui condidit mundum.

Caput XXVII.

De figmentis physiologorum, qui nec veram divinitatem
colunt, nec eo cultu quo colenda est vera divinitas.

15 Istos vero selectos deos videmus quidem clarius innotuisse quam ceteros, non tamen ut eorum inlustrarentur
merita, sed ne occultarentur opprobria; unde magis eos
homines fuisse credibile est, sicut non solum poeticae litterae, verum etiam historicae tradiderunt. Nam quod
20 Vergilius ait:

> Primus ab aetherio venit Saturnus Olympo,
> Arma Iovis fugiens et regnis exul ademptis,

et quae ad hanc rem pertinentia consequuntur, totam de
hoc Euhemerus pandit historiam, quam Ennius in Latinum
25 vertit eloquium; unde quia plurima posuerunt, qui contra
huius modi errores ante nos vel Graeco sermone vel Latino
scripserunt, non in eo mihi placuit inmorari.
 [XXVII.] Ipsas physiologias cum considero, quibus
docti et acuti homines has res humanas conantur vertere
30 in res divinas, nihil video nisi ad temporalia terrenaque
opera naturamque corpoream vel etiamsi invisibilem, tamen mutabilem potuisse revocari; quod nullo modo est
verus Deus. Hoc autem si saltem religiositati congruis

---

22) Aen. 8, 319 sq.

significationibus ageretur, esset quidem dolendum, non
his verum Deum adnuntiari atque praedicari, tamen aliquo
modo ferendum tam foeda et turpia non fieri nec iuberi;
at nunc cum pro Deo vero, quo solo anima se inhabitante
fit felix, nefas sit colere aut corpus aut animam, quanto 5
magis nefarium est ista sic colere, ut nec salutem nec decus humanum corpus aut anima colentis obtineat! Quam ob
rem si templo sacerdote sacrificio, quod vero Deo debetur,
colatur aliquod elementum mundi vel creatus aliquis spiritus, etiam si non inmundus et malus: non ideo malum est, 10
quia illa mala sunt, quibus colitur; sed quia illa talia sunt,
quibus solus ille colendus sit, cui talis cultus servitusque debetur. Si autem stoliditate vel monstrositate simulacrorum,
sacrificiis homicidiorum, coronatione virilium pudendorum,
mercede stuprorum, sectione membrorum, abscisione geni- 15
talium, consecratione mollium, festis inpurorum obsceno-
rumque ludorum unum verum Deum, id est omnis animae
corporisque creatorem, colere se quisque contendat: non
ideo peccat, quia non est colendus quem colit; sed quia
colendum non ut colendus est colit. Qui vero et rebus 20
talibus, id est turpibus et scelestis, et non Deum verum,
id est animae corporisque factorem, sed creaturam quamvis non vitiosam colit, sive illa sit anima sive corpus sive
anima simul et corpus, bis peccat in Deum, quod et pro-
ipso colit, quod non est ipse, et talibus rebus colit, qua- 25
libus nec ipse colendus est nec non ipse. Sed hi quonam
modo, id est quam turpiter nefarieque, coluerint, in promptu est. Quid autem vel quos coluerint esset obscurum, nisi
eorum testaretur historia ea ipsa, quae foeda et turpia
confitentur, numinibus terribiliter exigentibus reddita. 30
Unde remotis constat ambagibus, nefarios daemones atque inmundissimos spiritus hac omni civili theologia in
visendis stolidis imaginibus et per eas possidendis etiam
stultis cordibus invitatos.

Caput XXVIII.

Quod doctrina Varronis de theologia in nulla sibi parte concordet.

Quid igitur valet, quod vir doctissimus et acutissimus
5 Varro velut subtili disputatione hos omnes deos in caelum
et terram redigere ac referre conatur? Non potest; fluunt
de manibus, resiliunt, labuntur et decidunt. Dicturus enim
de feminis, hoc est de deabus: „Quoniam, inquit, ut primo
libro dixi de locis, duo sunt principia deorum animad-
10 versa de caelo et terra, a quo dii partim dicuntur caelestes, partim terrestres: ut in superioribus initium fecimus a caelo, cum diximus de Iano, quem alii caelum, alii
dixerunt esse mundum, sic de feminis scribendi facimus
initium a Tellure." Sentio quantam molestiam tale ac
15 tantum patiatur ingenium. Ducitur enim quadam ratione
verisimili, caelum esse quod faciat, terram quae patiatur,
et ideo illi masculinam vim tribuit, huic femininam, et
non adtendit eum potius esse qui haec facit, qui utrumque
fecit. Hinc etiam Samothracum nobilia mysteria in supe-
20 riore libro sic interpretatur eaque se, quae nec suis nota
sunt, scribendo expositurum eisque missurum quasi reli-
giosissime pollicetur. Dicit enim se ibi multis indiciis
collegisse in simulacris aliud significare caelum, aliud
terram, aliud exempla rerum, quas Plato appellat ideas;
25 caelum Iovem, terram Iunonem, ideas Minervam vult intellegi; caelum a quo fiat aliquid, terram de qua fiat,
exemplum secundum quod fiat. Qua in re omitto dicere,
quod Plato illas ideas tantam vim habere dicit, ut secundum eas non caelum aliquid fecerit, sed etiam caelum
30 factum sit. Hoc dico, istum in hoc libro selectorum deorum rationem illam trium deorum, quibus quasi cuncta
complexus est, perdidisse. Caelo enim tribuit masculos
deos, feminas terrae; inter quas posuit Minervam, quam
supra ipsum caelum ante posuerat. Deinde masculus deus
35 Neptunus in mari est, quod ad terram potius quam ad
caelum pertinet. Dis pater postremo, qui Graece Πλούτων
dicitur, etiam ipse masculus frater amborum terrenus deus

esse perhibetur, superiorem terram tenens, in inferiore habens Proserpinam coniugem. Quo modo ergo deos ad caelum, deas ad terram referre conantur? Quid solidum quid constans, quid sobrium quid definitum habet haec disputatio? Illa est autem Tellus initium dearum, Mater scilicet Magna, apud quam mollium et abscisorum seseque secantium atque iactantium insana perstrepit turpitudo. Quid est ergo quod dicitur caput deorum Ianus, caput dearum Tellus? Nec ibi facit unum caput error, nec hic sanum furor. Cur haec frustra referre nituntur ad mundum? Quod etsi possent, pro Deo vero mundum nemo pius colit; et tamen eos nec hoc posse veritas aperta convincit. Referant haec potius ad homines mortuos et ad daemones pessimos, et nulla quaestio remanebit.

Caput XXIX.

Quod omnia, quae physiologi ad mundum partesque ipsius rettulerunt, ad unum verum Deum referre debuerint.

Namque omnia, quae ab eis ex istorum deorum theologia velut physicis rationibus referuntur ad mundum, quam sine ullo scrupulo sacrilegae opinionis Deo potius vero, qui fecit mundum, omnis animae et omnis corporis conditori, tribuantur, advertamus hoc modo: Nos Deum colimus, non caelum et terram, quibus duabus partibus mundus hic constat; nec animam vel animas per viventia quaecumque diffusas, sed Deum, qui fecit caelum et terram et omnia, quae in eis sunt; qui fecit omnem animam, sive quocumque modo viventem et sensus et rationis expertem, sive etiam sentientem, sive etiam intellegentem.

Caput XXX.

Qua pietate discernatur a creaturis Creator, ne pro uno tot dii colantur, quot sunt opera unius auctoris.

Et ut iam incipiam illa unius et veri Dei opera percurrere, propter quae isti sibi, dum quasi honeste conantur sacramenta turpissima et scelestissima interpretari,

18*

deos multos falsosque fecerunt: illum Deum colimus, qui
naturis a se creatis et subsistendi et movendi initia finesque constituit; qui rerum causas habet, novit atque disponit; qui vim seminum condidit; qui rationalem animam,
5 quod dicitur animus, quibus voluit viventibus indidit; qui
sermonis facultatem usumque donavit; qui munus futura
dicendi, quibus placuit spiritibus inpertivit et per quos
placet ipse futura praedicit et per quos placet malas valetudines pellit; qui bellorum quoque ipsorum, cum sic
10 emendandum et castigandum est genus humanum, exordiis
progressibus finibusque moderatur; qui mundi huius ignem
vehementissimum et violentissimum pro inmensae naturae
temperamento et creavit et regit; qui universarum aquarum creator et gubernator est; qui solem fecit corpora-
15 lium clarissimum luminum eique vim congruam et motum
dedit; qui ipsis etiam inferis dominationem suam potesta-
temque non subtrahit; qui semina et alimenta mortalium,
sive arida sive liquida, naturis competentibus adtributa
substituit; qui terram fundat atque fecundat; qui fructus
20 eius animalibus hominibusque largitur; qui causas non
solum principales, sed etiam subsequentes novit atque ordinat; qui lunae statuit modum suum; qui vias caelestes
atque terrestres locorum mutationibus praebet; qui humanis ingeniis, quae creavit, etiam scientias artium variarum
25 ad adiuvandam vitam naturamque concessit; qui coniun-
ctionem maris et feminae ad adiutorium propagandae
prolis instituit; qui hominum coetibus, quem focis et luminibus adhiberent, ad facillimos usus munus terreni ignis
indulsit. Ista sunt certe, quae diis selectis nescio per quas
30 physicas interpretationes vir acutissimus atque doctissimus
Varro, sive quae aliunde accepit, sive quae ipse coniecit,
distribuere laboravit. Haec autem facit atque agit unus
verus Deus, sed sicut Deus, id est ubique totus, nullis inclusus locis, nullis vinculis alligatus, in nullas partes secti-
35 lis, ex nulla parte mutabilis, implens caelum et terram
praesente potentia, non indigente natura. Sic itaque administrat omnia, quae creavit, ut etiam ipsa proprios exe-
rere et agere motus sinat. Quamvis enim nihil esse possit

sine ipso, non sunt quod ipse. Agit autem multa etiam per angelos; sed non nisi ex se ipso beatificat angelos. Ita quamvis propter aliquas causas hominibus angelos mittat, non tamen ex angelis homines, sed ex se ipso, sicut angelos, beatificat. Ab hoc uno et vero Deo vitam speramus 5 aeternam.

CAPUT XXXI.

Quibus proprie beneficiis Dei excepta generali largitate sectatores veritatis utantur.

Habemus enim ab illo praeter huiusce modi bene- 10 ficia, quae ex hac, de qua nonnulla diximus, administratione naturae bonis malisque largitur, magnum et bonorum proprium magnae dilectionis indicium. Quamquam enim, quod sumus, quod vivimus, quod caelum terramque conspicimus, quod habemus mentem atque rationem, qua 15 eum ipsum, qui haec omnia condidit, inquiramus, nequaquam valeamus actioni sufficere gratiarum: tamen quod nos oneratos obrutosque peccatis et a contemplatione suae lucis aversos ac tenebrarum, id est iniquitatis, dilectione caecatos non omnino deseruit misitque nobis Verbum suum, 20 qui est eius unicus filius, quo pro nobis in adsumpta carne nato atque passo, quanti Deus hominem penderet, nosceremus atque illo sacrificio singulari a peccatis omnibus mundaremur eiusque spiritu in cordibus nostris dilectione diffusa omnibus difficultatibus superatis in aeternam re- 25 quiem et contemplationis eius ineffabilem dulcedinem veniremus, quae corda, quot linguae ad agendas ei gratias satis esse contenderint?

CAPUT XXXII.

Quod sacramentum redemptionis Christi nullis retro tem- 30 *poribus defuerit semperque sit diversis significationibus praedicatum.*

Hoc mysterium vitae aeternae iam inde ab exordio generis humani per quaedam signa et sacramenta tem-

poribus congrua, quibus oportuit, per angelos praedicatum est. Deinde populus Hebraeus in unam quandam rem
publicam, quae hoc sacramentum ageret, congregatus est,
ubi per quosdam scientes, per quosdam nescientes id, quod
5 ex adventu Christi usque nunc et deinceps agitur, prae-
nuntiaretur esse venturum; sparsa etiam postea eadem
gente per gentes propter testimonium scripturarum, quibus aeterna salus in Christo futura praedicta est. Omnes
enim non solum prophetiae, quae in verbis sunt, nec tan-
10 tum praecepta vitae, quae mores pietatemque conformant
atque illis litteris continentur; verum etiam sacra, sacerdotia, tabernaculum sive templum, altaria, sacrificia, cere-
moniae, dies festi et quidquid aliud ad eam servitutem
pertinet, quae Deo debetur et Graece proprie λατρεία
15 dicitur — ea significata et praenuntiata sunt, quae propter
aeternam vitam fidelium in Christo et impleta credimus, et
impleri cernimus, et implenda confidimus.

Caput XXXIII.

Quod per solam Christianam religionem manifestari po-
20 *tuerit fallacia spirituum malignorum de hominum*
errore gaudentium.

Per hanc ergo religionem unam et veram potuit ape-
riri, deos gentium esse inmundissimos daemones, sub de-
functarum occasionibus animarum vel creaturarum specie
25 mundanarum deos se putari cupientes et quasi divinis
honoribus eisdemque scelestis ac turpibus rebus superba
inpuritate laetantes atque ad verum Deum conversionem
humanis animis invidentes. Ex quorum inmanissimo et
impiissimo dominatu homo liberatur, cum credit in eum,
30 qui praebuit ad exsurgendum tantae humilitatis exemplum,
quanta illi superbia ceciderunt. Hinc sunt non solum illi,
de quibus multa iam diximus, et alii atque alii similes ce-
terarum gentium atque terrarum; sed etiam hi, de quibus
nunc agimus, tamquam in senatum deorum selecti; sed
35 plane selecti nobilitate criminum, non dignitate virtutum.
Quorum sacra Varro dum quasi ad naturales rationes re-

ferre conatur, quaerens honestare res turpes, quo modo
his quadret et consonet, non potest invenire, quoniam non
sunt ipsae illorum sacrorum causae, quas putat vel potius
vult putari. Nam si non solum ipsae, verum etiam quaelibet aliae huius generis essent, quamvis nihil ad Deum 5
verum vitamque aeternam, quae in religione quaerenda
est, pertinerent, tamen qualicumque de rerum natura reddita ratione aliquantulum mitigarent offensionem, quam
non intellecta in sacris aliqua velut turpitudo aut absurditas fecerat; sicut in quibusdam theatrorum fabulis vel de- 10
lubrorum mysteriis facere conatus est, ubi non theatra
delubrorum similitudine absolvit, sed theatrorum potius
similitudine delubra damnavit; tamen utcumque conatus
est, ut sensum horribilibus rebus offensum velut naturalium causarum reddita ratio deliniret. 15

Caput XXXIV.

*De libris Numae Pompilii, quos senatus, ne sacrorum
causae, quales in eis habebantur, innotescerent,
iussit incendi.*

Sed contra invenimus, sicut ipse vir doctissimus pro- 20
didit, de Numae Pompilii libris redditas sacrorum causas
nullo modo potuisse tolerari nec dignas habitas, quae non
solum lectae innotescerent religiosis, sed saltem scriptae
reconderentur in tenebris. Iam enim dicam, quod in tertio
huius operis libro me suo loco dicturum esse promiseram. 25
Nam, sicut apud eundem Varronem legitur in libro de
cultu deorum, „Terentius quidam cum haberet ad Ianiculum fundum et bubulcus eius iuxta sepulcrum Numae
Pompilii traiciens aratrum eruisset ex terra libros eius,
ubi sacrorum institutorum scriptae erant causae, in Urbem 30
pertulit ad praetorem. At ille cum inspexisset principia,
rem tantam detulit ad senatum. Ubi cum primores quasdam causas legissent, cur quidque in sacris fuerit institutum, Numae mortuo senatus adsensus est, eosque libros
tamquam religiosi patres conscripti, praetor ut combure- 35
ret, censuerunt." Credat quisque quod putat: immo vero

dicat, quod dicendum suggesserit vesana contentio, quilibet tantae impietatis defensor egregius. Me admonere
sufficiat, sacrorum causas a rege Pompilio Romanorum
sacrorum institutore conscriptas nec populo nec senatui
5 nec saltem ipsis sacerdotibus innotescere debuisse ipsumque Numam Pompilium curiositate inlicita ad ea daemonum pervenisse secreta, quae ipse quidem scriberet, ut
haberet unde legendo commoneretur; sed ea tamen, cum
rex esset, qui minime quemquam metueret, nec docere
10 aliquem nec delendo vel quoquo modo consumendo perdere auderet. Ita quod scire neminem voluit, ne homines
nefaria doceret; violare autem timuit, ne daemones iratos
haberet, obruit, ubi tutum putavit, sepulcro suo propin-
quare aratrum posse non credens. Senatus autem cum
15 religiones formidaret damnare maiorum et ideo Numae
adsentiri cogeretur, illos tamen libros tam perniciosos esse
iudicavit, ut nec obrui rursus iuberet; ne humana curiositas multo vehementius rem iam proditam quaereret, sed
flammis aboleri nefanda monumenta, ut, quia iam necesse
20 existimabant sacra illa facere, tolerabilius erraretur causis
eorum ignoratis, quam cognitis civitas turbaretur.

Caput XXXV.

De hydromantia, per quam Numa visis quibusdam dae-
monum imaginibus ludificabatur.

25   Nam et ipse Numa, ad quem nullus Dei propheta,
nullus sanctus angelus mittebatur, hydromantian facere
compulsus est, ut in aqua videret imagines deorum vel
potius ludificationes daemonum, a quibus audiret, quid in
sacris constituere atque observare deberet. Quod genus
30 divinationis idem Varro a Persis dicit allatum, quo et
ipsum Numam et postea Pythagoram philosophum usum
fuisse commemorat; ubi adhibito sanguine etiam inferos
perhibet sciscitari et νεκρομαντείαν Graece dicit vocari,
quae sive hydromantia sive necromantia dicatur, id ipsum
35 est, ubi videntur mortui divinare. Quibus haec artibus
fiant, ipsi viderint. Nolo enim dicere has artes etiam ante

nostri Salvatoris adventum in ipsis civitatibus gentium
legibus solere prohiberi et poena severissima vindicari.
Nolo, inquam, hoc dicere; fortassis enim talia tunc lice-
bant. His tamen artibus didicit sacra illa Pompilius, quorum sacrorum facta prodidit, causas obruit; ita timuit et 5
ipse quod didicit; quarum causarum proditos libros senatus incendit. Quid mihi ergo Varro illorum sacrorum alias
nescio quas causas velut physicas interpretatur, quales si
libri illi habuissent, non utique arsissent, aut et istos Varronis ad Caesarem pontificem scriptos atque editos patres 10
conscripti similiter incendissent? Quod ergo aquam eges-
serit, id est exportaverit, Numa Pompilius, unde hydromantian faceret, ideo nympham Egeriam coniugem dicitur habuisse, quem ad modum in supradicto libro Varronis
exponitur. Ita enim solent res gestae aspersione menda- 15
ciorum in fabulas verti. In illa igitur hydromantia curio-
sissimus rex ille Romanus et sacra didicit, quae in libris
suis pontifices haberent, et eorum causas, quas praeter se
neminem scire voluit. Itaque eas seorsum scriptas secum
quodam modo mori fecit, quando ita subtrahendas homi- 20
num notitiae sepeliendasque curavit. Aut ergo daemonum
illic tam sordidae et noxiae cupiditates erant conscriptae,
ut ex his tota illa theologia civilis etiam apud tales homines execrabilis appareret, qui tam multa in ipsis sacris
erubescenda susceperant; aut illi omnes nihil aliud quam 25
homines mortui prodebantur, quos tam prolixa temporis
vetustate fere omnes populi gentium deos inmortales esse
crediderant, cum et talibus sacris idem illi daemones ob-
lectarentur, qui se colendos pro ipsis mortuis, quos deos
putari fecerant quibusdam fallacium miraculorum adtesta- 30
tionibus, supponebant. Sed occulta Dei veri providentia
factum est, ut et Pompilio amico suo illis conciliati artibus,
quibus hydromantia fieri potuit, cuncta illa confiteri permitterentur, et tamen, ut moriturus incenderet ea potius
quam obrueret, admonere non permitterentur; qui ne in- 35
notescerent nec aratro, quo sunt eruta, obsistere potuerunt, nec stilo Varronis, quo ea, quae de hac re gesta sunt,
in nostram memoriam pervenerunt. Non enim possunt,

quod non sinuntur efficere; sinuntur autem alto Dei summi
iustoque iudicio pro meritis eorum, quos ab eis vel adfligi
tantum, vel etiam subici ac decipi iustum est. Quam vero
perniciosae vel a cultu verae divinitatis alienae illae lite-
5 rae iudicatae sunt, hinc intellegi potest, quod eas maluit
senatus incendere, quas Pompilius occultavit, quam timere
quod timuit, qui hoc audere non potuit. Qui ergo vitam
nec modo habere vult piam, talibus sacris mortem quaerat aeternam. Qui autem cum malignis daemonibus non
10 vult habere societatem, non superstitionem, qua coluntur,
noxiam pertimescat, sed veram religionem, qua produntur
et vincuntur, agnoscat.

LIBER VIII.

15

Caput I.

De quaestione naturalis theologiae cum philosophis ex-
cellentioris scientiae discutienda.

Nunc intentiore nobis opus est animo multo quam
20 erat in superiorum solutione quaestionum et explicatione
librorum. De theologia quippe, quam naturalem vocant,
non cum quibuslibet hominibus (non enim fabulosa est vel
civilis, hoc est vel theatrica vel urbana; quarum altera iacti-
tat deorum crimina, altera indicat eorum desideria crimino-
25 siora ac per hoc malignorum potius daemonum quam deorum), sed cum philosophis est habenda conlatio; quorum
ipsum nomen si Latine interpretemur, amorem sapientiae
profitetur. Porro si sapientia Deus est, per quem facta sunt
omnia, sicut divina auctoritas veritasque monstravit, verus
30 philosophus est amator Dei. Sed quia res ipsa, cuius hoc no-

29) Sap. 7, 24 sqq.

men est, non est in omnibus, qui hoc nomine gloriantur (neque enim continuo verae sapientiae sunt amatores, quicumque appellantur philosophi): profecto ex omnibus, quorum sententias litteris nosse potuimus, eligendi sunt cum quibus non indigne quaestio ista tractetur. Neque enim hoc opere 5 omnes omnium philosophorum vanas opiniones refutare suscepi, sed eas tantum, quae ad theologian pertinent, quo verbo Graeco significari intellegimus de divinitate rationem sive sermonem; nec eas omnium, sed eorum tantum, qui cum et esse divinitatem et humana curare consentiant, 10 non tamen sufficere unius incommutabilis Dei cultum ad vitam adipiscendam etiam post mortem beatam, sed multos ab illo sane uno conditos atque institutos ob eam causam colendos putant. Hi iam etiam Varronis opinionem veritatis propinquitate transcendunt; si quidem ille totam 15 theologian naturalem usque ad mundum istum vel animam eius extendere potuit; isti vero supra omnem animae naturam confitentur Deum, qui non solum mundum istum visibilem, qui saepe caeli et terrae nomine nuncupatur, sed etiam omnem omnino animam fecerit, et qui rationa- 20 lem et intellectualem, cuius generis anima humana est, participatione sui luminis incommutabilis et incorporei beatam facit. Hos philosophos Platonicos appellatos a Platone doctore vocabulo derivato nullus, qui haec vel tenuiter audivit, ignorat. De hoc igitur Platone, quae ne- 25 cessaria praesenti quaestioni existimo, breviter adtingam, prius illos commemorans, qui eum in eodem genere litterarum tempore praecesserunt.

Caput II.

De duobus philosophorum generibus, id est Italico et 30
Ionico, eorumque auctoribus.

Quantum enim adtinet ad litteras Graecas, quae lingua inter ceteras gentium clarior habetur, duo philosophorum genera traduntur: unum Italicum ex ea parte Italiae, quae quondam magna Graecia nuncupata est; al- 35 terum Ionicum in eis terris, ubi et nunc Graecia nominatur.

Italicum genus auctorem habuit Pythagoram Samium, a
quo etiam ferunt ipsum philosophiae nomen exortum. Nam
cum antea sapientes appellarentur, qui modo quodam laudabilis vitae aliis praestare videbantur, iste interrogatus,
5 quid profiteretur, philosophum se esse respondit, id est
studiosum vel amatorem sapientiae; quoniam sapientem
profiteri arrogantissimum videbatur. Ionici vero generis
princeps fuit Thales Milesius, unus illorum septem, qui
sunt appellati sapientes. Sed illi sex vitae genere distin-
10 guebantur et quibusdam praeceptis ad bene vivendum ac-
commodatis; iste autem Thales, ut successores etiam pro-
pagaret, rerum naturam scrutatus suasque disputationes
litteris mandans eminuit maximeque admirabilis extitit,
quod astrologiae numeris conprehensis defectus solis et
15 lunae etiam praedicere potuit. Aquam tamen putavit rerum esse principium et hinc omnia elementa mundi ipsumque mundum et quae in eo gignuntur existere. Nihil autem huic operi, quod mundo considerato tam mirabile
aspicimus, ex divina mente praeposuit. Huic successit
20 Anaximander, eius auditor, mutavitque de rerum natura
opinionem. Non enim ex una re, sicut Thales ex humore,
sed ex suis propriis principiis quasque res nasci putavit.
Quae rerum principia singularum esse credidit infinita, et
innumerabiles mundos gignere et quaecumque in eis oriun-
25 tur; eosque mundos modo dissolvi, modo iterum gigni existimavit, quanta quisque aetate sua manere potuerit; nec
ipse aliquid divinae menti in his rerum operibus tribuens.
Iste Anaximenen discipulum et successorem reliquit, qui
omnes rerum causas aeri infinito dedit, nec deos negavit
30 aut tacuit; non tamen ab ipsis aerem factum, sed ipsos
ex aere ortos credidit. Anaxagoras vero eius auditor, harum rerum omnium, quas videmus, effectorem divinum
animum sensit et dixit ex infinita materia, quae constaret
similibus inter se particulis * rerum omnium quibus
35 suis et propriis singula fieri, sed animo faciente divino.
Diogenes quoque Anaximenis alter auditor, aerem quidem
dixit rerum esse materiam, de qua omnia fierent; sed eum
esse compotem divinae rationis, sine qua nihil ex eo fieri

posset. Anaxagorae successit auditor eius Archelaus;
etiam ipse de particulis inter se similibus, quibus singula
quaeque fierent, ita putavit constare omnia, ut inesse etiam
mentem diceret, quae corpora aeterna, id est illas parti-
culas, coniungendo et dissipando ageret omnia. Socrates 5
huius discipulus fuisse perhibetur, magister Platonis, propter quem breviter cuncta ista recolui.

CAPUT III.

De Socratica disciplina.

Socrates ergo primus universam philosophiam ad 10
corrigendos componendosque mores flexisse memoratur,
cum ante illum omnes magis physicis, id est naturalibus,
rebus perscrutandis operam maximam inpenderent. Non
mihi autem videtur posse ad liquidum colligi, utrum Socrates, ut hoc faceret, taedio rerum obscurarum et incer- 15
tarum ad aliquid apertum et certum reperiendum animum intendit, quod esset beatae vitae necessarium, propter
quam unam omnium philosophorum invigilasse ac laborasse videtur industria; an vero, sicut de illo quidam bene-
volentius suspicantur, nolebat inmundos terrenis cupidita- 20
tibus animos se extendere in divina conari. Quando quidem
ab eis causas rerum videbat inquiri, quas primas atque
summas non nisi in unius ac summi Dei voluntate esse
credebat; unde non eas putabat nisi mundata mente posse
conprehendi; et ideo purgandae bonis moribus vitae cen- 25
sebat instandum, ut deprimentibus libidinibus exoneratus
animus naturali vigore in aeterna se adtolleret naturamque
incorporei et incommutabilis luminis, ubi causae omnium
factarum naturarum stabiliter vivunt, intellegentiae puritate conspiceret. Constat eum tamen inperitorum stulti- 30
tiam scire se aliquid opinantium etiam in ipsis moralibus
quaestionibus, quo totum animum intendisse videbatur,
vel confessa ignorantia sua vel dissimulata scientia, lepore
mirabili disserendi et acutissima urbanitate agitasse atque
versasse. Unde et concitatis inimicitiis calumniosa crimi- 35
natione damnatus morte multatus est. Sed eum postea illa

ipsa, quae publice damnaverat, Atheniensium civitas publice luxit, in duos accusatores eius usque adeo populi in-
dignatione conversa, ut unus eorum oppressus vi multitudinis interiret, exilio autem voluntario atque perpetuo
5 poenam similem alter evaderet. Tam praeclara igitur vitae
mortisque fama Socrates reliquit plurimos suae philosophiae sectatores, quorum certatim studium fuit in quaestionum moralium disceptatione versari, ubi agitur de
summo bono, quo fieri homo beatus potest. Quod in So-
10 cratis disputationibus, dum omnia movet, asserit, destruit,
quoniam non evidenter apparuit: quod cuique placuit, inde
sumpserunt et, ubi cuique visum est, constituerunt finem
boni. Finis autem boni appellatur, quo quisque cum pervenerit beatus est. Sic autem diversas inter se Socratici
15 de isto fine sententias habuerunt, ut (quod vix credibile
est unius magistri potuisse facere sectatores) quidam summum bonum esse dicerent voluptatem, sicut Aristippus;
quidam virtutem, sicut Antisthenes. Sic alii atque alii aliud
atque aliud opinati sunt; quos commemorare longum est.

20   CAPUT IV.

De praecipuo inter Socratis discipulos Platone, qui omnem
philosophiam triplici partitione distinxit.

Sed inter discipulos Socratis, non quidem inmerito,
excellentissima gloria claruit, quae omnino ceteros ob-
25 scuraret, Plato. Qui cum esset Atheniensis honesto apud
suos loco natus et ingenio mirabili longe suos condiscipu-
los anteiret: parum tamen putans perficiendae philosophiae
sufficere se ipsum ac Socraticam disciplinam, quam longe
ac late potuit peregrinatus est, quaquaversum eum alicuius
30 nobilitatae scientiae percipiendae fama rapiebat. Itaque
et in Aegypto didicit quaecumque magna illic habebantur
atque docebantur, et inde in eas Italiae partes veniens ubi
Pythagoreorum fama celebrabatur, quidquid Italicae philosophiae tunc florebat, auditis eminentioribus in ea doctori-
35 bus facillime conprehendit. Et quia magistrum Socratem
singulariter diligebat, eum loquentem fere in omnibus

sermonibus suis faciens etiam illa, quae vel ab aliis didicerat, vel ipse quanta potuerat intellegentia viderat, cum illius lepore et moralibus disputationibus temperavit. Itaque cum studium sapientiae in actione et contemplatione versetur, unde una pars eius activa, altera contemplativa dici potest (quarum activa ad agendam vitam, id est ad mores instituendos pertinet, contemplativa autem ad conspiciendas naturae causas et sincerissimam veritatem): Socrates in activa excelluisse memoratur; Pythagoras vero magis contemplativae, quibus potuit intellegentiae viribus, institisse. Proinde Plato utrumque iungendo philosophiam perfecisse laudatur, quam in tres partes distribuit: unam moralem, quae maxime in actione versatur; alteram naturalem, quae contemplationi deputata est; tertiam rationalem, qua verum disterminatur a falso. Quae licet utrique, id est actioni et contemplationi, sit necessaria, maxime tamen contemplatio perspectionem sibi vindicat veritatis. Ideo haec tripertitio non est contraria illi distinctioni, qua intellegitur omne studium sapientiae in actione et contemplatione consistere. Quid autem in his vel de his singulis partibus Plato senserit, id est, ubi finem omnium actionum, ubi causam omnium naturarum, ubi lumen omnium rationum esse cognoverit vel crediderit, disserendo explicare et longum esse arbitror et temere adfirmandum esse non arbitror. Cum enim magistri sui Socratis, quem facit in suis voluminibus disputantem, notissimum morem dissimulandae scientiae vel opinionis suae servare adfectat, quia et illi ipse mos placuit, factum est ut etiam ipsius Platonis de rebus magnis sententiae non facile perspici possint. Ex his tamen, quae apud eum leguntur, sive quae dixit sive quae ab aliis dicta esse narravit atque conscripsit, quae sibi placita viderentur, quaedam commemorari et operi huic inseri oportet a nobis, vel ubi suffragatur religioni verae, quam fides nostra suscepit ac defendit, vel ubi ei videtur esse contrarius, quantum ad istam de uno Deo et pluribus pertinet quaestionem, propter vitam, quae post mortem futura est, veraciter beatam. Fortassis enim qui Platonem ceteris philosophis gentium longe recteque

praelatum acutius atque veracius intellexisse ac secuti esse
fama celebriore laudantur, aliquid tale de Deo sentiunt,
ut in illo inveniatur et causa subsistendi et ratio intelle-
gendi et ordo vivendi. Quorum trium unum ad naturalem,
5 alterum ad rationalem, tertium ad moralem partem intellegitur pertinere. Si enim homo ita creatus est, ut per id,
quod in eo praecellit, adtingat illud, quod cuncta praecellit, id est unum verum optimum Deum, sine quo nulla
natura subsistit, nulla doctrina instruit, nullus usus expe-
10 dit: ipse quaeratur, ubi nobis servata sunt omnia; ipse
cernatur, ubi nobis certa sunt omnia; ipse diligatur, ubi
nobis recta sunt omnia.

Caput V.

Quod de theologia cum Platonicis potissimum disceptan-
15   *dum sit, quorum opinioni omnium philosophorum*
postponenda sint dogmata.

Si ergo Plato Dei huius imitatorem, cognitorem, amatorem dixit esse sapientem, cuius participatione sit beatus,
quid opus est excutere ceteros? Nulli nobis, quam isti,
20 propius accesserunt. Cedat eis igitur non solum theologia
illa fabulosa deorum criminibus oblectans animos impiorum, nec solum etiam illa civilis, ubi inpuri daemones terrestribus gaudiis deditos populos deorum nomine seducentes
humanos errores tamquam suos divinos honores habere
25 voluerunt, ad spectandos suorum criminum ludos cultores
suos tamquam ad suum cultum studiis inmundissimis exci-
tantes et sibi delectabiliores ludos de ipsis spectatoribus
exhibentes (ubi si qua velut honesta geruntur in templis,
coniuncta sibi theatrorum obscenitate turpantur, et quae-
30 cumque turpia geruntur in theatris, comparata sibi templorum foeditate laudantur), et ea, quae Varro ex his sacris
quasi ad caelum et terram rerumque mortalium semina
et actus interpretatus est (quia nec ipsa illis ritibus significantur, quae ipse insinuare conatur, et ideo veritas co-
35 nantem non sequitur; et si ipsa essent, tamen animae rationali ea, quae infra illam naturae ordine constituta sunt,

pro deo suo colenda non essent, nec sibi debuit praeferre tamquam deos eas res, quibus ipsam praetulit verus Deus), et ea, quae Numa Pompilius re vera ad sacra eius modi pertinentia secum sepeliendo curavit abscondi et aratro eruta senatus iussit incendi. (In eo genere sunt etiam illa, ut aliquid de Numa mitius suspicemur, quae Alexander Macedo scribit ad matrem sibi a magno antistite sacrorum Aegyptiorum quodam Leone patefacta, ubi non Picus et Faunus et Aeneas et Romulus vel etiam Hercules et Aesculapius et Liber Semela natus et Tyndaridae fratres et si quos alios ex mortalibus pro diis habent, sed ipsi etiam maiorum gentium dii, quos Cicero in Tusculanis tacitis nominibus videtur adtingere, Iuppiter, Iuno, Saturnus, Vulcanus, Vesta et alii plurimi, quos Varro conatur ad mundi partes sive elementa transferre, homines fuisse produntur. Timens enim et ille quasi revelata mysteria petens admonet Alexandrum, ut, cum ea matri conscripta insinuaverit, flammis iubeat concremari.) Non solum ergo ista, quae duae theologiae, fabulosa continet et civilis, Platonicis philosophis cedant, qui verum Deum et rerum auctorem et veritatis inlustratorem et beatitudinis largitorem esse dixerunt; sed alii quoque philosophi, qui corporalia naturae principia corpori deditis mentibus opinati sunt, cedant his tantis et tanti Dei cognitoribus viris, ut Thales in humore, Anaximenes in aere, Stoici in igne, Epicurus in atomis, hoc est minutissimis corpusculis, quae nec dividi nec sentiri queunt, et quicumque alii, quorum enumeratione inmorari non est necesse, sive simplicia sive coniuncta corpora, sive vita carentia sive viventia, sed tamen corpora, causam principiumque rerum esse dixerunt. Nam quidam eorum a rebus non vivis res vivas fieri posse crediderunt, sicut Epicurei; quidam vero a vivente quidem et viventia et non viventia, sed tamen a corpore corpora. Nam Stoici ignem, id est corpus unum ex his quattuor elementis, quibus visibilis mundus hic constat, et viventem et sapientem et ipsius mundi fabricatorem atque

---

12) 1, 13.

omnium, quae in eo sunt, eumque omnino ignem deum esse putaverunt. Hi et ceteri similes eorum id solum cogitare potuerunt, quod cum eis corda eorum obstricta carnis sensibus fabulata sunt. In se quippe habebant quod non
5 videbant, et apud se imaginabantur quod foris viderant, etiam quando non videbant, sed tantum modo cogitabant. Hoc autem in conspectu talis cogitationis iam non est corpus, sed similitudo corporis; illud autem, unde videtur in animo haec similitudo corporis, nec corpus est nec simili-
10 tudo corporis; et unde videtur atque utrum pulchra an deformis sit iudicatur, profecto est melius quam ipsa quae iudicatur. Haec mens hominis et rationalis animae natura est, quae utique corpus non est, si iam illa corporis similitudo, cum in animo cogitantis aspicitur atque iudicatur,
15 nec ipsa corpus est. Non est ergo nec terra nec aqua, nec aer nec ignis, quibus quattuor corporibus, quae dicuntur quattuor elementa, mundum corporeum videmus esse compactum. Porro si noster animus corpus non est, quo modo Deus creator animi corpus est? Cedant ergo et
20 isti, ut dictum est, Platonicis; cedant et illi, quos quidem puduit dicere Deum corpus esse, verum tamen eiusdem naturae, cuius ille est, animos nostros esse putaverunt. Ita non eos movit tanta mutabilitas animae, quam Dei naturae tribuere nefas est. Sed dicunt: Corpore mutatur
25 animae natura, nam per se ipsa incommutabilis est. Poterant isti dicere: Corpore aliquo vulneratur caro, nam per se ipsa invulnerabilis est. Prorsus quod mutari non potest, nulla re potest, ac per hoc quod corpore mutari potest, aliqua re potest et ideo incommutabile recte dici
30 non potest.

Caput VI.

De Platonicorum sensu in ea parte philosophiae, quae physica nominatur.

Viderunt ergo isti philosophi, quos ceteris non in-
35 merito fama atque gloria praelatos videmus, nullum corpus esse Deum, et ideo cuncta corpora transcenderunt

quaerentes Deum. Viderunt, quidquid mutabile est, non
esse summum Deum, et ideo animam omnem mutabiles-
que omnes spiritus transcenderunt quaerentes summum
Deum. Deinde.viderunt omnem speciem in re quacumque
mutabili, qua est quidquid illud est, quoquo modo et qua- 5
liscumque natura est, non esse posse nisi ab illo, qui vere
est, quia incommutabiliter est, ac per hoc sive universi
mundi corpus figuras qualitates ordinatumque motum et
elementa disposita a caelo usque ad terram et quaecumque
corpora in eis sunt, sive omnem vitam, vel quae nutrit et 10
continet, qualis est in arboribus, vel quae et hoc habet et
sentit, qualis est in pecoribus, vel quae et haec habet et
intellegit, qualis est in hominibus, vel quae nutritorio sub-
sidio non indiget, sed tantum continet sentit intellegit,
qualis est in angelis, nisi ab illo esse non posse, qui sim- 15
pliciter est; quia non aliud illi est esse, aliud vivere, quasi
possit esse non vivens; nec aliud illi est vivere, aliud intellegere, quasi possit vivere non intellegens; nec aliud illi
est intellegere, aliud beatum esse, quasi possit intellegere
non beatus; sed quod est illi vivere, intellegere, beatum 20
esse, hoc est illi esse. Propter hanc incommutabilitatem
et simplicitatem intellexerunt eum et omnia ista fecisse,
et ipsum a nullo fieri potuisse. Consideraverunt enim,
quidquid est, vel corpus esse vel vitam, meliusque aliquid
vitam esse quam corpus, speciemque corporis esse sensi- 25
bilem, intellegibilem vitae. Proinde intellegibilem speciem
sensibili praetulerunt. Sensibilia dicimus, quae visu tactu-
que corporis sentiri queunt; intellegibilia, quae conspectu
mentis intellegi. Nulla est enim pulchritudo corporalis
sive in statu corporis, sicut est figura, sive in motu, sicut 30
est cantilena, de qua non animus iudicet. Quod profecto
non posset, nisi melior in illo esset haec species, sine tumore molis, sine strepitu vocis, sine spatio vel loci vel
temporis. Sed ibi quoque nisi mutabilis esset, non alius
alio melius de specie sensibili iudicaret; melius ingeniosior 35
quam tardior, melius peritior quam inperitior, melius exer-
citatior quam minus exercitatus, et idem ipse unus, cum
proficit, melius utique postea quam prius. Quod autem

19*

recipit magis et minus, sine dubitatione mutabile est.
Unde ingeniosi et docti et in his exercitati homines facile
collegerunt non esse in eis rebus primam speciem, ubi
mutabilis esse convincitur. Cum igitur in eorum con-
5 spectu et corpus et animus magis minusque speciosa essent, si autem omni specie carere possent, omnino nulla
essent: viderunt esse aliquid ubi prima esset incommutabilis et ideo nec comparabilis; atque ibi esse rerum principium rectissime crediderunt, quod factum non esset, et
10 ex quo facta cuncta essent. Ita quod notum est Dei, ipse
manifestavit eis, cum ab eis invisibilia eius per ea, quae
facta sunt, intellecta conspecta sunt; sempiterna quoque
virtus eius et divinitas; a quo etiam visibilia et temporalia
cuncta creata sunt. Haec de illa parte, quam physicam,
15 id est naturalem, nuncupant, dicta sint.

Caput VII.

*Quanto excellentiores ceteris in logica, id est rationali
philosophia, Platonici sint habendi.*

Quod autem adtinet ad doctrinam, ubi versatur pars
20 altera, quae ab eis logica, id est rationalis, vocatur: absit
ut his comparandi videantur, qui posuerunt iudicium veritatis in sensibus corporis eorumque infidis et fallacibus
regulis omnia, quae discuntur, metienda esse censuerunt,
ut Epicurei et quicumque alii tales, ut etiam ipsi Stoici,
25 qui cum vehementer amaverint sollertiam disputandi, quam
dialecticam nominant, a corporis sensibus eam ducendam
putarunt, hinc asseverantes animum concipere notiones,
quas appellant ἐννοίας, earum rerum scilicet quas defi-
niendo explicant; hinc propagari atque conecti totam di-
30 scendi docendique rationem. Ubi ego multum mirari soleo,
cum pulchros dicant non esse nisi sapientes, quibus sensibus corporis istam pulchritudinem viderint, qualibus oculis carnis formam sapientiae decusque conspexerint. Hi
vero, quos merito ceteris anteponimus, discreverunt ea.

---

13) Rom. 1, 19 sq.

quae mente conspiciuntur, ab his, quae sensibus adtin-
guntur; nec sensibus adimentes quod possunt, nec eis dan-
tes ultra quam possunt. Lumen autem mentium esse dixerunt ad discenda omnia eundem ipsum Deum, a quo
facta sunt omnia.   5

Caput VIII.

Quod etiam in morali philosophia Platonici obtineant principatum.

Reliqua est pars moralis, quam Graeco vocabulo dicunt ethicam, ubi quaeritur de summo bono, quo referen- 10
tes omnia quae agimus, et quod non propter aliud, sed
propter se ipsum adpetentes idque adipiscentes nihil, quo
beati simus, ulterius requiramus. Ideo quippe et finis est
dictus, quia propter hunc cetera volumus, ipsum autem
non nisi propter ipsum. Hoc ergo beatificum bonum alii 15
a corpore, alii ab animo, alii ab utroque homini esse dixerunt. Videbant quippe ipsum hominem constare ex animo
et corpore, et ideo ab alterutro istorum duorum, aut ab
utroque bene sibi esse posse credebant, finali quodam
bono, quo beati essent, quo cuncta quae agebant referrent 20
atque id quo referendum esset non ultra quaererent. Unde
illi, qui dicuntur addidisse tertium genus bonorum, quod
appellatur extrinsecus, sicuti est honor gloria pecunia et
si quid huius modi, non sic addiderunt, ut finale esset, id
est propter se ipsum adpetendum, sed propter aliud; bo- 25
numque esse hoc genus bonis, malum autem malis. Ita
bonum hominis qui vel ab animo vel a corpore vel ab
utroque expetiverunt, nihil aliud quam ab homine expe-
tendum esse putaverunt. Sed qui id adpetiverunt a corpore, a parte hominis deteriore; qui vero ab animo, a parte 30
meliore; qui autem ab utroque, a toto homine. Sive ergo
a parte qualibet, sive a toto, non nisi ab homine. Nec
istae differentiae, quoniam tres sunt, ideo tres, sed multas
dissensiones philosophorum sectasque fecerunt, quia et de
bono corporis et de bono animi et de bono utriusque 35
diversi diversa opinati sunt. Cedant igitur omnes illis phi-

losophis, qui non dixerunt beatum esse hominem fruentem
corpore vel fruentem animo, sed fruentem Deo; non sicut
corpore vel se ipso animus, aut sicut amico amicus; sed
sicut luce oculus, si aliquid ab his ad illa similitudinis ad-
5 ferendum est, quod quale sit, si Deus ipse adiuverit, alio
loco, quantum per nos fieri poterit, apparebit [IX.] Nunc
satis sit commemorare, Platonem determinasse finem boni
esse secundum virtutem vivere, et ei soli evenire posse,
qui notitiam Dei habeat et imitationem; nec esse aliam ob
10 causam beatum. Ideoque non dubitat hoc esse philosophari, amare Deum, cuius natura sit incorporalis. Unde
utique colligitur, tunc fore beatum studiosum sapientiae
(id enim est philosophus), cum frui Deo coeperit. Quamvis enim non continuo beatus sit, qui eo fruitur quod amat
15 (multi enim amando ea, quae amanda non sunt, miseri
sunt et miseriores cum fruuntur): nemo tamen beatus est,
qui eo quod amat non fruitur. Nam et ipsi, qui res non
amandas amant, non se beatos putant amando, sed fruendo.
Quisquis ergo fruitur eo quod amat, verumque et sum-
20 mum bonum amat, quis eum beatum nisi miserrimus negat?
Ipsum autem verum ac summum bonum Plato dicit Deum,
unde vult esse philosophum amatorem Dei, ut, quoniam
philosophia ad beatam vitam tendit, fruens Deo sit beatus
qui Deum amaverit.

25   Caput IX.

De ea philosophia, quae ad veritatem fidei Christianae
propius accessit.

Quicumque igitur philosophi de Deo summo et vero
ista senserunt, quod et rerum creatarum sit effector et
30 lumen cognoscendarum et bonum agendarum, quod ab
illo nobis sit et principium naturae et veritas doctrinae et
felicitas vitae, sive Platonici accommodatius nuncupentur,
sive quodlibet aliud sectae suae nomen inponant; sive tantum modo Ionici generis, qui in eis praecipui fuerunt, ista
35 senserunt, sicut idem Plato et qui eum bene intellexerunt;
sive etiam Italici, propter Pythagoram et Pythagoreos et

si qui forte alii eiusdem sententiae indidem fuerunt; sive
aliarum quoque gentium qui sapientes vel philosophi ha-
biti sunt, Atlantici Libyes, Aegyptii, Indi, Persae, Chaldaei, Scythae, Galli, Hispani aliique reperiuntur, qui hoc
viderint ac docuerint, eos omnes ceteris anteponimus eos- 5
que nobis propinquiores fatemur.

Caput X.

Quae sit inter philosophicas artes religiosi excellentia Christiani.

Quamvis enim homo Christianus litteris tantum ec- 10
clesiasticis eruditus Platonicorum forte nomen ignoret,
nec utrum duo genera philosophorum extiterint in Graeca
lingua, Ionicorum et Italicorum, sciat: non tamen ita sur-
dus est in rebus humanis, ut nesciat philosophos vel studium sapientiae vel ipsam sapientiam profiteri. Cavet eos 15
tamen, qui secundum elementa huius mundi philosophan-
tur, non secundum Deum, a quo ipse factus est mundus.
Admonetur enim praecepto apostolico fideliterque audit
quod dictum est: *Cavete ne quis vos decipiat per philoso-*
phiam et inanem seductionem, secundum elementa mundi. 20
Deinde ne omnes tales esse arbitretur, audit ab eodem
apostolo dici de quibusdam: *Quia quod notum est Dei,*
manifestum est in illis; Deus enim illis manifestavit. In-
visibilia enim eius a constitutione mundi per ea, quae
facta sunt, intellecta conspiciuntur, sempiterna quoque vir- 25
tus eius et divinitas, et ubi Atheniensibus loquens, cum
rem magnam de Deo dixisset et quae a paucis possit intellegi, quod *in illo vivimus, movemur et sumus*, adiecit et
ait: *Sicut et vestri quidam dixerunt.* Novit sane etiam
ipsos, in quibus errant, cavere. Ubi enim dictum est, quod 30
per ea, quae facta sunt, Deus illis manifestavit intellectu
conspicienda invisibilia sua: ibi etiam dictum est, non
illos ipsum Deum recte coluisse, quia et aliis rebus, quibus

---

20) Coloss. 2, 8.   26) Rom. 1, 19 sq.   29) Act. 17, 28.

non oportebat, divinos honores illi uni tantum debitos
detulerunt: *Quoniam cognoscentes Deum non sicut Deum*
glorificaverunt aut gratias egerunt; sed evanuerunt in
cogitationibus suis et obscuratum est insipiens cor eo-
5 *rum. Dicentes enim se esse sapientes, stulti facti sunt*
et inmutaverunt gloriam incorruptibilis Dei in simili-
tudinem imaginis corruptibilis hominis et volucrum et
quadrupedum et serpentium; ubi et Romanos et Graecos et Aegyptios, qui de sapientiae nomine gloriati sunt,
10 fecit intellegi. Sed de hoc cum istis post modum disputa-
bimus. In quo autem nobis consentiunt de uno Deo huius
universitatis auctore, qui non solum super omnia corpora
est incorporeus, verum etiam super omnes animas incorruptibilis, principium nostrum, lumen nostrum, bonum
15 nostrum, in hoc eos ceteris anteponimus. Nec, si litteras
eorum Christianus ignorans verbis, quae non didicit, in
disputatione non utitur, ut vel naturalem Latine vel physicam Graece appellet eam partem, in qua de naturae inquisitione tractatur, et rationalem sive logicam, in qua
20 quaeritur quonam modo veritas percipi possit, et moralem
vel ethicam, in qua de moribus agitur bonorumque finibus
adpetendis malorumque vitandis, ideo nescit ab uno vero
Deo atque optimo et naturam nobis esse, qua facti ad eius
imaginem sumus, et doctrinam, qua eum nosque noveri-
25 mus, et gratiam, qua illi cohaerendo beati simus. Haec
itaque causa est cur istos ceteris praeferamus, quia, cum
alii philosophi ingenia sua studiaque contriverint in re-
quirendis rerum causis, et quinam esset modus discendi
atque vivendi, isti Deo cognito reppererunt ubi esset causa
30 constitutae universitatis et lux percipiendae veritatis et
fons bibendae felicitatis. Sive ergo isti Platonici sive quicumque alii quarumlibet gentium philosophi de Deo ista
sentiunt, nobiscum sentiunt. Sed ideo cum Platonicis magis agere placuit hanc causam, quia eorum sunt litterae no-
35 tiores. Nam et Graeci, quorum lingua in gentibus praeminet, eas magna praedicatione celebrarunt, et Latini

---

8) Rom. 1, 21 sqq.

permoti earum vel excellentia vel gloria, ipsas libentius
didicerunt atque in nostrum eloquium transferendo nobi-
liores clarioresque fecerunt.

Caput XI.

Unde Plato eam intellegentiam potuerit adquirere, qua 5
Christianae scientiae propinquavit.

Mirantur autem quidam nobis in Christi gratia sociati,
cum audiunt vel legunt Platonem de Deo ista sensisse, quae
multum congruere veritati nostrae religionis agnoscunt.
Unde nonnulli putaverunt eum, quando perrexit in Aegy- 10
ptum, Hieremiam audisse prophetam vel scripturas pro-
pheticas in eadem peregrinatione legisse; quorum quidem
opinionem in quibusdam libris meis posui. Sed diligenter
supputata temporum ratio, quae chronica historia continetur, Platonem indicat a tempore, quo prophetavit Hiere- 15
mias, centum ferme annos postea natum fuisse; qui cum
octoginta et unum vixisset, ab anno mortis eius usque ad
id tempus, quo Ptolemaeus rex Aegypti scripturas prophe-
ticas gentis Hebraeorum de Iudaea poposcit et per septuaginta viros Hebraeos, qui etiam Graecam linguam nove- 20
rant, interpretandas habendasque curavit, anni ferme
reperiuntur LX. Quapropter in illa peregrinatione sua Plato
nec Hieremiam videre potuit tanto ante defunctum, nec
easdem scripturas legere, quae nondum fuerunt in Graecam linguam translatae, qua ille pollebat; nisi forte, quia 25
fuit acerrimi studii, sicut Aegyptias, ita et istas per inter-
pretem didicit, non ut scribendo transferret (quod Ptolemaeus pro ingenti beneficio, qui regia potestate etiam
timeri poterat, meruisse perhibetur), sed ut conloquendo
quid continerent, quantum capere posset, addisceret. Hoc 30
ut existimetur, illa suadere videntur indicia, quod liber
geneseos sic incipit: *In principio fecit Deus caelum et*
terram. Terra autem erat invisibilis et incomposita, et
tenebrae erant super abyssum, et spiritus Dei superfere-

---

13) De doctr. Christiana n. 43.

batur super aquam. In Timaeo autem Plato, quem librum
de mundi constitutione conscripsit, Deum dicit in illo opere
terram primo ignemque iunxisse; manifestum est autem,
quod igni tribuat caeli locum: habet ergo haec sententia
5 quandam illius similitudinem, qua dictum est: *In principio
fecit Deus caelum et terram.* Deinde illa duo media, quibus interpositis sibimet haec extrema copularentur, aquam
dicit et aerem; unde putatur sic intellexisse quod scriptum
est, *spiritus Dei superferebatur super aquam.* Parum
10 quippe adtendens quo more soleat illa scriptura appellare
spiritum Dei, quoniam et aer spiritus dicitur, quattuor
opinatus elementa loco illo commemorata videri potest.
Deinde quod Plato dicit amatorem Dei esse philosophum,
nihil sic illis sacris litteris flagrat; et maxime illud (quod
15 et me plurimum adducit, ut paene assentiar Platonem illorum librorum expertem non fuisse), quod, cum ad sanctum Moysen ita verba Dei per angelum perferantur, ut
quaerenti quod sit nomen eius, qui eum pergere praeci-
piebat ad populum Hebraeum ex Aegypto liberandum,
20 respondeatur: *Ego sum qui sum, et dices filiis Israel:
Qui est, misit me ad vos;* tamquam in eius comparatione,
qui vere est quia incommutabilis est, ea quae mutabilia
facta sunt non sint, vehementer hoc Plato tenuit et diligentissime commendavit. Et nescio utrum hoc uspiam
25 reperiatur in libris eorum, qui ante Platonem fuerunt, nisi
ubi dictum est: *Ego sum qui sum, et dices eis: Qui est,
misit me ad vos.*

Caput XII.

Quod etiam Platonici, licet de uno vero Deo bene sense-
30   *rint, multis tamen diis sacra facienda censuerint.*

Sed undecumque ista ille didicerit, sive praecedentibus eum veterum libris, sive potius, quo modo dicit apostolus, *quia quod notum est Dei manifestum est in illis; Deus
enim illis manifestavit; invisibilia enim eius a constitutione*

---

3) Interpret. Ciceroniana c. 4. 8) Ibid. c. 5. 21) Exod. 3, 14.

mundi per ea, quae facta sunt, intellecta conspiciuntur,
sempiterna quoque virtus eius et divinitas: nunc non inmerito me Platonicos philosophos elegisse cum quibus
agam, quod in ista quaestione, quam modo suscepimus,
agitur de naturali theologia, utrum propter felicitatem, 5
quae post mortem futura est, uni Deo, an pluribus sacra
facere oporteat, satis, ut existimo, exposui. Ideo quippe
hos potissimum elegi, quoniam de uno Deo qui fecit caelum et terram, quanto melius senserunt, tanto ceteris glo-
riosiores et inlustriores habentur, in tantum aliis praelati 10
iudicio posterorum, ut, cum Aristoteles Platonis discipulus, vir excellentis ingenii et eloquio Platoni quidem impar,
sed multos facile superans, sectam Peripateticam condidisset, quod deambulans disputare consueverat, plurimosque
discipulos praeclara fama excellens vivo adhuc praeceptore 15
in suam haeresim congregasset, post mortem vero Platonis
Speusippus, sororis eius filius, et Xenocrates, dilectus
eius discipulus, in scholam eius, quae Academia vocabatur,
eidem successissent atque ob hoc et ipsi et eorum successores Academici appellarentur, recentiores tamen philo- 20
sophi nobilissimi, quibus Plato sectandus placuit, noluerint
se dici Peripateticos aut Academicos, sed Platonicos. Ex
quibus sunt valde nobilitati Graeci Plotinus, Iamblichus,
Porphyrius; in utraque autem lingua, id est et Graeca et
Latina, Apuleius Afer extitit Platonicus nobilis. Sed hi 25
omnes et ceteri eius modi et ipse Plato diis plurimis esse
sacra facienda putaverunt.

Caput XIII.

De sententia Platonis, qua definivit, deos non esse nisi
bonos amicosque virtutum.   30

Quamquam ergo a nobis et in aliis multis rebus ma-
gnisque dissentiant, in hoc tamen, quod modo posui, quia
neque parva res est et inde nunc quaestio est, primum ab
eis quaero, quibus diis istum cultum exhibendum arbitrentur, utrum bonis, an malis, an et bonis et malis. Sed ha- 35
bemus sententiam Platonis dicentis, omnes deos bonos

esse nec esse omnino ullum deorum malum. Consequens
est igitur, ut bonis haec exhibenda intellegantur; tunc enim
diis exhibentur, quoniam nec dii erunt, si boni non erunt.
Hoc si ita est, (nam de diis quid aliud decet credere?) illa
5 profecto vacuatur opinio, qua nonnulli putant, deos malos
sacris placandos esse, ne laedant; bonos autem, ut adiuvent, invocandos. Mali enim nulli sunt dii; bonis porro
debitus, ut dicunt, honor sacrorum est deferendus. Qui
sunt ergo illi, qui ludos scaenicos amant eosque divinis
10 rebus adiungi et suis honoribus flagitant exhiberi? quorum vis non eos indicat nullos, sed iste adfectus nimirum
indicat malos. Quid enim de ludis scaenicis Plato senserit,
notum est, cum poetas ipsos, quod tam indigna deorum
maiestate atque bonitate carmina composuerint, censet
15 civitate pellendos. Qui sunt igitur isti dii, qui de scaenicis ludis cum ipso Platone contendunt? Ille quippe non
patitur deos falsis criminibus infamari; isti eisdem criminibus suos honores celebrari iubent. Denique isti cum
eosdem ludos instaurari praeciperent, poscentes turpia
20 etiam maligna gesserunt, Tito Latinio auferentes filium et
inmittentes morbum, quod eorum abnuisset imperium,
eumque morbum retrahentes, cum iussa complesset; iste
autem illos nec tam malos timendos putat, sed suae sententiae robur constantissime retinens omnes poetarum sa-
25 crilegas nugas, quibus illi inmunditiae societate oblectantur, a populo bene instituto removere non dubitat. Hunc
autem Platonem, quod iam in secundo libro commemoravi, inter semideos Labeo ponit. Qui Labeo numina mala
victimis cruentis atque huius modi supplicationibus placari
30 existimat, bona vero ludis et talibus quasi ad laetitiam
pertinentibus rebus. Quid est ergo quod semideus Plato
non semideis, sed deis, et hoc bonis, illa oblectamenta,
quia iudicat turpia, tam constanter audet auferre? Qui
sane dii refellunt sententiam Labeonis; nam, se in Latinio
35 non lascivos tantum atque ludibundos, sed etiam saevos
terribilesque monstrarunt. Exponant ergo nobis ista Pla-

27) C. 14.

tonici, qui omnes deos secundum auctoris sui sententiam
bonos et honestos et virtutibus sapientium socios esse arbitrantur aliterque de ullo deorum sentiri nefas habent.
Exponimus, inquiunt. Adtente igitur audiamus.

Caput XIV.

De opinione eorum, qui rationales animas trium generum
esse dixerunt, id est in diis caelestibus, in daemonibus
aeriis et in hominibus terrenis.

Omnium, inquiunt, animalium, in quibus est anima
rationalis, tripertitia divisio est, in deos, homines, daemones. Dii excelsissimum locum tenent, homines infimum,
daemones medium. Nam deorum sedes in caelo est, hominum in terra, in aere daemonum. Sicut eis diversa dignitas est locorum, ita etiam naturarum. Proinde dii sunt
hominibus daemonibusque potiores; homines vero infra
deos et daemones constituti sunt, ut elementorum ordine,
sic differentia meritorum. Daemones igitur medii, quem
ad modum diis, quibus inferius habitant, postponendi, ita
hominibus, quibus superius, praeferendi sunt. Habent
enim cum diis communem inmortalitatem corporum, animorum autem cum hominibus passiones. Quapropter non
est mirum, inquiunt, si etiam ludorum obscenitatibus et
poetarum figmentis delectantur, quando quidem humanis
capiuntur adfectibus, a quibus dii longe absunt et modis
omnibus alieni sunt. Ex quo colligitur, Platonem poetica
detestando et prohibendo figmenta non deos, qui omnes
boni et excelsi sunt, privasse ludorum scaenicorum voluptate, sed daemones.

Haec si ita sunt (quae licet apud alios quoque reperiantur, Apuleius tamen Platonicus Madaurensis de hac
re sola unum scripsit librum, cuius esse titulum voluit „de
deo Socratis", ubi disserit et exponit, ex quo genere numinum Socrates habebat adiunctum et amicitia quadam
conciliatum, a quo perhibetur solitus admoneri, ut desi-
steret ab agendo, quando id quod agere volebat, non pro-
spere fuerat eventurum; dicit enim apertissime et copiosissime asserit, non illum deum fuisse, sed daemonem,

diligenti disputatione pertractans istam Platonis de deorum
sublimitate et hominum humilitate et daemonum medietate
sententiam) — haec ergo si ita sunt, quonam modo ausus
est Plato, etiam si non diis, quos ab omni humana conta-
5 gione semovit, certe ipsis daemonibus poetas urbe pellendo
auferre theatricas voluptates, nisi quia hoc pacto admonuit
animum humanum, quamvis adhuc in his moribundis
membris positum, pro splendore honestatis impura daemonum iussa contemnere eorumque inmunditiam dete-
10 stari? Nam si Plato haec honestissime arguit et prohibuit,
profecto daemones turpissime poposcerunt atque iusserunt.
Aut ergo fallitur Apuleius et non ex isto genere numinum
habuit amicum Socrates; aut contraria inter se sentit Plato,
modo daemones honorando, modo eorum delicias a civi-
15 tate bene morata removendo; aut non est Socrati amicitia
daemonis gratulanda, de qua usque adeo et ipse Apuleius
erubuit, ut de deo Socratis praenotaret librum, quem secundum suam disputationem, qua deos a daemonibus tam
diligenter copioseque discernit, non appellare de deo, sed
20 de daemone Socratis debuit. Maluit autem hoc in ipsa
disputatione quam in titulo libri ponere. Ita enim per
sanam doctrinam, quae humanis rebus inluxit, omnes vel
paene omnes daemonum nomen exhorrent, ut, quisquis
ante disputationem Apulei, qua daemonum dignitas com-
25 mendatur, titulum libri de daemone Socratis legeret, nequaquam illum hominem sanum fuisse sentiret. Quid autem etiam ipse Apuleius quod in daemonibus laudaret
invenit, praeter subtilitatem et firmitatem corporum et
habitationis altiorem locum? Nam de moribus eorum, cum
30 de omnibus generaliter loqueretur, non solum nihil boni
dixit, sed etiam plurimum mali. Denique lecto illo libro
prorsus nemo miratur, eos etiam scaenicam turpitudinem
in rebus divinis habere voluisse, et cum deos se putari
velint, deorum criminibus oblectari potuisse, et quidquid
35 in eorum sacris obscena sollemnitate seu turpi crudelitate
vel ridetur vel horretur, eorum adfectibus convenire.

---

3) Ed. Elmenhorsti pag. 41—53.

Caput XV.

Quod neque propter aeria corpora neque propter superiora habitacula daemones hominibus antecellant.

Quam ob rem absit ut ista considerans animus vera- 5
citer religiosus et vero Deo subditus ideo arbitretur daemones se ipso esse meliores, quod habeant corpora
meliora. Alioquin multas sibi et bestias praelaturus est,
quae nos et acrimonia sensuum et motu facillimo atque celerrimo et valentia virium et annosissima firmitate 10
corporum vincunt. Quis hominum videndo aequabitur
aquilis et vulturibus? Quis odorando canibus? Quis velocitate leporibus, cervis, omnibus avibus? Quis multum valendo leonibus et elephantis? Quis diu vivendo
serpentibus, qui etiam deposita tunica senectutem deponere atque in iuventam redire perhibentur? Sed sicut 15
his omnibus ratiocinando et intellegendo meliores sumus, ita etiam daemonibus bene atque honeste vivendo
meliores esse debemus. Ob hoc enim et providentia divina
eis, quibus nos constat esse potiores, data sunt quaedam
potiora corporum munera, ut illud, quo eis praeponimur, 20
etiam isto modo nobis commendaretur multo maiore cura
excolendum esse quam corpus, ipsamque excellentiam
corporalem, quam daemones habere nossemus, prae bonitate vitae, qua illis anteponimur, contemnere disceremus,
habituri et nos inmortalitatem corporum, non quam sup- 25
pliciorum aeternitas torqueat, sed quam puritas praecedat
animorum.

Iam vero de loci altitudine, quod daemones in aere,
nos autem habitamus in terra, ita permoveri, ut hinc eos
nobis esse praeponendos existimemus, omnino ridiculum 30
est. Hoc enim pacto nobis et omnia volatilia praeponimus.
At enim volatilia tum volando fatigantur vel reficiendum
álimentis corpus habent, terram repetunt vel ad requiem
vel ad pastum, quod daemones, inquiunt, non faciunt.
Numquid ergo placet eis, ut volatilia nobis, daemones au- 35
tem etiam volatilibus antecellant? Quod si dementissi-
mum est opinari, nihil est quod de habitatione superioris

elementi dignos esse daemones existimemus, quibus nos
religionis affectu subdere debeamus. Sicut enim fieri potuit, ut aeriae volucres terrestribus nobis non solum non
praeferantur, verum etiam subiciantur propter rationalis
5 animae, quae in nobis est, dignitatem: ita fieri potuit, ut
daemones, quamvis magis aerii sint, terrestribus nobis
non ideo meliores sint, quia est aer quam terra superior;
sed ideo eis homines praeferendi sint, quoniam spei piorum hominum nequaquam illorum desperatio comparanda
10 est. Nam et illa ratio Platonis, qua elementa quattuor
proportione contexit atque ordinat, ita duobus extremis,
igni mobilissimo et terrae inmobili, media duo aerem et
aquam interserens, ut, quanto est aer aquis et aere ignis,
tanto et aquae superiores sint terris, satis nos admonet
15 animalium merita non pro elementorum gradibus aesti-
mare. Et ipse quippe Apuleius cum ceteris terrestre animal hominem dicit, qui tamen longe praeponitur animalibus aquatilibus, cum ipsas aquas terris praeponat Plato:
ut intellegant, non eundem ordinem tenendum, cum agi-
20 tur de meritis animarum, qui videtur esse ordo in gradibus corporum; sed fieri posse, ut inferius corpus anima
melior inhabitet deteriorque superius.

Caput XVI.

Quid de moribus atque actionibus daemonum Apuleius
25   *Platonicus senserit.*

De moribus ergo daemonum cum idem Platonicus loqueretur, dixit eos eisdem quibus homines animi perturbationibus agitari, inritari iniuriis, obsequiis donisque
placari, gaudere honoribus, diversis sacrorum ritibus ob-
30 lectari et in eis si quid neglectum fuerit commoveri. Inter
cetera etiam dicit ad eos pertinere divinationes augurum,
haruspicum, vatum atque somniorum; ab his quoque esse
miracula magorum. Breviter autem eos definiens ait, daemones esse genere animalia, animo passiva, mente ratio-

---

17) De deo Socr. p. 46.   30) Ibid. p. 48, 49.   33) Ibid. p. 45.

nalia, corpore aeria, tempore aeterna; horum vero quinque tria priora illis esse quae nobis, quartum proprium,
quintum eos cum diis habere commune. Sed video trium
superiorum, quae nobiscum habent, duo etiam cum diis
habere. Animalia quippe esse dicit et deos, qui sua cui- 5
que elementa distribuens in terrestribus animalibus nos
posuit cum ceteris, quae in terra vivunt et sentiunt, in
aquatilibus pisces et alia natatilia, in aeriis daemones, in
aetheriis deos. Ac per hoc quod daemones genere sunt
animalia, non solum eis cum hominibus, verum etiam cum 10
diis pecoribusque commune est; quod mente rationalia,
cum diis et hominibus; quod tempore aeterna, cum diis
solis; quod animo passiva, cum hominibus solis; quod corpore aeria, ipsi sunt soli. Proinde quod genere sunt animalia, non est magnum, quia hoc sunt et pecora; quod 15
mente rationalia, non est supra nos, quia sumus et nos;
quod tempore aeterna, quid boni est, si non beata? Melior
est enim temporalis felicitas, quam misera aeternitas.
Quod animo passiva, quo modo supra nos est, quando et
nos hoc sumus, nec ita esset, nisi miseri essemus? Quod 20
corpore aeria, quanti aestimandum est, cum omni corpori
praeferatur animae qualiscumque natura, et ideo religionis
cultus, qui debetur ex animo, nequaquam debeatur ei rei,
quae inferior est animo? Porro si inter illa, quae daemonum esse dicit, adnumeraret virtutem, sapientiam, felici- 25
tatem et haec eos diceret habere cum diis aeterna atque
communia, profecto aliquid diceret exoptandum magnique
pendendum; nec sic eos tamen propter haec tamquam
Deum colere deberemus, sed potius ipsum, a quo haec
illos accepisse nossemus. Quanto minus nunc honore di- 30
vino aeria digna sunt animalia, ad hoc rationalia ut misera
esse possint, ad hoc passiva ut misera sint, ad hoc aeterna
ut miseriam suam finire non possint!

---

3) De deo Socr. p. 49.   9) Ibid. p. 46.

Caput XVII.

An dignum sit eos spiritus ab homine coli, a quorum
vitiis etiam oporteat liberari.

Quapropter, ut omittam cetera et hoc solum pertra-
5 ctem, quod nobiscum daemones dixit habere commune,
id est animi passiones, si omnia quattuor elementa suis
animalibus plena sunt, inmortalibus ignis et aer, mortalibus aqua et terra, quaero cur animi daemonum passionum
turbelis et tempestatibus agitentur. Perturbatio est enim,
10 quae Graece πάϑος dicitur; unde illa voluit vocare animo
passiva, quia verbum de verbo πάϑος passio diceretur
motus animi contra rationem. Cur ergo sunt ista in animis daemonum, quae in pecoribus non sunt? Quoniam si
quid in pecore simile apparet, non est perturbatio, quia
15 non est contra rationem, qua pecora carent. In hominibus autem ut sint istae perturbationes, facit hoc stultitia
vel miseria. Nondum enim sumus in illa perfectione sapientiae beati, quae nobis ab hac mortalitate liberatis in
fine promittitur. Deos vero ideo dicunt istas perturbationes
20 non perpeti, quia non solum aeterni, verum etiam beati
sunt. Easdem quippe animas rationales etiam ipsos habere
perhibent, sed ab omni labe ac peste purissimas. Quam
ob rem si propterea dii non perturbantur, quod animalia
sunt beata, non misera, et propterea pecora non pertur-
25 bantur, quod animalia sunt, quae nec beata possunt esse
nec misera: restat ut daemones sicut homines ideo pertur-
bentur, quod animalia sunt non beata, sed misera.

[XVII.] Qua igitur insipientia vel potius amentia per
aliquam religionem daemonibus subdimur, cum per veram
30 religionem ab ea vitiositate, in qua illis sumus similes, liberemur? Cum enim daemones, quod et iste Apuleius,
quamvis eis plurimum parcat et divinis honoribus dignos
censeat, tamen cogitur confiteri, ira instigentur, nobis vera
religio praecipit, ne ira instigemur, sed ei potius resista-
35 mus. Cum daemones donis invitentur, nobis vera religio
praecipit, ne cuiquam donorum acceptione faveamus. Cum
daemones honoribus mulceantur, nobis vera religio prae-

cipit, ut talibus nullo modo moveamur. Cum daemones
quorundam hominum osores, quorundam amatores sint,
non 'prudenti tranquilloque iudicio, sed animo ut appellat
ipse passivo, nobis vera religio praecipit, ut nostros etiam
diligamus inimicos. Postremo omnem motum cordis et 5
salum mentis omnesque turbelas et tempestates animi,
quibus daemones aestuare atque fluctuare asserit, nos vera
religio deponere iubet. Quae igitur causa est nisi stultitia errorque miserabilis, ut ei te facias venerando humilem,
cui te cupias esse vivendo dissimilem; et religione colas, 10
quem imitari nolis, cum religionis summa sit imitari quem
colis?

Caput XVIII.

Qualis religio sit, in qua docetur, quod homines, ut com-
mendentur diis bonis, daemonibus uti debeant advocatis. 15

Frustra igitur eis Apuleius, et quicumque ita sentiunt,
hunc detulit honorem, sic eos in aere medios inter aetherium caelum terramque constituens, ut, „quoniam nullus
deus miscetur homini", quod Platonem dixisse perhibent,
isti ad deos perferant preces hominum et inde ad homines 20
inpetrata quae poscunt. Indignum enim putaverunt qui
ista crediderunt misceri homines diis et deos hominibus;
dignum autem misceri daemones et diis et hominibus, hinc
petita qui atlegent, inde concessa qui apportent; ut videlicet homo castus et ab artium magicarum sceleribus alie- 25
nus eos patronos adhibeat, per quos illum dii exaudiant,
qui haec amant, quae ille non amando fit dignior, quem
facilius et libentius exaudire debeant. Amant quippe illi
scaenicas turpitudines, quas non amat pudicitia; amant in
maleficiis magorum mille nocendi artes, quas non amat 30
innocentia. Ergo et pudicitia et innocentia si quid ab diis
inpetrare voluerit, non poterit suis meritis, nisi suis inter-
venientibus inimicis. Non est quod iste poetica figmenta
et theatrica ludibria iustificare conetur. Habemus contra

---

19) Plat. conviv. p. 203 A.   30) Verg. Aen. 7, 338.

20*

ista magistrum eorum et tantae apud eos auctoritatis Platonem, si pudor humanus ita de se male meretur, ut non solum diligat turpia, verum etiam divinitati existimet grata.

Caput XIX.

5 *De impietate artis magicae, quae patrocinio nititur spirituum malignorum.*

Porro adversus magicas artes, de quibus quosdam nimis infelices et nimis impios etiam gloriari libet, nonne ipsam publicam lucem testem citabo? Cur enim tam gra-
10 viter ista plectuntur severitate legum, si opera sunt numinum colendorum? An forte istas leges Christiani instituerunt, quibus artes magicae puniuntur? Secundum quem alium sensum, nisi quod haec maleficia generi humano perniciosa esse non dubium est, ait poeta clarissimus:

15   Testor, cara, deos et te, germana, tuumque
'   Dulce caput, magicas invitam accingier artes?

Illud etiam, quod alio loco de his artibus dicit:

        Atque satas alio vidi traducere messes,

eo quod hac pestifera scelerataque doctrina fructus alieni
20 in alias terras transferri perhibentur, nonne in duodecim tabulis, id est Romanorum antiquissimis legibus, Cicero commemorat esse conscriptum et ei, qui hoc fecerit, supplicium constitutum? Postremo Apuleius ipse numquid apud Christianos iudices de magicis artibus accusatus est?
25 Quas utique sibi obiectas si divinas et pias esse noverat et divinarum potestatum operibus congruas, non solum eas confiteri debuit, sed etiam profiteri, leges culpans potius, quibus haec prohiberentur et damnanda putarentur, quae haberi miranda et veneranda oporteret. Ita enim vel sentendum-
30 tiam suam persuaderet iudicibus, vel, si illi secundum iniquas leges saperent eumque talia praedicantem atque laudantem morte multarent, digna animae illius daemones dona

---

16) Verg. Aen. 4, 492 sq.   18) Eclog. 8, 99.

rependerent, pro quorum divinis operibus praedicandis humanam vitam sibi adimi non timeret. Sicut martyres nostri, cum eis pro'crimine obiceretur Christiana religio, qua noverant se fieri salvos et gloriosissimos in aeternum, non eam negando temporales poenas evadere delegerunt, sed potius 5 confitendo profitendo praedicando et pro hac omnia fideliter fortiterque tolerando et cum pia securitate moriendo leges, quibus prohibebatur, erubescere compulerunt mutarique fecerunt. Huius autem philosophi Platonici copiosissima et disertissima extat oratio, qua crimen artium 10 magicarum a se alienum esse defendit seque aliter non vult innocentem videri, nisi ea negando, quae non possunt ab innocente committi. At omnia miracula magorum, quos recte sentit esse damnandos, doctrinis fiunt et operibus daemonum, quos viderit cur censeat honorandos, eos ne- 15 cessarios asserens perferendis ad deos precibus nostris, quorum debemus opera devitare, si ad Deum verum preces nostras volumus pervenire. Deinde quaero, quales preces hominum diis bonis per daemones allegari putat, magicas an licitas? Si magicas, nolunt tales; si licitas, 20 nolunt per tales. Si autem peccator paenitens preces fundit, maxime si aliquid magicum admisit: itane tandem illis intercedentibus accipit veniam, quibus inpellentibus aut faventibus se cecidisse plangit in culpam? An et ipsi daemones, ut possint paenitentibus mereri indulgentiam, prio- 25 res agunt, quod eos deceperint, paenitentiam? Hoc nemo umquam de daemonibus dixit, quia, si ita esset, nequaquam sibi auderent divinos honores expetere, qui paenitendo desiderarent ad gratiam veniae pertinere. Ibi enim est detestanda superbia, hic humilitas miseranda.   30

Caput XX.

An credendum sit quod dii boni libentius daemonibus
quam hominibus misceantur.

At enim urguens causa et artissima cogit daemones medios inter deos et homines agere, ut ab hominibus ad- 35 ferant desiderata, et a diis referant inpetrata. Quaenam

tandem ista causa est et quanta necessitas? Quia nullus,
inquiunt, Deus miscetur homini. Praeclara igitur sanctitas
Dei, qui non miscetur homini supplicanti, et miscetur daemoni arroganti; non miscetur homini paenitenti, et misce-
5 tur daemoni decipienti; non miscetur homini confugienti
ad divinitatem, et miscetur daemoni fingenti divinitatem;
non miscetur homini petenti indulgentiam, et miscetur
daemoni suadenti nequitiam; non miscetur homini per
philosophicos libros poetas de bene instituta civitate pel-
10 lenti, et miscetur daemoni a principibus et pontificibus
civitatis per scaenicos ludos poetarum ludibria requirenti;
non miscetur homini deorum crimina fingere prohibenti,
et miscetur daemoni se falsis deorum criminibus oblec-
tanti; non miscetur homini magorum scelera iustis legi-
15 bus punienti, et miscetur daemoni magicas artes docenti
et implenti; non miscetur homini imitationem daemonis
fugienti, et miscetur daemoni deceptionem hominis au-
cupanti.

Caput XXI.

20 *An daemonibus nuntiis et interpretibus dii utantur falli-*
que se ab eis aut ignorent aut velint.

Sed nimirum tantae huius absurditatis et indignitatis
est magna necessitas, quod scilicet deos aetherios humana
curantes quid terrestres homines agerent utique lateret,
25 nisi daemones aerii nuntiarent; quoniam aether longe a
terra est alteque suspensus, aer vero aetheri terraeque
contiguus. O mirabilem sapientiam! Quid aliud de diis
isti sentiunt, quos omnes optimos volunt, nisi eos et humana curare, ne cultu videantur indigni, et propter ele-
30 mentorum distantiam humana nescire, ut credantur daemones necessarii et ob hoc etiam ipsi putentur colendi,
per quos dii possint et quid in rebus humanis agatur ad-
discere et ubi oportet hominibus subvenire? Hoc si ita
est, diis istis bonis magis notus est daemon per corpus
35 vicinum quam homo per animum bonum. O multum do-
lenda necessitas, an potius inridenda vel detestanda vani-

tas, ne sit vana divinitas! Si enim animo ab obstaculo
corporis libero animum nostrum videre dii possunt, non
ad hoc indigent daemonibus nuntiis. Si autem animorum
indicia corporalia, qualia sunt locutio vultus motus, per
corpus suum aetherii dii sentiunt et inde colligunt quid 5
etiam daemones nuntient, possunt et mendaciis daemonum decipi. Porro si deorum divinitas a daemonibus non
potest falli, eadem divinitate quod agimus non potest
ignorari.

   Vellem autem mihi isti dicerent, utrum diis daemones 10
nuntiaverint de criminibus deorum poetica Platoni displicere figmenta et sibi ea placere celaverint; an utrumque
occultaverint deosque esse maluerint totius rei huius igna-
ros; an utrumque indicaverjnt, et religiosam erga deos
Platonis prudentiam et in deos iniuriosam libidinem suam; 15
an sententiam quidem Platonis, qua noluit deos per impiam
licentiam poetarum falsis criminibus infamari, ignotam diis
esse voluerint, suam vero nequitiam, qua ludos scaenicos
amant, quibus illa deorum dedecora celebrantur, prodere
non erubuerint vel timuerint. Horum quattuor, quae in- 20
terrogando proposui, quodlibet eligant et in quolibet eorum quantum mali de diis bonis opinentur adtendant. Si
enim primum elegerint, confessuri sunt non licuisse diis
bonis habitare cum bono Platone, quando eorum iniurias
prohibebat, et habitasse cum daemonibus malis, quando 25
eorum iniuriis exultabant, cum dii boni hominem bonum
longe a se positum non nisi per malos daemones nossent,
quos vicinos nosse non possent. Si autem secundum elegerint et utrumque occultatum a daemonibus dixerint, ut
dii omnino nescirent et Platonis religiosissimam legem et 30
daemonum sacrilegam delectationem: quid in rebus humanis per internuntios daemones dii nosse utiliter possunt,
quando illa nesciunt, quae in honorem bonorum deorum
religione bonorum hominum contra libidinem malorum
daemonum decernuntur? Si vero tertium elegerint et non 35
solum sententiam Platonis deorum iniurias prohibentem,
sed etiam daemonum nequitiam deorum iniuriis exultan-
tem, per eosdem daemones nuntios diis innotuisse respon-

derint: hoc nuntiare est an insultare? Et dii utrumque
sic audiunt, sic utrumque cognoscunt, ut non solum mali-
gnos daemones deorum dignitati et Platonis religioni contraria cupientes atque facientes a suo accessu non arceant,
5 verum etiam per illos malos propinquos Platoni bono longinquo dona transmittant? Sic enim eos elementorum
quasi catenata series conligavit, ut illis, a quibus criminan-
tur, coniungi possint; huic, a quo defenduntur, non possint; utrumque scientes, sed aeris et terrae transmutare
10 pondera non valentes. Iam, quod reliquum est, si quartum
elegerint, peius est ceteris. Quis enim ferat, si poetarum
de diis inmortalibus criminosa figmenta et theatrorum indigna ludibria suamque in his omnibus ardentissimam cupiditatem et suavissimam voluptatem diis daemones nun-
15 tiaverunt, et quod Plato philosophica gravitate de optima
re publica haec omnia censuit removenda tacuerunt; ut
iam dii boni per tales nuntios nosse cogantur mala pessimorum, nec aliena, sed eorundem nuntiorum, atque his
contraria non sinantur nosse bona philosophorum, cum
20 illa sint in iniuriam, ista in honorem ipsorum deorum?

Caput XXII.

De abiciendo cultu daemonum contra Apuleium.

Quia igitur nihil istorum quattuor eligendum est, ne
in quolibet eorum de diis tam male sentiatur, restat, ut
25 nullo modo credendum sit quod Apuleius persuadere nititur et quicumque alii sunt eiusdem sententiae philosophi,
ita esse medios daemones inter deos et homines tamquam
internuntios et interpretes, qui hinc ferant petitiones nostras, inde referant deorum suppetias; sed esse spiritus
30 nocendi cupidissimos, a iustitia penitus alienos, superbia
tumidos, invidentia lividos, fallacia callidos, qui in hoc
quidem aere habitant, quia de caeli superioris sublimitate
deiecti merito inregressibilis transgressionis in hoc sibi
congruo velut carcere praedamnati sunt; nec tamen, quia
35 supra terras et aquas aeri locus est, ideo et ipsi sunt meritis superiores hominibus, qui eos non terreno corpore,

sed electo in auxilium Deo vero pia mente facillime superant. Sed multis plane participatione verae religionis indi-
gnis tamquam captis subditisque dominantur, quorum ma-
ximae parti mirabilibus et fallacibus signis sive factorum
sive praedictorum deos se esse persuaserunt. Quibusdam 5
vero vitia eorum aliquanto adtentius et diligentius intuentibus non potuerunt persuadere quod dii sint, atque inter
deos et homines internuntios ac beneficiorum inpetratores
se esse finxerunt; si tamen non istum saltem honorem homines eis deferendum putarunt, qui illos nec deos esse crede- 10
bant, quia malos videbant, deos autem omnes bonos volebant, nec audebant tamen omnino indignos dicere honore
divino, maxime ne offenderent populos, a quibus eis cerne-
bant inveterata superstitione per tot sacra et templa serviri.

CAPUT XXIII.   15

Quid Hermes Trismegistus de idololatria senserit et unde
scire potuerit superstitiones Aegyptias auferendas.

Nam diversa de illis Hermes Aegyptius, quem Tris-
megistum vocant, sensit et scripsit. Apuleius enim deos
quidem illos negat; sed cum dicit ita inter homines deos- 20
que quadam medietate versari, ut hominibus apud ipsos
deos necessarii videantur, cultum eorum a supernorum
deorum religione non separat. Ille autem Aegyptius alios
deos esse dicit a summo Deo factos, alios ab hominibus.
Hoc qui audit, sicut a me positum est, putat dici de simu- 25
lacris, quia opera sunt manuum hominum; at ille visibilia
et contrectabilia simulacra, velut corpora deorum esse asserit; inesse autem his quosdam spiritus invitatos, qui valeant aliquid sive ad nocendum sive ad desideria nonnulla
complenda eorum, a quibus eis divini honores et cultus 30
obsequia deferuntur. Hos ergo spiritus invisibiles per artem quandam visibilibus rebus corporalis materiae copu-
lare, ut sint quasi animata corpora illis spiritibus dicata et
subdita simulacra, hoc esse dicit deos facere eamque magnam et mirabilem deos faciendi accepisse homines pote- 35
statem. Huius Aegyptii verba, sicut in nostram linguam

interpretata sunt, ponam. „Et quoniam de cognatione, inquit, et consortio hominum deorumque nobis indicitur sermo, potestatem hominis, o Asclepi, vimque cognosce. Dominus, inquit, et Pater vel quod est summum Deus, ut
5 effector est deorum caelestium, ita homo fictor est deorum, qui in templis sunt humana proximitate contenti." Et paulo post: „Ita humanitas, inquit, semper memor naturae et originis suae in illa divinitatis imitatione perseverat, ut, sicuti Pater ac Dominus, ut sui similes essent, deos fecit aeternos,
10 ita humanitas deos suos ex sui vultus similitudine figuraret." Hic cum Asclepius, ad quem maxime loquebatur, ei respondisset atque dixisset; „Statuas dicis, o Trismegiste?" tum ille: „Statuas, inquit, o Asclepi, vides quatenus tu ipse diffidas; statuas animatas sensu et spiritu plenas tan-
15 taque facientes et talia, statuas futurorum praescias eaque sorte vate somniis multisque aliis rebus praedicentes, inbecillitates hominibus facientes easque curantes, tristitiam laetitiamque pro meritis. An ignoras, o Asclepi, quod Aegyptus imago sit caeli, aut, quod est verius, translatio
20 aut descensio omnium quae gubernantur atque exercentur in caelo, ac si dicendum est, verius terra nostra mundi totius est templum? Et tamen quoniam praescire cuncta prudentem decet, istud vos ignorare fas non est: Futurum tempus est, quo appareat Aegyptios incassum pia mente
25 divinitatem sedula religione servasse."

Deinde multis verbis Hermes hunc locum exequitur, in quo videtur hoc tempus praedicere, quo Christiana religio, quanto est veracior atque sanctior, tanto vehementius et liberius cuncta fallacia figmenta subvertit, ut gra-
30 tia verissimi Salvatoris liberet hominem ab eis diis, quos facit homo, et ei Deo subdat, a quo factus est homo. Sed Hermes cum ista praedicit, velut amicus eisdem ludificationibus daemonum loquitur, nec Christianum nomen evidenter exprimit, sed tamquam ea tollerentur atque
35 delerentur, quorum observatione caelestis similitudo custodiretur in Aegypto, ita haec futura deplorans luctuosa

---

6) Asclep. ed. Elmenh. p. 89.   25) Ibid. p. 90.

quodam modo praedicatione testatur. Erat enim de his, de quibus dicit apostolus, quod *cognoscentes Deum non sicut Deum glorificaverunt aut gratias egerunt, sed evanuerunt in cogitationibus suis; et obscuratum est insipiens cor eorum; dicentes enim se esse sapientes, stulti facti sunt; et inmutaverunt gloriam incorrupti Dei in similitudinem imaginis corruptibilis hominis;* et cetera, quae commemorare longum est. Multa quippe talia dicit de uno vero Deo fabricatore mundi, qualia veritas habet. Et nescio quo modo illa obscuratione cordis ad ista delabitur, ut diis, quos confitetur ab hominibus fieri, semper velit homines subdi et haec futuro tempore plangat auferri; quasi quicquam sit infelicius homine, cui sua figmenta dominantur; cum sit facilius, ut tamquam deos colendo, quos fecit, nec ipse sit homo, quam ut per eius cultum dii possint esse, quos fecit homo. Citius enim fit, ut homo in honore positus pecoribus non intellegens comparetur, quam ut operi Dei ad eius imaginem facto, id est ipsi homini, opus hominis praeferatur. Quapropter merito homo defecit ab illo qui eum fecit, cum sibi praefecit ipse quod fecit.

Haec vana deceptoria, perniciosa sacrilega Hermes Aegyptius, quia tempus, quo auferrentur, venturum sciebat, dolebat; sed tam inpudenter dolebat, quam inprudenter sciebat. Non enim haec ei revelaverat sanctus Spiritus, sicut prophetis sanctis, qui haec praevidentes cum exultatione dicebant: *Si faciet homo deos, et ecce ipsi non sunt dii;* et alio loco: *Erit in illo die, dicit Dominus, exterminabo nomina simulacrorum a terra, et non iam erit eorum memoria.* Proprie vero de Aegypto, quod ad hanc rem attinet, ita sanctus Esaias prophetat: *Et movebuntur manufacta Aegypti a facie eius, et cor eorum vincetur in eis;* et cetera huius modi. Ex quo genere et illi erant, qui venturum quod sciebant, venisse gaudebant; qualis Simeon, qualis Anna, qui mox natum Iesum; qualis Elisabeth, quae etiam conceptum in Spiritu agnovit; qualis

7) Rom. 1, 21 sqq. 17) Psal. 48 (49), 13. 28) Hierem. 16, 20. 30) Zach. 13. 2. 32) Esai. 19, 1. 36) Luc. 2, 25 sqq.; 1, 41 sqq.

Petrus revelante Patre dicens: *Tu es Christus filius Dei
vivi.* Huic autem Aegyptio illi spiritus indicaverant futura
tempora perditionis suae, qui etiam praesenti in carne
Domino trementes dixerunt: *Quid venisti ante tempus per-*
5 *dere nos?* sive quia subitum illis fuit, quod futurum quidem, sed tardius opinabantur; sive quia perditionem suam
hanc ipsam dicebant, qua fiebat ut cogniti spernerentur,
et hoc erat *ante tempus*, id est ante tempus iudicii, quo
aeterna damnatione puniendi sunt cum omnibus etiam ho-
10 minibus, qui eorum societate detinentur, sicut religio loquitur, quae nec fallit nec fallitur, non sicut iste quasi
omni vento doctrinae hinc atque inde perflatus et falsis
vera permiscens dolet quasi perituram religionem, quem
postea confitetur errorem.

15   Caput XXIV.

*Quo modo Hermes patenter parentum suorum sit confessus
errorem, quem tamen doluerit destruendum.*

Post multa enim ad hoc ipsum redit, ut iterum dicat
de diis, quos homines fecerunt, ita loquens: „Sed iam de
20 talibus sint satis dicta talia. Iterum, inquit, ad hominem
rationemque redeamus, ex quo divino dono homo animal
dictum est rationale. Minus enim miranda etsi miranda
sunt, quae de homine dicta sunt. Omnium enim mirabilium vicit admirationem, quod homo divinam potuit inve-
25 nire naturam eamque efficere. Quoniam ergo proavi nostri
multum errabant circa deorum rationem increduli et non
animadvertentes ad cultum religionemque divinam, invenerunt artem, qua efficerent deos. Cui inventae adiunxerunt virtutem de mundi natura convenientem, eamque
30 miscentes, quoniam animas facere non poterant, evocantes
animas daemonum vel angelorum eas indiderunt imaginibus sanctis divinisque mysteriis, per quas idola et bene
faciendi et male vires habere potuissent." Nescio utrum
sic confiterentur ipsi daemones adiurati, quo modo iste

---

2) Matth. 16, 16. 5) Ibid. 8, 29. 12) Ephes. 4, 14. 33) P. 99.

confessus est. „Quoniam, inquit, proavi nostri multum
errabant circa deorum rationem increduli et non animadvertentes ad cultum religionemque divinam, invenerunt
artem qua efficerent deos.“ Numquidnam saltem mediocriter eos dixit errasse, ut hanc artem invenirent fa- 5
ciendi deos, aut contentus fuit dicere: Errabant, nisi adderet et diceret: Multum errabant? Iste ergo multus error
et incredulitas non animadvertentium ad cultum religionemque divinam invenit artem, qua efficeret deos. Et
tamen quod multus error et incredulitas et a cultu ac re- 10
ligione divina aversio animi invenit, ut homo arte faceret
deos, hoc dolet vir sapiens tamquam religionem divinam
venturo certo tempore auferri. Vide si non et vi divina
maiorum suorum errorem praeteritum prodere, et vi dia-
bolica poenam daemonum futuram dolere compellitur. Si 15
enim proavi eorum multum errando circa deorum rationem
incredulitate et aversione animi a cultu ac religione divina
invenerunt artem, qua efficerent deos: quid mirum, si,
haec ars detestanda quidquid fecit aversa a religione divina,
aufertur religione divina, cum veritas emendat errorem, 20
fides redarguit incredulitatem, conversio corrigit aversionem?

Si enim tacitis causis dixisset, proavos suos invenisse
artem, qua facerent deos: nostrum fuit utique, si quid
rectum piumque saperemus, adtendere et videre nequa- 25
quam illos ad hanc artem perventuros fuisse, qua homo
deos facit, si a veritate non aberrarent, si ea, quae Deo
digna sunt, crederent, si animum adverterent ad cultum
religionemque divinam. Et tamen si causas artis huius
nos diceremus multum errorem hominum et incredulita- 30
tem et animi errantis atque infidelis a divina religione
aversionem, utcumque ferenda esset inpudentia resisten-
tium veritati. Cum vero idem ipse, qui potestatem huius
artis super omnia cetera miratur in homine, qua illi deos
facere concessum est, et dolet venturum esse tempus, quo 35
haec omnia deorum figmenta ab hominibus instituta etiam
legibus iubeantur auferri, confitetur tamen atque exprimit
causas, quare ad ista perventum sit, dicens proavos suos

multo errore et incredulitate et animum non advertendo
ad cultum religionemque divinam invenisse hanc artem,
qua facerent deos: nos quid oportet dicere, vel potius quid
agere, nisi quantas possumus gratias Domino Deo nostro,
5 qui haec contrariis causis, quam instituta sunt, abstulit?
Nam quod instituit multitudo erroris, abstulit via veritatis;
quod instituit incredulitas, abstulit fides; quod instituit a
cultu divinae religionis aversio, abstulit ad unum verum
Deum sanctumque conversio: nec in sola Aegypto, quam
10 solam in isto plangit daemonum spiritus, sed in omni
terra, quae cantat Domino canticum novum, sicut vere
sacrae et vere propheticae litterae praenuntiarunt, ubi
scriptum est: *Cantate Domino canticum novum, cantate
Domino omnis terra.* Titulus quippe psalmi huius est:
15 *Quando domus aedificabatur post captivitatem.* Aedificatur enim domus Domino civitas Dei, quae est sancta ecclesia, in omni terra post eam captivitatem, qua illos homines,
de quibus credentibus in Deum tamquam lapidibus vivis
domus aedificatur, captos daemonia possidebant. Neque
20 enim, quia homo deos faciebat, ideo non ab eis possidebatur ipse qui fecerat, quando in eorum societatem colendo traducebatur; societatem dico, non idolorum stoli-
dorum, sed versutorum daemoniorum. Nam quid sunt
idola, nisi quod eadem scriptura dicit: *Oculos habent, et
25 non videbunt;* et quidquid tale de materiis licet adfabre
effigiatis, tamen vita sensuque carentibus dicendum fuit.
Sed inmundi spiritus eisdem simulacris arte illa nefaria
conligati cultorum suorum animas in suam societatem re-
digendo miserabiliter captivaverant. Unde dicit apostolus:
30 *Scimus quia nihil est idolum; sed quae immolant gentes,
daemoniis immolant, et non Deo; nolo vos socios fieri daemoniorum.* Post hanc ergo captivitatem, qua homines a
malignis daemonibus tenebantur, Dei domus aedificatur in
omni terra; unde titulum ille psalmus accepit, ubi dicitur:
35 *Cantate Domino canticum novum, cantate Domino omnis
terra. Cantate Domino, benedicite nomen eius, bene nun-*

---

14) Psal. 95 (96), 1. 19) 1. Petr. 2, 5. 25) Psal. 114 (115), 5.
32) 1. Cor. 10, 20.

tiate diem ex die salutare eius. Adnuntiate in gentibus gloriam eius, in omnibus populis mirabilia eius. Quoniam magnus Dominus et laudabilis nimis, terribilis est super omnes deos. Quia omnes dii gentium daemonia, dominus autem caelos fecit.   5

Qui ergo doluit venturum fuisse tempus, quo auferretur cultus idolorum et in eos, qui colerent, dominatio daemoniorum, malo spiritu instigatus semper volebat istam captivitatem manere, qua transacta psalmus canit aedificari domum in omni terra. Praenuntiabat illa Hermes dolendo; 10 praenuntiabat haec propheta gaudendo. Et quia Spiritus victor est, qui haec per sanctos prophetas canebat, etiam Hermes ipse ea, quae nolebat et dolebat auferri, non a prudentibus et fidelibus et religiosis, sed ab errantibus et incredulis et a cultu divinae religionis aversis esse instituta 15 miris modis coactus est confiteri. Qui quamvis eos appellet deos, tamen cum dicit a talibus hominibus factos, quales esse utique non debemus, velit nolit, ostendit colendos non esse ab eis, qui tales non sunt, quales fuerunt a quibus facti sunt, hoc est a prudentibus, fidelibus, religiosis; simul 20 etiam demonstrans, ipsos homines, qui eos fecerunt, sibimet inportasse, ut eos haberent deos, qui non erant dii. Verum est quippe illud propheticum: *Si faciet homo deos, et ecce ipsi non sunt dii.* Deos ergo tales, talium deos, arte factos a talibus, cum appellasset Hermes, id est idolis 25 daemones per artem nescio quam cupiditatum suarum vinculis inligatos cum appellaret factos ab hominibus deos, non tamen eis dedit, quod Platonicus Apuleius (unde satis iam diximus et quam sit inconveniens absurdumque monstravimus), ut ipsi essent interpretes et intercessores inter 30 deos, quos fecit Deus, et homines, quos idem fecit Deus; hinc adferentes vota, inde munera referentes. Nimis enim stultum est credere deos, quos fecerunt homines, plus valere apud deos, quos fecit Deus, quam valent ipsi homines, quos idem ipse fecit Deus. Daemon quippe simulacro 35 arte impia conligatus ab homine factus est deus, sed tali

---

5) Psal. 95 (96), 1 sqq.   24) Hierem. 16, 20.

homini, non omni homini. Qualis est ergo iste deus, quem
non faceret homo nisi errans et incredulus et aversus a
vero Deo? Porro si daemones, qui coluntur in templis,
per artem nescio quam imaginibus inditi, hoc est visibili-
5 bus simulacris, ab eis hominibus, qui hac arte fecerunt
deos, cum aberrarent aversique essent a cultu et religione
divina, non sunt internuntii nec interpretes inter homines
et deos, et propter suos pessimos ac turpissimos mores, et
quod homines, quamvis errantes et increduli et aversi a
10 cultu ac religione divina, tamen eis sine dubio meliores
sunt, quos deos ipsi arte fecerunt: restat, ut, quod possunt, tamquam daemones possint, vel quasi beneficia prae-
stando magis nocentes, quia magis decipientes, vel aperte
malefaciendo (nec tamen quodlibet horum, nisi quando
15 permittuntur alta et secreta Dei providentia); non autem
tamquam medii inter homines et deos per amicitiam deorum multum apud homines valeant. Hi enim diis bonis,
quos sanctos angelos nos vocamus rationalesque creaturas
sanctae caelestis habitationis, sive sedes, sive dominationes,
20 sive principatus, sive potestates, amici esse omnino non
possunt, a quibus tam longe absunt animi adfectione, quam
longe absunt a virtutibus vitia et a bonitate malitia.

Caput XXV.

De his, quae sanctis angelis et hominibus possunt esse
25   communia.

Nullo modo igitur per daemonum quasi medietatem
ambiendum est ad benevolentiam seu beneficentiam deorum vel potius angelorum bonorum, sed per bonae voluntatis similitudinem, qua cum illis sumus et cum illis
30 vivimus et cum illis Deum quem colunt colimus, etsi eos
carnalibus oculis videre non possumus; in quantum autem
dissimilitudine voluntatis et fragilitate infirmitatis miseri
sumus, in tantum ab eis longe sumus vitae merito, non
corporis loco. Non enim quia in terra condicione carnis
35 habitamus, sed si inmunditia cordis terrena sapimus, non

eis iungimur. Cum vero sanamur, ut quales ipsi sunt simus: fide illis interim propinquamus, si ab illo nos fieri beatos, a quo et ipsi facti sunt, etiam ipsis faventibus credimus.

Caput XXVI. 5

Quod omnis religio paganorum circa homines mortuos fuerit implicata.

Sane advertendum est quo modo iste Aegyptius, cum doleret tempus esse venturum, quo illa auferrentur ex Aegypto, quae fatetur a multum errantibus et incredulis et 10 a cultu divinae religionis aversis esse instituta, ait inter cetera: „Tunc terra ista, sanctissima sedes delubrorum atque templorum, sepulcrorum erit mortuorumque plenissima." Quasi vero, si illa non auferrentur, non essent homines morituri, aut alibi essent mortui ponendi quam 15 in terra. Et utique, quanto plus volveretur temporis et dierum, tanto maior esset numerus sepulcrorum propter maiorem numerum mortuorum. Sed hoc videtur dolere, quod memoriae martyrum nostrorum templis eorum delubrisque succederent, ut videlicet, qui haec legunt animo a 20 nobis averso atque perverso, putent a paganis cultos fuisse deos in templis, a nobis autem coli mortuos in sepulcris. Tanta enim homines impii caecitate in montes quodam modo offendunt resque oculos suos ferientes nolunt videre, ut non adtendant, in omnibus litteris paganorum aut non 25 inveniri aut vix inveniri deos, qui non homines fuerint mortuisque divini honores delati sint. Omitto, quod Varro dicit, omnes ab eis mortuos existimari manes deos, et probat per ea sacra, quae omnibus fere mortuis exhibentur, ubi et ludos commemorat funebres, tamquam hoc sit ma- 30 ximum divinitatis indicium, quod non soleant ludi nisi numinibus celebrari.

Hermes ipse, de quo nunc agitur, in eodem ipso libro, ubi quasi futura praenuntiando deplorans ait: „Tunc terra

---

14) P. 90.

ista, sanctissima sedes delubrorum atque templorum, sepulcrorum erit mortuorumque plenissima", deos Aegypti
homines mortuos esse testatur. Cum enim dixisset proavos suos multum errantes circa deorum rationem, incre-
5 dulos et non animadvertentes ad cultum religionemque
divinam invenisse artem, qua efficerent deos: „Cui inventae, inquit, adiunxerunt virtutem de mundi natura convenientem eamque miscentes, quoniam animas facere non
poterant, evocantes animas daemonum vel angelorum, eas
10 indiderunt imaginibus sanctis divinisque mysteriis, per
quas idola et bene faciendi et male vires habere potuissent." Deinde sequitur tamquam hoc exemplis probaturus
et dicit: „Avus enim tuus, o Asclepi, medicinae primus
inventor, cui templum consecratum est in monte Libyae
15 circa littus crocodilorum, in quo eius iacet mundanus
homo, id est corpus; reliquus enim, vel potius totus, si est
homo totus in sensu vitae, melior remeavit in caelum,
omnia etiam nunc hominibus adiumenta praestans infirmis
numine nunc suo, quae solebat medicinae arte praebere."
20 Ecce dixit mortuum coli pro deo in eo loco, ubi habebat
sepulcrum, falsus ac fallens, quod remeavit in caelum.
Adiungens deinde aliud: „Hermes, inquit, cuius avitum
mihi nomen est, nonne in sibi cognomine patria consistens
omnes mortales undique venientes adiuvat atque conser-
25 vat?" Hic enim Hermes maior, id est Mercurius, quem
dicit avum suum fuisse, in Hermopoli, hoc est in sui nominis civitate, esse perhibetur. Ecce duos deos dicit homines fuisse, Aesculapium et Mercurium. Sed de Aesculapio et Graeci et Latini hoc idem sentiunt; Mercurium
30 autem multi non putant fuisse mortalem, quem tamen iste
avum suum fuisse testatur. „At enim alius est ille, alius
iste, quamvis eodem nomine nuncupentur." Non multum
pugno, alius ille sit, alius iste; verum et iste, sicut Aesculapius, ex homine deus secundum testimonium tanti apud
35 suos viri, huius Trismegisti, nepotis sui.

     Adhuc addit et dicit: „Isin vero uxorem Osiris quam

,19) P. 99.   25) Ibid.

multa bona praestare propitiam, quantis obesse scimus
iratam!" Deinde ut ostenderet ex hoc genere esse deos,
quos illa arte homines faciunt (unde dat intellegi daemones se opinari ex hominum mortuorum animis extitisse,
quos per artem, quam invenerunt homines multum erran- 5
tes, increduli et inreligiosi, ait inditos simulacris, quia hi,
qui tales deos faciebant, animas facere non utique poterant), cum de Iside dixisset, quod commemoravi, „quantis
obesse scimus iratam", secutus adiunxit: „Terrenis etenim
diis atque mundanis facile est irasci, utpote qui sint ab 10
hominibus ex utraque natura facti atque compositi." „Ex
utraque natura" dicit ex anima et corpore, ut pro anima
sit daemon, pro corpore simulacrum. „Unde contigit, inquit, ab Aegyptiis haec sancta animalia nuncupari colique
per singulas civitates eorum animas, quorum sunt conse- 15
cratae viventes, ita ut eorum legibus incolantur et eorum
nominibus nuncupentur?" Ubi est illa velut querela luctuosa, quod terra Aegypti, sanctissima sedes delubrorum
atque templorum, sepulcrorum futura esset mortuorumque plenissima? Nempe spiritus fallax, cuius instinctu 20
Hermes ista dicebat, per eum ipsum coactus est confiteri,
iam tunc illam terram sepulcrorum et mortuorum, quos
pro diis colebant, fuisse plenissimam. Sed dolor daemonum per eum loquebatur, qui suas futuras poenas apud
sanctorum martyrum memorias inminere maerebant. In 25
multis enim talibus locis torquentur et confitentur et de
possessis hominum corporibus eiciuntur.

Caput XXVII.

De modo honoris, quem Christiani martyribus inpendunt.

Nec tamen nos eisdem martyribus templa, sacerdotia, 30
sacra et sacrificia constituimus, quoniam non ipsi, sed
Deus eorum nobis est Deus. Honoramus sane memorias
eorum tamquam sanctorum hominum Dei, qui usque ad
mortem corporum suorum pro veritate certarunt, ut in-

---

17) P. 99.

notesceret vera religio falsis fictisque convictis; quod etiam
si qui antea sentiebant, timendo reprimebant. Quis autem
audivit aliquando fidelium stantem sacerdotem ad altare,
etiam super sanctum corpus martyris ad Dei honorem cul-
5 tumque constructum, dicere in precibus: Offero tibi sacrificium Petre vel Paule vel Cypriane, cum apud eorum
memorias offeratur Deo, qui eos et homines et martyres
fecit et sanctis suis angelis caelesti honore sociavit, ut ea
celebritate et Deo vero de illorum victoriis gratias agamus,
10 et nos ad imitationem talium coronarum atque palmarum
eodem invocato in auxilium ex illorum memoriae renova-
tione adhortemur. Quaecumque igitur adhibentur religio-
sorum obsequia in martyrum locis, ornamenta sunt me-
moriarum, non sacra vel sacrificia mortuorum tamquam
15 deorum. Quicumque etiam epulas suas eo deferunt (quod
quidem a Christianis melioribus non fit, et in plerisque
terrarum nulla talis est consuetudo); tamen quicumque id
faciunt, quas cum apposuerint, orant et auferunt, ut vescantur vel ex eis etiam indigentibus largiantur, sancti-
20 ficari sibi eas volunt per merita martyrum in nomine domini martyrum. Non autem esse ista sacrificia martyrum
novit, qui novit unum, quod etiam illic offertur, sacrificium
Christianorum.

Nos itaque martyres nostros nec divinis honoribus
25 nec humanis criminibus colimus, sicut colunt illi deos suos,
nec sacrificia illis offerimus, nec deorum probra in eorum
sacra convertimus. Nam de Iside, uxore Osiris, Aegyptia
dea, et de parentibus eorum, qui omnes reges fuisse scri-
buntur (quibus parentibus suis illa cum sacrificaret, in-
30 venit hordei segetem atque inde spicas marito regi et eius
consiliario Mercurio demonstravit, unde eandem et Cererem volunt), quae et quanta mala non a poetis, sed mysticis eorum litteris memoriae mandata sint, sicut Leone
sacerdote prodente ad Olympiadem matrem scribit Ale-
35 xander, legant qui volunt vel possunt, et recolant qui legerunt, et videant quibus hominibus mortuis vel de quibus
eorum factis tamquam diis sacra fuerint instituta. Absit
ut eos, quamvis deos habeant, sanctis martyribus nostris,

quos tamen deos non habemus, ulla ex parte audeant comparare. Sic enim non constituimus sacerdotes nec offerimus sacrificia martyribus nostris, quia incongruum inde-
bitum inlicitum est atque uni Deo tantum modo debitum,
ut nec criminibus suis nec ludis eos turpissimis oblecte- 5
mus, ubi vel flagitia isti celebrant deorum suorum, si,
cum homines essent, talia commiserunt, vel conficta de-
lectamenta daemonum noxiorum, si homines non fuerunt.
Ex isto genere daemonum Socrates non haberet deum, si
haberet deum; sed fortasse homini ab illa arte faciendi 10
deos alieno et innocenti illi inportaverint talem deum, qui
eadem arte excellere voluerunt. Quid ergo plura? Non
esse spiritus istos colendos propter vitam beatam, quae
post mortem futura est, nullus vel mediocriter prudens
ambigit. Sed fortasse dicturi sunt deos quidem esse om- 15
nes bonos, daemones autem alios malos, alios bonos, et
eos, per quos ad vitam in aeternum beatam perveniamus,
colendos esse censebunt, quos bonos opinantur. Quod
quale sit iam in volumine sequenti videndum est.

20

LIBER IX.

Caput I.

Ad quem articulum disputatio praemissa pervenerit, et
quid discutiendum sit de residua quaestione. 25

Et bonos et malos deos esse quidam opinati sunt;
quidam vero de diis meliora sentientes tantum eis honoris
laudisque tribuerunt, ut nullum deorum malum credere
auderent. Sed illi, qui deos quosdam bonos, quosdam
malos esse dixerunt, daemones quoque appellaverunt no- 30
mine deorum, quamquam et deos, sed rarius, nomine dae-

monum, ita ut ipsum Iovem, quem volunt esse regem ac
principem ceterorum, ab Homero fateantur daemonem
nuncupatum. Hi autem, qui omnes deos non nisi bonos
esse adserunt et longe praestantiores eis hominibus, qui
5 perhibentur boni, merito moventur daemonum factis, quae
negare non possunt eaque nullo modo a diis, quos omnes
bonos volunt, committi posse existimantes differentiam
inter deos et daemones adhibere coguntur, ut, quidquid
eis merito displicet in operibus vel adfectibus pravis, qui-
10 bus vim suam manifestant occulti spiritus, id credant esse
daemonum, non deorum. Sed quia eosdem daemones
inter homines et deos ita medios constitutos putant, tamquam nullus deus homini misceatur, ut hinc perferant desiderata, inde referant inpetrata, atque hoc Platonici, prae-
15 cipui philosophorum ac nobilissimi, sentiunt, cum quibus
velut cum excellentioribus placuit istam examinare quaestionem, utrum cultus plurimorum deorum prosit ad consequendam vitam beatam quae post mortem futura est:
libro superiore quaesivimus, quo pacto daemones, qui
20 talibus gaudent, qualia boni et prudentes homines aver-
santur et damnant, id est sacrilega flagitiosa facinorosa
non de quolibet homine, sed de ipsis diis figmenta poetarum et magicarum artium sceleratam puniendamque vio-
lentiam, possint quasi propinquiores et amiciores diis bonis
25 conciliare homines bonos; et hoc nulla ratione posse compertum est.

Caput II.

An inter daemones, quibus dii superiores sunt, sit aliqua
pars bonorum, quorum praesidio ad veram beatitu-
30   *dinem possit humana anima pervenire.*

Proinde hic liber, sicut in illius fine promisimus, disputationem continere debebit de differentia (si quam volunt esse) non deorum inter se, quos omnes bonos dicunt;
nec de differentia deorum et daemonum, quorum illos ab
35 hominibus longe alteque seiungunt, istos inter deos et
homines conlocant; sed de differentia ipsorum daemonum,

quod ad praesentem pertinet quaestionem. Apud pleros-
que enim usitatum est dici, alios bonos alios malos daemones; quae sive sit etiam Platonicorum, sive quorumlibet sententia, nequaquam eius est neglegenda discussio,
ne quisquam velut daemones bonos sequendos sibi esse 5
arbitretur, per quos tamquam medios diis, quos omnes
bonos credit, dum conciliari adfectat et studet, ut quasi
cum eis possit esse post mortem, inretitus malignorum
spirituum deceptusque fallacia longe aberret a vero Deo,
cum quo solo et in quo solo et de quo solo anima hu- 10
mana, id est rationalis et intellectualis, beata est.

Caput III.

*Quae daemonibus Apuleius ascribat, quibus cum ra-
tionem non subtrahat, nihil virtutis assignat.*

Quae igitur est differentia daemonum bonorum et 15
malorum? Quando quidem Platonicus Apuleius de his
universaliter disserens et tam multa loquens de aeriis eorum corporibus de virtutibus tacuit animorum, quibus
essent praediti, si essent boni. Tacuit ergo beatitudinis
causam; indicium vero miseriae tacere non potuit, confi- 20
tens eorum mentem, qua rationales esse perhibuit, non
saltem inbutam munitamque virtute passionibus animi in-
rationabilibus nequaquam cedere, sed ipsam quoque, sicut
stultarum mentium mos est, procellosis quodam modo
perturbationibus agitari. Verba namque eius de hac re 25
ista sunt: „Ex hoc ferme daemonum numero, inquit, poetae solent haudquaquam procul a veritate osores et amatores quorundam hominum deos fingere; hos prosperare
et evehere, illos contra adversari et adfligere; igitur et mi-
sereri et indignari et angi et laetari omnemque humani 30
animi faciem pati, simili motu cordis et salo mentis per
omnes cogitationum aestus fluctuare. Quae omnes turbe-
lae tempestatesque procul a deorum caelestium tranquil-
litate exulant." Num est in his verbis ulla dubitatio, quod

---

34) Apul. de deo Socr. p. 48.

non animorum aliquas inferiores partes, sed ipsas daemonum mentes, quibus rationalia sunt animalia, velut pro-
cellosum salum dixit passionum tempestate turbari? ut ne
hominibus quidem sapientibus comparandi sint, qui huius
5 modi perturbationibus animorum, a quibus humana non
est inmunis infirmitas, etiam cum eas huius vitae condicione patiuntur, mente inperturbata resistunt, non eis cedentes ad aliquid adprobandum vel perpetrandum, quod
exorbitet ab itinere sapientiae et lege iustitiae; sed stultis
10 mortalibus et iniustis non corporibus, sed moribus similes
(ut non dicam deteriores, eo quo vetustiores et debita
poena insanabiles) ipsius quoque mentis, ut iste appellavit,
salo fluctuant, nec in veritate atque virtute, qua turbulentis et pravis adfectionibus repugnatur, ex ulla animi
15 parte consistunt.

Caput IV.

De perturbationibus quae animo accidunt, quae sit Peri-
pateticorum Stoicorumque sententia.

Duae sunt sententiae philosophorum de his animi
20 motibus, quae Graeci πάθη, nostri autem quidam, sicut
Cicero, perturbationes, quidam adfectiones vel adfectus,
quidam vero, sicut iste de Graeco expressius, passiones
vocant. Has ergo perturbationes sive adfectiones sive passiones quidam philosophi dicunt etiam in sapientem cadere,
25 sed moderatas rationique subiectas, ut eis leges quodam
modo, quibus ad necessarium redigantur modum, dominatio mentis inponat. Hoc qui sentiunt, Platonici sunt sive
Aristotelici, cum Aristoteles discipulus Platonis fuerit, qui
sectam Peripateticam condidit. Aliis autem, sicut Stoicis,
30 cadere ullas omnino huiusce modi passiones in sapientem
non placet. Hos autem, id est Stoicos, Cicero in libris de
finibus bonorum et malorum verbis magis quam rebus
adversus Platonicos seu Peripateticos certare convincit;
quando quidem Stoici nolunt bona appellare, sed commoda
35 corporis et externa, eo quod nullum bonum volunt esse
hominis praeter virtutem, tamquam artem bene vivendi,

quae non nisi in animo est. Haec autem isti simpliciter
et ex communi loquendi consuetudine appellant bona; sed
in comparatione virtutis, qua recte vivitur, parva et exigua. Ex quo fit, ut ab utrisque quodlibet vocentur, seu
bona seu commoda, pari tamen aestimatione pensentur, 5
nec in hac quaestione Stoici delectentur nisi novitate verborum. Videtur ergo mihi etiam in hoc, ubi quaeritur
utrum accidant sapienti passiones animi, an ab eis sit
prorsus alienus, de verbis eos potius quam de rebus facere
controversiam. Nam et ipsos nihil hinc aliud quam Pla- 10
tonicos et Peripateticos sentire existimo, quantum ad vim
rerum adtinet, non ad vocabulorum sonum.

Ut enim alia omittam, quibus id ostendam, ne longum faciam, aliquid unum quod sit evidentissimum dicam.
In libris, quibus titulus est Noctium Atticarum, scribit A. 15
Gellius, vir elegantissimi eloquii et multae ac facundae
scientiae, se navigasse aliquando cum quodam philosopho
nobili Stoico. Is philosophus, sicut latius et uberius, quod
ego breviter adtingam, narrat A. Gellius, cum illud navi-
gium horribili caelo et mari periculosissime iactaretur, vi 20
timoris expalluit. Id animadversum est ab eis, qui aderant, quamvis in mortis vicinia curiosissime adtentis,
utrum necne philosophus animo turbaretur. Deinde tempestate transacta mox ut securitas praebuit loquendi vel
etiam garriendi locum, quidam ex his, quos navis illa por- 25
tabat, dives luxuriosus Asiaticus philosophum compellat
inludens, quod extimuisset atque palluisset, cum ipse mansisset intrepidus in eo quod inpendebat exitio. At ille Aristippi Socratici responsum rettulit, qui cum in re simili
eadem verba ab homine simili audisset, respondit illum 30
pro anima nequissimi nebulonis merito non fuisse solici-
tum, se autem pro Aristippi anima timere debuisse. Hac
illo divite responsione depulso postea quaesivit A. Gellius
a philosopho non exagitandi animo, sed discendi, quaenam
illa ratio esset pavoris sui. Qui ut doceret hominem sciendi 35
studio gnaviter accensum, protulit statim de sarcinula sua

---

19) Lib. 19, c. 1.

Stoici Epicteti librum, in quo ea scripta essent, quae congruerent decretis Zenonis et Chrysippi, quos fuisse Stoicorum principes novimus. In eo libro se legisse dicit A.
Gellius hoc Stoicis placuisse, quod animi visa, quas ap-
5 pellant phantasias nec in potestate est utrum et quando
incidant animo, cum veniunt ex terribilibus et formidabi-
libus rebus, necesse est etiam sapientis animum moveant,
ita ut paulisper vel pavescat metu, vel tristitia contrahatur,
tamquam his passionibus praevenientibus mentis et ratio-
10 nis officium; nec ideo tamen in mente fieri opinionem
mali, nec adprobari ista eisque consentiri. Hoc enim esse
volunt in potestate idque interesse censent inter animum
sapientis et stulti, quod stulti animus eisdem passionibus
cedit atque adcommodat mentis adsensum; sapientis autem,
15 quamvis eas necessitate patiatur, retinet tamen de his, quae
adpetere vel fugere rationabiliter debet, veram et stabilem
inconcussa mente sententiam. Haec ut potui non quidem
commodius A. Gellio, sed certe brevius et, ut puto, planius exposui, quae ille se in Epicteti libro legisse comme-
20 morat eum ex decretis Stoicorum dixisse atque sensisse.

  Quae si ita sunt, aut nihil aut paene nihil distat inter
Stoicorum aliorumque philosophorum opinionem de passionibus et perturbationibus animorum; utrique enim mentem rationemque sapientis ab earum dominatione defen-
25 dunt. Et ideo fortasse dicunt eas in sapientem non cadere
Stoici, quia nequaquam eius sapientiam, qua utique sapiens est, ullo errore obnubilant aut labe subvertunt. Accidunt autem animo sapientis salva serenitate sapientiae
propter illa, quae commoda vel incommoda appellant,
30 quamvis ea nolint dicere bona vel mala. Nam profecto si
nihili penderet eas res ille philosophus, quas amissurum
se naufragio sentiebat, sicuti est vita ista salusque corporis: non ita illud periculum perhorresceret, ut palloris
etiam testimonio proderetur. Verum tamen et illam pote-
35 rat permotionem pati, et fixam tenere mente sententiam,
vitam illam salutemque corporis, quorum amissionem mi-
nabatur tempestatis inmanitas, non esse bona, quae illos
quibus inessent facerent bonos, sicut facit iustitia. Quod

autem aiunt ea nec bona appellanda esse, sed commoda:
verborum certamini, non rerum examini deputandum est.
Quid enim interest, utrum aptius bona vocentur, an commoda, dum tamen ne his privetur non minus Stoicus
quam Peripateticus pavescat et palleat, ea non aequaliter 5
appellando, sed aequaliter aestimando? Ambo sane, si
bonorum istorum seu commodorum periculis ad flagitium
vel facinus urgueantur, ut aliter ea retinere non possint,
malle se dicunt haec amittere quibus natura corporis salva
et incolumis habetur, quam illa committere quibus iustitia 10
violatur. Ita mens, ubi fixa est ista sententia, nullas perturbationes, etiamsi accidant inferioribus animi partibus,
in se contra rationem praevalere permittit; quin immo eis
ipsa dominatur eisque non consentiendo et potius resi-
stendo regnum virtutis exercet. Talem describit etiam 15
Vergilius Aenean, ubi ait:

Mens inmota manet, lacrimae volvuntur inanes.

Caput V.

*Quod passiones, quae Christianos animos afficiunt, non in
vitium trahant, sed virtutem exerceant.* 20

Non est nunc necesse copiose ac diligenter ostendere,
quid de istis passionibus doceat scriptura divina, qua Christiana eruditio continetur. Deo quippe illa ipsam mentem subicit regendam et iuvandam mentique passiones ita
moderandas atque frenandas, ut in usum iustifiae conver- 25
tantur. Denique in disciplina nostra non tam quaeritur
utrum pius animus irascatur, sed quare irascatur; nec
utrum sit tristis, sed unde sit tristis; nec utrum timeat,
sed quid timeat. Irasci enim peccanti, ut corrigatur; con-
tristari pro adflicto, ut liberetur; timere periclitanti, ne 30
pereat, nescio utrum quisquam sana consideratione reprehendat. Nam et misericordiam Stoicorum est solere
culpare; sed quanto honestius ille Stoicus misericordia

---

17) Aen. 4, 449.

perturbaretur hominis liberandi quam timore naufragii.
Longe melius et humanius et piorum sensibus accommodatius Cicero in Caesaris laude locutus est, ubi ait : „Nulla
de virtutibus tuis nec admirabilior nec gratior misericor-
5 dia est.“ Quid est autem misericordia nisi alienae miseriae quaedam in nostro corde compassio, qua utique si
possumus subvenire compellimur? Servit autem motus
iste rationi, quando ita praebetur misericordia, ut iustitia
conservetur, sive cum indigenti tribuitur, sive cum igno-
10 scitur paenitenti. Hanc Cicero locutor egregius non dubitavit appellare virtutem, quam Stoicos inter vitia numerare
non pudet, qui tamen, ut docuit liber Epicteti, nobilissimi
Stoici, ex decretis Zenonis et Chrysippi, qui huius sectae
primas habuerunt, huiusce modi passiones in animum sa-
15 pientis admittunt, quem vitiis omnibus liberum volunt.
Unde fit consequens, ut haec ipsa non putent vitia, quando
sapienti sic accidunt, ut contra virtutem mentis rationemque nihil possint, et una sit eademque sententia Peripate-
ticorum vel etiam Platonicorum et ipsorum Stoicorum,
20 sed, ut ait Tullius, verbi controversia iam diu torqueat
homines Graeculos contentionis cupidiores, quam veritatis.
Sed adhuc merito quaeri potest, utrum ad vitae praesentis
pertineat infirmitatem etiam in quibusque bonis officiis
huiusce modi perpeti affectus; sancti vero angeli et sine
25 ira puniant, quos accipiunt aeterna Dei lege puniendos, et
miseris sine miseriae compassione subveniant, et periclitantibus eis, quos diligunt, sine timore opitulentur; et tamen istarum nomina passionum consuetudine locutionis
humanae etiam in eos usurpentur, propter quandam ope-
30 rum similitudinem, non propter affectionum infirmitatem;
sicut ipse Deus secundum scripturas irascitur, nec tamen
ulla passione turbatur. Hoc enim verbum vindictae usur-
pavit effectus, non illius turbulentus affectus.

---

5) Or. pro Lig. c. 12.   21) Cic. de orat. 1, 11.

Caput VI.

Quibus passionibus daemones confitente Apuleio exagiten-
tur, quorum ope homines apud deos asserit adiuvari.

Qua interim de sanctis angelis quaestione dilata videamus quem ad modum dicant Platonici medios daemones 5
inter deos et homines constitutos istis passionum aestibus
fluctuare. Si enim mente ab his libera eisque dominante
motus huiusce modi paterentur, non eos diceret Apuleius
simili motu cordis et salo mentis per omnes cogitationum
aestus fluctuare. Ipsa igitur mens eorum, id est pars 10
animi superior, qua rationales sunt, in qua virtus et sapientia, si ulla eis esset, passionibus turbulentis inferiorum animi partium regendis moderandisque dominaretur,
— ipsa, inquam, mens eorum, sicut iste Platonicus confitetur, salo perturbationum fluctuat. Subiecta est ergo 15
mens daemonum passionibus libidinum formidinum irarum
atque huiusce modi ceteris. Quae igitur pars in eis libera
est composque sapientiae, qua placeant diis et ad bonorum
morum similitudinem hominibus consulant, cum eorum
mens passionum vitiis subiugata et oppressa, quidquid ra- 20
tionis naturaliter habet, ad fallendum et decipiendum tanto
acrius intendat, quanto eam magis possidet nocendi cupiditas?

Caput VII.

Quod Platonici figmentis poetarum infamatos asserant 25
deos de contrariorum studiorum certamine, cum hae
partes daemonum, non deorum sint.

Quod si quisquam dicit, non ex omnium, sed ex malorum daemonum numero esse, quos poetae quorundam
hominum osores et amatores deos non procul a veritate 30
confingunt (hos enim dixit Apuleius salo mentis per omnes
cogitationum aestus fluctuare): quo modo istud intellegere
poterimus, quando, cum hoc diceret, non quorundam, id

---

10) De deo Socr. p. 48.

est malorum, sed omnium daemonum medietatem propter
aeria corpora inter deos et homines describebat? Hoc
enim ait fingere poetas, quod ex istorum daemonum numero deos faciunt et eis deorum nomina inponunt et qui-
5 bus voluerint hominibus ex his amicos inimicosque distri-
buunt ficti carminis inpunita licentia; cum deos ab his
daemonum moribus et caelesti loco et beatitudinis opulentia remotos esse perhibeant. Haec est ergo fictio poetarum
deos dicere, qui dii non sunt, eosque sub deorum nomini-
10 bus inter se decertare propter homines, quos pro studio
partium diligunt vel oderunt. Non procul autem a veritate
dicit hanc esse fictionem, quoniam deorum appellati vocabulis qui dii non sunt, tales tamen describuntur daemones,
quales sunt. Denique hinc esse dicit Homericam illam
15 Minervam, „quae mediis coetibus Graiûm cohibendo Achilli
intervenit." Quod ergo Minerva illa fuerit, poeticum vult
esse figmentum, eo quod Minervam deam putat eamque
inter deos, quos omnes bonos beatosque credit, in alta
aetheria sede conlocat, procul a conversatione mortalium.
20 Quod autem aliquis daemon fuerit Graecis favens Troianis-
que contrarius, sicut alius adversus Graecos Troianorum
opitulator, quem Veneris seu Martis nomine idem poeta
commemorat, quos deos iste talia non agentes in habitationibus caelestibus ponit, et hi daemones pro eis, quos
25 amabant, contra eos, quos oderant, inter se decertaverint:
hoc non procul a veritate poetas dixisse confessus est. De
his quippe ista dixerunt, quos hominibus simili motu cordis et salo mentis per omnes cogitationum aestus fluctuare
testatur, ut possent amores et odia non pro iustitia, sed
30 sicut populus similis eorum in venatoribus et aurigis secundum suarum studia partium pro aliis adversus alios
exercere. Id enim videtur philosophus curasse Platonicus,
ne, cum haec a poetis canerentur, non a daemonibus mediis, sed ab ipsis diis, quorum nomina poetae fingendo po-
35 nunt, fieri crederentur.

---

8) De deo Socr. p. 44; 45.   16) Ibid. p. 48.

Caput VIII.

*De diis caelestibus et daemonibus aeriis hominibusque
terrenis Apulei Platonici definitio.*

Quid illa ipsa definitio daemonum parumne intuenda
est (ubi certe omnes determinando complexus est), quod 5
ait daemones esse genere animalia, animo passiva, mente
rationalia, corpore aeria, tempore aeterna? In quibus
quinque commemoratis nihil dixit omnino, quod daemones
cum bonis saltem hominibus id viderentur habere commune, quod non esset in malis. Nam ipsos homines cum 10
aliquanto latius describendo complecteretur, suo loco de
illis dicens tamquam de infimis atque terrenis, cum prius
dixisset de caelestibus diis, ut commendatis duabus partibus ex summo et infimo ultimis tertio loco de mediis
daemonibus loqueretur: „Igitur homines, inquit, ratione 15
gaudentes, oratione pollentes, inmortalibus animis, moribundis membris, levibus et anxiis mentibus, brutis et ob-
noxiis corporibus, dissimilibus moribus, similibus erroribus, pervicaci audacia, pertinaci spe, casso labore, fortuna
caduca, singillatim mortales, cuncti tamen universo genere 20
perpetui, vicissim sufficienda prole mutabiles, volucri tempore, tarda sapientia, cita morte, querula vita terras inco-
lunt." Cum hic tam multa diceret, quae ad plurimos homines pertinent, numquid etiam illud tacuit, quod noverat
esse paucorum, ubi ait „tarda sapientia"? Quod si prae- 25
termisisset, nullo modo recte genus humanum descriptionis
huius tam intenta diligentia terminasset. Cum vero deorum
excellentiam commendaret, ipsam beatitudinem, quo volunt
homines per sapientiam pervenire, in eis adfirmavit excellere. Proinde si aliquos daemones bonos vellet intellegi, 30
aliquid etiam in ipsorum descriptione poneret, unde vel
cum diis aliquam beatitudinis partem, vel cum hominibus
qualemcumque sapientiam putarentur habere communem.
Nunc vero nullum bonum eorum commemoravit, quo boni

7) De deo Socr. p. 49.   23) Ibid. p. 43; 44.

discernuntur a malis. Quamvis et eorum malitiae liberius
exprimendae pepercerit, non tam ne ipsos, quam ne cultores eorum, apud quos loquebatur, offenderet: significavit
tamen prudentibus, quid de illis sentire deberent, quando
5 quidem deos, quos omnes bonos beatosque credi voluit, ab
eorum passionibus atque, ut ait ipse, turbelis omni modo
separavit, sola illos corporum aeternitate coniungens,
animo autem non diis, sed hominibus similes daemones
apertissime inculcans; et hoc non sapientiae bono, cuius
10 et homines possunt esse participes; sed perturbatione passionum, quae stultis malisque dominatur, a sapientibus
vero et bonis ita regitur, ut malint eam non habere quam
vincere. Nam si non corporum, sed animorum aeternitatem cum diis habere daemones vellet intellegi, non uti-
15 que homines ab huius rei consortio separaret, quia et
hominibus aeternos esse animos procul dubio sicut Platonicus sentit. Ideo cum hoc genus animantum describeret,
inmortalibus animis, moribundis membris dixit esse homines. Ac per hoc si propterea communem cum diis aeter-
20 nitatem non habent homines, quia corpore sunt mortales:
propterea ergo daemones habent, quia corpore sunt inmortales.

Caput IX.

An amicitia caelestium deorum per intercessionem dae-
25 *monum possit homini provideri.*

Quales igitur mediatores sunt inter homines et deos,
per quos ad deorum amicitias homines ambiant, qui hoc
cum hominibus habent deterius, quod est in animante melius, id est animum; hoc autem habent cum diis melius,
30 quod est in animante deterius, id est corpus? Cum enim
animans, id est animal, ex anima constet et corpore, quorum duorum anima est utique corpore melior, etsi vitiosa
et infirma, melior certe corpore etiam sanissimo atque
firmissimo, quoniam natura eius excellentior nec labe vi-
35 tiorum postponitur corpori, sicut aurum etiam sordidum
argento seu plumbo, licet purissimo, carius aestimatur:

isti mediatores deorum et hominum, per quos interpositos
divinis humana iunguntur, cum diis habent corpus aeternum, vitiosum autem cum hominibus animum; quasi religio, qua volunt diis homines per daemones iungi, in corpore sit, non in animo constituta. Quaenam tandem istos 5
mediatores falsos atque fallaces quasi capite deorsum nequitia vel poena suspendit, ut inferiorem animalis partem,
id est corpus, cum superioribus, superiorem vero, id est
animum, cum inferioribus habeant, et cum diis caelestibus
in parte serviente coniuncti, cum hominibus autem terre- 10
stribus in parte dominante sint miseri? Corpus quippe
servum est, sicut etiam Sallustius ait: „Animi imperio,
corporis servitio magis utimur.“ Adiunxit autem ille:
„Alterum nobis cum diis, alterum cum beluis commune
est“, quoniam de hominibus loquebatur, quibus sicut be- 15
luis mortale corpus est. Isti autem, quos inter nos et deos
mediatores nobis philosophi providerunt, possunt quidem
dicere de animo et corpore: Alterum nobis cum diis, alterum cum hominibus commune est; sed, sicut dixi, tamquam in perversum ligati atque suspensi, servum corpus 20
cum diis beatis, dominum animum cum hominibus miseris,
parte inferiore exaltati, superiore deiecti. Unde etiamsi
quisquam propter hoc eos putaverit aeternitatem habere
cum diis, quia nulla morte, sicut animalium terrestrium,
animi eorum solvuntur a corpore: nec sic existimandum 25
est eorum corpus tamquam honoratorum aeternum vehi-
culum, sed aeternum vinculum damnatorum.

Caput X.

Quod secundum Plotini sententiam minus miseri sint ho-
mines in corpore mortali, quam daemones in aeterno.   30

Plotinus certe nostrae memoriae vicinis temporibus
Platonem ceteris excellentius intellexisse laudatur. Is cum
de humanis animis ageret: „Pater, inquit, misericors mortalia illis vincla faciebat.“ Ita hoc ipsum, quod mortales

---

15) Cat. 1.   34) Enneadis 4. lib. 3 c. 12.

sunt homines corpore, ad misericordiam Dei patris pertinere arbitratus est, ne semper huius vitae miseria tene-
rentur. Hac misericordia indigna iudicata est iniquitas
daemonum, quae in animi passivi miseria non mortale
5 sicut homines, sed aeternum corpus accepit. Essent quippe
feliciores hominibus, si mortale cum eis haberent corpus
et cum diis animum beatum. Essent autem pares hominibus, si cum animo misero corpus saltem mortale cum eis
habere meruissent; si tamen adquirerent aliquid pietatis,
10 ut ab aerumnis vel in morte requiescerent. Nunc vero
non solum feliciores hominibus non sunt animo misero,
sed etiam miseriores sunt perpetuo corporis vinculo. Non
enim aliqua pietatis et sapientiae disciplina proficientes intellegi voluit ex daemonibus fieri deos, cum apertissime
15 dixerit daemones aeternos.

Caput XI.

*De opinione Platonicorum, qua putant animas hominum
daemones esse post corpora.*

Dicit quidem et animas hominum daemones esse et
20 ex hominibus fieri lares, si meriti boni sunt; lemures, si
mali, seu larvas; manes autem deos dici, si incertum est
bonorum eos seu malorum esse meritorum. In qua opinione quantam voraginem aperiant sectandis perditis moribus, quis non videat, si vel paululum adtendat? Quando
25 quidem quamlibet nequam homines fuerint, vel larvas se
fieri dum opinantur, vel dum manes deos: tanto peiores
fiunt, quanto sunt nocendi cupidiores, ut etiam quibusdam
sacrificiis tamquam divinis honoribus post mortem se invitari opinentur, ut noceant. Larvas quippe dicit esse no-
30 xios daemones ex hominibus factos. Sed hinc alia quaestio
est. Inde autem perhibet appellari Graece beatos εὐδαί-
μονας, quod boni sint animi, hoc est boni daemones, animos quoque hominum daemones esse confirmans.

---

33) De deo Socr. p. 49; 50.

Caput XII.

De ternis contrariis, quibus secundum Platonicos daemo-
num homtnumque natura distinguitur.

Sed nunc de his agimus, quos in natura propria descripsit inter deos et homines genere animalia, mente ra- 5
tionalia, animo passiva, corpore aeria, tempore aeterna.
Nempe cum prius deos in sublimi caelo, homines autem
in terra infima disiunctos locis et naturae dignitate secer-
neret, ita conclusit: „Habetis, inquit, interim bina animalia: deos ab hominibus plurimum differentes loci sub- 10
limitate, vitae perpetuitate, naturae perfectione; nullo inter
se propinquo communicatu, cum et habitacula summa ab
infimis tanta intercapedo fastigii dispescat, et vivacitas illic
aeterna et indefecta sit, hic caduca et subsiciva, et ingenia
illa ad beatitudinem sublimata, haec ad miserias infimata.“ 15
Hic terna video commemorata contraria de duabus naturae
partibus ultimis, id est summis atque infimis. Nam tria
quae proposuit de diis laudabilia, eadem repetivit, aliis
quidem verbis, ut eis adversa alia tria ex hominibus redderet. Tria deorum haec sunt: loci sublimitas, vitae per- 20
petuitas, perfectio naturae. Haec aliis verbis ita repetivit,
ut eis tria contraria humanae condicionis opponeret. „Cum
et habitacula, inquit, summa ab infimis tanta intercapedo
fastigii dispescat“, quia dixerat loci sublimitatem; „et vivacitas, inquit, illic aeterna et indefecta sit, hic caduca et 25
subsiciva“, quia dixerat vitae perpetuitatem; „et ingenia
illa, inquit, ad beatitudinem sublimata, haec ad miserias
infimata“, quia dixerat naturae perfectionem. Tria igitur
ab eo posita sunt deorum, id est locus sublimis, aeternitas,
beatitudo; et his contraria tria hominum, id est locus in- 30
fimus, mortalitas, miseria.

---

15) De deo Socr. p. 44.

22*

Caput XIII.

Quo modo daemones, si nec cum diis beati nec cum homi-
nibus sunt miseri, inter utramque partem sine utriusque
communione sint medii.

5 Inter haec terna deorum et hominum quoniam daemones medios posuit, de loco nulla est controversia. Inter
sublimem quippe et infimum medius locus aptissime habetur et dicitur. Cetera bina restant, quibus cura adten-
tior adhibenda est, quem ad modum vel aliena esse a
10 daemonibus ostendantur, vel sic eis distribuantur, ut medietas videtur exposcere. Sed ab eis aliena esse non possunt. Non enim sicut dicimus locum medium nec summum esse nec infimum, ita daemones, cum sint animalia
rationalia, nec beatos esse nec miseros, sicuti sunt ar-
15 busta vel pecora, quae sunt sensus vel rationis expertia,
recte possumus dicere. Quorum ergo ratio mentibus inest,
aut miseros esse aut beatos necesse est. Item non possumus recte dicere nec mortales esse daemones nec aeternos.
Omnia namque viventia aut in aeternum vivunt, aut finiunt
20 morte quod vivunt. Iam vero iste tempore aeternos daemones dixit. Quid igitur restat, nisi ut hi medii de duobus
summis unum habeant et de duobus infimis alterum? Nam
si utraque de imis habebunt aut utraque de summis, medii
non erunt, sed in alterutram partem vel resiliunt vel re-
25 cumbunt. Quia ergo his binis, sicut demonstratum est,
carere utrisque non possunt, acceptis ex utraque parte
singulis mediabuntur. Ac per hoc quia de infimis habere
non possunt aeternitatem, quae ibi non est, unum hoc de
summis habent; et ideo non est alterum ad complendam
30 medietatem suam, quod de infimis habeant, nisi miseriam.

[XIII.] Est itaque secundum Platonicos sublimium
deorum vel beata aeternitas vel aeterna beatitudo; hominum vero infimorum vel miseria mortalis vel mortalitas
misera; daemonum autem mediorum vel misera aeterni-
35 tas vel aeterna miseria. Nam et quinque illis, quae in de-
finitione daemonum posuit, non eos medios, sicut promit-
tebat, ostendit; quoniam tria dixit eos habere nobiscum,

quod genere animalia, quod mente rationalia, quod animo
passiva sunt; cum diis autem unum, quod tempore aeterna; et unum proprium, quod corpore aeria. Quo modo
ergo medii, quando unum habent cum summis, tria cum
infimis? Quis non videat relicta medietate quantum in- 5
clinentur et deprimantur ad infima? Sed plane etiam ibi
medii possunt ita inveniri, ut unum habeant proprium,
quod est corpus aerium, sicut et illi de summis atque infimis singula propria, dii corpus aetherium hominesque
terrenum; duo vero communia sint omnibus, quod genere 10
sunt animalia et mente rationalia. Nam et ipse cum de
diis et hominibus loqueretur: „Habetis, inquit, bina animalia", et non solent isti deos nisi rationales mente per-
hibere. Duo sunt residua, quod sunt animo passiva et
tempore aeterna; quorum habent unum cum infimis, cum 15
summis alterum, ut proportionali ratione librata medietas
neque sustollatur in summa, neque in infima deprimatur.
Ipsa est autem illa daemonum misera aeternitas vel aeterna
miseria. Qui enim ait, „animo passiva", etiam „misera"
dixisset, nisi eorum cultoribus erubuisset. Porro quia 20
providentia summi Dei, sicut etiam ipsi fatentur, non fortuita temeritate regitur mundus, numquam esset istorum
aeterna miseria, nisi esset magna malitia.

Si igitur beati recte dicuntur eudaemones, non sunt
eudaemones daemones, quos inter homines et deos isti in 25
medio locaverunt. Quis ergo est locus bonorum daemonum, qui supra homines, infra deos istis praebeant adiutorium, illis ministerium? Si enim boni aeternique sunt,
profecto et beati sunt. Aeterna autem beatitudo medios
eos esse non sinit, quia multum diis comparat multumque 30
ab hominibus separat. Unde frustra isti conabuntur ostendere, quo modo daemones boni, si et inmortales sunt et
beati, recte medii constituantur inter deos inmortales ac
beatos et homines mortales ac miseros. Cum enim utrumque habeant cum diis, et beatitudinem scilicet et inmorta- 35
litatem, nihil autem horum cum hominibus et miseris et
mortalibus: quo modo non potius remoti sunt ab hominibus diisque coniuncti, quam inter utrosque medii consti-

tuti? Tunc enim medii essent, si haberent et ipsi duo
quaedam sua, non cum binis alterutrorum, sed cum singulis utrorumque communia; sicut homo medium quiddam
est, sed inter pecora et angelos, ut, quia pecus est animal
5 inrationale atque mortale, angelus autem rationale et inmortale, medius homo esset, inferior angelis, superior pecoribus, habens cum pecoribus mortalitatem, rationem
cum angelis, animal rationale mortale. Ita ergo cum quaerimus medium inter beatos inmortales miserosque mor-
10 tales, hoc invenire debemus, quod aut mortale sit beatum,
aut inmortale sit miserum.

Caput XIV.

An homines, cum sint mortales, possint vera beatitudine esse felices.

15   Utrum et beatus et mortalis homo esse possit, magna
est inter homines quaestio. Quidam enim condicionem
suam humilius inspexerunt negaveruntque hominem capacem esse [posse] beatitudinis, quamdiu mortaliter vivit.
Quidam vero extulerunt se et ausi sunt dicere, sapientiae
20 compotes beatos esse posse mortales. Quod si ita est, cur
non ipsi potius medii constituuntur inter mortales miseros
et inmortales beatos, beatitudinem habentes cum inmortalibus beatis, mortalitatem cum mortalibus miseris? Profecto enim, si beati sunt, invident nemini; (nam quid mi-
25 serius invidentia?) et ideo mortalibus miseris, quantum
possunt, ad consequendam beatitudinem consulunt, ut
etiam inmortales valeant esse post mortem, et angelis
inmortalibus beatisque coniungi.

Caput XV.

30 ### De mediatore Dei et hominum, homine Christo Iesu.

Si autem, quod multo credibilius et probabilius disputatur, omnes homines, quamdiu mortales sunt, etiam
miseri sint necesse est, quaerendus est medius, qui non
solum homo, verum etiam deus sit, ut homines ex mortali

miseria ad beatam inmortalitatem huius medii beata mortalitas interveniendo perducat. Quem neque non fieri mortalem oportebat, neque permanere mortalem. Mortalis quippe
factus est non infirmata Verbi divinitate, sed carnis infirmitate suscepta; non autem permansit in ipsa carne mor- 5
talis, quam resuscitavit a mortuis; quoniam ipse est fructus
mediationis eius, ut nec ipsi, propter quos liberandos
mediator effectus est, in perpetua vel carnis morte remanerent. Proinde mediatorem inter nos et Deum et
mortalitatem habere oportuit transeuntem et beatitudinem 10
permanentem, ut per id, quod transit, congrueret mori- •
turis, et ad id, quod permanet, transferret ex mortuis.
Boni igitur angeli inter miseros mortales et beatos inmortales medii esse non possunt, quia ipsi quoque et beati et
inmortales sunt; possunt autem medii esse angeli mali, 15
quia inmortales sunt cum illis, miseri cum istis. His contrarius est mediator bonus, qui adversus eorum inmortalitatem et miseriam et mortalis esse ad tempus voluit, et
beatus in aeternitate persistere potuit; ac sic eos et inmortales superbos et miseros noxios, ne inmortalitatis 20
iactantia seducerent ad miseriam, et suae mortis humilitate et suae beatitudinis dignitate destruxit in eis, quorum corda per suam fidem mundans ab illorum inmundis-
sima dominatione liberavit.

Homo itaque mortalis et miser longe seiunctus ab 25
inmortalibus et beatis quid eligat medium, per quod inmortalitati et beatitudini copuletur? Quod possit delectare
in daemonum inmortalitate, miserum est; quod posset
offendere in Christi mortalitate, iam non est. Ibi ergo
cavenda est miseria sempiterna; hic mors timenda non 30
est, quae non esse potuit sempiterna, et beatitudo amanda
est sempiterna. Ad hoc se quippe interponit medius inmortalis et miser, ut ad inmortalitatem beatam transire
non sinat, quoniam persistit quod inpedit, id est ipsa miseria; ad hoc se autem interposuit mortalis et beatus, ut 35
mortalitate transacta et ex mortuis faceret inmortales, quod
in se resurgendo monstravit, et ex miseris beatos, unde
numquam ipse discessit. Alius est ergo medius malus, qui

separat amicos; alius bonus, qui reconciliat inimicos. Et
ideo multi sunt medii separatores, quia multitudo, quae
beata est, unius Dei participatione fit beata; cuius partici-
pationis privatione misera multitudo malorum angelorum,
5 quae se opponit potius ad inpedimentum, quam interponit
ad beatitudinis adiutorium, etiam ipsa multitudine obstre-
pit quodam modo, ne possit ad illud unum beatificum
[bonum] perveniri, ad quod ut perduceremur, non multis,
sed uno mediatore opus erat, et hoc eo ipso, cuius parti-
10 cipatione simus beati, hoc est Verbo Dei non facto, per
quod facta sunt omnia. Nec tamen ob hoc mediator est,
quia Verbum; maxime quippe inmortale et maxime beatum Verbum longe est a mortalibus miseris; sed mediator,
per quod homo, eo ipso utique ostendens ad illud non
15 solum beatum, verum etiam beatificum bonum non oportere quaeri alios mediatores, per quos arbitremur nobis
perventionis gradus esse moliendos, quia beatus et beati-
ficus Deus factus particeps humanitatis nostrae compen-
dium praebuit participandae divinitatis suae. Neque enim
20 nos a mortalitate et miseria liberans ad angelos inmortales
beatosque ita perducit, ut eorum participatione etiam nos
inmortales et beati simus; sed ad illam Trinitatem, cuius
et angeli participatione beati sunt. Ideo quando in forma
servi, ut mediator esset, infra angelos esse voluit, in forma
25 Dei supra angelos mansit; idem in inferioribus via vitae,
qui in superioribus vita.

Caput XVI.

An rationabiliter Platonici definierint deos caelestes decli-
nantes terrena contagia hominibus non misceri, quibus
30 *ad amicitiam deorum daemones suffragentur.*

Non enim verum est, quod idem Platonicus ait, Platonem dixisse: „Nullus Deus miscetur homini.‟ Et hoc
praecipuum eorum sublimitatis ait esse specimen, quod
nulla adtrectatione hominum contaminantur. Ergo dae-

---

24) Philipp. 2, 7.   34) De deo Socr. p. 44.

mones contaminari fatetur, et ideo eos, a quibus contaminantur, mundare non possunt omnesque inmundi pariter
fiunt, et daemones contrectatione hominum et homines
cultu daemonum. Aut si et contrectari miscerique hominibus, nec tamen contaminari daemones possunt, diis pro- 5
fecto meliores sunt, quia illi, si miscerentur, contaminarentur. Nam hoc deorum dicitur esse praecipuum, ut eos
sublimiter separatos humana contrectatio contaminare non
possit. Deum quidem summum omnium creatorem, quem
nos verum Deum dicimus, sic a Platone praedicari asse- 10
verat, quod ipse sit solus qui non possit [penuria] sermonis
humani quavis oratione vel modice conprehendi; vix autem sapientibus viris, cum se vigore animi quantum licuit
a corpore removerunt, intellectum huius Dei, id quoque
interdum velut in altissimis tenebris rapidissimo corusca- 15
mine lumen candidum intermicare. Si ergo supra omnia
vere summus Deus intellegibili et ineffabili quadam praesentia, etsi interdum, etsi tamquam rapidissimo corusca-
mine lumen candidum intermicans, adest tamen sapientium
mentibus, cum se quantum licuit a corpore removerunt, 20
nec ab eis contaminari potest: quid est quod isti dii propterea constituuntur longe in sublimi loco, ne contrectatione contaminentur humana? Quasi vero aliud corpora
illa aetheria quam videre sufficiat, quorum luce terra,
quantum sufficit, inlustratur. Porro si non contaminantur 25
sidera, cum videntur, quos deos omnes visibiles dicit: nec
daemones hominum contaminantur aspectu, quamvis de
proximo videantur. An forte vocibus humanis contaminantur, qui acie non contaminantur oculorum, et ideo daemones medios habent, per quos eis voces hominum nun- 30
tientur, a quibus longe absunt, ut incontaminatissimi
perseverent? Quid iam de ceteris sensibus dicam? Non
enim olfaciendo contaminari vel dii possent, si adessent,
vel cum adsunt daemones possunt vivorum corporum vaporibus humanorum, si tantis sacrificiorum cadaverinis 35
non contaminantur nidoribus. In gustandi autem sensu

---

16) De deo Socr. p. 43.

nulla necessitate reficiendae mortalitatis urguentur, ut fame
adacti cibos ab hominibus quaerant. Tactus vero in potestate est. Nam licet ab eo potissimum sensu contrectatio
dicta videatur, hactenus tamen, si vellent, miscerentur
5 hominibus, ut viderent et viderentur, audirent et audiren-
tur. Tangendi autem quae necessitas? Nam neque homines id concupiscere auderent, cum deorum vel daemonum
bonorum conspectu vel conloquio fruerentur; et si in tantum curiositas progrederetur, ut vellent: quonam pacto
10 quispiam posset invitum tangere deum vel daemonem, qui
nisi captum non potest passerem?

Videndo igitur visibusque se praebendo et loquendo
et audiendo dii corporaliter misceri hominibus possent.
Hoc autem modo daemones si miscentur, ut dixi, et non
15 contaminantur, dii autem contaminarentur, si miscerentur:
incontaminabiles dicunt daemones et contaminabiles deos.
Si autem contaminantur et daemones, quid conferunt hominibus ad vitam post mortem beatam, quos contaminati
mundare non possunt, ut eos mundos diis incontaminatis
20 possint adiungere, inter quos et illos medii constituti sunt?
Aut si hoc eis beneficii non conferunt, quid prodest hominibus daemonum amica mediatio? An ut post mortem
non ad deos homines per daemones transeant, sed simul
vivant utrique contaminati ac per hoc neutri beati? Nisi
25 forte quis dicat more spongiarum vel huiusce modi rerum
mundare daemones amicos suos, ut tanto ipsi sordidiores
fiant, quanto fiunt homines eis velut tergentibus mundiores.
Quod si ita est, contaminatioribus dii miscentur daemonibus, qui, ne contaminarentur, hominum propinquitatem
30 contrectationemque vitarunt. An forte dii possunt ab hominibus contaminatos mundare daemones, nec ab eis contaminari, et eo modo non possent et homines? Quis talia
sentiat, nisi quem fallacissimi daemones deceperunt? Quid
quod, si videri et videre contaminat, videntur ab homini-
35 bus dii, quos visibiles dicit, „clarissima mundi lumina" et
cetera sidera, tutioresque sunt daemones ab ista hominum

35) De deo Socr. p. 42.   35) Verg. Georg. 1, 5 sq.

contaminatione, qui non possunt videri, nisi velint? Aut
si non videri, sed videre contaminat, negent ab istis clarissimis mundi luminibus, quos deos opinantur, videri homines, cum radios suos terras usque pertendant. Qui tamen
eorum radii per quaeque inmunda diffusi non contaminantur, et dii contaminarentur, si hominibus miscerentur,
etiamsi esset necessarius in subveniendo contactus? Nam
radiis solis et lunae terra contingitur, nec istam contaminat lucem.

Caput XVII.

*Ad consequendam vitam beatam, quae in participatione
est summi boni, non tali mediatore indigere hominem
qualis est daemon, sed tali qualis est unus Christus.*

Miror autem plurimum tam doctos homines, qui
cuncta corporea et sensibilia prae incorporalibus et intel-
legibilibus postponenda iudicaverunt, cum agitur de beata
vita, corporalium contrectationum facere mentionem. Ubi
est illud Plotini, ubi ait: „Fugiendum est igitur ad caris-
simam patriam, et ibi pater, et ibi omnia. Quae igitur,
inquit, classis, aut fuga? Similem Deo fieri.“ Si ergo deo
quanto similior, tanto fit quisque propinquior: nulla est
ab illo alia longinquitas quam eius dissimilitudo. Incor-
porali vero illi aeterno et incommutabili tanto est anima
hominis dissimilior, quanto rerum temporalium mutabi-
liumque cupidior. [XVII.] Hoc ut sanetur, quoniam inmortali puritati, quae in summo est, ea quae in imo sunt
mortalia et inmunda convenire non possunt, opus est quidem mediatore; non tamen tali, qui corpus quidem habeat
inmortale propinquum summis, animum autem morbidum
similem infimis (quo morbo nobis invideat potius ne sanemur, quam adiuvet ut sanemur); sed tali, qui nobis infimis
ex corporis mortalitate coaptatus inmortali spiritus iustitia,
per quam non locorum distantia, sed similitudinis excellentia mansit in summis, mundandis liberandisque nobis

---

20) Enn. 1. lib. 6. c. 3; lib. 2, c. 3.

vere divinum praebeat adiutorium. Qui profecto inconta-
minabilis Deus absit ut contaminationem timeret ex homine
quo indutus est, aut ex hominibus inter quos in homine
conversatus est. Non enim parva sunt haec interim duo,
5 quae salubriter sua incarnatione monstravit, nec carne
posse contaminari veram divinitatem, nec ideo putandos
daemones nobis esse meliores, quia non habent carnem.
Hic est, sicut eum sancta scriptura praedicat, *mediator
Dei et hominum, homo Christus Iesus*, de cuius et divini-
10 tate, qua patri est semper aequalis, et humanitate, qua
nobis factus est similis, non hic locus est ut competenter
pro nostra facultate dicamus.

Caput XVIII.

Quod fallacia daemonum, dum sua intercessione viam
15   *spondet ad Deum, hoc adnitatur, ut homines a via*
veritatis avertat.

Falsi autem illi fallacesque mediatores daemones,
qui, cum per spiritus inmunditiam miseri ac maligni multis effectibus clareant, per corporalium tamen locorum
20 intervalla et per aeriorum corporum levitatem a provectu
animorum nos avocare atque avertere moliuntur, non
viam praebent ad Deum, sed, ne via teneatur, inpediunt.
Quando quidem et in ipsa via corporali (quae falsissima
est et plenissima erroris, qua non iter agit iustitia; quo-
25 niam non per corporalem altitudinem, sed per spiritalem,
hoc est incorporalem, similitudinem ad Deum debemus
ascendere) — in ipsa tamen via corporali, quam daemonum
amici per elementorum gradus ordinant inter aetherios
deos et terrenos homines aeriis daemonibus mediis con-
30 stitutis, hoc deos opinantur habere praecipuum, ut propter
hoc intervallum locorum contrectatione non contaminentur humana. Ita daemones contaminari potius ab hominibus, quam homines mundari a daemonibus credunt, et
deos ipsos contaminari potuisse, nisi loci altitudine muni-

---

9) 1. Tim. 2, 5.

rentur. Quis tam infelix est, ut ista via mundari se existimet, ubi homines contaminantes, daemones contaminati, dii contaminabiles praedicantur; et non potius eligat viam, ubi contaminantes magis daemones evitentur et ab incontaminabili Deo ad ineundam societatem incontaminatorum 5 angelorum homines a contaminatione mundentur?

Caput XIX.

Quod appellatio daemonum iam nec apud cultores eorum assumatur in significationem alicuius boni.

Sed ne de verbis etiam nos certare videamur, quo- 10 niam nonnulli istorum, ut ita dixerim, daemonicolarum, in quibus et Labeo est, eosdem perhibent ab aliis angelos dici, quos ipsi daemones nuncupant, iam mihi de bonis angelis aliquid video disserendum, quos isti esse non negant, sed eos bonos daemones vocare quam angelos ma- 15 lunt. Nos autem, sicut scriptura loquitur, secundum quam Christiani sumus, angelos quidem partim bonos, partim malos, numquam vero bonos daemones legimus; sed ubicumque illarum litterarum hoc nomen positum reperitur, sive daemones, sive daemonia dicantur, non nisi maligni 20 significantur spiritus. Et hanc loquendi consuetudinem in tantum populi usquequaque secuti sunt, ut eorum etiam, qui pagani appellantur et deos multos ac daemones colendos esse contendunt, nullus fere sit tam litteratus et doctus, qu iaudeat in laude vel servo suo dicere: ,,Daemo- 25 nem habes"; sed quilibet hoc dicere voluerit, non se aliter accipi, quam maledicere voluisse, dubitare non possit. Quae igitur nos causa compellit, ut post offensionem aurium tam multarum, ut iam paene sint omnium, quae hoc verbum non nisi in malam partem audire consuerunt, quod 30 diximus cogamur exponere, cum possimus angelorum nomine adhibito eandem offensionem, quae nomine daemonum fieri poterat, evitare?

Caput XX.

De qualitate scientiae, quae daemones superbos facit.

Quamquam etiam ipsa origo huius nominis, si divi-
,nos intueamur libros, aliquid adfert cognitione dignissi-
5 mum. Δαίμονες enim dicuntur (quoniam vocabulum Graecum est) ab scientia nominati. Apostolus autem spiritu
sancto locutus ait: *Scientia inflat, caritas vero aedificat.*
Quod recte aliter non intellegitur, nisi scientiam tunc prodesse, cum caritas inest; sine hac autem inflare, id est in
10 superbiam inanissimae quasi ventositatis extollere. Est ergo
in daemonibus scientia sine caritate, et ideo tam inflati,
hoc est tam superbi sunt, ut honores divinos et religionis
servitutem, quam vero Deo deberi sciunt, sibi satis egerint exhiberi, et quantum possunt et apud quos possunt
15 adhuc agant. Contra superbiam porro daemonum, qua
pro meritis possidebatur genus humanum, Dei humilitas,
quae in Christo apparuit, quantam virtutem habeat, animae
hominum nesciunt inmunditia elationis inflatae, daemonibus similes superbia, non scientia.

20   ## Caput XXI.

Ad quem modum Dominus voluerit daemonibus innotescere.

Ipsi autem daemones etiam hoc ita sciunt, ut eidem
Domino infirmitate carnis induto dixerint: *Quid nobis et
tibi, Iesu Nazarene? Venisti perdere nos.* Clarum est in
25 his verbis, quod in eis et tanta scientia erat, et caritas non
erat. Poenam suam quippe formidabant ab illo, non in
illo iustitiam diligebant. Tantum vero eis innotuit, quantum voluit; tantum autem voluit, quantum oportuit. Sed
innotuit, non sicut angelis sanctis, qui eius, secundum id
30 quod Dei Verbum est, participata aeternitate perfruuntur;
sed sicut eis terrendis innotescendum fuit, ex quorum
tyrannica quodam modo potestate fuerat liberaturus prae-
destinatos in suum regnum et gloriam semper veracem et

---

7) 1. Cor. 8, 1.   24) Marc. 1, 24; Matth. 8, 29.

veraciter sempiternam. Innotuit ergo daemonibus non
per id, quod est vita aeterna et lumen incommutabile,
quod inluminat pios, cui videndo per fidem, quae in illo
est, corda mundantur; sed per quaedam temporalia suae
virtutis effecta et occultissima signa praesentiae, quae an- 5
gelicis sensibus etiam malignorum spirituum potius quam
infirmitati hominum possent esse conspicua. Denique
quando ea paululum supprimenda iudicavit et aliquanto
altius latuit, dubitavit de illo daemonum princeps eumque
temptavit, an Christus esset explorans, quantum se tem- 10
ptari ipse permisit, ut hominem, quem gerebat, ad nostrae
imitationis temperaret exemplum. Post illam vero temptationem, cum angeli, sicut scriptum est, ministrarent ei,
boni utique et sancti, ac per hoc spiritibus inmundis metuendi et tremendi, magis magisque innotescebat dae- 15
monibus quantus esset, ut ei iubenti, quamvis in illo
contemptibilis videretur carnis infirmitas, resistere nullus
auderet.

Caput XXII.

Quid intersit inter scientiam sanctorum angelorum et 20
scientiam daemonum.

His igitur angelis bonis omnis corporalium tempora-
liumque rerum scientia, qua inflantur daemones, vilis est;
non quod earum ignari sint, sed quod illis Dei, qua san-
ctificantur, caritas cara est, prae cuius non tantum incor- 25
porali, verum etiam incommutabili et ineffabili pulchritudine, cuius sancto amore inardescunt, omnia, quae infra
sunt et, quod illud est, non sunt seque ipsos inter illa
contemnunt, ut ex toto, quod boni sunt, eo bono, ex quo
boni sunt, perfruantur. Et ideo certius etiam temporalia 30
et mutabilia ista noverunt, quia eorum principales causas
in Verbo Dei conspiciunt, per quod factus est mundus;
quibus causis quaedam probantur, quaedam reprobantur,
cuncta ordinantur. Daemones autem non aeternas temporum causas et quodam modo cardinales in Dei sapientia 35
contemplantur, sed quorundam signorum nobis occultorum

maiore experientia multo plura quam homines futura pro-
spiciunt. Dispositiones quoque suas aliquando praenuntiant. Denique saepe isti, numquam illi omnino falluntur.
Aliud est enim temporalibus temporalia et mutabilibus
5 mutabilia coniectare eisque temporalem et mutabilem modum suae voluntatis et facultatis inserere, quod daemonibus certa ratione permissum est; aliud autem in aeternis
atque incommutabilibus Dei legibus, quae in eius sapientia
vivunt, mutationes temporum praevidere Deique volunta-
10 tem, quae tam certissima quam potentissima est omnium,
spiritus eius participatione cognoscere; quod sanctis angelis recta discretione donatum est. Itaque non solum
aeterni, verum etiam beati sunt. Bonum autem quo beati
sunt, Deus illis est, a quo creati sunt. Illius quippe inde-
15 clinabiliter participatione et contemplatione perfruuntur.

Caput XXIII.

Nomen deorum falso ascribi diis gentium, quod tamen
et angelis sanctis et hominibus iustis ex divinarum
scripturarum auctoritate commune est.

20   Hos si Platonici malunt deos quam daemones dicere
eisque adnumerare, quos a summo Deo conditos deos
scribit eorum auctor et magister Plato: dicant quod volunt;
non enim cum eis de verborum controversia laborandum
est. Si enim sic inmortales, ut tamen a summo Deo factos,
25 et si non per se ipsos, sed ei, a quo facti sunt, adhaerendo
beatos esse dicunt: hoc dicunt quod dicimus, quolibet eos
nomine appellent. Hanc autem Platonicorum esse sententiam, sive omnium, sive meliorum, in eorum litteris inveniri potest. Nam et de ipso nomine, quo huius modi in-
30 mortalem beatamque creaturam deos appellant, ideo inter
nos et ipsos paene nulla dissensio est, quia et in nostris
sacris litteris legitur: *Deus deorum dominus locutus est,*
et alibi: *Confitemini Deo deorum*, et alibi: *Rex magnus*
super omnes deos. Illud autem ubi scriptum est: *Terribi-*

_____

22) Tim. pag. 40. 32) Psal. 49 (50), 1. 33) Psal. 135
(136), 2. 34) Psal. 94 (95), 3.

lis est super omnes deos, cur dictum sit, deinceps ostenditur. Sequitur enim: *Quoniam omnes dii gentium daemonia, Dominus autem caelos fecit. Super omnes* ergo
deos dixit, sed *gentium*, id est quos gentes pro diis habent,
quae sunt *daemonia;* ideo *terribilis*, sub quo terrore Do- 5
mino dicebant: *Venisti perdere nos.* Illud vero, ubi
dicitur: *Deus deorum*, non potest intellegi Deus daemoniorum; et *rex magnus super omnes deos* absit ut dicatur
rex magnus super omnia daemonia. Sed homines quoque
in populo Dei eadem scriptura deos appellat. *Ego*, inquit, 10
dixi, dii estis et filii Excelsi omnes. Potest itaque intellegi horum deorum Deus, qui dictus est *Deus deorum*, et
super hos deos rex magnus, qui dictus est *rex magnus
super omnes deos.*

  Verum tamen cum a nobis quaeritur: Si homines 15
dicti sunt dii, quod in populo Dei sunt, quem per angelos
vel per homines alloquitur Deus, quanto magis inmortales
eo nomine digni sunt, qui ea fruuntur beatitudine, ad quam
Deum colendo cupiunt homines pervenire? quid respon-
debimus, nisi non frustra in scripturis sanctis expressius 20
homines nuncupatos deos, quam illos inmortales et beatos,
quibus nos aequales futuros in resurrectione promittitur,
ne scilicet propter illorum excellentiam aliquem eorum
nobis constituere deum infidelis auderet infirmitas? Quod
in homine facile est evitare. Et evidentius dici debuerunt 25
homines dii in populo Dei, ut certi ac fidentes fierent, eum
esse Deum suum, qui dictus est: *Deus deorum;* quia etsi
appellentur dii inmortales illi et beati, qui in caelis sunt,
non tamen dicti sunt dii deorum, id est dii hominum in
populo Dei constitutorum, quibus dictum est: *Ego dixi,* 30
dii estis et filii Excelsi omnes. Hinc est quod ait apostolus: *Etsi sunt qui dicuntur dii, sive in caelo, sive in terra,
sicuti sunt dii multi et domini multi: nobis tamen unus
Deus Pater, ex quo omnia et nos in ipso, et unus Dominus
Iesus Christus, per quem omnia et nos per ipsum.*   35

  Non multum ergo de nomine disceptandum est, cum

----

3) Psal. 95 (96), 4 sq.   6) Marc. 1, 24.   11) Psal. 81 (82), 6.
35) 1. Cor. 8, 5 sq.

res ipsa ita clareat, ut ab scrupulo dubitationis aliena sit.
Illud vero, quod nos ex eorum inmortalium beatorum numero missos esse angelos dicimus, qui Dei voluntatem
hominibus adnuntiarent, illis autem non placet, quia hoc
5 ministerium non per illos, quos deos appellant, id est inmortales et beatos, sed per daemones fieri credunt, quos
inmortales tantum, non etiam beatos audent dicere, aut
certe ita inmortales ac beatos, ut tamen daemones bonos,
non deos sublimiter conlocatos et ab humana contrecta-
10 tione semotos, quamvis nominis controversia videatur, tamen ita detestabile est nomen daemonum, ut hoc modis
omnibus a sanctis angelis nos removere debeamus. Nunc
ergo ita liber iste claudatur, ut sciamus inmortales et beatos, quodlibet vocentur, qui tamen facti et creati sunt,
15 medios non esse ad inmortalitatem beatitudinemque per-
ducendis mortalibus miseris, a quibus utraque differentia
separantur. Qui autem medii sunt communem habendo
inmortalitatem cum superioribus, miseriam cum inferioribus, quoniam merito malitiae miseri sunt, beatitudinem,
20 quam non habent, invidere nobis possunt potius quam
praebere. Unde nihil habent amici daemonum quod nobis
dignum adferant, cur eos tamquam adiutores colere debeamus, quos potius ut deceptores evitare debemus. Quos
autem bonos et ideo non solum inmortales, verum etiam
25 beatos deorum nomine sacris et sacrificiis propter vitam
beatam post mortem adipiscendam colendos putant, qualescumque illi sint et quolibet vocabulo digni sint, non eos
velle per tale religionis obsequium nisi unum Deum coli,
a quo creati et cuius participatione beati sunt, adiuvante
30 ipso in sequenti libro diligentius disseremus.

———————

LIBER X.

Caput I.

Veram beatitudinem sive angelis sive hominibus per unum
Deum tribui etiam Platonicos definisse; sed utrum hi, quos 5
ob hoc ipsum colendos putant, uni tantum Deo, an
etiam sibi sacrificari velint, esse quaerendum.

Omnium certa sententia est, qui ratione quoquo modo
uti possunt, beatos esse omnes homines velle. Qui autem
sint vel unde fiant dum mortalium quaerit infirmitas, mul- 10
tae magnaeque controversiae concitatae sunt, in quibus
philosophi sua studia et otia contriverunt, quas in medium
adducere atque discutere et longum est et non necessarium. Si enim recolit qui haec legit, quid in libro ege-
rimus octavo in eligendis philosophis, cum quibus haec 15
de beata vita, quae post mortem futura est, quaestio tractaretur, utrum ad eam uni Deo vero, qui etiam effector
est deorum, an plurimis diis religione sacrisque serviendo
pervenire possimus: non etiam hic eadem repeti expectat,
praesertim cum possit relegendo, si forte oblitus est, ad- 20
miniculare memoriam. Elegimus enim Platonicos omnium philosophorum merito nobilissimos, propterea quia
sapere potuerunt, licet inmortalem ac rationalem vel intellectualem hominis animam nisi participato lumine illius
Dei, a quo et ipsa et mundus factus est, beatam esse non 25
posse; ita illud, quod omnes homines appetunt, id est
vitam beatam, quemquam isti assecuturum negant, qui
non illi uni optimo, quod est incommutabilis Deus, puritate casti amoris adhaeserit. Sed quia ipsi quoque sive
cedentes vanitati errorique populorum sive, ut ait apo- 30
stolus, *evanescentes in cogitationibus suis* multos deos colendos ita putaverunt vel putari voluerunt, ut quidam
eorum etiam daemonibus divinos honores sacrorum et sa-

---

31) Rom. 1, 21.

23*

crificiorum deferendos esse censerent, quibus iam non parva ex parte respondimus: nunc videndum ac disserendum est, quantum Deus donat, inmortales ac beati in caelestibus sedibus dominationibus, principatibus potestatibus
5 constituti, quos isti deos et ex quibus quosdam vel bonos daemones vel nobiscum angelos nominant, quo modo credendi sint velle a nobis religionem pietatemque servari; hoc est, ut apertius dicam, utrum etiam sibi, an tantum Deo suo, qui etiam noster est, placeat eis ut sacra faciamus
10 et sacrificemus, vel aliqua nostra seu nos ipsos religionis ritibus consecremus.

Hic est enim divinitati vel, si expressius dicendum est, deitati debitus cultus, propter quem uno verbo significandum, quoniam mihi satis idoneum non occurrit Lati-
15 num, Graeco ubi necesse est insinuo quid velim dicere. Λατρείαν quippe nostri, ubicumque sanctarum scripturarum positum est, interpretati sunt servitutem. Sed ea servitus, quae debetur hominibus, secundum quam praecipit apostolus servos dominis suis subditos esse debere,
20 alio nomine Graece nuncupari solet; λατρεία vero secundum consuetudinem, qua locuti sunt qui nobis divina eloquia condiderunt, aut semper, aut tam frequenter ut paene semper, ea dicitur servitus, quae pertinet ad colendum Deum. Proinde si tantum modo cultus ipse dicatur, non
25 soli Deo deberi videtur. Dicimur enim colere etiam homines, quos honorifica vel recordatione vel praesentia frequentamus. Nec solum ea, quibus nos religiosa humilitate subicimus, sed quaedam etiam, quae subiecta sunt nobis, perhibentur coli. Nam ex hoc verbo et agricolae et coloni
30 et incolae vocantur, et ipsos deos non ob aliud appellant caelicolas, nisi quod caelum colant, non utique venerando, sed inhabitando, tamquam caeli quosdam colonos; non sicut appellantur coloni, qui condicionem debent genitali solo propter agriculturam sub dominio possessorum; sed,
35 sicut ait quidam Latini eloquii magnus auctor:

Urbs antiqua fuit, Tyrii tenuere coloni.

_____

19) Ephes. 6, 5. 36) Verg. Aen. 1, 12.

Ab incolendo enim colonos vocavit, non ab agricultura. Hinc et civitates a maioribus civitatibus velut populorum examinibus conditae coloniae nuncupantur. Ac per hoc cultum quidem non deberi nisi Deo propria quadam notione verbi huius omnino verissimum est; sed quia et 5 aliarum rerum dicitur cultus, ideo Latine uno verbo significari cultus Deo debitus non potest.

Nam et ipsa religio quamvis distinctius non quemlibet, sed Dei cultum significare videatur (unde isto nomine interpretati sunt nostri eam, quae Graece ϑρησκεία dici- 10 tur): tamen quia Latina loquendi consuetudine, non inperitorum, verum etiam doctissimorum, et cognationibus humanis atque adfinitatibus et quibusque necessitudinibus dicitur exhibenda religio, non eo vocabulo vitatur ambiguum, cum de cultu deitatis vertitur quaestio, ut fidenter 15 dicere valeamus religionem non esse nisi cultum Dei quoniam videtur hoc verbum a significanda observantia propinquitatis humanae insolenter auferri. Pietas quoque proprie Dei cultus intellegi solet, quam Graeci εὐσέβειαν vocant. Haec tamen et erga parentes officiose haberi di- 20 citur. More autem vulgi hoc nomen etiam in operibus misericordiae frequentatur; quod ideo arbitror evenisse, quia haec fieri praecipue mandat Deus eaque sibi vel pro sacrificiis vel prae sacrificiis placere testatur. Ex qua loquendi consuetudine factum est, ut et Deus ipse dicatur 25 pius; quem sane Graeci nullo suo sermonis usu εὐσεβῆ vocant, quamvis εὐσέβειαν pro misericordia illorum etiam vulgus usurpet. Unde in quibusdam scripturarum locis, ut distinctio certior appareret, non εὐσέβειαν, quod ex bono cultu, sed ϑεοσέβειαν, quod ex Dei cultu composi- 30 tum resonat, dicere maluerunt. Utrumlibet autem horum nos uno verbo enuntiare non possumus. Quae itaque λατρεία Graece nuncupatur et Latine interpretatur servitus, sed ea qua colimus Deum; vel quae ϑρησκεία Graece, Latine autem religio dicitur, sed ea quae nobis est erga 35 Deum; vel quam illi ϑεοσέβειαν, nos vero non uno verbo

---

26) 2. Par. 30, 9; Sir. 2, 13; Iudith 7, 20.

exprimere, sed Dei cultum possumus appellare: hanc ei tantum Deo deberi dicimus, qui verus est Deus facitque suos cultores deos. Quicumque igitur sunt in caelestibus habitationibus inmortales et beati, si nos non amant nec
5 beatos esse nos volunt, colendi utique non sunt. Si autem amant et beatos volunt, profecto inde volunt, unde et ipsi sunt; an aliunde ipsi beati, aliunde nos?

Caput II.

De superna inluminatione quid Plotinus Platonicus
10 *senserit.*

Sed non est nobis ullus cum his excellentioribus philosophis in hac quaestione conflictus. Viderunt enim suisque litteris multis modis copiosissime mandaverunt, hinc illos, unde et nos, fieri beatos, obiecto quodam lumine
15 intellegibili, quod Deus est illis et aliud est quam illi, a quo inlustrantur, ut clareant atque eius participatione perfecti beatique subsistant. Saepe multumque Plotinus asserit sensum Platonis explanans, ne illam quidem, quam credunt esse universitatis animam, aliunde beatam esse
20 quam nostram; idque esse lumen quod ipsa non est, sed a quo creata est et quo intellegibiliter inluminante intellegibiliter lucet. Dat etiam similitudinem ad illa incorporea de his caelestibus conspicuis amplisque corporibus, tamquam ille sit sol et ipsa sit luna. Lunam quippe solis
25 obiectu inluminari putant. Dicit ergo ille magnus Platonicus animam rationalem, sive potius intellectualis dicenda sit, ex quo genere etiam inmortalium beatorumque animas esse intellegit, quos in caelestibus sedibus habitare non dubitat, non habere supra se naturam nisi Dei, qui fabri-
30 catus est mundum, a quo et ipsa facta est; nec aliunde illis supernis praeberi vitam beatam et lumen intellegentiae veritatis, quam unde praebetur et nobis, consonans evangelio, ubi legitur: *Fuit homo missus a Deo, cui nomen erat Ioannes; hic venit in testimonium, ut testimonium per-*

---

3) Psal. 81 (82), 6; Ioan. 10, 34 sq.

*hiberet de lumine, ut omnes crederent per eum. Non erat
ille lumen, sed ut testimonium perhiberet de lumine. Erat
lumen verum, quod inluminat omnem hominem venientem
in hunc mundum.* In qua differentia satis ostenditur, animam rationalem vel intellectualem, qualis erat in Ioanne, 5
sibi lumen esse non posse, sed alterius veri luminis participatione lucere. Hoc et ipse Ioannes fatetur, ubi ei per-
hibens testimonium dicit: *Nos omnes de plenitudine eius
accepimus.*

CAPUT III. 10

*De vero Dei cultu, a quo Platonici, quamvis creatorem
universitatis intellexerint, deviarunt colendo angelos
sive bonos sive malos honore divino.*

Quae cum ita sint, si Platonici vel quicumque alii ista
senserunt cognoscentes Deum sicut Deum glorificarent et 15
gratias agerent nec evanescerent in cogitationibus suis nec
populorum erroribus partim auctores fierent, partim resistere non auderent: profecto confiterentur et illis inmortalibus ac beatis et nobis mortalibus ac miseris, ut inmortales ac beati esse possimus, unum Deum deorum colendum, 20
qui et noster est et illorum.

[IV.] Huic nos servitutem, quae λατρεία Graece
dicitur, sive in quibusque sacramentis sive in nobis ipsis
debemus. Huius enim templum simul omnes et singuli
templa sumus, quia et omnium concordiam et singulos 25
inhabitare dignatur; non in omnibus quam in singulis
maior, quoniam nec mole distenditur nec partitione minuitur. Cum ad illum sursum est, eius est altare cor nostrum; eius Unigenito eum sacerdote placamus; ei cruentas
victimas caedimus, quando usque ad sanguinem pro eius 30
veritate certamus; eum suavissimo adolemus incenso, cum
in eius conspectu pio sanctoque amore flagramus; ei dona
eius in nobis nosque ipsos vovemus et reddimus; ei beneficiorum eius sollemnitatibus festis et diebus statutis dica-

---

9) Ioan. 1, 6 sqq.; 16.   25) 1. Cor. 3, 16 sq.

mus sacramusque memoriam, ne volumine temporum ingrata subrepat oblivio; ei sacrificamus hostiam humilitatis
et laudis in ara cordis igne fervidae caritatis. Ad hunc
videndum, sicut videri poterit, eique cohaerendum ab omni
5 peccatorum et cupiditatum malarum labe mundamur et
eius nomine consecramur. Ipse enim fons nostrae beatitudinis, ipse omnis appetitionis est finis. Hunc eligentes,
vel potius religentes (amiseramus enim neglegentes), hunc
ergo religentes, unde et religio dicta perhibetur, ad eum
10 dilectione tendimus, ut perveniendo quiescamus, ideo beati,
quia illo fine perfecti. Bonum enim nostrum, de cuius fine
inter philosophos magna contentio est, nullum est aliud,
quam illi cohaerere, cuius unius anima intellectualis incorporeo, si dici potest, amplexu veris impletur fecunda-
15 turque virtutibus. Hoc bonum diligere in toto corde, in
tota anima et in tota virtute praecipimur. Ad hoc bonum
debemus et a quibus diligimur duci, et quos diligimus ducere. Sic complentur duo illa praecepta, in quibus tota
lex pendet et prophetae: *Diliges Dominum Deum tuum*
20 *in toto corde tuo et in tota anima tua et in tota mente tua,*
et *Diliges proximum tuum tamquam te ipsum.* Ut enim
homo se diligere nosset, constitutus est ei finis, quo re-
ferret omnia quae ageret, ut beatus esset. Non enim qui
se diligit aliud vult esse quam beatus. Hic autem finis est
25 adhaerere Deo. Iam igitur scienti diligere se ipsum, cum
mandatur de proximo diligendo sicut se ipsum, quid aliud
mandatur, nisi ut ei, quantum potest, commendet diligen-
dum Deum? Hic est Dei cultus, haec vera religio, haec
recta pietas, haec tantum Deo debita servitus. Quaecumque
30 igitur inmortalis potestas quantalibet virtute praedita si
nos diligit sicut se ipsam, ei vult esse subditos, ut beati
simus, cui et ipsa subdita beata est. Si ergo non colit
Deum, misera est, quia privatur Deo; si autem colit Deum,
non vult se coli pro Deo. Illi enim potius divinae senten-
35 tiae suffragatur et dilectionis viribus favet, qua scriptum
est: *Sacrificans diis eradicabitur, nisi Domino soli.*

21) Matth. 22, 37 sqq. 25) Psal. 72 (73), 28. 36) Exod. 22, 20.

Caput IV.

Quod uni vero Deo sacrificium debeatur.

Nam, ut alia nunc taceam, quae pertinent ad religionis obsequium, quo colitur Deus, sacrificium certe nullus hominum est qui audeat dicere deberi nisi deo. Multa 5 denique de cultu divino usurpata sunt, quae honoribus deferrentur humanis, sive humilitate nimia, sive adulatione pestifera; ita tamen, ut, quibus ea deferrentur, homines haberentur, qui dicuntur colendi et venerandi, si autem multum eis additur, et adorandi: quis vero sacrificandum 10 censuit nisi ei, quem deum aut scivit aut putavit aut finxit? Quam porro antiquus sit in sacrificando Dei cultus, duo illi fratres Cain et Abel satis indicant, quorum maioris Deus reprobavit sacrificium, minoris aspexit.

Caput V.

15

De sacrificiis, quae Deus non requirit, sed ad significationem eorum observari voluit, quae requirit.

Quis autem ita desipiat, ut existimet aliquibus usibus Dei esse necessaria, quae in sacrificiis offeruntur? Quod cum multis locis divina scriptura testetur, ne longum fa- 20 ciamus, breve illud de psalmo commemorare suffecerit: *Dixi Domino, Deus meus es tu, quoniam bonorum meorum non eges.* Non solum igitur pecore vel qualibet alia re corruptibili atque terrena, sed ne ipsa quidem iustitia hominis Deus egere credendus est, totumque quod recte 25 colitur Deus homini prodesse, non Deo. Neque enim fonti se quisquam dixerit consuluisse, si biberit; aut luci, si viderit. Nec quod ab antiquis patribus alia sacrificia facta sunt in victimis pecorum, quae nunc Dei populus legit, non facit, aliud intellegendum est, nisi rebus illis eas res 30 fuisse significatas, quae aguntur in nobis, ad hoc ut inhaereamus Deo et ad eundem finem proximo consulamus. Sacrificium ergo visibile invisibilis sacrificii sacramentum,

---

23) Psal. 15 (16), 2.

id est sacrum signum est. Unde ille paenitens apud prophetam vel ipse propheta quaerens Deum peccatis suis habere propitium: *Si voluisses*, inquit, *sacrificium, dedissem utique; holocaustis non delectaberis. Sacrificium Deo*
5 *spiritus contritus; cor contritum et humiliatum Deus non spernet.* Intueamur quem ad modum, ubi Deum dixit nolle sacrificium, ibi Deum ostendit velle sacrificium. Non vult ergo sacrificium trucidati pecoris, et vult sacrificium contriti cordis. Illo igitur quod eum nolle dicit, hoc signi-
10 ficatur, quod eum velle subiecit. Sic itaque illa Deum nolle dixit, quo modo ab stultis ea velle creditur, velut suae gratia voluptatis. Nam si ea sacrificia quae vult (quorum hoc unum est: cor contritum et humiliatum dolore paenitendi) nollet eis sacrificiis significari, quae velut
15 sibi delectabilia desiderare putatus est: non utique de his offerendis in lege veteri praecepisset. Et ideo mutanda erant opportuno certoque iam tempore, ne ipsi Deo desiderabilia vel certe in nobis acceptabilia, ac non potius quae his significata sunt crederentur. Hinc et alio loco psalmi
20 alterius: *Si esuriero*, inquit, *non dicam tibi; meus est enim orbis terrae et plenitudo eius. Numquid manducabo carnes taurorum aut sanguinem hircorum potabo?* Tamquam diceret: Utique si mihi essent necessaria, non a te peterem, quae habeo in potestate. Deinde subiungens quid
25 illa significent: *Immola*, inquit, *Deo sacrificium laudis, et redde Altissimo vota tua, et invoca me in die tribulationis et eximam te et glorificabis me.* Item apud alium prophetam: *In quo*, inquit, *adprehendam Dominum, assumam Deum meum excelsum? Si adprehendam illum in holo-*
30 *caustis, in vitulis anniculis? Si acceptaverit Dominus in milibus arietum aut in denis milibus hircorum pinguium? Si dedero primogenita mea inpietatis, fructum ventris mei pro peccato animae meae? Si adnuntiatum est tibi, homo, bonum, aut quid Dominus exquirat a te, nisi facere iudi-*
35 *cium et diligere misericordiam et paratum esse ire cum Domino Deo tuo?* Et in huius prophetae verbis utrumque

6) Psal. 50 (51), 19 sq.   22) Psal. 49 (50), 12 sq.   27) Ibid. 14 sq.   36) Mich. 6, 6 sqq.

distinctum est satisque declaratum illa sacrificia per se
ipsa non requirere Deum, quibus significantur haec sacrificia, quae requirit Deus. In epistula, quae inscribitur ad
Hebraeos: *Bene facere*, inquit, *et communicatores esse
nolite oblivisci; talibus enim sacrificiis placetur Deo.* Ac 5
per hoc ubi scriptum est: *Misericordiam volo quam sacrificium*, nihil aliud quam sacrificium sacrificio praelatum
oportet intellegi; quoniam illud, quod ab omnibus appellatur sacrificium, signum est veri sacrificii. Porro autem
misericordia verum sacrificium est; unde dictum est, quod 10
paulo ante commemoravi: *Talibus enim sacrificiis placetur Deo.* Quaecumque igitur in ministerio tabernaculi sive
templi multis modis de sacrificiis leguntur divinitus esse
praecepta, ad dilectionem Dei et proximi significando referuntur. *In his* enim *duobus praeceptis*, ut scriptum est, 15
tota lex pendet et prophetae.

Caput VI.
De vero perfectoque sacrificio.

Proinde verum sacrificium est omne opus, quo agitur,
ut sancta societate inhaereamus Deo, relatum scilicet ad 20
illum finem boni, quo veraciter beati esse possimus. Unde
et ipsa misericordia, qua homini subvenitur, si non propter Deum fit, non est sacrificium. Etsi enim ab homine
fit vel offertur, tamen sacrificium res divina est, ita ut hoc
quoque vocabulo id Latini veteres appellaverint. Unde ipse 25
homo Dei nomine consecratus et Deo votus, in quantum
mundo moritur ut Deo vivat, sacrificium est. Nam et hoc
ad misericordiam pertinet, quam quisque in se ipsum facit. Propterea scriptum est: *Miserere animae tuae placens Deo.* Corpus etiam nostrum cum temperantia casti- 30
gamus, si hoc, quem ad modum debemus, propter Deum
facimus, ut non exhibeamus membra nostra arma iniquitatis peccato, sed arma iustitiae Deo, sacrificium est. Ad
quod exhortans apostolus ait: *Obsecro itaque vos, fratres,*

---

5) Hebr. 13, 16. 7) Ose. 6, 6. 16) Matth. 22, 40. 30) Sir.
30, 24. 33) Rom. 6, 13.

per miserationem Dei, ut exhibeatis corpora vestra hostiam vivam, sanctam, Deo placentem, rationabile obsequium vestrum. Si ergo corpus, quo inferiore tamquam famulo vel tamquam instrumento utitur anima, cum eius bonus et
5 rectus usus ad Deum refertur, sacrificium est: quanto magis anima ipsa cum se refert ad Deum, ut igne amoris eius accensa formam concupiscentiae saecularis amittat eique tamquam incommutabili formae subdita reformetur, hinc ei placens, quod ex eius pulchritudine acceperit, fit
10 sacrificium! Quod idem apostolus consequenter adiungens: *Et nolite*, inquit, *conformari huic saeculo; sed reformamini in novitate mentis vestrae ad probandum vos quae sit voluntas Dei, quod bonum et bene placitum et perfectum.* Cum igitur vera sacrificia opera sint misericordiae sive in
15 nos ipsos sive in proximos, quae referuntur ad Deum; opera vero misericordiae non ob aliud fiant, nisi ut a miseria liberemur ac per hoc ut beati simus (quod non fit, nisi bono illo, de quo dictum est: *Mihi autem adhaerere Deo, bonum est*): profecto efficitur, ut tota ipsa redempta civitas, hoc est
20 congregatio societasque sanctorum, universale sacrificium offeratur Deo per sacerdotem magnum, qui etiam se ipsum obtulit in passione pro nobis, ut tanti capitis corpus essemus, secundum formam servi. Hanc enim obtulit, in hac oblatus est, quia secundum hanc mediator est, in hac sa-
25 cerdos, in hac sacrificium est. Cum itaque nos hortatus esset apostolus, ut exhibeamus corpora nostra hostiam vivam, sanctam, Deo placentem, rationabile obsequium nostrum, et non conformemur huic saeculo, sed reformemur in novitate mentis nostrae: ad probandum quae sit
30 voluntas Dei, quod bonum et bene placitum et perfectum, quod totum sacrificium nos ipsi sumus: *Dico enim*, inquit, *per gratiam Dei, quae data est mihi, omnibus, qui sunt in vobis, non plus sapere, quam oportet sapere, sed sapere ad temperantiam; sicut unicuique Deus partitus est men-
35 suram fidei. Sicut enim in uno corpore multa membra habemus, omnia autem membra non eosdem actus habent:*

---

13) Rom. 12, 1 sq.   19) Psal. 72 (73), 28.

ita multi unum corpus sumus in Christo; singuli autem,
alter alterius membra, habentes dona diversa secundum
gratiam, quae data est nobis. Hoc est sacrificium Christianorum: *multi unum corpus in Christo.* Quod etiam
sacramento altaris fidelibus noto frequentat ecclesia, ubi 5
ei demonstratur, quod in ea re, quam offert, ipsa offeratur.

Caput VII.

Quod sanctorum angelorum ea sit in nos dilectio, ut nos
non suos, sed unius veri Dei velint esse cultores.

Merito illi in caelestibus sedibus constituti inmor- 10
tales et beati, qui creatoris sui participatione congaudent,
cuius aeternitate firmi, cuius veritate certi, cuius munere sancti sunt, quoniam nos mortales et miseros, ut
inmortales beatique simus, misericorditer diligunt, nolunt
nos sibi sacrificari, sed ei, cuius et ipsi nobiscum sacri- 15
ficium se esse noverunt. Cum ipsis enim sumus una civitas Dei, cui dicitur in psalmo: *Gloriosissima dicta sunt de*
te, civitas Dei; cuius pars in nobis peregrinatur, pars in
illis opitulatur. De illa quippe superna civitate, ubi Dei
voluntas intellegibilis atque incommutabilis lex est, de illa 20
superna quodam modo curia (geritur namque ibi cura de
nobis) ad nos ministrata per angelos sancta illa scriptura
descendit, ubi legitur: *Sacrificans diis eradicabitur, nisi*
Domino soli. Huic scripturae, huic legi, praeceptis talibus
tanta sunt adtestata miracula, ut satis appareat, cui nos 25
sacrificari velint inmortales ac beati, qui hoc nobis volunt
esse quod sibi.

Caput VIII.

De miraculis, quae Deus ad conroborandam fidem piorum
etiam per angelorum ministerium promissis suis ad- 30
hibere dignatus est.

Nam nimis vetera si commemorem, longius quam sat
est revolvere videbor, quae miracula facta sint adtestantia

3) Rom. 12, 3 sqq. 18) Psal. 86 (87), 3. 24) Exod, 22, 20.

promissis Dei, quibus ante annorum milia praedixit Abrahae, quod in semine eius omnes gentes benedictionem fuerant habiturae. Quis enim non miretur eidem Abrahae filium peperisse coniugem sterilem eo tempore senectutis,
5 quo parere nec fecunda iam posset, atque in eiusdem Abrahae sacrificio flammam caelitus factam inter divisas victimas cucurrisse, eidemque Abrahae praedictum ab angelis caeleste incendium Sodomorum, quos angelos hominibus similes hospitio susceperat, et per eos de prole ventura Dei promissa tenuerat, ipsoque inminente iam incendio
10 miram de Sodomis per eosdem angelos liberationem Lot filii fratris eius, cuius uxor in via retro respiciens atque in salem repente conversa magno admonuit sacramento neminem in via liberationis suae praeterita desiderare debere? Illa vero quae et quanta sunt, quae iam per Moysen
15 pro populo Dei de iugo servitutis eruendo in Aegypto mirabiliter gesta sunt, ubi magi Pharaonis, hoc est regis Aegypti, qui populum illum dominatione deprimebat, ad hoc facere quaedam mira permissi sunt, ut mirabilius vincerentur! Illi enim faciebant veneficiis et incantationibus
20 magicis, quibus sunt mali angeli, hoc est daemones, dediti; Moyses autem tanto potentius, quanto iustius, nomine Dei, qui fecit caelum et terram, servientibus angelis eos facile superavit. Denique in tertia plaga deficientibus
25 magis decem plagae per Moysen magna mysteriorum dispositione completae sunt, quibus ad Dei populum dimittendum Pharaonis et Aegyptiorum dura corda cesserunt. Moxque paenituit, et cum abscedentes Hebraeos consequi conarentur, illis diviso mari per siccum transeuntibus unda
30 hinc atque hinc in sese redeunte cooperti et oppressi sunt. Quid de illis miraculis dicam, quae, cum in deserto idem populus ductaretur, stupenda divinitate crebuerunt: aquas, quae bibi non poterant, misso in eas, sicut Deus praeceperat, ligno amaritudine caruisse sitientesque satiasse; manna
35 esurientibus venisse de caelo et, cum esset colligentibus constituta mensura, quidquid amplius quisque collegerat, exortis vermibus putruisse, ante diem vero sabbati duplum collectum, quia sabbato colligere non licebat, nulla putre-

dine violatum; desiderantibus carne vesci, quae tanto populo nulla sufficere posse videbatur, volatilibus castra completa et cupiditatis ardorem fastidio satietatis extinctum;
obvios hostes transitumque prohibentes atque proeliantes
orante Moyse manibusque eius in figuram crucis extentis 5
nullo Hebraeorum cadente prostratos; seditiosos in populo
Dei ac sese ab ordinata divinitus societate dividentes ad
exemplum visibile invisibilis poenae vivos terra dehiscente
submersos; virga percussam petram tantae multitudini
abundantia fluenta fudisse; serpentum morsus mortiferos, 10
poenam iustissimam peccatorum, in ligno exaltato atque
prospecto aeneo serpente sanatos, ut et populo subveniretur adflicto, et mors morte destructa velut crucifixae
mortis similitudine signaretur? Quem sane serpentem
propter facti memoriam reservatum cum postea populus 15
errans tamquam idolum colere coepisset, Ezechias rex
religiosa potestate Deo serviens cum magna pietatis laude
contrivit.

Caput IX.

De inlicitis artibus erga daemonum cultum, in quibus Por- 20
phyrius Platonicus quaedam probando, quaedam
quasi inprobando versatur.

Haec et alia multa huiusce modi, quae omnia commemorare nimis longum est, fiebant ad commendandum
unius Dei veri cultum et multorum falsorumque prohiben- 25
dum. Fiebant autem simplici fide atque fiducia pietatis,
non incantationibus et carminibus nefariae curiositatis arte
compositis, quam vel magian vel detestabiliore nomine
goetian vel honorabiliore theurgian vocant, qui quasi conantur ista discernere et inlicitis artibus deditos alios 30
damnabiles, quos et maleficos vulgus appellat (hos enim
ad goetian pertinere dicunt), alios autem laudabiles videri
volunt, quibus theurgian deputant; cum sint utrique ritibus fallacibus daemonum obstricti sub nominibus angelorum. 35

---

18) 2. Reg. 18, 4.

Nam et Porphyrius quandam quasi purgationem animae per theurgian, cunctanter tamen et pudibunda quodam modo disputatione promittit; reversionem vero ad Deum hanc artem praestare cuiquam negat; ut videas eum inter
5 vitium sacrilegae curiositatis et philosophiae professionem sententiis alternantibus fluctuare. Nunc enim hanc artem tamquam fallacem et in ipsa actione periculosam et legibus prohibitam cavendam monet; nunc autem velut eius laudatoribus cedens utilem dicit esse mundandae parti animae,
10 non quidem intellectuali, qua rerum intellegibilium percipitur veritas, nullas habentium similitudines corporum; sed spiritali, qua corporalium rerum capiuntur imagines. Hanc enim dicit per quasdam consecrationes theurgicas, quas teletas vocant, idoneam fieri atque aptam susceptioni
15 spirituum et angelorum et ad videndos deos. Ex quibus tamen theurgicis teletis fatetur intellectuali animae nihil purgationis accedere, quod eam faciat idoneam ad videndum Deum suum et perspicienda ea, quae vere sunt. Ex quo intellegi potest, qualium deorum vel qualem visionem
20 fieri dicat theurgicis consecrationibus, in qua non ea videntur, quae vere sunt. Denique animam rationalem, sive quod magis amat dicere intellectualem, in sua posse dicit evadere, etiamsi quod eius spiritale est nulla theurgica fuerit arte purgatum; porro autem a theurgo spiritalem
25 purgari hactenus, ut non ex hoc ad inmortalitatem aeternitatemque perveniat. Quamquam itaque discernat a daemonibus angelos, aeria loca esse daemonum, aetheria vel empyrea disserens angelorum, et admoneat utendum alicuius daemonis amicitia, quo subvectante vel paululum a
30 terra possit elevari quisque post mortem; aliam vero viam esse perhibeat ad angelorum superna consortia: cavendam tamen daemonum societatem expressa quodam modo confessione testatur, ubi dicit animam post mortem luendo poenas cultum daemonum a quibus circumveniebatur horrescere; ipsamque theurgian, quam velut conciliatricem
35 angelorum deorumque commendat, apud tales agere potestates negare non potuit, quae vel ipsae invideant purgationi animae, vel artibus serviant invidorum, querelam de

hac re Chaldaei nescio cuius expromens: „Conqueritur,
inquit, vir in Chaldaea bonus, purgandae animae magno
in molimine frustratos sibi esse successus, cum vir ad
eadem potens tactus invidia adiuratas sacris precibus potentias alligasset, ne postulata concederent. Ergo et liga- 5
vit ille, inquit, et iste non solvit." Quo indicio dixit apparere theurgian esse tam boni conficiendi quam mali et
apud deos et apud homines disciplinam; pati etiam deos
et ad illas perturbationes passionesque deduci·, quas communiter daemonibus et hominibus Apuleius adtribuit; deos 10
tamen ab eis aetheriae sedis altitudine separans et Platonis
asserens in illa discretione sententiam.

Caput X.

*De theurgia, quae falsam purgationem animis daemonum
invocatione promittit.*   15

Ecce nunc alius Platonicus, quem doctiorem ferunt,
Porphyrius, per nescio quam theurgicam disciplinam etiam
ipsos deos obstrictos passionibus et perturbationibus dicit,
quoniam sacris precibus adiurari terrerique potuerunt, ne
praestarent animae purgationem, et ita terreri ab eo, qui 20
imperabat malum, ut ab alio, qui poscebat bonum, per
eandem artem theurgicam solvi illo timore non possent
et ad dandum beneficium liberari. Quis non videat haec
omnia fallacium daemonum esse commenta, nisi eorum
miserrimus servus et a gratia veri liberatoris alienus? 25
Nam si haec apud deos agerentur bonos, plus ibi utique
valeret beneficus purgator animae, quam malevolus inpe-
ditor. Aut si diis iustis homo, pro quo agebatur, purgatione videbatur indignus, non utique ab invido territi nec,
sicut ipse dicit, per metum valentioris numinis inpediti, 30
sed iudicio libero id negare debuerunt. Mirum est autem,
quod benignus ille Chaldaeus, qui theurgicis sacris animam
purgare cupiebat, non invenit aliquem superiorem deum,
qui vel plus terreret atque ad bene faciendum cogeret
territos deos, vel ab eis terrentem compesceret, ut libere 35
bene facerent; si tamen theurgo bono sacra defuerunt,

quibus ipsos deos, quos invocabat animae purgatores,
prius ab illa timoris peste purgaret. Quid enim causae
est, cur deus potentior adhiberi possit a quo terreantur,
nec possit a quo purgentur? An invenitur deus qui exau-
5 diat invidum et timorem diis incutiat ne bene faciant; nec
invenitur deus qui exaudiat benevolum et timorem diis
auferat ut bene faciant? O theurgia praeclara, o animae
praedicanda purgatio, ubi plus imperat inmunda invidentia, quam inpetrat pura beneficentia! Immo vero maligno-
10 rum spirituum cavenda et detestanda fallacia, et salutaris
audienda doctrina. Quod enim qui has sordidas purgationes
sacrilegis ritibus operantur quasdam mirabiliter pulchras,
sicut iste commemorat, vel angelorum imagines vel deorum tamquam purgato spiritu vident (si tamen vel tale
15 aliquid vident), illud est, quod apostolus dicit: *Quoniam
satanas transfigurat se velut angelum lucis*. Eius enim
sunt illa phantasmata, qui miseras animas multorum falsorumque deorum fallacibus sacris cupiens inretire et a
vero veri Dei cultu, quo solo mundantur et sanantur, aver-
20 tere, sicut de Proteo dictum est,

formas se vertit in omnes,

hostiliter insequens, fallaciter subveniens, utrobique nocens.

Caput XI.

De epistula Porphyrii ad Anebontem Aegyptium, in qua
25   *petit de diversitate daemonum se doceri.*

Melius sapuit iste Porphyrius, cum ad Anebontem
scripsit Aegyptium, ubi consulenti similis et quaerenti et
prodit artes sacrilegas et evertit. Et ibi quidem omnes
daemones reprobat, quos dicit ob inprudentiam trahere
30 humidum vaporem et ideo non in aethere, sed in aere esse
sub luna atque in ipso lunae globo; verum tamen non
audet omnes fallacias et malitias et ineptias, quibus merito
movetur, omnibus daemonibus dare. Quosdam namque
benignos daemones more appellat aliorum, cum omnes

16) 2. Cor. 11, 14.   21) Verg. Georg. 4, 411.

generaliter inprudentes esse fateatur. Miratur autem quod
non solum dii alliciantur victimis, sed etiam compellantur
atque cogantur facere quod homines volunt; et si corpore
et incorporalitate dii a daemonibus distinguuntur, quo
modo deos esse existimandum sit solem et lunam et visi- 5
bilia cetera in caelo, quae corpora esse non dubitat; et si
dii sunt, quo modo alii benefici, alii malefici esse dicantur;
et quo modo incorporalibus, cum sint corporei, coniun-
gantur. Quaerit etiam veluti dubitans, utrum in divinantibus et quaedam mira facientibus animae sint passiones 10
an aliqui spiritus extrinsecus veniant, per quos haec valeant; et potius venire extrinsecus conicit, eo quod lapidibus et herbis adhibitis et alligent quosdam, et aperiant
clausa ostia, vel aliquid eius modi mirabiliter operentur.
Unde dicit alios opinari esse quoddam genus, cui exaudire 15
sit proprium, natura fallax, omniforme, multimodum, simu-
lans deos et daemones et animas defunctorum, et hoc esse
quod efficiat haec omnia quae videntur bona esse vel
prava; ceterum circa ea, quae bona sunt, nihil opitulari,
immo vero ista nec nosse, sed et male conciliare, et insi- 20
mulare atque inpedire nonnumquam virtutis sedulos sectatores, et plenum esse temeritatis et fastus, gaudere nidoribus, adulationibus capi, et cetera, quae de hoc genere
fallacium malignorumque spirituum, qui extrinsecus in
animam veniunt humanosque sensus sopitos vigilantesve 25
deludunt, non tamquam sibi persuasa confirmat, sed tam
tenuiter suspicatur aut dubitat, ut haec alios asserat opinari. Difficile quippe fuit tanto philosopho cunctam dia-
bolicam societatem vel nosse, vel fidenter arguere, quam
quaelibet anicula Christiana nec cunctatur esse, et liber- 30
rime detestatur. Nisi forte iste et ipsum, ad quem scribit,
Anebontem tamquam talium sacrorum praeclarissimum
antistitem et alios talium operum tamquam divinorum et
ad deos colendos pertinentium admiratores verecundatur
offendere.   35

Sequitur tamen et ea yelut inquirendo commemorat,
quae sobrie considerata tribui non possunt nisi malignis
et fallacibus potestatibus. Quaerit enim cur tamquam

melioribus invocatis quasi peioribus imperetur, ut iniusta
praecepta hominis exsequantur; cur adtrectatum re Vene-
rea non exaudiant inprecantem, cum ipsi ad incestos quoque concubitus quoslibet ducere non morentur; cur ani-
5 mantibus suos antistites oportere abstinere denuntient, ne
vaporibus profecto corporeis polluantur, ipsi vero et aliis
vaporibus inliciantur et nidoribus hostiarum, cumque a
cadaveris contactu prohibeatur inspector, plerumque illa
cadaveribus celebrentur; quid sit, quod non daemoni vel
10 alicui animae defuncti, sed ipsi soli et lunae aut cuicumque caelestium homo vitio cuilibet obnoxius intendit minas
eosque territat falso, ut eis extorqueat veritatem. Nam
et caelum se conlidere comminatur et cetera similia homini
inpossibilia, ut illi dii tamquam insipientissimi pueri falsis
15 et ridiculis comminationibus territi quod imperatur efficiant. Dicit etiam scripsisse Chaeremonem quendam, talium sacrorum vel potius sacrilegiorum peritum, ea, quae
apud Aegyptios sunt celebrata rumoribus vel de Iside vel
de Osiride marito eius, maximam vim habere cogendi deos,
20 ut faciant imperata, quando ille, qui carminibus cogit, ea
se prodere vel evertere comminatur, ubi se etiam Osiridis
membra dissipaturum terribiliter dicit, si facere iussa ne-
glexerint. Haec atque huius modi vana et insana hominem
diis minari, nec quibuslibet, sed ipsis caelestibus et siderea
25 luce fulgentibus, nec sine effectu, sed violenta potestate
cogentem atque his terroribus ad facienda quae voluerit
perducentem, merito Porphyrius admiratur; immo vero
sub specie mirantis et causas rerum talium requirentis dat
intellegi illos haec agere spiritus, quorum genus superius
30 sub aliorum opinatione descripsit, non, ut ipse posuit, natura, sed vitio fallaces, qui simulant deos et animas defunctorum, daemones autem non, ut ait ipse, simulant, sed
plane sunt. Et quod ei videtur herbis et lapidibus et animantibus et sonis certis quibusdam ac vocibus et figura-
35 tionibus atque figmentis, quibusdam etiam observatis in
caeli conversione motibus siderum fabricari in terra ab
hominibus potestates idoneas variis effectibus exsequendis,
totum hoc ad eosdem ipsos daemones pertinet ludifica-

tores animarum sibimet subditarum et voluptaria sibi ludibria de hominum erroribus exhibentes. Aut ergo re vera
dubitans et inquirens ista Porphyrius ea tamen commemorat, quibus convincantur et redarguantur, nec ad eas
potestates, quae nobis ad beatam vitam capessendam favent, 5
sed ad deceptores daemones pertinere monstrentur; aut,
ut meliora de philosopho suspicemur, eo modo voluit hominem Aegyptium talibus erroribus deditum et aliqua
magna se scire opinantem non superba quasi auctoritate
doctoris offendere, nec aperte adversantis altercatione 10
turbare, sed quasi quaerentis et discere cupientis humilitate ad ea cogitanda convertere, et quam sint contemnenda
vel etiam devitanda monstrare. Denique prope ad epistu-
lae finem petit se ab eo doceri, quae sit ad beatitudinem
via ex Aegyptia sapientia. Ceterum illos, quibus conver- 15
satio cum diis ad hoc esset, ut ob inveniendum fugitivum
vel praedium comparandum, aut propter nuptias vel mer-
caturam vel quid huius modi mentem divinam inquietarent,
frustra eos videri dicit coluisse sapientiam; illa etiam ipsa
numina, cum quibus conversarentur, etsi de ceteris rebus 20
vera praedicerent, tamen quoniam de beatitudine nihil
cautum nec satis idoneum monerent, nec deos illos esse
nec benignos daemones, sed * aut illum qui dicitur fallax,
aut humanum omne commentum.

Caput XII. 25

*De miraculis, quae per sanctorum angelorum ministerium
Deus verus operatur.*

Verum quia tanta et talia geruntur his artibus, ut
universum modum humanae facultatis excedant: quid restat, nisi ut ea, quae mirifice tamquam divinitus praedici 30
vel fieri videntur nec tamen ad unius Dei cultum referuntur, cui simpliciter inhaerere fatentibus quoque Platonicis
et per multa testantibus solum beatificum bonum est, malignorum daemonum ludibria et seductoria inpedimenta,
quae vera pietate cavenda sunt, prudenter intellegantur? 35
[XII.] Porro autem quaecumque miracula sive per angelos

sive quocumque modo ita divinitus fiunt, ut Dei unius, in
quo solo beata vita est, cultum religionemque commen-
dent, ea vere ab eis vel per eos, qui nos secundum veritatem pietatemque diligunt, fieri ipso Deo in illis operante
5 credendum est. Neque enim audiendi sunt, qui Deum invisibilem visibilia miracula operari negant; cum ipse etiam
secundum ipsos fecerit mundum, quem certe visibilem
negare non possunt. Quidquid igitur mirabile fit in hoc
mundo, profecto minus est quam totus hic mundus, id
10 est caelum et terra et omnia quae in eis sunt, quae certe
Deus fecit. Sicut autem ipse qui fecit, ita modus quo fecit
occultus est et inconprehensibilis homini. Quamvis itaque
miracula visibilium naturarum videndi assiduitate viluc-
rint, tamen, cum ea sapienter intuemur, inusitatissimis
15 rarissimisque maiora sunt. Nam et omni miraculo, quod
fit per hominem, maius miraculum est homo. Quapropter
Deus, qui fecit visibilia caelum et terram, non dedignatur
facere visibilia miracula in caelo vel in terra, quibus ad
se invisibilem colendum excitet animam adhuc visibilibus
20 deditam; ubi vero et quando faciat, incommutabile consilium penes ipsum est, in cuius dispositione iam tempora
facta sunt quaecumque futura sunt. Nam temporalia mo-
vens temporaliter non movetur, nec aliter novit facienda
quam facta, nec aliter invocantes exaudit quam invocaturos
25 videt. Nam et cum exaudiunt angeli eius, ipse in eis exaudit, tamquam in vero nec manu facto templo suo, sicut in
hominibus sanctis suis, eiusque temporaliter fiunt iussa
aeterna eius lege conspecta.

Caput XIII.

30 *De invisibili Deo, qui se visibilem saepe praestiterit, non*
secundum quod est, sed secundum quod poterant
ferre cernentes.

Nec movere debet, quod, cum sit invisibilis, saepe
visibiliter patribus apparuisse memoratur. Sicut enim
35 sonus, quo auditur sententia in silentio intellegentiae constituta, non est hoc quod ipsa: ita et species, qua visus

est Deus in natura invisibili constitutus, non erat quod
ipse. Verum tamen ipse in eadem specie corporali videbatur, sicut illa sententia ipsa in sono vocis auditur; nec
illi ignorabant, invisibilem Deum in specie corporali, quod
ipse non erat, se videre. Nam et loquebatur cum loquente 5
Moyses et ei tamen dicebat: *Si inveni gratiam ante te,
ostende mihi temet ipsum, scienter ut videam te.* Cum igitur oporteret Dei legem in edictis angelorum terribiliter
dari, non uni homini paucisve sapientibus, sed universae
genti et populo ingenti: coram eodem populo magna facta 10
sunt in monte, ubi lex per unum dabatur, conspiciente
multitudine metuenda ac tremenda quae fiebant. Non enim
populus Israel sic Moysi credidit, quem ad modum suo
Lycurgo Lacedaemonii, quod a Iove seu Apolline leges,
quas condidit, accepisset. Cum enim lex dabatur populo, 15
qua coli unus iubebatur Deus, in conspectu ipsius populi,
quantum sufficere divina providentia iudicabat, mirabilibus
rerum signis ac motibus apparebat ad eandem legem dan-
dam creatori servire creaturam.

Caput XIV.   20

*De uno Deo colendo non solum propter aeterna, sed
etiam propter temporalia beneficia, quia universa in
ipsius providentiae potestate consistunt.*

Sicut autem unius hominis, ita humani generis, quod
ad Dei populum pertinet, recta eruditio per quosdam ar- 25
ticulos temporum tamquam aetatum profecit accessibus,
ut a temporalibus ad aeterna capienda et a visibilibus ad
invisibilia surgeretur; ita sane ut etiam illo tempore, quo
visibilia promittebantur divinitus praemia, unus tantum
colendus commendaretur Deus, ne mens humana vel pro 30
ipsis terrenis vitae transitoriae beneficiis cuiquam nisi vero
animae creatori ac domino subderetur. Omnia quippe,
quae praestare hominibus vel angeli vel homines possunt,
in unius esse Omnipotentis potestate quisquis diffitetur,

---

7) Exod. 33, 13.   8) Act. apost. 7, 53.

insanit. De providentia certe Plotinus Platonicus disputat eamque a summo Deo, cuius est intellegibilis atque ineffabilis pulchritudo, usque ad haec terrena et ima pertingere flosculorum atque foliorum pulchritudine conpro-
5 bat; quae omnia quasi abiecta et velocissime pereuntia decentissimos formarum suarum numeros habere non posse confirmat, nisi inde formentur, ubi forma intellegibilis et incommutabilis simul habens omnia perseverat. Hoc Dominus Iesus ibi ostendit, ubi ait: *Considerate lilia*
10 *agri, non laborant neque nent. Dico autem vobis, quia nec Salomon in tota gloria sua sic amictus est, sicut unum ex eis. Quod si faenum agri, quod hodie est et cras in clibanum mittitur, Deus sic vestit: quanto magis vos, modicae fidei?* Optime igitur anima humana adhuc terrenis
15 desideriis infirma ea ipsa, quae temporaliter exoptat bona infima atque terrena vitae huic transitoriae necessaria et prae illius vitae sempiternis beneficiis contemnenda, non tamen nisi ab uno Deo expectare consuevit, ut ab illius cultu etiam in istorum desiderio non recedat, ad quem
20 contemptu eorum et ab eis aversione perveniat.

Caput XV.

De ministerio sanctorum angelorum, quo providentiae Dei serviunt.

Sic itaque divinae providentiae placuit ordinare tem-
25 porum cursum, ut, quem ad modum dixi et in actibus apostolorum legitur, lex in edictis angelorum daretur de unius veri Dei cultu, in quibus et persona ipsius Dei, non quidem per suam substantiam, quae semper corruptibilibus oculis invisibilis permanet, sed certis indiciis per subiectam
30 creatori creaturam visibiliter appareret et syllabatim per transitorias temporum morulas humanae linguae vocibus loqueretur, qui in sua natura non corporaliter, sed spiritaliter; non sensibiliter, sed intellegibiliter; non temporaliter, sed, ut ita dicam, aeternaliter nec incipit loqui nec

---

8) Enneadis 3. lib. 2. c. 13. 14) Matth. 6, 28 sqq. 26) Act. 7, 53.

desinit; quod apud illum sincerius audiunt, non corporis
aure, sed mentis, ministri eius et nuntii, qui eius veritate
incommutabili perfruuntur inmortaliter beati; et quod faciendum modis ineffabilibus audiunt et usque in ista visibilia atque sensibilia perducendum, incunctanter atque 5
indifficulter efficiunt. Haec autem lex distributione temporum data est, quae prius haberet, ut dictum est, promissa
terrena, quibus tamen significarentur aeterna, quae visibilibus sacramentis celebrarent multi, intellegerent pauci.
Unius tamen Dei cultus apertissima illic et vocum et rerum 10
omnium contestatione praecipitur, non unius de turba, sed
qui fecit caelum et terram et omnem animam et omnem
spiritum, qui non est quod ipse. Ille enim fecit, haec facta
sunt, atque ut sint et bene se habeant, eius indigent, a
quo facta sunt. 15

Caput XVI.

An de promerenda beata vita his angelis sit credendum,
qui se coli exigunt honore divino; an vero illis, qui non
sibi, sed uni Deo sancta praecipiunt religione serviri.

Quibus igitur angelis de beata et sempiterna vita cre- 20
dendum esse censemus? Utrum eis, qui se religionis ritibus coli volunt, sibi sacra et sacrificia flagitantes a mortalibus exhiberi; an eis, qui hunc omnem cultum uni Deo
creatori omnium deberi dicunt eique reddendum vera
pietate praecipiunt, cuius et ipsi contemplatione beati sunt 25
et nos futuros esse promittunt? Illa namque visio Dei
tantae pulchritudinis visio est et tanto amore dignissima,
ut sine hac quibuslibet aliis bonis praeditum atque abun-
dantem non dubitet Plotinus infelicissimum dicere. Cum
ergo ad hunc unum quidam angeli, quidam vero ad se 30
ipsos latria colendos signis mirabilibus excitent, et hoc
ita, ut illi istos coli prohibeant, isti autem illum prohibere
non audeant: quibus potius sit credendum, respondeant
Platonici, respondeant quicumque philosophi, respondeant

---

29) Enn. 1. lib. 6. c. 7.

theurgi vel potius periurgi; hoc enim sunt omnes illae
artes vocabulo digniores; postremo respondeant homines,
si ullus naturae suae sensus, quod rationales creati sunt,
ex aliqua parte vivit in eis; respondeant, inquam, eisne
5 sacrificandum sit diis vel angelis, qui sibi sacrificari iubent,
an illi uni, cui iubent hi qui et sibi et istis prohibent? Si
nec isti nec illi ulla miracula facerent, sed tantum praeciperent, alii quidem ut sibi sacrificaretur, alii vero id veta-
rent, sed uni tantum iuberent Deo: satis deberet pietas
10 ipsa discernere, quid horum de fastu superbiae, quid de
vera religione descenderet. Plus etiam dicam: si tantum
hi mirabilibus factis humanas promoverent mentes, qui
sacrificia sibi expetunt, illi autem, qui hoc prohibent et
uni tantum Deo sacrificari iubent, nequaquam ista visibilia
15 miracula facere dignarentur: profecto, non sensu corporis,
sed ratione mentis praeponenda eorum esset auctoritas.
Cum vero Deus id egerit ad commendanda eloquia veritatis
suae, ut per istos inmortales nuntios non sui fastum, sed
maiestatem illius praedicantes faceret maiora certiora
20 clariora miracula, ne infirmis piis illi, qui sacrificia sibi
expetunt, falsam religionem facilius persuaderent, eo quod
sensibus eorum quaedam stupenda monstrarent: quem
tandem ita desipere libeat, ut non vera eligat quae sectetur, ubi et ampliora invenit quae miretur?

25   Illa quippe miracula deorum gentilium, quae commendat historia (non ea dico, quae intervallis temporum
occultis ipsius mundi causis, verum tamen sub divina
providentia constitutis et ordinatis monstrosa contingunt;
quales sunt inusitati partus animalium et caelo terraque
30 rerum insolita facies, sive tantum terrens, sive etiam nocens, quae procurari atque mitigari daemonicis ritibus
fallacissima eorum astutia perhibentur; sed ea dico, quae
vi ac potestate eorum fieri satis evidenter apparet, ut est
quod effigies deorum Penatium, quas de Troia Aeneas
35 fugiens advexit, de loco in locum migrasse referuntur;
quod cotem Tarquinius novacula secuit; quod Epidaurius

---

1) περίεργοι.

serpens Aesculapio naviganti Romam comes adhaesit; quod
navim qua simulacrum matris Phrygiae vehebatur, tantis
hominum boumque conatibus inmobilem redditam una
muliercula zona alligatam ad suae pudicitiae testimonium
movit et traxit; quod virgo Vestalis, de cuius corruptione 5
quaestio vertebatur, aqua inpleto cribro de Tiberi neque
perfluente abstulit controversiam) — haec ergo atque huius
modi nequaquam illis, quae in populo Dei facta legimus,
virtute ac magnitudine conferenda sunt; quanto minus ea,
quae illorum quoque populorum, qui tales deos coluerunt, 10
legibus iudicata sunt prohibenda atque plectenda, magica
scilicet vel theurgica! quorum pleraque specie tenus mortalium sensus imaginaria ludificatione decipiunt, quale est
lunam deponere, „donec suppositas, ut ait Lucanus, propior despumet in herbas“; quaedam vero etsi nonnullis 15
piorum factis videantur opere coaequari, finis ipse, quo
discernuntur, incomparabiliter haec nostra ostendit excellere. Illis enim multi tanto minus sacrificiis colendi
sunt, quanto magis haec expetunt; his vero unus commendatur Deus, qui se nullis talibus indigere et scripturarum 20
suarum testificatione et eorundem postea sacrificiorum
remotione demonstrat. Si ergo angeli sibi expetunt sacrificium, praeponendi eis sunt illi, qui non sibi, sed Deo
creatori omnium, cui serviunt. Hinc enim ostendunt quam
sincero amore nos diligant, quando per sacrificium non 25
sibi, sed ei nos subdere volunt, cuius et ipsi contemplatione
beati sunt, et ad eum nos pervenire, a quo ipsi non recesserunt. Si autem angeli, qui non uni sed plurimis sacrificia fieri volunt, non sibi, sed eis diis volunt, quorum
deorum angeli sunt: etiam sic eis praeponendi sunt illi, 30
qui unius Dei deorum angeli sunt, cui sacrificari sic iubent,
ut alicui alteri vetent; cum eorum nullus huic vetet, cui
uni isti sacrificari iubent. Porro si, quod magis indicat
eorum superba fallacia, nec boni nec bonorum deorum
angeli sunt, sed daemones mali, qui non unum solum ac 35
summum Deum, sed se ipsos sacrificiis coli volunt: quod

15) Phars. 6, 503.

maius quam unius Dei contra eos eligendum est praesi-
dium, cui serviunt angeli boni, qui non sibi, sed illi iubent ut sacrificio serviamus, cuius nos ipsi esse sacrificium debemus?

5   CAPUT XVII.

De arca testamenti miraculisque signorum, quae ad com-
mendandam legis ac promissionis auctoritatem divinitus
facta sunt.

   Proinde lex Dei, quae in edictis data est angelorum,
10 in qua unus Deus deorum religione sacrorum iussus est
coli, alii vero quilibet prohibiti, in arca erat posita, quae
arca testimonii nuncupata est. Quo nomine satis significatur, non Deum, qui per illa omnia colebatur, circum-
cludi solere vel contineri loco, cum responsa eius et quae-
15 dam humanis sensibus darentur signa ex illius arcae loco,
sed voluntatis eius hinc testimonia perhiberi; quod etiam
ipsa lex erat in tabulis conscripta lapideis et in arca, ut
dixi, posita, quam tempore peregrinationis in eremo cum
tabernaculo, quod similiter appellatum est tabernaculum
20 testimonii, cum debita sacerdotes veneratione portabant;
signumque erat, quod per diem nubes apparebat, quae
sicut ignis nocte fulgebat; quae nubes cum moveretur,
castra movebantur, et ubi staret, castra ponebantur. Reddita sunt autem illi legi magni miraculi testimonia praeter
25 ista, quae dixi, et praeter voces, quae ex illius arcae loco
edebantur. Nam cum terram promissionis intrantibus eadem arca transiret, Iordanes fluvius ex parte superiore
subsistens et ex inferiore decurrens et ipsi et populo siccum praebuit transeundi locum. Deinde civitatis, quae
30 prima hostilis occurrit more gentium deos plurimos colens,
septiens eadem arca circumacta muri repente ceciderunt,
nulla manu oppugnati, nullo ariete percussi. Post haec
- etiam cum iam in terra promissionis essent et eadem arca
propter eorum peccata fuisset ab hostibus capta, hi, qui

---

   22) Exod. 13, 21. 23) Id. 40, 34 sq. 29) Ios. 3, 16 sq.
32) Id. 6, 20.

ceperant, in templo eam dei sui, quem prae ceteris colebant, honorifice conlocarunt abeuntesque clauserunt, aper-
toque postridie simulacrum, cui supplicabant, invenerunt
conlapsum deformiterque confractum. Deinde ipsi prodi-
giis acti deformiusque puniti arcam divini testimonii po- 5
pulo, unde ceperant, reddiderunt. Ipsa autem redditio
qualis fuit! Inposuerunt eam plaustro eique iuvencas, a
quibus vitulos sugentes abstraxerant, subiunxerunt et eas
quo vellent ire siverunt, etiam hic vim divinam explorare
cupientes. At illae sine duce homine atque rectore ad 10
Hebraeos viam pertinaciter gradientes nec revocatae mu-
gitibus esurientium filiorum magnum sacramentum suis
cultoribus reportarunt. Haec atque huius modi Deo parva
sunt, sed magna terrendis salubriter erudiendisque mortalibus. Si enim philosophi praecipueque Platonici rectius 15
ceteris sapuisse laudantur, sicut paulo ante commemoravi,
quod divinam providentiam haec quoque rerum infima atque terrena administrare docuerunt, numerosarum testimonio pulchritudinum, quae non solum in corporibus animalium, verum in herbis etiam faenoque gignuntur: quanto 20
evidentius haec adtestantur divinitati, quae ad horam praedicationis eius fiunt, ubi ea religio commendatur, quae
omnibus caelestibus terrestribus infernis sacrificari vetat,
uni Deo tantum iubens, qui solus diligens et dilectus beatos facit eorumque sacrificiorum tempora imperata prae- 25
finiens eaque per meliorem sacerdotem in melius mutanda
praedicens non ista se appetere, sed per haec alia potiora
significare testatur, non ut ipse his honoribus sublimetur,
sed ut nos ad eum colendum eique cohaerendum igne
amoris eius accensi, quod nobis, non illi, bonum est, ex- 30
citemur.

· Caput XVIII.
Contra eos, qui de miraculis, quibus Dei populus eruditus
est, negant ecclesiasticis libris esse credendum.

An dicet aliquis, ista falsa esse miracula, nec fuisse 35
facta, sed mendaciter scripta? Quisquis hoc dicit, si de

---

13) 1. Sam. 4 sqq.

his rebus negat omnino ullis litteris esse credendum, potest etiam dicere nec deos ullos curare mortalia. Non
enim se aliter colendos esse persuaserunt, nisi mirabilium
operum effectibus, quorum et historia gentium testis est,
5 quarum dii se ostentare mirabiles potius quam utiles ostendere potuerunt. Unde hoc opere nostro, cuius hunc iam
decimum librum habemus in manibus, non eos suscepimus
refellendos, qui vel ullam esse vim divinam negant, vel
humana non curare contendunt; sed eos, qui nostro Deo
10 conditori sanctae et gloriosissimae civitatis deos suos praeferunt, nescientes eum ipsum esse etiam mundi huius visibilis et mutabilis invisibilem et incommutabilem conditorem et vitae beatae non de his, quae condidit, sed de se
ipso verissimum largitorem. Eius enim propheta veracis-
15 simus ait: *Mihi autem adhaerere Deo bonum est.* De fine
boni namque inter philosophos quaeritur, ad quod adipi-
scendum omnia officia referenda sunt. Nec dixit iste:
Mihi autem divitiis abundare bonum est, aut insigniri
purpura et sceptro vel diademate excellere, aut, quod
20 nonnulli etiam philosophorum dicere non erubuerunt:
Mihi voluptas corporis bonum est; aut quod melius velut
meliores dicere visi sunt: Mihi virtus animi mei bonum est;
sed: *Mihi*, inquit, *adhaerere Deo bonum est.* Hoc eum
docuerat, cui uni tantum modo sacrificandum sancti quo-
25 que angeli eius miraculorum etiam contestatione monue-
runt. Unde et ipse sacrificium eius factus erat, cuius igne
intellegibili correptus ardebat, et in eius ineffabilem incor-
poreumque complexum sancto desiderio ferebatur. Porro
autem si multorum deorum cultores (qualescumque deos
30 suos esse arbitrentur) ab eis facta esse miracula vel civilium rerum historiae vel libris magicis sive, quod honestius putant, theurgicis credunt: quid causae est, cur illis
litteris nolint credere, ista facta esse, quibus tanto maior
debetur fides, quanto super omnes est magnus, cui uni
35 soli sacrificandum esse praecipiunt?

15) Psal. 72 (73), 28.

Caput XIX.

Quae ratio sit visibilis sacrificii, quod uni vero et invisibili
Deo offerri docet vera religio.

Qui autem putant haec visibilia sacrificia diis aliis
congruere, illi vero tamquam invisibili invisibilia et maiora 5
maiori meliorique meliora, qualia sunt purae mentis et
bonae voluntatis officia: profecto nesciunt haec ita signa
esse illorum, sicut verba sonantia signa sunt rerum. Quocirca sicut orantes atque laudantes ad eum dirigimus signi-
ficantes voces, qui res ipsas in corde quas significamus 10
offerimus: ita sacrificantes non alteri visibile sacrificium
offerendum esse noverimus, quam illi, cuius in cordibus
nostris invisibile sacrificium nos ipsi esse debemus. Tunc
nobis favent nobisque congaudent atque ad hoc ipsum nos
pro suis viribus adiuvant angeli quique virtutesque supe- 15
riores et ipsa bonitate ac pietate potentiores. Si autem
illis haec exhibere voluerimus, non libenter accipiunt, et
cum ad homines ita mittuntur, ut eorum praesentia sen-·
tiatur, apertissime vetant. Sunt exempla in litteris sanctis.
Putaverunt quidam deferendum angelis honorem, vel ado- 20
rando vel sacrificando, qui debetur Deo, et eorum sunt
admonitione prohibiti iussique hoc ei deferre, cui uni fas
esse noverunt. Imitati sunt angelos sanctos etiam sancti
homines Dei. Nam Paulus et Barnabas in Lycaonia facto
quodam miraculo sanitatis putati sunt dii, eisque Lycaonii 25
victimas immolare voluerunt; quod a se humili pietate
removentes eis in quem crederent adnuntiaverunt Deum.
Nec ob aliud fallaces illi superbe sibi hoc exigunt, nisi
quia vero Deo deberi sciunt. Non enim re vera, ut ait
Porphyrius et nonnulli putant, cadaverinis nidoribus, sed 30
divinis honoribus gaudent. Copiam vero nidorum magnam
habent undique, et si amplius vellent, ipsi sibi poterant
exhibere. Qui ergo divinitatem sibi arrogant spiritus, non
cuiuslibet corporis fumo, sed supplicantis animo delectan-

---

23) Iudic. 13, 16; Apoc. 22, 8; 9.   27) Act. 14.

tur, cui decepto subiectoque dominentur, intercludentes iter ad Deum verum, ne sit homo illius sacrificium, dum sacrificatur cuipiam praeter illum.

Caput XX.

5 *De summo veroque sacrificio, quod ipse Dei et hominum mediator effectus est.*

Unde verus ille mediator, in quantum formam servi accipiens mediator effectus est Dei et hominum, homo Christus Iesus, cum in forma Dei sacrificium cum Patre 10 sumat, cum quo et unus Deus est, tamen in forma servi sacrificium maluit esse quam sumere, ne vel hac occasione quisquam existimaret cuilibet sacrificandum esse creaturae. Per hoc et sacerdos est, ipse offerens, ipse et oblatio. Cuius rei sacramentum cotidianum esse voluit eccle- 15 siae sacrificium, quae cum ipsius capitis corpus sit, se ipsam per ipsum discit offerre. Huius veri sacrificii multiplicia variaque signa erant sacrificia prisca sanctorum, cum hoc unum per multa figuraretur, tamquam verbis multis res una diceretur, ut sine fastidio multum commen- 20 daretur. Huic summo veroque sacrificio cuncta sacrificia falsa cesserunt.

Caput XXI.

De modo potestatis daemonibus datae ad glorificandos sanctos per tolerantiam passionum, qui aerios spiritus 25 non placando ipsos, sed in Deo permanendo vicerunt.

Moderatis autem praefinitisque temporibus etiam potestas permissa daemonibus, ut hominibus quos possident excitatis inimicitias adversus Dei civitatem tyrannice exerceant sibique sacrificia non solum ab offerentibus sumant 30 et a volentibus expetant, verum etiam ab invitis persequendo violenter extorqueant, non solum perniciosa non est, sed etiam utilis invenitur ecclesiae, ut martyrum numerus impleatur; quos civitas Dei tanto clariores et hono-

---

33) Apoc. 6, 11.

ratiores cives habet, quanto fortius adversus impietatis
peccatum et usque ad sanguinem certant. Hos multo
elegantius, si ecclesiastica loquendi consuetudo pateretur,
nostros heroas vocaremus. Hoc enim nomen a Iunone
dicitur tractum, quod Graece Iuno Ἥρα appellatur, et 5
ideo nescio quis filius eius secundum Graecorum fabulas
Heros fuerit nuncupatus, hoc videlicet veluti mysticum
significante fabula, quod aer Iunoni deputetur, ubi volunt
cum daemonibus heroas habitare, quo nomine appellant
alicuius meriti animas defunctorum. Sed a contrario mar- 10
tyres nostri heroes nuncuparentur, si, ut dixi, usus eccle-
siastici sermonis admitteret, non quo eis esset cum daemonibus in aere societas, sed quod eosdem daemones, id
est aerias vincerent potestates, et in eis ipsam, quidquid
putatur significare, Iunonem, quae non usquequaque in- 15
convenienter a poetis inducitur inimica virtutibus et caelum petentibus viris fortibus invida. Sed rursus ei suc-
cumbit infeliciter ceditque Vergilius, ut, cum apud eum
illa dicat:

Vincor ab Aenea,   20

ipsum Aenean admoneat Helenus quasi consilio religioso
et dicat:

Iunoni cane vota libens, dominamque potentem
Supplicibus supera donis.

Ex qua opinione Porphyrius, quamvis non ex sua senten- 25
tia, sed ex aliorum, dicit bonum deum vel genium non
venire in hominem, nisi malus fuerit ante placatus; tamquam fortiora sint apud eos numina mala quam bona,
quando quidem mala inpediunt adiutoria bonorum, nisi
eis placata dent locum, malisque nolentibus bona prodesse 30
non possunt; nocere autem mala possunt, non sibi valentibus resistere bonis. Non est ista verae veraciterque
sanctae religionis via; non sic Iunonem, hoc est aerias
potestates piorum virtutibus invidentes, nostri martyres
vincunt. Non omnino, si dici usitate posset, heroes nostri 35

---

20) Aen. 7, 310.   24) Aen. 3, 438 sq.

supplicibus donis, sed virtutibus divinis Heram superant.
Commodius quippe Scipio Africanus est cognominatus,
quod virtute Africam vicerit, quam si hostes donis pla-
casset, ut parcerent.

Caput XXII.

Unde sit sanctis adversum daemones potestas et unde cordis vera purgatio.

Vera pietate homines Dei aeriam potestatem inimicam
contrariamque pietati exorcizando eiciunt, non placando,
omnesque temptationes adversitatis eius vincunt orando
non ipsam, sed suum Deum adversus ipsam. Non enim
aliquem vincit aut subiugat nisi societate peccati. In eius
ergo nomine vincitur, qui hominem adsumpsit egitque sine
peccato, ut in ipso sacerdote ac sacrificio fieret remissio
peccatorum, id est per mediatorem Dei et hominum, hominem Christum Iesum, per quem facta peccatorum purgatione reconciliamur Deo. Non enim nisi peccatis homines
separantur a Deo, quorum in hac vita non fit nostra virtute, sed divina miseratione purgatio, per indulgentiam
illius, non per nostram potentiam; quia et ipsa quantulacumque virtus, quae dicitur nostra, illius est nobis
bonitate concessa. Multum autem nobis in hac carne tri-
bueremus, nisi usque ad eius depositionem sub venia
viveremus. Propterea ergo nobis per Mediatorem prae-
stita est gratia, ut polluti carne peccati carnis peccati similitudine mundaremur. Hac Dei gratia, qua in nos ostendit
magnam misericordiam suam, et in hac vita per fidem
regimur, et post hanc vitam per ipsam speciem incommutabilis veritatis ad perfectionem plenissimam perducemur.

Caput XXIII.

De principiis, in quibus Platonici purgationem animae esse profitentur.

Dicit etiam Porphyrius divinis oraculis fuisse responsum, nos non purgari lunae teletis atque solis, ut hinc

ostenderetur nullorum deorum teletis hominem posse purgari. Cuius enim teletae purgant, si lunae solisque non purgant, quos inter caelestes deos praecipuos habent? Denique eodem dicit oraculo expressum, principia posse purgare, ne forte, cum dictum esset non purgare teletas 5 solis et lunae, alicuius alterius dei de turba valere ad purgandum teletae crederentur. Quae autem dicat esse principia tamquam Platonicus, novimus. Dicit enim Deum Patrem et Deum Filium, quem Graece appellat paternum intellectum vel paternam mentem; de Spiritu autem sancto 10 aut nihil, aut non aperte aliquid dicit; quamvis quem alium dicat horum medium, non intellego. Si enim tertiam, sicut Plotinus, ubi de tribus principalibus substantiis disputat, animae naturam etiam iste vellet intellegi, non utique diceret horum medium, id est Patris et Filii 15 medium. Postponit quippe Plotinus animae naturam paterno intellectui; iste autem cum dicit medium, non postponit, sed interponit. Et nimirum hoc dixit, ut potuit, sive ut voluit, quod nos sanctum Spiritum nec Patris tantum, nec Filii tantum, sed utriusque Spiritum dicimus. 20 Liberis enim verbis loquuntur philosophi, nec in rebus ad intellegendum difficillimis offensionem religiosarum aurium pertimescunt. Nobis autem ad certam regulam loqui fas est, ne verborum licentia etiam de rebus, quae his significantur, impiam gignat opinionem. 25

Caput XXIV.

De uno veroque principio, quod solum naturam humanam purgat atque renovat.

Nos itaque ita non dicimus duo vel tria principia, cum de Deo loquimur, sicut nec duos deos vel tres nobis 30 licitum est dicere; quamvis de unoquoque loquentes, vel de Patre vel de Filio vel de Spiritu sancto, etiam singulum quemque Deum esse fateamur, nec dicamus tamen quod haeretici Sabelliani, eundem esse Patrem, qui est et Filius,

---

14) Enn. 5. lib. 1.   17) Ibid. cap. 6.

et eundem esse Spiritum sanctum, qui est et Pater et
Filius; sed Patrem esse Filii Patrem, et Filium Patris
Filium, et Patris et Filii Spiritum sanctum nec Patrem
esse nec Filium. Verum itaque dictum est, non purgari
5 hominem nisi principio, quamvis pluraliter apud eos sint
dicta principia.

[XXIV.] Sed subditus Porphyrius invidis potestatibus,
de quibus et erubescebat, et eas libere redarguere formi-
dabat, noluit intellegere Dominum Christum esse princi-
10 pium, cuius incarnatione purgamur. Eum quippe in ipsa
carne contempsit, quam propter sacrificium nostrae purgationis adsumpsit, magnum scilicet sacramentum ea superbia non intellegens, quam sua ille humilitate deiecit
verus benignusque Mediator, in ea se ostendens mortali-
15 tate mortalibus, quam maligni fallacesque mediatores non
habendo se superbius extulerunt, miserisque hominibus
adiutorium deceptorium velut inmortales mortalibus promiserunt. Bonus itaque verusque Mediator ostendit peccatum esse malum, non carnis substantiam vel naturam; quae
20 cum anima hominis et suscipi sine peccato potuit et haberi,
et morte deponi et in melius resurrectione mutari, nec
ipsam mortem, quamvis esset poena peccati, quam tamen
pro nobis sine peccato ipse persolvit, peccando esse vitandam; sed potius, si facultas datur, pro iustitia perferen-
25 dam. Ideo enim solvere potuit moriendo peccata, quia et
mortuus est, et non pro peccato. Hunc ille Platonicus
non cognovit esse principium; nam cognosceret purgatorium. Neque enim caro principium est aut anima humana,
sed Verbum per quod facta sunt omnia. Non ergo caro
30 per se ipsa mundat, sed per Verbum a quo suscepta est,
cum *Verbum caro factum est et habitavit in nobis*. Nam
de carne sua manducanda mystice loquens, cum hi qui
non intellexerunt offensi recederent; dicentes: *Durus est
hic sermo, quis eum potest audire?* respondit manentibus
35 ceteris: *Spiritus est qui vivificat, caro autem non prodest
quicquam*. Principium ergo suscepta anima et carne et

---

31) Ioan. 1, 14.   36) Id. 6, 60; 63.

animam credentium mundat et carnem. Ideo quaerentibus
Iudaeis quis esset, respondit se esse principium. Quod
utique carnales, infirmi, peccatis obnoxii et ignorantiae
tenebris obvoluti nequaquam percipere possemus, nisi ab
eo mundaremur atque sanaremur, per hoc quod eramus 5
et non eramus. Eramus enim homines, sed iusti non eramus. In illius autem incarnatione natura humana erat,
sed iusta, non peccatrix erat. Haec est mediatio, qua
manus lapsis iacentibusque porrecta est; hoc est semen
dispositum per angelos, in quorum edictis et lex dabatur, 10
qua et unus Deus coli iubebatur et hic Mediator venturus
promittebatur.

Caput XXV.

Omnes sanctos et sub legis tempore et sub prioribus sae-
culis in sacramento et fide Christi iustificatos fuisse. 15

　　Huius sacramenti fide etiam iusti antiqui mundari pie
vivendo potuerunt, non solum antequam lex populo Hebraeo daretur (neque enim eis praedicator Deus vel angeli
defuerunt), sed ipsius quoque legis temporibus, quamvis
in figuris rerum spiritalium habere videretur promissa 20
carnalia, propter quod vetus dicitur testamentum. Nam
et prophetae tunc erant, per quos, sicut per angelos, eadem promissio praedicata est; et ex illorum numero erat,
cuius tam magnam divinamque sententiam de boni humani
fine paulo ante commemoravi: *Mihi autem adhaerere Deo* 25
bonum est. In quo plane psalmo duorum testamentorum,
quae dicuntur vetus et novum, satis est declarata distinctio.
Propter carnales enim terrenasque promissiones, cum eas
impiis abundare perspiceret, dicit pedes suos paene fuisse
commotos et effusos in lapsum prope modum gressus suos, 30
tamquam frustra Deo ipse servisset, cum ea felicitate,
quam de illo expectabat, contemptores eius florere perspiceret; seque in rei huius inquisitione laborasse, volentem
cur ita esset adprehendere, donec intraret in sanctuarium

---

2) Ioan. 8, 25. 10) Gal. 3, 19.

Dei, et intellegeret in novissima eorum, qui felices videbantur erranti. Tunc eos intellexit in eo, quod se extulerunt, sicut dicit, fuisse deiectos et defecisse ac perisse
propter iniquitates suas; totumque illud culmen tempo-
5 ralis felicitatis ita eis factum tamquam somnium evigi-
lantis, qui se repente invenit suis quae somniabat fallacibus
gaudiis destitutum. Et quoniam in hac terra vel civitate
terrena magni sibi videbantur: *Domine*, inquit, *in civitate
tua imaginem illorum ad nihilum rediges.* Quod huic
10 tamen utile fuerit etiam ipsa terrena non nisi ab uno vero
Deo quaerere, in cuius potestate sunt omnia, satis ostendit
ubi ait: *Velut pecus factus sum apud te, et ego semper
tecum. Velut pecus* dixit utique „non intellegens.“ „Ea
quippe a te desiderare debui, quae mihi cum impiis non
15 possunt esse communia; non ea, quibus eos cum abundare
cernerem putavi me incassum tibi servisse, quando et illi
haec haberent, qui tibi servire noluissent. Tamen *ego
semper tecum*, quia etiam in talium rerum desiderio deos
alios non quaesivi.“ Ac per hoc sequitur: *Tenuisti manum
20 dexterae meae, in voluntate tua deduxisti me, et cum
gloria adsumpsisti me;* tamquam ad sinistram cuncta illa
pertineant, quae abundare apud impios cum vidisset paene
conlapsus est. *Quid enim mihi est*, inquit, *in caelo, et a
te quid volui super terram?* Reprehendit se ipsum iuste-
25 que sibi displicuit, quia, cum tam magnum bonum haberet
in caelo (quod post intellexit), rem transitoriam, fragilem
et quodam modo luteam felicitatem a suo Deo quaesivit
in terra. *Defecit*, inquit, *cor meum et caro mea, Deus
cordis mei*, defectu utique bono ab inferioribus ad superna.
30 Unde in alio psalmo dicitur: *Desiderat et deficit anima
mea in atria Domini.* Item in alio: *Defecit in salutare
tuum anima mea.* Tamen cum de utroque dixisset, id est
de corde et carne deficiente, non subiecit: Deus cordis et
carnis meae; sed *Deus cordis mei.* Per cor quippe caro
35 mundatur. Unde dicit Dominus: *Mundate, quae intus
sunt, et quae foris sunt munda erunt.* Partem deinde

---

31) Psal. 83 (84), 3. 32) Psal. 118 (119), 81. 36) Matth. 23, 26.

suam dicit ipsum Deum, non aliquid ab eo, sed ipsum: *Deus*, inquit, *cordis mei*, *et pars mea Deus in saecula;* quod inter multa, quae ab hominibus eliguntur, ipse illi placuerit eligendus. *Quia ecce*, inquit, *qui longe se faciunt a te, peribunt; perdidisti omnem, qui fornicatur abs te*, hoc est, qui multorum deorum vult esse prostibulum. Unde sequitur illud, propter quod et cetera de eodem psalmo dicenda visa sunt: *Mihi autem adhaerere Deo bonum est;* non longe ire, non per plurima fornicari. Adhaerere autem Deo tunc perfectum erit, cum totum, quod liberandum est, fuerit liberatum. Nunc vero fit illud, quod sequitur: *Ponere in Deo spem meam. Spes enim, quae videtur, non est spes; quod enim videt quis, quid et sperat?* ait apostolus. *Si autem quod non videmus speramus, per patientiam expectamus.* In hac autem spe nunc constituti agamus quod sequitur, et simus nos quoque pro modulo nostro angeli Dei, id est nuntii eius, adnuntiantes eius voluntatem, et gloriam gratiamque laudantes. Unde cum dixisset: *Ponere in Deo spem meam*, *ut adnuntiem*, inquit, *omnes laudes tuas in portis filiae Sion.* Haec est gloriosissima civitas Dei; haec unum Deum novit et colit; hanc angeli sancti adnuntiaverunt, qui nos ad eius societatem invitaverunt civesque suos in illa esse voluerunt; quibus non placet ut eos colamus tamquam nostros deos, sed cum eis et illorum et nostrum Deum; nec eis sacrificemus, sed cum ipsis sacrificium simus Deo. Nullo itaque dubitante, qui haec deposita maligna obstinatione considerat, omnes inmortales beati, qui nobis non invident (neque enim si inviderent, essent beati), sed potius nos diligunt, ut et nos cum ipsis beati simus, plus nobis favent, plus adiuvant, quando unum Deum cum ipsis colimus, Patrem et Filium et Spiritum sanctum, quam si eos ipsos per sacrificia coleremus.

---

15) Rom. 8, 24 sq.   20) Psal. 72 (73).

Caput XXVI.

De inconstantia Porphyrii inter confessionem veri Dei et cultum daemonum fluctuantis.

Nescio quo modo (quantum mihi videtur) amicis suis
5 theurgicis erubescebat Porphyrius. Nam ista utcumque
sapiebat, sed contra multorum deorum cultum non libere
defendebat. Et angelos quippe alios esse dixit, qui deorsum descendentes hominibus theurgicis divina pronun-
tient; alios autem qui in terris ea, quae Patris sunt, et
10 altitudinem eius profunditatemque declarent. Num igitur
hos angelos, quorum ministerium est declarare voluntatem
Patris, credendum est velle nos subdi, nisi ei cuius nobis
adnuntiant voluntatem? Unde optime admonet etiam ipse
Platonicus, imitandos eos potius quam invocandos. Non
15 itaque debemus metuere, ne inmortales et beatos uni Deo
subditos non eis sacrificando offendamus. Quod enim non
nisi uni vero Deo deberi sciunt, cui et ipsi adhaerendo
beati sunt, procul dubio neque per ullam significantem
figuram, neque per ipsam rem, quae sacramentis signi-
20 ficatur, sibi exhiberi volunt. Daemonum est haec arro-
gantia superborum atque miserorum, a quibus longe
diversa est pietas subditorum Deo, nec aliunde quam illi
adhaerendo beatorum. Ad quod bonum percipiendum
etiam nobis sincera benignitate oportet ut faveant, neque
25 sibi arrogent quo eis subiciamur; sed eum adnuntient, sub
quo eis in pace sociemur. Quid adhuc trepidas, o philo-
sophe, adversus potestates et veris virtutibus et veri Dei
muneribus invidas habere liberam vocem? Iam distinxisti
angelos, qui Patris adnuntiant voluntatem, ab eis angelis,
30 qui ad theurgicos homines nescio qua deducti arte descendunt. Quid adhuc eos honoras, ut dicas pronuntiare divina?
Quae tandem divina pronuntiant, qui non voluntatem Patris nuntiant? Nempe illi sunt, quos sacris precibus in-
vidus alligavit, ne praestarent animae purgationem, nec
35 a bono, ut dicis, purgare cupiente ab illis vinculis solvi et
suae potestati reddi potuerunt. Adhuc dubitas haec maligna esse daemonia, vel te fingis fortasse nescire, dum non

vis theurgos offendere, a quibus curiositate deceptus ista
perniciosa et insana pro magno beneficio didicisti? Audes
istam invidam non potentiam, sed pestilentiam, et non
dicam dominam, sed, quod tu fateris, ancillam potius invidorum, isto aere transcenso levare in caelum et inter 5
deos vestros etiam sidereos conlocare, vel ipsa quoque
sidera his opprobiis infamare?

Caput XXVII.

De impietate Porphyrii, qua etiam Apulei transcendit
errorem. 10

Quanto humanius et tolerabilius consectaneus tuus
Platonicus Apuleius erravit, qui tantum modo daemones a
luna et infra ordinatos agitari morbis passionum mentis-
que turbelis honorans eos quidem, sed volens nolensque
confessus est; deos tamen caeli superiores ad aetheria 15
spatia pertinentes, sive visibiles, quos conspicuos lucere
cernebat, solem ac lunam et cetera ibidem lumina, sive
invisibiles, quos putabat, ab omni labe istarum perturbationum quanta potuit disputatione secrevit! Tu autem hoc
didicisti non a Platone, sed a Chaldaeis magistris, ut in 20
aetherias vel empyreas mundi sublimitates et firmamenta
caelestia extolleres vitia humana, ut possent dii vestri
theurgis pronuntiare divina; quibus divinis te tamen per
intellectualem vitam facis altiorem, ut tibi videlicet tamquam philosopho theurgicae artis purgationes nequaquam 25
necessariae videantur; sed aliis eas tamen inportas, ut
hanc veluti mercedem reddas magistris tuis, quod eos, qui
philosophari non possunt, ad ista seducis, quae tibi tamquam superiorum capaci esse inutilia confiteris; ut videlicet quicumque a philosophiae virtute remoti sunt, quae 30
ardua nimis atque paucorum est, te auctore theurgos
homines, a quibus non quidem in anima intellectuali,
verum saltem in anima spiritali purgentur, inquirant, et
quoniam istorum, quos philosophari piget, incomparabi-

---

19) De deo Socr. p. 48.

liter maior est multitudo, plures ad secretos et inlicitos
magistros tuos, quam ad scholas Platonicas venire cogantur. Hoc enim tibi inmundissimi daemones, deos aetherios
se esse fingentes, quorum praedicator et angelus factus
5 es, promiserunt, quod in anima spiritali theurgica arte
purgati ad Patrem quidem non redeunt, sed super aerias
plagas inter deos aetherios habitabunt. Non audit ista
hominum multitudo, propter quos a daemonum dominatu
liberandos Christus advenit. In illo enim habent miseri-
10 cordissimam purgationem et mentis et spiritus et corporis
sui. Propterea quippe totum hominem sine peccato ille
suscepit, ut totum, quo constat homo, a peccatorum peste
sanaret. Quem tu quoque utinam cognovisses, eique te
potius, quam vel tuae virtuti, quae humana, fragilis et
15 infirma est, vel perniciosissimae curiositati sanandum
tutius commisisses. Non enim te decepisset, quem vestra,
ut tu ipse scribis, oracula sanctum inmortalemque confessa sunt. De quo etiam poeta nobilissimus, poetice
quidem, quia in alterius adumbrata persona, veraciter
20 tamen, si ad ipsum referas, dixit:

> Te duce, si qua manent sceleris vestigia nostri,
> Inrita perpetua solvent formidine terras.

Ea quippe dixit, quae etiam multum proficientium in virtute iustitiae possunt propter huius vitae infirmitatem, etsi
25 non scelera, scelerum tamen manere vestigia, quae non
nisi ab illo salvatore sanantur, de quo iste versus expres-
sus est. Nam utique non hoc a se ipso se dixisse Vergilius
in eclogae ipsius quarto ferme versu indicat, ubi ait:

> Ultima Cumaei venit iam carminis aetas.

30 Unde hoc a Cumaea Sibylla dictum esse incunctanter apparet. Theurgi vero illi, vel potius daemones, deorum
species figurasque fingentes inquinant potius quam purgant humanum spiritum falsitate phantasmatum et deceptoria vanarum ludificatione formarum. Quo modo enim
35 purgent hominis spiritum, qui inmundum habent pro-

---

22) Verg. eclog. 4, 13 sq.

prium? Alioquin nullo modo carminibus invidi hominis
ligarentur ipsumque inane beneficium, quod praestaturi
videbantur, aut metu premerent, aut simili invidentia
denegarent. Sufficit quod purgatione theurgica neque.
intellectualem animam, hoc est mentem nostram, dicis 5
posse purgari, et ipsam spiritalem, id est nostrae animae
partem mente inferiorem, quam tali arte purgari posse
asseris, inmortalem tamen aeternamque non posse hac
arte fieri confiteris. Christus autem vitam promittit aeternam; unde ad eum mundus vobis quidem stomachantibus, 10
mirantibus tamen stupentibusque concurrit. Quid prodest
quia negare non potuisti errare homines theurgica disciplina, et quam plurimos fallere per caecam insipientem-
que sententiam, atque esse certissimum errorem agendo
et supplicando ad principes angelosque decurrere; et rur- 15
sum, quasi ne operam perdidisse videaris ista discendo,
mittis homines ad theurgos, ut per eos anima spiritalis
purgetur illorum, qui non secundum intellectualem animam vivunt?

Caput XXVIII.   20

Quibus persuasionibus Porphyrius obcaecatus non potuerit
veram sapientiam, quod est Christus, agnoscere.

· Mittis ergo homines in errorem certissimum. Neque
hoc tantum malum te pudet, cum virtutis et sapientiae
profitearis amatorem. Quam si vere ac fideliter amasses, 25
Christum Dei virtutem et Dei sapientiam cognovisses, nec
ab eius saluberrima humilitate tumore inflatus vanae scientiae resiluisses. Confiteris tamen etiam spiritalem animam
sine theurgicis artibus et sine teletis, quibus frustra di-
scendis elaborasti, posse continentiae virtute purgari. Ali- 30
quando etiam dicis, quod teletae non post mortem elevant
animam, ut iam nec eidem ipsi, quam spiritalem vocas,
aliquid post huius vitae finem prodesse videantur; et tamen
versas haec multis modis et repetis, ad nihil aliud, quantum existimo, nisi ut talium quoque rerum quasi peritus 35
appareas et placeas inlicitarum artium curiosis, vel ad eas

facias ipse curiosos. Sed bene, quod metuendam dicis
hanc artem vel legum periculis vel ipsius actionis. Atque
utinam hoc saltem abs te miseri audiant, et inde, ne illic
absorbeantur, abscedant, aut eo penitus non accedant.

5 Ignorantiam certe et propter eam multa vitia per nullas
teletas purgari dicis, sed per solum πατρικὸν νοῦν, id est
paternam mentem sive intellectum, qui paternae est con-
scius voluntatis. Hunc autem Christum esse non credis;
contemnis enim eum propter corpus ex femina acceptum

10 et propter crucis opprobrium, excelsam videlicet sapientiam spretis atque abiectis infimis idoneus de superioribus
carpere. At ille implet, quod prophetae sancti de illo
veraciter praedixerunt: *Perdam sapientiam sapientium et
prudentiam prudentium reprobabo.* Non enim suam in eis

15 perdit et reprobat, quam ipse donavit; sed quam sibi
arrogant, qui non habent ipsius. Unde commemorato isto
prophetico testimonio, sequitur et dicit apostolus: *Ubi
sapiens? ubi scriba? ubi conquisitor huius saeculi? Nonne
stultam fecit Deus sapientiam huius mundi? Nam quo-*

20 *niam in Dei sapientia non cognovit mundus per sapientiam
Deum, placuit Deo per stultitiam praedicationis salvos
facere credentes. Quoniam quidem Iudaei signa petunt
et Graeci sapientiam quaerunt; nos autem,* inquit, *praedicamus Christum crucifixum, Iudaeis quidem scandalum,*

25 *gentibus autem stultitiam, ipsis vero vocatis Iudaeis et
Graecis Christum Dei virtutem et Dei sapientiam; quoniam stultum Dei sapientius est hominibus, et infirmum
Dei fortius est hominibus.* Hoc quasi stultum et infirmum
tamquam sua virtute sapientes fortesque contemnunt. Sed

30 haec est gratia, quae sanat infirmos, non superbe iactantes
falsam beatitudinem suam, sed humiliter potius veram
miseriam confitentes.

---

14) Esai. 29, 14.   28) 1. Cor. 1, 19 sqq.

Caput XXIX.

De incarnatione Domini nostri Iesu Christi, quam confiteri
Platonicorum erubescit impietas.

Praedicas Patrem et eius Filium, quem vocas paternum intellectum seu mentem, et horum medium, quem 5
putamus te dicere Spiritum sanctum, et more vestro ap-
pellas tres deos. Ubi, etsi verbis indisciplinatis utimini,
videtis tamen qualitercumque et quasi per quaedam tenuis
imaginationis umbracula, quo nitendum sit; sed incarna-
tionem incommutabilis Filii Dei, qua salvamur, ut ad illa, 10
quae credimus vel ex quantulacumque parte intellegimus,
venire possimus, non vultis agnoscere. Itaque videtis utcumque, etsi de longinquo, etsi acie caligante, patriam in
qua manendum est, sed viam qua eundum est non tenetis.
Confiteris tamen gratiam, quando quidem ad Deum per 15
virtutem intellegentiae pervenire paucis dicis esse concessum. Non enim dicis: Paucis placuit, vel: Pauci voluerunt;
sed cum dicis esse concessum, procul dubio Dei gratiam,
non hominis sufficientiam confiteris. Uteris etiam hoc
verbo apertius, ubi Platonis sententiam sequens nec ipse 20
dubitas in hac vita hominem nullo modo ad perfectionem
sapientiae pervenire, secundum intellectum tamen viventibus omne quod deest providentia Dei et gratia post hanc
vitam posse compleri. O si cognovisses Dei gratiam per
Iesum Christum dominum nostrum ipsamque eius incar- 25
nationem, qua hominis animam corpusque suscepit, summum esse exemplum gratiae videre potuisses. Sed quid
faciam? Scio me frustra loqui mortuo, sed quantum ad
te adtinet; quantum autem ad eos, qui te magni pendunt
et te vel qualicumque amore sapientiae vel curiositate 30
artium, quas non debuisti discere, diligunt, quos potius in
tua compellatione alloquor, fortasse non frustra. Gratia
Dei non potuit gratius commendari, quam ut ipse unicus
Dei Filius in se incommutabiliter manens indueretur hominem et spem dilectionis suae daret hominibus homine 35

medio, qua ad illum ab hominibus veniretur, qui tam longe
erat inmortalis a mortalibus incommutabilis a commuta-
bilibus, iustus ab impiis beatus a miseris. Et quia naturaliter indidit nobis, ut beati inmortalesque esse cupiamus,
5 manens beatus suscipiensque mortalem, ut nobis tribueret quod amamus, perpetiendo docuit contemnere quod
timemus.

Sed huic veritati ut possetis adquiescere, humilitate
opus erat, quae cervici vestrae difficillime persuaderi po-
10 test. Quid enim incredibile dicitur, praesertim vobis qui
talia sapitis, quibus ad hoc credendum vos ipsos admonere
debeatis; quid inquam vobis incredibile dicitur, cum Deus
dicitur adsumpsisse humanam animam et corpus? Vos
certe tantum tribuitis animae intellectuali, quae anima
15 utique humana est, ut eam consubstantialem paternae illi
menti, quem Dei Filium confitemini, fieri posse dicatis.
Quid ergo incredibile est, si aliqua una intellectualis anima
modo quodam ineffabili et singulari pro multorum salute
suscepta est? Corpus vero animae cohaerere, ut homo
20 totus et plenus sit, natura ipsa nostra teste cognoscimus.
Quod nisi usitatissimum esset, hoc profecto esset incredibilius; facilius quippe in fidem recipiendum est, etsi humanum divino, etsi mutabilem incommutabili, tamen spiritum
spiritui, aut ut verbis utar, quae in usu habetis, incorpo-
25 reum incorporeo, quam corpus incorporeo cohaerere. An
forte vos offendit inusitatus corporis partus ex virgine?
Neque hoc debet offendere, immo potius ad pietatem su-
scipiendam debet adducere, quod mirabilis mirabiliter
natus est. An vero quod ipsum corpus morte depositum
30 et in melius resurrectione mutatum iam incorruptibile
neque mortale in superna subvexit, hoc fortasse credere
recusatis, intuentes Porphyrium in his ipsis libris, ex
quibus multa posui, quos de regressu animae scripsit, tam
crebro praecipere, omne corpus esse fugiendum, ut anima
35 possit beata permanere cum Deo? Sed ipse potius ista
sentiens corrigendus fuit, praesertim cum de anima mundi
huius visibilis et tam ingentis corporeae molis cum illo
tam incredibilia sapiatis. Platone quippe auctore animal

esse dicitis mundum et animal beatissimum, quod vultis
esse etiam sempiternum. Quo modo ergo nec umquam
solvetur a corpore, nec umquam carebit beatitudine, si,
ut beata sit anima, corpus est omne fugiendum? Solem
quoque istum et cetera sidera non solum in libris vestris 5
corpora esse fatemini, quod vobiscum omnes homines et
conspicere non cunctantur et dicere; verum etiam altiore,
ut putatis, peritia haec esse animalia beatissima perhibetis
et cum his corporibus sempiterna. Quid ergo est, quod,
cum vobis fides Christiana suadetur, tunc obliviscimini, 10
aut ignorare vos fingitis, quid disputare aut docere soleatis?
Quid causae est, cur propter opiniones vestras, quas vos
ipsi oppugnatis, Christiani esse nolitis, nisi quia Christus
humiliter venit et vos superbi estis? Qualia sanctorum
corpora in resurrectione futura sint, potest aliquanto scru- 15
pulosius inter Christianarum scripturarum doctissimos
disputari, futura tamen sempiterna minime dubitamus, et
talia futura, quale sua resurrectione Christus demonstravit
exemplum. Sed qualiacumque sint, cum incorruptibilia
prorsus et inmortalia nihiloque animae contemplationem, 20
qua in Deo figitur, inpedientia praedicentur, vosque etiam
dicatis esse in caelestibus inmortalia corpora inmortaliter
beatorum: quid est quod, ut beati simus, omne corpus fugiendum esse opinamini, ut fidem Christianam quasi rationabiliter fugere videamini, nisi quia illud est, quod 25
iterum dico: Christus est humilis, vos superbi? An forte
corrigi pudet? Et hoc vitium non nisi superborum est.
Pudet videlicet doctos homines ex discipulis Platonis fieri
discipulos Christi, qui piscatorem suo spiritu docuit sapere
ac dicere: *In principio erat Verbum, et Verbum erat* 30
apud Deum, et Deus erat Verbum; hoc erat in principio
apud Deum. Omnia per ipsum facta sunt, et sine ipso
factum est nihil, quod factum est. In ipso vita erat, et
vita erat lux hominum, et lux in tenebris lucet, et tenebrae
eam non conprehenderunt. Quod initium sancti evangelii, 35
cui nomen est secundum Ioannem, quidam Platonicus,

---

1) Tim. interpr. Cic. c. 3 sqq.

sicut a sancto sene Simpliciano, qui postea Mediolanensi ecclesiae praesedit episcopus, solebamus audire, aureis litteris conscribendum, et per omnes ecclesias in locis eminentissimis proponendum esse dicebat. Sed ideo viluit
5 superbis Deus ille magister, quia *Verbum caro factum est et habitavit in nobis;* ut parum sit miseris quod aegrotant, nisi se in ipsa etiam aegritudine extollant et de medicina, qua sanari poterant, erubescant. Non enim hoc faciunt ut erigantur, sed ut cadendo gravius affligantur.

10 ## Caput XXX.

Quanta Platonici dogmatis Porphyrius refutaverit et dissentiendo correxerit.

Si post Platonem aliquid emendare existimatur indignum, cur ipse Porphyrius nonnulla et non parva emen-
15 davit? Nam Platonem animas hominum post mortem revolvi usque ad corpora bestiarum scripsisse certissimum est. Hanc sententiam Porphyrii doctor tenuit et Plotinus; Porphyrio tamen iure displicuit. In hominum sane non sua quae dimiserant, sed alia nova corpora redire humanas
20 animas arbitratus est. Puduit scilicet illud credere, ne mater fortasse filium in mulam revoluta vectaret; et non puduit hoc credere, ubi revoluta mater in puellam filio forsitan nuberet. Quanto creditur honestius, quod sancti et veraces angeli docuerunt, quod prophetae Dei spiritu
25 acti locuti sunt, quod ipse quem venturum Salvatorem praemissi nuntii praedixerunt, quod missi apostoli qui orbem terrarum evangelio repleverunt, — quanto, inquam, honestius creditur, reverti animas semel ad corpora propria, quam reverti totiens ad diversa! Verum tamen, ut
30 dixi, ex magna parte correctus est in hac opinione Porphyrius, ut saltem in solos homines humanas animas praecipitari posse sentiret; beluinos autem carceres evertere minime dubitaret. Dicit etiam ad hoc Deum animam mundo dedisse, ut materiae corporalis cognoscens mala ad Patrem

---

6) Ioan. 1, 14.　17) Enn. 3. lib. 4. c. 2.

recurreret nec aliquando iam talium polluta contagione
teneretur. Ubi etsi aliquid inconvenienter sapit (magis
enim data est corpori, ut bona faceret; non enim mala
disceret, si non faceret), in eo tamen aliorum Platonicorum
opinionem et non in re parva emendavit, quod mundatam 5
ab omnibus malis animam et cum Patre constitutam numquam iam mala mundi huius passuram esse confessus est.
Qua sententia profecto abstulit, quod esse Platonicum maxime perhibetur, ut mortuos ex vivis, ita vivos ex mortuis
semper fieri; falsumque esse ostendit, quod Platonice vide- 10
tur dixisse Vergilius, in campos Elysios purgatas animas
missas (quo nomine tamquam per fabulam videntur significari gaudia beatorum) ad fluvium Letheum evocari, hoc
est ad oblivionem praeteritorum:

> Scilicet inmemores supera ut convexa revisant 15
> Rursus et incipiant in corpora velle reverti.

Merito displicuit hoc Porphyrio, quoniam re vera credere
stultum est, ex illa vita, quae beatissima esse non poterit
nisi de sua fuerit aeternitate certissima, desiderare animas
corruptibilium corporum labem et inde ad ista remeare, 20
tamquam hoc agat summa purgatio, ut inquinatio requi-
ratur. Si enim quod perfecte mundantur hoc efficit, ut
omnium obliviscantur malorum, malorum autem oblivio
facit corporum desiderium, ubi rursus implicentur malis:
profecto erit infelicitatis causa summa felicitas, et stultitiae 25
causa perfectio sapientiae, et inmunditiae causa summa
mundatio. Nec veritate ibi beata erit anima, quamdiucumque erit ubi oportet fallatur, ut beata sit. Non enim
beata erit nisi secura. Ut autem secura sit, falso putabit
semper se beatam fore, quoniam aliquando erit et misera. 30
Cui ergo gaudendi causa falsitas erit, quo modo de veritate gaudebit? Vidit hoc Porphyrius, purgatamque animam
ob hoc reverti dixit ad Patrem, ne aliquando iam malorum
polluta contagione teneatur. [XXXI.] Falso igitur a quibusdam est Platonicis creditus quasi necessarius orbis ille ab 35

---

10) Plat. Phaedon p. 70—71. 16) Aen. 6, 750 sq.

eisdem abeundi et ad eadem revertendi. Quod etiamsi verum esset, quid hoc scire prodesset, nisi forte inde se nobis auderent praeferre Platonici, quia id nos in hac vita iam nesciremus, quod ipsi in alia meliore vita purgatissimi
5 et sapientissimi fuerant nescituri et falsum credendo beati futuri? Quod si absurdissimum et stultissimum est dicere, Porphyrii profecto est praeferenda sententia his, qui animarum circulos alternante semper beatitate et miseria suspicati sunt. Quod si ita est, ecce Platonicus in melius
10 a Platone dissentit; ecce vidit, quod ille non vidit, nec post talem ac tantum magistrum refugit correctionem, sed homini praeposuit veritatem.

Caput XXXI.

Contra argumentum Platonicorum, quo animam humanam
15 *Deo asserunt esse coaeternam.*

Cur ergo non potius divinitati credimus de his rebus, quas humano ingenio pervestigare non possumus, quae animam quoque ipsam non Deo coaeternam, sed creatam dicit esse, quae non erat? Ut enim hoc Platonici nollent
20 credere, hanc utique causam idoneam sibi videbantur adferre, quia, nisi quod semper antea fuisset, sempiternum deinceps esse non posset; quamquam et de mundo et de his, quos in mundo deos a Deo factos scribit Plato, apertissime dicat eos esse coepisse et habere initium, finem
25 tamen non habituros, sed per conditoris potentissimam voluntatem in aeternum mansuros esse perhibeat. Verum id quo modo intellegant invenerunt, non esse hoc videlicet temporis, sed substitutionis initium. ,,Sicut enim, inquiunt, si pes ex aeternitate semper fuisset in pulvere,
30 semper ei subesset vestigium, quod tamen vestigium a calcante factum nemo dubitaret, nec alterum altero prius esset, quamvis alterum ab altero factum esset: sic, inquiunt, et mundus atque in illo dii creati et semper fue-

---

26) Tim. interpret. Cic. c. 11.

runt semper existente qui fecit, et tamen facti sunt."
Numquid ergo, si anima semper fuit, etiam miseria eius
semper fuisse dicenda est? Porro si aliquid in illa, quod
ex aeterno non fuit, esse coepit ex tempore, cur non fieri
potuerit, ut ipsa esset ex tempore quae antea non fuisset? 5
Deinde beatitudo quoque eius post experimentum malorum
firmior et sine fine mansura, sicut iste confitetur, procul
dubio coepit ex tempore, et tamen semper erit, cum antea
non fuerit. Illa igitur omnis argumentatio dissoluta est,
qua putatur nihil esse posse sine fine temporis, nisi quod 10
initium non habet temporis. Inventa est enim animae
beatitudo, quae cum initium temporis habuerit, finem
temporis non habebit. Quapropter divinae auctoritati humana cedat infirmitas, eisque beatis et inmortalibus de
vera religione credamus, qui sibi honorem non expetunt, 15
quem Deo suo, qui etiam noster est, deberi sciunt, nec
iubent, ut sacrificium faciamus, nisi ei tantum, cuius et
nos cum illis, ut saepe dixi et saepe dicendum est, sacrificium esse debemus, per eum sacerdotem offerendi,
qui in homine, quem suscepit, secundum quem et sacer- 20
dos esse voluit, etiam usque ad mortem sacrificium pro
nobis dignatus est fieri.

Caput XXXII.

De universali via animae liberandae, quam Porphyrius
male quaerendo non repperit, et quam sola gratia   25
Christiana reseravit.

Haec est religio, quae universalem continet viam
animae liberandae, quoniam nulla nisi hac liberari potest.
Haec est enim quodam modo regalis via, quae una ducit
ad regnum, non temporali fastigio nutabundum, sed aeter- 30
nitatis firmitate securum. Cum autem dicit Porphyrius in
primo iuxta finem de regressu animae libro, nondum receptum in unam quandam sectam, quod universalem contineat viam animae liberandae, vel a philosophia verissima
aliqua vel ab Indorum moribus ac disciplina, aut inductione 35

26*

Chaldaeorum aut alia qualibet via, nondumque in suam
notitiam eandem viam historiali cognitione perlatam: procul dubio confitetur esse aliquam, sed nondum in suam
venisse notitiam. Ita ei non sufficiebat quidquid de anima
5 liberanda studiosissime didicerat, sibique vel potius aliis
nosse ac tenere videbatur. Sentiebat enim adhuc sibi deesse aliquam praestantissimam auctoritatem, quam de re
tanta sequi oporteret. Cum autem dicit, vel a philosophia
verissima aliqua nondum in suam notitiam pervenisse
10 sectam, quae universalem contineat viam animae liberandae: satis, quantum arbitror, ostendit, vel eam philosophiam, in qua ipse philosophatus est, non esse verissimam,
vel ea non contineri talem viam. Et quo modo iam potest
esse verissima, qua non continetur haec via? Nam quae
15 alia via est universalis animae liberandae, nisi qua universae animae liberantur, ac per hoc sine illa nulla anima
liberatur? Cum autem addit et dicit: „Vel ab Indorum
moribus ac disciplina, vel ab inductione Chaldaeorum, vel
alia qualibet via", manifestissima voce testatur, neque illis
20 quae ab Indis, neque illis quae a Chaldaeis didicerat, hanc
universalem viam animae liberandae contineri; et utique
se a Chaldaeis oracula divina sumpsisse, quorum adsiduam
commemorationem facit, tacere non potuit. Quam vult
ergo intellegi animae liberandae universalem viam nondum
25 receptam vel ex aliqua verissima philosophia vel ex earum
gentium doctrinis, quae magnae velut in divinis rebus
habebantur, quia plus apud eas curiositas valuit quorumque angelorum cognoscendorum et colendorum, nondumque in suam notitiam historiali cognitione perlatam? Quae-
30 nam ista est universalis via, nisi quae non suae cuique
genti propria, sed universis gentibus quae communis esset
divinitus inpertita est? Quam certe iste homo non me-
diocri ingenio praeditus esse non dubitat. Providentiam
quippe divinam sine ista universali via liberandae animae
35 genus humanum relinquere potuisse non credit. Neque
enim ait non esse, sed hoc tantum bonum tantumque
adiutorium nondum receptum, nondum in suam notitiam
esse perlatum; nec mirum. Tunc enim Porphyrius erat

in rebus humanis, quando ista liberandae animae universalis via, quae non est alia quam religio Christiana, oppu-
gnari permittebatur ab idolorum daemonumque cultoribus
regibusque terrenis, propter asserendum et consecrandum
martyrum numerum, hoc est testium veritatis, per quos 5
ostenderetur, omnia corporalia mala pro fide pietatis et
commendatione veritatis esse toleranda. Videbat ergo ista
Porphyrius, et per huius modi persecutiones cito istam
viam perituram, et propterea non esse ipsam liberandae
animae universalem putabat, non intellegens hoc, quod 10
eum movebat et quod in eius electione perpeti metuebat,
ad eius confirmationem robustioremque commendationem
potius pertinere.

Haec est igitur animae liberandae universalis via, id
est universis gentibus divina miseratione concessa, cuius 15
profecto notitia ad quoscumque iam venit et ad quoscumque ventura est, nec debuit nec debebit ei dici: Quare
modo? et: Quare sero? quoniam mittentis consilium non
est humano ingenio penetrabile. Quod sensit etiam iste,
cum dixit, nondum receptum hoc donum Dei, et nondum 20
in suam notitiam fuisse perlatum. Nec enim propterea
verum non esse iudicavit, quia nondum in fidem suam
receptum fuerat, vel in notitiam nondum pervenerat. Haec
est, inquam, liberandorum credentium universalis via, de
qua fidelis Abraham divinum accepit oraculum: *In semine* 25
tuo benedicentur omnes gentes. Qui fuit quidem gente
Chaldaeus, sed ut talia promissa perciperet, et ex illo propagaretur semen dispositum per angelos in manu Mediatoris, in quo esset ista liberandae animae universalis via,
hoc est omnibus gentibus data, iussus est discedere de 30
terra sua et de cognatione sua et de domo patris sui.
Tunc ipse primitus a Chaldaeorum superstitionibus liberatus unum verum Deum sequendo coluit, cui haec promit-
tenti fideliter credidit. Haec est universalis via, de qua in
sancta prophetia dictum est: *Deus misereatur nostri et* 35
benedicat nos; inluminet vultum suum super nos, ut cogno-

---

26) Gen. 22, 18.   29) Gal. 3, 19.

*scamus in terra viam tuam, in omnibus gentibus salutare
tuum.* Unde tanto post ex Abrahae semine carne suscepta
de ipso ait ipse Salvator: *Ego sum via, veritas et vita.*
Haec est universalis via, de qua tanto ante tempore pro-
5 phetatum est: *Erit in novissimis diebus manifestus mons
Domini, paratus in cacumine montium et extolletur super
colles, et venient ad eum universae gentes et ingredientur
nationes multae et dicent: Venite, ascendamus in montem Domini et in domum Dei Iacob; et adnuntiabit nobis
10 viam suam, et ingrediemur in ea. Ex Sion enim prodiet
lex et verbum Domini ab Hierusalem.* Via ergo ista non
est unius gentis, sed universarum gentium. Et lex ver-
bumque Domini non in Sion et Hierusalem remansit; sed
inde processit, ut se per universa diffunderet. Unde ipse
15 Mediator post resurrectionem suam discipulis trepidantibus
ait: *Oportebat impleri quae scripta sunt in lege et prophetis et psalmis de me. Tunc aperuit illis sensum, ut
intellegerent scripturas, et dixit eis, quia oportebat Christum pati et resurgere a mortuis tertio die et praedicari
20 in nomine eius paenitentiam et remissionem peccatorum
per omnes gentes incipientibus ab Hierusalem.* Haec est
igitur universalis animae liberandae via, quam sancti angeli sanctique prophetae prius in paucis hominibus ubi
potuerunt Dei gratiam reperientibus et maxime in Hebraea
25 gente, cuius erat ipsa quodam modo sacrata res publica,
in prophetationem et praenuntiationem civitatis Dei ex
omnibus gentibus congregandae et tabernaculo et templo
et sacerdotio et sacrificiis significaverunt et eloquiis quibusdam manifestis, plerisque mysticis, praedixerunt; prae-
30 sens autem in carne ipse Mediator et beati eius apostoli
iam testamenti novi gratiam revelantes apertius indicarunt,
quae aliquanto occultius superioribus sunt significata temporibus, pro aetatum generis humani distributione, sicut
eam Deo sapienti placuit ordinare, mirabilium operum
35 divinorum, quorum superius pauca iam posui, contestan-
tibus signis. Non enim apparuerunt tantum modo visiones

2) Psal. 66 (67), 2 sq.   3) Ioan. 14, 6.   11) Esai. 2, 2 sq.
21) Luc. 24, 44 sqq.

angelicae et caelestium ministrorum sola verba sonuerunt;
verum etiam hominibus Dei verbo simplicis pietatis agentibus spiritus inmundi de hominum corporibus ac sensibus
pulsi sunt, vitia corporis languoresque sanati, fera animalia
terrarum et aquarum, volatilia caeli, ligna, elementa, 5
sidera divina iussa fecerunt, inferna cesserunt, mortui
revixerunt; exceptis ipsius Salvatoris propriis singularibus-
que miraculis, maxime nativitatis et resurrectionis, quorum in uno maternae virginitatis tantum modo sacramentum, in altero autem etiam eorum, qui in fine resurrecturi 10
sunt, demonstravit exemplum. Haec via totum hominem
mundat et inmortalitati mortalem ex omnibus quibus constat partibus praeparat. Ut enim non alia purgatio ei
parti quaereretur, quam vocat intellectualem Porphyrius,
alia ei, quam vocat spiritalem, aliaque ipsi corpori: pro- 15
pterea totum suscepit veracissimus potentissimusque mun-
dator atque salvator. Praeter hanc viam, quae, partim
cum haec futura praenuntiantur, partim cum facta nun-
tiantur, numquam generi humano defuit, nemo liberatus
est, nemo liberatur, nemo liberabitur. 20

Quod autem Porphyrius universalem viam animae
liberandae nondum in suam notitiam historiali cognitione
dicit esse perlatam: quid hac historia vel inlustrius inveniri
potest, quae universum orbem tanto apice auctoritatis
obtinuit, vel fidelius, in qua ita narrantur praeterita, ut 25
futura etiam praedicantur, quorum multa videmus impleta,
ex quibus ea quae restant sine dubio speremus implenda?
Non enim potest Porphyrius vel quicumque Platonici etiam
in hac via quasi terrenarum rerum et ad vitam istam
mortalem pertinentium divinationem praedictionemque 30
contemnere, quod merito in aliis vaticinantibus et quorumlibet modorum vel artium divinationibus faciunt. Negant
enim haec vel magnorum hominum vel magni esse pendenda, et recte. Nam vel inferiorum fiunt praesensione
causarum, sicut arte medicinae quibusdam antecedentibus 35
signis plurima eventura valetudini praevidentur; vel inmundi daemones sua disposita facta praenuntiant, quorum
ius et in mentibus atque cupiditatibus iniquorum ad quae-

que congruentia facta ducendis quodam modo sibi vindicant, et in materia infima fragilitatis humanae.   Non
talia sancti homines in ista universali animarum liberan-
darum via gradientes tamquam magna prophetare cura-
5 runt, quamvis et ista eos non fugerint et ab eis saepe
praedicta sint ad eorum fidem faciendam, quae mortalium
sensibus non poterant intimari nec ad experimentum
celeri facilitate perduci.   Sed alia erant vere magna atque
divina, quae quantum dabatur cognita Dei voluntate futura
10 nuntiabant.   Christus quippe in carne venturus et quae
in illo tam clara perfecta sunt atque in eius nomine impleta, paenitentia hominum et ad Deum conversio voluntatum, remissio peccatorum, gratia iustitiae, fides piorum
et per universum orbem in veram divinitatem multitudo
15 credentium, culturae simulacrorum daemonumque sub-
versio et a temptationibus exercitatio, proficientium purgatio et liberatio ab omni malo, iudicii dies, resurrectio
mortuorum, societatis impiorum aeterna damnatio regnumque aeternum gloriosissimae civitatis Dei conspectu eius
20 inmortaliter perfruentis in huius viae scripturis praedicta
atque promissa sunt; quorum tam multa impleta conspicimus, ut recta pietate futura esse cetera confidamus.
Huius viae rectitudinem usque ad Deum videndum eique
in aeternum cohaerendum in sanctarum scripturarum,
25 qua praedicatur atque adseritur, veritate quicumque non
credunt et ob hoc nec intellegunt, oppugnare possunt, sed
expugnare non possunt.

Quapropter in decem libris istis, etsi minus quam
nonnullorum de nobis expectabat intentio, tamen quorun-
30 dam studio, quantum verus Deus et Dominus adiuvare
dignatus est, satisfecimus refutando contradictiones impiorum, qui conditori sanctae civitatis, de qua disputare
instituimus, deos suos praeferunt. Quorum decem librorum quinque superiores adversus eos conscripti sunt,
35 qui propter bona vitae huius deos colendos putant; quinque autem posteriores adversus eos, qui cultum deorum
propter vitam, quae post mortem futura est, servandum
existimant. Deinceps itaque, ut in primo libro polliciti

sumus, de duarum civitatum, quas in hoc saeculo perplexas dicimus invicemque permixtas, exortu et procursu et debitis finibus quod dicendum arbitror, quantum divinitus adiuvabor expediam.

5

LIBER XI.

Caput I.

De ea parte operis, qua duarum civitatum, id est caelestis ac terrenae, initia et fines incipient demonstrari.   10

Civitatem Dei dicimus, cuius ea scriptura testis est, quae non fortuitis motibus animorum , sed plane summae dispositione providentiae super omnes omnium gentium litteras omnia sibi genera ingeniorum humanorum divina excellens auctoritate subiecit. Ibi quippe scriptum est: 15 *Gloriosa dicta sunt de te, civitas Dei;* et in alio psalmo legitur: *Magnus Dominus et laudabilis nimis in civitate Dei nostri, in monte sancto eius, dilatans exultationes universae terrae;* et paulo post in eodem psalmo: *Sicut audivimus, ita et vidimus, in civitate domini virtutum, in* 20 *civitate Dei nostri; Deus fundavit eam in aeternum;* item in alio: *Fluminis impetus laetificat civitatem Dei, sanctificavit tabernaculum suum Altissimus, Deus in medio eius non commovebitur.* His atque huius modi testimoniis, quae omnia commemorare nimis longum est, didicimus esse 25 quandam civitatem Dei, cuius cives esse concupivimus illo amore, quem nobis illius conditor inspiravit. Huic conditori sanctae civitatis cives terrenae civitatis deos suos praeferunt, ignorantes eum esse Deum deorum, non deorum falsorum, hoc est impiorum et superborum, qui eius

---

16) Psal. 86 (87), 3.   21) Psal. 47 (48), 2, 3, 9.   24) Psal. 45 (46), 5 sq.

incommutabili omnibusque communi luce privati et ob hoc ad quandam egenam potestatem redacti suas quodam modo privatas potentias consectantur honoresque divinos a deceptis subditis quaerunt; sed deorum piorum atque
5 sanctorum, qui potius se ipsos uni subdere quam multos sibi, potiusque Deum colere quam pro Deo coli delectantur. Sed huius sanctae civitatis inimicis decem superioribus libris, quantum potuimus, domino et rege nostro adiuvante respondimus. Nunc vero quid a me iam expectetur
10 agnoscens meique non inmemor debiti de duarum civitatum, terrenae scilicet et caelestis, quas in hoc interim saeculo perplexas quodam modo diximus invicemque permixtas, exortu et excursu et debitis finibus, quantum valuero, disputare eius ipsius domini et regis nostri ubique
15 opitulatione fretus adgrediar, primumque dicam quem ad modum exordia duarum istarum civitatum in angelorum diversitate praecesserint.

Caput II.

De cognoscendo Deo, ad cuius notitiam nemo hominum
20 *pervenit, nisi per mediatorem Dei et hominum,*
hominem Christum Iesum.

Magnum est et ad modum rarum universam creaturam corpoream et incorpoream consideratam compertamque mutabilem intentione mentis excedere atque ad incommu-
25 tabilem Dei substantiam pervenire et illic discere ex ipso, quod cunctam naturam, quae non est quod ipse, non fecit nisi ipse. Sic enim Deus cum homine non per aliquam creaturam loquitur corporalem, corporalibus instrepens auribus, ut inter sonantem et audientem aeria spatia ver-
30 berentur, neque per eius modi spiritalem, quae corporum similitudinibus figuratur, sicut in somnis vel quo alio tali modo (nam et sic velut corporis auribus loquitur, quia velut per corpus loquitur et velut interposito corporalium locorum intervallo; multum enim similia sunt talia visa
35 corporalibus); sed loquitur ipsa veritate, si quis sit idoneus ad audiendum mente, non corpore. Ad illud enim

hominis ita loquitur, quod in homine ceteris, quibus homo
constat, est melius, et quo ipse Deus solus est melior. Cum
enim homo rectissime intellegatur vel, si hoc non potest,
saltem credatur factus ad imaginem Dei: profecto ea sui
parte est propinquior superiori Deo, qua superat in- 5
feriores suas, quas etiam cum pecoribus communes habet.
Sed quia ipsa mens, cui ratio et intellegentia naturaliter
inest, vitiis quibusdam tenebrosis et veteribus invalida est,
non solum ad inhaerendum fruendo, verum etiam ad per-
ferendum incommutabile lumen, donec de die in diem 10
renovata atque sanata fiat tantae felicitatis capax, fide
primum fuerat inbuenda atque purganda. In qua ut fiden-
tius ambularet ad veritatem, ipsa veritas, Deus Dei filius,
homine adsumpto, non Deo consumpto, eandem constituit
et fundavit fidem, ut ad hominis Deum iter esset homini 15
per hominem Deum. Hic est enim mediator Dei et hominum, homo Christus Iesus. Per hoc enim mediator, per
quod homo, per hoc et via. Quoniam si inter eum qui
tendit et illud quo tendit via media est, spes est perve-
niendi; si autem desit aut ignoretur qua eundum sit, quid 20
prodest nosse quo eundum sit? Sola est autem adversus
omnes errores via munitissima, ut idem ipse sit Deus et
homo; quo itur Deus, qua itur homo.

CAPUT III.

De auctoritate canonicae scripturae divino spiritu 25
conditae.

Hic prius per prophetas, deinde per se ipsum, postea
per apostolos, quantum satis esse iudicavit, locutus etiam
scripturam condidit, quae canonica nominatur, eminen-
tissimae auctoritatis, cui fidem habemus de his rebus, 30
quas ignorare non expedit nec per nos ipsos nosse idonei
sumus. Nam si ea sciri possunt testibus nobis, quae
remota non sunt a sensibus nostris sive interioribus sive
etiam exterioribus (unde et praesentia nuncupantur, quod
ita ea dicimus esse prae sensibus, sicut prae oculis quae 35
praesto sunt oculis): profecto ea, quae remota sunt a sen-

sibus nostris, quoniam nostro testimonio scire non possumus, de his alios testes requirimus eisque credimus, a
quorum sensibus remota esse vel fuisse non credimus.
Sicut ergo de visibilibus, quae non vidimus, eis credimus,
5 qui viderunt, atque ita de ceteris, quae ad suum quemque
sensum corporis pertinent: ita de his, quae animo ac
mente sentiuntur (quia et ipse rectissime dicitur sensus,
unde et sententia vocabulum accepit), hoc est de invisibi-
libus quae a nostro sensu interiore remota sunt, his nos
10 oportet credere, qui haec in illo incorporeo lumine disposita didicerunt vel manentia contuentur.

Caput IV.

De conditione mundi, quae nec intemporalis sit, nec novo
Dei ordinata consilio, quasi postea voluerit, quod
15   *antea noluerit.*

Visibilium omnium maximus mundus est, invisibilium
omnium maximus Deus est. Sed mundum esse conspicimus, Deum esse credimus. Quod autem Deus fecerit mundum, nulli tutius credimus quam ipsi Deo. Ubi eum au-
20 divimus? Nusquam interim nos melius quam in scripturis
sanctis, ubi dixit propheta eius: *In principio fecit Deus*
caelum et terram. Numquidnam ibi fuit iste propheta,
quando fecit Deus caelum et terram? Non; sed ibi fuit
sapientia Dei, per quam facta sunt omnia, quae in animas
25 etiam sanctas se transfert, amicos Dei et prophetas constituit eisque opera sua sine strepitu intus enarrat. Loquuntur eis quoque angeli Dei, qui semper vident faciem
Patris voluntatemque eius quibus oportet adnuntiant. Ex
his unus erat iste propheta, qui dixit et scripsit: *In prin-*
30 *cipio fecit Deus caelum et terram.* Qui tam idoneus testis
est, per quem Deo credendum sit, ut eodem spiritu Dei,
quo haec sibi revelata cognovit, etiam ipsam fidem nostram
futuram tanto ante praedixerit.

---

25) Sap. 7, 27.   28) Matth. 18, 10.

Sed quid placuit aeterno Deo tunc facere caelum et
terram, quae antea non fecisset? Qui hoc dicunt, si mundum aeternum sine ullo initio et ideo nec a Deo factum
videri volunt, nimis aversi sunt a veritate et letali morbo
impietatis insaniunt. Exceptis enim propheticis vocibus 5
mundus ipse ordinatissima sua mutabilitate et mobilitate
et visibilium omnium pulcherrima specie quodam modo
tacitus et factum se esse et non nisi a Deo ineffabiliter atque invisibiliter magno et ineffabiliter atque invisibiliter
pulchro fieri se potuisse proclamat. Qui autem a Deo 10
quidem factum fatentur, non tamen eum temporis volunt
habere, sed suae creationis initium, ut modo quodam vix
intellegibili semper sit factus, dicunt quidem aliquid, unde
sibi Deum videntur velut a fortuita temeritate defendere,
ne subito illi venisse credatur in mentem, quod numquam 15
ante venisset, facere mundum, et accidisse illi novam
voluntatem, cum in nullo sit omnino mutabilis; sed non
video quo modo eis possit in ceteris rebus ratio ista sub-
sistere maximeque in anima, quam si Deo coaeternam
esse contenderint, unde illi acciderit nova miseria, quae 20
numquam antea per aeternum, nullo modo poterunt explicare. Si enim alternasse semper eius miseriam et beatitudinem dixerint, necesse est dicant etiam semper alter-
naturam; unde illa eos sequetur absurditas, ut etiam cum
beata dicitur in hoc utique non sit beata, si futuram suam 25
miseriam et turpitudinem praevidet; si autem non praevidet nec se turpem ac miseram fore, sed beatam semper
existimat, falsa opinione sit beata; quo dici stultius nihil
potest. Si autem semper quidem per saecula retro infinita
cum beatitudine alternasse animae miseriam putant, sed 30
nunc iam de cetero, cum fuerit liberata, ad miseriam non
esse redituram, nihilo minus convincuntur numquam eam
fuisse vere beatam, sed deinceps esse incipere nova quadam nec fallaci beatitudine; ac per hoc fatebuntur accidere
illi aliquid novi, et hoc magnum atque praeclarum, quod 35
numquam retro per aeternitatem accidisset. Cuius novi-
tatis causam si Deum negabunt in aeterno habuisse consilio, simul eum negabunt beatitudinis eius auctorem, quod

nefandae impietatis est; si autem dicent etiam ipsum novo
consilio excogitasse, ut de cetero sit anima in aeternum
beata, quo modo eum alienum ab ea, quae illis quoque
displicet, mutabilitate monstrabunt? Porro si ex tempore
5 creatam, sed nullo ulterius tempore perituram, tamquam
numerum, habere initium, sed non habere finem fatentur,
et ideo semel expertam miserias, si ab eis fuerit liberata,
numquam miseram postea futuram: non utique dubitabunt
hoc fieri manente incommutabilitate consilii Dei. Sic ergo
10 credant et mundum ex tempore fieri potuisse, nec tamen
ideo Deum in eo faciendo aeternum consilium voluntatemque mutasse.

Caput V.

Tam non esse cogitandum de infinitis temporum spatiis
15   *ante mundum, quam nec de infinitis locorum.*

Deinde videndum est, isti, qui Deum conditorem
mundi esse consentiunt, et tamen quaerunt de mundi tempore quid respondeamus, quid ipsi respondeant de mundi
loco. Ita enim quaeritur, cur potius tunc et non antea
20 factus sit, quem ad modum quaeri potest, cur hic potius
ubi est et non alibi. Nam si infinita spatia temporis ante
mundum cogitant, in quibus eis non videtur Deus ab opere
cessare potuisse, similiter cogitent extra mundum infinita
spatia locorum, in quibus si quisquam dicat non potuisse
25 vacare Omnipotentem, nonne consequens erit, ut innumerabiles mundos cum Epicuro somniare cogantur (ea tantum
differentia, quod eos ille fortuitis motibus atomorum gigni
adserit et resolvi, isti autem opere Dei factos dicturi sunt),
si eum per interminabilem inmensitatem locorum extra
30 mundum circumquaque patentium vacare noluerint, nec
eosdem mundos, quod etiam de isto sentiunt, ulla causa
posse dissolvi? Cum his enim agimus, qui et Deum incorporeum et omnium naturarum, quae non sunt quod ipse,
creatorem nobiscum sentiunt; alios autem nimis indignum
35 est ad istam disputationem religionis admittere, maxime
quod apud eos, qui multis diis sacrorum obsequium defe-

rendum putant, isti philosophos ceteros nobilitate atque
auctoritate vicerunt, non ob aliud, nisi quia longo quidem
intervallo, verum tamen reliquis propinquiores sunt veritati. An forte substantiam Dei, quam nec includunt nec
determinant nec distendunt loco, sed eam, sicut sentire 5
de Deo dignum est, fatentur incorporea praesentia ubique
totam, a tantis locorum extra mundum spatiis absentem
esse dicturi sunt, et uno tantum atque in comparatione
illius infinitatis tam exiguo loco, in quo mundus est, occu-
patam? Non opinor eos in haec vaniloquia progressuros. 10
Cum igitur unum mundum ingenti quidem mole corporea,
finitum tamen et loco suo determinatum et operante Deo
factum esse dicant: quod respondent de infinitis extra
mundum locis, cur in eis ab opere Deus cesset, hoc sibi
respondeant, de infinitis ante mundum temporibus, cur in 15
eis ab opere Deus cessaverit. Et sicut non est consequens,
ut fortuito potius quam ratione divina Deus non alio, sed
isto in quo est loco mundum constituerit, cum pariter infinitis ubique patentibus nullo excellentiore merito posset
hic eligi, quamvis eandem divinam rationem, qua id factum 20
est, nulla possit humana conprehendere: ita non est consequens, ut Deo aliquid existimemus accidisse fortuitum,
quod illo potius quam anteriore tempore condidit mundum, cum aequaliter anteriora tempora per infinitum retro
spatium praeterissent nec fuisset aliqua differentia, unde 25
tempus tempori eligendo praeponeretur. Quod si dicunt,
inanes esse hominum cogitationes, quibus infinita imagi-
nantur loca, cum locus nullus sit praeter mundum: respondetur eis, isto modo inaniter homines cogitare praeterita
tempora vacationis Dei, cum tempus nullum sit ante 30
mundum.

Caput VI.

Creationis mundi et temporum unum esse principium, nec
aliud alio praeveniri.

Si enim recte discernuntur aeternitas et tempus, quod 35
tempus sine aliqua mobili mutabilitate non est, in aeter-

nitate autem nulla mutatio est: quis non videat quod tempora non fuissent, nisi creatura fieret, quae aliquid aliqua
motione mutaret; cuius motionis et mutationis cum aliud
atque aliud, quae simul esse non possunt, cedit atque suc-
5 cedit, in brevioribus vel productioribus morarum intervallis tempus sequeretur? Cum igitur Deus, in cuius aeternitate nulla est omnino mutatio, creator sit temporum
et ordinator: quo modo dicatur post temporum spatia
mundum creasse non video, nisi dicatur ante mundum iam
10 aliquam fuisse creaturam, cuius motibus tempora currerent. Porro si litterae sacrae maximeque veraces ita dicunt, in principio fecisse Deum caelum et terram, ut nihil
antea fecisse intellegatur, quia hoc potius in principio
fecisse diceretur, si quid fecisset ante cetera cuncta quae
15 fecit: procul dubio non est mundus factus in tempore,
sed cum tempore. Quod enim fit in tempore, et post
aliquod fit et ante aliquod tempus, post id quod praeteritum est, ante id quod futurum est; nullum autem posset
esse praeteritum, quia nulla erat creatura, cuius mutabi-
20 libus motibus ageretur. Cum tempore autem factus est
mundus, si in eius conditione factus est mutabilis motus,
sicut videtur se habere etiam ordo ille primorum sex vel
septem dierum, in quibus et mane et vespera nominantur,
donec omnia, quae his diebus Deus fecit, sexto perfician-
25 tur die septimoque in magno mysterio Dei vacatio com-
mendetur. Qui dies cuius modi sint, aut perdifficile nobis,
aut etiam inpossibile est cogitare, quanto magis dicere.

Caput VII.

*De qualitate primorum dierum, qui etiam antequam sol
30 fieret vesperam et mane traduntur habuisse.*

Videmus quippe istos dies notos non habere vesperam nisi de solis occasu, nec mane nisi de solis exortu;
illorum autem priores tres dies sine sole peracti sunt, qui
die quarto factus refertur. Et primitus quidem lux verbo
35 Dei facta atque inter ipsam et tenebras Deus separasse
narratur, et eandem lucem vocasse diem, tenebras autem

noctem; sed qualis illa sit lux, et quo alternante motu
qualemque vesperam et mane fecerit, remotum est a sensibus nostris; nec ita ut est intellegi a nobis potest, quod
tamen sine ulla haesitatione credendum est. Aut enim
aliqua lux corporea est, sive in superioribus mundi parti- 5
bus longe a conspectibus nostris, sive unde sol post modum accensus est; aut lucis nomine significata est sancta
civitas in sanctis angelis et spiritibus beatis, de qua dicit
apostolus: *Quae sursum est Hierusalem, mater nostra
aeterna in caelis;* ait quippe et alio loco: *Omnes enim vos* 10
filii estis et filii diei; non sumus noctis neque tenebrarum;
si tamen et vesperam diei huius et mane aliquatenus con-
gruenter intellegere valeamus. Quoniam scientia creaturae
in comparatione scientiae Creatoris quodam modo vespe-
rascit, itemque lucescit et mane fit, cum et ipsa refertur 15
ad laudem dilectionemque Creatoris; nec in noctem ver-
gitur, ubi non Creator creaturae dilectione relinquitur.
Denique scriptura cum illos dies dinumeraret ex ordine,
nusquam interposuit vocabulum noctis. Non enim ait alicubi: Facta est nox; sed: *Facta est vespera et factum est* 20
mane dies unus. Ita dies secundus et ceteri. Cognitio
quippe creaturae in se ipsa decoloratior est, ut ita dicam,
quam cum in Dei sapientia cognoscitur, velut in arte qua
facta est. Ideo vespera quam nox congruentius dici potest;
quae tamen, ut dixi, cum ad laudandum et amandum re- 25
fertur Creatorem, recurrit in mane. Et hoc cum facit in
cognitione sui ipsius, dies unus est; cum in cognitione
firmamenti, quod inter aquas inferiores et superiores caelum appellatum est, dies secundus; cum in cognitione
terrae ac maris omniumque gignentium, quae radicibus 30
continuata sunt terrae, dies tertius; cum in cognitione
luminarium maioris et minoris omniumque siderum, dies
quartus; cum in cognitione omnium ex aquis animalium
natatilium atque volatilium, dies quintus; cum in cognitione omnium animalium terrenorum atque ipsius hominis, 35
dies sextus.

---

10) Galat. 4, 26.   11) 1. Thess. 5, 5.

Caput VIII.

Quae qualisque intellegenda sit Dei requies, qua post opera sex dierum requievit in septimo.

Cum vero in die septimo requiescit Deus ab omnibus
5 operibus suis et sanctificat eum, nequaquam est accipiendum pueriliter, tamquam Deus laboraverit operando, qui *dixit et facta sunt* verbo intellegibili et sempiterno, non sonabili et temporali. Sed requies Dei requiem significat eorum qui requiescunt in Deo, sicut laetitia domus laeti-
10 tiam significat eorum, qui laetantur in domo, etiamsi non eos domus ipsa, sed alia res aliqua laetos facit. Quanto magis, si eadem domus pulchritudine sua faciat laetos habitatores, ut non solum eo loquendi módo laeta dicatur, quo significamus per id quod continet id quod continetur
15 (sicut „theatra plaudunt, prata mugiunt", cum in illis homines plaudant, in his boves mugiant); sed etiam illo, quo significatur per efficientem id quod efficitur; sicut laeta epistula dicitur, significans eorum laetitiam, quos legentes efficit laetos. Convenientissime itaque cum Deum
20 requievisse prophetica narrat auctoritas, significatur requies eorum, qui in illo requiescunt et quos facit ipse requiescere; hoc etiam hominibus, quibus loquitur et propter quos utique conscripta est, promittente prophetia, quod etiam ipsi post bona opera, quae in eis et per eos
25 operatur Deus, si ad illum prius in ista vita per fidem quodam modo accesserint, in illo habebunt requiem sempiternam. Hoc enim et sabbati vacatione ex praecepto legis in vetere Dei populo figuratum est, unde suo loco diligentius arbitror disserendum.

30 ## Caput IX.

De angelorum conditione quid secundum divina testimonia sentiendum sit.

Nunc, quoniam de sanctae civitatis exortu dicere institui et prius quod ad sanctos angelos adtinet dicendum putavi, quae huius civitatis et magna pars est et eo bea-

---

7) Psal. 148, 5.

tior, quod numquam peregrinata, quae hinc divina testimonia suppetant, quantum satis videbitur, Deo largiente
explicare curabo. Ubi de mundi constitutione sacrae litterae loquuntur, non evidenter dicitur, utrum vel quo
ordine creati sint angeli; sed si praetermissi non sunt, vel 5
caeli nomine, ubi dictum est: *In principio fecit Deus
caelum et terram*, vel potius lucis huius, de qua loquor,
significati sunt. Non autem esse praetermissos hinc existimo, quod scriptum est, requievisse Deum in die septimo
ab omnibus operibus suis quae fecit, cum liber ipse ita 10
sit exorsus: *In principio fecit Deus caelum et terram;* ut
ante caelum et terram nihil aliud fecisse videatur. Cum
ergo a caelo et terra coeperit, atque ipsa terra, quam
primitus fecit, sicut scriptura consequenter eloquitur, invisibilis et incomposita nondumque luce facta utique tene- 15
brae fuerint super abyssum, id est super quandam terrae
et aquae indistinctam confusionem (ubi enim lux non est,
tenebrae sint necesse est); deinde cum omnia creando
disposita sint, quae per sex dies consummata narrantur:
quo modo angeli praetermitterentur, tamquam non essent 20
in operibus Dei, a quibus in die septimo requievit? Opus
autem Dei esse angelos hic quidem etsi non praetermis-
sum, non tamen evidenter expressum est; sed alibi hoc
sancta scriptura clarissima voce testatur. Nam in hymno
trium in camino virorum cum praedictum esset: *Bene-*, 25
dicite omnia opera Domini Domino; in executione eorundem operum, etiam angeli nominati sunt; et in psalmo
canitur: *Laudate Dominum de caelis, laudate eum in ex-
celsis. Laudate eum omnes angeli eius, laudate eum
omnes virtutes eius. Laudate eum sol et luna, laudate* 30
*eum omnes stellae et lumen. Laudate eum caeli caelorum,
et aquae quae super caelos sunt, laudent nomen Domini.
Quoniam ipse dixit, et facta sunt; ipse mandavit, et creata
sunt.* Etiam hic apertissime a Deo factos esse angelos
divinitus dictum est, cum eis inter cetera caelestia com- 35
memoratis infertur ad omnia: *Ipse dixit, et facta sunt.*

---

27) Dan. 3, 57 sq.   34) Psal. 148, 1 sqq.

Quis porro audebit opinari, post omnia ista, quae sex
diebus enumerata sunt, angelos factos? Sed etsi quisquam ita desipit, redarguit istam vanitatem illa scriptura
paris auctoritatis, ubi Deus dicit: *Quando facta sunt si-*
5 *dera, laudaverunt me voce magna omnes angeli mei.* Iam
ergo erant angeli, quando facta sunt sidera. Facta sunt
autem quarto die. Numquidnam ergo die tertio factos esse
dicemus? Absit. In promptu est enim, quid illo die factum
sit. Ab aquis utique terra discreta est, et distinctas sui
10 generis species duo ista elementa sumpserunt, et produxit
terra quidquid ei radicitus inhaeret. Numquidnam secundo? Ne hoc quidem. Tunc enim firmamentum factum
est inter aquas superiores et inferiores caelumque appellatum est; in quo firmamento quarto die facta sunt sidera.
15 Nimirum ergo si ad istorum dierum opera Dei pertinent
angeli, ipsi sunt lux illa, quae diei nomen accepit, cuius
unitas ut commendaretur, non est dictus dies primus, sed
dies unus. Nec alius est dies secundus aut tertius aut
ceteri; sed idem ipse unus ad inplendum senarium vel
20 septenarium numerum repetitus est propter senariam vel
septenariam cognitionem; senariam scilicet operum quae
fecit Deus, et septenariam quietis Dei. Cum enim dixit
Deus: *Fiat lux, et facta est lux,* si recte in hac luce creatio
intellegitur angelorum, profecto facti sunt participes lucis
25 aeternae, quod est ipsa incommutabilis sapientia Dei, per
quam facta sunt omnia, quem dicimus unigenitum Dei
filium; ut ea luce inluminati, qua creati, fierent lux et
vocarentur dies participatione incommutabilis lucis et diei,
quod est verbum Dei, per quod et ipsi et omnia facta sunt.
30 *Lumen* quippe *verum, quod inluminat omnem hominem*
venientem in hunc mundum, hoc inluminat et omnem angelum mundum, ut sit lux non in se ipso, sed in Deo; a quo
si avertitur angelus, fit inmundus; sicut sunt omnes, qui
vocantur inmundi spiritus, nec iam lux in Domino, sed in
35 se ipsis tenebrae, privati participatione lucis aeternae. Mali
enim nulla natura est; sed amissio boni mali nomen accepit.

---

5) Iob 38, 7.   31) Ioan. 1, 9.

Caput X.

De simplici et incommutabili trinitate Patris et Filii et Spiritus sancti, unius Dei, cui non est aliud qualitas, aliud substantia.

Est itaque bonum solum simplex et ob hoc solum in- 5
commutabile, quod est Deus. Ab hoc bono creata sunt
omnia bona, sed non simplicia et ob hoc mutabilia. Creata
sane, inquam, id est facta, non genita. Quod enim de
simplici bono genitum est, pariter simplex est et hoc est
quod illud de quo genitum est; quae duo Patrem et Filium 10
dicimus; et utrumque hoc cum Spiritu suo unus est Deus;
qui Spiritus Patris et Filii Spiritus sanctus propria quadam
notione huius nominis in sacris litteris nuncupatur. Alius
est autem quam Pater et Filius, quia nec Pater est, nec
Filius; sed „alius" dixi, non „aliud", quia et hoc pariter 15
simplex pariterque est incommutabile bonum et coaeternum. Et haec trinitas unus est Deus; nec ideo non simplex, quia trinitas. Neque enim propter hoc naturam
istam boni simplicem dicimus, quia Pater in ea solus aut
solus Filius aut solus Spiritus sanctus, aut vero sola est 20
ista nominis trinitas sine subsistentia personarum, sicut
Sabelliani haeretici putaverunt; sed ideo simplex dicitur,
quoniam quod habet hoc est, excepto quod relative quaeque persona ad alteram dicitur. Nam utique Pater habet
Filium, nec tamen ipse est Filius, et Filius habet Patrem, 25
nec tamen ipse est Pater. In quo ergo ad se ipsum dicitur, non [ad] alterum, hoc est quod habet; sicut ad se
ipsum dicitur vivus habendo utique vitam, et eadem vita
ipse est.

Propter hoc itaque natura dicitur simplex, cui non 30
sit aliquid habere, quod vel possit amittere; vel aliud sit
habens, aliud quod habet; sicut vas aliquem liquorem aut
corpus colorem aut aer lucem sive fervorem aut anima
sapientiam. Nihil enim horum est id quod habet; nam
neque vas liquor est nec corpus dolor, nec aer lux sive 35
fervor neque anima sapientia est. Hinc est quod etiam
privari possunt rebus, quas habent, et in alios habitus vel

qualitates verti atque mutari, ut et vas evacuetur humore quo plenum est, et corpus decoloretur, et aer tenebrescat sive frigescat, et anima desipiat. Sed etsi sit corpus incorruptibile, quale sanctis in resurrectione promittitur,
5 habet quidem ipsius incorruptionis inamissibilem qualitatem, sed manente substantia corporali non hoc est, quod ipsa incorruptio. Nam illa etiam per singulas partes corporis tota est, nec alibi maior, alibi minor; neque enim ulla pars est incorruptior quam altera; corpus vero ipsum
10 maius est in toto quam in parte; et cum alia pars est in eo amplior, alia minor, non ea quae amplior est incorruptior quam ea quae minor. Aliud est itaque corpus, quod non ubique sui totum est; alia incorruptio, quae ubique eius tota est; quia omnis pars incorruptibilis corporis
15 etiam ceteris inaequalis aequaliter incorrupta est. Neque enim, verbi gratia, quia digitus minor est quam tota manus, ideo incorruptibilior manus quam digitus. Ita cum sint inaequales manus et digitus, aequalis tamen est incorruptibilitas manus et digiti. Ac per hoc quamvis a corpore
20 incorruptibili inseparabilis incorruptibilitas sit, aliud est tamen substantia, qua corpus dicitur, aliud qualitas eius, qua incorruptibile nuncupatur. Et ideo etiam sic non hoc est quod habet. Anima quoque ipsa, etiamsi semper sit sapiens, sicut erit cum liberabitur in aeternum,
25 participatione tamen incommutabilis sapientiae sapiens erit, quae non est quod ipsa. Neque enim si aer infusa luce numquam deseratur, ideo non aliud est ipse, aliud lux qua inluminatur. Neque hoc ita dixerim, quasi aer sit anima, quod putaverunt quidam qui non potuerunt in-
30 corpoream cogitare naturam. Sed habent haec ad illa etiam in magna disparilitate quandam similitudinem, ut non inconvenienter dicatur, sic inluminari animam incorpoream luce incorporea simplicis sapientiae Dei, sicut inluminatur aeris corpus luce corporea; et sicut aer tene-
35 brescit ista luce desertus (nam nihil sunt aliud quae dicuntur locorum quorumcumque corporalium tenebrae, quam aer carens luce), ita tenebrescere animam sapientiae luce privatam.

Secundum hoc ergo dicuntur illa simplicia, quae principaliter vereque divina sunt, quod non aliud est in eis qualitas, aliud substantia, nec aliorum participatione vel divina vel sapientia vel beata sunt. Ceterum dictus est in scripturis sanctis Spiritus sapientiae multiplex, eo quod 5 multa in se habeat; sed quae habet, haec et est, et ea omnia unus est. Neque enim multae, sed una sapientia est, in qua sunt infiniti quidam eique finiti thesauri rerum intellegibilium, in quibus sunt omnes invisibiles atque incommutabiles rationes rerum etiam visibilium et mutabi- 10 lium, quae per ipsam factae sunt. Quoniam Deus non aliquid nesciens fecit, quod nec de quolibet homine artifice recte dici potest; porro si sciens fecit omnia, ea utique fecit quae noverat. Ex quo occurrit animo quiddam mirum, sed tamen verum, quod iste mundus nobis notus esse 15 non posset, nisi esset; Deo autem nisi notus esset, esse non posset.

Caput XI.

*An eius beatitudinis, quam sancti angeli ab initio sui
   semper habuerunt, etiam illos spiritus, qui in veritate   20
   non steterunt, participes fuisse credendum sit.*

Quae cum ita sint, nullo modo quidem secundum spatium aliquod temporis prius erant illi spiritus tenebrae, quos angelos dicimus; sed simul ut facti sunt, lux facti sunt; non tamen ita tantum creati, ut quoquo modo 25 essent et quoquo modo viverent; sed etiam inluminati, ut sapienter beateque viverent. Ab hac inluminatione aversi quidam angeli non obtinuerunt excellentiam sapientis beataeque vitae, quae procul dubio non nisi aeterna est aeternitatisque suae certa atque secura; sed rationalem licet 30 insipientem sic habent, ut eam non possint amittere, nec si velint. Quatenus autem, antequam peccassent, illius sapientiae fuerint participes, definire quis potest? In eius tamen participatione aequales fuisse istos illis, qui pro-

---

5) Sap. 7, 22.

pterea vere pleneque beati sunt, quoniam nequaquam de suae beatitudinis aeternitate falluntur, quo modo dicturi sumus? quando quidem si aequales in ea fuissent, etiam isti in eius aeternitate mansissent pariter beati, quia pari-
5 ter certi. Neque enim sicut vita, quamdiucumque fuerit, ita aeterna vita veraciter dici poterit, si finem habitura sit; si quidem vita tantum modo vivendo, aeterna vero finem non habendo nominata est. Quapropter quamvis non, quid-quid aeternum, continuo beatum sit (dicitur enim etiam
10 poenalis ignis aeternus): tamen si vere perfecteque beata vita non nisi aeterna est, non erat talis istorum, quando-que desitura et propterea non aeterna, sive id scirent, sive nescientes aliud putarent; quia scientes timor, nescientes error beatos esse utique non sinebat. Si autem hoc ita
15 nesciebant, ut falsis incertisve non fiderent, sed utrum sempiternum, an quandoque finem habiturum esset bonum suum, in neutram partem firma adsensione ferrentur: ipsa de tanta felicitate cunctatio eam beatae vitae plenitu-dinem, quam in sanctis angelis esse credimus, non habe-
20 bat. Neque enim beatae vitae vocabulum ita contrahimus ad quasdam significationis angustias, ut solum Deum dica-mus beatum; qui tamen ita vere beatus est, ut maior bea-titudo esse non possit; in cuius comparatione, quod angeli beati sunt sua quadam summa beatitudine, quanta esse
25 in angelis potest, quid aut quantum est?

Caput XII.
De comparatione beatitudinis iustorum 'necdum tenentium promissionis divinae praemium et primorum in para-diso hominum ante peccatum.

30   Nec ipsos tantum, quod adtinet ad rationalem vel in-tellectualem creaturam, beatos nuncupandos putamus. Quis enim primos illos homines in paradiso negare audeat beatos fuisse ante peccatum, quamvis sua beatitudo quam diuturna vel utrum aeterna esset incertos (esset autem
35 aeterna, nisi peccassent), cum hodie non inpudenter bea-tos vocemus, quos videmus iuste ac pie cum spe futurae inmortalitatis hanc vitam ducere sine crimine vastante

conscientiam, facile inpetrantes peccatis huius infirmitatis divinam misericordiam. Qui licet de suae perseverantiae praemio certi sint, de ipsa tamen perseverantia sua reperiuntur incerti. Quis enim hominum se in actione provectuque iustitiae perseveraturum usque in finem sciat, 5 nisi aliqua revelatione ab illo fiat certus, qui de hac re iusto latentique iudicio non omnes instruit, sed neminem fallit? Quantum itaque pertinet ad delectationem praesentis boni, beatior erat primus homo in paradiso, quam quilibet iustus in hac infirmitate mortali; quantum autem 10 ad spem futuri, beatior quilibet in quibuslibet cruciatibus corporis, cui non opinione, sed certa veritate manifestum est, sine fine se habiturum omni molestia carentem societatem angelorum in participatione summi Dei, quam erat ille homo sui casus incertus in magna illa felicitate 15 paradisi.

Caput XIII.

An ita unius felicitatis omnes angeli sint creati, ut neque lapsuros se possent nosse qui lapsi sunt, et post ruinam labentium perseverantiae suae praescientiam acce- 20 *perint qui steterunt.*

Quocirca cuivis iam non difficulter occurrit utroque coniuncto effici beatitudinem, quam recte proposito intellectualis natura desiderat, hoc est, ut et bono incommutabili, quod Deus est, sine ulla molestia perfruatur, et in 25 eo se in aeternum esse mansuram nec ulla dubitatione cunctetur nec ullo errore fallatur. Hanc habere angelos lucis pia fide credimus; hanc nec antequam caderent habuisse angelos peccatores, qui sua pravitate illa luce privati sunt, consequenti ratione colligimus; habuisse ta- 30 men aliquam, etsi non praesciam, beatitudinem, si vitam egerunt ante peccatum, profecto credendi sunt. Aut si durum videtur, quando facti sunt angeli, alios credere ita factos ut non acciperent praescientiam vel perseverantiae vel casus sui, alios autem ita ut veritate certissima aeterni- 35 tatem suae beatitudinis nossent; sed aequalis felicitatis

omnes ab initio creati sunt, et ita fuerunt, donec isti, qui
nunc mali sunt, ab illo bonitatis lumine sua voluntate
cecidissent: procul dubio multo est durius nunc putare
angelos sanctos aeternae suae beatitudinis incertos, et ipsos
5 de semet ipsis ignorare, quod nos de illis per scripturas
sanctas nosse potuimus. Quis enim catholicus Christianus
ignorat, nullum novum diabolum ex bonis angelis ulterius
futurum, sicut nec istum in societatem bonorum angelorum
ulterius rediturum? Veritas quippe in evangelio sanctis
10 fidelibusque promittit, quod erunt aequales angelis Dei;
quibus etiam promittitur, quod ibunt in vitam aeternam.
Porro autem si nos certi simus, numquam nos ex illa inmortali felicitate casuros, illi vero si certi non sunt: iam
potiores, non aequales eis erimus. Sed quia nequaquam
15 Veritas fallit et aequales eis erimus, profecto etiam ipsi .
certi sunt suae felicitatis aeternae. Cuius illi alii quia certi
non fuerunt (non enim erat eorum aeterna felicitas cuius
certi essent, quae finem fuerat habitura), restat, ut aut in-
pares fuerint, aut, si pares fuerunt, post istorum ruinam
20 illis certa scientia suae sempiternae felicitatis accesserit.
Nisi forte quis dicat hic, quod Dominus ait de diabolo in
evangelio: *Ille homicida erat ab initio et in veritate non
stetit*, sic esse accipiendum, ut non solum homicida fuerit
ab initio, id est initio humani generis, ex quo utique homo
25 factus est, quem decipiendo posset occidere; verum etiam
ab initio suae conditionis in veritate non steterit, et ideo
numquam beatus cum sanctis angelis fuerit, suo recusans
esse subditus creatori et sua per superbiam velut privata
potestate laetatus, ac per hoc falsus et fallax, quia nec
30 umquam potestatem Omnipotentis evadit, et qui per piam
subiectionem noluit tenere quod vere est, adfectat per
superbam elationem simulare quod non est, ut sic intellegatur etiam quod beatus Ioannes apostolus ait: *Ab initio
diabolus peccat*, hoc est, ex quo creatus est, iustitiam re-
35 cusavit, quam nisi pia Deoque subdita voluntas habere

---

10) Matth. 22, 30. 11) Ibid. 25, 46. 23) Ioan. 8, 44. 34) l.
Ioan. 3, 8.

non possit. Huic sententiae quisquis adquiescit, non cum illis haereticis sapit, id est Manichaeis, et si quae aliae pestes ita sentiunt, quod suam quandam propriam tamquam ex adverso quodam principio diabolus habeat naturam mali; qui tanta vanitate desipiunt, ut, cum verba ista evangelica in auctoritate nobiscum habeant, non adtendant non dixisse Dominum: A veritate alienus fuit; sed: *In veritate non stetit*, ubi a veritate lapsum intellegi voluit, in qua utique si stetisset, eius particeps factus, beatus cum sanctis angelis permaneret.   10

Caput XIV.

Quo genere locutionis dictum sit de diabolo, quod in veritate non steterit, quia veritas non est in eo.

Subiecit autem indicium, quasi quaesissemus, unde ostendatur, quod in veritate non steterit, atque ait: *Quia* 15 *non est veritas in eo.* Esset autem in eo, si in illa stetisset. Locutione autem dictum est minus usitata. Sic enim videtur sonare: *In veritate non stetit, quia non est veritas in eo,* tamquam ea sit causa, ut in veritate non steterit, quod in eo veritas non sit; cum potius ea sit causa, 20 ut in eo veritas non sit, quod in veritate non stetit. Ista locutio est et in psalmo: *Ego clamavi, quoniam exaudisti me Deus;* cum dicendum fuisse videatur: Exaudisti me Deus, quoniam clamavi. Sed cum dixisset: „*Ego clamavi*“, tamquam ab eo quaereretur, unde se clamasse monstraret, 25 ab effectu exauditionis Dei clamoris sui ostendit affectum; tamquam diceret: „Hinc ostendo clamasse me, quoniam exaudisti me.“

Caput XV.

Quid sentiendum sit de eo quod scriptum est: Ab initio 30 *diabolus peccat.*

Illud etiam, quod ait de diabolo Ioannes: *Ab initio diabolus peccat*, non intellegunt, si natura talis est, nullo

---

23) Psal. 16 (17), 6.

modo esse peccatum. Sed quid respondetur propheticis testimoniis, sive quod Esaias ait sub figurata persona principis Babyloniae diabolum notans: *Quo modo 'cecidit Lucifer, qui mane oriebatur;* sive quod Hiezechiel: *In deli-*
5 *ciis paradisi Dei fuisti, omni lapide pretioso ornatus es?* Ubi intellegitur fuisse aliquando sine peccato. Nam expressius ei paulo post dicitur: *Ambulasti in diebus tuis sine vitio.* Quae si aliter convenientius intellegi nequeunt, oportet etiam illud quod dictum est: *In veritate non stetit,*
10 sic accipiamus, quod in veritate fuerit, sed non permanserit. Et illud, quod *ab initio diabolus peccat,* non ab initio, ex quo creatus est peccare putandus est, sed ab initio peccati, quod ab ipsius superbia coeperit esse peccatum. Nec illud, quod scriptum est in libro Iob, cum de
15 diabolo sermo esset: *Hoc est initium figmenti Domini, quod fecit ad inludendum ab angelis suis* (cui consonare videtur et psalmus, ubi legitur: *Draco hic, quem finxisti ad inludendum ei),* sic intellegendum est, ut existimemus talem ab initio creatum, cui ab angelis inluderetur, sed in
20 hac poena post peccatum ordinatum. Initium ergo eius figmentum est Domini; non enim est ulla natura etiam in extremis infimisque bestiolis, quam non ille constituit, a quo est omnis modus, omnis species, omnis ordo, sine quibus nihil rerum inveniri vel cogitari potest; quanto
25 magis angelica creatura, quae omnia cetera, quae Deus condidit, naturae dignitate praecedit!

CAPUT XVI.
De gradibus et differentiis creaturarum, quas aliter pendit usus utilitatis, aliter ordo rationis.

30   In his enim, quae quoquo modo sunt et non sunt quod Deus est a quo facta sunt, praeponuntur viventia non viventibus, sicut ea, quae habent vim gignendi vel etiam appetendi, his, quae isto motu carent; et in his, quae vivunt, praeponuntur sentientia non sentientibus, sicut

---

4) Esai. 14, 12. 8) Hiezech. 28, 13 sq. 16) Iob 40, 14
18) Psal. 103 (104), 26.

arboribus animalia; et in his, quae sentiunt, praeponuntur intellegentia non intellegentibus, sicut homines pecoribus; et in his, quae intellegunt, praeponuntur inmortalia mortalibus, sicut angeli hominibus. Sed ista praeponuntur naturae ordine; est autem alius atque alius pro suo cuius- 5 que usu aestimationis modus, quo fit, ut quaedam sensu carentia quibusdam sentientibus praeponamus, in tantum, ut si potestas esset ea prorsus de natura rerum auferre vellemus, sive quem in ea locum habeant ignorantes, sive etiamsi sciamus nostris ea commodis postponentes. Quis 10 enim non domi suae panem habere quam mures, nummos quam pulices malit? Sed quid mirum, cum in ipsorum etiam hominum aestimatione, quorum certe natura tantae est dignitatis, plerumque carius comparetur equus quam servus, gemma quam famula? Ita libertate iudicandi plu- 15 rimum distat ratio considerantis a necessitate indigentis seu voluptate cupientis, cum ista quid per se ipsum in rerum gradibus pendat, necessitas autem quid propter quid expetat cogitat; et ista quid verum luci mentis appareat, voluptas vero quid iucundum sensibus corporis 20 blandiatur expectat. Sed tantum valet in naturis rationalibus quoddam veluti pondus voluntatis et amoris, ut, cum ordine naturae angeli hominibus, tamen lege iustitiae boni homines malis angelis praeferantur.

Caput XVII. 25

Vitium malitiae non naturam esse, sed contra naturam,
cui ad peccandum non Conditor causa est, sed voluntas.

Propter naturam igitur, non propter malitiam diaboli, dictum recte intellegimus: *Hoc est initium figmenti Domini;* quia sine dubio, ubi esset vitium malitiae, natura 30 non vitiata praecessit. Vitium autem ita contra naturam est, ut non possit nisi nocere naturae. Non itaque esset vitium recedere a Deo, nisi naturae, cuius id vitium est, potius competeret esse cum Deo. Quapropter etiam voluntas mala grande testimonium est naturae bonae. Sed 35 Deus sicut naturarum bonarum optimus creator est, ita

malarum voluntatum iustissimus ordinator; ut, cum illae
male utuntur naturis bonis, ipse bene utatur etiam voluntatibus malis. Itaque fecit ut diabolus institutione illius
bonus, voluntate sua malus, in inferioribus ordinatus in-
5 luderetur ab angelis eius, id est, ut prosint temptationes
eius sanctis, quibus eas obesse desiderat. Et quoniam
Deus, cum eum conderet, futurae malignitatis eius non
erat utique ignarus et praevidebat quae bona de malo eius
esset ipse facturus: propterea psalmus ait: *Draco hic,*
10 *quem finxisti ad inludendum ei*, ut in eo ipso quod eum
finxit, licet per suam bonitatem bonum, iam per suam
praescientiam praeparasse intellegatur quo modo illo ute-
retur et malo.

Caput XVIII.

15 *De pulchritudine universitatis, quae per ordinationem Dei*
etiam ex contrariorum fit oppositione luculentior.

Neque enim Deus ullum, non dico angelorum, sed
vel hominum crearet, quem malum futurum esse prae-
scisset, nisi pariter nosset quibus eos bonorum usibus
20 commodaret atque ita ordinem saeculorum tamquam pulcherrimum carmen etiam ex quibusdam quasi antithetis
honestaret. Antitheta enim quae appellantur in ornamentis
elocutionis sunt decentissima, quae Latine appellantur
opposita, vel, quod expressius dicitur, contraposita. Non
25 est apud nos huius vocabuli consuetudo, cum tamen eisdem ornamentis locutionis etiam sermo Latinus utatur,
immo linguae omnium gentium. His antithetis et Paulus
apostolus in secunda ad Corinthios epistula illum locum
suaviter explicat, ubi dicit: *Per arma iustitiae a dextris*
30 *et a sinistris, per gloriam et ignobilitatem, per infamiam*
et bonam famam; ut seductores et veraces, ut qui ignora-
mur et cognoscimur; quasi morientes, et ecce vivimus; ut
coerciti et non mortificati; ut tristes, semper autem gau-
dentes; sicut egeni, multos autem ditantes; tamquam nihil
35 *habentes et omnia possidentes.* Sicut ergo ista contraria

---

35) 2. Cor. 6, 7 sqq.

contrariis opposita sermonis pulchritudinem reddunt: ita quadam non verborum, sed rerum eloquentia contrariorum oppositione saeculi pulchritudo componitur. Apertissime hoc positum est in libro ecclesiastico isto modo: *Contra malum bonum est et contra mortem vita; sic contra* 5 *pium peccator. Et sic intuere in omnia opera Altissimi, bina et bina, unum contra unum.*

Caput XIX.

Quid sentiendum videatur de eo quod scriptum est: Divisit Deus inter lucem et tenebras. 10

Quamvis itaque divini sermonis obscuritas etiam ad hoc sit utilis, quod plures sententias veritatis parit et in lucem notitiae producit, dum alius eum sic, alius sic intellegit (ita tamen ut, quod in obscuro loco intellegitur, vel adtestatione rerum manifestarum, vel aliis locis minime 15 dubiis adseratur; sive, cum multa tractantur, ad id quoque perveniatur, quod sensit ille qui scripsit; sive id quidem lateat, sed ex occasione tractandae profundae obscuritatis alia quaedam vera dicantur): non mihi videtur ab operibus Dei absurda sententia, si, cum lux prima illa 20 facta est, angeli creati intelleguntur, et inter sanctos angelos et inmundos fuisse discretum, ubi dictum est: *Et divisit Deus inter lucem et tenebras; et vocavit Deus lucem diem, et tenebras vocavit noctem.* Solus quippe ille ista discernere potuit, qui potuit etiam prius quam caderent 25 praescire casuros et privatos lumine veritatis in tenebrosa superbia remansuros. Nam inter istum nobis notissimum diem et noctem, id est inter hanc lucem et has tenebras, vulgatissima sensibus nostris luminaria caeli ut dividerent imperavit: *Fiant*, inquit, *luminaria in firmamento caeli,* 30 *ut luceant super terram et dividant inter diem et noctem.* Et paulo post: *Et fecit*, inquit, *Deus duo luminaria magna, luminare maius in principia diei, et luminare minus in principia noctis, et stellas; et posuit illa Deus in firmamento*

---

7) Sir. 33, 15.

caeli, *lucere super terram et praeesse diei et nocti et dividere inter lucem et tenebras.* Inter illam vero lucem, quae sancta societas angelorum est inlustratione veritatis intellegibiliter fulgens, et ei contrarias tenebras, id est
5 malorum angelorum aversorum a luce iustitiae taeterrimas mentes, ipse dividere potuit, cui etiam futurum, non naturae, sed voluntatis malum, occultum aut incertum esse non potuit.

Caput XX.

10 *De eo, quod post discretionem lucis atque tenebrarum dictum est: Et vidit Deus lucem, quia bona est.*

Denique nec illud est praetereundum silentio, quod ubi dixit Deus: *Fiat lux, et facta est lux,* continuo sub- iunctum est: *Et vidit Deus lucem quia bona est;* non po-
15 stea quam separavit, inter lucem et tenebras et vocavit lucem diem et tenebras noctem, ne simul cum luce etiam talibus tenebris testimonium placiti sui perhibuisse vide- retur. Nam ubi tenebrae inculpabiles sunt, inter quas et lucem istam his oculis conspicuam luminaria caeli dividunt,
20 non ante, sed post infertur: *Et vidit Deus quia bonum est. Et posuit illa,* [inquit,] *in firmamento caeli, lucere super terram et praeesse diei et nocti et separare inter lucem et tenebras. Et vidit Deus quia bonum est.* Utrumque [enim] placuit, quia utrumque sine peccato est. Ubi autem dixit
25 Deus: *Fiat lux, et facta est lux. Et vidit Deus lucem, quia bona est;* et post modum infertur: *Et separavit Deus inter lucem et tenebras; et vocavit Deus lucem diem, et tenebras vocavit noctem:* non hoc loco additum est: *Et vidit Deus quia bonum est,* ne utrumque appellaretur
30 bonum, cum esset horum alterum malum, vitio proprio, non natura. Et ideo sola ibi lux placuit Conditori: tene- brae autem angelicae, etsi fuerant ordinandae, non tamen fuerant adprobandae.

Caput XXI.

De aeterna et incommutabili scientia Dei ac voluntate,
qua semper ei universa quae fecit sic placuerunt
facienda, quem ad modum facta.

Quid est enim aliud intellegendum in eo quod per omnia dicitur: *Vidit Deus, quia bonum est,* nisi operis adprobatio secundum artem facti, quae sapientia Dei est? Deus autem usque adeo non, cum factum est, tunc didicit bonum, ut nihil eorum fieret, si ei fuisset incognitum. Dum ergo videt quia bonum est, quod, nisi vidisset antequam fieret, non utique fieret: docet bonum esse, non discit. Et Plato quidem plus ausus est dicere, elatum esse scilicet Deum gaudio mundi universitate perfecta. Ubi et ipse non usque adeo desipiebat, ut putaret Deum sui operis novitate factum beatiorem; sed sic ostendere voluit, artifici suo placuisse iam factum, quod placuerat in arte faciendum; non quod ullo modo Dei scientia varietur, ut aliud in ea faciant quae nondum sunt, aliud quae iam sunt, aliud quae fuerunt. Non enim more nostro ille vel quod futurum est prospicit, vel quod praesens est aspicit, vel quod praeteritum est respicit; sed alio modo quodam a nostrarum cogitationum consuetudine longe alteque diverso. Ille quippe non ex hoc in illud cogitatione mutata, sed omnino incommutabiliter videt; ita ut illa quidem, quae temporaliter fiunt, et futura nondum sint, et praesentia iam sint, et praeterita iam non sint, ipse vero haec omnia stabili ac sempiterna praesentia conprehendat; nec aliter oculis, aliter mente; non enim ex animo constat et corpore; nec aliter nunc et aliter antea et aliter postea; quoniam non sicut nostra, ita eius quoque scientia trium temporum, praesentis videlicet et praeteriti vel futuri, varietate mutatur, *apud quem non est inmutatio nec momenti obumbratio.* Neque enim eius intentio de cogitatione in cogitationem transit, in cuius incorporeo intuitu simul adsunt cuncta quae novit; quoniam tempora ita novit nullis

---

13) Timaeus p. 37, C.   33) Iacob. 1, 17.

suis temporalibus notionibus, quem ad modum temporalia
movet nullis suis temporalibus motibus. Ibi ergo vidit
bonum esse quod fecit, ubi bonum esse vidit ut faceret.
Nec quia factum vidit scientiam duplicavit vel ex aliqua
5 parte auxit, tamquam minoris scientiae fuerit prius quam
faceret quod videret, qui tam perfecte non operaretur,
nisi tam perfecta scientia, cui nihil ex eius operibus adderetur. Quapropter, si tantum modo nobis insinuandum
esset quis fecerit lucem, sufficeret dicere, fecit Deus lucem;
10 si autem non solum quis fecerit, verum etiam per quid
fecerit, satis esset ita enuntiari: *Et dixit Deus: Fiat lux,
et facta est lux;* ut non tantum Deum, sed etiam per Verbum lucem fecisse nossemus. Quia vero tria quaedam
maxime scienda de creatura nobis oportuit intimari, quis
15 eam fecerit, per quid fecerit, quare fecerit: *Dixit Deus,*
inquit: *Fiat lux, et facta est lux. Et vidit Deus lucem,
quia bona est.* Si ergo quaerimus, quis fecerit: *Deus est;*
si per quid fecerit: *Dixit: Fiat, et facta est;* si quare fecerit: *Quia bona est.* Nec auctor est excellentior Deo, nec
20 ars efficacior Dei verbo, nec causa melior quam ut bonum
crearetur a Deo bono. Hanc etiam Plato causam condendi
mundi iustissimam dicit, ut a bono Deo bona opera fierent;
sive ista legerit, sive ab his qui legerant forte cognoverit;
sive acerrimo ingenio invisibilia Dei per ea, quae facta
25 sunt, intellecta conspexerit, sive ab his qui ista conspe-
xerant et ipse didicerit.

Caput XXII.

*De his, quibus in universitate rerum a bono Creatore bene
conditarum quaedam displicent, et putant nonnullam
30　　　　　esse naturam malam.*

Hanc tamen causam, id est ad bona creanda bonitatem Dei; hanc, inquam, causam tam iustam atque idoneam, quae diligenter considerata et pie cogitata omnes
controversias quaerentium mundi originem terminat, qui-

____

21) Tim. p. 30.　25) Rom. 1, 20.

dam haeretici non viderunt, quia egenam carnis huius
fragilemque mortalitatem iam de iusto supplicio venientem, dum ei non conveniunt, plurima offendunt; sicut
ignis aut frigus aut fera bestia aut quid huius modi. Nec
adtendunt, quam vel in suis locis naturisque vigeant pul- 5
chroque ordine disponantur, quantumque universitati rerum pro suis portionibus decoris tamquam in communem
rem [publicam] conferant, vel nobis ipsis, si eis congruen-
ter atque scienter utamur, commoditatis adtribuant, ita ut
venena ipsa, quae per inconvenientiam perniciosa sunt, 10
convenienter adhibita in salubria medicamenta vertantur;
quamque a contrario etiam haec, quibus delectantur, sicut
cibus et potus et ista lux, inmoderato et inopportuno usu
noxia sentiantur. Unde nos admonet divina providentia,
non res insipienter vituperare, sed utilitatem rerum dili- 15
genter inquirere, et ubi nostrum ingenium vel infirmitas
defecit, ita credere occultam, sicut erant quaedam, quae
vix potuimus invenire; quia et ipsa utilitatis occultatio
aut humilitatis exercitatio est aut elationis adtritio; cum
omnino natura nulla sit malum nomenque hoc non sit 20
nisi privationis boni; sed a terrenis usque ad caelestia
et a visibilibus usque ad invisibilia sunt aliis alia bona
meliora, ad hoc inaequalia, ut essent omnia. Deus autem ita est artifex magnus in magnis, ut minor non sit
in parvis; quae parva non sua granditate (nam nulla 25
est), sed artificis sapientia metienda sunt; sicut in specie
visibilis hominis, si unum radatur supercilium, quam prope
modum nihil corpori, et quam multum detrahitur pulchritudini, quoniam non mole constat, sed parilitate ac
dimensione membrorum! Nec sane multum mirandum 30
est, quod hi, qui nonnullam malam putant esse naturam
suo quodam contrario exortam propagatamque principio,
nolunt accipere istam causam creationis rerum, ut bonus
Deus conderet bona, credentes eum potius ad haec mun-
dana molimina rebellantis adversum se mali repellendi 35
extrema necessitate perductum suamque naturam bonam
malo coercendo superandoque miscuisse, quam turpissime
pollutam et crudelissime captivatam et oppressam labore

28*

magno vix mundet ac liberet, non tamen totam; sed quod
eius non potuerit ab illa inquinatione purgari, tegmen ac
vinculum futurum hostis victi et inclusi. Sic autem Mani-
chaei non desiperent vel potius insanirent, si Dei naturam,
5 sicuti est, incommutabilem atque omnino incorruptibilem
crederent, cui nocere nulla res possit; animam vero, quae
voluptate mutari in deterius et peccato corrumpi potuit
atque ita incommutabilis veritatis luce privari, non Dei
partem nec eius naturae, quae Dei est, sed ab illo condi-
10 tam longe inparem Conditori Christiana sanitate sentirent.

Caput XXIII.

De errore, in quo Origenis doctrina culpatur.

Sed multo est mirandum amplius, quod etiam quidam,
qui unum nobiscum credunt omnium rerum esse princi-
15 pium, ullamque naturam, quae non est quod Deus est, nisi
ab illo conditore esse non posse, noluerunt tamen istam
causam fabricandi mundi tam bonam ac simplicem bene
ac simpliciter credere, ut Deus bonus conderet bona, et
essent post Deum quae non essent quod est Deus, bona
20 tamen, quae non faceret nisi bonus Deus. Sed animas dicunt, non quidem partes Dei, sed factas a Deo, peccasse a
Conditore recedendo, et diversis progressibus pro diversitate peccatorum a caelis usque ad terras diversa corpora
quasi vincula meruisse, et hunc esse mundum eamque
25 causam mundi fuisse faciendi, non ut conderentur bona,
sed ut mala cohiberentur. Hic Origenes iure culpatur. In
libris enim, quos appellat περὶ ἀρχῶν, id est de principiis,
hoc sensit, hoc scripsit. Ubi plus quam dici potest miror
hominem in ecclesiasticis litteris tam doctum et exercita-
30 tum non adtendisse, primum quam hoc esset contrarium
scripturae huius tantae auctoritatis intentioni, quae per
omnia opera Dei subiungens: *Et vidit Deus, quia bonum
est*, completisque omnibus inferens: *Et vidit Deus omnia,
quae fecit, et ecce bona valde*, nullam aliam causam fa-
35 ciendi mundi intellegi voluit, nisi ut bona fierent a bono
Deo. Ubi si nemo peccasset, tantum modo naturis bonis

esset mundus ornatus et plenus; et quia peccatum est,
non ideo cuncta sunt impleta peccatis, cum bonorum longe
maior numerus in caelestibus suae naturae ordinem servet.
Nec mala voluntas, quia naturae ordinem servare noluit,
ideo iusti Dei leges omnia bene ordinantis effugit'; quo- 5
niam sicut pictura cum colore nigro loco suo posito, ita
universitas rerum, si quis possit intueri, etiam cum peccatoribus pulchra est, quamvis per se ipsos consideratos sua
deformitas turpet.

Deinde videre debuit Origenes et quicumque ita sa- 10
piunt, si haec opinio vera esset, mundum ideo factum, ut
animae pro meritis peccatorum suorum tamquam erga-
stula, quibus poenaliter includerentur, corpora acciperent,
superiora et leviora quae minus, inferiora vero et graviora
quae amplius peccaverunt: daemones, quibus deterius 15
nihil est, terrena corpora, quibus inferius et gravius nihil
est, potius quam homines etiam bonos habere debuisse.
Nunc vero ut intellegeremus animarum merita non qualitatibus corporum esse pensanda, aerium pessimus daemon, homo autem, et nunc licet malus longe minoris mi- 20
tiorisque malitiae, et certe ante peccatum, tamen luteum
corpus accepit. Quid autem stultius dici potest, quam
istum solem, ut in uno mundo unus esset, non decori pulchritudinis, vel etiam saluti rerum corporalium consuluisse
artificem Deum, sed hoc potius evenisse, quia una anima 25
sic peccaverat, ut tali corpore mereretur includi? Ac per
hoc si contigisset, ut non una, sed duae; immo non duae,
sed decem vel centum similiter aequaliterque peccassent,
centum soles haberet hic mundus. Quod ut non fieret,
non opificis provisione mirabili ad rerum corporalium sa- 30
lutem decoremque consultum est, sed contigit potius tanta
unius animae progressione peccantis, ut sola corpus tale
mereretur. Non plane animarum, de quibus nesciunt quid
loquantur, sed eorum ipsorum, qui talia sapiunt, multum
longe a veritate et merito est coercenda progressio. Haec 35
ergo tria, quae superius commendavi, cum in unaquaque
creatura requiruntur, quis eam fecerit, per quid fecerit,
quare fecerit, ut respondeatur „Deus, per Verbum, quia

bona est", utrum altitudine mystica nobis ipsa trinitas in-
timetur, hoc est Pater et Filius et Spiritus sanctus; an
aliquid occurrat, quod in hoc loco scripturarum id accipiendum esse prohibeat, multi sermonis est quaestio, nec
5 omnia uno volumine ut explicemus urguendum est.

Caput XXIV.

De trinitate divina, quae per omnia opera sua significa-
tionis suae sparsit indicia.

Credimus et tenemus et fideliter praedicamus, quod
10 Pater genuerit Verbum, hoc est sapientiam, per quam facta
sunt omnia, unigenitum Filium, unus unum, aeternus coaeternum, summe bonus aequaliter bonum; et quod Spiritus
sanctus simul et Patris et Filii sit Spiritus et ipse consubstantialis et coaeternus ambobus; atque hoc totum et tri-
15 nitas sit propter proprietatem personarum et unus Deus
propter inseparabilem divinitatem, sicut unus omnipotens
propter inseparabilem omnipotentiam; ita tamen, ut etiam
cum de singulis quaeritur unusquisque eorum et Deus et
omnipotens esse respondeatur; cum vero de omnibus simul,
20 non tres dii vel tres omnipotentes, sed unus Deus omnipotens; tanta ibi est in tribus inseparabilis unitas, quae sic se
voluit praedicari. Utrum autem boni Patris et boni Filii Spiritus sanctus, quia communis ambobus est, recte bonitas
dici possit amborum, non audeo temerariam praecipitare
25 sententiam; verum tamen amborum eum dicere sanctitatem
facilius ausus fuero, non amborum quasi qualitatem, sed
ipsum quoque substantiam et tertiam in trinitate personam.
Ad hoc enim me probabilius ducit, quod, cum sit et Pater
spiritus et Filius spiritus, et Pater sanctus et Filius san-
30 ctus, proprie tamen ipse vocatur Spiritus sanctus tamquam
sanctitas substantialis et consubstantialis amborum. Sed
si nihil est aliud bonitas divina quam sanctitas, profecto et
illa diligentia rationis est, non praesumptionis audacia, ut
in operibus Dei secreto quodam loquendi modo, quo nostra
35 exerceatur intentio, eadem nobis insinuata intellegatur
trinitas, unamquamque creaturam quis fecerit, per quid

fecerit, propter quid fecerit. Pater quippe intellegitur Verbi, qui dixit: *Fiat.* Quod autem illo dicente factum est, procul dubio per Verbum factum est. In eo vero quod dicitur: *Vidit Deus, quia bonum est*, satis significatur Deum nulla necessitate, nulla suae cuiusquam utilitatis indigentia, 5 sed sola bonitate fecisse quod factum est, id est, quia bonum est; quod ideo postea quam factum est dicitur, ut res, quae facta est, congruere bonitati, propter quam facta est, indicetur. Quae bonitas si Spiritus sanctus recte intellegitur, universa nobis trinitas in suis operibus intimatur. Inde est civitatis sanctae, quae in sanctis angelis sursum est, et origo et informatio et beatitudo. Nam si quaeratur unde sit: Deus eam condidit; si unde sit sapiens: a Deo inluminatur; si unde sit felix: Deo fruitur; subsistens modificatur, contemplans inlustratur, inhaerens 15 iucundatur; est, videt, amat; in aeternitate Dei viget, in veritate Dei lucet, in bonitate Dei gaudet.

Caput XXV.

De tripertita totius philosophiae disciplina.

Quantum intellegi datur, hinc philosophi sapientiae 20 disciplinam tripertitam esse voluerunt, immo tripertitam esse animadvertere potuerunt (neque enim ipsi instituerunt ut ita esset, sed ita esse potius invenerunt), cuius una pars appellaretur physica, altera logica, tertia ethica (quarum nomina Latina iam multorum litteris frequentata 25 sunt, ut naturalis, rationalis moralisque vocarentur; quas etiam in octavo libro breviter strinximus); non quo sit consequens, ut isti in his tribus aliquid secundum Deum de trinitate cogitaverint; quamvis Plato primus istam distributionem repperisse et commendasse dicatur, cui 30 neque naturarum omnium auctor nisi Deus visus est, neque intellegentiae dator neque amoris, quo bene beateque vivitur, inspirator. Sed certe cum et de natura rerum et de ratione inveniendae veritatis et de boni fine, ad quem

---

27) C. 4 sqq.

cuncta quae agimus referre debemus, diversi diversa sentiant: in his tamen tribus magnis et generalibus quaestionibus omnis eorum versatur intentio. Ita cum in unaquaque earum quid quisque sectetur multiplex discrepantia
5 sit opinionum, esse tamen aliquam naturae causam, scientiae formam, vitae summam nemo cunctatur. Tria etiam sunt, quae in unoquoque homine artifice spectantur, ut aliquid efficiat: natura, doctrina, usus; natura ingenio, doctrina scientia, usus fructu diiudicandus est. Nec ignoro,
10 quod proprie fructus fruentis, usus utentis sit, atque hoc interesse videatur, quod ea re frui dicimur, quae nos non ad aliud referenda per se ipsa delectat; uti vero ea re, quam propter aliud quaerimus (unde temporalibus magis utendum est, quam fruendum, ut frui mereamur aeternis;
15 non sicut perversi, qui frui volunt nummo, uti autem Deo; quoniam non nummum propter Deum inpendunt, sed Deum propter nummum colunt); verum tamen eo loquendi modo, quem plus obtinuit consuetudo, et fructibus utimur, et usibus fruimur. Nam et fructus iam proprie dicuntur
20 agrorum, quibus utique omnes temporaliter utimur. Hoc itaque more usum dixerim in his tribus, quae in homine spectanda commonui, quae sunt natura, doctrina, usus. Ex his propter obtinendam beatam vitam tripertita, ut dixi, a philosophis inventa est disciplina, naturalis propter
25 naturam, rationalis propter doctrinam, moralis propter usum. Si ergo natura nostra esset a nobis, profecto et nostram nos genuissemus sapientiam, nec eam doctrina, id est aliunde discendo, percipere curaremus; et noster amor a nobis profectus et ad nos relatus ad beate viven-
30 dum sufficeret, nec bono alio quo frueremur ullo indigeret; nunc vero quia natura nostra, ut esset, Deum habet auctorem, procul dubio ut vera sapiamus ipsum debemus habere doctorem, ipsum etiam ut beati simus suavitatis intimae largitorem.

Caput XXVI.

*De imagine summae trinitatis, quae secundum quendam
modum in natura etiam necdum beatificati hominis
invenitur.*

Et nos quidem in nobis, tametsi non aequalem, immo 5
valde longeque distantem, neque coaeternam et, quo brevius totum dicitur, non eiusdem substantiae, cuius Deus
est, tamen qua Deo nihil sit in rebus ab eo factis natura
propinquius, imaginem Dei, hoc est illius summae trinitatis, agnoscimus, adhuc reformatione perficiendam, ut sit 10
etiam similitudine proxima. Nam et sumus et nos esse
novimus et id esse ac nosse diligimus. In his autem tribus,
quae dixi, nulla nos falsitas veri similis turbat. Non enim
ea sicut illa, quae foris sunt, ullo sensu corporis tangimus,
velut colores videndo, sonos audiendo, odores olfaciendo, 15
sapores gustando, dura et mollia contrectando sentimus,
quorum sensibilium etiam imagines eis simillimas nec iam
corporeas cogitatione versamus, memoria tenemus et per
ipsas in istorum desideria concitamur; sed sine ulla phan-
tasiarum vel phantasmatum imaginatione ludificatoria mihi 20
esse me idque nosse et amare certissimum est. Nulla in
his veris Academicorum argumenta formido, dicentium:
Quid si falleris? Si enim fallor, sum. Nam qui non est,
utique nec falli potest; ac per hoc sum, si fallor. Quia
ergo sum si fallor, quo modo esse me fallor, quando cer- 25
tum est me esse, si fallor? Quia igitur essem qui fallerer,
etiamsi fallerer, procul dubio in eo, quod me novi esse,
non fallor. Consequens est autem, ut etiam in eo, quod
me novi nosse, non fallar. Sicut enim novi esse me, ita
novi etiam hoc ipsum, nosse me. Eaque duo cum amo, 30
eundem quoque amorem quiddam tertium nec inparis
aestimationis eis quas novi rebus adiungo. Neque enim
fallor amare me, cum in his quae amo non fallar; quamquam etsi illa falsa essent, falsa me amare verum esset.
Nam quo pacto recte reprehenderer et recte prohiberer 35
ab amore falsorum, si me illa amare falsum esset? Cum
vero illa vera atque certa sint, quis dubitet quod eorum,

cum amantur, et ipse amor verus et certus est? Tam porro
nemo est qui esse se nolit, quam nemo est qui non esse
beatus velit. Quo modo enim potest beatus esse, si nihil sit?

Caput XXVII.

5   *De essentia et scientia et utriusque amore.*

Ita vero vi quadam naturali ipsum esse iucundum est,
ut non ob aliud et hi qui miseri sunt nolint interire et,
cum se miseros esse sentiant, non se ipsos de rebus, sed
miseriam suam potius auferri velint. Illis etiam, qui et
10 sibi miserrimi apparent et plane sunt et non solum a sapientibus, quoniam stulti, verum et ab his, qui se beatos
putant, miseri iudicantur, quia pauperes atque mendici
sunt, si quis inmortalitatem daret, qua nec ipsa miseria
moreretur, proposito sibi quod, si in eadem miseria sem-
15 per esse nollent, nulli et nusquam essent futuri, sed omni
modo perituri, profecto exultarent laetitia et sic semper
eligerent esse, quam omnino non esse. Huius rei testis est
notissimus sensus illorum. Unde enim mori metuunt et
malunt in illa aerumna vivere, quam eam morte finire,
20 nisi quia satis apparet quam refugiat natura non esse?
Atque ideo cum se noverint esse morituros, pro magno
beneficio sibi hanc inpendi misericordiam desiderant, ut
aliquanto productius in eadem miseria vivant tardiusque
moriantur. Procul dubio ergo indicant, inmortalitatem,
25 saltem talem quae non habeat finem mendicitatis, quanta
gratulatione susciperent. Quid? animalia omnia etiam in-
rationalia, quibus datum non est ista cogitare, ab in-
mensis draconibus usque ad exiguos vermiculos nonne se
esse velle atque ob hoc interitum fugere omnibus quibus
30 possunt motibus indicant? Quid? arbusta omnesque fru-
tices, quibus nullus est sensus ad vitandam manifesta motione perniciem, nonne ut in auras tutum culminis germen
emittant, aliud terrae radicis adfigunt, quo alimentum trahant atque ita suum quodam modo esse conservent? Ipsa
35 postremo corpora, quibus non solum sensus, sed nec ulla
saltem seminalis est vita, ita tamen vel exiliunt in superna,

vel in ima descendunt, vel librantur in mediis, ut essentiam suam, ubi secundum naturam possunt esse, custodiant.

Iam vero nosse quantum ametur, quamque falli nolit humana natura, vel hinc intellegi potest, quod lamentari quisque sana mente mavult quam laetari in amentia. Quae vis magna atque mirabilis mortalibus praeter homini animantibus nulla est, licet eorum quibusdam ad istam lucem contuendam multo quam nobis sit acrior sensus oculorum; sed lucem illam incorpoream contingere nequeunt, qua mens nostra quodam modo inradiatur, ut de his omnibus recte iudicare possimus. Nam in quantum eam capimus, in tantūm id possumus. Verum tamen inest sensibus inrationalium animantium, etsi scientia nullo modo, at certe quaedam scientiae similitudo. Cetera autem rerum corporalium, non quia sentiunt, sed quia sentiuntur, sensibilia nuncupata sunt. Quorum in arbustis hoc simile est sensibus, quod aluntur et gignunt. Verum tamen et haec et omnia corporalia latentes in natura causas habent; sed formas suas, quibus mundi huius visibilis structura formosa est, sentiendas sensibus praebent, ut pro eo, quod nosse non possunt, quasi innotescere velle videantur. Sed nos ea sensu corporis ita capimus, ut de his non sensu corporis iudicemus. Habemus enim alium interioris hominis sensum isto longe praestantiorem, quo iusta et iniusta sentimus, iusta per intellegibilem speciem, iniusta per eius privationem. Ad huius sensus officium non acies pupillae, non foramen auriculae, non spiramenta narium, non gustus faucium, non ullus corporeus tactus accedit. Ibi me et esse et hoc nosse certus sum, et haec amo atque amare me similiter certus sum.

Caput XXVIII.

An etiam ipsum amorem, quo et esse et scire diligimus,
diligere debeamus, quo magis divinae trinitatis
imagini propinquemus.

Sed de duobus illis, essentia scilicet et notitia, quantum amentur in nobis, et quem ad modum etiam in ceteris

rebus, quae infra sunt, eorum reperiatur, etsi differens,
quaedam tamen similitudo, quantum suscepti huius operis
ratio visa est postulare, satis diximus; de amore autem,
quo amantur, utrum et ipse amor ametur, non dictum est.
5 Amatur autem; et hinc probamus, quod in hominibus, qui
rectius amantur, ipse magis amatur. Neque enim vir bonus
merito dicitur qui scit quod bonum est, sed qui diligit.
Cur ergo et in nobis ipsis non et ipsum amorem nos amare
sentimus, quo amamus quidquid boni amamus? Est enim
10 et amor, quo amatur et quod amandum non est; et istum
amorem odit in se, qui illum diligit, quo id amatur quod
amandum est. Possunt enim ambo esse in uno homine, et
hoc bonum est homini, ut illo proficiente quo bene vivimus, iste deficiat quo male vivimus, donec ad perfectum
15 sanetur et in bonum commutetur omne quod vivimus. Si
enim pecora essemus, carnalem vitam et quod secundum
sensus eius est amaremus, idque esset sufficiens bonum
nostrum, et secundum hoc, cum esset nobis bene, nihil
aliud quaereremus. Item si arbores essemus, nihil quidem
20 sentiente motu amare possemus, verum tamen id quasi
adpetere videremur, quo feracius essemus uberiusque fru-
ctuosae. Si essemus lapides aut fluctus aut ventus aut
flamma vel quid eius modi, sine ullo quidem sensu atque
vita, non tamen nobis deesset quasi quidam nostrorum
25 locorum atque ordinis adpetitus. Nam velut amores corporum momenta sunt ponderum, sive deorsum gravitate,
sive sursum levitate nitantur. Ita enim corpus pondere,
sicut animus amore fertur, quocumque fertur. Quoniam
igitur homines sumus ad nostri creatoris imaginem creati,
30 cuius est vera aeternitas, aeterna veritas, aeterna et vera
caritas, estque ipse aeterna et vera et cara trinitas neque
confusa neque separata: in his quidem rebus, quae infra
nos sunt, quoniam nec ipsa nec aliquo modo essent, nec
aliqua specie continerentur, nec aliquem ordinem vel ad-
35 peterent vel tenerent, nisi ab illo facta essent, qui summe
est, qui summe sapiens est, qui summe bonus est, tamquam
per omnia, quae fecit mirabili stabilitate, currentes quasi
quaedam eius alibi magis, alibi minus inpressa vestigia

colligamus; in nobis autem ipsis eius imaginem contuentes
tamquam minor ille evangelicus filius ad nosmet ipsos
reversi surgamus et ad illum redeamus, a quo peccando
recesseramus. Ibi esse nostrum non habebit mortem, ibi
nosse nostrum non habebit errorem, ibi amare nostrum 5
non habebit offensionem. Nunc autem ista tria nostra
quamvis certa teneamus nec aliis ea credamus testibus, sed
nos ipsi praesentia sentiamus atque interiore veracissimo
cernamus aspectu, tamen, quamdiu futura, vel utrum
numquam defutura, et quo si male, quo autem si bene 10
agantur perventura sint, quoniam per nos ipsos nosse non
possumus, alios hinc testes vel quaerimus vel habemus; de
quorum fide cur nulla debeat esse dubitatio, non est iste,
sed posterior erit diligentius disserendi locus. In hoc autem libro de civitate Dei, quae non peregrinatur in huius 15
vitae mortalitate, sed inmortalis semper in caelis est, id est
de angelis sanctis Deo cohaerentibus, qui nec fuerunt
umquam nec futuri sunt desertores, inter quos et illos,
qui aeternam lucem deserentes tenebrae facti sunt, Deum
primitus divisisse iam diximus, illo adiuvante quod coe- 20
pimus ut possumus explicemus.

Caput XXIX.

*De sanctorum angelorum scientia, qua trinitatem in ipsa
eius deitate noverunt, et qua operum causas prius in ope-
rantis arte quam in ipsis operibus artificis intuentur.* 25

Illi quippe angeli sancti non per verba sonantia Deum
discunt, sed per ipsam praesentiam inmutabilis veritatis,
hoc est Verbum eius unigenitum, et ipsum Verbum et Patrem et eorum Spiritum sanctum, eamque esse inseparabilem trinitatem singulasque in ea personas esse unam 30
substantiam, et tamen omnes non tres deos esse, sed unum
Deum, ita noverunt, ut eis magis ista, quam nos ipsi nobis
cogniti sumus. Ipsam quoque creaturam melius ibi, hoc
est in sapientia Dei, tamquam in arte, qua facta est, quam

---

3) Luc. 15, 18.

in ea ipsa sciunt; ac per hoc et se ipsos ibi melius quam
in se ipsis, verum tamen et in se ipsis. Facti sunt enim et
aliud sunt quam ille qui fecit. Ibi ergo tamquam in diurna
cognitione, in se ipsis autem tamquam in vespertina, sicut
5 supra iam diximus. Multum enim differt, utrum in ea
ratione cognoscatur aliquid, secundum quam factum est,
an in se ipso; sicut aliter scitur rectitudo linearum seu
veritas figurarum, cum intellecta conspicitur, aliter cum
in pulvere scribitur; et aliter iustitia in veritate incommu-
10 tabili, aliter in anima iusti. Sic deinde cetera, sicut firmamentum inter aquas superiores et inferiores, quod
caelum vocatum est; sicut deorsum aquarum congeries
terraeque nudatio et herbarum institutio atque lignorum;
sicut solis et lunae stellarumque conditio; sicut ex aquis
15 animalium, volucrum scilicet atque piscium beluarumque
natantium; sicut quorumque in terra gradientium atque
repentium et ipsius hominis, qui cunctis in terra rebus
excelleret. Omnia haec aliter in Verbo Dei cognoscuntur
ab angelis, ubi habent causas rationesque suas; id est se-
20 cundum quas facta sunt, incommutabiliter permanentes,
aliter in se ipsis; illa clariore, hac obscuriore cognitione,
velut artis atque operum; quae tamen opera cum ad
ipsius Creatoris laudem venerationemque referuntur, tamquam mane lucescit in mentibus contemplantium.

25 ## Caput XXX.

De senarii numeri perfectione, qui primus partium suarum
quantitate completur.

Haec autem propter senarii numeri perfectionem eodem die sexiens repetito sex diebus perfecta narrantur,
30 non quia Deo fuerit necessaria mora temporum, quasi qui
non potuerit creare omnia simul, quae deinceps congruis
motibus peragerent tempora; sed quia per senarium est
numerum operum significata perfectio. Numerus quippe
senarius primus completur suis partibus, id est sexta sui

---

5) C. 7.

parte et tertia et dimidia, quae sunt unum et duo et tria, quae in summam ducta sex fiunt. Partes autem in hac consideratione numerorum illae intellegendae sunt, quae quotae sint dici potest; sicut dimidia, tertia, quarta et deinceps ab aliquo numero denominatae. Neque enim exem- 5 pli gratia quia in novenario numero quattuor pars aliqua eius est, ideo dici potest quota eius sit; unum autem potest, nam nona eius est; et tria potest, nam tertia eius est. Coniunctae vero istae duae partes eius, nona scilicet atque tertia, id est unum et tria, longe sunt a tota summa eius, 10 quod est novem. Itemque in denario quaternarius est aliqua pars eius; sed quota sit dici non potest; unum autem potest; nam decima pars eius est. Habet et quintam, quod sunt duo; habet et dimidiam, quod sunt quinque. Sed hae tres partes eius, decima et quinta et dimidia, id 15 est unum et duo et quinque, simul ductae non complent decem; sunt enim octo. Duodenarii vero numeri partes in summam ductae transeunt eum; habet enim duodecimam, quod est unum; habet sextam, quae sunt duo; habet quartam, quae sunt tria; habet tertiam, quae sunt quat- 20 tuor; habet et dimidiam, quae sunt sex; unum autem et duo et tria et quattuor et sex non duodecim, sed amplius, id est sedecim, fiunt. Hoc breviter commemorandum putavi ad commendandam senarii numeri perfectionem, qui primus, ut dixi, partibus suis in summam redactis ipse 25 perficitur; in quo perfecit Deus opera sua. Unde ratio numeri contemnenda non est, quae in multis sanctarum scripturarum locis quam magni aestimanda sit elucet diligenter intuentibus. Nec frustra in laudibus Dei dictum est: *Omnia in mensura et numero et pondere disposuisti.* 30

Caput XXXI.

De die septimo, in quo plenitudo et requies commendatur.

In septimo autem die, id est eodem die septiens repetito, qui numerus etiam ipse alia ratione perfectus est,

---

30) Sap. 11, 21.

Dei requies commendatur, in qua primum sanctificatio sonat. Ita Deus noluit istum diem in ullis suis operibus sanctificare, sed in requie sua, quae non habet vesperam; neque enim ulla creatura est, ut etiam ipsa aliter in Dei
5 Verbo, aliter in se cognita faciat aliam velut diurnam, aliam velut vespertinam notitiam. De septenarii porro numeri perfectione dici quidem plura possunt; sed et liber iste iam prolixus est, et vereor ne occasione comperta scientiolam nostram leviter magis quam utiliter iactare velle
10 videamur. Habenda est itaque ratio moderationis atque gravitatis, ne forte, dum de numero multum loquimur, mensuram et pondus neglegere iudicemur. Hoc itaque satis sit admonere, quod totus inpar primus numerus ternarius est, totus par quaternarius; ex quibus duobus
15 septenarius constat. Ideo pro universo saepe ponitur, sicuti est: *Septiens cadet iustus, et resurget;* id est: Quotienscumque ceciderit, non peribit; quod non de iniquitatibus, sed de tribulationibus ad humilitatem perducentibus intellegi voluit; et: *Septiens in die laudabo te;* quod
20 alibi alio modo dictum est: *Semper laus eius in ore meo;* et multa huius modi in divinis auctoritatibus reperiuntur, in quibus septenarius numerus, ut dixi, pro cuiusque rei universitate poni solet. Propter hoc eodem saepe numero significatur Spiritus sanctus, de quo Dominus ait: *Docebit*
25 *vos omnem veritatem.* Ibi requies Dei, qua requiescitur in Deo. In toto quippe, id est in plena perfectione, requies; in parte autem labor. Ideo laboramus, quamdiu ex parte scimus, sed cum venerit quod perfectum est, quod ex parte est evacuabitur. Hinc est quod etiam
30 scripturas istas cum labore rimamur. Sancti vero angeli quorum societati et congregationi in hac peregrinatione laboriosissima suspiramus, sicut habent permanendi aeternitatem, ita cognoscendi facilitatem et requiescendi felicitatem. Sine difficultate quippe nos adiuvant; quoniam
35 spiritalibus motibus puris et liberis non laborant.

---

16) Prov. 24, 16.   19) Psal. 118 (119), 164.   20) Psal. 33 (34), 2.   25) Ioan. 16, 13.   29) 1. Cor. 13, 9 sq.

Caput XXXII.

De opinione eorum, qui angelorum creationem anteriorem volunt esse quam mundi.

Ne quis autem contendat et dicat, non sanctos angelos esse significatos in eo quod scriptum est: *Fiat lux, et facta est lux;* sed quamlibet lucem tunc primum factam esse corpoream aut opinetur aut doceat; angelos autem prius esse factos non tantum ante firmamentum, quod inter aquas et aquas factum appellatum est caelum, sed ante illud quod dictum est: *In principio fecit Deus caelum et terram;* atque illud, quod dictum est: *In principio,* non ita dictum tamquam primum hoc factum sit, cum ante fecerit angelos; sed quia omnia in sapientia fecit, quod est Verbum eius, et ipsum scriptura principium nominavit (sicut ipse in evangelio Iudaeis quaerentibus quis esset respondit se esse principium): non e contrario referam contentionem, maxime quia hoc me delectat plurimum, quod etiam in summo exordio sancti libri geneseos trinitas commendatur. Cum enim ita dicitur: *In principio fecit Deus caelum et terram,* ut Pater fecisse intellegatur in Filio, sicut adtestatur psalmus, ubi legitur: *Quam magnificata sunt opera tua Domine! omnia in sapientia fecisti:* convenientissime paulo post commemoratur etiam Spiritus sanctus. Cum enim dictum esset, qualem terram Deus primitus fecerit, vel quam molem materiamve futurae constructionis mundi caeli et terrae nomine nuncupaverit, subiciendo et addendo: *Terra autem erat invisibilis et incomposita, et tenebrae super abyssum:* mox ut trinitatis commemoratio compleretur: *Et spiritus,* inquit, *Dei superferebatur super aquas.* Proinde ut volet quisque accipiat, quod ita profundum est, ut ad exercitationem legentium a fidei regula non aberrantes plures possit generare sententias, dum tamen angelos sanctos in sublimibus sedibus non quidem Deo coaeternos, sed tamen de sua sempiterna et vera felicitate securos et certos esse nemo ambigat. Ad quorum socie-

---

16) Ioan. 8, 25.   22) Psal. 103 (104), 24.

AUG. DE CIV. DEI.   29

tatem pertinere parvulos suos Dominus docens non solum illud ait: *Erunt aequales angelis Dei;* verum ipsi quoque angeli qua contemplatione fruantur ostendit, ubi ait: *Videte, ne contemnatis unum ex pusillis istis; dico enim vobis,*
5 *quia angeli eorum in caelis semper vident faciem Patris mei, qui in caelis est.*

Caput XXXIII.

De duabus angelorum societatibus diversis atque disparibus, quae non incongrue intelleguntur lucis et tenebrarum
10 *nominibus nuncupatae.*

Peccasse autem quosdam angelos et in huius mundi ima detrusos, qui eis velut carcer est, usque ad futuram in die iudicii ultimam damnationem apostolus Petrus apertissime ostendit dicens, quod Deus angelis peccantibus non
15 pepercerit, sed carceribus caliginis inferi retrudens tradiderit in iudicio puniendos reservari. Inter hos ergo et illos Deum vel praescientia vel opere divisisse quis dubitet? illosque lucem merito appellari, quis contradicat? quando quidem nos adhuc in fide viventes et eorum aequalitatem
20 adhuc sperantes, utique nondum tenentes iam lux dicti ab apostolo sumus: *Fuistis enim*, inquit, *aliquando tenebrae, nunc autem lux in Domino.* Istos vero desertores tenebras apertissime nuncupari profecto advertunt, qui peiores esse eos hominibus infidelibus sive intellegunt sive credunt.
25 Quapropter, etsi alia lux in isto huius libri loco intellegenda est, ubi legimus: *Dixit Deus: Fiat lux, et facta est lux;* et aliae tenebrae significatae sunt in eo quod scriptum est: *Divisit Deus inter lucem et tenebras:* nos tamen has duas angelicas societates, unam fruentem Deo, alteram
30 tumentem typho; unam cui dicitur: *Adorate eum omnes angeli eius*, aliam cuius princeps dicit: *Haec omnia tibi dabo, si prostratus adoraveris me;* unam Dei sancto amore flagrantem, alteram propriae celsitudinis inmundo amore

---

2) Matth. 22, 30. 6) Ibid. 18, 10. 16) 2. Petr. 2, 4. 22) Ephes. 5, 8. 31) Psal. 96 (97), 7. 32) Matth. 4, 9.

fumantem; et quoniam, sicut scriptum est, *Deus superbis resistit, humilibus autem dat gratiam*, illam in caelis caelorum habitantem, istam inde deiectam in hoc infimo aerio caelo tumultuantem; illam luminosa pietate tranquillam, istam tenebrosis cupiditatibus turbulentam; illam Dei nutu 5 clementer subvenientem, iuste ulciscentem, istam suo fastu subdendi et nocendi libidine exaestuantem; illam, ut quantum vult consulat, Dei bonitati ministram, istam, ne quantum vult noceat, Dei potestate frenatam; illam huic inludentem, ut nolens prosit persecutionibus suis, hanc illi 10 invidentem, cum peregrinos colligit suos, — nos ergo has duas societates angelicas inter se dispares atque contrarias, unam et natura bonam et voluntate rectam, aliam vero natura bonam, sed voluntate perversam, aliis manifestioribus divinarum scripturarum testimoniis declaratas quod etiam 15 in hoc libro, cui nomen est genesis, lucis tenebrarumque vocabulis significatas existimavimus, etiamsi aliud hoc loco sensit forte qui scripsit, non est inutiliter obscuritas huius pertractata sententiae, quia, etsi voluntatem auctoris libri huius indagare nequivimus, a regula tamen fidei, quae per 20 alias eiusdem auctoritatis sacras litteras satis fidelibus nota est, non abhorruimus. Etsi enim corporalia hic commemorata sunt opera Dei, habent procul dubio nonnullam similitudinem spiritalium, secundum quam dicit apostolus: *Omnes enim vos filii lucis estis et filii diei; non sumus* 25 *noctis neque tenebrarum.* Si autem hoc sensit etiam ille qui scripsit, ad perfectiorem disputationis finem nostra pervenit intentio, ut homo Dei tam eximiae divinaeque sapientiae, immo per eum Spiritus Dei in commemorandis operibus Dei, quae omnia sexto die dicit esse perfecta, 30 nullo modo angelos praetermisisse credatur, sive *in principio*, quia primo fecit, sive, quod convenientius intellegitur, *in principio*, quia in Verbo unigenito fecit, scriptum sit: *In principio fecit Deus caelum et terram;* quibus nominibus universalis est significata creatura, vel spiritalis 35 et corporalis, quod est credibilius, vel magnae duae mundi

---

2) Iacob 4, 6; 1. Petr. 5, 5.   26) 1. Thess. 5, 5.

partes, quibus omnia quae creata sunt continentur, ut
primitus eam totam proponeret, ac deinde partes eius secundum mysticum dierum numerum exequeretur.

Caput XXXIV.

5 *De eo quod quidam putant, in conditione firmamenti aqua-*
rum discretarum nomine angelos significatos, et quod
quidam aquas existimant non creatas.

Quamquam nonnulli putaverunt aquarum nomine
significatos quodam modo populos angelorum, et hoc esse
10 quod dictum est: *Fiat firmamentum inter aquam et aquam,*
ut supra firmamentum angeli intellegantur, infra vero vel
aquae istae visibiles, vel malorum angelorum multitudo,
vel omnium hominum gentes. Quod si ita est, non illic
apparet ubi facti sint angeli, sed ubi discreti; quamvis et
15 aquas, quod perversissimae atque impiae vanitatis est, negent quidam factas a Deo, quoniam nusquam scriptum est:
Dixit Deus: Fiant aquae. Quod possunt simili vanitate
etiam de terra dicere; nusquam enim legitur: Dixit Deus:
Fiat terra. Sed, inquiunt, scriptum est: *In principio fecit*
20 *Deus caelum et terram.* Illic ergo et aqua intellegenda
est; uno enim nomine utrumque conprehensum est. Nam
ipsius est mare, sicut in psalmo legitur, *et ipse fecit illud,*
et aridam terram manus eius finxerunt. Sed hi, qui in
nomine aquarum, quae super caelos sunt, angelos intellegi
25 volunt, ponderibus elementorum moventur et ideo non
putant aquarum fluidam gravemque naturam in superioribus mundi locis potuisse constitui; qui secundum rationes suas, si ipsi hominem facere possent, non ei pitui-
tam, quod Graece φλέγμα dicitur et tamquam in elementis
30 corporis nostri aquarum vicem obtinet, in capite ponerent.
Ibi enim sedes est phlegmatis, secundum Dei opus utique
aptissime; secundum istorum autem coniecturam tam absurde, ut, si hoc nesciremus et in hoc libro similiter scriptum esset, quod Deus humorem fluidum et frigidum ac

---

23) Psal. 94 (95), 5.

per hoc gravem, in superiore omnibus ceteris humani
corporis parte posuerit, isti trutinatores elementorum nequaquam crederent; et si auctoritati eiusdem scripturae
subditi essent, aliquid aliud ex hoc intellegendum esse
censerent. Sed quoniam, si diligenter singula scrutemur 5
atque tractemus, quae in illo divino libro de constitutione
mundi scripta sunt, et multa dicenda et a proposito instituti operis longe digrediendum est, iamque de duabus istis
diversis inter se atque contrariis societatibus angelorum,
in quibus sunt quaedam exordia duarum etiam in rebus 10
humanis civitatum, de quibus deinceps dicere institui,
quantum satis esse visum est, disputavimus: hunc quoque
librum aliquando claudamus.

LIBER XII.   15

Caput I.

De una bonorum malorumque angelorum natura.

Antequam de institutione hominis dicam, ubi duarum
civitatum, quantum ad rationalium mortalium genus ad- 20
tinet, apparebit exortus, sicut superiore libro apparuisse
in angelis iam videtur: prius mihi quaedam de ipsis angelis video esse dicenda, quibus demonstretur, quantum a
nobis potest, quam non inconveniens neque incongrua
dicatur esse hominibus angelisque societas, ut non quat- 25
tuor (duae scilicet angelorum totidemque hominum), sed
duae potius civitates, hoc est societates, merito esse dicantur; una in bonis, altera in malis, non solum angelis,
verum etiam hominibus constitutae.

Angelorum bonorum et malorum inter se contrarios 30
adpetitus non naturis principiisque diversis, cum Deus

omnium substantiarum bonus auctor et conditor utrosque
creaverit, sed voluntatibus et cupiditatibus extitisse dubitare fas non est, dum alii constanter in communi omnibus
bono, quod ipse illis Deus est, atque in eius aeternitate
5 veritate caritate persistunt; alii sua potestate potius dele-
ctati, velut bonum suum sibi ipsi essent, a superiore communi omnium beatifico bono ad propria defluxerunt, et
habentes elationis fastum pro excelsissima aeternitate,
vanitatis astutiam pro certissima veritate, studia partium
10 pro individua caritate superbi fallaces invidi effecti sunt.
Beatitudinis igitur illorum causa est adhaerere Deo. Quocirca istorum miseriae causa ex contrario est intellegenda,
quod est non adhaerere Deo. Quam ob rem si, cum
quaeritur, quare illi beati sint, recte respondetur: Quia
15 adhaerent Deo; et cum quaeritur, cur isti sint miseri,
recte respondetur: Quia non adhaerent Deo: non est creaturae rationalis vel intellectualis bonum, quo beata sit,
nisi Deus. Ita quamvis non omnis beata possit esse creatura (neque enim hoc munus adipiscuntur aut capiunt
20 ferae ligna saxa et si quid huius modi est), ea tamen, quae
potest, non ex se ipsa potest, quia ex nihilo creata est;
sed ex illo, a quo creata est. Hoc enim adepto beata, quo
amisso misera est. Ille vero qui non alio, sed se ipso
bono beatus est, ideo miser non potest esse, quia non se
25 potest amittere.

Dicimus itaque incommutabile bonum non esse nisi
unum verum beatum Deum; ea vero, quae fecit, bona
quidem esse, quod ab illo; verum tamen mutabilia, quod
non de illo, sed de nihilo facta sunt. Quamquam ergo
30 summa non sint, quibus est Deus maius bonum: magna
sunt tamen ea mutabilia bona, quae adhaerere possunt,
ut beata sint, inmutabili bono, quod usque adeo bonum
eorum est, ut sine illo misera esse necesse sit. Nec ideo
cetera in hac creaturae universitate meliora sunt, quia
35 misera esse non possunt. Neque enim cetera membra
corporis nostri ideo dicendum est oculis esse meliora,
quia caeca esse non possunt. Sicut autem melior est natura sentiens et cum dolet, quam lapis qui dolere nullo

modo potest: ita rationalis natura praestantior etiam misera, quam illa quae rationis vel sensus est expers, et
ideo in eam non cadit miseria. Quod cum ita sit, huic
naturae, quae in tanta excellentia creata est, ut, licet sit
ipsa mutabilis, inhaerendo tamen incommutabili bono, id 5
est summo Deo, beatitudinem consequatur, nec expleat
indigentiam suam nisi utique beata sit, eique explendae
non sufficiat nisi Deus, profecto non illi adhaerere vitium
est. Omne autem vitium naturae nocet ac per hoc contra
naturam est. Ab illa igitur quae adhaeret Deo, non na- 10
tura differt ista, sed vitio; quo tamen etiam vitio valde
magna multumque laudabilis ostenditur ipsa natura. Cuius
enim recte vituperatur vitium, procul dubio natura laudatur. Nam recta vitii vituperatio est, quod illo dehonestatur
natura laudabilis. Sicut ergo, cum vitium oculorum dicitur 15
caecitas, id ostenditur, quod ad naturam oculorum pertinet visus; et cum vitium aurium dicitur surditas, ad
earum naturam pertinere demonstratur auditus: ita, cum
vitium creaturae angelicae dicitur, quod non adhaeret
Deo, hinc apertissime declaratur, eius naturae ut Deo ad- 20
haereat convenire. Quam porro magna sit laus adhaerere
Deo, ut ei vivat, inde sapiat, illo gaudeat tantoque bono
sine morte sine errore sine molestia perfruatur, quis digne
cogitare possit aut eloqui? Quapropter etiam vitio malorum angelorum, quo non adhaerent Deo, quoniam omne 25
vitium naturae nocet, satis manifestatur Deum tam bonam
eorum creasse naturam, cui noxium sit non esse cum Deo.

Caput II.

*Nullam essentiam Deo esse contrariam, quia ab eo, qui
summe et semper est, hoc totum videtur diversum   30
esse quod non est.*

Haec dicta sunt, ne quisquam, cum de angelis apo-
staticis loquimur, existimet eos aliam velut ex alio principio habere potuisse naturam, nec eorum naturae auctorem Deum. Cuius erroris impietate tanto quisque carebit 35
expeditius et facilius, quanto perspicacius intellegere po-

tuerit, quod per angelum Deus dixit, quando Moysen
mittebat ad filios Israel: *Ego sum, qui sum.* Cum enim
Deus summa essentia sit, hoc est summe sit, et ideo inmutabilis sit: rebus, quas ex nihilo creavit, esse dedit, sed
5 non summe esse, sicut est ipse; et aliis dedit esse amplius,
aliis minus, atque ita naturas essentiarum gradibus ordi-
navit. Sicut enim ab eo, quod est sapere, vocatur sapientia; sic ab eo, quod est esse, vocatur essentia; novo quidem
nomine, quo usi veteres non sunt Latini sermonis auctores,
10 sed iam nostris temporibus usitato, ne deesset etiam linguae nostrae, quod Graeci appellant οὐσίαν. Hoc enim
verbum e verbo expressum est, ut diceretur essentia. Ac
per hoc ei naturae, quae summe est, qua faciente sunt
quaecumque sunt, contraria natura non est, nisi quae non
15 est. Ei quippe, quod est, non esse contrarium est. Et
propterea Deo, id est summae essentiae et auctori omnium
qualiumcumque essentiarum, essentia nulla contraria est.

Caput III.

De inimicis Dei non per naturam, sed per contrariam
20 *voluntatem, quae cum ipsis nocet, bonae utique naturae*
nocet, quia vitium, si non nocet, non est.

Dicuntur autem in scripturis inimici Dei, qui non
natura, sed vitiis adversantur eius imperio, nihil ei valentes
nocere, sed sibi. Inimici enim sunt resistendi voluntate,
25 non potestate laedendi. Deus namque inmutabilis est et
omni modo incorruptibilis. Idcirco vitium, quo resistunt
Deo qui eius appellantur inimici, non est Deo, sed ipsis
malum; neque hoc ob aliud, nisi quia corrumpit in eis
naturae bonum. Natura igitur contraria non est Deo; sed
30 vitium, quia malum est, contrarium est bono. Quis autem
neget Deum summe bonum? Vitium ergo contrarium est
Deo, tamquam malum bono. Porro autem bonum est et
natura quam vitiat; unde et huic bono utique contrarium
est; sed Deo tantum modo tamquam bono malum; naturae

---

2) Exod. 3, 14.

vero, quam vitiat, non tantum malum, sed etiam noxium.
Nulla quippe mala Deo noxia, sed mutabilibus corruptibi-
libusque naturis, bonis tamen ipsorum quoque testimonio
vitiorum. Si enim bonae non essent, eis vitia nocere non
possent. Nam quid eis nocendo faciunt, nisi adimunt inte- 5
gritatem pulchritudinem, salutem virtutem et quidquid
boni naturae per vitium detrahi sive minui consuevit?
Quod si omnino desit, nihil boni adimendo non nocet ac
per hoc nec vitium est. Nam esse vitium et non nocere
non potest. Unde colligitur, quamvis non possit vitium 10
nocere incommutabili bono, non tamen posse nocere nisi
bono, quia non inest, nisi ubi nocet. Hoc etiam isto modo
dici potest, vitium esse nec in summo posse bono, nec
nisi in aliquo bono. Sola ergo bona alicubi esse possunt,
sola mala nusquam; quoniam naturae etiam illae, quae ex 15
malae voluntatis initio vitiatae sunt, in quantum vitiosae
sunt, malae sunt; in quantum autem naturae sunt, bonae
sunt. Et cum in poenis est natura vitiosa, excepto eo,
quod natura est, etiam hoc ibi bonum est, quod inpunita
non est. Hoc enim est iustum et omne iustum procul 20
dubio bonum. Non enim quisquam de vitiis naturalibus,
sed de voluntariis poenas luit. Nam etiam quod vitium
consuetudine nimiove progressu roboratum velut naturaliter inolevit, a voluntate sumpsit exordium. De vitiis
quippe nunc loquimur eius naturae, cui mens inest capax 25
intellegibilis lucis, qua discernitur iustum ab iniusto.

Caput IV.

De natura inrationalium aut vitu carentium, quae in suo
genere atque ordine ab universitatis decore non
discrepat. 30

Ceterum vitia pecorum et arborum aliarumque rerum
mutabilium atque mortalium vel intellectu vel sensu vel
vita omnino carentium, quibus eorum dissolubilis natura
corrumpitur, damnabilia putare, ridiculum est, cum istae
creaturae eum modum nutu Creatoris acceperint, ut ce- 35
dendo ac succedendo peragant infimam pulchritudinem

temporum in genere suo istius mundi partibus congruen-
tem. Neque enim caelestibus fuerant terrena coaequanda,
aut ideo universitati deesse ista debuerunt, quoniam sunt
illa meliora. Cum ergo in his locis, ubi esse talia compe-
5 tebat, aliis alia deficientibus oriuntur, et succumbunt minora maioribus, atque in qualitates superantium superata
vertuntur, rerum est ordo transeuntium. Cuius ordinis
decus nos propterea non delectat, quoniam parti eius pro
condicione nostrae mortalitatis intexti universum, cui par-
10 ticulae, quae nos offendunt, satis apte decenterque conveniunt, sentire non possumus. Unde nobis, in quibus eam
contemplari minus idonei sumus, rectissime credenda praecipitur providentia Conditoris, ne tanti artificis opus in
aliquo reprehendere vanitate humanae temeritatis audea-
15 mus. Quamquam et vitia rerum terrenarum non voluntaria neque poenalia naturas ipsas, quarum nulla omnino
est, cuius non sit auctor et conditor Deus, si prudenter
adtendamus, eadem ratione commendant, quia et in eis
hoc nobis per vitium tolli displicet, quod in natura placet;
20 nisi quia hominibus etiam ipsae naturae plerumque displicent, cum eis fiunt noxiae, non eas considerantibus, sed
utilitatem suam; sicut illa animalia, quorum abundantia
Aegyptiorum superbia vapulavit. Sed isto modo possunt
et solem vituperare, quoniam quidam peccantes vel debita
25 non reddentes poni a iudicibus iubentur ad solem. Non
itaque ex commodo vel incommodo nostro, sed per se
ipsam considerata natura dat artifici suo gloriam. Sic est
et natura ignis aeterni sine ulla dubitatione laudabilis,
quamvis damnatis impiis futura poenalis. Quid enim est
30 igne flammante vigente lucente pulchrius? quid calefa-
ciente curante coquente utilius? quamvis eo nihil sit
urente molestius? Idem igitur ipse aliter adpositus perni-
ciosus, qui convenienter adhibitus commodissimus invenitur. Nam eius in universo mundo utilitates verbis explicare
35 quis sufficit? Nec audiendi sunt, qui laudant in igne lucem,
ardorem autem vituperant, videlicet non ex sui natura, sed
ex suo commodo vel incommodo. Videre enim volunt,
ardere nolunt. Sed parum adtendunt eam ipsam lucem,

quae certe et illis placet, oculis infirmis per inconvenientiam nocere, et in illo ardore, qui eis displicet, nonnulla animalia per convenientiam salubriter vivere.

Caput V.

Quod in omni naturae specie ac modo laudabilis sit   5
Creator.

Naturae igitur omnes, quoniam sunt et ideo habent modum suum, speciem suam et quandam secum pacem suam, profecto bonae sunt. Et cum ibi sunt, ubi esse per naturae ordinem debent, quantum acceperunt, suum esse 10 custodiunt. Et quae semper esse non acceperunt, pro usu motuque rerum, quibus Creatoris lege subduntur, in melius deteriusve mutantur, in eum divina providentia tendentes exitum, quem ratio gubernandae universitatis includit; ita ut nec tanta corruptio, quanta usque ad interitum 15 naturas mutabiles mortalesque perducit, sic faciat non esse quod erat, ut non inde fiat consequenter quod esse debebat. Quae cum ita sint, Deus, qui summe est atque ob hoc ab illo facta est omnis essentia, quae non summe est (quia neque illi aequalis esse deberet, quae de nihilo facta esset; 20 neque ullo modo esse posset, si ab illo facta non esset), nec ullorum vitiorum offensione vituperandus et omnium naturarum consideratione laudandus est.

Caput VI.

Quae causa sit beatitudinis angelorum bonorum, et quae 25
causa sit miseriae angelorum malorum.

Proinde causa beatitudinis angelorum bonorum ea verissima reperitur, quod ei adhaerent qui summe est. Cum vero causa miseriae malorum angelorum quaeritur, ea merito occurrit, quod ab illo, qui summe est, aversi ad 30 se ipsos conversi sunt, qui non summe sunt; et hoc vitium quid aliud quam superbia nuncupetur? *Initium* quippe *omnis peccati superbia.* Noluerunt ergo ad illum custo-

---

33) Eccli. 10, 15.

dire fortitudinem suam, et qui magis essent, si ei qui
summe est adhaererent, se illi praeferendo id quod minus
est praetulerunt. Hic primus defectus et prima inopia
primumque vitium eius naturae, quae ita creata est, ut
5 nec summe esset, et tamen ad beatitudinem habendam eo,
qui summe est, frui posset, a quo aversa non quidem nulla,
sed tamen minus esset atque ob hoc misera fieret. Huius
porro malae voluntatis causa efficiens si quaeratur, nihil
invenitur. Quid est enim quod facit voluntatem malam,
10 cum ipsa faciat opus malum? Ac per hoc mala voluntas
efficiens est operis mali, malae autem voluntatis efficiens
nihil est. Quoniam si res aliqua est, aut habet aut non
habet aliquam voluntatem; si habet, aut bonam profecto
habet aut malam; si bonam, quis ita desipiat, ut dicat quod
15 bona voluntas faciat voluntatem malam? Erit enim, si ita
est, bona voluntas causa peccati, quo absurdius putari
nihil potest. Si autem res ista, quae putatur facere voluntatem malam, ipsa quoque habet voluntatem malam, etiam
eam quae fecerit res consequenter interrogo, atque ut sit
20 aliquis inquirendi modus, causam primae malae voluntatis
inquiro. Non est enim prima voluntas mala, quam fecit
voluntas mala; sed illa prima est, quam nulla fecit. Nam
si praecessit a qua fieret, illa prior est, quae alteram fecit.
Si respondetur quod eam nulla res fecerit, et ideo semper
25 fuerit: quaero utrum in aliqua natura fuerit. Si enim in
nulla fuit, omnino non fuit; si autem in aliqua, vitiabat
eam et corrumpebat eratque illi noxia, ac per hoc bono
privabat. Et ideo in mala natura voluntas mala esse non
poterat, sed in bona, mutabili tamen, cui vitium hoc posset
30 nocere. Si enim non nocuit, non utique vitium fuit, ac
per hoc nec mala voluntas fuisse dicenda est. Porro si
nocuit, bonum auferendo vel minuendo utique nocuit. Non
igitur esse potuit sempiterna voluntas mala in ea re, in
qua bonum naturale praecesserat, quod mala voluntas
35 nocendo posset adimere. Si ergo non erat sempiterna,
quis eam fecerit quaero. Restat ut dicatur, quod ea res

_____

1) Psal. 58 (59), 10.

fecerit malam voluntatem, in qua nulla voluntas fuit. Haec
utrum superior sit, requiro, an inferior, an aequalis. Sed
si superior, utique melior; quo modo ergo nullius, ac non
potius bonae voluntatis? Hoc idem profecto et aequalis.
Duo quippe quamdiu sunt pariter voluntatis bonae, non 5
facit alter in altero voluntatem malam. Relinquitur ut inferior res, cui nulla voluntas est, fecerit angelicae naturae,
quae prima peccavit, voluntatem malam. Sed etiam res
ipsa quaecumque est inferior usque ad infimam terram,
quoniam natura et essentia est, procul dubio bona est, 10
habens modum et speciem suam in genere atque ordine
suo. Quo modo ergo res bona efficiens est voluntatis
malae? Quo modo, inquam, bonum est causa mali? Cum
enim se voluntas relicto superiore ad inferiora convertit,
efficitur mala, non quia malum est, quo se convertit; sed 15
quia perversa est ipsa conversio. Idcirco non res inferior
voluntatem malam fecit, sed rem inferiorem prave atque
inordinate, ipsa quia facta est, adpetivit. Si enim aliqui
duo aequaliter affecti animo et corpore videant unius corporis pulchritudinem, qua visa unus eorum ad inlicite 20
fruendum moveatur, alter in voluntate pudica stabilis perseveret, quid putamus esse causae, ut in illo fiat, in illo
non fiat voluntas mala? Quae illam res fecit in quo facta
est? Neque enim pulchritudo illa corporis; nam eam non
fecit in ambobus; quando quidem amborum non dispari- 25
liter occurrit aspectibus. An caro intuentis in causa est?
cur non et illius? An vero animus? cur non utriusque?
Ambos enim et animo et corpore aequaliter affectos fuisse
praediximus. An dicendum est, alterum eorum occulta
maligni spiritus suggestione temptatum, quasi non eidem 30
suggestioni et qualicumque suasioni propria voluntate consenserit? Hanc igitur consensionem, hanc malam quam
male suadenti adhibuit voluntatem quae in eo res fecerit,
quaerimus. Nam ut hoc quoque inpedimentum ab ista
quaestione tollatur, si eadem temptatione ambo temppen- 35
tur, et unus ei cedat atque consentiat, alter idem qui fuerat perseveret: quid aliud apparet, nisi unum noluisse,
alterum voluisse a castitate deficere? Unde, nisi propria

voluntate, ubi eadem fuerat in utroque corporis et animi
affectio? Amborum oculis pariter visa est eadem pulchritudo, ambobus pariter institit occulta temptatio; propriam
igitur in uno eorum voluntatem malam res quae fecerit
5　scire volentibus, si bene intueantur, nihil occurrit. Si
enim dixerimus quod ipse eam fecerit, quid erat ipse ante
voluntatem malam nisi natura bona, cuius auctor Deus,
qui est inmutabile bonum? Qui ergo dicit eum, qui consensit temptanti atque suadenti, cui non consensit alius,
10　ad inlicite utendum pulchro corpore, quod videndum ambobus pariter adfuit, cum ante illam visionem ac temptationem similes ambo animo et corpore fuerint, ipsum sibi
fecisse voluntatem malam, quia utique bonus ante voluntatem malam fuerit: quaerat cur eam fecerit, utrum quia
15　natura est, an quia ex nihilo facta est, et inveniet voluntatem malam non ex eo esse incipere quod natura est, sed
ex eo quod de nihilo facta natura est. Nam si natura causa
est voluntatis malae, quid aliud cogimur dicere, nisi a
bono fieri malum, et bonum esse causam mali? si quidem
20　a natura bona fit voluntas mala. Quod unde fieri potest,
ut natura bona, quamvis mutabilis, antequam habeat voluntatem malam, faciat aliquid mali, hoc est ipsam voluntatem malam?

Caput VII.

25　*Causam efficientem malae voluntatis non esse quaerendam.*

Nemo igitur quaerat efficientem causam malae voluntatis; non enim est efficiens, sed deficiens, quia nec illa
effectio sed defectio. Deficere namque ab eo, quod summe
est, ad id, quod minus est, hoc est incipere habere volun-
30　tatem malam. Causas porro defectionum istarum, cum
efficientes non sint, ut dixi, sed deficientes, velle invenire,
tale est ac si quisquam velit videre tenebras vel audire
silentium, quod tamen utrumque nobis notum est; neque
illud nisi per oculos, neque hoc nisi per aures; non sane
35　in specie, sed in speciei privatione. Nemo ergo ex me
scire quaerat, quod me nescire scio, nisi forte ut nescire

discat, quod sciri non posse sciendum est. Ea quippe quae
non in specie, sed in eius privatione sciuntur, si dici aut
intellegi potest, quodam modo nesciendo sciuntur, ut
sciendo nesciantur. Cum enim acies etiam oculi corporalis
currit per species corporales, nusquam tenebras videt, 5
nisi ubi coeperit non videre. Ita etiam non ad aliquem
alium sensum, sed ad solas aures pertinet sentire silentium;
quod tamen nullo modo nisi non audiendo sentitur. Sic
species intellegibiles mens quidem nostra intellegendo
conspicit; sed ubi deficiunt, nesciendo condiscit. *Delicta* 10
enim *quis intellegit?*

Caput VIII.

De amore perverso, quo voluntas ab incommutabili bono
ad commutabile bonum deficit.

Hoc scio, naturam Dei numquam, nusquam, nulla ex 15
parte posse deficere, et ea posse deficere, quae ex nihilo
facta sunt. Quae tamen quanto magis sunt et bona faciunt
(tunc enim aliquid faciunt), causas habent efficientes; in
quantum autem deficiunt et ex hoc mala faciunt, (quid
enim tunc faciunt nisi vana?) causas habent deficientes. 20
[VIII.] Itemque scio, in quo fit mala voluntas, id in eo fieri,
quod si nollet non fieret, et ideo non necessarios, sed vo-
luntarios defectus iusta poena consequitur. Deficitur enim
non ad mala, sed male, id est non ad malas naturas, sed
ideo male, quia contra ordinem naturarum ab eo quod 25
summe est, ad id quod minus est. Neque enim auri vitium
est avaritia, sed hominis perverse amantis aurum iustitia
derelicta, quae incomparabiliter auro debuit anteponi;
nec luxuria vitium est pulchrorum suaviumque corporum,
sed animae perverse amantis corporeas voluptates neglecta 30
temperantia, qua rebus spiritaliter pulchrioribus et incorruptibiliter suavioribus coaptamur; nec iactantia vitium
est laudis humanae, sed animae perverse amantis laudari
ab hominibus spreto testimonio conscientiae; nec super-

11) Psal. 18 (19), 13.

bia vitium est dantis potestatem, vel ipsius etiam potestatis,
sed animae perverse amantis potestatem suam potentioris
iustiore contempta. Ac per hoc qui perverse amat cuiuslibet naturae bonum, etiamsi adipiscatur, ipse fit in bono
5 malus et miser meliore privatus.

Caput IX.

An sancti angeli, quem habent creatorem naturae, eundem
habeant bonae voluntatis auctorem per Spiritum
sanctum in eis caritate diffusa.

10   Cum ergo malae voluntatis efficiens naturalis vel, si
dici potest, essentialis nulla sit causa (ab ipsa quippe incipit spirituum mutabilium malum, quo minuitur atque
depravatur naturae bonum, nec talem voluntatem facit
nisi defectio, qua deseritur Deus, cuius defectionis etiam
15 causa utique deficit): si dixerimus, nullam esse efficientem
causam etiam voluntatis bonae, cavendum est, ne voluntas
bona bonorum angelorum non facta, sed Deo coaeterna
esse credatur. Cum ergo ipsi facti sint, quo modo illa
non esse facta dicetur? Porro quia facta est, utrum cum
20 ipsis facta est, an sine illa fuerunt prius? Sed si cum ipsis,
non dubium quod ab illo facta sit, a quo et ipsi; simulque
ut facti sunt, ei, a quo facti sunt, amore, cum quo facti
sunt, adhaeserunt. Eoque sunt isti ab illorum societate
discreti, quod illi in eadem bona voluntate manserunt, isti
25 ab ea deficiendo mutati sunt, mala scilicet voluntate, hoc
ipso quod a bona defecerunt; a qua non defecissent, si
utique noluissent. Si autem boni angeli fuerunt prius sine
bona voluntate eamque in se ipsi Deo non operante fecerunt: ergo meliores a se ipsis, quam ab illo facti sunt.
30 [Absit.] Quid enim erant sine bona voluntate, nisi mali?
Aut si propterea non mali, quia nec mala voluntas eis
inerat (neque enim ab ea, quam nondum coeperant habere,
defecerant), certe nondum tales, nondum tam boni, quam
esse cum bona voluntate coeperunt. At si non potuerunt
35 se ipsos facere meliores, quam eos ille fecerat, quo nemo
melius quicquam facit: profecto et bonam voluntatem,

qua meliores essent, nisi operante adiutorio Creatoris habere non possent. Et cum id egit eorum voluntas bona, ut non ad se ipsos, qui minus erant, sed ad illum, qui summe est, converterentur eique adhaerentes magis essent eiusque participatione sapienter beateque viverent: quid 5 aliud ostenditur, nisi voluntatem quamlibet bonam inopem fuisse in solo desiderio remansuram, nisi ille, qui bonam naturam ex nihilo sui capacem fecerat, ex se ipso faceret inplendo meliorem, prius faciens excitando avidiorem?

Nam et hoc discutiendum est, si boni angeli ipsi in 10 se fecerunt bonam voluntatem, utrum aliqua eam, an nulla voluntate fecerunt. Si nulla, utique nec fecerunt. Si aliqua, utrum mala an bona? Si mala, quo modo esse potuit mala voluntas bonae voluntatis effectrix? Si bona, iam ergo habebant. Et istam quis fecerat, nisi ille qui eos cum 15 bona voluntate, id est cum amore casto, quo illi adhaererent, creavit, simul eis et condens naturam et largiens gratiam? Unde sine bona voluntate, hoc est Dei amore, numquam sanctos angelos fuisse credendum est. Isti autem, qui, cum boni creati essent, tamen mali sunt (mala 20 propria voluntate, quam bona natura non fecit, nisi cum a bono sponte defecit, ut mali causa non sit bonum, sed defectus a bono), aut minorem acceperunt divini amoris gratiam quam illi, qui in eadem perstiterunt; aut si utrique boni aequaliter creati sunt, istis mala voluntate caden- 25 tibus illi amplius adiuti ad eam beatitudinis plenitudinem, unde se numquam casuros certissimi fierent, pervenerunt; sicut iam etiam in libro, quem sequitur iste, tractavimus. Confitendum est igitur cum debita laude Creatoris, non ad solos sanctos homines pertinere, verum etiam de sanctis 30 angelis posse dici, quod caritas Dei diffusa sit in eis per Spiritum sanctum, qui datus est eis; nec tantum hominum, sed primitus praecipueque angelorum bonum esse, quod scriptum est: *Mihi autem adhaerere Deo bonum est.* Hoc bonum quibus commune est, habent et cum illo cui ad- 35 haerent et inter se sanctam societatem, et sunt una civitas

28) C. 13.   32) Rom. 5, 5.   34) Psal. 72 (73), 28.

Dei eademque vivum sacrificium eius vivumque templum
eius. Cuius pars quae coniungenda inmortalibus angelis
ex mortalibus hominibus congregatur et nunc mortaliter
peregrinatur in terris, vel in eis, qui morte obierunt, se-
5 cretis animarum receptaculis sedibusque requiescit, eodem
Deo creante quem ad modum exorta sit, sicut de angelis
dictum est, iam video esse dicendum. Ex uno quippe
homine, quem primum Deus condidit, humanum genus
sumpsit exordium, secundum sanctae scripturae fidem,
10 quae mirabilem auctoritatem non inmerito habet in orbe
terrarum atque in omnibus gentibus, quas sibi esse credi-
turas inter cetera vera, quae dixit, vera divinitate praedixit.

Caput X.

De falsitate eius historiae, quae multa milia annorum
15 praeteritis temporibus ascribat.

Omittamus igitur coniecturas hominum nescientium quid
loquantur de natura vel institutione generis humani. Alii
namque, sicut de ipso mundo crediderunt, semper fuisse
homines opinantur. Unde ait et Apuleius, cum hoc animan-
20 tium genus describeret: „Singillatim mortales, cuncti tamen universo genere perpetui." Et cum illis dictum fuerit,
si semper fuit humanum genus, quonam modo verum
eorum loquatur historia, narrans qui fuerint quarumque
rerum inventores, qui primi liberalium disciplinarum alia-
25 rumque artium institutores, vel a quibus primum illa vel
illa regio parsque terrarum, illa atque illa insula incoli
coeperit, respondent diluviis et conflagrationibus per certa
intervalla temporum non quidem omnia, sed plurima terrarum ita vastari, ut redigantur homines ad exiguam pau-
30 citatem, ex quorum progenie rursus multitudo pristina
reparetur; ac sic identidem reperiri et institui quasi prima,
cum restituantur potius, quae fuerant illis nimiis vastatio-
nibus interrupta et extincta; ceterum hominem nisi ex
homine existere omnino non posse. Dicunt autem quod
35 putant, non quod sciunt.

---

21) De deo Socr. p. 43.

Fallunt eos etiam quaedam mendacissimae litterae, quas perhibent in historia temporum multa annorum milia continere, cum ex litteris sacris ab institutione hominis nondum completa annorum sex milia computemus. Unde ne multa disputem quem ad modum illarum litterarum, in quibus longe plura annorum milia referuntur, vanitas refellatur et nulla in illis rei huius idonea reperiatur auctoritas: illa epistula Alexandri Magni ad Olympiadem matrem suam, quam scripsit narrationem cuiusdam Aegyptii sacerdotis insinuans, quam protulit ex litteris quae sacrae apud illos haberentur, continet etiam regna, quae Graeca quoque novit historia; in quibus regnum Assyriorum in eadem epistula Alexandri quinque milia excedit annorum; in Graeca vero historia mille ferme et trecentos habet ab ipsius Beli principatu, quem regem et ille Aegyptius in eiusdem regni ponit exordio. Persarum autem et Macedonum [imperium] usque ad ipsum Alexandrum, cui loquebatur, plus quam octo annorum milia ille constituit; cum apud Graecos Macedonum usque ad mortem Alexandri quadringenti octoginta quinque reperiantur; Persarum vero, donec ipsius Alexandri victoria finiretur, ducenti et triginta tres computentur. Longe itaque hi numeri annorum illis Aegyptiis sunt minores, nec eis, etiamsi ter tantum computarentur, aequarent. Perhibentur enim Aegyptii quondam tam breves annos habuisse, ut quaternis mensibus finirentur. Unde annus plenior et verior, qualis nunc et nobis et illis est, tres eorum annos complectebatur antiquos. Sed ne sic quidem, ut dixi, Graeca Aegyptiae numero temporum concordat historia. Et ideo Graecae potius fides habenda est, quia veritatem non excedit annorum, qui litteris nostris, quae vere sacrae sunt, continentur. Porro si haec epistula Alexandri, quae maxime innotuit, multum abhorret in spatiis temporum a probabili fide rerum: quanto minus credendum est illis litteris, quas plenas fabulosis velut antiquitatibus proferre voluerint contra auctoritatem notissimorum divinorumque librorum, quae totum orbem sibi crediturum esse praedixit, et cui totus orbis, sicut ab ea praedictum est, credidit; quae vera se

narrasse praeterita ex his, quae futura praenuntiavit, cum
tanta veritate inplentur, ostendit.

Caput XI.

De his, qui hunc quidem mundum non sempiternum putant,
5 *sed aut innumerabiles aut eundem unum certa conclu-*
sione saeculorum semper nasci et resolvi opinantur.

Alii vero, qui mundum istum non existimant sempiternum, sive non eum solum, sed innumerabiles opinentur,
sive solum quidem esse, sed certis saeculorum intervallis
10 innumerabiliter oriri et occidere, necesse est fateantur
hominum genus prius sine hominibus gignentibus extitisse.
Neque enim ut alluvionibus incendiisque terrarum, quas
illi non putant toto prorsus orbe contingere, et ideo paucos
homines, ex quibus multitudo pristina reparetur, semper
15 remanere contendunt, ita et hi possunt putare, quod aliquid hominum pereunte mundo relinquatur in mundo;
sed sicut ipsum mundum ex materia sua renasci existimant, ita in illo ex elementis eius genus humanum ac
deinde a parentibus progeniem pullulare mortalium, sicut
20 aliorum animalium.

Caput XII.

Quid respondendum sit his, qui primam conditionem
hominis tardam esse causantur.

Quod autem respondimus, cum de mundi origine
25 quaestio verteretur, eis, qui nolunt credere non eum semper fuisse, sed esse coepisse, sicut etiam Plato apertissime
confitetur, quamvis a nonnullis contra quam loquitur sensisse credatur: hoc etiam de prima hominis conditione
responderim, propter eos, qui similiter moventur, cur
30 homo per innumerabilia atque infinita retro tempora creatus non sit tamque sero sit conditus, ut minus quam sex
milia sint annorum, ex quo esse coepisse in sacris litteris
invenitur. Si enim brevitas eos offendit temporis, quod

tam pauci eis videntur anni, ex quo institutus homo in
nostris auctoritatibus legitur: considerent nihil esse diuturnum, in quo est aliquid extremum, et omnia saeculorum
spatia definita, si aeternitati interminae comparentur, non
exigua existimanda esse, sed nulla. Ac per hoc si non 5
quinque vel sex, verum etiam sexaginta milia sive sescenta,
aut sexagiens sive sescentiens aut sescentiens miliens dicerentur annorum, aut itidem per totidem totiens multiplicaretur haec summa, ubi iam nullum numeri nomen
haberemus, ex quo Deus hominem fecit: similiter quaeri 10
posset, cur ante non fecerit. Dei quippe ab hominis crea-
tione cessatio retrorsus aeterna sine initio tanta est, ut, si
ei conferatur quamlibet magna et ineffabilis numerositas
temporum, quae tamen fine conclusa certi spatii terminetur, nec saltem tanta videri debeat, quanta si humoris 15
brevissimam guttam universo mari, etiam quantum ocea-
nus circumfluit, comparemus; quoniam istorum duorum
unum quidem perexiguum est, alterum incomparabiliter
magnum, sed utrumque finitum ; illud vero temporis spatium, quod ab aliquo initio progreditur et aliquo termino 20
coercetur, magnitudine quantacumque tendatur, compara-
tum illi, quod initium non habet, nescio utrum pro minimo,
an potius pro nullo deputandum est. Hinc enim si a fine
vel brevissima singillatim momenta detrahantur, decre-
scente numero licet tam ingenti, ut vocabulum non in- 25
veniat, retrorsum redeundo (tamquam si hominis dies ab
illo in quo nunc vivit, usque ad illum in quo natus est,
detrahas), quandoque ad initium illa detractio perducetur.
Si autem detrahantur retrorsus in spatio, quod a nullo
coepit exordio, non dico singillatim minuta momenta vel 30
horarum aut dierum, aut mensum aut annorum etiam
quantitates, sed tam magna spatia, quanta illa summa
conprehendit annorum, quae iam dici a quibuslibet com-
putatoribus non potest, quae tamen momentorum minutatim detractione consumitur, et detrahantur haec tanta 35
spatia non semel atque iterum saepiusque, sed semper:
quid fit, quid agitur, quando numquam ad initium, quod
omnino nullum est, pervenitur? Quapropter quod nos

modo quaerimus post quinque milia et quod excurrit annorum, possent et posteri [etiam] post annorum sescentiens miliens eadem curiositate requirere, si in tantum haec
mortalitas hominum exoriendo et occumbendo et inperita
5 perseveraret infirmitas. Potuerunt et qui fuerunt ante nos
ipsis recentibus hominis creati temporibus istam movere
quaestionem. Ipse denique primus homo vel postridie vel
eodem die postea quam factus est potuit inquirere, cur
non ante sit factus; et quandocumque antea factus esset,
10 non vires tunc alias et alias nunc vel etiam postea ista de
initio rerum temporalium controversia reperiret.

Caput XIII.

De revolutione saeculorum, quibus certo fine conclusis
universa semper in eundem ordinem eandemque spe-
15 *ciem reditura quidam philosophi crediderunt.*

   Hanc autem se philosophi mundi huius non aliter putaverunt posse vel debere dissolvere, nisi ut circuitus temporum inducerent, quibus eadem semper fuisse renovata
atque repetita in rerum natura atque ita deinceps fore
20 sine cessatione adseverarent volumina venientium prae-
tereuntiumque saeculorum; sive in mundo permanente
isti circuitus fierent, sive certis intervallis oriens et occi-
dens mundus eadem semper quasi nova, quae transacta et
ventura sunt, exhiberet. A quo ludibrio prorsus inmor-
25 talem animam, etiam cum sapientiam perceperit, liberare
non possunt, euntem sine cessatione ad falsam beatitudinem et ad veram miseriam sine cessatione redeuntem.
Quo modo enim vera beatitudo est, de cuius numquam
aeternitate confiditur, dum anima venturam miseriam aut
30 inperitissime in veritate nescit, aut infelicissime in beatitudine pertimescit? At si ad miserias numquam ulterius
reditura ex his ad beatitudinem pergit: fit ergo aliquid
novi in tempore, quod finem non habet temporis. Cur
non ergo et mundus? Cur non et homo factus in mundo?
35 ut illi nescio qui falsi circuitus a falsis sapientibus fallaci-

busque comperti in doctrina sana tramite recti itineris evitentur.

Nam quidam et illud, quod legitur in libro Salomonis, qui vocatur ecclesiastes: *Quid est quod fuit? Ipsum quod erit. Et quid est quod factum est? Ipsum quod fiet; et* 5 *non est omne recens sub sole. Qui loquitur et dicit: Ecce hoc novum est: iam fuit saeculis quae fuerunt ante nos,* propter hos circuitus in eadem redeuntes et in eadem cuncta revocantes dictum intellegi volunt, quod ille aut de his rebus dixit, de quibus superius loquebatur, hoc est de 10 generationibus aliis euntibus, aliis venientibus, de solis anfractibus, de torrentium lapsibus; aut certe de omnium rerum generibus, quae oriuntur atque occidunt. Fuerunt enim homines ante nos, sunt et nobiscum, erunt et post nos; ita quaeque animantia vel arbusta. Monstra quoque 15 ipsa, quae inusitata nascuntur, quamvis inter se diversa sint et quaedam eorum semel facta narrentur, tamen secundum id, quod generaliter miracula et monstra sunt, utique et fuerunt et erunt, nec recens et novum est, ut monstrum sub sole nascatur. Quamvis haec verba quidam 20 sic intellexerint, tamquam in praedestinatione Dei iam facta fuisse omnia sapiens ille voluisset intellegi, et ideo nihil recens esse sub sole. Absit autem a recta fide, ut his Salomonis verbis illos circuitus significatos esse credamus, quibus illi putant sic eadem temporum tempora- 25 liumque rerum volumina repeti, ut verbi gratia, sicut isto saeculo Plato philosophus in urbe Atheniensi et in ea schola, quae Academia dicta est, discipulos docuit, ita per innumerabilia retro saecula multum quidem prolixis intervallis, sed tamen certis, et idem Plato et eadem civitas et 30 eadem schola idemque discipuli repetiti et per innumerabilia deinde saecula repetendi sint. Absit, inquam, ut nos ista credamus. Semel enim Christus mortuus est pro peccatis nostris; surgens autem a mortuis iam non moritur, et mors ei ultra non dominabitur; et nos post resurrectio- 35 nem semper cum Domino erimus, cui modo dicimus, quod

---

7) Eccle. 1, 9 sq.   35) Rom. 6, 9.

sacer admonet psalmus: *Tu, Domine, servabis nos et cu-*
stodies nos a generatione hac in aeternum. Satis autem
istis existimo convenire quod sequitur: *In circuitu impii*
ambulant; non quia per circulos, quos opinantur, eorum
5 vita est recursura; sed quia modo talis est erroris eorum
via, id est falsa doctrina.

Caput XIV.

De temporali conditione generis humani, quam Deus nec
novo consilio constituerit, nec mutabili voluntate.

10   Quid autem mirum est, si in his circuitibus errantes
nec aditum nec exitum inveniunt? quia genus humanum
atque ista nostra mortalitas nec quo initio coepta sit sciunt,
nec quo fine claudatur; quando quidem altitudinem Dei
penetrare non possunt; quia, cum ipse sit aeternus et sine
15 initio, ab aliquo tamen initio exorsus est tempora, et hominem, quem numquam antea fecerat, fecit in tempore, non
tamen novo et repentino, sed inmutabili aeternoque consilio. Quis hanc valeat altitudinem investigabilem vestigare et inscrutabilem perscrutari, secundum quam Deus
20 hominem temporalem, ante quem nemo umquam hominum fuit, non mutabili voluntate in tempore condidit et
genus humanum ex uno multiplicavit? Quando quidem
psalmus ipse cum praemisisset atque dixisset: *Tu, Domine,*
servabis nos et custodies nos a generatione hac in aeter-
25 *num,* ac deinde repercussisset eos, in quorum stulta im-
piaque doctrina nulla liberationis et beatitudinis animae
servatur aeternitas, continuo subiciens: *In circuitu impii*
ambulant: tamquam ei diceretur: „Tu ergo quid credis,
sentis, intellegis? numquidnam existimandum est subito
30 Deo placuisse hominem facere, quem numquam antea infinita retro aeternitate fecisset, cui nihil novi accidere
potest, in quo mutabile aliquid non est?" continuo respondit ad ipsum Deum loquens: *Secundum altitudinem tuam*
multiplicasti filios hominum. Sentiant, inquit, homines

---

4) Psal. 11 (12), 8 sq.

quod putant, et quod eis placet opinentur et disputent: *Secundum altitudinem tuam*, quam nullus potest nosse hominum, *multiplicasti filios hominum*. Valde quippe altum est et semper fuisse, et hominem, quem numquam fecerat, ex aliquo tempore primum facere voluisse, nec 5 consilium voluntatemque mutasse.

Caput XV.

An ut Deus semper etiam dominus fuisse intellegatur, credendum sit, creaturam quoque numquam defuisse cui dominaretur, et quo modo dicatur semper creatum, 10 quod dici non potest coaeternum.

Ego quidem sicut Dominum Deum aliquando dominum non fuisse dicere non audeo, ita hominem numquam antea fuisse, et ex quodam tempore primum hominem creatum esse dubitare non debeo. Sed cum cogito cuius 15 rei dominus semper fuerit, si semper creatura non fuit, adfirmare aliquid pertimesco, quia et me ipsum intueor, et scriptum esse recolo: *Quis hominum potest scire consilium Dei, aut quis poterit cogitare quid velit Dominus? Cogitationes enim mortalium timidae et incertae adinven-* 20 *tiones nostrae. Corruptibile enim corpus adgravat animam, et deprimit terrena inhabitatio sensum multa cogitantem.* Ex his igitur, quae in hac terrena inhabitatione multa cogito (ideo utique multa, quia unum, quod ex illis vel praeter illa, quod forte non cogito, verum est, invenire 25 non possum), si dixero semper fuisse creaturam, cuius dominus esset, qui semper est dominus nec dominus umquam non fuit; sed nunc illam, nunc aliam per alia atque alia temporum spatia, ne aliquam Creatori coaeternam esse dicamus, quod fides ratioque sana condemnat: cavendum 30 est, ne sit absurdum et a luce veritatis alienum, mortalem quidem per vices temporum semper fuisse creaturam, decedentem aliam, aliam succedentem; inmortalem vero non esse coepisse, nisi cum ad nostrum saeculum ventum

---

23) Sap. 9, 13 sqq.

est, quando et angeli creati sunt, si eos recte lux illa primum facta significat, aut illud potius caelum, de quo dictum est: *In principio fecit Deus caelum et terram;* cum tamen non fuerint, antequam fierent, ne inmortales, si
5 semper fuisse dicuntur, Deo coaeterni esse credantur. Si autem dixero, non in tempore creatos angelos, sed ante omnia tempora et ipsos fuisse, quorum Deus dominus esset, qui numquam nisi dominus fuit: quaeretur a me etiam, si ante omnia tempora facti sunt, utrum semper potuerint
10 esse qui facti sunt. His respondendum forte videatur: Quo modo non semper, cum id quod est omni tempore, non inconvenienter semper esse dicatur? Usque adeo autem isti omni tempore fuerunt, ut etiam ante omnia tempora facti sint; si tamen a caelo coepta sunt tempora, et illi
15 iam erant ante caelum. At si tempus non a caelo, verum et ante caelum fuit; non quidem in horis et diebus, et mensibus et annis (nam istae dimensiones temporalium spatiorum, quae usitate ac proprie dicuntur tempora, manifestum est quod a motu siderum coeperint; unde et
20 Deus, cum haec instituerit, dixit: *Et sint in signa et in tempora, et in dies et in annos*), sed in aliquo mutabili motu, cuius aliud prius, aliud posterius praeterit, eo quod simul esse non possunt; — si ergo ante caelum in angelicis motibus tale aliquid fuit, et ideo tempus iam fuit atque angeli,
25 ex quo facti sunt, temporaliter movebantur: etiam sic omni tempore fuerunt, quando quidem cum illis facta sunt tempora. Quis autem dicat: Non semper fuit, quod omni tempore fuit?

Sed si hoc respondero, dicetur mihi: Quo modo ergo
30 non coaeterni Creatori, si semper ille, semper illi fuerunt? Quo modo etiam creati dicendi sunt, si semper fuisse intelleguntur? Ad hoc quid respondebitur? An dicendum est, et semper eos fuisse, quoniam omni tempore fuerunt, qui cum tempore facti sunt, aut cum quibus facta sunt tem-
35 pora, et tamen creatos? Neque enim et ipsa tempora creata esse negabimus, quamvis omni tempore tempus fuisse nemo ambigat. Nam si non omni tempore fuit tempus, erat ergo tempus, quando nullum erat tempus. Quis hoc stultissi-

mus dixerit? Possumus enim recte dicere: Erat tempus,
quando non erat Roma; erat tempus, quando non erat
Hierusalem; erat tempus, quando non erat Abraham; erat
tempus, quando non erat homo, et si quid huius modi;
postremo si non cum initio temporis, sed post aliquod 5
tempus factus est mundus: possumus dicere: Erat tempus,
quando non erat mundus. At vero: Erat tempus, quando
nullum erat tempus, tam inconvenienter dicimus, ac si
quisquam dicat: Erat homo, quando nullus erat homo;
aut: Erat iste mundus, quando iste non erat mundus. Si 10
enim de alio atque alio intellegatur, potest dici aliquo
modo, hoc est: Erat alius homo, quando non erat iste homo:
sic ergo: Erat aliud tempus, quando non erat hoc tempus,
recte possumus dicere; at vero: Erat tempus, quando
nullum erat tempus, quis vel insipientissimus dixerit? 15
Sicut ergo dicimus creatum tempus, cum ideo semper
fuisse dicatur, quia omni tempore tempus fuit: ita non est
consequens, ut, si semper fuerunt angeli, ideo non sint
creati, ut propterea semper fuisse dicantur, quia omni
tempore fuerunt, et propterea omni tempore fuerunt, quia 20
nullo modo sine his ipsa tempora esse potuerunt. Ubi
enim nulla creatura est, cuius mutabilibus motibus tempora
peragantur, tempora omnino esse non possunt. Ac per
hoc etsi semper fuerunt, creati sunt; nec si semper fuerunt, ideo Creatori coaeterni sunt. Ille enim semper fuit 25
aeternitate inmutabili; isti autem facti sunt; sed ideo semper fuisse dicuntur, quia omni tempore fuerunt, sine quibus tempora nullo modo esse potuerunt; tempus autem
quoniam mutabilitate transcurrit, aeternitati inmutabili
non potest esse coaeternum. Ac per hoc etiamsi inmorta- 30
litas angelorum non transit in tempore, nec praeterita est
quasi iam non sit, nec futura quasi nondum sit: tamen
eorum motus, quibus tempora peraguntur, ex futuro in
praeteritum transeunt, et ideo Creatori, in cuius motu
dicendum non est vel fuisse quod iam non sit, vel futurum 35
esse quod nondum sit, coaeterni esse non possunt.

Quapropter si Deus semper dominus fuit, semper
habuit creaturam suo dominatui servientem; verum tamen

non de ipso genitam, sed ab ipso de nihilo factam; nec ei
coaeternam; erat quippe ante illam, quamvis nullo tempore
sine illa; non eam spatio transcurrente, sed manente perpetuitate praecedens. Sed hoc si respondero eis qui requi-
5 runt, quo modo semper creator, semper dominus fuit, si
creatura serviens non semper fuit; aut quo modo creata
est, et non potius creatori coaeterna est, si semper fuit:
vereor ne facilius iudicer adfirmare quod nescio, quam
docere quod scio. Redeo igitur ad id, quod creator noster
10 scire nos voluit; illa vero quae vel sapientioribus in hac
vita scire permisit, vel omnino perfectis in alia vita scienda
servavit, ultra vires meas esse confiteor. Sed ideo putavi
sine adfirmatione tractanda, ut qui haec legunt videant a
quibus quaestionum periculis debeant temperare, nec ad
15 omnia se idoneos arbitrentur; potiusque intellegant quam
sit apostolo obtemperandum praecipienti salubriter, ubi
ait: *Dico autem per gratiam Dei quae data est mihi omnibus qui sunt in vobis, non plus sapere quam oportet
sapere; sed sapere ad temperantiam, unicuique sicut Deus
20 partitus est mensuram fidei.* Si enim pro viribus suis ala-
tur infans, fiet, ut crescendo plus capiat; si autem vires
suae capacitatis excedat, deficiet antequam crescat.

Caput XVI.

Quo modo intellegenda sit promissa homini a Deo vita
25   *aeterna ante tempora aeterna.*

Quae saecula praeterierint ante quam genus institueretur humanum, me fateor ignorare; non tamen dubito
nihil omnino creaturae Creatori esse coaeternum. Dicit
etiam apostolus tempora aeterna, nec ea futura, sed, quod
30 magis est mirandum, praeterita. Sic enim ait: *In spem
vitae aeternae, quam promisit non mendax Deus ante tempora aeterna; manifestavit autem temporibus suis verbum
suum.* Ecce dixit retro quod fuerint tempora aeterna, quae
tamen non fuerint Deo coaeterna, si quidem ille ante

---

20) Rom. 12, 3.   33) Tit. 1, 2 sq.

tempora aeterna non solum erat, verum etiam promisit
vitam aeternam, quam manifestavit temporibus suis, id est
congruis, quid aliud quam verbum suum? Hoc est enim
vita aeterna. Quo modo autem promisit, cum hominibus
utique promiserit, qui nondum erant ante tempora aeterna; 5
nisi quia in eius aeternitate atque in ipso Verbo eius eidem
coaeterna iam praedestinatione fixum erat, quod suo tempore futurum erat?

Caput XVII.

Quid de incommutabili consilio aut voluntate Dei fides 10
sana defendat contra ratiocinationes eorum, qui opera
Dei ex aeternitate repetita per eosdem semper volunt
saeculorum redire circuitus.

Illud quoque non dubito, ante quam primus homo
creatus esset, numquam quemquam fuisse hominem; nec 15
eundem ipsum nescio quibus circuitibus nescio quotiens
revolutum, nec alium aliquem natura similem. Neque ab
hac fide me philosophorum argumenta deterrent, quorum
acutissimum illud putatur, quod dicunt, nulla infinita ulla
scientia posse conprehendi; ac per hoc Deus, inquiunt, 20
rerum quas facit omnium finitarum omnes finitas apud se
rationes habet. Bonitas autem eius numquam vacua fuisse
credenda est, ne sit temporalis eius operatio, cuius retro
fuerit aeterna cessatio, quasi paenituerit eum prioris sine
initio vacationis ac propterea sit operis adgressus initium. 25
Et ideo necesse est, inquiunt, eadem semper repeti eademque semper repetenda transcurrere, vel manente mundo
mutabiliter, qui licet numquam non fuerit et sine initio
temporis tamen factus est; vel eius quoque ortu et occasu
semper illis circuitibus repetito semperque repetendo; ne 30
videlicet, si aliquando primum Dei opera coepta dicantur,
priorem suam sine initio vacationem tamquam inertem ac
desidiosam et ideo sibi displicentem damnasse quodam
modo atque ob hoc mutasse credatur; si autem semper
quidem temporalia, sed alia atque alia perhibetur opera- 35
tus, ac si aliquando etiam ad hominem faciendum, quem

numquam antea fecerat, pervenisse, non scientia, qua putant non posse quaecumque infinita conprehendi, sed
quasi ad horam, sicut veniebat in mentem, fortuita quadam
inconstantia videatur fecisse quae fecit. Porro si illi cir-
5 cuitus admittantur, inquiunt, quibus vel manente mundo,
vel ipso quoque revolubiles ortus suos et occasus eisdem
circuitibus inserente eadem temporalia repetuntur, nec
ignavum otium, praesertim tam longae sine initio diuturni-
tatis, Deo tribuitur, nec inprovida temeritas operum suo-
10 rum; quoniam si non eadem repetantur, non possunt
infinita diversitate variata ulla eius scientia vel praescientia
conprehendi.

Has argumentationes, quibus impii nostram simplicem
pietatem, ut cum illis in circuitu ambulemus, de via recta
15 conantur avertere, si ratio refutare non posset, fides inridere deberet. Huc accedit, quod in adiutorio Domini Dei
nostri hos volubiles circulos, quos opinio confingit, ratio
manifesta confringit. Hinc enim maxime isti errant, ut in
circuitu falso ambulare quam vero et recto itinere malint,
20 quod mentem divinam omnino inmutabilem, cuiuslibet
infinitatis capacem et innumera omnia sine cogitationis
alternatione numerantem, de sua humana mutabili angu-
staque metiuntur. Et fit illis quod ait apostolus: *Compa-
rantes* enim *semet ipsos sibimet ipsis non intellegunt.* Nam
25 quia illis quidquid novi faciendum venit in mentem, novo
consilio faciunt (mutabiles quippe mentes gerunt): profecto non Deum, quem cogitare non possunt, sed semet
ipsos pro illo cogitantes, non illum, sed se ipsos, nec illi,
sed sibi comparant. Nobis autem fas non est credere,
30 aliter adfici Deum cum vacat, aliter cum operatur; quia
nec adfici dicendus et, tamquam in eius natura fiat aliquid,
quod ante non fuerit. Patitur quippe qui adficitur, et mutabile est omne quod aliquid patitur. Non itaque in eius
vacatione cogitetur ignavia desidia inertia; sicut nec in
35 eius opere labor conatus industria. Novit quiescens agere,
et agens quiescere. Potest ad opus novum non novum,

14) Psal. 11 (12), 9.   24) 2. Cor. 10, 12.

sed sempiternum adhibere consilium; nec paenitendo, quia
prius cessaverat, coepit facere quod non fecerat. Sed et
si prius cessavit et posterius operatus est (quod nescio
quem ad modum ab homine possit intellegi): hoc procul
dubio, quod dicitur prius et posterius, in rebus prius non 5
existentibus et posterius existentibus fuit. In illo autem
non alteram praecedentem altera subsequens mutavit aut
abstulit voluntatem, sed una eademque sempiterna et inmutabili voluntate res, quas condidit, et ut prius non
essent egit, quamdiu non fuerunt, et ut posterius essent, 10
quando esse coeperunt, hinc eis, qui talia videre possunt,
mirabiliter fortassis ostendens, quam non eis indiguerit,
sed eas gratuita bonitate condiderit, cum sine illis ex aeternitate initio carente in non minore beatitate permansit.

CAPUT XVIII.   15

Contra eos, qui dicunt ea, quae infinita sunt, nec Dei posse
scientia conprehendi.

Illud autem aliud quod dicunt, nec Dei scientia quae
infinita sunt posse conprehendi: restat eis, ut dicere audeant atque huic se voragini profundae inpietatis inmer- 20
gant, quod non omnes numeros Deus noverit. Eos quippe
infinitos esse, certissimum est; quoniam in quocumque
numero finem faciendum putaveris, idem ipse, non dico
uno addito augeri, sed quamlibet sit magnus et quamlibet
ingentem multitudinem continens, in ipsa ratione atque 25
scientia numerorum non solum duplicari, verum etiam
multiplicari potest. Ita vero suis quisque numerus pro-
prietatibus terminatur, ut nullus eorum par esse cuicumque alteri possit. Ergo et dispares inter se atque diversi
sunt, et singuli quique finiti sunt, et omnes infiniti sunt. 30
Itane numeros propter infinitatem nescit omnes Deus, et
usque ad quandam summam numerorum scientia Dei pervenit, ceteros ignorat? Quis hoc etiam dementissimus
dixerit? Nec audebunt isti contemnere numeros et eos
dicere ad Dei scientiam non pertinere, apud quos Plato 35
Deum magna auctoritate commendat mundum numeris .,

fabricantem. Et apud nos Deo dictum legitur: *Omnia in mensura et numero et pondere disposuisti.* De quo et propheta dicit: *Qui profert numerose saeculum.* Et Salvator in evangelio: *Capilli*, inquit, *vestri omnes numerati*
5 *sunt.* Absit itaque ut dubitemus, quod ei notus sit omnis numerus, *cuius intellegentiae*, sicut in psalmo canitur, *non est numerus.* Infinitas itaque numeri, quamvis infinitorum numerorum nullus sit numerus, non est tamen inconprehensibilis ei, cuius intellegentiae non est numerus. Qua-
10 propter si, quidquid scientia conprehenditur, scientis conprehensione finitur: profecto et omnis infinitas quodam ineffabili modo Deo finita est, quia scientiae ipsius inconprehensibilis non est. Quare si infinitas numerorum scientiae Dei, qua conprehenditur, esse non potest infinita:
15 qui tandem nos sumus homunculi, qui eius scientiae limites figere praesumamus, dicentes quod, nisi eisdem circuitibus temporum eadem temporalia repetantur, non potest Deus cuncta quae facit vel praescire ut faciat, vel scire cum fecerit? cuius sapientia simpliciter multiplex et uniformiter
20 multiformis, tam inconprehensibili conprehensione omnia inconprehensibilia conprehendit, ut, quaecumque nova et dissimilia consequentia praecedentibus si semper facere vellet, inordinata et inprovisa habere non posset; nec ea praevideret ex proximo tempore, sed aeterna praescientia
25 contineret.

Caput XIX.

De saeculis saeculorum.

Quod utrum ita faciat, et continuata sibi conexione copulentur quae appellantur saecula saeculorum, alia
30 tamen atque alia ordinata dissimilitudine procurrentia, eis dumtaxat, qui ex miseria liberantur, in sua beata inmortalitate sine fine manentibus; an ita dicantur saecula saeculorum, ut intellegantur saecula in sapientia Dei incon-

---

2) Sap. 11, 21. 3) Esai. 40, 26. 5) Matth. 10, 30. 7) Psal. 146 (147), 5.

cussa stabilitate manentia istorum, quae cum tempore
transeunt, tamquam efficientia saeculorum, definire non
audeo. Fortassis enim possit dici saeculum, quae sunt
saecula, ut nihil aliud perhibeatur saeculum saeculi quam
saecula saeculorum, sicut nihil aliud dicitur caelum caeli 5
quam caeli caelorum. Nam caelum Deus vocavit firmamentum super quod sunt aquae; et tamen psalmus: *Et
aquae*, inquit, *quae super caelos sunt, laudent nomen
Domini.* Quid ergo istorum duorum sit, an praeter haec
duo aliquid aliud de saeculis saeculorum possit intellegi, 10
profundissima quaestio est, neque hoc quod nunc agimus
inpedit, si indiscussa interim differatur; sive aliquid in ea
definire valeamus, sive nos faciat cautiores diligentior ipsa
tractatio, ne in tanta obscuritate rerum adfirmare temere
aliquid audeamus. Nunc enim contra opinionem disputa- 15
mus, qua illi circuitus adseruntur, quibus semper eadem
per intervalla temporum necesse esse repeti existimantur.
Quaelibet autem illarum sententiarum de saeculis saeculorum vera sit, ad hos circuitus nihil pertinet; quoniam
sive saecula saeculorum sint non eadem repetita, sed alte- 20
rum ex altero conexione ordinatissima procurrentia, libera-
torum beatitudine sine ullo recursu miseriarum certissima
permanente, sive saecula saeculorum aeterna sint temporalium tamquam dominantia subditorum, circuitus illi
eadem revolventes locum non habent, quos maxime refellit 25
aeterna vita sanctorum.

Caput XX.

De impietate eorum, qui adserunt, animas summae verae-
que beatitudinis participes iterum atque iterum per
circuitus temporum ad easdem miserias laboresque   30
redituras.

Quorum enim aures piorum ferant, post emensam tot
tantisque calamitatibus vitam (si tamen vita ista dicenda
est, quae potius mors est, ita gravis, ut mors, quae ab

---

9) Psal. 148, 4.   26) Matth. 25, 46.

hac liberat, mortis huius amore timeatur), post tam magna
mala tamque multa et horrenda tandem aliquando per veram
religionem atque sapientiam expiata atque finita ita pervenire ad conspectum Dei atque ita fieri beatum contem-
5 platione incorporeae lucis per participationem inmutabilis
inmortalitatis eius, cuius adipiscendae amore flagramus,
ut eam quandoque necesse sit deseri, et eos, qui deserunt,
ab illa aeternitate veritate felicitate deiectos tartareae mortalitati, turpi stultitiae, miseriis exsecrabilibus implicari,
10 ubi Deus amittatur, ubi odio veritas habeatur, ubi per in-
mundas nequitias beatitudo quaeratur; et hoc itidem atque
itidem sine ullo fine priorum et posteriorum certis intervallis et dimensionibus saeculorum factum et futurum; et
hoc propterea, ut possint Deo, circuitibus definitis euntibus
15 semper atque redeuntibus, per nostras falsas beatitudines
et veras miserias alternatim quidem, sed revolutione in-
cessabili sempiternas nota esse opera sua; quoniam neque
a faciendo quiescere, neque sciendo possit ea, quae infinita
sunt, indagare? Quis haec audiat? quis credat? quis ferat?
20 Quae si vera essent, non solum tacerentur prudentius,
verum etiam (ut quo modo valeo dicam quod volo) doctius
nescirentur. Nam si haec illic in memoria non habebi-
mus et ideo beati erimus, cur hic per eorum scientiam
gravatur amplius nostra miseria? Si autem ibi ea neces-
25 sario scituri sumus, hic saltem nesciamus, ut hic felicior
sit expectatio quam illic adeptio summi boni; quando hic
aeterna vita consequenda expectatur; ibi autem beata, sed
non aeterna, quandoque amittenda cognoscitur.

Si autem dicunt, neminem posse ad illam beatitu-
30 dinem pervenire, nisi hos circuitus, ubi beatitudo et miseria
vicissim alternant, in huius vitae eruditione cognoverit:
quo modo ergo fatentur, quanto plus quisque amaverit
Deum, tanto eum facilius ad beatitudinem perventurum,
qui ea docent, quibus amor ipse torpescat? Nam quis non
35 remissius et tepidius amet eum, quem se cogitat necessario
deserturum et contra eius veritatem sapientiamque sen-
surum, et hoc cum ad eius plenam pro sua capacitate
notitiam beatitudinis perfectione pervenerit; quando nec

hominem amicum possit quisque amare fideliter, cui se
futurum novit inimicum? Sed absit ut vera sint, quae
nobis minantur veram miseriam numquam finiendam, sed
interpositionibus falsae beatitudinis saepe ac sine fine rum-
pendam. Quid enim illa beatitudine falsius atque fallacius, 5
ubi nos futuros miseros aut in tanta veritatis luce nesciamus, aut in summa felicitatis arce timeamus? Si enim
venturam calamitatem ignoraturi sumus, peritior est hic
nostra miseria, ubi venturam beatitudinem novimus. Si
autem nos illic clades inminens non latebit, beatius tem- 10
pora transigit anima misera, quibus transactis ad beatitudinem sublevetur, quam beata, quibus transactis in miseriam revolvatur. Atque ita spes nostrae infelicitatis est
felix et felicitatis infelix. Unde fit, ut, quia hic mala praesentia patimur, ibi metuimus inminentia, verius semper 15
miseri quam beati aliquando esse possimus.

Sed quoniam haec falsa sunt clamante pietate, con-
vincente veritate (illa enim nobis veraciter promittitur vera
felicitas, cuius erit semper retinenda et nulla infelicitate
rumpenda certa securitas): viam rectam sequentes, quod 20
nobis est Christus, eo duce ac salvatore a vano et inepto
impiorum circuitu iter fidei mentemque avertamus. Si
enim de istis circuitibus et sine cessatione alternantibus
itionibus et reditionibus animarum Porphyrius Platonicus
suorum opinionem sequi noluit, sive ipsius rei vanitate 25
permotus, sive iam tempora Christiana reveritus, et, quod
in libro decimo commemoravi, dicere maluit, animam
propter cognoscenda mala traditam mundo, ut ab eis
liberata atque purgata, cum ad Patrem redierit, nihil
ulterius tale patiatur: quanto magis nos istam inimicam 30
Christianae fidei falsitatem detestari ac devitare debemus!
His autem circuitibus evacuatis atque frustratis nulla necessitas nos compellit ideo putare non habere initium
temporis ex quo esse coeperit genus humanum, quia per
nescio quos circuitus nihil sit in rebus novi, quod non et 35
antea certis intervallis temporum fuerit et postea sit futu-

---

27) C. 30.

rum. Si enim liberatur anima non reditura ad miserias, sicut numquam antea liberata est: fit in illa aliquid, quod antea numquam factum est, et hoc quidem valde magnum, id est quae numquam desinat aeterna felicitas. Si autem
5 in natura inmortali fit tanta novitas nullo repetita, nullo repetenda circuitu: cur in rebus mortalibus fieri non posse contenditur? Si dicunt non fieri in anima beatitudinis novitatem, quoniam ad eam revertitur, in qua semper fuit, ipsa certe liberatio nova fit, cum de miseria liberatur in
10 qua numquam fuit, et ipsa miseriae novitas in ea facta est quae numquam fuit. Haec autem novitas si non in rerum, quae divina providentia gubernantur, ordine venit, sed casu potius evenit, ubi sunt illi determinati dimensique circuitus, in quibus nulla nova fiunt, sed repetuntur eadem
15 quae fuerunt? Si autem et haec novitas ab ordinatione providentiae non excluditur, sive data sit anima, sive lapsa sit: possunt fieri nova, quae neque antea facta sint, nec tamen a rerum ordine aliena sint. Et si potuit anima per inprudentiam facere sibi novam miseriam, quae non esset
20 inprovisa divinae providentiae, ut hanc quoque in rerum ordine includeret et ab hac eam non inprovide liberaret: qua tandem temeritate humanae vanitatis audemus negare divinitatem facere posse res, non sibi, sed mundo novas, quas neque antea fecerit, nec umquam habuerit inpro-
25 visas? Si autem dicunt liberatas quidem animas ad mise- riam non reversuras, sed cum hoc fit in rebus nihil novi fieri, quoniam semper aliae atque aliae liberatae sunt et liberantur et liberabuntur: hoc certe concedant, si ita est, novas animas fieri, quibus sit et nova miseria et nova libe-
30 ratio. Nam si antiquas eas dicunt esse, et retrorsum sem- piternas, ex quibus cotidie novi fiant homines, de quorum corporibus, si sapienter vixerint, ita liberentur, ut num- quam ad miserias revolvantur, consequenter dicturi sunt infinitas. Quantuslibet namque finitus numerus fuisset ani-
35 marum, infinitis retro saeculis sufficere non valeret, ut ex illo semper homines fierent, quorum essent animae ab ista semper mortalitate liberandae, numquam ad eam deinceps rediturae. Nec ullo modo explicabunt, quo modo

in rebus, quas, ut Deo notae esse possint, finitas volunt, infinitus sit numerus animarum.

Quapropter quoniam circuitus illi iam explosi sunt, quibus ad easdem miserias necessario putabatur anima reditura: quid restat convenientius pietati, quam credere 5 non esse inpossibile Deo et ea, quae numquam fecerit, nova facere et ineffabili praescientia voluntatem mutabilem non habere? Porro autem utrum animarum liberatarum nec ulterius ad miserias rediturarum numerus possit semper augeri, ipsi viderint, qui de rerum infinitate cohibenda 10 tam subtiliter disputant; nos vero ratiocinationem nostram ex utroque latere terminamus. Si enim potest, quid causae est ut negetur creari potuisse quod numquam antea creatum esset, si liberatarum animarum numerus, qui numquam antea fuit, non solum factus est semel, sed fieri 15 numquam desinet? Si autem oportet ut certus sit liberatarum aliquis numerus animarum, quae ad miseriam numquam redeant, neque iste numerus ulterius augeatur: etiam ipse sine dubio, quicumque erit, ante utique numquam fuit; qui profecto crescere et ad suae quantitatis terminum 20 pervenire sine aliquo non possit initio; quod initium eo modo antea numquam fuit. Hoc ergo ut esset, creatus est homo, ante quem nullus fuit.

Caput XXI.

De conditione unius primi hominis atque in eo generis   25 humani.

Hac igitur quaestione difficillima propter aeternitatem Dei nova creantis sine novitate aliqua voluntatis, quantum potuimus, explicata non est arduum videre multo fuisse melius quod factum est, ut ex uno homine, quem primum 30 condidit, multiplicaret genus humanum, quam si id inchoasset a pluribus. Nam cum animantes alias solitarias et quodam modo solivagas, id est, quae solitudinem magis adpetant, sicuti sunt aquilae milvi, leones lupi et quaecumque ita sunt, alias congreges instituerit, quae congregatae 35 atque in gregibus malint vivere, ut sunt columbi sturni,

cervi damulae et cetera huius modi: utrumque tamen genus
non ex singulis propagavit, sed plura simul iussit existere.
Hominem vero, cuius naturam quodam modo mediam inter
angelos bestiasque condebat, ut, si Creatori suo tamquam
5 vero domino subditus praeceptum eius pia oboedientia
custodiret, in consortium transiret angelicum, sine morte
media beatam inmortalitatem absque ullo termino consecutus; si autem Dominum Deum suum libera voluntate
superbe atque inoboedienter usus offenderet, morti ad-
10 dictus bestialiter viveret, libidinis servus aeternoque post
mortem supplicio destinatus, unum ac singulum creavit,
non utique solum sine humana societate deserendum, sed
ut eo modo vehementius ei commendaretur ipsius societatis unitas vinculumque concordiae, si non tantum inter
15 se naturae similitudine, verum etiam cognationis affectu
homines necterentur; quando ne ipsam quidem feminam
copulandam viro sicut ipsum creare illi placuit, sed ex ipso,
ut omne ex homine uno diffunderetur genus humanum.

Caput XXII.

20 *Quod praescierit Deus hominem, quem primum condidit,*
peccaturum, simulque praeviderit quantum piorum
populum ex eius genere in angelicum consortium
sua esset gratia translaturus.

Nec ignorabat Deus hominem peccaturum et morti
25 iam obnoxium morituros propagaturum eoque progressuros peccandi inmanitate mortales, ut tutius atque paca-
tius inter se rationalis voluntatis expertes bestiae sui
generis viverent, quarum ex aquis et terris plurium pullu-
lavit exordium, quam homines, quorum genus ex uno est
30 ad commendandam concordiam propagatum. Neque enim
umquam inter se leones aut inter se dracones, qualia
homines, bella gesserunt. Sed praevidebat etiam gratia
sua populum piorum in adoptionem vocandum remissisque
peccatis iustificatum Spiritu sancto sanctis angelis in ae-
35 terna pace sociandum, novissima inimica morte destructa;
cui populo esset huius rei consideratio profutura, quod

ex uno homine Deus ad commendandum hominibus, quam ei grata sit etiam in pluribus unitas, genus instituisset humanum.

Caput XXIII.

De natura humanae animae creatae ad imaginem Dei. 5

Fecit ergo Deus hominem ad imaginem suam. Talem quippe illi animam creavit, qua per rationem atque intellegentiam omnibus esset praestantior animalibus terrestribus et natatilibus et volatilibus, quae mentem huius modi non haberent. Et cum virum terreno formasset ex pulvere 10 eique animam qualem dixi sive quam iam fecerat sufflando indidisset, sive potius sufflando fecisset eumque flatum, quem sufflando fecit, (nam quid est aliud sufflare, quam flatum facere?) animam hominis esse voluisset, etiam coniugem illi in adiutorium generandi ex eius latere osse 15 detracto fecit, ut Deus. Neque enim haec carnali consuetudine cogitanda sunt, ut videre solemus opifices ex materia quacumque terrena corporalibus membris, quod artis industria potuerint, fabricantes. Manus Dei potentia Dei est, qui etiam visibilia invisibiliter operatur. Sed haec fabulosa 20 potius quam vera esse arbitrantur, qui virtutem ac sapientiam Dei, qua novit et potest etiam sine seminibus ipsa certe facere semina, ex his usitatis et cotidianis metiuntur operibus; ea vero, quae primitus instituta sunt, quoniam non noverunt, infideliter cogitant; quasi non haec ipsa, 25 quae noverunt de humanis conceptibus atque partubus, si inexpertis narrarentur, incredibiliora viderentur; quamvis et ea ipsa plerique magis naturae corporalibus causis, quam operibus divinae mentis adsignent.

Caput XXIV.   30

An ullius vel minimae creaturae possint dici angeli creatores.

Sed cum his nullum nobis est in his libris negotium, qui divinam mentem facere vel curare ista non credunt.

Illi autem qui Platoni suo credunt, non ab illo summo
Deo, qui fabricatus est mundum, sed ab aliis minoribus,
quos quidem ipse creaverit, permissu sive iussu eius animalia facta esse cuncta mortalia, in quibus homo praeci-
5 puum diisque ipsis cognatum teneret locum, si superstitione
careant, qua quaerunt unde iuste videantur sacra et sacrificia facere quasi conditoribus suis, facile carebunt etiam
huius opinionis errore. Neque enim fas est ullius naturae
quamlibet minimae mortalisque creatorem nisi Deum cre-
10 dere ac dicere, etiam antequam possit intellegi. Angeli
autem, quos illi deos libentius appellant, etiamsi adhibent
vel iussi vel permissi operationem suam rebus quae gignuntur in mundo, tam non eos dicimus creatores animalium, quam nec agricolas frugum atque arborum.

15   CAPUT XXV.

Omnem naturam et omnem speciem universae creaturae
non nisi opere Dei formari.

Cum enim alia sit species, quae adhibetur extrinsecus
cuicumque materiae corporali, sicut operantur homines
20 figuli et fabri atque id genus opifices, qui etiam pingunt et
effingunt formas similes corporibus animalium; alia vero,
quae intrinsecus efficientes causas habet de secreto et
occulto naturae viventis atque intellegentis arbitrio, quae
non solum naturales corporum species, verum etiam ipsas
25 animantium animas, dum non fit, facit: supra dicta illa
species artificibus quibusque tribuatur; haec autem altera
non nisi uni artifici creatori et conditori Deo, qui mundum
ipsum et angelos sine ullo mundo et sine ullis angelis fecit.
Qua enim vi divina et, ut ita dicam, effectiva, quae fieri
30 nescit, sed facere, accepit speciem, cum mundus fieret,
rotunditas caeli et rotunditas solis: eadem vi divina et
effectiva, quae fieri nescit, sed facere, accepit speciem
rotunditas oculi et rotunditas pomi et ceterae figurae naturales, quas videmus in rebus quibusque nascentibus non

_____

5) Timaeus c. 11.

extrinsecus adhiberi, sed intima Creatoris potentia, qui dixit: *Caelum et terram ego impleo;* et cuius sapientia est, quae *adtingit a fine usque ad finem fortiter et disponit omnia suaviter.* Proinde facti primitus angeli cuius modi ministerium praebuerint Creatori cetera facienti nescio; 5 nec tribuere illis audeo quod forte non possunt, nec debeo derogare quod possunt. Creationem tamen conditionemque omnium naturarum, qua fit ut omnino naturae sint, eis quoque faventibus illi Deo tribuo, cui se etiam ipsi debere quod sunt cum gratiarum actione noverunt. Non solum 10 igitur agricolas non dicimus fructuum quorumque creatores, cum legamus: *Neque qui plantat est aliquid neque qui rigat, sed qui incrementum dat Deus;* sed ne ipsam quidem terram, quamvis mater omnium fecunda videatur, quae germinibus erumpentia promovet et fixa radicibus 15 continet, cum itidem legamus: *Deus illi dat corpus quo modo voluerit et unicuique seminum proprium corpus.* Ita nec feminam sui puerperii creatricem appellare debemus, sed potius illum qui cuidam famulo suo dixit: *Prius quam te formarem in utero, novi te.* Et quamvis anima sic vel 20 sic affecta praegnantis valeat aliquibus velut induere qualitatibus fetum, sicut de virgis variatis fecit Iacob, ut pecora colore varia gignerentur: naturam tamen illam, quae gignitur, tam ipsa non fecit, quam nec ipsa se fecit. Quaelibet igitur corporales vel seminales causae gignendis 25 rebus adhibeantur, sive operationibus angelorum aut hominum aut quorumcumque animalium, sive marium feminarumque mixtionibus; quaelibet etiam desideria motusve animae matris valeant aliquid liniamentorum aut colorum aspergere teneris mollibusque conceptibus: ipsas omnino 30 naturas, quae sic vel sic in suo genere afficiantur, non facit nisi summus Deus, cuius occulta potentia cuncta penetrans incontaminabili praesentia facit esse quidquid aliquo modo est, in quantumcumque est; quia nisi faciente illo non tale vel tale esset, sed prorsus esse non posset. Qua- 35

---

2) Hierem. 23, 24.　4) Sap. 8, 1.　13) 1. Cor. 3, 7.　17) Ibid. 15, 38.　20) Hierem. 1, 5.　23) Gen. 30, 37.

propter si in illa specie, quam forinsecus corporalibus
opifices rebus inponunt, urbem Romam et urbem Alexan-
driam non fabros et architectos, sed reges, quorum voluntate consilio imperio fabricatae sunt, illam Romulum, illam
5 Alexandrum habuisse dicimus conditores: quanto potius
non nisi Deum debemus conditorem dicere naturarum,
qui neque ex ea materia facit aliquid, quam ipse non fecerit, nec operarios habet, nisi quos ipse creaverit; et si
potentiam suam, ut ita dicam, fabricatoriam rebus sub-
10 trahat, ita non erunt, sicut ante quam fierent non fuerunt.
Sed ante dico aeternitate, non tempore. Quis enim alius
creator est temporum, nisi qui fecit ea, quorum motibus
currerent tempora?

Caput XXVI.

15 *De Platonicorum opinione, qua putaverunt angelos quidem*
a Deo conditos, sed ipsos esse humanorum corporum
conditores.

Ita sane Plato minores et a summo Deo factos deos
effectores esse voluit animalium ceterorum, ut inmortalem
20 partem ab ipso sumerent, ipsi vero mortalem adtexerent.
Proinde animarum nostrarum eos creatores noluit esse,
sed corporum. Unde quoniam Porphyrius propter animae
purgationem dicit corpus omne fugiendum, simulque cum
suo Platone aliisque Platonicis sentit eos, qui inmoderate
25 atque inhoneste vixerint, propter luendas poenas ad corpora redire mortalia, Plato quidem etiam ad bestiarum,
Porphyrius tantum modo ad hominum: sequitur eos, ut
dicant deos istos, quos a nobis volunt quasi parentes et
conditores nostros coli, nihil esse aliud quam fabros com-
30 pedum carcerumve nostrorum, nec institutores, sed in-
clusores adligatoresque nostros ergastulis aerumnosis et
gravissimis vinculis. Aut ergo desinant Platonici poenas
animarum ex istis corporibus comminari, aut eos nobis
deos colendos non praedicent, quorum in nobis opera-

---

20) Timaeus c. 13.

tionem, ut quantum possumus fugiamus et evadamus, hortantur, cum tamen sit utrumque falsissimum. Nam neque ita luunt poenas animae, cum ad istam vitam denuo revolvuntur; et omnium viventium sive in caelo sive in terra nullus est conditor, nisi a quo facta sunt caelum et terra. 5 Nam si nulla causa est vivendi in hoc corpore, nisi propter pendenda supplicia: quo modo dicit idem Plato, aliter mundum fieri non potuisse pulcherrimum atque optimum, nisi omnium animalium, id est et inmortalium et mortalium, generibus impleretur? Si autem nostra institutio, 10 qua vel mortales conditi sumus, divinum munus est: quo modo poena est ad ista corpora, id est ad divina beneficia, remeare? Et si Deus, quod adsidue Plato commemorat, sicut mundi universi, ita cunctorum animalium species aeterna intellegentia continebat: quo modo non ipse cuncta 15 condebat? An aliquorum esse artifex nollet, quorum efficiendorum artem ineffabilis eius et ineffabiliter laudabilis mens haberet?

Caput XXVII.

In primo homine exortam fuisse omnem plenitudinem 20
generis humani, in qua praevidit Deus quae pars hono-
randa esset praemio, quae damnanda supplicio.

Merito igitur vera religio, quem mundi universi, eum animalium quoque universorum, hoc est et animarum et corporum, conditorem agnoscit et praedicat. In quibus 25 terrenis praecipuus ab illo ad eius imaginem homo propter eam causam, quam dixi, et si qua forte alia maior latet, factus est unus, sed non relictus est solus. Nihil enim est quam hoc genus tam discordiosum vitio, tam sociale natura. Neque commodius contra vitium discordiae vel 30 cavendum ne existeret, vel sanandum cum extitisset, natura loqueretur humana, quam recordationem illius parentis, quem propterea Deus creare voluit unum, de quo multitudo propagaretur, ut hac admonitione etiam in multis

---

10) Timaeus c. 11.

concors unitas servaretur. Quod vero femina illi ex eius
latere facta est, etiam hinc satis significatum est quam
cara mariti et uxoris debeat esse coniunctio. Haec opera
Dei propterea sunt utique inusitata, quia prima. Qui au-
5 tem ista non credunt, nulla facta prodigia debent credere;
neque enim et ipsa, si usitato naturae curriculo gignerentur, prodigia dicerentur. Quid autem sub tanta guber-
natione divinae providentiae, quamvis eius causa lateat,
frustra gignitur? Ait quidam psalmus sacer: *Venite et*
10 *videte opera Domini, quae posuit prodigia super terram.*
Cur ergo ex latere viri femina facta sit, et hoc primum
quodam modo prodigium quid praefiguraverit, dicetur alio
loco, quantum me Deus adiuverit. [XXVII.] Nunc quoniam liber iste claudendus est, in hoc primo homine, qui
15 primitus factus est, nondum quidem secundum evidentiam,
iam tamen secundum Dei praescientiam exortas fuisse existimemus in genere humano societates tamquam civitates
duas. Ex illo enim futuri erant homines, alii malis angelis
in supplicio, alii bonis in praemio sociandi, quamvis occulto
20 Dei iudicio, sed tamen iusto. Cum enim scriptum sit: *Uni-*
versae viae Domini misericordia et veritas: nec iniusta
eius gratia, nec crudelis potest esse iustitia.

LIBER XIII.

25

Caput I.
De lapsu primorum hominum, per quem est contracta
mortalitas.

Expeditis de nostri saeculi exortu et de initio generis
30 humani difficillimis quaestionibus nunc iam de lapsu primi
hominis, immo primorum hominum, et de origine ac propagine mortis humanae disputationem a nobis institutam

10) Psal. 45 (46), 9. 21) Psal. 24 (25), 10.

rerum ordo deposcit. Non enim eo modo, quo angelos, condiderat Deus homines, ut etiam si peccassent mori omnino non possent; sed ita ut perfunctos oboedientiae munere sine interventu mortis angelica inmortalitas et beata aeternitas sequeretur; inoboedientes autem mors 5 plecteret damnatione iustissima; quod etiam in libro superiore iam diximus.

Caput II.

De ea morte, quae animae semper utcumque victurae
accidere potest, et ea, cui corpus obnoxium est. 10

Sed de ipso genere mortis video mihi paulo diligentius disserendum. Quamvis enim humana anima veraciter inmortalis perhibeatur, habet tamen quandam etiam ipsa mortem suam. Nam ideo dicitur inmortalis, quia modo quodam quantulocumque non desinit vivere atque sentire; 15 corpus autem ideo mortale, quoniam deseri omni vita potest, nec per se ipsum aliquatenus vivit. Mors igitur animae fit, cum eam deserit Deus, sicut corporis, cum id deserit anima. Ergo utriusque rei, id est totius hominis, mors est, cum anima a Deo deserta deserit corpus. Ita enim 20 nec ex Deo vivit ipsa, nec corpus ex ipsa. Huius modi autem totius hominis mortem illa sequitur, quam secundam mortem divinorum eloquiorum appellat auctoritas. Hanc Salvator significavit, ubi ait: *Eum timete, qui habet potestatem et corpus et animam perdere in gehennam.* 25 Quod cum ante non fiat, quam cum anima corpori sic fuerit copulata, ut nulla diremptione separentur: mirum videri potest quo modo corpus ea morte dicatur occidi, qua non ab anima deseritur, sed animatum sentiensque cruciatur. Nam in illa poena ultima ac sempiterna, de qua suo loco 30 diligentius disserendum est, recte mors animae dicitur, quia non vivit ex Deo; mors autem corporis quonam modo, cum vivat ex anima? Non enim aliter potest ipsa corporalia, quae post resurrectionem futura sunt, sentire tor-

---

7) C. 21.   23) Apoc. 2, 11; 21, 8.   25) Matth. 10, 28.

menta. An quia vita qualiscumque aliquod bonum est,
dolor autem malum, ideo nec vivere corpus dicendum est,
in quo anima non vivendi causa est, sed dolendi? Vivit
itaque anima ex Deo, cum vivit bene; non enim potest
5 bene vivere, nisi Deo in se operante quod bonum est;
vivit autem corpus ex anima, cum anima vivit in corpore,
seu vivat ipsa, seu non vivat ex Deo. Impiorum namque
in corporibus vita non animarum, sed corporum vita est;
quam possunt eis animae etiam mortuae, hoc est a Deo
10 desertae, quantulacumque propria vita, ex qua et inmortales sunt, non desistente, conferre. Verum in damnatione
novissima quamvis homo sentire non desinat, tamen, quia
sensus ipse nec voluptate suavis, nec quiete salubris, sed
dolore poenalis est, non inmerito mors est potius appellata
15 quam vita. Ideo autem secunda, quia post illam primam
est, qua fit cohaerentium diremptio naturarum, sive Dei et
animae, sive animae et corporis. De prima igitur corporis
morte dici potest, quod bonis bona sit, malis mala. Secunda vero sine dubio sicut nullorum bonorum est, ita
20 nulli bona.

Caput III.

Utrum mors, quae per peccatum primorum hominum in
omnes homines pertransiit, etiam sanctis poena
peccati sit.

25 Non autem dissimulanda nascitur quaestio, utrum re
vera mors, qua separantur anima et corpus, bonis sit bona;
quia si ita est, quo modo poterit obtineri, quod etiam ipsa
sit poena peccati? Hanc enim primi homines, nisi peccavissent, perpessi utique non fuissent. Quo pacto igitur
30 bona esse possit bonis, quae accidere non posset nisi
malis? Sed rursus si non nisi malis posset accidere, non
deberet bonis bona esse, sed nulla. Cur enim esset ulla
poena in quibus non essent ulla punienda? Quapropter
fatendum est, primos quidem homines ita fuisse institutos,
35 ut, si non peccavissent, nullum mortis experirentur genus;
sed eosdem primos peccatores ita fuisse morte multatos,

ut etiam quidquid eorum stirpe esset exortum eadem poena teneretur obnoxium. Non enim aliud ex eis, quam quod ipsi fuerant, nasceretur. Pro magnitudine quippe culpae illius naturam damnatio mutavit in peius, ut, quod poenaliter praecessit in peccantibus hominibus primis, 5 etiam naturaliter sequeretur in nascentibus ceteris. Neque enim ita homo ex homine, sicut homo ex pulvere. Pulvis namque homini faciendo materies fuit; homo autem homini gignendo parens. Proinde quod est terra, non hoc est caro, quamvis ex terra facta sit caro. Quod est autem 10 parens homo, hoc est et proles homo. In primo igitur homine per feminam in progeniem transiturum universum genus humanum fuit, quando illa coniugum copula divinam sententiam suae damnationis excepit; et quod homo factus est, non cum crearetur, sed cum peccaret et puniretur, 15 hoc genuit, quantum quidem adtinet ad peccati et mortis originem. Non enim ad infantilem hebetudinem et infirmitatem animi et corporis, quam videmus in parvulis, peccato vel poena ille redactus est (quae Deus voluit esse tamquam primordia catulorum, quorum parentes in bestia- 20 lem vitam mortemque deiecerat; sicut enim scriptum est: *Homo cum in honore esset, non intellexit; comparatus est pecoribus non intellegentibus et similis factus est eis;* nisi quod infantes infirmiores etiam cernimus in usu motuque membrorum et sensu adpetendi atque vitandi, quam sunt 25 aliorum tenerrimi fetus animalium; tamquam se tanto adtollat excellentius supra cetera animantia vis humana, quanto magis impetum suum, velut sagitta cum arcus extenditur, retrorsum reducta distulerit); — non ergo ad ista infantilia rudimenta praesumptione inlicita et dam- 30 natione iusta prolapsus vel inpulsus est primus homo; sed hactenus in eo natura humana vitiata atque mutata est, ut repugnantem pateretur in membris inoboedientiam concupiscendi et obstringeretur necessitate moriendi, atque ita id, quod vitio poenaque factus est, id est obnoxios pec- 35 cato mortique generaret. A quo peccati vinculo si per

---

23) Psal. 48 (49), 13.

Mediatoris gratiam solvuntur infantes, hanc solam mortem perpeti possunt, quae animam seiungit a corpore; in secundum vero illam sine fine poenalem liberati a peccati obligatione non transeunt.

5   Caput IV.

Cur ab his, qui per gratiam regenerationis absoluti sunt a peccato, non auferatur mors, id est poena peccati.

Si quem vero movet, cur vel ipsam patiantur, si et ipsa poena peccati est, quorum per gratiam reatus abo-
10 letur: iam ista quaestio in alio nostro opere, quod scripsimus de baptismo parvulorum, tractata ac soluta est; ubi dictum est, ad hoc relinqui animae experimentum separationis a corpore, quamvis ablato iam criminis nexu, quoniam, si regenerationis sacramentum continuo sequeretur
15 inmortalitas corporis, ipsa fides enervaretur, quae tunc est fides, quando expectatur in spe, quod in re nondum videtur. Fidei autem robore atque certamine, in maioribus dumtaxat aetatibus, etiam mortis fuerat superandus timor, quod in sanctis martyribus maxime eminuit; cuius pro-
20 fecto certaminis esset nulla victoria, nulla gloria (quia nec ipsum omnino posset esse certamen), si post lavacrum regenerationis iam sancti non possent mortem perpeti corporalem. Cum parvulis autem baptizandis quis non ad Christi gratiam propterea potius curreret, ne a corpore
25 solveretur? Atque ita non invisibili praemio probaretur fides; sed iam nec fides esset, confestim sui operis quaerendo et sumendo mercedem. Nunc vero maiore et mirabiliore gratia Salvatoris in usus iustitiae peccati poena conversa est. Tunc enim dictum est homini: Morieris, si
30 peccaveris; nunc dicitur martyri: Morere, ne pecces. Tunc dictum est: Si mandatum transgressi fueritis, morte moriemini; nunc dicitur: Si mortem recusaveritis, mandatum transgredimini. Quod tunc timendum fuerat, ut non peccaretur; nunc suscipiendum est, ne peccetur. Sic per in-
35 effabilem Dei misericordiam et ipsa poena vitiorum transit in arma virtutis, et fit iusti meritum etiam supplicium

peccatoris. Tunc enim mors est adquisita peccando, nunc inpletur iustitia moriendo. Verum hoc in sanctis martyribus, quibus alterutrum a persecutore proponitur, ut aut deserant fidem, aut sufferant mortem. Iusti enim malunt credendo perpeti, quod sunt primi iniqui non credendo 5 perpessi. Nisi enim peccassent illi, non morerentur; peccabunt autem isti, nisi moriantur. Mortui sunt ergo illi, quia peccaverunt; non peccant isti, quia moriuntur. Factum est per illorum culpam, ut veniretur in poenam; fit per istorum poenam, ne veniatur in culpam; non quia mors 10 bonum aliquod facta est, quae antea malum fuit; sed tantam Deus fidei praestitit gratiam, ut mors, quam vitae constat esse contrariam, instrumentum fieret, per quod transiretur ad vitam.

Caput V. 15

Quod sicut iniqui male utuntur lege, quae bona est, ita et iusti bene utantur morte, quae mala est.

Apostolus cum vellet ostendere, quantum peccatum gratia non subveniente ad nocendum valeret, etiam ipsam legem, qua prohibetur peccatum, non dubitavit dicere vir- 20 tutem esse peccati. *Aculeus,* inquit, *mortis est peccatum, virtus autem peccati lex.* Verissime omnino. Auget enim prohibitio desiderium operis inliciti, quando iustitia non sic diligitur, ut peccandi cupiditas eius delectatione vincatur. Ut autem diligatur et delectet vera iustitia, non 25 nisi divina subvenit gratia. Sed ne propterea lex putaretur malum, quoniam virtus est dicta peccati: ideo ipse alio loco versans huius modi quaestionem: *Itaque,* inquit, *lex quidem sancta et mandatum sanctum et iustum et bonum. Quod ergo bonum est,* inquit, *mihi factum est mors? Absit.* 30 *Sed peccatum, ut adpareat peccatum, per bonum mihi operatum est mortem, ut fiat supra modum peccator aut peccatum per mandatum. Supra modum* dixit, quia etiam praevaricatio additur, cum peccandi aucta libidine etiam

22) 1. Cor. 15, 56. 33) Rom. 7, 12 sq.

lex ipsa contemnitur. Cur hoc commemorandum puta-
vimus? Quia scilicet, sicut lex non est malum, quando
auget peccantium concupiscentiam, ita nec mors bonum
est, quando auget patientium gloriam; cum vel illa pro
5 iniquitate deseritur et efficit praevaricatores, vel ista pro
veritate suscipitur et efficit martyres. Ac per hoc lex quidem bona est, quia prohibitio est peccati; mors autem
mala, quia stipendium est peccati; sed quem ad modum
iniustitia male utitur non tantum malis, verum etiam bonis:
10 ita iustitia bene non tantum bonis, sed etiam malis. Hinc
fit, ut et mali male lege utantur, quamvis sit lex bonum;
et boni bene moriantur, quamvis sit mors malum.

Caput VI.

De generali mortis malo, quo animae et corporis societas
15   *separetur.*

Quapropter quod adtinet ad corporis mortem, id est
separationem animae a corpore, cum eam patiuntur, qui
morientes appellantur, nulli bona est. Habet enim aspe-
rum sensum et contra naturam vis ipsa, qua utrumque
20 divellitur, quod fuerat in vivente coniunctum atque con-
sertum, quamdiu moratur, donec omnis adimatur sensus,
qui ex ipso inerat animae carnisque complexu. Quam
totam molestiam nonnumquam unus ictus corporis vel
animae raptus intercipit, nec eam sentiri praeveniente
25 celeritate permittit. Quidquid tamen illud est in morientibus, quod cum gravi sensu adimit sensum, pie fideliterque tolerando auget meritum patientiae, non aufert vocabulum poenae. Ita cum ex hominis primi perpetuata
propagine procul dubio sit mors poena nascentis: tamen
30 si pro pietate iustitiaque pendatur, fit gloria renascentis;
et cum sit mors peccati retributio, aliquando inpetrat, ut
nihil retribuatur peccato.

Caput VII.

*De morte, quam quidam non regenerati pro Christi con-
fessione suscipiunt.*

Nam quicumque etiam non percepto regenerationis
lavacro pro Christi confessione moriuntur, tantum eis valet 5
ad dimittenda peccata, quantum si abluerentur sacro fonte
baptismatis. Qui enim dixit: *Si quis non renatus fuerit ex
aqua et Spiritu sancto, non intrabit in regnum caelorum,*
alia sententia istos fecit exceptos, ubi non minus generaliter ait: *Qui me confessus fuerit coram hominibus, con-* 10
fitebor et ego eum coram Patre meo qui in caelis est; et
alio loco: *Qui perdiderit animam suam propter me, in-*
veniet eam. Hinc est quod scriptum est: *Pretiosa in con-*
spectu Domini mors sanctorum eius. Quid enim pretiosius
quam mors, per quam fit ut et delicta omnia dimittantur 15
et merita cumulatius augeantur? Neque enim tanti sunt
meriti, qui, cum mortem differre non possent, baptizati
sunt deletisque omnibus peccatis ex hac vita migrarunt,
quanti sunt hi, qui mortem, cum possent, ideo non distu-
lerunt, quia maluerunt Christum confitendo finire vitam, 20
quam eum negando ad eius baptismum pervenire. Quod
utique si fecissent, etiam hoc eis in illo lavacro dimittere-
tur, quod timore mortis negaverant Christum, in quo lavacro et illis facinus tam inmane dimissum est, qui occiderant
Christum. Sed quando sine abundantia gratiae Spiritus 25
illius, qui ubi vult spirat, tantum Christum amare possent,
ut eum in tanto vitae discrimine sub tanta spe veniae negare
non possent? Mors igitur pretiosa sanctorum, quibus cum
tanta gratia est praemissa et praerogata mors Christi, ut
ad eum adquirendum suam non cunctarentur inpendere, 30
in eos usus redactum esse monstravit, quod ad poenam
peccati fuerat antea constitutum, ut inde iustitiae fructus
uberior nasceretur. Mors ergo non ideo bonum videri
debet, quia in tantam utilitatem non vi sua, sed divina

---

8) Ioan. 3, 5. 11) Matth. 10, 32. 13) Ibid. 16, 25. 14) Psal.
115 (116), 15. 26) Ioan. 3, 8.

opitulatione conversa est, ut, quae tunc metuenda proposita
est, ne peccatum committeretur, nunc suscipienda propo-
natur, ut peccatum non committatur commissumque de-
leatur magnaeque victoriae debita iustitiae palma reddatur.

CAPUT VIII.

Quod in sanctis primae mortis pro veritate susceptio
secundae sit mortis abolitio.

Si enim diligentius consideremus, etiam cum quisque
pro veritate fideliter et laudabiliter moritur, mors cavetur.
Ideo quippe aliquid eius suscipitur, ne tota contingat et
secunda insuper, quae numquam finiatur, accedat. Suscipitur enim animae a corpore separatio, ne Deo ab anima
separato etiam ipsa separetur a corpore, ac sic totius
hominis prima morte completa secunda excipiat sempiterna. Quocirca mors quidem, ut dixi, cum eam morientes patiuntur, cumque in eis ut moriantur facit, nemini
bona est, sed laudabiliter toleratur pro tenendo vel adipi-
scendo bono. Cum vero in ea sunt, qui iam mortui nuncupantur, non absurde dicitur et malis mala et bonis bona.
In requie sunt enim animae piorum a corpore separatae,
impiorum autem poenas luunt, donec istarum ad aeternam
vitam, illarum vero ad aeternam mortem, quae secunda
dicitur, corpora revivescant.

CAPUT IX.

Tempus mortis, quo vitae sensus aufertur, in morientibus
an in mortuis esse dicendum sit.

Sed id tempus, quo animae a corpore separatae aut
in bonis sunt aut in malis, utrum post mortem potius, an
in morte dicendum est? Si enim post mortem est, iam
non ipsa mors, quae transacta atque praeterita est, sed
post eam vita praesens animae bona seu mala est. Mors
autem tunc eis mala erat, quando erat, hoc est quando
eam patiebantur, cum morerentur, quoniam gravis et
molestus eius inerat sensus; quo malo bene utuntur boni.

Peracta autem mors quonam modo vel bona vel mala est, quae iam non est? Porro si adhuc diligentius adtendamus, nec illa mors esse apparebit, cuius gravem ac molestum in morientibus diximus sensum. Quamdiu enim sentiunt, adhuc utique vivunt; et si adhuc vivunt, ante mortem 5 quam in morte potius esse dicendi sunt; quia illa, cum venerit, aufert omnem corporis sensum, qui ea propinquante molestus est. Ac per hoc quo modo morientes dicamus eos, qui nondum mortui sunt, sed inminente morte iam extrema et mortifera adflictione iactantur, explicare 10 difficile est, etiamsi recte isti appellantur morientes, quia, cum mors quae iam inpendet advenerit non morientes, sed mortui nuncupantur. Nullus est ergo moriens, nisi vivens; quoniam, cum in tanta est extremitate vitae, in quanta sunt quos agere animam dicimus, profecto qui 15 nondum anima caruit adhuc vivit. Idem ipse igitur simul et moriens est et vivens; sed morti accedens, vita cedens; adhuc tamen in vita, quia inest anima corpori; nondum autem in morte, quia nondum abscessit a corpore. Sed si, cum abscesserit, nec tunc in morte, sed post mortem 20 potius erit: quando sit in morte quis dixerit? Nam neque ullus moriens erit, si moriens et vivens simul esse nullus potest. Quamdiu quippe anima in corpore est, non possumus negare viventem. Aut si moriens potius dicendus est, in euius iam corpore agitur ut moriatur, nec simul quis- 25 quam potest esse vivens et moriens: nescio quando sit vivens.

Caput X.

An vita mortalium mors potius quam vita dicenda sit.

Ex quo enim quisque in isto corpore morituro esse 30 coeperit, numquam in eo non agitur ut mors veniat. Hoc enim agit eius mutabilitas toto tempore vitae huius (si tamen vita dicenda est), ut veniatur in mortem. Nemo quippe est, qui non ei post annum sit, quam ante annum fuit, et cras quam hodie, et hodie quam heri, et paulo post 35 quam nunc, et nunc quam paulo ante propinquior; quo-

niam, quidquid temporis vivitur, de spatio vivendi demitur,
et cotidie fit minus minusque quod restat, ut omnino nihil
sit aliud tempus vitae huius, quam cursus ad mortem, in
quo nemo vel paululum stare vel aliquanto tardius ire per-
5 mittitur; sed urguentur omnes pari motu, nec diverso
inpelluntur accessu. Neque enim, cui vita brevior fuit,
celerius diem duxit quam ille, cui longior; sed cum aequaliter et aequalia momenta raperentur ambobus, alter
habuit propius, alter remotius, quo non inpari velocitate
10 ambo currebant. Aliud est autem amplius viae peregisse,
aliud tardius ambulasse. Qui ergo usque ad mortem productiora spatia temporis agit, non lentius pergit, sed plus
itineris conficit. Porro si ex illo quisque incipit mori, hoc
est esse in morte, ex quo in illo agi coeperit ipsa mors,
15 id est vitae detractio (quia, cum detrahendo finita fuerit,
post mortem iam erit, non in morte): profecto, ex quo
esse incipit in hoc corpore, in morte est. Quid enim aliud
diebus horis momentisque singulis agitur, donec ea consumpta mors, quae agebatur, impleatur, et incipiat iam
20 tempus esse post mortem, quod, cum vita detraheretur,
erat in morte? Numquam igitur in vita homo est, ex quo
est in isto corpore moriente potius quam vivente, si et in
vita et in morte simul non potest esse. An potius et in
vita et in morte simul est; in vita scilicet, in qua vivit,
25 donec tota detrahatur; in morte autem, quia iam moritur,
cum vita detrahitur? Si enim non est in vita, quid est
quod detrahitur, donec eius fiat perfecta consumptio? Si
autem non est in morte, quid est vitae ipsa detractio? Non
enim frustra, cum vita fuerit corpori tota detracta, post
30 mortem iam dicitur, nisi quia mors erat, cum detraheretur. Nam si ea detracta non est homo in morte, sed post
mortem: quando, nisi cum detrahitur, erit in morte?

Caput XI.

An quisquam simul et vivens esse possit et mortuus.

35 Si autem absurdum est, ut hominem, antequam ad
mortem perveniat, iam esse dicamus in morte, (cui enim

propinquat peragendo vitae suae tempora, si iam in illa
est?) maxime quia nimis est insolens, ut simul et vīvens
esse dicatur et moriens, cum vigilans et dormiens simul
esse non possit: quaerendum est quando erit moriens. Etenim antequam mors veniat, non est moriens, sed vivens; 5
cum vero mors venerit, mortuus erit, non moriens. Illud
ergo est adhuc ante mortem, hoc iam post mortem. Quando
ergo in morte? tunc enim est moriens, ut, quem ad modum
tria sunt cum dicimus „ante mortem, in morte, post mortem“, ita tria singulis singula „vivens, moriens mortuus- 10
que“ reddantur. Quando itaque sit moriens, id est in
morte, ubi neque sit vivens, quod est ante mortem, neque
mortuus, quod est post mortem, sed moriens, id est in
morte, difficillime definitur. Quamdiu quippe est anima
in corpore, maxime si etiam sensus adsit, procul dubio 15
vivit homo, qui constat ex anima et corpore, ac per hoc
adhuc ante mortem, non in morte esse dicendus est; cum
vero anima abscesserit omnemque abstulerit corporis sensum, iam post mortem mortuusque perhibetur. Perit igitur inter utrumque, quo moriens vel in morte sit; quoniam 20
si adhuc vivit, ante mortem est; si vivere destitit, iam post
mortem est. Numquam ergo moriens, id est in morte, esse
conprehenditur. Ita etiam in transcursu temporum quaeritur praesens, nec invenitur, quia sine ullo spatio est,
per quod transitur ex futuro in praeteritum. Nonne ergo 25
videndum est, ne ista ratione mors corporis nulla esse
dicatur? Si enim est, quando est, quae in ullo et in qua
ullus esse non potest? Quando quidem si vivitur, adhuc
non est, quia hoc ante mortem est, non in morte; si autem
vivere iam cessatum est, iam non est, quia et hoc post 30
mortem est, non in morte. Sed rursus si nulla mors est
ante quid vel post, quid est quod dicitur ante mortem sive
post mortem? Nam et hoc inaniter dicitur, si mors nulla
est. Atque utinam in paradiso bene vivendo egissemus ut
re vera nulla mors esset. Nunc autem non solum est, verum 35
etiam tam molesta est, ut nec ulla explicari locutione
possit, nec ulla ratione vitari.

　　Loquamur ergo secundum consuetudinem (non enim

aliter debemus) et dicamus „ante mortem", prius quam
mors accidat; sicut scriptum est: *Ante mortem ne laudes
hominem quemquam.* Dicamus etiam cum acciderit: Post
mortem illius vel illius factum est illud aut illud. Dica-

5 mus et de praesenti tempore ut possumus, velut cum ita
loquimur: Moriens ille testatus est, et illis atque illis illud
atque illud moriens dereliquit; quamvis hoc nisi vivens
omnino facere non posset et potius hoc ante mortem fecerit, non in morte. Loquamur etiam sicut loquitur scri-

10 ptura divina, quae mortuos quoque non post mortem, sed
in morte esse non dubitat dicere. Hinc enim est illud:
Quoniam non est in morte, qui memor sit tui. Donec enim
revivescant, recte dicuntur esse in morte, sicut in somno
esse quisque, donec evigilet, dicitur, quamvis in somno

15 positos dicamus dormientes, nec tamen eo modo possumus
dicere eos, qui iam sunt mortui, morientes. Non enim
adhuc moriuntur, qui, quantum adtinet ad corporis mortem, de qua nunc disserimus, iam sunt a corporibus separati. Sed hoc est, quod dixi explicari aliqua locutione

20 non posse, quonam modo vel morientes dicantur vivere,
vel iam mortui etiam post mortem adhuc esse dicantur in
morte. Quo modo enim post mortem, si adhuc in morte?
praesertim cum eos nec morientes dicamus, sicuti eos,
qui in somno sunt, dicimus dormientes, et qui in languore,

25 languentes, et qui in dolore, [utique] dolentes, et qui in vita,
viventes; at vero mortui, prius quam resurgant, esse dicuntur in morte, nec tamen possunt appellari morientes. Unde
non inportune neque incongrue arbitror accidisse, etsi non
humana industria, iudicio fortasse divino, ut hoc verbum,

30 quod est moritur, in Latina lingua nec grammatici declinare potuerint, ea regula qua cetera talia declinantur.
Namque ab eo quod est oritur, fit verbum praeteriti temporis „ortus est"; et si qua similia sunt, per temporis
praeteriti participia declinantur. Ab eo vero, quod est

35 moritur, si quaeramus praeteriti temporis verbum, respon-
deri adsolet „mortuus est", u littera geminata. Sic enim

3) Eccli. 11, 29. 12) Psal. 6, 6.

dicitur mortuus, quo modo fatuus, arduus, conspicuus et
si qua similia, quae non sunt praeteriti temporis, sed quoniam nomina sunt, sine tempore declinantur. Illud autem,
quasi ut declinetur, quod declinari non potest, pro participio
praeteriti temporis ponitur nomen. Convenienter itaque 5
factum est, ut, .quem ad modum id quod significat non
potest agendo, ita ipsum verbum non possit loquendo de-
·clinari. Agi tamen potest in adiutorio gratiae Redemptoris
nostri, ut saltem secundam mortem declinare possimus.
Illa est enim gravior et omnium malorum pessima, quae 10
non fit separatione animae et corporis, sed in aeternam
poenam potius utriusque complexu. Ibi e contrario non
erunt homines ante mortem atque post mortem, sed semper in morte; ac per hoc numquam viventes, numquam
mortui, sed sine fine morientes. ·Numquam enim erit 15
homini peius in morte, quam ubi erit mors ipsa sine morte.

Caput XII.

*Quam mortem primis hominibus Deus, si mandatum eius
transgrederentur, fuerit comminatus.*

Cum ergo requiritur, quam mortem Deus primis ho- 20
minibus fuerit comminatus, si ab eo mandatum transgrederentur acceptum nec oboedientiam custodirent, utrum
animae, an corporis, an totius hominis, an illam quae
appellatur secunda: respondendum est: Omnes. Prima
enim constat ex duabus; secunda ex omnibus tota. Sicut 25
enim universa terra ex multis terris, et universa ecclesia
ex multis constat ecclesiis: sic universa mors ex omnibus.
Quoniam prima constat ex duabus, una animae, altera corporis; ut sit prima totius hominis mors, cum anima sine
Deo et sine corpore ad tempus poenas luit; secunda vero, 30
ubi anima sine Deo cum corpore poenas aeternas luit.
Quando ergo dixit Deus primo illi homini, quem in paradiso
constituerat, de cibo vetito: *Quacumque die ederitis
ex illo, morte moriemini:* non tantum primae mortis partem priorem, ubi anima privatur Deo; nec tantum poste- 35
riorem, ubi corpus privatur anima; nec solum ipsam totam

primam, ubi anima et a Deo et a corpore separata punitur;
sed quidquid mortis est usque ad novissimam, quae secunda dicitur, qua est nulla posterior, comminatio illa
complexa est.

5   CAPUT XIII.

Praevaricatio primorum hominum quam primam senserit
poenam.

Nam postea quam praecepti facta transgressio est,
confestim gratia deserente divina de corporum suorum
10 nuditate confusi sunt. Unde etiam foliis ficulneis, quae
forte a perturbatis prima comperta sunt, pudenda texerunt; quae prius eadem membra erant, sed pudenda non
erant. Senserunt ergo novum motum inoboedientis carnis
suae, tamquam reciprocam poenam inoboedientiae suae.
15 Iam quippe anima libertate in perversum propria dele-
ctata et Deo dedignata servire pristino corporis servitio
destituebatur; et quia superiorem dominum suo arbitrio
deseruerat, inferiorem famulum ad suum arbitrium non
tenebat; nec omni modo habebat subditam carnem, sicut
20 semper habere potuisset, si Deo subdita ipsa mansisset.
Tunc ergo coepit caro concupiscere adversus spiritum,
cum qua controversia nati sumus, trahentes originem
mortis et in membris nostris vitiataque natura contentionem eius sive victoriam de prima praevaricatione ge-
25 stantes.

                          CAPUT XIV.

Qualis homo sit factus a Deo et in quam sortem deciderit
suae voluntatis arbitrio.

Deus enim creavit hominem rectum, naturarum
30 auctor, non utique vitiorum; sed sponte depravatus iusteque damnatus depravatos damnatosque generavit. Omnes
enim fuimus in illo uno, quando omnes fuimus ille unus,
qui per feminam lapsus est in peccatum, quae de illo facta

———————————
21) Galat. 5, 17.

est ante peccatum. Nondum erat nobis singillatim creata
et distributa forma, in qua singuli viveremus; sed iam erat
natura seminalis, ex qua propagaremur; qua scilicet propter peccatum vitiata et vinculo mortis obstricta iusteque
damnata non alterius condicionis homo ex homine nasce- 5
retur. Ac per hoc a liberi arbitrii malo usu series calamitatis huius exorta est, quae humanum genus origine
depravata, velut radice corrupta, usque ad secundae mortis
exitium, quae non habet finem, solis eis exceptis qui per
gratiam Dei liberantur, miseriarum conexione perducit. 10

Caput XV.

Quod Adam peccans prius reliquerit Deum, quam relin-
queretur a Deo, et primam fuisse animae mortem
a Deo recessisse.

Quam ob rem etiamsi in eo quod dictum est: *Morte* 15
moriemini, quoniam non est dictum : Mortibus, eam solam
intellegamus, quae fit cum anima deseritur sua vita, quod
illi Deus est (non enim deserta est ut desereret, sed ut
desereretur deseruit; ad malum quippe eius prior est voluntas eius; ad bonum vero eius prior est voluntas Crea- 20
toris eius; sive ut eam faceret, quae nulla erat sive ut
reficiat, quia lapsa perierat), — etiamsi ergo hanc intellegamus Deum denuntiasse mortem in eo quod ait: *Qua die*
ederitis ex illo, morte moriemini; tamquam diceret: Qua
die me deserueritis per inoboedientiam, deseram vos per 25
iustitiam: profecto in ea morte etiam ceterae denuntiatae
sunt, quae procul dubio fuerant secuturae. Nam in eo,
quod inoboediens motus in carne animae inoboedientis
exortus est, propter quem pudenda texerunt, sensa est
mors una, in qua deseruit animam Deus. Ea significata 30
est verbis eius, quando timore dementi sese abscondenti
homini dixit: *Adam, ubi es?* non utique ignorando quaerens, sed increpando admonens, ut adtenderet ubi esset,
in quo Deus non esset. Cum vero corpus anima ipsa dese-

---

32) Gen. 3, 9.

ruit aetate corruptum et senectute confectum, venit in experimentum mors altera, de qua Deus peccatum adhuc
puniens homini dixerat: *Terra es et in terram ibis;* ut ex
his duabus mors illa prima, quae totius est hominis, com-
5 pleretur, quam secunda in ultimo sequitur, nisi homo per
gratiam liberetur. Neque enim corpus quod de terra est,
rediret in terram, nisi sua morte, quae illi accidit, cum
deseritur sua vita, id est anima. Unde constat inter Christianos veraciter catholicam tenentes fidem etiam ipsam
10 nobis corporis mortem non lege naturae, qua nullam mortem hominis Deus fecit, sed merito inflictam esse peccati,
quoniam peccatum vindicans Deus dixit homini, in quo
tunc omnes eramus: *Terra es et in terram ibis.*

Caput XVI.

15 *De philosophis, qui animae separationem a corpore non*
putant esse poenalem, cum Plato inducat summum deum
diis minoribus promittentem, quod numquam sint cor-
poribus exuendi.

Sed philosophi, contra quorum calumnias defendimus
20 civitatem Dei, hoc est eius ecclesiam, sapienter sibi videntur inridere, quod dicimus animae a corpore separationem
inter poenas eius esse deputandam; quia videlicet eius
perfectam beatitudinem tunc illi fieri existimant, cum
omni prorsus corpore exuta ad Deum simplex et sola et
25 quodam modo nuda redierit. Ubi si nihil, quo ista refel-
leretur opinio, in eorum litteris invenirem, operosius mihi
disputandum esset, quo demonstrarem, non corpus esse
animae, sed corruptibile corpus onerosum. Unde illud
est quod de scripturis nostris in superiore libro comme-
30 moravimus: *Corpus enim corruptibile adgravat animam.*
Addendo utique *corruptibile* non qualicumque corpore,
sed quale factum est ex peccato consequente vindicta,
animam perhibuit adgravari. Quod etiamsi non addidisset,
nihil aliud intellegere deberemus. Sed cum apertissime

---

3) Gen. 3, 19.   29) C. 15.   30) Sap. 9, 15.

Plato deos a summo Deo factos habere inmortalia corpora
praedicet eisque ipsum Deum, a quo facti sunt, inducat
pro magno beneficio pollicentem, quod in aeternum cum
suis corporibus permanebunt nec ab eis ulla morte sol-
ventur: quid est quod isti ad exagitandam Christianam 5
fidem fingunt se nescire, quod sciunt; aut etiam sibi repu-
gnantes adversum se ipsos malunt dicere, dum nobis non
desinant contradicere? Nempe Platonis haec verba sunt,
sicut ea Cicero in Latinum vertit, quibus inducit summum
deum deos quos fecit adloquentem ac dicentem: „Vos qui 10
deorum satu orti estis, adtendite: quorum operum ego
parens effectorque sum, haec sunt indissolubilia me invito,
quamquam omne conligatum solvi potest; sed haudquaquam bonum est ratione vinctum velle dissolvere. Sed
quoniam estis orti, inmortales vos quidem esse et indisso- 15
lubiles non potestis: ne utiquam tamen dissolvemini, neque
vos ulla mortis fata periment, nec erunt valentiora quam
consilium meum, quod maius est vinculum ad perpetuitatem vestram, quam illa quibus estis [tum, cum gigneba-
mini,] conligati." Ecce deos Plato dicit et corporis animae- 20
que conligatione mortales, et tamen inmortales dei a quo
facti sunt voluntate atque consilio. Si ergo animae poena
est, in qualicumque corpore conligari, quid est quod eos
adloquens deus tamquam sollicitos, ne forte moriantur, id
est dissolvantur a corpore, de sua facit inmortalitate se- 25
curos; non propter eorum naturam, quae sit compacta,
non simplex, sed propter suam invictissimam voluntatem,
qua potens est facere, ut nec orta occidant, nec conexa
solvantur, sed incorruptibiliter perseverent?

Et hoc quidem utrum Plato verum de sideribus dicat, 30
alia quaestio est. Neque enim ei continuo concedendum
est, globos istos luminum sive orbiculos luce corporea
super terras seu die seu nocte fulgentes suis quibusdam
propriis animis vivere eisque intellectualibus et beatis,
quod etiam de ipso universo mundo, tamquam uno animali 35
maximo, quo cuncta cetera continerentur animalia, instan-

---

9) Interpret. Cic. c. 11; Tim. p. 41. A.

ter adfirmat. Sed haec, ut dixi, alia quaestio est, quam
nunc discutiendam non suscepimus. Hoc tantum contra
istos commemorandum putavi, qui se Platonicos vocari
vel esse gloriantur, cuius superbia nominis erubescunt
5 esse Christiani, ne commune illis cum vulgo vocabulum
vilem faciat palliatorum tanto magis inflatam, quanto magis exiguam paucitatem; et quaerentes, quid in doctrina
Christiana reprehendant, exagitant aeternitatem corporum,
tamquam haec sint inter se contraria, ut et beatitudinem
10 quaeramus animae, et eam semper esse velimus in corpore,
velut aerumnoso vinculo conligatam; cum eorum auctor
et magister Plato donum a deo summo diis ab illo factis
dicat esse concessum, ne aliquando moriantur, id est a
corporibus, quibus eos conexuit, separentur.

15   CAPUT XVII.

Contra eos, qui adserunt, terrena corpora incorruptibilia
fieri et aeterna non posse.

Contendunt etiam isti, terrestria corpora sempiterna
esse non posse, cum ipsam universam terram dei sui, non
20 quidem summi, sed tamen magni, id est totius huius mundi,
membrum in medio positum et sempiternum esse non dubitent. Cum ergo deus ille summus fecerit alterum quem
putant deum, id est istum mundum, ceteris diis, qui infra
eum sunt, praeferendum, eundemque esse existiment ani-
25 mantem, anima scilicet, sicut adserunt, rationali vel intellectuali in tam magna mole corporis eius inclusa; ipsiusque corporis tamquam membra locis suis posita atque
digesta quattuor constituerit elementa, quorum iuncturam,
ne umquam deus eorum tam magnus moriatur, insolubilem
30 ac sempiternam velint: quid causae est, ut in corpore
maioris animantis tamquam medium membrum aeterna
sit terra, et aliorum animantium terrestrium corpora, si
Deus sicut illud velit, aeterna esse non possint? Sed terrae,
inquiunt, terra reddenda est, unde animalium terrestria
35 sumpta sunt corpora; ex quo fit, inquiunt, ut ea sit necesse
dissolvi et emori, et eo modo terrae stabili ac sempiternae,

unde fuerant sumpta, restitui. Si quis hoc etiam de igne
similiter adfirmet ac dicat reddenda esse universo igni
corpora, quae inde sumpta sunt, ut caelestia fierent animalia: nonne inmortalitas, quam talibus diis, velut deo
summo loquente, promisit Plato, tamquam violentia dispu- 5
tationis huius intercidet? An ibi propterea non fit, quia
Deus non vult, cuius voluntatem, ut ait Plato, nulla vis
vincit? Quid ergo prohibet, ut hoc etiam de terrestribus
corporibus Deus possit efficere, quando quidem, ut nec
ea quae orta sunt occidant, nec ea quae sunt vincta sol- 10
vantur, nec ea quae sunt ex elementis sumpta reddantur,
atque ut animae in corporibus constitutae nec umquam ea
deserant et cum eis inmortalitate ac sempiterna beatitudine perfruantur, posse Deum facere confitetur Plato?
Cur ergo non possit, ut nec terrestria moriantur? An Deus 15
non est potens quo usque Christiani credunt, sed quo
usque Platonici volunt? Nimirum quippe consilium Dei et
potestatem potuerunt philosophi, nec potuerunt nosse
prophetae; cum potius e contrario Dei prophetas ad enun-
tiandam eius, quantum dignatus est, voluntatem Spiritus 20
eius docuerit; philosophos autem in ea cognoscenda coniectura humana deceperit.

Verum non usque adeo decipi debuerunt, non solum
ignorantia, sed magis etiam pervicacia, ut et sibi apertissime refragentur, magnis disputationum viribus adserentes, 25
animae, ut beata esse possit, non terrenum tantum, sed
omne corpus esse fugiendum; et deos rursus dicentes
habere beatissimas animas, et tamen aeternis corporibus
inligatas, caelestes quidem igneis, Iovis autem ipsius animam, quem mundum istum volunt, omnibus omnino cor- 30
poreis elementis, quibus haec tota moles a terra in caelum
surgit, inclusam. Hanc enim animam Plato ab intimo
terrae medio, quod geometrae centron vocant, per omnes
partes eius usque ad caeli summa et extrema diffundi et
extendi per numeros musicos opinatur, ut sit iste mundus 35
animal maximum beatissimum sempiternum, cuius anima
et perfectam sapientiae felicitatem teneret, et corpus proprium non relinqueret; cuiusque corpus et in aeternum ex·

illa viveret, et eam quamvis non simplex, sed tot corporibus tantisque compactum hebetare atque tardare non
posset. Cum igitur suspicionibus suis ista permittant, cur
nolunt credere, divina voluntate atque potentia inmortalia
5 corpora fieri posse terrena, in quibus animae nulla ab eis
morte separatae, nullis eorum oneribus adgravatae sem-
piterne ac feliciter vivant, quod deos suos posse adserunt
in corporibus igneis, Iovemque ipsum eorum regem in
omnibus corporeis elementis? Nam si animae, ut beata
10 sit, corpus est omne fugiendum, fugiant dii eorum de
globis siderum, fugiat Iuppiter de caelo et terra; aut si
non possunt, miseri iudicentur. Sed neutrum isti volunt,
qui neque a corporibus separationem audent dare diis
suis, ne illos mortales colere videantur; nec beatitudinis
15 privationem, ne infelices eos esse fateantur. Non ergo ad
beatitudinem consequendam omnia fugienda sunt corpora;
sed corruptibilia molesta, gravia moribunda; non qualia
fecit primis hominibus bonitas Dei, sed qualia esse compulit poena peccati.

20   Caput XVIII.

De terrenis corporibus, quae philosophi adfirmant in cae-
lestibus esse non posse, quia, quod terrenum est, naturali
pondere vocetur ad terram.

Sed necesse est, inquiunt, ut terrena corpora naturale
25 pondus vel in terra teneat vel cogat ad terram, et ideo in
caelo esse non possint. Primi quidem illi homines in terra
erant nemorosa atque fructuosa, quae paradisi nomen obtinuit; sed quia et ad hoc respondendum est, vel propter
Christi corpus cum quo ascendit in caelum, vel propter
30 sanctorum qualia in resurrectione futura sunt, intueantur
paulo adtentius pondera ipsa terrena. Si enim ars humana
efficit, ut ex metallis, quae in aquis posita continuo sub-
merguntur, quibusdam modis vasa fabricata etiam natare
possint: quanto credibilius et efficacius occultus aliquis
35 modus operationis Dei, cuius omnipotentissima voluntate
Plato dicit nec orta interire nec conligata posse dissolvi,
cum multo mirabilius incorporea corporeis, quam quae-

cumque corpora quibuscumque corporibus copulentur,
potest molibus praestare terrenis, ut nullo in ima pondere
deprimantur, ipsisque animis perfectissime beatis, ut
quamvis terrena, tamen incorruptibilia iam corpora ubi
volunt ponant et quo volunt agant, situ motuque facillimo! 5
An vero si hoc angeli faciant, et quaelibet animalia terrestria rapiant unde libet, constituantque ubi libet, aut
eos non posse, aut onera sentire credendum est? Cur ergo
sanctorum perfectos et beatos divino munere spiritus sine
ulla difficultate posse ferre quo voluerint et sistere ubi 10
voluerint sua corpora non credamus? Nam cum terrenorum corporum, sicut onera in gestando sentire consuevi-
mus, quanto maior est quantitas, tanto sit maior et gravitas,
ita ut plura pondo quam pauciora plus premant: membra
tamen suae carnis leviora portat anima cum in sanitate 15
robusta sunt, quam in languore cum macra sunt. Et cum
aliis gestantibus onerosior sit salvus et validus quam exilis
et morbidus, ipse tamen ad suum corpus movendum atque
portandum agilior est, cum in bona valetudine plus habet
molis, quam cum in peste vel fame minimum roboris. 20
Tantum valet in habendis etiam terrenis corporibus, quamvis adhuc corruptibilibus atque mortalibus, non quantitatis
pondus, sed temperationis modus. Et quis verbis explicet,
quantum distet inter praesentem, quam dicimus sanitatem,
et inmortalitatem futuram? Non itaque nostram fidem red- 25
arguunt philosophi de ponderibus corporum. Nolo enim
quaerere, cur non credant terrenum posse esse corpus in
caelo, cum terra universa libretur in nihilo. Fortassis enim
de ipso medio mundi loco, eo quod in eum coeant quaeque graviora, etiam argumentatio veri similior habeatur. 30
Illud dico: Si dii minores, quibus inter animalia terrestria
cetera etiam hominem faciendum commisit Plato, potuerunt, sicut dicit, ab igne removere urendi qualitatem, lucendi
relinquere quae per oculos emicaret: itane Deo summo
concedere dubitabimus, cuius ille voluntati potestatique 35
concessit ne moriantur quae orta sint, et tam diversa, tam

---

32) Timaeus. p. 42, D.   34) Ibid. p. 45, B.

dissimilia, id est corporea et incorporea sibimet conexa, nulla possint dissolutione seiungi, ut de carne hominis, cui donat inmortalitatem, corruptionem auferat, naturam relinquat, congruentiam figurae membrorumque detineat, 5 detrahat ponderis tarditatem? Sed de fide resurrectionis mortuorum et de corporibus eorum inmortalibus diligentius, si Deus voluerit, in fine huius operis disserendum est.

Caput XIX.

Contra eorum dogmata, qui primos homines, si non pec-
10 *cassent, inmortales futuros fuisse non credunt.*

Nunc de corporibus primorum hominum quod instituimus explicemus; quoniam nec mors ista, quae bona perhibetur bonis, nec tantum paucis intellegentibus sive credentibus, sed omnibus nota est, qua fit animae a cor-
15 pore separatio, qua certe corpus animantis, quod evidenter vivebat, evidenter emoritur, eis potuisset accidere, nisi peccati meritum sequeretur. Licet enim iustorum ac piorum animae defunctorum quod in requie vivant dubitare fas non sit, usque adeo tamen eis melius esset cum suis
20 corporibus bene valentibus vivere, ut etiam illi, qui omni modo esse sine corpore beatissimum existimant, hanc opinionem sua sententia repugnante convincant. Neque enim quisquam audebit illorum sapientes homines, sive morituros, sive iam mortuos, id est aut carentes corpori-
25 bus, aut corpora relicturos, diis inmortalibus anteponere, quibus Deus summus apud Platonem munus ingens, indissolubilem scilicet vitam, id est aeternum cum suis corporibus consortium, pollicetur. Optime autem cum hominibus agi arbitratur idem Plato, si tamen hanc vitam pie
30 iusteque peregerint, ut a suis corporibus separati in ipsorum deorum, qui sua corpora numquam deserunt, recipiantur sinum,

Scilicet inmemores supera ut convexa revisant
Rursus et incipiant in corpora velle reverti;

---

32) Phaedon p. 108, C.; Phaedrus p. 248, C. 34) Verg. Aen. 6, 750 sq.

quod Vergilius ex Platonico dogmate dixisse laudatur. Ita
quippe animas mortalium nec in suis corporibus semper
esse posse existimat, sed mortis necessitate dissolvi, nec
sine corporibus durare perpetuo, sed alternantibus vicibus
indesinenter vivos ex mortuis, et ex vivis mortuos fieri 5
putat; ut a ceteris hominibus hoc videantur differre sapientes, quod post mortem ferantur ad sidera, ut aliquanto
diutius in astro sibi congruo quisque requiescat atque inde
rursus miseriae pristinae oblitus et cupiditate habendi corporis victus redeat ad labores aerumnasque mortalium; 10
illi vero, qui stultam duxerint vitam, ad corpora 'suis
meritis debita sive hominum sive bestiarum de proximo
revolvantur. In hac itaque durissima condicione constituit
etiam bonas atque sapientes animas, quibus non talia corpora distributa sunt, cum quibus semper atque inmortaliter 15
viverent, ut neque in corporibus permanere, neque sine
his possint in aeterna puritate durare. De quo Platonico
dogmate iam in libris superioribus diximus Christiano
tempore erubuisse Porphyrium et non solum ab animis
humanis removisse corpora bestiarum, verum etiam sa- 20
pientium animas ita voluisse de corporeis nexibus liberari,
ut corpus omne fugientes beatae apud Patrem sine fine
teneantur. Itaque ne a Christo vinci videretur vitam sanctis
pollicente perpetuam, etiam ipse purgatas animas sine ullo
ad miserias pristinas reditu in aeterna felicitate constituit; 25
et ut Christo adversaretur, resurrectionem incorruptibilium
corporum negans non solum sine terrenis, sed sine ullis
omnino corporibus eas adseruit in sempiternum esse vic-
turas. Nec tamen ista qualicumque opinione praecepit
saltem ne diis corporatis religionis obsequio subderentur. 30
Quid ita, nisi quia eas, quamvis nulli corpori sociatas, non
credidit illis esse meliores? Quapropter, si non audebunt
isti, sicut eos ausuros esse non arbitror, diis beatissimis
et tamen in aeternis corporibus constitutis humanas animas
anteponere: cur eis videtur absurdum, quod fides Chri- 35
stiana praedicat, et primos homines ita fuisse conditos,

---

13) Phaedrus p. 247, E.   18) Lib. 10. c. 30.

33*

ut, si non peccassent, nulla morte a suis corporibus solverentur, sed pro meritis oboedientiae custoditae inmortalitate donati cum eis viverent in aeternum; et talia sanctos
in resurrectione habituros ea ipsa, in quibus hic labora-
5 verunt, corpora, ut nec eorum carni aliquid corruptionis
vel difficultatis, nec eorum beatitudini aliquid doloris et
infelicitatis possit accidere?

Caput XX.

Quod caro sanctorum, quae nunc requiescit in spe, in
10 *meliorem reparanda sit qualitatem, quam fuit pri-*
morum hominum ante peccatum.

Proinde nunc sanctorum animae defunctorum ideo
non habent gravem mortem, qua separatae sunt a corporibus suis, quia caro eorum requiescit in spe, quaslibet sine
15 ullo iam sensu contumelias accepisse videatur. Non enim,
sicut Platoni visum est, corpora oblivione desiderant; sed
potius, quia meminerunt quid sibi ab eo sit promissum,
qui neminem fallit, qui eis etiam de capillorum suorum
integritate securitatem dedit, resurrectionem corporum,
20 in quibus multa dura perpessi sunt, nihil in eis ulterius
tale sensuri desiderabiliter et patienter expectant. Si enim
carnem suam non oderant, quando eam suae menti infirmitate resistentem spiritali iure coercebant, quanto magis
eam diligunt etiam ipsam spiritalem futuram! Sicut enim
25 spiritus carni serviens non incongrue carnalis, ita caro
spiritui serviens recte appellabitur spiritalis, non quia in
spiritum convertetur, sicut nonnulli putant ex eo quod
scriptum est: *Seminatur corpus animale, surgit corpus*
spiritale; sed quia spiritui summa et mirabili obtempe-
30 randi facilitate subdetur usque ad implendam inmortalitatis indissolubilis securissimam voluntatem, omni molestiae
sensu, omni corruptibilitate et tarditate detracta. Non solum
enim non erit tale, quale nunc est in quavis optima valetudine; sed nec tale quidem, quale fuit in primis hominibus
35 ante peccatum, qui licet morituri non essent, nisi pec-

19) Luc. 21, 18.   22) Ephes. 5, 29.   29) 1. Cor. 15, 44.

cassent, alimentis tamen ut homines utebantur, nondum
spiritalia, sed adhuc animalia corpora terrena gestantes.
Quae licet senio non veterescerent, ut necessitate perdu-
cerentur ad mortem (qui status eis de ligno vitae, quod
in medio paradiso cum arbore vetita simul erat, mirabili 5
Dei gratia praestabatur), tamen et alios sumebant cibos
praeter unam arborem, quae fuerat interdicta, non quia
ipsa erat malum, sed propter commendandum purae et
simplicis oboedientiae bonum, quae magna virtus est rationalis creaturae sub Creatore Domino constitutae. Nam ubi 10
nullum malum tangebatur, profecto, si prohibitum tange-
retur, sola inoboedientia peccabatur. Agebatur ergo aliis
quae sumebant, ne animalia corpora molestiae aliquid
esuriendo ac sitiendo sentirent; de ligno autem vitae
propterea gustabatur, ne mors eis undecumque subre- 15
peret, vel senectute confecti decursis temporum spatiis
interirent; tamquam cetera essent alimento, illud sacramento; ut sic fuisse accipiatur lignum vitae in paradiso
corporali, sicut in spiritali, hoc est intellegibili paradiso,
sapientia Dei, de qua scriptum est: *Lignum vitae est* 20
amplectentibus eam.

Caput XXI.
De paradiso, in quo primi homines fuerant, quod recte
possit significatione eius spiritale aliquid intellegi, salva
veritate narrationis historicae de corporali loco. 25

Unde nonnulli totum ipsum paradisum, ubi primi
homines parentes generis humani sanctae scripturae veritate fuisse narrantur, ad intellegibilia referunt arboresque
illas et ligna fructifera in virtutes vitae moresque con-
vertunt: tamquam visibilia et corporalia illa non fuerint, 30
sed intellegibilium significandorum causa eo modo dicta
vel scripta sint. Quasi propterea non potuerit esse para-
disus corporalis, quia potest etiam spiritalis intellegi; tamquam ideo non fuerint duae mulieres, Agar et Sarra, et
ex illis duo filii Abrahae, unus de ancilla, alius de libera, 35
quia duo testamenta in eis figurata dicit apostolus; aut

---

36) Galat. 4, 22 sqq.

ideo de nulla petra Moyse percutiente aqua defluxerit, quia potest illic figurata significatione etiam Christus intellegi, eodem apostolo dicente: *Petra autem erat Christus.* Nemo itaque prohibet intellegi paradisum vitam beatorum,

5　quattuor eius flumina quattuor virtutes, prudentiam, fortitudinem, temperantiam atque iustitiam, et ligna eius omnes utiles disciplinas, et lignorum fructus mores piorum, et lignum vitae ipsam bonorum omnium matrem sapientiam, et lignum scientiae boni et mali transgressi mandati experi-

10　mentum. Poenam enim peccatoribus bene utique, quoniam iuste, constituit Deus, sed non suo bono experitur homo. Possunt haec etiam in ecclesia intellegi, ut ea melius accipiamus tamquam prophetica indicia praecedentia futurorum; paradisum scilicet ipsam ecclesiam, sicut de illa legitur in

15　cantico canticorum; quattuor autem paradisi flumina quattuor evangelia, ligna fructifera sanctos, fructus autem eorum opera eorum, lignum vitae sanctum sanctorum utique Christum, lignum scientiae boni et mali proprium voluntatis arbitrium. Nec se ipso quippe homo divina voluntate

20　contempta nisi perniciose uti potest, atque ita discit, quid intersit, utrum inhaereat communi omnibus bono, an proprio delectetur. Se quippe amans donatur sibi, ut inde timoribus maeroribusque completus cantet in psalmo, si tamen mala sua sentit: *Ad me ipsum anima mea turbata*

25　*est;* correctusque iam dicat: *Fortitudinem meam ad te custodiam.* Haec et si qua alia commodius dici possunt de intellegendo spiritaliter paradiso nemine prohibente dicantur, dum tamen et illius historiae veritas fidelissima rerum gestarum narratione commendata credatur.

30　　　　　　　CAPUT XXII.

De corporibus sanctorum post resurrectionem, quae sic spiritalia erunt, ut non in spiritum caro vertatur.

Corpora ergo iustorum, quae in resurrectione futura sunt, neque ullo ligno indigebunt, quo fiat ut nullo morbo

---

1) Exod. 17, 6; Num. 20, 11. 3) 1. Cor. 10, 4. 15) Cant. 4, 13. 25) Psal. 41 (42), 7. 26) Psal. 58 (59), 10.

vel senectute inveterata moriantur, neque ullis aliis corporalibus alimentis, quibus esuriendi ac sitiendi qualiscumque molestia devitetur; quoniam certo et omni modo
inviolabili munere inmortalitatis induentur, ut non nisi
velint, possibilitate, non necessitate vescantur. Quod 5
angeli quoque visibiliter et tractabiliter adparentes, non
quia indigebant, sed quia volebant et poterant, ut hominibus congruerent sui ministerii quadam humanitate, fecerunt (neque enim in phantasmate angelos edisse credendum
est, quando eos homines hospitio susceperunt), quamvis 10
utrum angeli essent ignorantibus simili nobis indigentia
vesci viderentur. Unde est quod ait angelus in libro To-
biae: *Videbatis me manducare, sed visu vestro videbatis;*
id est necessitate reficiendi corporis, sicut vos facitis, me
cibum sumere putabatis. Sed si forte de angelis aliud 15
credibilius disputari potest, certe fides Christiana de ipso
Salvatore non dubitat, quod etiam post resurrectionem,
iam quidem in spiritali carne, sed tamen vera, cibum ac
potum cum discipulis sumpsit. Non enim potestas, sed
egestas edendi ac bibendi talibus corporibus auferetur. 20
Unde et spiritalia erunt, non quia corpora esse desistent,
sed quia spiritu vivificante subsistent.

Caput XXIII.

Quid intellegendum sit de corpore animali et de corpore
spiritali; aut qui moriuntur in Adam, qui vero vivi-   25
ficantur in Christo.

Nam sicut ista, quae habent animam viventem, nondum spiritum vivificantem, animalia dicuntur corpora; nec
tamen animae sunt, sed corpora: ita illa spiritalia vocantur corpora; absit tamen ut spiritus ea credamus futura, 30
sed corpora carnis habitura substantiam, sed nullam tarditatem corruptionemque carnalem spiritu vivificante pas-
sura. Tunc iam non terrenus, sed caelestis homo erit;
non quia corpus, quod de terra factum est, non ipsum

---

10) Gen. 18; Tob. 11, 20.   13) Tob. 12, 19.   19) Luc. 24.

erit; sed quia dono caelesti iam tale erit, ut etiam caelo incolendo non amissa natura, sed mutata qualitate conveniat. Primus autem homo de terra terrenus in animam viventem factus est, non in spiritum vivificantem, quod ei
5 post oboedientiae meritum servabatur. Ideo corpus eius, quod cibo ac potu egebat, ne fame adficeretur ac siti, et non inmortalitate illa absoluta atque indissolubili, sed ligno vitae a mortis necessitate prohibebatur atque in iuventutis flore tenebatur, non spiritale, sed animale fuisse non du-
10 bium est, nequaquam tamen moriturum, nisi in Dei praedicentis minantisque sententiam delinquendo conruisset, et alimentis quidem etiam extra paradisum non negatis, a ligno tamen vitae prohibitus, traditus esset tempori vetustatique finiendus, in ea dumtaxat vita, quam in corpore
15 licet animali, donec spiritale oboedientiae merito fieret, posset in paradiso nisi peccasset habere perpetuam. Quapropter etiamsi mortem istam manifestam, qua fit animae a corpore separatio, intellegamus simul significatam in eo quod Deus dixerat: *Qua die ederitis ex illo, morte morie-*
20 *mini:* non ideo debet absurdum videri, quia non eo die prorsus a corpore sunt soluti, quo cibum interdictum mortiferumque sumpserunt. Eo quippe die mutata in deterius vitiataque natura atque a ligno vitae separatione iustissima mortis in eis etiam corporalis necessitas facta
25 est, cum qua nos necessitate nati sumus. Propter quod apostolus non ait: Corpus quidem moriturum est propter peccatum; sed ait: *Corpus quidem mortuum est propter peccatum, spiritus autem vita est propter iustitiam.* Deinde subiunxit: *Si autem spiritus eius, qui suscitavit Christum*
30 *a mortuis, habitat in vobis: qui suscitavit Christum a mortuis vivificabit et mortalia corpora vestra per inhabitantem spiritum eius in vobis.* Tunc ergo erit corpus in spiritum vivificantem, quod nunc est in animam viventem; et tamen mortuum dicit apostolus, quia iam moriendi necessitate
35 constrictum est. Tunc autem ita erat in animam viventem, quamvis non in spiritum vivificantem, ut tamen mortuum

---

3) 1. Cor. 15, 47.   20) Gen. 2, 17.   32) Rom. 8, 10 sq.

dici recte non posset; quia nisi perpetratione peccati necessitatem moriendi habere non posset. Cum vero Deus
et dicendo: *Adam, ubi es?* mortem significaverit animae,
quae facta est illo deserente; et dicendo: *Terra es et in*
terram ibis, mortem significaverit corporis, quae illi fit 5
anima discedente: propterea de morte secunda nihil dixisse credendus est, quia occultam esse voluit propter
dispensationem testamenti novi, ubi secunda mors apertissime declaratur; ut prius ista mors prima, quae communis est omnibus, proderetur ex illo venisse peccato, 10
quod in uno commune factum est omnibus; mors vero
secunda non utique communis est omnibus, propter eos,
qui secundum propositum vocati sunt, quos ante *praescivit*
et praedestinavit, sicut ait apostolus, *conformes imaginis*
filii sui, ut sit ipse primogenitus in multis fratribus, quos 15
a secunda morte per Mediatorem Dei gratia liberavit.

In corpore ergo animali primum hominem factum
sic apostolus loquitur. Volens enim ab spiritali, quod in
resurrectione futurum est, hoc quod nunc est animale
discernere: *Seminatur*, inquit, *in corruptione, surgit in* 20
incorruptione; seminatur in contumelia, surgit in gloria;
seminatur in infirmitate, surgit in virtute; seminatur cor-
pus animale, surgit corpus spiritale. Deinde ut hoc pro-
baret: *Si est*, inquit, *corpus animale, est et spiritale.* Et
ut quid esset animale corpus ostenderet: *Sic*, inquit, *scri-* 25
ptum est: Factus est primus homo in animam viventem.
Isto igitur modo voluit ostendere quid sit corpus animale,
quamvis scriptura non dixerit de homine primo, qui est
appellatus Adam, quando illi anima flatu Dei creata est:
Et factus est homo in corpore animali; sed: *Factus est* 30
homo in animam viventem. In eo ergo quod scriptum est:
Factus est primus homo in animam viventem, voluit apostolus intellegi corpus hominis animale. Spiritale autem
quem ad modum intellegendum esset, ostendit addendo:
Novissimus Adam in spiritum vivificantem, procul dubio 35
Christum significans, qui iam ex mortuis ita resurrexit, ut

5) Gen. 3, 9; 19.   15) Rom. 8, 28 sq.   31) Gen. 2, 7.

mori deinceps omnino non possit. Denique sequitur et
dicit: *Sed non primum quod spiritale est, sed quod animale,
postea spiritale.* Ubi multo apertius declaravit, se animale
corpus insinuasse in eo, quod scriptum est, factum esse
5 primum hominem in animam viventem; spiritale autem in
eo quod ait: *Novissimus Adam in spiritum vivificantem.*
Prius est enim animale corpus, quale habuit primus Adam,
quamvis non moriturum, nisi peccasset; quale nunc habemus et nos, hactenus eius mutata vitiataque natura, qua-
10 tenus in illo, postea quam peccavit, effectum est, unde
haberet iam moriendi necessitatem; quale pro nobis etiam
Christus primitus habere dignatus est, non quidem necessitate, sed potestate: postea vero spiritale, quale iam praecessit in Christo tamquam·in capite nostro, secuturum est
15 autem in membris eius ultima resurrectione mortuorum.

Adiungit deinde apostolus duorum istorum hominum
evidentissimam differentiam dicens: *Primus homo de terra
terrenus, secundus homo de caelo* [*caelestis*]*. Qualis terrenus, tales et terreni; qualis caelestis, tales et caelestes. Et
20 quo modo induimus imaginem terreni, induamus et imaginem eius, qui de caelo est.* Hoc apostolus ita posuit, ut
nunc quidem in nobis secundum sacramentum regenerationis fiat, sicut alibi dicit: *Quotquot in Christo baptizati
estis, Christum induistis;* re autem ipsa tunc perficietur,
25 cum et in nobis, quod est animale nascendo, spiritale factum fuerit resurgendo. Ut enim eius itidem verbis utar:
Spe salvi facti sumus. Induimus autem imaginem terreni
hominis propagatione praevaricationis et mortis, quam
nobis intulit generatio; sed induemus imaginem caelestis
30 hominis gratia indulgentiae vitaeque perpetuae, quod nobis
praestat regeneratio, non nisi per mediatorem Dei et hominum, hominem Christum Iesum; quem caelestem hominem
vult intellegi, quia de caelo venit, ut terrenae mortalitatis
corpore vestiretur, quod caelesti inmortalitate vestiret.
35 Caelestes vero ideo appellat et alios, quia fiunt per gratiam

---

21) 1. Cor. 15, 47 sqq. 24) Gal. 3, 27. 27) Rom. 8, 24.
32) 1. Tim. 2, 5.

membra eius, ut cum illis sit unus Christus, velut caput et corpus. Hoc in eadem epistula evidentius ita ponit: *Per hominem mors, et per hominem resurrectio mortuorum. Sicut enim in Adam omnes moriuntur, sic et in Christo omnes vivificabuntur;* iam utique in corpore spiritali quod 5 erit in spiritum vivificantem; non quia omnes, qui in Adam moriuntur, membra erunt Christi (ex illis enim multo plures secunda in aeternum morte plectentur); sed ideo dictum est *omnes* atque *omnes*, quia, sicut nemo corpore animali nisi in Adam moritur, ita nemo corpore spiritali 10 nisi in Christo vivificatur. Proinde nequaquam putandum est, nos in resurrectione tale corpus habituros, quale habuit homo primus ante peccatum; nec illud, quod dictum est: *Qualis terrenus, tales et terreni*, secundum id intellegendum, quod factum est admissione peccati. Non enim 15 existimandum est, eum prius, quam peccasset, spiritale corpus habuisse et peccati merito in animale mutatum. Ut enim hoc putetur, parum adtenduntur tanti verba doctoris, qui ait: *Si est corpus animale, est et spiritale; sic et scriptum est: Factus est primus homo Adam in animam* 20 *viventem.* Numquid hoc post peccatum factum est, cum sit ista hominis prima condicio, de qua beatissimus Paulus ad corpus animale monstrandum hoc testimonium legis adsumpsit.

Caput XXIV.

25

Qualiter accipienda sit vel illa insufflatio, in qua primus homo factus est in animam viventem, vel illa, quam Dominus fecit dicens: Accipite Spiritum sanctum.

Unde et illud parum considerate quibusdam visum est, in eo quod legitur: *Inspiravit Deus in faciem eius* 30 *spiritum vitae, et factus est homo in animam viventem*, non tunc animam primo homini datam, sed eam, quae iam inerat, Spiritu sancto vivificatam. Movet enim eos, quod Dominus Iesus, postea quam resurrexit a mortuis, in-

---

5) 1. Cor. 15, 21 sq.   31) Gen. 2, 7.

sufflavit, dicens discipulis suis: *Accipite Spiritum sanctum.*
Unde tale aliquid factum existimant, quale tunc factum
est; quasi et hic secutus evangelista dixerit: Et facti sunt
in animam viventem. Quod quidem si dictum esset, hoc
5 intellegeremus, quod animarum quaedam vita sit Spiritus
Dei, sine quo animae rationales mortuae deputandae sunt,
quamvis earum praesentia vivere corpora videantur. Sed
non ita factum, quando est conditus homo, satis ipsa libri
verba testantur, quae ita se habent: *Et formavit Deus*
10 *hominem pulverem de terra.* Quod quidam planius inter-
pretandum putantes dixerunt: *Et finxit Deus hominem de*
limo terrae; quoniam superius dictum fuerat: *Fons autem*
ascendebat de terra et inrigabat omnem faciem terrae;
ut ex hoc limus intellegendus videretur, humore scilicet
15 terraque concretus. Ubi enim hoc dictum est, continuo
sequitur: *Et formavit Deus hominem pulverem de terra,*
sicut Graeci codices habent, unde in Latinam linguam
scriptura ista conversa est. Sive autem *formavit* sive
finxit quis dicere voluerit, quod Graece dicitur ἔπλασεν,
20 ad rem nihil interest; magis tamen proprie dicitur *finxit.*
Sed ambiguitas visa est devitanda eis, qui *formavit* dicere
maluerunt, eo quod in Latina lingua illud magis obtinuit
consuetudo, ut hi dicantur fingere, qui aliquid mendacio
simulante componunt. Hunc igitur formatum hominem
25 de terrae pulvere sive limo (erat enim pulvis humectus);
hunc, inquam, ut expressius dicam, sicut scriptura locuta
est, *pulverem de terra*, animale corpus factum esse docet
apostolus, cum animam accepit. „*Et factus est* iste *homo*
in animam viventem"; id est, formatus iste pulvis factus
30 est in animam viventem.

Iam, inquiunt, habebat animam, alioquin non appellaretur homo; quoniam homo non est corpus solum vel
anima sola, sed qui ex anima constat et corpore. Hoc
quidem verum est, quod non totus homo, sed pars melior
35 hominis anima est; nec totus homo corpus, sed inferior
hominis pars est; sed cum est utrumque coniunctum simul,

---

1) Ioan. 20, 22.   13) Gen. 2, 7; 6.

habet hominis nomen; quod tamen singula non amittunt,
etiam cum de singulis loquimur. Quis enim dicere prohibetur cotidiani quadam lege sermonis: Homo ille defunctus est et nunc in requie est vel in poenis, cum de anima
sola possit hoc dici; et: Illo aut illo loco homo ille sepul- 5
tus est, cum hoc nisi de solo corpore non possit intellegi?
An dicturi sunt, sic loqui scripturam non solere divinam?
Immo vero illa ita nobis in hoc adtestatur, ut etiam cum
duo ista coniuncta sunt et vivit homo, tamen etiam singula
hominis vocabulo appellet, animam scilicet interiorem ho- 10
minem, corpus autem exteriorem hominem vocans, tamquam duo sint homines, cum simul utrumque sit homo
unus. Sed intellegendum est, secundum quid dicatur homo
ad imaginem Dei et homo terra atque iturus in terram.
Illud enim secundum animam rationalem dicitur, qualem 15
Deus insufflando vel, si commodius dicitur, inspirando indidit homini, id est hominis corpori; hoc autem secundum
corpus, qualem hominem Deus finxit ex pulvere, cui data
est anima, ut fieret corpus animale, id est homo in animam
viventem. 20

Quapropter in eo, quod Dominus fecit, quando insufflavit dicens: *Accipite Spiritum sanctum*, nimirum hoc
intellegi voluit, quod Spiritus sanctus non tantum sit Patris, verum etiam ipsius Unigeniti Spiritus. Idem ipse
quippe Spiritus est et Patris et Filii, cum quo est trinitas 25
Pater et Filius et Spiritus sanctus, non creatura, sed Creator. Neque enim flatus ille corporeus de carnis ore pro-
cedens substantia erat Spiritus sancti atque natura, sed
potius significatio, qua intellegeremus, ut dixi, Spiritum
sanctum Patri esse Filioque communem, quia non sunt eis 30
singulis singuli, sed unus amborum est. Semper autem
iste Spiritus in scripturis sanctis Graeco vocabulo πνεῦμα
dicitur, sicut eum et hoc loco Iesus appellavit, quando
eum corporalis sui oris flatu significans discipulis suis dedit; et locis omnibus divinorum eloquiorum non mihi 35
aliter umquam nuncupatus occurrit. Hic vero, ubi legitur:

---

11) 2. Cor. 4, 16.

Et finxit Deus hominem pulverem de terra et insufflavit sive *inspiravit in faciem eius spiritum vitae,* non ait Graecus πνεῦμα, quod solet dici Spiritus sanctus, sed πνοὴν, quod nomen in creatura quam in Creatore frequentius
5 legitur; unde nonnulli etiam Latini propter differentiam, hoc vocabulum non spiritum, sed flatum appellare maluerunt. Hoc enim est in Graeco etiam illo loco apud Esaiam, ubi Deus dicit: *Omnem flatum ego feci*, omnem animam sine dubitatione significans. Quod itaque Graece πνοή
10 dicitur, nostri aliquando flatum, aliquando spiritum, aliquando inspirationem vel aspirationem, quando etiam Dei dicitur, interpretati sunt; πνεῦμα vero numquam nisi spiritum, sive hominis (de quo ait apostolus: *Quis enim scit hominum quae sunt hominis, nisi spiritus hominis qui*
15 *in ipso est?*) sive pecoris (sicut in Salomonis libro scriptum est: *Quis scit si spiritus hominis ascendat sursum in caelum, et spiritus pecoris descendat deorsum in terram?*) sive istum corporeum, qui etiam ventus dicitur, (nam eius hoc nomen est, ubi in psalmo cantatur: *Ignis grando nix*
20 *glacies spiritus tempestatis*) sive iam non creatum, sed Creatorem, sicut est de quo dicit Dominus in evangelio: *Accipite Spiritum sanctum*, eum corporei sui oris flatu significans; et ubi ait: *Ite, baptizate* [omnes] *gentes in nomine Patris et Filii et Spiritus sancti;* ubi ipsa trinitas
25 excellentissime et evidentissime commendata est; et ubi legitur: *Deus spiritus est;* et aliis plurimis sacrarum litterarum locis. In his quippe omnibus testimoniis scripturarum, quantum ad Graecos adtinet, non πνοὴν videmus scriptum esse, sed πνεῦμα; quantum autem ad Latinos,
30 non flatum, sed spiritum. Quapropter in eo, quod scriptum est: *Inspiravit*, vel si magis proprie dicendum est: *Insufflavit in faciem eius spiritum vitae*, si Graecus non πνοὴν, sicut ibi legitur, sed πνεῦμα posuisset, nec sic esset consequens, ut Creatorem Spiritum, qui proprie
35 dicitur in trinitate Spiritus sanctus, intellegere cogere-

8) Esai. 57, 16. 15) 1. Cor. 2, 11. 17) Eccle. 3, 21. 20) Psal. 148, 8. 24) Matth. 28, 19. 26) Ioan. 4, 24.

mur; quando quidem πνεῦμα, ut dictum est, non solum de
Creatore, sed etiam de creatura dici solere manifestum est.

Sed cum dixisset, inquiunt, *spiritum*, non adderet
vitae, nisi illum sanctum Spiritum vellet intellegi; et cum
dixisset: *Factus est homo in animam*, non adderet *viven-* 5
tem, nisi animae vitam significaret, quae illi divinitus in-
pertitur dono Spiritus Dei. Cum enim vivat anima, inquiunt, proprio suae vitae modo, quid opus erat addere
viventem, nisi ut ea vita intellegeretur, quae illi per Spiritum sanctum datur? Hoc quid est aliud, nisi diligenter 10
pro humana suspicione contendere, et scripturas sanctas
neglegenter adtendere? Quid enim magnum erat non ire
longius, sed in eodem ipso libro paulo superius legere:
Producat terra animam viventem, quando animalia terrestria cuncta creata sunt? Deinde aliquantis interpositis, 15
in eodem tamen ipso libro quid magnum erat advertere
quod scriptum est: *Et omnia, quae habent spiritum vitae,*
et omnis, qui erat super aridam, mortuus est; cum insinuaret omnia quae vivebant in terra perisse diluvio? Si
ergo et animam viventem et spiritum vitae etiam in peco- 20
ribus invenimus, sicut loqui divina scriptura consuevit; et
cum hoc quoque loco ubi legitur: *Omnia quae habent*
spiritum vitae, non Graecus πνεῦμα, sed πνοὴν dixerit:
cur non dicimus: Quid opus erat ut adderet *viventem*, cum
anima nisi vivat esse non possit? aut quid opus erat ut 25
adderet *vitae*, cum dixisset *spiritum?* Sed intellegimus
animam viventem et *spiritum vitae* scripturam suo more
dixisse, cum animalia, id est animata corpora, vellet intellegi, quibus inesset per animam perspicuus iste etiam
corporis sensus. In hominis autem conditione oblivisci- 30
mur, quem ad modum loqui scriptura consueverit, cum
suo prorsus more locuta sit, quo insinuaret hominem etiam
rationali anima accepta, quam non sicut aliarum carnium
aquis et terra producentibus, sed Deo flante creatam voluit
intellegi, sic tamen factum, ut in corpore animali, quod 35
fit anima in eo vivente, sicut illa animalia viveret, de qui-

---

14) Gen. 1, 24.   18) Gen. 7, 22.

bus dixit. *Producat terra animam viventem*, et quae itidem
dicit habuisse in se spiritum vitae; ubi etiam in Graeco
non dixit πνεῦμα, sed πνοὴν; non utique Spiritum sanctum, sed eorum animam tali exprimens nomine.

5   Sed enim Dei flatus, inquiunt, Dei ore exisse intellegitur, quem si animam crediderimus, consequens erit, ut
eiusdem fateamur esse substantiae partemque illius sapientiae, quae dicit: *Ego ex ore Altissimi prodii*. Non quidem
dixit sapientia ore Dei efflatam se fuisse, sed ex eius ore
10 prodisse. Sicut autem nos possumus, non de nostra natura qua homines sumus, sed de isto aere circumfuso,
quem spirando ac respirando ducimus ac reddimus, flatum
facere cum sufflamus: ita omnipotens Deus non de sua
natura neque de subiacenti creatura, sed etiam de nihilo
15 potuit facere flatum, quem corpori hominis inserendo in-
spirasse vel insufflasse convenientissime dictus est, incorporeus incorporeum, sed inmutabilis mutabilem, quia non
creatus creatum. Verum tamen ut sciant isti, qui de scripturis loqui volunt et scripturarum locutiones non adver-
20 tunt, non hoc solum dici exire ex ore Dei, quod est aequalis eiusdemque naturae, audiant vel legant quod Deo
dicente scriptum est: *Quoniam tepidus es et neque calidus
neque frigidus, incipiam te eicere ex ore meo.*

     Nulla itaque causa est, cur apertissime loquenti resi-
25 stamus apostolo, ubi ab spiritali corpore corpus animale
discernens, id est ab illo in quo futuri sumus hoc in quo
nunc sumus, ait: *Seminatur corpus animale, surgit corpus
spiritale; si est corpus animale, est et spiritale; sic et scriptum est: Factus est primus homo Adam in animam viven-
30 tem; novissimus Adam in spiritum vivificantem. Sed non
primum quod spiritale est, sed quod animale, postea spiritale. Primus homo de terra terrenus, secundus homo de
caelo [caelestis.] Qualis terrenus, tales et terreni; qualis
caelestis, tales et caelestes. Et quo modo induimus ima-
35 ginem terreni, induamus et imaginem eius qui de caelo
est.* De quibus omnibus apostolicis verbis superius locuti

---

8) Eccli. 24, 3.   23) Apoc. 3, 16.   36) 1. Cor. 15, 44 sqq.

sumus. Corpus igitur animale, in quo primum hominem Adam factum esse dicit apostolus, sic erat factum, non ut mori omnino non posset, sed ut non moreretur, nisi homo peccasset. Nam illud, quod spiritu vivificante spiritale erit et inmortale, mori omnino non poterit. Sicut anima creata 5 est inmortalis, quae licet peccato mortua perhibeatur carens quadam vita sua, hoc est dei Spiritu, quo etiam sapienter et beate vivere poterat, tamen propria quadam, licet misera, vita sua non desinit vivere, quia inmortalis est creata. Sicut etiam desertores angeli, licet secundum 10 quendam modum mortui sint peccando, quia fontem vitae deseruerunt, qui Deus est, quem potando sapienter et beate poterant vivere, tamen non sic mori potuerunt, ut omnino desisterent vivere atque sentire, quoniam inmortales creati sunt; atque ita in secundam mortem post ulti- 15 mum praecipitabuntur iudicium, ut nec illic vita careant, quando quidem etiam sensu, cum in doloribus futuri sunt, non carebunt. Sed homines ad Dei gratiam pertinentes, cives sanctorum angelorum in beata vita manentium, ita spiritalibus corporibus induentur, ut neque peccent am- 20 plius neque moriantur; ea tamen inmortalitate vestiti, quae, sicut angelorum, nec peccato possit auferri; natura quidem manente carnis, sed nulla omnino carnali corruptibilitate vel tarditate remanente.

Sequitur eutem quaestio necessario pertractanda et 25 Domino Deo veritatis adiuvante solvenda: Si libido membrorum inoboedientium ex peccato inoboedientiae in illis primis hominibus, cum illos dina gratia deseruisset, exorta est; unde in suam nuditatem oculos aperuerunt, id est eam curiosius adverterunt, et quia inpudens motus volun- 30 tatis arbitrio resistebat, pudenda texerunt: quo modo essent filios propagaturi, si, ut creati fuerant, sine praevaricatione mansissent. Sed quia et liber iste claudendus est, nec tanta ista quaestio in sermonis angustias coartanda, in eum qui sequitur commodiore dispositione differtur. 35

---

form 410

Lightning Source UK Ltd.
Milton Keynes UK
UKOW07f2220180815

257149UK00010B/392/P